한국정치학의 뿌리를 찾아서 2

공삼 민병태 교수의 정치학

해방 이후 한국에서 정치학이 소생-성장-발전한 과정의 맥락에서

한국정치학의 뿌리를 찾아서 2

공삼 민병태 교수의 정치학 : 해방 이후 한국에서 정치학이 소생-성장-발전한 과정의 맥락에서

펴낸곳 서울대학교출판문화원
펴낸이 오연천
지은이 김학준

초판 1쇄 발행 2013년 2월 28일
초판 2쇄 발행 2014년 6월 30일
출판등록 제15-3호

주소 서울 관악구 관악로 1 우편번호 151-742
대표전화 02-880-5252 **팩스** 02-888-4148
마케팅팀(주문상담) 02-889-4424, 02-880-7995
이메일 snubook@snu.ac.kr
홈페이지 www.snupress.com
영문홈페이지 eng.snupress.com

ISBN 978-89-521-1401-3 93340

한국정치학의 뿌리를 찾아서 2

공삼 민병태 교수의 정치학

해방 이후 한국에서 정치학이
소생 - 성장 - 발전한 과정의 맥락에서

김학준 지음

서울대학교출판문화원

Political Science of Professor Gongsam Min Byung-tae

In the Context of the Historical Evolution of Political Science in Korea

Kim Hakjoon

Seoul National University Press

책머리에

1 공삼(公三) 민병태(閔丙台) 선생님은 일제의 조선강점기인 1931년부터 1945년까지 우리가 흔히 게이오대학이라고 부르는 게이오 기주쿠(慶應義塾大學: 경응의숙대학의 예과와 학부 및 대학원에서 정치학을 수학한 데 이어 같은 대학에서 연구원으로 봉직하셨다. 선생님은 게이오에서의 14년에 걸친 수업과 연구를 바탕으로 1945년 8월 15일에 맞이한 우리 겨레의 해방 직후부터 1950년 11월까지 연희전문학교-연희대학교 정치외교학과의 주임교수로, 1951년 9월부터 1953년 3월까지 동국대학교 및 대구대학의 정치학 교수로, 그리고 1952년 10월부터 1976년 2월까지 서울대학교 문리대 → 사회과학대 정치학과의 주임교수 또는 교수로 봉직하며 한국에서 정치학의 기초를 닦는 데 주도적 역할을 수행하셨다. 그사이 오늘날의 경희대학교의 전신인 신흥대학교, 그리고 고려대학교 및 숙명여자대학교에 출강하셨다.

다른 한편으로, 1960년 9월부터 1962년 10월까지 한국정치학연구회 회장으로 재임하고 이어 1962년 10월부터 1970년 11월까지 한국정치학회 회장으로 재임하며, 모두 합쳐 꼭 10년에 걸쳐 한국의 정치학계를 이끄셨다. 선생님이 '한국 정치학의 태두(泰斗)'라거나 '서울대학교 정치학과 창건의 아버지'라고 불리는 까닭이 거기에 있다.

선생님은 특히 영국의 정치학자 해럴드 조지프 라스키(Harold Joseph Laski)의 다원주의적 정치학을 국내학계에 소개하면서 그것을 중심으로 삼아 서양의 정치제도와 정치사상 그리고 라스키가 해석한 마르크스적 국가이론을 집중적으로 보급하셨다. 오늘날 한국에서 65세 이상의 사회과학계(系) 지식인들 가운데 '민병태 교수' 하면 '라스키'를 떠올리는 사람들이 적잖은 것은 결코 우연이 아니다. 선생님은 또한 영국 노동당을 이론적으로 뒷받침한 페이비언협회의 사회민주주의사상을 국내학계에 소개하셨다.

이 책은 1977년 11월에 별세하신 때로부터 36년이 지난 오늘날까지도 '한국 정치학의 태두'로 존경을 받는 선생님의 탄생백주년에 즈음해 선생님의 65년 생애를 정치학 수학(修學)과 연구 및 교육에 초점을 맞춰 살핀 것이다. 선생님에 대한 이러한 연구는 자연히 한국에서 정치학이 성장하고 발전한 과정에 대한 연구와 맥을 같이한다. 본제(本題)를 '공삼 민병태 교수의 정치학'이라고 명명하되, 부제(副題)를 '해방 이후 한국에서 정치학이 소생-성장-발전한 과정의 맥락에서'로 설정한 까닭이 거기에 있다.

여기서 분명히 해두고자 하는 것은 부제와 관련해서다. 풀어 말해, 정치학이 '소생-성장-발전한 과정'의 시한을 1971년 2월 29일까지로 설정했다는 사실이다. 이날로 공삼은 정치학자로서 현역의 생활을 사실상 마감했기 때문이다. 그렇게 했기에, 한국정치학사에 관해, 1971년 3월 1일 이후의 시기는 이 책에서 다루지 않았다.

2 필자는 2012년 2월에 『구한말의 서양정치학 수용 연구 : 유길준・안국선・이승만을 중심으로』(서울대학교출판문화원)를 출판하면서, 이 책의 또 하나의 부제를 「한국정치학의 뿌리를 찾아서」로 설정했다. 이번에 상재하는 『공삼 민병태 교수의 정치학』은 앞의 책의 속편이다. 따라서 「한국정치학의 뿌리를 찾아서」의 제2권으로 읽어주기 바란다.

같은 맥락에서, 필자가 2012년 4월에 출판한 『두산(斗山) 이동화(李東

華) 평전』(경기도 용인시 : 단국대학교 출판부)을 「한국정치학의 뿌리를 찾아서」의 제3권으로 읽어주기 바란다. 두산은 공삼과 마찬가지로 일제강점기에 일본에 유학해 정치학을 전공했으며, 경북대학교와 성균관대학교 및 동국대학교에서 정치학교수로 봉직하는 가운데 사회민주주의를 강의했다.

③ 필자는 1961년 4월부터 1965년 2월까지 학부에서, 그리고 1966년 3월부터 1969년 2월까지 석사과정에서, 그리하여 모두 7년에 걸쳐 선생님의 가르침을 받았다. 개인적으로, 선생님의 주례로 1967년 2월 15일에 결혼식을 올렸는데, 선생님은 주례사를 통해서도 라스키를 말씀하셨다. 선생님의 지도는 거기서 끝나지 않았다. 1969년 1월에 용렬한 이 제자가 해외의 한 대학교에서 공부를 시작하기에 앞서 그 대학교의 학과장 앞으로 추천서를 써주신 데 이어 귀국한 뒤에는 1973년 가을학기부터 모교에서 교편을 잡을 수 있도록 추천해주셨다.

필자는 선생님께서 베풀어주신 분에 넘치는 이 은혜를 잊을 수 없다. 선생님의 탄생백주년을 맞이하면서, 필자는 자신의 부족함을 충분히 깨닫고 있으면서도, 그리고 선생님의 가르침에 충실하게 살지 못했음을 솔직히 인정하면서도, 선생님의 은혜에 보답하고 사죄하는 방법의 하나로 감히 선생님의 전기를 쓰기로 결심했다. 필자보다 선생님을 훨씬 잘 이해하며 선생님의 가르침에 충실하게 살아왔고 따라서 선생님의 전기를 훨씬 잘 쓸 수 있는 선학들과 동학들이 많다는 사실을 숙지하면서도, 그들에 미치지 못하는 필자가 먼저 펜을 든 만용을 너그럽게 생각해주시면 고맙겠다.

필자가 이러한 형태로 선생님을 모신 것에 대해, "네가 감히 어떻게 선생님의 전기를 썼느냐"고 질책할 사람도 없잖을 것이다. 그러나 나무람하기보다는, "못난 아들이 부모의 임종을 지킨다."라든가 "모자란 자식이 부모에게 효도한다."는 우리 속담으로써 관용해주신다면 감사하겠다.

앞으로 선생님의 학문세계를 정확히 이해하고 거기에 기초해 선생님에 대한 심층적인 평전을 쓰는 선생님의 제자들이나 한국정치학계의 후학들이 반드시 나올 것이다. 그 분들에게 필자의 이 졸저가 하나의 참고자료로 쓰일 수 있게 된다면 필자는 큰 보람으로 여길 것이다.

④ 필자는 이 책의 제목을 '공삼 민병태 선생의 정치학'으로 정하고 싶었다. 공삼에게는 '교수'니, '박사'니, '학창'이니, '원장'이니, '회장'이니, 하는 호칭보다 '선생'이라는 호칭이 가장 잘 어울리기 때문이다. 공삼도 하늘나라에서 그 호칭을 더 좋아하실 것이다. 그러나 이정복(李正馥) 교수가 『공삼 민병태 선생의 정치학』(인간사랑, 2008)을 편집-출간하면서 그 제목을 먼저 썼기에 중복을 피할 수밖에 없었다.

⑤ 이 책에서 필자는 공삼 민병태 선생님을 때때로 선생님이라는 존칭을 생략한 채 대명사로 표기하거나 아호로 표기하고자 한다. 이러한 표기가 은사에 대한 결례로 비판되지 않기를 바란다.

공삼 선생님이 가장 정력적으로 소개한 Laski를 국내에서는 세 가지로 표기해왔다. 라스키, 래스키,[1] 러스키[2] 등이 그것이다. 필자가 이 책에서 인용할 정치학자들은 대체로 라스키로 표기했다. 필자는 그들로부터의 인용을 고려해 전반적으로 라스키로 표기하겠다.

이 책에는 수많은 한국의 정치학자들이 거명된다. 그분들이 어떤 논문이나 책을 썼을 때 그 시점에서의 소속 대학과 직급이 표기된 경우, 그것을 함께 소개했다. 세월이 지나가면서, 그분들의 소속이 바뀌고 직급이 바뀌는 것을 볼 수 있었다. 그러한 변화 역시 이 책이 부차적으로 지향한 한국정치학사의 한 단면을 말해준다고 생각한다.

이 책에는 두 명의 이정식이 등장한다. 동국대 이정식(李廷植)과 펜실베

---

1 예컨대, 정인흥 김성희 강주진 대표편집, 『증보 정치학대사전』(서울: 박영사, 1983), 489쪽. 이 책의 초판은 1975년 12월에 출판됐다.

2 『세계의 대사상』 제28권(서울: 휘문출판사, 1982)의 책임편집 및 해설을 담당한 전 중앙대학교 임성희(任星熙) 교수(사회학박사)는 '러스키'를 채택했다.

이니아대 이정식(李庭植)이 그들이다. 혼동을 피하기 위해, 이정식(李庭植)의 경우에는 괄호 안에 한자를 병기하도록 하겠다. 이 책에는 또 두 명의 박준규가 등장한다. 서울대 정치학과 전임강사-조교수로 봉직하다가 훗날 국회의장을 두 차례 역임한 박준규(朴浚圭), 그리고 이화여대 정치외교학과 전임강사-조교수로 봉직하다가 서울대 외교학과로 전직한 박준규(朴俊圭)가 그들이다. 등장하는 횟수가 빈번하지 않기에 두 분 모두 괄호 안에 한자를 병기하도록 하겠다.

6 이 책을 쓰면서 한국정치학의 발달에 관련된 문헌조사는 기본적으로 서울대 문리대 정치학과 구범모(具範謨) 조교수가 집필한 「비교정치학 20년의 반성」 그리고 이 논문의 부록 Ⅰ「1945～1966년까지의 비교정치에 관한 문헌 및 논문 목록」 및 부록 Ⅱ「1945～1966년까지의 정치학과-행정학과 교과과정 분야별 일람표」(『한국정치학회보』, 제2집, 1967년 12월)를 가장 많이 참고했다. 은사께서 이 목록을 작성할 때는 오늘날처럼 '인터넷검색'이라는 말 자체가 없었다. 목록을 만들려면 도서관에서 일일이 찾아 카드에 옮겨쓰고 그 카드들을 취합해 원고지에 옮겨 써야 하던 수작업(手作業)의 시기에 이러한 목록을 만든다는 것은 결코 쉬운 일이 아니었다. 그 사실을 상기하며, 필자는 스스로를 독려하지 않을 수 없었다.

필자는 부록 Ⅰ에 열거된 저서-역서-논문을 하나도 빼놓지 않고 모두 도서관에서 찾아 필자 스스로 점검했다. 그리고 그것을 기초로 삼아 그 목록에 포함되지 않은 자료들을 더 찾아 이 책에서 활용했다.

7 공삼은 1952년부터 1966년까지 서울대학교의 주간지 『대학신문』에 자주 기고하셨다. 필자는 필자도 한때 학생기자로 일했던 『대학신문』을 다시 꼼꼼히 읽고 공삼의 글들을 찾아내면서, 그리고 공삼의 강의를 회상하면서, 몸과 마음이 모두 동숭동의 문리대 캠퍼스로 돌아간 듯한 착각에 빠지곤 했다.

필자가 문리대생으로 공부하던 그 시절이 그리워지기만 하다. 이른바 벼슬이나 출세나 돈에는 관심을 갖지 않은 채 탈속(脫俗)하려고 노력하던 시절이었다. 그것들 대신에, 잘 알지 못하면서도 헤겔, 마르크스, 베버의 이름을 듣거나 '자유와 평등의 조화'라든가 '자본주의와 사회주의의 민주주의적 지양(止揚)'이라는 명제에 접하면 가슴이 뛰던 시절이었다. 이상주의적 젊은이들에게 낭만과 열정 그리고 환상을 함께 허용하던 지적(知的) 공간으로서의 문리대가 회생할 수는 없는 것인가.

2013년 2월 15일
선생님의 주례로 결혼식을 올렸던 날로부터
46주년을 맞이하며
단국대학교 연구실에서
저자 씀

감사의 말씀

1 이 책을 쓰기 위해 필자는 여러 사람들로부터 도움을 받았다. 필자를 가장 많이 도와준 곳은 필자가 봉직하고 있는 단국대학교였다. 죽전캠퍼스의 퇴계기념중앙도서관 그리고 천안캠퍼스의 율곡기념도서관은 찾기 어려운 자료들을 성심성의껏 찾아주었다. 특히 퇴계기념중앙도서관 학술정보봉사과는 박재충(朴在忠) 과장의 관심 속에 모든 사서들이, 특히 박경숙(朴京淑) 선생이, 두 캠퍼스 도서관에서는 물론 국내외의 여러 다른 도서관들에서 자료를 찾아주었다.

조한석(趙漢石) 비서와 김윤수(金潤秀) 비서는 자신들의 본직을 충실히 수행하면서도, 자료수집이라는 과외의 일을 힘껏 도와주었다. 타자를 비롯해 인터넷검색과 색인작성은 이번에도 이일배(李一培) 조교가 맡아주었다. 필자는 스스로 교정을 열 차례 남짓하게 보았는데, 이 군은 조금도 힘들어하지 않고 성심성의로 일해주었다. 필자는 동북아역사재단으로부터도 도움을 받았다. 이사장 비서실의 윤지훈(尹志薰) 보좌관과 유혜원(柳惠媛) 비서는 인터넷검색을 도와주었다.

2 집필과정에 자주 떠오른 은사가 서울대 정치학과에서 평생을 보낸 고(故) 김영국(金榮國) 선생님이다. 49학번의 선생님은 학부생 때부터 공

삼이 참으로 아끼고 사랑했으며 조교로, 전임강사로, 그리하여 마침내 교수로 발탁한 제자였다. 선생님이 살아계시다면 공삼과 공삼의 정치학에 대해 훨씬 많은 가르침을 주셨을 터인데, 선생님의 귀중한 회고를 들을 수 없게 됐으니 슬프고 안타깝다.

다행히 공삼의 제자이면서 김영국 선생님과 더불어 공삼을 모시고 교직생활을 하셨던 51학번의 구범모 선생님은 우선 필자의 집필에 의미를 부여하시면서 필자를 독려하셨다. 동시에 필자에게 공삼에 관련된 여러 일화들을 소개해주셨다. 공삼의 전공인 서양정치사상을 전공했으며, 역시 김영국 선생님 및 구범모 선생님과 함께 공삼을 모시고 교직생활을 하신 이홍구(李洪九) 선생님은 공삼의 정치학에 대한 자신의 평가를 말씀하면서 집필의 방향설정에 도움을 주셨다.

공삼이 주로 연구의 대상으로 삼았던 라스키의 정치학은 이해하기가 결코 쉽지 않다. 필자는 라스키의 정치학 그리고 라스키에 관한 공삼의 역서들이나 저술들에 관해 이해가 잘 되지 않는 부분들에 대해서는 서울대 사회과학대 정치학과 명예교수로 대한민국학술원 회원인 경희대 인류사회재건연구원 명예원장 김홍우(金弘宇) 박사에게 여쭤보았다. 대가(大家)에게 결례로 여겨질 수도 있는 필자의 시시콜콜한 질문들에 대해 김 교수는 조금도 귀찮아하지 않고 친절히 대답해주었다.

3 서울대 행정대학원 명예교수 유훈(兪焄) 선생님은 공삼에 대해서뿐만 아니라 이 책에서 거명되는 많은 행정학자들에 대해 설명하면서 자료를 찾아주셨다. 필자의 중학교 선배이며 동시에 은사인 선생님께서는, 특히 필자의 전공이 아닌 행정학 분야와 관련해, 때때로 집필의 방향도 잡아주셨다.

4 공삼은 충청남도 논산시 강경읍의 강경중앙초등학교와 충청남도 부여군 부여읍의 부여초등학교에서 각각 초등교육을 받았다. 강경초등학교

의 최대오(崔大吾) 교장선생님과 부여초등학교의 윤용인(尹容仁) 교장선생님은 이 학교들을 방문한 필자에게 여러 도움말을 주셨다. 공삼은 오늘날의 경기고등학교의 전신 경성제일고등보통학교에서 4년 동안 공부하셨다. 이때의 기록과 관련해, 단국대학교 사범대학부속고등학교 장준성(張畯星) 교장선생님이 직접 경기고등학교와 연락을 취하면서 찾아주셨다.

공삼은 게이오대학에서 14년에 걸쳐 정치학을 공부하고 연구했다. 게이오에서의 생활에 대해 필자가 게이오의 교무당국과 서신으로 문의했다. 공삼은 게이오대학 아세아연구소에서 조교수급 연구원으로 봉직하며 아시아에 관한 서양인들의 책들을 일본어로 번역하기도 했고 역시 아시아에 관한 논문을 발표하기도 했다. 이것들 가운데 이제까지 존재 그 자체가 전혀 알려지지 않았던 역서 1권과 논문 1편을 동북아역사재단의 일본주재연구원 남상구(南相九) 박사가 찾아주었다.

5 공삼이 교수로 또는 강사로 봉직했던 대학들은 연희전문학교 → 연희대학교, 대구대학, 고려대학교, 동국대학, 서울대학교, 신흥대학교 → 경희대학교 등이었다. 우선 연희전문학교 → 연희대학교와 관련한 기록들에 대해서다. 한국인으로는 처음으로, 그리고 이제까지 유일하게, 세계정치학회(International Political Science Association : IPSA) 회장을 역임한 전 한국국제정치학회 회장 김달중(金達中) 연세대 정치외교학과 명예교수는 필자의 집필계획을 듣고 곧바로 『연정(延政) 60년사』를 보내주었다. 이 책은 공삼에 대해서뿐만 아니라 한국의 정치학발달사에 관련된 여러 정치학자들에 대해 궁금한 점들을 많이 풀어주었다. 연세대 사회과학대 정치외교학과 교수 김명섭(金明燮) 박사도 몇몇 자료들을 찾아주었다.

공삼의 대구대의 기록은 영남대 사회과학대 정치외교학과 교수 김학노(金學魯) 박사가 찾아주었다. 특히 공삼이 영어본으로부터 일본어로 역간한 희귀본 『달단1천년사』가 대구대의 후신 영남대학교 도서관에 소장되어 있는 사실을 발견하고 주요한 부분들을 복사해주었다. 김 박사는 또 공삼의 추천으로 서울대 문리대 정치학과에 출강했던 대구대 권윤혁(權允赫) 교수와 홍순창(洪淳昶) 교수의 기록도 찾아주었다.

동국대의 기록에 대해서는 헌법재판소 재판관을 역임한 김희옥(金熙玉) 동국대 총장께서 친절히 살펴주셨다. 6·25전쟁기의 기록이어서 찾기가 쉽지 않고, 그래서 그 방대한 전 4권의 『동국대학교백년사』에도 나와 있지 않았던 공삼의 인사기록을 마침내 총장실의 장인준(張仁準) 님이 찾아낸 것이다.

서울대의 기록에 대해서다. 공삼을 비롯해 신도성(愼道晟), 이용희(李用熙), 김두희(金斗熙), 김성희(金成熺), 박준규(朴浚圭) 교수에 관한 서울대의 인사발령날짜는 서울대 사회과학대 정치외교학부 교수 박찬욱(朴贊郁) 박사가 확인해주었다. 서울대 문리대 정치학과의 신도성 교수가 이화여자대학교 정치외교학과 학과장을 겸임했었다는 사실은 이화여대 사회과학대 정치외교학과 학과장 양승태(梁承兌) 박사가 확인해주었다. 서양정치사상에 대해 연구가 깊은 양 교수는 공삼이 연구의 대상들 가운데 하나로 삼았던 조지 세바인(George Sabine) 교수에 대해서도 필자에게 자세히 설명해주었다.

경희대 정치학과(→ 정치외교학과)에 공삼이 출강한 사실에 대해서는 엇갈리는 증언들이 있었다. 그러나 경희대 공공대학원 교수 손혁상(孫赫相) 박사가 이 대학교의 공식기록들을 찾아주었다. 손 교수는 동시에 이 대학교에 정치학과(→ 정치외교학과)가 세워진 과정에 대한 자료들을 찾아주었다.

필자는 공삼이 연구와 번역의 대상으로 삼은 라스키의 저서들이 공삼에 앞서 일본에서 역간됐었으리라 추측하고 일본어번역본에 대해 알고자 했다. 이 일과 관련해 국민대학교 사회과학대 정치외교학과 교수 이종은(李鍾殷) 박사 그리고 국제학부 교수 겸 유라시아연구소 소장 장덕준(張悳俊) 박사가 도와주었다. 두 분은 또 이 대학교에 정치학과가 설립된 과정에 대한 자료도 찾아주었다.

서울대 명예교수이며 대한민국학술원 회원인 김용구(金容九) 한림대 한림과학원장, 한국외국어대 김용민(金容敏) 교수, 인하대 김용호(金容浩) 교수, 한국정치학회장인 중앙대 김호섭(金浩燮) 부총장, 건국대 신복룡(申福龍) 석좌교수, 단국대 이서항(李瑞恒) 초빙교수, 고려대 정책대학원장 임혁백(任爀伯) 교수, 연세대 정진위(鄭鎭渭) 명예교수, 서울대 조동성(趙東成) 명예교수, 연세대 진영재(陳英宰) 교수, 국방대 한용섭(韓龍燮) 부총장, 연세대 한흥수(韓興壽) 명예교수 [가나다 순서] 역시 여러 자료들에 대해 설명해주었다. 해방이후 정치학 분야에서의 최초의 공식적 도미유학생인 동덕모(董德模) 교수의 자필이력서는 한국연구원이 찾아주었다. 이 책에 관련된, 그러나 국내에서 찾기 어려운 원전들은 미국 워싱턴대 국제대학원 하용출(河龍出) 종신석좌교수가 이 대학 도서관에서 찾아 보내주었다.

6 공삼의 지도를 직접 받았던 53학번의 김영수(金榮洙) 선배와 56학번의 류근일(柳根一) 선배를 비롯해 58학번의 유세희 선배와 59학번의 이형균(李炯均) 선배 및 60학번의 박범진(朴範珍) 선배, 그리고 필자의 학번(1961년 입학) 가운데 김문원(金文元), 송진혁(宋鎭赫), 이준일(李俊一) 동학들은 필자에게 자신들의 기억들을 회상해주었다.

특히 54학번의 최서영(崔瑞泳) 선배는 공삼이 지도교수를 맡았던 정치학과 학생들의 동아리 신진회(新進會)에 관한 소중한 자료를 제공해주었으며, 공삼에 관한 일화들을 소개해주었다. 신진회와 흐름을 같이 했던 서울대 법대의 신조회(新潮會)에 참여했기에 신진회와 공삼에 관해 익히 알던 남재희(南載熙) 선배 및 김동익(金東益) 선배 역시 소중한 기억들을 회상해주었다.

7 필자는 선생님의 글이나 선생님에 관한 기사가 선생님이 25년 가까이 봉직하셨던 서울대학교의 주간지 『대학신문』에 꼭 있으리라고 확신하고 이 신문사를 방문해 열독하기로 계획을 세우고 있었다. 그러던 가운데,

함춘원(含春苑)에 위치했던 『대학신문』에서 학생기자로 학창생활의 일부를 보냈던 동인(同人)들의 모임인 함춘(含春)프레스클럽[회장 신용석(愼鏞碩) 전 조선일보사 파리특파원, 총무 박정호(朴正浩) 전 센다이총영사]의 회식에서 필자가 그 계획을 말하자, 동인들 가운데 한 사람인 인천산재병원(仁川産災病院) 원장 이석현(李錫玄) 박사는 곧바로 자신이 보관하던 『대학신문』 영인본 전질을 보내주었다. 이 신문에서 필자는 기대했던 것 이상으로 많은 자료들을 얻을 수 있었다. 이 신문에 게재된 공삼의 평론과 서평 및 수필을 비롯한 15편의 글들은 이제까지 그 존재도 전혀 알려지지 않았고 따라서 전혀 거론되지 않았기에 글자 그대로 새로운 자료들이었다.

『동아일보』에 게재된 선생님의 글들은 동아일보사 김규회(金圭會) 자료조사실장이, 그리고 『중앙일보』에 게재된 선생님의 글들은 중앙일보사 김진국(金鎭國) 논설실장이 각각 찾아주었다. 『코리아 타임스』에 게재된 선생님의 논평은 이 신문사의 박무종(朴茂宗) 사장이 직접 찾아주었다. 『경향신문』과 『서울신문』 및 『조선일보』, 그리고 고려대학교의 『고대신문』에 게재된 선생님의 글들은 동북아역사재단 자료센터의 송명옥(宋明玉) 사서가 찾아주었다.

8 어떤 자료들은 개인정보보호법에 따라 친족의 동의가 없이는 접근이 불가능하다. 공삼의 사모님 김희경(金熙京) 여사는 구순(九旬)을 넘긴 고령이어서 여쭈어보기가 송구스러워 말씀을 올리지 않았다. 다행히 필자의 집필동기를 이해한 공삼의 아드님 민영기(閔英基) 사장과 막내따님 민금기(閔金基) 사장이 동의서를 써주었다. 거기서 한 걸음 더 나아가, 민금기 사장은 선생님의 강의노트들을 비롯해, 집안이 보관하던 귀중한 자료들을 복사해주었다.

대학생 때부터 무려 5년에 걸쳐 공삼을 '집안의 큰 아저씨'로 모시고 공삼의 용산구 후암동 자택에서 공삼의 자녀들과 함께 생활하며 공삼의 공사생활 모두에 친숙한, 전 한국정치학회 회장이며 현 경희대 정치외교학과 명예교수 민준기(閔俊基) 박사는 공삼의 여러 인간적 면모들과 일화들에 대해 말해주었다.[1] 민 교수가 소개한 일화들은 이 책이 무미건조한 책으로 끝나지 않게끔 만들어주었다.

⑨ 필자의 이 졸저가 출판될 수 있도록 서울대 정치외교학부의 박찬욱 교수와 유홍림(柳弘林) 교수는 서울대학교출판문화원에 추천서를 써주었다. 이 책의 출판을 맡아준 서울대학교출판문화원은 이 책의 출판이 선생님의 탄생백주년에 맞춰질 수 있도록 최선을 기울여주었다. 아내는 결혼주례를 서주셨던 선생님에 대한 감사의 뜻을 표시하고자 이 책의 제목을 붓글씨로 썼다.

⑩ 필자는 필자의 집필을 도와준, 앞에서 거명된 모든 분들에게 깊은 감사를 드린다. 그러나 이 책에 대한 책임은 앞에서 거명된 어떤 사람에게도 있지 않고 오직 필자에게 있다. 읽어주신 분들께서 잘못을 일깨워주시거나 새로운 자료를 가르쳐주시면 다음 쇄(刷)에서 반영하도록 하겠다.

---

1 민준기 교수가 공삼을 모시고 생활하며 배웠다는 민준기 교수 스스로의 발언은 다음에서 읽을 수 있다. 한규선, 「원로와의 대화: 학회 전임회장 민준기 선생님」, 『한국정치학회 소식』, 제27권 제1호(2003년 3월), 18쪽.

차례

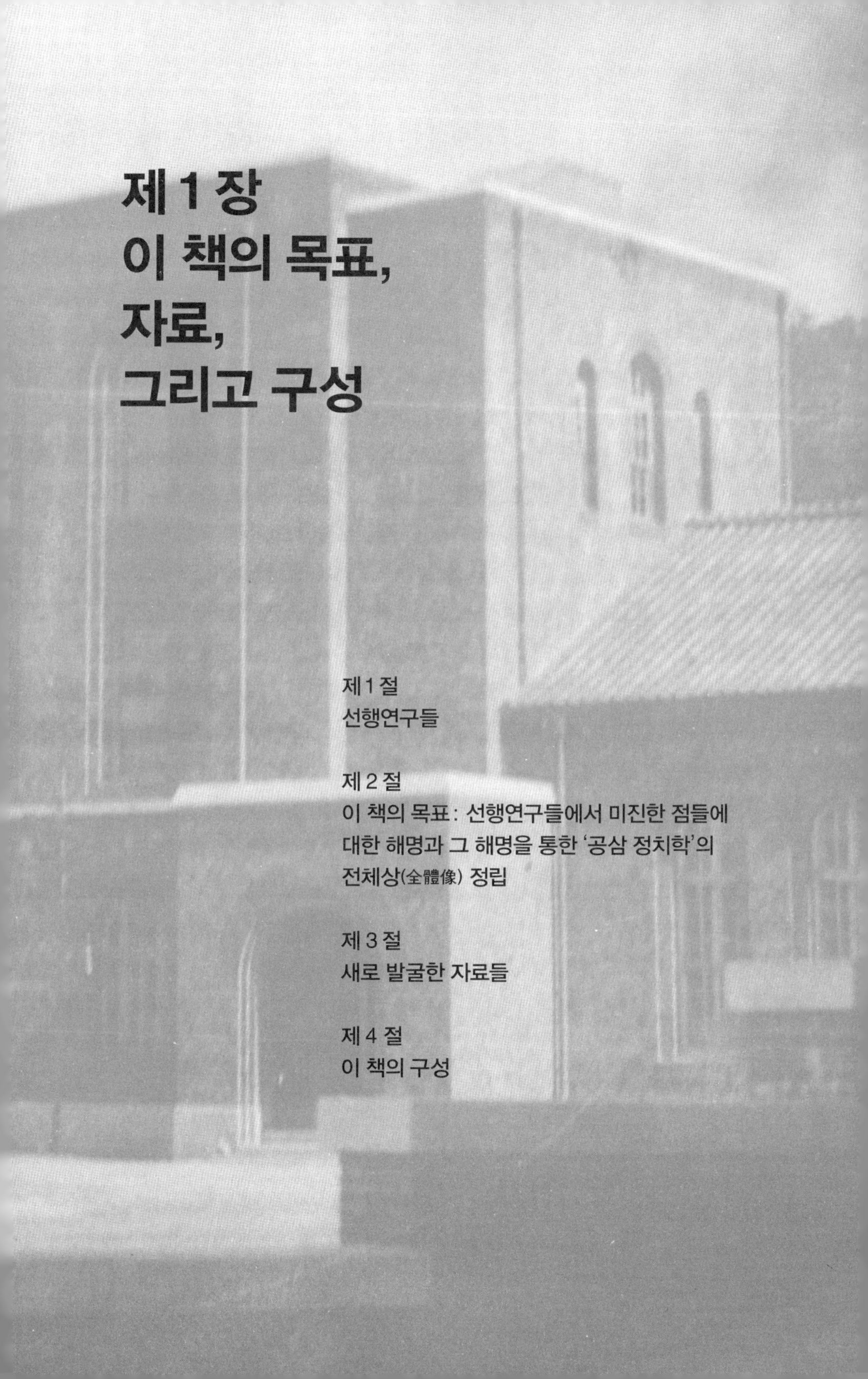

제 1 장 이 책의 목표, 자료, 그리고 구성

제 1 절
선행연구들

제 2 절
이 책의 목표 : 선행연구들에서 미진한 점들에 대한 해명과 그 해명을 통한 '공삼 정치학'의 전체상(全體像) 정립

제 3 절
새로 발굴한 자료들

제 4 절
이 책의 구성

제 1 절 선행연구들

1997년 이전의 연구들

공삼 민병태 교수에 관한 최초의 '약전(略傳)'은 그의 회갑을 축하하기 위해 1973년 4월에 출판된 『공삼민병태박사 화갑기념논총』에 게재됐다. 두 쪽에 걸쳐 그의 「연보(年譜)」가 게재되고, 두 쪽에 걸쳐 그의 「저작목록」이 게재된 데 이어, 그때 서울대 대학원장이던 이숭녕(李崇寧) 교수의 「서(序)」가 세 쪽에 걸쳐 게재됐던 것이다. 이것들을 꼼꼼히 읽으면, 공삼의 그때까지의 수학 및 연구 과정과 학문세계, 그리고 인품을 개괄적으로 파악할 수 있다. 특히 이 교수는 공삼을 "해방 전까지는 [···] 거리의 소란한 소식에도 외면하고 학자로서 오로지 연구에 정진했고 [···] 해방 이후에는 거친 세태에서 의연한 몸가짐을 [지키면서 ···] 거세개탁(擧世皆濁)의 사회풍조를 보고 나라와 민족의 취향(趣向)을 근심하여 붓을 들어 자주 제세(濟世)의 경륜을 편 지사이기도 하다."라고 논평한 데 이어, "어디까지나 고아(高雅)한 풍도(風度)를 잃지 않고서 겸허와 친밀이 서린 자세로 세사(世事)를 멀리 내어다보았다."라고 덧붙였다.[1]

스승의 회갑을 맞이하여 제자들과 후학들이 마련한 논총이기에 공삼의 그때까지의 생애와 학문세계를 조명하는 논문이나 회상이 발표될 만했다. 그러나 그러한 글은 없었다. 공삼은 이때로부터 4년 7개월 뒤인 1977년 11월 12일에 별세했다. 이 계제에도, 신문지상의 간략한 부고 기사 이외에는,[2] 그를 본격적으로 조명하는 글은 발표되지 않았다.[3] 제자들이나 후학들은 한국정치학계의 큰 어른이었던 은사에 대해 말하기가 조심스러웠을 것이다.

그 이후에도 공삼의 정치학에 대한 글은 발표되지 않았다. 1979년의 10·26사태, 1980년의 광주민주화운동, 그리고 그 이후의 강압적 정치상황은 정치학자들의 활동에 일정하게 제약을 형성했으며, 특히 공삼의 생애와 정치학에 대해 글을 쓸 만한 공삼의 수제자 김영국 교수가 1980년에 이어 1981년에도 와병해 정양에 들어간 것 등이 공삼의 정치학에 대한 평가를 지연시키는 하나의 요인이 됐을 것이다.

별세로부터 5년이 지난 1982년에 비로소 공삼에 대한 회상이 발표됐다. 민준기 교수는 한 짧은 글에서 "민병태 교수는 해방 이후 다원적 국가론을 처음 우리나라에 소개했다. 이 이론은 식민지통치의 잔재인 관료주의 배격에 이바지했을 뿐만 아니라 권의주의정치에 대한 비판적인 자유의식을 주입시켰다."고 썼으며, "그 강직한 선비정신과 학문하는 태도를 많은 제자들에게 가르치셨다."고 덧붙였다.[4]

1 공삼민병태박사회갑기념논총편집위원회 편, 『공삼민병태박사 회갑기념논총』(1973년 4월), 5-6쪽.

2 예컨대, 『동아일보』, 1977년 11월 14일, 7쪽; 『경향신문』, 1977년 11월 12일, 7쪽.

3 필자는 공삼의 별세소식에 접하고 공삼의 생애와 정치학에 대해 짧은 글을 『서울신문』, 1977년 11월 15일자 「무지개」란에 「민병태 박사」라는 제목 아래, 그리고 『여성중앙』, 1980년 12월호, 139-140쪽에 「카를 베크 교수와 민병태 교수」라는 제목 아래 각각 발표했다. 이 글들에서 필자는 공삼이 라스키의 다원주의국가론을 한국의 정치학계에 처음으로 소개했다는 사실을 상기시켰다. 그러나 이 글들은 깊이가 없기에 여기서는 논외로 하겠다.

4 민준기, 「나의 스승 공삼 민병태 교수」, 『경향신문』, 1982년 7월 26일, 8쪽.

공삼의 별세로부터 6년 2개월이 지난 1984년 1월에 공삼의 제자들인 이정복 교수와 김홍우 교수는 은사를 정당히 '부활'시키는 일에 착수했다. 월간지 『정경문화』가 1984년 1월호에 '해방 39년 한국사회과학 명저 30권'을 선정하는 자리에서 이 교수의 발의가 받아들여져 공삼의 『정치학』이 포함됐고, 김 교수가 서평을 발표한 것이다.[5] 이 서평에서, 김 교수는 우선 "민병태 교수의 정치학방법론은 한 마디로 '과학의 제한성(制限性)'으로 요약된다."고 지적했다. 김 교수는 결론적으로 "민병태 교수의 『정치학』은 해방 이후의 지적인 혼돈기에 정치학도들에게 끊임없는 학문적 도전을 불러일으켰고, 또 정치학에 대한 정열을 키워준, 잊을 수 없는(실로 한국의 정치학도라면 결코 잊을 수 없는) 오늘의 고전이라고 말할 수 있다."고 논평했다.[6] 필자가 파악하기로, 김 교수의 이 서평은 공삼의 『정치학』에 대한 최초의 본격적 서평이었다.

이 서평이 발표된 때로부터 꼭 1년 뒤인 1985년 1월에 월간지 『신동아』는 '해방 39년 현대한국의 명저 100선'에 공삼의 『정치학』을 포함시켰다. 그리고 여기에 이정복 교수가 서평을 발표했다.[7] 이 교수는 우선 공삼의 학자로서의 업적을 설명한 데 이어 "이 저서에 담긴 내용과 그에 담겨진 통찰력은 이 책이 출판된 지 사반세기가 지난 오늘날까지도 이를 능가하는 저서가 아직 나오지 않을 만큼 깊고도 넓다."고 논평했다.[8] 공삼의 『정치학』이 많은 독자들을 확보하고 있던 월간지들에 의해 '해방 39년의 명저들' 가운데 하나로 선정되고 저명한 정치학자들에 의해 그 의미가 높이 평가됨으로써 1962년의 개정1판 — 초판 1쇄부터 계산한다면 3쇄 — 을 마지막으로 절판된 이후 사실상 잊혀졌던 이 책은 20여 년이 지난 시점에서 화려

5 「좌담회 : 해방 39년, 한국사회과학의 흐름」, 『정경문화』, 1984년 1월호, 332-344쪽 ; 김홍우, 「민병태 저 『정치학』」, 위와 같음, 346-347쪽.

6 위와 같음, 347쪽.

7 이정복, 「민병태 : 『정치학』」, 동아일보사 신동아 편집실 편, 『현대한국의 명저 100권, 1945년~1984년』(『신동아』 1985년 1월호 별책부록), 259-261쪽.

8 위와 같음, 259쪽.

한 부활을 보기에 이르렀다.

그때로부터 2년 10개월 뒤인 1987년 11월 12일에 공삼의 10주기를 맞이했다. 이 계제에 서울대 사회과학대 한국정치연구소는 1987년 11월 17일에 논문집『한국정치연구』를 창간함과 동시에 추모학술대회를 열고 거기서 발표된 논문들을『한국정치연구』창간호(1987년 11월)에 게재했다. 그러나 거기에 공삼의 수학 및 연구 과정과 학문세계 그 자체를 다룬 논문은 전혀 없었다. 참가자들은 각각 자신들의 전공에 관련된 주제들을 발표한 것이다.

다만 이 연구소의 소장인 김영국 교수가「발간사」를 발표하고 공삼을 회상함으로써 공삼에 대한 학문적 평가를 자극했다.[9] 그「발간사」는 짧았으나 공삼에 대한 핵심적 내용을 담았다. 김 교수는 우선 "이 논총의 발간 자체가 공삼 선생의 여덕으로 가능하게 되었다. 공삼 선생의 후학들과 제자들이 그를 추모하는 논문집을 내기를 원했고 그 결과가 이 논총인 것이다."라고 회상함으로써, 공삼이 후학들과 제자들에게 지적으로 많은 영향을 끼쳤음을 상기시켰다. 김 교수는 이어 "공삼 선생은 그의 강의, 저술, 번역을 통해 한국정치학을 서구정치학의 기반 위에 올려놓으려고 노력하였다."고 회상하고, "우리들은 한국정치연구가 아직도 이러한 기반을 떠나서는 이루어지기 어렵다고 생각한다."고 덧붙였다.

공삼의 학문적 자세와 관련해, 김 교수는 "공삼 선생은 한국정치에 대해서는 항상 의연한 자세를 견지하고 적정거리를 유지하였다."고 회상하면서, 한국정치연구소와『한국정치연구』는 공삼의 그러한 자세를 계승할 것임을 다짐했다. 김 교수는 마지막으로 "공삼 선생은 한국정치학계에 학문적 다원주의(Wissenschaftspluralismus)를 심고자 했다."고 회상하고, 그러한 공삼의 자세가 후학들과 제자들로 하여금 '보수주의에서 혁신주의에 이르기까지' 다양한 이념적 성향을 갖게 만들었다고 지적했다.[10]

9 김영국,「발간사」,『한국정치연구』, 창간호(1987), 3-4쪽.

10 위와 같음, 4쪽.

이 「발간사」를 발표한 이후, 김영국 교수는 자신의 건강 때문에 공삼의 정치학에 대한 긴 글을 쓰기 어려운 만큼 필자에게 그 일을 기대한다고 말씀하셨다. 그래서 김영국 교수는 『전교학신문』이 「석학 평전」이라는 연재물의 제26회로 공삼을 지목하면서 집필을 의뢰했을 때 필자를 추천하셨다. 이에 필자는 1990년에 신문의 글로는 제법 긴 글로써 공삼의 정치학을 개관했다. 이 글에서 필자는 공삼이 해방 직후의 한국에 다원주의 정치학을 정력적으로 소개함으로써 사회주의가 득세한 그때의 지식인 사회에 자유민주주의사상을 전파하는 데 선구적 역할을 수행했다고 평가했다.[11] 이 글에 이어 필자는 1992년에 다시 공삼의 정치학을 같은 맥락에서 소개하는 글을 발표했다.[12]

이듬해인 1993년에 『경향신문』은 차기벽(車基璧) 교수와 안청시(安淸市) 교수 및 이정복 교수의 추천을 받아들여 「우리 시대의 명저」 시리즈에 공삼의 『정치학』을 포함시켰다. 그리고 서울대학교 사회과학대학 정치학과 졸업생인 양권모(梁權模) 기자는 이 책이 지닌 의미를 김홍우 교수와 이정복 교수의 평가에 기초해 설명했다.[13]

1997년 이후의 연구들

공삼의 정치학에 대한 본격적인 학문적 연구는 1997년 이후 시작됐다. 공삼의 20주기를 맞아 서울대학교 사회과학대학 한국정치연구소는 1997

11 김학준, 「한국정치학의 태두 민병태 : 다원주의 입각, 민주정치 이론 제도정립」, 『전교학신문』, 제44호(1990년 8월 29일), 10쪽. 필자는 이 글을 이렇게 시작했다 : "공삼 민병태 교수는 필자의 은사가 되며, 따라서 제자되는 몸으로 스승을 평가하는 일이 송구스러울 뿐이나 선생님의 으뜸가는 제자이면서 동시에 필자의 또 다른 은사인 김영국 교수의 강력한 권고가 있기에 감히 붓을 들기로 하였다. 이 점에 대해 학계와 그리고 특히 선생님의 후학과 제자 모두에게 양해를 얻고자 한다."

12 김학준, 「정치학도에 세례를 준 은사들」, 『월간중앙』, 1992년 10월호, 636-645쪽.

13 양권모, 「우리 시대의 명저(25) : 민병태의 정치학」, 『경향신문』, 1993년 6월 30일, 13쪽.

년 11월 21일에 역시 추모학술대회를 열고 거기서 발표된 논문들을 『한국정치연구』 제7호(1997)에 게재했다. 이때도 참가자들은 대부분 각자의 전공에 관련된 주제를 중심으로 발표했다. 다만 한국정치연구소장 이정복 교수가 「서언」을 기고하고 김영국 명예교수가 「추모사」를 기고함으로써 공삼에 대한 이해를 높이는 데 일정하게 이바지했다.

우선 이정복 교수는 「서언」에서 "공삼 선생은 상아탑 속의 정치학자였다. [⋯] 공삼 선생은 한국의 정치현실에 크게 아랑곳하지 않고 그가 공부한 서양의 고전적 정치학을 후학들에게 가르쳤다."고 썼으며, "공삼 선생의 정치학에 대해서는 현실적 적실성이 약했다는 비판이 있기도 하다."고 덧붙였다. 다른 한편으로, 이 교수는 "그의 정치학은 당시의 정치현실을 비판적으로 볼 수 있는 철학이었다. 그가 소개한 다원론과 사회민주주의론은 독재정치와 매카시적 반공주의에 대한 부정이었고 서양정치사상사는 한국정치의 발전방향을 밝혀주는 궤적이었다. 과학주의정치학에 대한 비판은 정치현실에 안주하기보다는 민주적 가치에 중요성을 부여하는 인식론이었다."고 지적했다. 종합적으로, 이 교수는 "공삼 선생은 한국 정치학의 수립기에 서양의 고전적 정치학을 수입하여, 한국 정치학을 서양 정치학의 기반 위에 올려놓으려고 노력하신 한국 정치학의 태두이시다."라고 매듭을 지었다.**14**

김영국 교수도 「추모사」에서 같은 취지로 말했다. 그는 "광복 후 오늘날까지 이어지고 있는 국민적 이념은 말할 것도 없이 민주주의입니다. 그동안의 여러 정권이 민주정치에 실패했음에도 불구하고 국민의 민주적 신념에는 변함이 없었습니다. 이렇게 민주이념의 초석을 닦아가는 과정에서 선생님께서 크나큰 공헌을 하셨습니다."라고 평가했다.**15**

그러나 더욱 중요하게, 이 추모학술대회에서 역시 공삼의 제자들 가운데 한 사람인 김홍우 교수는 「민병태 『정치학』의 이해 : 슈미트와 라스키

14 이정복, 「서언」, 『한국정치연구』, 제7호(1997), ⅰ쪽 및 ⅲ쪽.

15 김영국, 「공삼 민병태 교수 20주기 추모사」, 위와 같음, ⅳ쪽.

의 논의를 중심으로」를 발표했다.16 김홍우 교수의 이 논문은 공삼의 정치학에 대한 최초의 연구였다고 하겠으며, 이로써 공삼의 정치학에 대한 본격적인 연구의 출발점을 마련해주었다. 공삼의 주저(主著)인 『정치학』을 독일의 법학자이면서 정치학자였던 칼 슈미트(Carl Schmitt)의 정치학, 그리고 슈미트와 논쟁을 벌였던 영국의 역사학자이면서 정치학자였던 라스키의 정치학에 대비하면서 접근한 것으로, 이러한 시도는 공삼을 전혀 모르는 해외에서는 당연히 없는 일이었고 국내에서는 처음이었다. 국내의 정치학자들 가운데 해외의 정치학자들에 대비되면서, 더구나 국제적 거장들에 대비되면서, 분석된 경우는 공삼이 처음일 것이다. 이렇게 볼 때, 김홍우 교수는 이 논문을 통해 공삼의 정치학을 슈미트의 정치학 및 라스키의 정치학에 걸맞는 동급의 반열에 올려세웠다고 하겠다.

이것은 중요한 의미를 갖는다. 학계 일각에서는 한때 공삼의 그 책은 공삼이 게이오대학에서 수학한 내용의 서술에 지나지 않는다는 폄하가 구전됐던 것인데, 김홍우 교수의 논문은 공삼의 그 책이 슈미트의 정치학과 라스키의 정치학에 대해서는 물론이고 서양의 정치학 전반에 걸친 공삼 스스로의 깊은 연구에서 생산된 것임을 보여주었기 때문이다.

같은 계제에, 배성동(裵成東) 교수는 「민병태 교수의 Pluralism 특강」을 발표했다. Pluralism은 물론 공삼이 평생에 걸쳐 강의한 다원주의를 말한다.

20주기 추모학술대회가 열렸던 때로부터 5개월이 지난 1998년 4월에 이정복 교수는 「내가 본 공삼 : 고전정치사상 탐색한 상아탑 속의 학자」를 발표했다. 이 글을 통해 이 교수는 자신이 우리가 바로 앞에서 살핀 「서언」에서 제시한 관점을 되풀이했다. 그는 "공삼은 한국의 정치현실에 크게 아랑곳하지 않고 그가 공부한 서양의 고전적 정치학을 후학들에게 가

16 김홍우, 「민병태 『정치학』의 이해 : 슈미트와 라스키의 논의를 중심으로」, 40-90쪽에 게재됐다. 김 교수는 이 논문에 자신의 후속(後續)을 추가해 같은 제목 아래 다음에 수록했다. 김홍우, 『한국정치의 현상학적 이해』(서울 : 인간사랑, 2007), 75-175쪽.

르친 상아탑 속의 학자"라고 자리매김한 것이다.[17] 이 교수의 이 논평은 앞에서 소개된 이숭녕 교수의 「서」 및 김영국 교수의 「발간사」에서 엿보이는 공삼의 모습과 맥을 같이한다고 하겠다.

2007~2008년에 정점에 도달한 연구들

공삼에 대한 회상과 공삼의 정치학에 대한 연구는 2003년 이후 훨씬 더 활발해졌으며, 2007~2009년에 정점에 이르렀다. 우선 2003년에 한국정치학회는 창립 50주년을 맞이해 『한국정치학회50년사』를 발간했는데, 이 방대한 책은 공삼이 한국정치학회 회장을 맡았던 1960년대에 대한 회고를 게재했다. 공삼의 제자들 가운데 제1세대에 속하는 구범모 교수가 집필한 「1962년~1970년도 학회 회고록」은 이 학회의 성립 및 성장과정, 그 과정에서 공삼이 수행한 역할을 생생하게 설명했다.[18]

이어 2004년에 대한민국학술원은 별세한 회원들의 업적을 회상하는 책을 출판했는데, 여기서 대한민국학술원 회원인 김운태(金雲泰) 서울대 행정대학원 교수는 공삼이 '다원론적 정치학'을 보급했으며, 유럽의 철학적 접근법과 미국의 과학적 접근법을 통합하고자 시도했다고 회상했다.[19] 한 걸음 더 나아가, 김 교수는 이 시점까지 어느 누구도 글로 쓰지 않은 공삼의 인간적 면모를 소개했다. 그는 "[민 선생은] 여가에는 친구들과 어울려 신선놀음으로 바둑과 마작 같은 놀이에 열중하기도 하였으며 주연(酒宴)의 호탕한 흥취를 즐기기도 하였다. 때로는 자유당시대의 유명한 무교동의 서민주점인 용금옥(湧金屋)에 단골손님으로 드나들던 풍류객이기도 하였다."

17 이정복, 「내가 본 공삼: 고전정치사상 탐색한 상아탑 속의 학자」, 『교수신문』, 제132호(1998년 4월 6일), 7쪽에 게재됐다.

18 구범모, 「1962~1970년도 학회 회고록」, 한국정치학회50년사편찬위원회 편, 『한국정치학회50년사』(서울: 한국정치학회, 2003), 508-513쪽에 게재됐다.

19 김운태, 「민병태 회원」, 대한민국학술원 편, 『앞서 가신 회원의 발자취』(서울: 대한민국학술원, 2004), 322-326쪽.

라고 회상한 것이다.[20]

공삼의 30주기를 맞이한 2007년은 공삼 연구에 있어서 또 하나의 전환을 마련했다. 서울대 한국정치연구소는 11월 16일에 추모학술대회를 개최하면서 공삼의 정치학 그 자체를 주제로 다뤘다. 우선 이홍구 교수는 추모사를 통해 '공삼 정치학'의 대강을 서양정치사상사의 맥락에서 소개했다. 이홍구 교수는 '공삼 정치학'이 고대희랍의 정치철학에 기반을 두었음을 상기시킨 데 이어, 공삼이 영국의 정치사상가 존 로크(John Locke)에 기울어져 있었다고 논평했다. 이정복 교수는 이 대회에서 발표된 논문을 편집해 2008년에 『공삼 민병태 선생의 정치학』으로 출판했다.[21] 이 단행본에 포함된 논문들 가운데 공삼의 정치학에 직접적으로 연관되는 것들로 다음의 다섯 편을 지적할 수 있다.

첫째, 구범모 교수의 「공삼 민병태 교수의 생애와 경응(慶應) 학풍 : 그 학풍의 시대적 배경을 중심으로」이다. 이 논문은 공삼이 무려 14년에 걸쳐 수학하고 봉직했던 게이오대학의 학풍을 개관함으로써 공삼의 정치학이 정립된 학문적 배경을 설명했다.

둘째, 이정복 교수의 「공삼 민병태 선생의 연구업적」이다. 이 논문은 공삼의 저술들을 저서와 논문 및 역서로 나눠 자세히 설명한 데 이어 공삼의 강의내용을 회상했으며, 마지막으로 공삼의 문제의식을 분석했다. 이 논문에서 이 교수는 우선 공삼은 '상아탑 속의 학자'였다는 자신의 기존의 주장을 발전적으로 수정했다. 이 교수는 다음과 같이 썼다 :

> 공삼은 "한국의 정치현실에 크게 아랑곳하지 않은" 정치학자가 아니다. 그는 한국의 정치현실에 대해 깊이 사색하였고, 그의 정치학은 이를 반영하고 있다고 말할 수 있다. 그의 연구업적은 그가 최소한 다음과 같은 세 가지 문제의식을 가지고 있었다는 것을 나타낸다. 첫째는 신생 대한민국에 어떠한 정치학을 수립해

20 위와 같음, 325쪽.

21 이정복 편, 『공삼 민병태 선생의 정치학』(서울 : 인간사랑, 2008).

나갈 것인가의 문제의식이고, 둘째는 어떠한 국가를 세울 것인가의 문제의식이며, 셋째는 어떠한 민주주의를 발전시킬 것인가의 문제의식이다. 이 세 가지 문제의식은 오늘날에도 한국의 정치학자들이 견지하고 있어야만 하는 문제의식이고, 대한민국이 출범한 지 얼마 안 되는 공삼 선생의 시대에도 두말할 필요 없이 중요하고 시급한 해답을 요하는 문제의식이었다. 바람직스러운 시작을 해야만 바람직스러운 발전을 할 수 있기 때문이다.[22]

그러면, 공삼은 이 세 가지 문제의식과 관련해 어떤 노력을 기울였으며 어떤 이론을 전개했던가? 이 교수의 자세한 설명을 필자가 자의적으로 짧게 정리하면 다음과 같다. 첫째, 공삼은 "[한국에서] 전통적 정치학을 수립해가면서 과학주의정치학을 그 한계를 명확히 인식하고 받아들여야 한다."고 주장했다. 둘째, 공삼은 한국에서 세워야 할 국가와 관련해 다원국가론과 더불어 국가중심론 및 계급국가론도 함께 소개함으로써 "어떠한 국가론이 한국의 현실에 맞고 바람직한 국가론인가에 대해서는 학생들의 판단에 맡겼다고 볼 수 있다."고 평가했다. 셋째, 공삼은 한국 민주주의 발전방향과 관련해, '사회적 구속을 받고 사회 여러 집단들의 이익을 실현해주는 […] 대의제도'를 옹호했고, '정당의 적극적 활동'을 강조했으며, 양원제를 전제로 하는 '영국을 모델로 한 내각책임제의 발전'을 제시했다.[23]

셋째, 배성동 교수의 「민병태 교수의 강의」다. 이 글은 공삼이 런던경제정치대 교수 그리브스(H. R. G. Greaves)의 『정치이론의 기초들(*The Foundations of Political Theory*)』(London : George Allen & Unwin, LTD, 1958)을 교재로 썼다고 밝혔다. 넷째, 김홍우 교수의 「민병태 『정치학』의 이해 : 슈미트와 라스키의 논의를 중심으로」이다. 이 논문은 김 교수가 1997년에 발표한 논문을 확대하고 발전시킨 것으로, '공삼 정치학' 연구에 있어서의 정점도달(頂點到達)이었다. 다섯째, 김세균(金世均) 교수의 「라스

22 이정복, 「공삼 민병태 선생의 연구업적」, 이정복 편, 『공삼 민병태 선생의 정치학』, 56쪽.

23 위와 같음, 56-62쪽.

키의 정치이론」이다. 이 논문은 공삼의 연구대상들 가운데 주요한 지위를 차지하는 라스키의 생애와 이론을 요약했다.

『공삼 민병태 선생의 정치학』이 출판된 때로부터 1년 뒤인 2009년에 서울대 사회과학대학 정치학과는 『서울대학교정치학과60년사, 1946~2006』를 출판했다. 이 방대한 책에서, 공삼의 강의를 직접 수강하지는 않았으나 공삼을 직접적으로 대한 학번들 가운데 사실상 마지막 학번에 속하는 박찬욱 교수는 「정치학과 전-현직 교수들의 연구업적」을 통해 공삼을 '한국정치학을 정초(定礎)한 교수들' 가운데 한 사람으로 꼽으면서 공삼의 연구업적을 자세히 소개했다.[24] 또 이 책에 게재된 전-현직 교수들과 동문들의 회고에서 공삼의 면모가 많이 드러났다.

제 2 절 이 책의 목표 : 선행연구들에서 미진한 점들에 대한 해명과 그 해명을 통한 '공삼 정치학'의 전체상(全體像) 정립

공삼의 인간적 면모에 대한 회상 그리고 공삼의 정치학에 대한 연구들을 종합해보면, 더 이상 나올 것이 없다는 인상을 받는다. 이 인상은 이정복 교수의 편집으로 2008년에 출판된 『민병태 선생의 정치학』을 읽고 나면 더욱 강화된다. 그러나 필자의 졸견으로, 미진한 점들이 남아 있음이 사실이다. 물론 그 점들이 본질적이지는 않으며 지엽적인 것으로 보일 수 있다. 그렇지만 궁금한 점들에 대한 관심이 아주 사라지지는 않는다.

첫째, 공삼의 유아 및 소년 시절의 수학에 대해서다. 공삼의 「연보」는 공삼이 5세에 '한문수학(漢文修學)'을 시작했으며 강경보통학교(江景普通學校)와 부여보통학교(扶餘普通學校)에서 공부하다가 16세부터 20세까지 경성제일고등보통학교(京城第一高等普通學校)에서 4년에 걸쳐 공부했다고 밝

24 박찬욱, 「정치학과 전-현직 교수들의 연구업적」, 『서울대학교정치학과60년사, 1946~2006』, 39-42쪽.

혔다.

정치사회화(political socialization) 이론은 한 인간의 기본성격은 유아기에 형성되며 그것은 소년기에 약간의 변화와 조정을 거친 뒤 일생을 관통한다고 가르친다. 더구나 공삼의 유아기와 소년기는 조선이 일제의 식민지로 전락했으며 그렇기에 일제 총독부의 교육이 조선인들에게 적용됐던 시기에 해당된다. 이 중요한 시기에 공삼은 어떤 내용의 교육을 받았으며, 공삼은 그것에 대해 어떻게 반응했던 것일까? 특히 경성제일고등보통학교에서 4년 동안 주로 어떤 과목들을 어느 교사들로부터 배웠을까? 이 중요한 지적 형성기(知的 形成期)에 그는 어떤 주제들에 대해 관심을 가졌으며 어떤 책들을 읽었을까? 기존의 연구들은 이 물음에 대해 침묵했다.

둘째, 공삼의 「연보」는 공삼이 20세부터 29세까지 게이오대학 법학부 정치학과에서 예과 3년, 본과 3년, 그리고 대학원 3년의 과정을 마쳤음을 보여준다. 공삼의 정치학을 이해함에 있어서 이 9년에 대한 연구는 중요하다. 같은 맥락에서, 공삼은 29세부터 32세까지 게이오대학 법학부 연구실에서 연구원으로 봉직한 데 이어 이 대학 아세아연구소에서 조교수급의 연구원으로 봉직했음을 보여준다. 이 3년의 기간에 대한 연구 역시 공삼의 정치학을 연구함에 있어서 중요하다.

기존의 연구들은 이 시기에 대해서도 사실상 침묵했다. 오직 앞에서 소개한 구범모 교수의 「공삼 민병태 교수의 생애와 경응 학풍」이 이 시기에 대해 부분적으로 설명했다. 그렇지만, 구체적 자료의 결핍으로, 공삼이 게이오 정치학과에서 구체적으로 무엇을 배웠느냐에 대해서는 말하지 않았다. 공삼은 어떤 과목에 일차적 관심을 가졌으며 어느 교수의 강의에 영향을 받았던 것일까? 공삼은 어떤 책들을 읽었던 것일까? 사석에서 구 교수는 공삼이 동급생인 나카무라 기쿠오[中村菊男 : 중촌국남]와 가까이 지냈으며 나카무라 기쿠오가 뒷날 모교의 교수가 된 이후에도 교우를 유지하면서 두 나라에서의 정치학의 흐름에 대한 정보를 교환했다고 밝혔다.

공삼의 「연보」는 공삼이 게이오시절에 서양어로 출판된 책 두 권을 각각 일본어로 역간했으며 논문 한 편을 일본어로 출판했다고 밝혔다. 이 책들의 내용은 무엇인가? 책 하나의 내용은 이정복 교수에 의해 개략적으로 밝혀졌다.[25] 그러나 다른 책들과 논문들의 내용은 아직도 밝혀지지 않았다.

셋째, 공삼의 「연보」는 공삼이 서울대로 부임하기에 앞서 오늘날의 연세대의 전신인 연희대, 동국대, 그리고 오늘날의 경희대의 전신인 신흥대 및 대구대에서 교수로 봉직했음을 밝히고 있다. 이 대학교들에서 공삼은 어떤 과목들을 맡았던가? 공삼은 어떤 책들을 교재들로 삼았던 것일까? 기존의 연구들은 이 물음을 다루지 않았다.

넷째, 공삼의 「연보」는 공삼이 1962년 8월 30일에 서울대에서 문학박사 학위를 받았다고 밝혔으나 학위논문의 제목은 밝히지 않았다. 그러나 김영국 교수와 구범모 교수 등은 평소에 사석에서 공삼의 「저작목록」에 저서로 게재된 『현대정치학의 방법론적 고찰』(서울 : 일조각, 1963)이 공삼의 박사학위논문이라고 말했었다. 쉽게 말해, 학위논문을 단행본으로 출판한 것이 바로 그 책이었다는 뜻이었다. 그런데 『서울대학교정치학과60년사』는 「민병태 교수의 연구업적」을 소개하면서 학위논문의 제목을 「정치학 방법론의 제문제 : 민주주의의 제도적 전개」로 단정했다.[26] 그러면 공삼의 학위논문은 무엇이며 『현대정치학의 방법론적 고찰』은 무엇인가? 기존의 연구들은 이 물음에 대해 분명하게 대답하지 않았다.

다섯째, 공삼의 「연보」와 「저작목록」은 소략하다. 그 까닭은 자신을 드러내지 않으려는 공삼의 겸허한 인간적 성품에 있을 것이다. 그러나 공삼의 「연보」와 관련해 구전되어 온 몇몇 사실들에 대해 기존의 연구들은 전혀 다루지 않았다. 또 「저작목록」은 『서울대학교정치학과60년사』에 이르러 논문 몇 편이 더 추가되는 것으로 그쳤다. 이에 대해, 사석에서 구범모 교수는 "공삼의 명성이 워낙 높아 신문과 잡지로부터 원고청탁이 밀려들

25 이정복, 「공삼 민병태 선생의 연구업적」, 45쪽.

26 『서울대학교정치학과60년사』, 51쪽.

었고 그 요구에 부응하기 위해 때때로 무리를 하셨다."고 회상했다. 공삼의 정치학을 깊이 분석하려면 기존의 「저작목록」에 수록되어 있지 않은 공삼의 원고들을 더 찾아내야 하는 것은 아닐까? 이러한 보충적 작업이 뒤따를 때 공삼의 정치학에 대한 종합적이면서 객관적인 평가가 가능한 것이 아닐까?

이 책은 기존의 연구들 가운데 미진한 부분들을 밝혀내 공삼과 공삼의 정치학을 새롭게 조명하려는 목적에서 쓰여졌다. '새롭게'라고 하여 이 책이 기존의 연구들이 유지했던 논지들에 어떠한 변경을 가져오는 것은 아니다. 새로 발굴된 자료들은 기존의 연구들이 유지했던 논지를 보강할 뿐이다. 전반적으로 말해, 이 책은 기존의 자료들에 새로 발굴된 자료들을 종합해 정치학자로서의 공삼의 생애, 그리고 '공삼 정치학'의 대체(大體)를 소묘하려는 데 그 일차적 목적이 있다.

제3절 새로 발굴한 자료들

필자는 이러한 문제의식을 갖고 10여 년 전부터 자료들을 찾았다. 다행히 충분하지는 않지만 그사이 우리가 알지 못했거나 다루지 않았던 자료들을 추가로 상당히 많이 찾을 수 있었다. 이 과정에서 「연보」와 「저작목록」 모두에 오류가 포함됐음도 알 수 있었다. 이 「연보」와 「저작목록」은 공삼 스스로 작성한 것이 아니라 그가 자리에 누워 있던 때 그의 제자들이 작성한 것이어서 고의가 아닌 실수나 착오가 발생했을 것이다.

새 자료들의 의미

그러면 새로운 자료들이란 어떤 것들인가? 첫째, 공삼의 유아 및 소년 시절의 수학에 대해서다. 필자는 강경보통학교의 후신인 강경중앙초등학교 그리고 부여보통학교의 후신인 부여초등학교를 2012년 5월 31일에 차례로 직접 방문했다. 두 학교 사이의 거리는 자동차로 25분 안팎의 가까운 거리였다. 안타깝게도 일제강점기의 기록들은 몇몇 사진들을 제외하고는 그것이 무엇이든 하나도 남지 않아, 공삼에 관한 자료 역시 찾을 수 없었다. 그러나 경성제일고등보통학교의 후신인 경기고등학교에서 몇몇 자료들을 찾을 수 있었다.

둘째, 공삼의 게이오에서의 수학과 관련해 필자는 한정된 범위 안에서만 자료들을 발굴할 수 있었다. 게이오대학 정치학과 고바야시 요시아키[小林良彰: 소림양창] 교수의 2006년 9월 5일자 회신에 따르면, 2차대전의 말기에 게이오가 위치한 도쿄 역시 미군의 폭격으로 많은 곳들이 파괴됐는데, 이 과정에서 게이오의 자료들도 부분적으로 소실됐기에, 필자가 추적한 자료들을 모두 얻기가 불가능했다. 그렇지만, 그의 도움으로, 이 시기에 게이오 정치학과가 개설했던 과목들을 게이오의 공문서들을 통해 부분적으로 확인할 수 있었다.

그러나 게이오대학에서 출판된 공삼의 저작과 자료들을 필자는 모두 찾을 수 있었다. 우선 공삼의 처녀작인 「미국에 있어서의 정치학 독립에 관한 하나의 자료」의 일본어 원문을 입수할 수 있었으며, 그 일본어 원문의 저본(底本)인 영어 원문도 입수할 수 있었다. 이어 공삼이 영어 원서들로부터 일본어로 번역한 세 책들, 그리고 일본어로 출판한 논문 1편을 입수할 수 있었다. 이것들을 종합하면 공삼의 학문적 출발점이 중앙아시아였음을 확인하게 된다.

셋째, 공삼의 연희대와 동국대 및 신흥대 등에의 출강에 관해, 공문서들에 근거해 소략하지만 몇 가지 사실들을 확인할 수 있었다. 대구대에서의 기록도 소략하지만 찾아낼 수 있었다. 또 이제까지 전혀 알려지지 않았던 사실로 고려대에 출강한 기록도 확인할 수 있었다. 무엇보다 1952년에 '동국대학 교수'의 자격으로 발표한 두 편의 평론들을 찾아낼 수 있었다. 『대학신문』에 게재된 이 평론들은 그 이후 공삼이 발표한 논문들 또는 평론들의 원형이라고 말할 수 있다는 점에서 주목을 받기에 충분하다.

공삼은 자신의 주저 『정치학』(보문각[普文閣], 1958년 초판 ; 1960년 초판 2쇄)의 「저자약력」에서 자신이 서울대 문리대 정치학과 교수로 재임하면서 동시에 숙명여자대학교 강사로 출강하고 있다고 썼다. 그러나 이 사실을 확인할 수 있는 기록을 숙명여대에서는 찾지 못했다. 따라서 공삼이 출강한 시기와 담당한 과목을 알 수 없었다.

넷째, 라스키에 관한 공삼의 초기 출판물들을 찾아낼 수 있었다. 이에 따라 라스키의 대표적 저서인 *A Grammar of Politics*의 전반부를 『정치학 강요(政治學 綱要) : 이론편』으로 처음 출판한 때가 1949년 3월이었고 라스키의 정치학에 관한 논문을 처음 출판한 때가 1950년 1월이었음도 확인할 수 있었다. 이로써 라스키에 대한 출판의 기점을 「연보」가 말하는 1954년이 아니라 6·25전쟁의 발발 이전인 1949~1950년으로 끌어올릴 수 있었다.

다섯째, 서울대에 부임한 이후의 저술들 가운데 이제까지 알려지지 않았거나 논의되지 않았던 수많은 평론들과 서평들, 그리고 박사학위논문을 찾아낼 수 있었다. 또 역시 이제까지 알려지지 않았거나 논의되지 않았던 좌담회에서의 발언들, 수필들, 그리고 대학 밖에서의 활동에 관련한 자료들을 찾아낼 수 있었다. 공삼은 자신의 회고록을 남기지 않았는데, 서울대 대학원장에 취임한 직후 『동아일보』와 가진 회견에서 몇몇 회상들을 남겼다. 이 회견은 공삼의 생애와 인생관 그리고 게이오시절에 대해 비록 짧지만 중요한 회상들을 담았다.

여섯째, 강의안 가운데 상당히 많은 부분을 읽을 수 있었다. 매우 꼼꼼하게 작성된 강의안은 공삼의 정치학은 물론이고 그의 성품을 이해하는 데 적잖은 도움을 주었다.

저술들과 발언들의 분류

공삼은 우리가 일반적으로 가진 인상과는 크게 차이가 날 정도로 많은 글들을 썼고 시사문제들에 대해 많은 발언들을 남겼다. 북한문제에 대해서도, 한반도통일문제에 대해서도, 국제문제에 대해서도, 글들을 썼고 발언했다. 필자는 그것들을 다음과 같이 분류하고자 한다.

첫째, 저서 및 공동저서다. 『정치학』이 앞의 사례이며, 『정치학 요강』이 뒤의 사례다. 공삼의 단독저서는 『정치학』이 유일하다.

둘째, 강의노트다. 공삼은 서울대에서의 강의뿐 아니라 신흥대에서의 강의에 대해서도 노트를 마련했고 이것을 가족에게 남겼다.

셋째, 역서 및 공동번역서다. 라스키의 『정치학 강요』와 『국가론』, 제닝스의 『영국헌정론』, 매키버의 『근대국가론』, 그리고 세바인의 『정치사상사』 등이 대표적 사례들이다. 공삼의 역서는 모두 일곱 책에 이르며, 공동번역서는 『소령(蘇領) 터키스탄 잠입기』와 『행정학 원론』 등 두 책이다.

넷째, 공동편집이다. 『정치학사전』이 유일한 사례다.

다섯째, 학술논문이다. (1) 학위논문으로, 서울대 대학원에서 통과된 「정치학 방법론의 제문제」가 그것이다. (2) 장(章)과 절(節)의 설정을 명백히 하고 각주를 붙이는 등, 학술논문으로서의 형식을 갖춘 논문으로 「정치과정에 있어서의 사회적 제(諸)요인에 관한 고찰」이 유일하다.

(3) 공삼 시대에 한국의 정치학계에는 학술지가 드물었다. 그래서 정치학자들은 각주를 허용하지 않는 월간지 등에 기고하곤 했다. 공삼도 이러한 방식으로 논문을 발표했다. 「민주대표론」, 「영국정치사상의 현실성」, 「현대사회과학방법론에 끼친 프로이드의 영향」, 「통일의 원리와 한국문제」, 「과학주의에 대결하는 전통」 등이 대표적 사례들이다. 이것들 가운데 「과학주의에 대결하는 전통」은 장과 절의 구분이 명백하고 끝에 참고문헌목록을 제시했으며, 따라서 엄격한 의미에서의 학술논문으로 보아도 타당하다. 『동아일보』와 『조선일보』 및 『중앙일보』를 비롯한 이 범주에 속하는

논문으로 모두 일곱 편이 있다.

여섯째, 번역문이다. 공삼은 영어논문의 일본어번역을 포함해 모두 여섯 편의 논문들을 번역했다.

일곱째, 평론이다. 대체로 10매 안팎의, 또는 15매 안팎의 짧은 글들로 「현대국가의 과제와 정치이념」과 「세계정부의 이념」 및 「미국 극동정책의 전망」 등이 대표적 사례들이다. 공삼은 주로 『대학신문』에 평론들을 발표했다. 그러나 서울의 거의 모든 일간지들에도 평론들을 발표했다. 이 범주에 속하는 평론들로 47편을 지적할 수 있다.

여덟째, 서평이다. 이한기 교수의 역서 『현대국제법』에 대한 서평, 그리고 정인흥 교수의 『정치학』에 대한 서평, 그리고 김상협 교수의 『기독교민주주의 사회민주주의 교도민주주의』에 대한 서평 등이 대표적 사례들이다. 공삼은 모두 다섯 편의 서평을 남겼다.

아홉째, 간행사(刊行辭) 또는 권두언(卷頭言) 등의 짧은 글이다. 이러한 부류의 글로, 『한국정치학회보』에 두 편이 게재됐다.

열째, 월간지가 마련한 좌담회에서, 그리고 국회 또는 사회단체가 마련한 공청회에서의 발언이다. 『신태양』과 『사상계』 및 『세대』의 좌담회에서 국내외의 현안들에 대해 발언했다. 공삼은 또 4월혁명 직후의 공청회에서, 그리고 5·16군사정변 이후의 헌법개정특별심의위원회에서 발언했다. 이러한 발언으로 모두 여덟을 찾을 수 있었다.

열한째, 단평이다. 역시 어떤 시사문제 또는 현안에 대한 짧은 의견개진이다. 이러한 단평으로, 모두 여덟을 찾을 수 있었다.

열두째, 기자회견이다. 1960년 2월 21일에 보도된 『코리아 타임스』와의 회견, 1966년 7월 18일에 보도된 『경향신문』과의 회견, 그리고 1970년 3월 3일에 보도된 『동아일보』와의 회견이 그것들이다.

열세째, 수필이다. 자신의 해외여행에 관련된 수필을 비롯해, 모두 일곱 편의 수필을 남겼다.

제4절 이 책의 구성

이 책은 모두 9개의 장으로 구성됐다. 이 제1장에 이어, 제2장은 공삼의 가계와 공삼의 유아기 및 소년기의 수학을, 특히 경성제1고등보통학교에서 수업했던 과목들을 살피기로 한다. 이어 공삼의 게이오에서의 수학과 연구 및 출판을 다룬다. 이 시기는 일제가 군국주의-파시즘으로 치달리던 때여서, 학문의 자유가 제약되고 특히 정치학 연구가 제약되던 때다. 구한말에 조선에 수용됐던 서양의 정치학은 더 이상 논의될 수 없었으며, 그러므로 이 시기는 식민지조선에서 '한국 정치학의 동면기(冬眠期)'였다. 그러한 상황이었기에, 필자는 이 시기에 조선에서 동면에 들어간 '조선 정치학'의 학풍이 아니라 일본에서 형성된 '일본 정치학'의 학풍이라는 맥락에서 공삼의 게이오시절을 분석하기로 한다.

공삼의 게이오시절에 게이오는 사학(私學)의 상징으로서 비록 제한된 범위 안에서였지만 '자유주의적' 학풍을 유지하기 위해 노력했다. 대조적으로 도다이[東大 : 동대]로 약칭되던 도쿄제국대학은 관학(官學)의 상징으로서 철저히 '국가주의적' 학풍을 유지했다. 이 시기에 동경제대 정치학과에서 수학한 대표적 정치학도들이 이동화(李東華)와 김상협(金相浹) 및 신도성(愼道晟) 등이었다. 필자는 공삼의 정치학 수학에 대한 이해를 돕기 위해 이들의 정치학 수학에 대해서도 간단히 언급하기로 하겠다.

제3장은 해방 직후 연희전문학교 교수로 부임한 때로부터 1950년에 6·25전쟁이 일어났을 때까지의 약 5년을 다룬다. 이 시기는 미국과 소련의 분할점령 아래 한반도에서 2개의 대결국가가 탄생하고, 그 이후 남과 북의 대결 속에서 마침내 6·25전쟁이 일어났으며, 서방권과 공산권의 국가들이 직접 군사적으로 개입했던 시기였다. 이 시기는 또 그러한 위급한 상황 아래 서울의 주요한 대학교들을 중심으로 정치학과 및 정치외교학과가 창설되고 그리하여 일제강점기에 동면에 빠졌던 정치학이 한국에서 소생하기 시작한, '한국 정치학의 소생기'였다.

필자는 이러한 시기적 특성들을 고려하면서 공삼의 정치학을 분석하기로 하겠다. 특히 이미 이 시기에 라스키의 국가다원론에 근거한 민주주의 이론을 소개함으로써, 공삼은 한국정치학계에 이른바 '라스키 시대'를 여는 데 선도적 역할을 수행했던 것이다. 그것은 달리 말해, 해방 직후의 이데올로기적 혼란기에 공삼이 민주주의적 학풍을 이끌었음을 의미했다.

제4장은 6・25전쟁의 3년을 다룬다. 이 시기는 6・25전쟁과 유엔의 개입으로 정치, 특히 국제정치에 대한 관심이 성장하면서 정치학과 및 정치외교학과가 전국의 많은 대학교들에서 창설된 '한국 정치학과(政治學科)의 성장기'였다. 이 시기에, 공삼은 서울대를 비롯해 고려대와 동국대 및 대구대 등 많은 대학교들에서 강의하며 정치학의 교육에 힘을 썼다. 역설적으로, '정치학과'는 성장했으나, 전쟁의 분위기에 눌려 '정치학'은 위축됐다. 이 '한국 정치학의 위축기'에 그는 라스키의 이론에 근거해 여러 정치평론들을 발표했다.

제5장은 6・25전쟁이 멈춘 직후인 1954년부터 공삼이 『정치학』을 출판한 1958년 여름까지의 약 4년의 시기를 다룬다. 이 시기에 한국에서 정치학은 재활(再活)에 성공한다. 이 '한국 정치학의 재활기'에 공삼은 라스키의 『정치학 강요』를 완역한 데 이어 라스키의 『국가론』을 역간했다. 1957년에는 매키버(Robert Morrison McIver)의 『근대국가론』을 역간했다. 이로써 공삼은 국가다원론의 제1인자로 지위를 확립했다.

제6장은 1958년 여름부터 1961년 여름까지의 3년까지를 다룬다. 달리 표현하면, 1960년의 4월혁명을 전후한 시기다. 이 시기에 한국의 정치학계에는 '과학적' 정치학의 도입이 활발해지면서 '한국 정치학의 성장기'에 들어갔는데, 공삼은 이 방면에 대해서도 많은 글들을 썼다.

앞에서 언급된 『정치학』은 근본적으로 '전통적 연구방법'을 옹호했다. 그러나 『정치학』은 '전통적 연구방법'에 도전한 '과학적 연구방법'에 대해서도, 비록 '과학적 연구방법'의 한계성을 지적했으나, 자세히 언급했다. '과학적 연구방법'에 대한 언급과 더 나아가 소개는 1959년에 활발했다.

공삼이 가장 많은 논문들과 역문들을 발표한 이 해에, 공삼은 '정치과학'을 지지한 정치학자들의 논문들을 역간하기도 했으며 '정치과학'의 연구방법에 연결된 사회심리학적 분석이 많이 반영된 논문을 출판하기도 했다. 이것은 공삼이 1950년대 후반에 한국정치학계에 활발히 도입된 '과학적 연구방법', 특히 '행태주의적 연구방법'에 대해서도 관심이 컸음을 의미했다.

이 시기에 공삼은 서울대 문리대 정치학과 학생들이 주동이 된 신진회(新進會)의 지도교수였다. 신진회는 뒷날 4월혁명의 발발에 일정하게 연결되어 있었다.

이 시기에 공삼은 한국정치학회의 창립에 참여했다. 그는 1952년 11월에 이 학회가 창립되었을 때, 이 학회의 11명 간사들 가운데 한 사람으로 선출되며, 1960년에 한국정치학연구회 회장으로 선출되고, 이어 1962년에 한국정치학연구회를 통합한 한국정치학회의 회장으로 선출되며 약 8년에 걸쳐 이 학회를 이끈다. 한국정치학회에서의 공삼의 역할에 대해서는 이 장에서 다루기 시작하겠고, 제7장과 제8장에서도 계속해서 다루기로 하겠다.

제7장은 군사정부가 수립된 1961년 5월로부터 서울대 문리대 학장으로 취임한 1966년 11월까지의 약 6년을 다룬다. 이 시기는 '한국 정치학의 전환기'에 해당된다. 한국정치학계의 주제와 담론에 큰 전환이 이뤄졌기 때문이다. 공삼은 국가재건최고회의를 핵심으로 하는 군사정부가 민간정부로 넘어가는 과정에서 여러 정치평론들을 발표했다.

이 시기에 우선 공삼은 국가재건최고회의 의장 고문으로, 그리고 국가재건최고회의가 제3공화정의 출범을 위해 구성한 헌법개정특별심의위원회 전문위원으로 활동했다. 이 활동에 대해 공기록들을 중심으로 살피기로 하겠다.

공삼은 1962년에 박사학위논문을 끝냈다. 이 논문 그리고 1965년의 논문은 공삼이 스스로 '정치과학'의 한계성을 명백히 지적한 『정치학』의 입장을 견지하고 있음을 보여주었다. 공삼은 여전히 철학적 가치판단을 중시하는 '전통적 연구방법'을 신봉했던 것이다.

제8장은 1966년 11월에 서울대 문리대 학장으로 취임하고 1970년 3월에 서울대 대학원 원장으로 취임함으로써 대학행정가로서의 면모를 보여주었던 시기를 다룬다. 이 시기에 한국의 정치학자들은 한국 정치학의 정체성을 탐색하는 노력을 본격적으로 추구했다. 이 '한국 정치학의 정체성 탐색기'에 공삼은 대학행정의 부담으로 말미암아 사실상 강의와 집필을 중단했다. 또 공삼은 대학원장 때 안타깝게도 고혈압으로 자리에 눕게 되면서 1971년 2월에 대학원장직을 떠나 교수로 복귀했다. 그러나 정년퇴임을 2년 6개월 앞둔 시점인 1976년 2월에 교수재임용법 아래 교수직을 떠났으며, 그때로부터 1년 9개월 뒤인 1977년 11월에 별세했다.

제9장은 요약 및 결론이다. 이 장을 통해 필자는 '공삼 정치학'의 전체상을 묘사하고자 하며, 그의 정치학이 남긴 유산을 재조명하고자 한다.

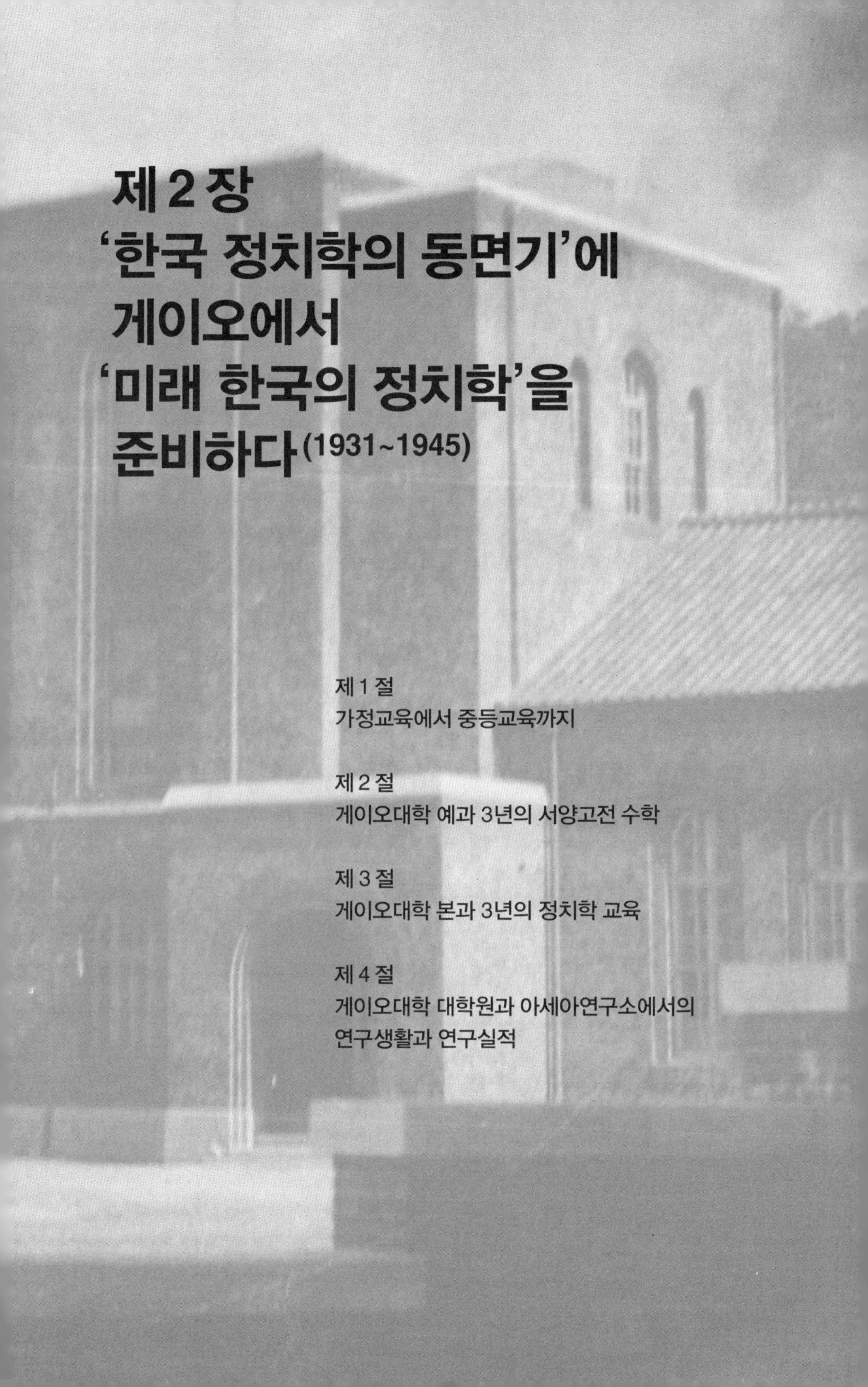

제 2 장
'한국 정치학의 동면기'에 게이오에서 '미래 한국의 정치학'을 준비하다 (1931~1945)

제 1 절
가정교육에서 중등교육까지

제 2 절
게이오대학 예과 3년의 서양고전 수학

제 3 절
게이오대학 본과 3년의 정치학 교육

제 4 절
게이오대학 대학원과 아세아연구소에서의
연구생활과 연구실적

제 1 절 가정교육에서 중등교육까지

집안의 배경과 분위기

「공삼민병태박사 연보」— 이하에서 「연보」로 약칭한다 — 에 따르면, 공삼은 음력으로 1913년 계축년(癸丑年)에 태어났다. 간지(干支)로 따져 소띠가 된다. 소는, 겉모양만 살펴서는 '잔꾀를 부리지 않고 부지런하며 우직해 보이는 중후한 인상'의 공삼에 어울린다.

생일은 음력으로 2월 30일이다. 음력에 2월 29일이 있다는 사실은 널리 알려져 있지만 도대체 2월 30일은 무엇인가? 이 물음에 대답하려면 역법(曆法)에 대해 자세히 설명해야 하겠으나, 이 책의 주제에서 너무 벗어나기에 그저 짧게 설명하기로 하겠다. 양력에 따르면, 지구가 태양을 한 바퀴 도는 데 365일 5시간 48분 46초가 걸린다. 365일을 1년으로 정할 때, 자연히 365일을 제외한 나머지 시간들을 어떻게 처리하는가의 문제가 제기된다. 양력에서는 4년마다 한 차례 그 나머지 시간들을 하루로 묶어 2월에 29일을 두며, 이 달을 윤월(閏月) 또는 윤달이라고 부르고 이 해를 윤년(閏年)이라고 부른다. 자연히 윤년에는 1년이 366일이 된다.

음력의 경우, 1년을 354일로 보았기에, 19년에 일곱 차례의 비율로 윤달을 끼워 1년을 13개월로 한다. 음력에서 윤달은 2월에 들어갈 수도 있고 3월이나 4월에 들어갈 수도 있으며 7월이나 8월에 들어갈 수도 있다. 2013 계축년에는 2월에 29일 하루 이외에 30일까지 두었다. 이렇게 2월에 30일까지 두는 것은 일정한 주기에 따라서가 아니라 그때그때의 편의에 따라서다.

비록 그렇다고 해도, 이 날짜는 거의 모든 사람들에게 익숙하지 않다. 그래서인지, 공삼이 다녔던 학교들에서는 공삼의 생일을 학적부에 2월 28일로 또는 2월 29일로 기록해놓았다. 음력 1913년 2월 30일은 양력으로는 1913년 4월 6일이다. 그러나 공삼의 집안에서는 공삼의 생일을 양력으로 모시지 않고 음력으로 2월 28일 또는 2월 29일에 모셨다. 생년월일을 기준으로 삼아, 공삼은 음력일 것으로 추정되는 1912년 4월 15일에 태어난 북한의 김일성보다 1년 아래가 된다.

「연보」에 따르면, 공삼은 충청남도 부여군(扶餘郡) 부여면(扶餘面) 중정리(中井里) 474번지에서 태어났다. 이곳은 현재 부여군 부여읍 왕중로(旺中路) 117의 4번지다. 부여군의 중심에 해당되는 부여읍에 속하나, 왕중로는 현재로서는 대체로 농촌지역이다.

공삼의 본관은 오늘날의 경기도 여주(驪州)인 여흥(驪興)이다. 이곳의 역사는 고구려와 신라로까지 거슬러 올라가지만, 그 이름이 여흥과 여주로 정착된 때는 고려 후기와 조선 초기 사이였다. 고려 충렬왕 때 여흥군(驪興郡)이었고, 조선 태종 때 여흥부(驪興府)였으며, 조선 예종 때 여주목(驪州牧)이었다. 일제강점기인 1914년에 여주군이 됐는데, 오늘날에도 이 지위를 그대로 유지하고 있다.

여흥 민씨의 시조는 공자(孔子)의 10대 제자들 가운데 한 사람으로 전해지는 민자건(閔子騫)의 후손 민칭도(閔稱道)다. 그는 고려 중엽의 초기에 중국이 고려에 파견한 사신들 가운데 한 사람으로 왔다가 귀화했는데, 이에 따라 고려조정에서는 정6품의 상의봉어(尙衣奉御)라는 관직을 내렸다.

고려의 관직품계는 정1품에서 종9품까지 모두 18단계로 나뉘었음에 비춰, 정6품은 중간급에 해당됐다고 하겠다. 그가 만년에 여흥에 정착함에 따라 후손들이 여흥을 본관으로 삼았다. 오늘날 남과 북 그리고 해외를 통틀어, 한국인 민씨는 여흥 하나를 본관으로 삼는다. 짧게 말해, 여흥 단본(單本)이다.

공삼은 여흥 민씨 가문에서 입암공(立岩公 또는 立巖公)의 14대 손(孫)이 된다. 입암공은 민제인(閔齊仁)으로, 자는 희중(希仲)이고 호는 입암이었다. 그는 조선왕조 9대 성종(成宗) 때이던 1493년에 태어나 13대 명종(明宗) 때이던 1549년에 향년 56세로 별세했다. 11대 중종(中宗) 치세에서 과거에 급제한 이후 주로 승정원과 춘추관에서 관직을 시작했으며, 홍문관의 부제학과 사간원의 대사간을 거쳐 승정원의 부승지로 뽑혔고 평안도의 관찰사를 거쳐 사헌부의 대사헌을 두 차례 역임했다. 곧 호조판서와 병조판서 및 이조판서를 역임하고 우찬성과 좌찬성을 거치면서 여원군(驪原君)에 봉해졌다. 그러나 명종 때 을사사화를 일으킨 윤원형(尹元衡) 일당이 자신들에게 불리한 역사기록을 말소하려고 할 때 저항하다가 파직된 채 공주로 귀양을 갔다. 학문이 깊었고 문장에 출중했던 그의 저술로 『입암집』 6권이 있다.

민씨는 조선에서나 대한민국에서 희성(稀姓)은 아니지만 대성(大姓)은 결코 아니다. 대한민국의 경우를 보면, 정부의 통계청 공식집계로 민씨는 2000년 현재 43,877가구에 142,572명이다. 개략적으로 말해, 전체 인구의 약 0.3%에 해당되며, 전국의 286개 성씨 가운데 47위를 차지한다. 2012년 9월 18일자 『중앙일보』에 따르면, 민씨는 150,752명으로 전체 인구의 0.35%에 해당되며 최소한 2,000명이 사용하는 전국의 111개 성씨 가운데 40위를 차지한다.

이처럼 숫자는 적었지만, 민씨 집안은 고려시대에 다섯 명의 왕비를 배출했으며, 자연히 여러 유력한 호족(豪族)들 가운데 하나를 형성했다. 고려 말기에 수도 개경(開京)에서 세(勢)를 떨치던 민제(閔霽)의 집안이 그 한

보기였다. 뒷날 조선왕조의 3대 군주로 등극하며 태종(太宗)이라는 시호를 받는 이방원(李芳遠)이 쿠데타로 고려왕조를 붕괴시킬 때, 그리고 조선왕조가 개창된 뒤 제1차 왕자의 난과 제2차 왕자의 난을 이겨낼 때, 민제 집안의 사병(私兵)과 재력이 큰 도움이 됐다.

민제의 셋째 딸이 이방원의 아내로, 원경왕후(元敬王后)가 됨으로써 조선왕조에서 민씨 집안이 배출한 첫 왕비가 됐다. 그 이후 제19대 숙종(肅宗)의 인현왕후(仁顯王后), 제26대 고종[광무황제]의 명성황후(明成皇后), 그리고 제27대 순종[융희황제]의 순명효황후(純明孝皇后) 등이 모두 민씨 집안으로부터 나왔다. 가문의 배경이 이러했기에, 특히 고종과 순종 치세의 58년에 걸쳐, 민씨 집안은 왕실 또는 황실의 외척으로 권력과 재부(財富)를 함께 누렸다. 다른 한편으로, 1905년의 을사늑약에 격분해 자결한 민영환(閔泳煥)과 같은 애국자도 이 집안에서 나왔다.

공삼은 입암공의 후예인 소산(少山) 민중식(閔中植)의 차남으로 태어났다. 공삼의 집안은 전통적인 사대부 집안이어서 학문을 좋아하고 또 학문에 깊었다. 민준기 교수의 증언에 따르면, 공삼의 부친은 고종 때 승정원의 정7품 관직인 주서(注書)로 사환했다. 벼슬이 높지는 않았으나 대대로 내려온 재산은 많아, 서울의 중심인 오늘날의 종로구 안국동에 큰집을 갖고 살았으며 동시에 충청남도 강경과 부여 일대에 저택과 토지를 갖고 있었다.

안국동 집에 관해, 민준기 교수는 재미있는 일화를 들려주었다. 공삼의 할아버지는 민영우(閔泳雨)로 민영환과 같은 항렬이었다. 민영우가 왕궁보다도 더 큰 저택을 준공하자 고종이 직접 불러 질책함에 "불법(佛法)을 배우기 위해 큰 절을 지었을 뿐"이라고 변명한 뒤 둘로 나눠 하나는 아들에게 물려주고 다른 하나는 어떤 고관에게 팔았는데, 후자는 박영효(朴泳孝)를 비롯한 여러 사람들을 거쳐 마침내 뒷날 대한민국의 제4대 대통령이 되는 해위(海葦) 윤보선(尹潽善)의 아버지에게 넘어갔다고 한다. 민준기 교수의 회고는 윤보선 대통령의 전기에 등장하는 일화와 대체로 일치한다.[1]

이처럼 서울과 충남에 각각 저택과 토지를 갖고 있어서, 공삼의 아버지는 때로는 서울에서 때로는 부여에서 생활하곤 했다. 그러했기에, 공삼은 부여에서 출생했던 것이다.

공삼의 어머니 담양(潭陽) 전씨(田氏)에 대해서는 기록을 찾을 수가 없다. 그러나 민준기 교수의 회고에 따르면, 공삼의 어머니는 어떤 연고에서인지 알 수 없으나 충청북도 옥천군의 지주인 육종관(陸鍾寬)의 집안과 가깝게 지냈다. 다시 민준기 교수의 회고에 따르면, 그 인연으로 공삼은 뒷날 육종관의 차녀 육영수(陸英修)가 6·25전쟁이 진행되던 1950년 12월 12일에 경상북도 대구시 계산동의 천주교성당에서 육군중령 박정희(朴正熙)와 결혼식을 올릴 때 참석했다고 한다. 결혼식의 사진들 가운데 두 장이 박정희에 관한 책들에 게재됐다. 그 사진들에 공삼은 보이지 않는다.[2]

필자는 공삼의 어머니와 육씨 집안 사이의 관계에 대해 관심을 갖고 자료를 찾으려 했으나 뜻을 이루지 못했다. 다만 옥천의 육씨 집안에 담양 전씨가 시집을 온 사례들을 찾을 수 있었다. 공삼의 어머니에게 옥천의 육씨 집안은 사돈이 됐던 것이다.

강경과 부여에서의 초등교육

「연보」에 따르면, 공삼은 만 4세가 된 1917년 3월부터 한문수학을 시작했다. 인근의 서당에서 공부를 시작한 것인지, 아니면 독선생을 모셔놓고 공부를 시작한 것인지 기록으로는 전혀 나타나지 않는다. 그러나 공삼의

1 김명구(金明九), 『해위 윤보선: 생애와 사상』(서울: 고려대학교 출판부, 2011), 36-37쪽.

2 하객들이 포함된 결혼식장의 사진은 다음에서 볼 수 있다. 조갑제(趙甲濟), 『내 무덤에 침을 뱉어라: 근대화 혁명가 박정희의 비장한 생애』(조선일보사, 1998), 제2권(『전쟁과 사랑』), 379쪽. 또 다른 사진은 다음에서 볼 수 있다. 조갑제, 『박정희: 한 근대화 혁명가의 비장한 생애』(까치, 1992), 제1권(『불만과 불운의 세월, 1917~1960』), 154쪽.

부친이 학문을 존중한 사대부였고 자식의 교육을 중시한 분이었으며 이른바 만석꾼의 거부(巨富)였던 만큼, 독선생을 모셨을 것으로 추정된다.

공삼이 어떤 책들을 읽었는지도 기록으로는 전혀 나타나지 않는다. 그러나 김영국 교수는 공삼이 『천자문(千字文)』과 『동몽선습(童蒙先習)』은 물론 『소학(小學)』을 떼었으며, 『사서삼경(四書三經)』에도 들어갔던 것으로 알고 있다고 회상하곤 했다. 공삼은 뒷날 한학과 서예 분야에서 높은 수준을 보여주는데, 아마 이 시기에 그 기초가 닦였을 것이다. 공삼의 호(號) 공삼(公三)은 한학에 연결되어 있다. 다시 민준기 교수의 증언에 따르면, 한학에 깊었고 심지가 굳었던 공삼의 아버지가 "너는 사대부 집안의 후예로 공적(公的)인 일에 종사하되 꼭 중용을 지키며 생활해야 한다."는 뜻에서 공삼이라는 호를 지어주었는데, '삼(三)'은 중용을 뜻하는 숫자였다.

공삼은 만 8세가 된 1921년 2월에 강경보통학교 2학년으로 입학했다. 강경은 금강 하류의 저습지대에 속한 갯마을로 출발해 강경포(江景浦)로 불렸다. 일제강점기의 초기인 1912년에 은진군(恩津郡) 김포면(金浦面)에 강경리(江景里)라는 이름으로 속했으나 1914년에 논산군(論山郡) 강경면으로 바뀌었고, 1931년에 논산군 강경읍으로 승격했다. 일제의 패망 직후 미군정기의 행정개편 때 여전히 강경읍으로 결정됐고, 1988년의 행정개편 때도 여전히 강경읍으로 남아 오늘날에 이르고 있다. 2012년 현재 인구는 약 2만 명이다.

강경은 금강하구의 관문을 이루는 내륙항으로, 일찍부터 서해에서 들어오는 갖가지 해산물들이 이곳으로 들어와 교역이 활발했다. 어느 시점에서부터인지는 확실하지 않지만 아마도 고려 후기부터 제주도에서도 이곳으로 제주도의 물산들이 들어왔으며 이곳의 물산들을 사들였다고 한다. 조선 중기부터 중국의 무역선들이 강경으로 들어왔으며, 그리하여 강경은 서해에서 가장 큰 수산물시장으로 바뀌었다. 일제강점기에는 교역이 더욱 활발해져, 강경시장은 평양시장과 대구시장에 이어 전국 3대 시장의 하나로 꼽혔다. 수산물시장이 커지면서, 자연히 농산물과 비단도 강경에서 유통돼 강경은 호남에서 가장 큰 규모의 농산물시장과 포목시장으로 성장했다.[3]

강경이 이처럼 상업적으로 번창하면서, 관공서들과 은행들도 강경에 세워졌다. 대한제국 때인 1902년에 우체국이 도내에서 처음으로 세워진 데 이어, 1909년에 공주지방법원의 지원이 세워졌고, 경술국치 직후인 1912년에 경찰서가 세워졌다. 공삼이 강경에서 초등교육을 받기 시작하던 무렵에 도내에서 처음으로 전기가 들어왔으며, 상하수도도 놓여졌고, 강경상업학교가 세워졌다. 강경상업학교는 일제강점기에 전국에서 5대 상업학교들 가운데 하나로 꼽혔다.[4]

강경보통학교는 1905년에 사립 보명학교(普明學校)로 출발했다. 이 학교는 1907년에 공립 강경보통학교로 바뀌었고, 대한민국 정부가 수립된 직후인 1949년 4월에 강경중앙국민학교로 바뀌었으며, 김영삼(金泳三) 대통령 때인 1996년 3월에 전국의 모든 국민학교가 일괄적으로 초등학교로 바뀔 때 강경중앙초등학교로 바뀌었다. 서울대 부총장과 충남대 총장 및 문교장관을 역임한 서명원(徐明源) 박사, 연세대 총장과 교육과학부총리를 역임한 김우식(金雨植) 박사, 그리고 탤런트 강부자(姜富子) 전 국회의원이 모두 이 학교 졸업생들이다.[5]

이 학교는 1950년 6·25전쟁의 소용돌이 속에서 화재를 겪어 그 이전의 기록들은 몇 장의 사진들을 제외하고는 모두 소실됐다. 따라서 이 학교에서 공삼에 관한 기록들은 물론이고 그때 이 학교가 학년에 따라 어떤 과목들을 가르쳤는가에 관한 기록들도 찾을 수 없었다. 그러나 공삼이 입학한 해가 1921년이었다는 사실은 하나의 암시를 준다. 2년 전인 1919년의 3월 1일에 전국적이며 거족적인 항일독립운동이 일어나자 일제는 놀란

3 강경중앙초등학교개교백주년기념사업회 편, 『강경중앙초등학교 개교100주년기념문집, 1905~2005』(충청남도 논산시 : 강경중앙초등학교, 2005), 177-181쪽.

4 위와 같음, 182쪽,

5 위와 같음, 304쪽.

나머지 종전의 무단통치를 이른바 문화통치로 바꿔 조선민중을 회유하고자 했다. 이에 따라 1922년 4월부터 새로운 조선교육령을 실시하고, 종래 4년제의 보통학교 수업연한을 6년으로 늘였다. 이것은 조선의 보통학교에 해당되는 일본의 소학교가 수업연한을 6년으로 설정하고 있는 것에 형식적으로 맞춘 것이다. 공삼은 이제 6년제로 바뀐 강경보통학교에서 3학년을 보내게 된다.

공삼이 왜 집이 있는 부여에서가 아니라 강경에서 보통학교를 다녔는지 기록으로는 나타나지 않는다. 다만 민준기 교수의 다음과 같은 추측이 있을 뿐이다:

> 우선 강경에도 공삼 부친의 저택과 토지가 있었다. 또 공삼의 부친이 전처(前妻) 사이에 얻은 아들, 곧 공삼의 이복형님이 살고 있었다. 아내가 일찍 세상을 뜨자 공삼의 부친은 담양 전씨를 재취로 맞이했는데, 공삼은 그사이의 첫 아들이었다. 공삼의 부친이 전처 사이에 얻은 아들은 일찍 세상을 떴는데, 그 아들의 아들로 공삼과 거의 같은 나이의 택기(澤基)가 강경에 살고 있었다. 공삼의 부친은 이런 연유에서 공삼을 강경의 보통학교로 보내 택기와 함께 공부를 하게 했던 것 같다.[6]

공삼은 이 학교에서 2년 동안 수학한 뒤 1923년 4월에 부여보통학교 4학년으로 전학했다. 공삼이 왜 강경에서 부여로 전학했는지 그 이유를 정확히 알 수가 없다. 추측하건대, 공삼의 부모님은 하나뿐인 아들을 외지에서보다는 부여의 본가에서 학교에 다니게 하는 것이 낫겠다고 생각했던 것 같다.

부여보통학교는 경술국치로부터 1년 남짓 지난 1911년 9월 1일에 공립학교로 개교했다. 이 학교는 일제패망 직후인 1945년 9월 1일에 부여국민학교로 개칭했으며 1996년 3월 1일에 부여초등학교로 개칭했다. 이 학교

6 민준기 교수와의 전화통화. 2012년 7월 1일 오후 2시 30분.

의 졸업생들 가운데 가장 유명한 사람이 김종필(金鍾泌) 전 국무총리다.

이 학교 역시 공삼이 재학하던 시기를 포함해 일제강점기의 기록들은 갖고 있지 않다. 따라서 공삼이 어떤 과목들을 공부했으며 성적은 어떠했는지 알 수가 없다. 또 이 시기에 공삼의 생활습관과 독서경향이 어떠했는지도 알 수가 없다. 다만, 공삼의 어린 시절에 관한 공삼의 누이동생 민병례(閔丙禮) 여사의 회상이 남아 있을 뿐이다. 회상하던 때 74세였던 민 여사는 다음과 같이 말했다 :

> 오빠는 원래가 착하신 분이었지요. 집안이 넉넉한 면도 있었지만 남을 도와주기를 그렇게 좋아했습니다. 그것도 남이 모르게 그리고 전혀 내색을 내지 않고 친구들을 도왔습니다. 오빠의 그런 면을 보면서 나는 늘 오빠에게서 '귀공자'의 모습을 떠올리곤 했습니다. 다시 말해서, 단아하고 심성이 착한, 그리고 함부로 경거망동하지 않는 겸허한 자세를 지닌 유년시절을 생각하곤 합니다.[7]

공삼의 고향에서의 생활은 만 14세가 된 1927년 4월에 일단 끝났다. 그는 이 시점에서 경성제일고등보통학교 1학년에 입학한 것이다. 교사(校舍)는 아버지의 서울 집에서 지척거리인 화동(花洞)에 위치했기에 걸어다녔다.

경성제일고등보통학교에서 4년 과정을 수료하다

「연보」는 공삼이 1929년 2월에 경성제일고등보통학교에 입학해 1933년 2월에 이 학교 4학년 과정을 수료한 것으로 기록했다. 그러나 경성제일고등보통학교의 후신인 경기중고등학교(→ 경기고등학교)의 학적부는 달리 기록하고 있다. 이 공식 기록에 따르면, 그는 1927년 4월 5일에 입학해

7 김신섭, 「한국 정치학의 태두 민병태 : 생애」, 『전교학신문』, 1990년 8월 29일, 10쪽에 인용됐다.

1931년 4월 1일에 졸업했다. 입학을 기준으로 삼아 28회에 해당된다. 동기생들 가운데는, 뒷날 대한민국 제1공화정에서 국회의원과 농림장관을 역임하는 정운갑(鄭雲甲)과 제1공화정 및 제2공화정에서 야당 국회의원으로 활약하는 조영규(曺泳珪) 등이 대표적이다. 조영규의 아들 조기상(曺淇相)은 서울대 문리대 정치학과 학생으로 공삼의 지도를 직접 받으며, 뒷날 국회의원과 정무장관을 역임한다.

경성제일고등보통학교 — 이하 경성제일고보로 약칭한다 — 의 역사는 대한제국의 성립이 선포된 때로부터 3년 뒤인 1900년 10월 3일에서 시작된다. 고종이 광무황제로 즉위함으로써 새로 채택된 연호인 광무로 따져 광무 4년에 해당된다. 새 학제에 따라 4년제로 개교할 때의 이름은 그저 관립중학교였다. 전국에서 관립중학교는 이 학교가 유일했기 때문이다. 이 학교는 을사늑약 직후인 1906년 9월 1일에 관립 한성고등학교로 바뀌었고 경술국치 직후인 1911년 11월 1일에 경성고등보통학교로 바뀌었다. 수학과정은 여전히 4년제였다.

1919년 3월 1일에 일어난 전국적이며 거족적인 3·1독립운동은 일제로 하여금 조선통치의 외양을 기존의 무단통치로부터 문화통치로 바꾸게 만들었다. 이 새로운 여건 아래 조선인들은 조선인들에게 고등교육의 기회를 넓히라는 요구를 제기하게 됐으며, 조선총독부는 그 요구에 부분적으로라도 부응하기 위해 고등보통학교를 증설하지 않을 수 없었다. 우선 서울에서 1921년 4월에 또 하나의 고등보통학교를 개설하게 됐으며, 그리하여 기존의 경성고등보통학교를 경성제일고등보통학교로 개명하고 서울에 신설되는 또 하나의 고등보통학교를 경성제이고등보통학교 — 이하 경성제이고보로 약칭한다 — 로 명명했다.[8] 후자가 지난날의 경복중고등학교였고 오늘날의 경복고등학교다. 경성제일고보는 경성제이고보와 마찬가지로 1922년 4월의 새로운 출범으로부터 5년제로 격상됐다. 이로써 이 학교들은 적

8 경기90년사편찬위원회 편, 『경기90년사, 1900~1990』(서울: 경기고등학교동창회, 1990), 제1편 및 제2편 제1장.

어도 제도에 있어서 일본인들의 중학교와 동등한 자격을 갖게 됐다.[9]

고등보통학교는 수업연한이 원래 4년이었다. 이것은 일제가 조선인들을 차별하기 위해 4년으로 한정시킨 데 따른 결과였다. 그런데 이 학력으로는 조선에는 전혀 없고 일본에만 있는 고등학교에, 또는 일본의 전문학교 본과에, 입학하기 위한 시험에 응시할 자격을 갖지 못했다. 여기에 조선인들의 항의가 제기되자, 조선총독부는 1922년 4월의 입학생들부터 5년제를 실시하게 된 것이다.

여기서 '4월에 개교'했다는 사실에 대해 설명할 필요를 느낀다. 그때 일본의 모든 각급 학교들은 새 학년도의 시작을 4월 초로 잡고 있었으며 따라서 그 학년도는 다음해의 3월 말 또는 4월 초에 끝나게 되어 있었다. 이 제도가 식민지조선에도 적용됐으며, 해방 이후 미군정의 통치기간과 대한민국 정부의 수립으로부터 6·25전쟁의 기간까지 몇 차례의 변형을 제외하고는, 대한민국에도 적용됐다. '3월 졸업, 4월 입학'이 '2월 졸업, 3월 입학'으로 바뀐 것은 1961년 5월 16일에 성립된 국가재건최고회의의 결정에 의해서다.

공삼이 경성제일고보에 진학하던 무렵에 조선사람은 보통학교만 제대로 졸업해도 일정하게 대접을 받았다. 그 사실을 상기해볼 때, 고등보통학교의 교육을 받을 수 있던 사람이 아주 적었다는 것은 놀라운 일이 아니었다. 우선 경제적인 뒷받침이 따라야 했다. 게다가 고등보통학교의 숫자 자체가 적었다. 관립으로 경성고등보통학교가 개교된 뒤에 평양에 역시 관립으로 평양고등보통학교가 개교됐고, 얼마 뒤에 함흥과 대구에 역시 관립으로 고등보통학교가 개교됐을 뿐이다. 1928년의 경우 서울에서 남자고등보통학교의 수는 공사립을 통틀어 10개가 채 되지 않았으며 받아들일 수 있는 신입생의 수는 대체로 1,350명 정도였다. 그 가운데 경성제일고보가 입학이 가장 어렵다고 해서 위신이 제일 높았다.[10] 그런데 공삼은 평생에 걸

9 위와 같음, 제2편 제2장.

10 위와 같음, 146-147쪽.

쳐 자신이 경성제일고보 출신이라는 사실을 자신의 입으로 말한 일이 없다. 공삼의 1세대 직계제자들인 김영국 교수나 구범모 교수는 공삼이 겸허한 성격을 지녀서 스스로 엘리트임을 내세우는 말씀을 한 일이 없다고 회상하곤 했다.

경기고등학교에 보관되어 있는 공삼의 학적부에 따르면, 공삼은 1학년과 2학년 때 일본어, 한문, 문학, 수학, 역사, 지리, 박물[博物 : 오늘날의 표현으로는 생물], 도화[圖畵 : 오늘날의 표현으로는 미술], 체조, 수신[修身 : 오늘날의 표현으로는 도덕] 등을 배웠으며, 3학년과 4학년 때 문학과 박물 대신에 화학과 물리를 배웠다. 그리고 모든 학년에 걸쳐 영어를 배웠는데, 영어는 (1) 영문법 및 영작문, (2) 영어회화의 두 과목으로 구성됐다. 공삼은 언제나 80점과 85점 사이의 우수한 성적을 기록했다. 이 시절에 90점 이상의 성적을 얻기란 예외적이었음을 고려한다면 공삼의 영어성적은 상위권에서도 윗자리를 차지했다고 말할 수 있다. 공삼은 뒷날 영어원전들을 많이 번역하고 인용하는데, 그의 영어실력은 그 기초가 이때 닦여진 것이었다.

여기서 하나 이상한 일로 지적될 수 있는 것은, 적어도 성적기록부를 중심으로 살펴볼 때, 4년에 걸쳐 음악과목이 없었다는 사실이다. 경성제일고보와 같은 고등교육기관에 어떤 까닭으로 음악과목이 없었는지 이해하기 어렵다. 『경기90년사』에 따르면, 한성고등학교 시절에는 분명히 교과목들에 '창가(唱歌)'가 포함되어 있었다. 다시 『경기90년사』에 따르면, 경성제일고보에 학생들로 구성된 취주악단과 하모니카밴드반이 발족한 것은 1934년이었다. 앞뒤 문맥으로 보아, 한성고등학교 시절에는 개설됐던 음악과목이 1930년대에 와서 부활한 것은 아닌지 조심스럽게 추측해본다.

돌이켜 보면, 공삼의 제자들 가운데 선생님의 노래를 들어본 사람이 없다. 김영국 교수와 구범모 교수의 회상으로, 공삼은 취흥이 도도해졌을 때 주변에서 강권해야 겨우 발성을 시작했지만, 첫 소절에서 끝내곤 했다. 아마도 고보에서 음악과는 친해지지 않았던 것이 평생을 갔던 것 아닌가 역시 조심스럽게 추측해본다.

앞에서 말했듯, 공삼은 4학년 수료로 경성제일고보를 마쳤다. 공삼이 왜 5학년으로 진학하고 이어 졸업하지 않은 채 4학년으로 수료한 것인지 알 수는 없다. 그러나 추측은 가능하다. 일본유학을 계획하던 그는 고보 4학년 수료의 학력이면 일본에서 대학의 예과 입학이 가능했던 만큼, 그 최저의 요건이 갖춰진 시점에서 도일의 길을 선택했을 것이다. 뒷날 고려대 총장과 국무총리를 역임하는 정치학자 김상협도 경성제이고보 4학년을 수료하고 도일의 길에 올랐다.

제 2 절 게이오대학 예과 3년의 서양고전 수학

왜 정치학을 선택했을까?

「연보」는 공삼이 '1933년 2월 일본 게이오대학 법학부 정치학과 예과 1학년 입학; 1936년 2월 동교(同校) 예과(3년) 졸업'이라고 기록했다. 이 기록에는 착오가 있다. 공삼 스스로 1968년의 한 좌담에서 자신이 처음으로 일본에 건너간 때가 1931년이라고 말했다.[11] 또 공삼이 1951년 9월에 대구대학에 제출한 자필 이력서에 '1931년 4월 게이오대학 예과 입학; 1934년 3월 예과 졸업'으로 기록했는데, 이것이 정확하다. 공삼은 1931년 4월 초에 경성제일고보를 졸업하고 곧바로 일본유학의 길에 올랐으며 4월 하순에 게이오에 입학했던 것이다.

그러면 공삼은 어떤 배경에서 정치학을 선택했던 것일까? 이 물음에 대해, 공삼은 아주 짧게 회고한 일이 있다. 『동아일보』와의 회견에서, 조규하 기자가 "민 박사님이 정치학을 공부해야겠다고 생각하게 된 동기는 무엇이었나요?"라고 질문하자, 공삼은 "그때도 『동아일보』가 있었지. 항상 정

11 『세대』, 1969년 신년호, 57쪽. 이 좌담에 대해서는 제8장 제1절에서 자세히 다룰 예정이다.

치면 기사를 읽다보니 정치학을 전공해보고 싶더군."이라고 대답한 것이다.[12] 이 대답이 공삼의 본심이었을 것이다. 그 점을 인정하면서도, 필자로서는 공삼이 일본유학을 결심하던 때의 분위기와 연관지어 추측을 확대하고자 한다.

필자가 자신의 졸저에서 이미 상세히 설명했듯, 서양의 정치학은 상당히 구체적인 내용을 지닌 채 구한말에 전래됐고 수용됐다. 독일과 오스트리아의 국가중심적 정치학 그리고 영국과 미국의 시민중심적 정치학이 소개됐고, 제국주의와 민족주의 및 사회주의에 관한 정치이론들 역시 소개됐다. 구한말에 정치학은 조선의 상류사회에서 결코 낯선 학문이 아니었으며 오히려 '인기 높은 학문'에 속했다. 벼슬길에 오르고 싶은 젊은이들에게 또는 구국의 방략을 찾고 싶은 젊은이들에게, 정치학은 필수적인 학문으로 여겨졌다. 대한제국이 망국에 직면했던 1909년 11월에 『대한흥학보(大韓興學報)』에 게재됐던 논설 「정치론」은 정치학을 '국가흥망의 대원리(大原理)를 가르치는 학문'으로 정의했다.[13] 피가 끓는 젊은이들에게 얼마나 매력적인 말이었겠는가.

경술국치에 격분해 구국운동의 방향을 고민하다가 1914년께 도쿄로 건

● ● ● ● ●

12 조규하, 「인터뷰: 민병태 신임 서울대 대학원장」, 『동아일보』, 1970년 3월 4일, 3쪽.

13 김학준, 『구한말의 서양정치학 수용 연구』, 372쪽에 인용되어 있다. 필자는 이 책에서 박제경(朴齊絅)이 저술한 『근세조선정감(近世朝鮮政鑑)』(상)(도쿄: 중앙당[中央堂], 1886)을 다루지 않았다. 박제경은 박제형(朴齊炯)이라는 필명을 써서 이 책을 출판했다. 저자는 개화파에 속했다. 이 책에 대한 전문적인 논문은 다음이다. 이광린(李光麟), 『한국개화사연구』(서울: 일조각, 1969), 237-257쪽에 게재된 이광린의 「『근세조선정감』에 대한 몇 가지 문제」다. 『근세조선정감』은 대원군의 인물과 그 정치에 관해 야사를 중심으로 쓰면서 대원군을 높이 평가했다. 이 책을 구한말에 출판된 최초의 정치학서로 인정하는 정치학자의 토론은 다음에서 읽을 수 있다. 김하룡, 「정치학」, 고려대학교 민족문화연구소 편, 『한국현대문화사 대계(大系)』(학술·사상·종교사: [상])(서울: 고대민족문화연구소 출판부, 1976; 재판 1981), 246-247쪽. 또 이선근, 「박제형의 근세조선정감과 대원군시대 연구의 재검토」, 『지양신기석박사화갑기념학술논문집』(서울: 삼화인쇄주식회사, 1968), 21-32쪽.

너가 니혼[日本: 일본]대학 정치학과에 입학했던 자산(自山) 안확(安廓)이 그 한 보기였다. 1916년에 이 대학을 졸업하고 귀국한 그는 1923년에 『조선문명사: 조선정치사』를 출판하고, 일제가 폄하한 조선의 역사를 긍정적으로 평가했다. 특히 "조선은 사색당파의 싸움으로 자멸했다."는 일본 역사학자들의 견해에 맞서, 조선조의 사색당파를 근대적 정당정치의 싹으로 보았다.14 그는 일제패망 직후 미군정 치하에서 정치에 뛰어들었으나 1946년 11월에 만 60세로 별세한다.

공삼의 아버지는 아들이 '공적(公的)인 분야'에서 일하기를 바랐다. 그러나 공삼은 천성이 관직에 맞지 않는 사람이었다. 따라서 공삼은 관리가 되려는 생각에서가 아니라 망국의 청년으로 '국가흥망의 대원리'를 깨달으려는 생각에서, 정치학을 선택했을 것이다. 그는 일생에 걸쳐 자신의 전공학문에 대해 긍지를 느끼면서 일관되게 정치학 연구에 전념한다.

이 문제와 관련해, 남재(南齋) 김상협이 도쿄제대 법학부를 지원하던 때 법률학과를 선택하지 않고 정치학과를 선택한 동기를 살피기로 하자. 김상협의 도쿄제대 3년 후배인 강봉식(康鳳植) 전 고려대 교수는 이렇게 회고했다: "[그 선택은] 일종의 저항의식이 반영일 것이다. […] 식민지 출신이 정치학을 공부한다는 자체부터가 벌써 불온시되는 분위기이니, 남재가 정치학을 선택한 데는 얼마간의 민족의식도 깃들어 있었을 것이다."15 이것은 공삼에게도 해당될 수 있지 않겠는가?

● ● ● ● ●

14 이 책은 서울의 안동서관(雁東書館)에서 출판됐다. 이 책의 일부가 다음에 수록됐다. 자산 안확 저, 최원식(崔元植) 정해렴(丁海廉) 편역, 『안자산 국학론 선집: 조선문학사 외 15편』(서울: 현대실학사, 1996), 417-430쪽. 김학준, 「안자산의 『조선문명사: 조선정치사』 서평」, 『사회과학과 정책연구』, 제8권 제3호(1987년 2월), 117-127쪽.

15 남재(南齋)김상협선생전기편찬위원회 엮음, 『남재 김상협: 그 생애/학문/사상』(서울: 도서출판 한울, 2004), 126쪽에 인용됐다.

왜 게이오를 선택했을까?

우리의 두 번째 물음은 공삼이 게이오를 선택한 이유에 대해서다. 이 물음에 대해 공삼은 아무런 회고를 남기지 않았다. 그의 1세대 제자들도 그 이유를 공삼으로부터 정확히 들은 일이 없다고 말한다. 다만 구범모 교수는 "공삼을 일본으로 유학을 보내면서 공삼의 부모는 아들이 공부하는 과정에 공산주의에 물이 들까 걱정을 많이 했다는 말을 공삼으로부터 몇 차례 들었다."고 회상했는데, 이 회상은 공삼의 부모가 아들이 가난한 집안의 자녀들이 훨씬 덜 모이는 일종의 '귀족적'인 게이오를 선택하도록 권했던 것은 아닌가 추측하게 한다.

우리가 앞으로 보게 되듯, 그 시절에 일본에는 조선의 보수주의적 상류층 인사들의 시각에서 '불온'하게 비치는 공산주의와 무정부주의를 비롯한 여러 종류의 '반체제적 사상들'이 유포되고 있었다. 필자가 문리대 정치학과에서 공부하던 시절에 구전되던 얘기로는, "사람이 가난해지면 그러한 불온사상에 물들게 된다."고 생각한 공삼의 부친이 아들이 궁핍한 생활을 하지 않음으로써 불온사상에 물들지 않도록 하기 위해 노자와 생활비를 늘 넉넉히 주었으며, 심지어 한복과 양복의 단추들도 모두 금으로 만들어 줘 급하면 그것을 떼어내 돈처럼 쓰도록 배려했다고 한다. 그러나 이것은 와전됐거나 과장된 애기일 수도 있다.

여기서 우리는 구한말 이래 조선의 지도층이 자녀들을 일본으로 유학을 보내는 경우 게이오를 선호하는 경향을 보였던 사실에 대해서도 주목하게 된다. 새삼스런 설명이 필요하지 않듯, 막말명치(幕末明治)의 시기에 일본의 저명한 계몽사상가로 일본사회에 대해 커다란 영향력을 행사하던 후쿠자와 유키치[福澤諭吉 : 복택유길]는 1858년에 서양의 문물을 수용하고 교육하기 위한 학교로 난학숙(蘭學塾)을 세웠다. 그때 유럽의 최강대국들 가운데 하나로 일본과 일찍부터 제한된 범위 안에서 통상하던 화란(和蘭)을 연구하자는 뜻에서 학교이름을 그렇게 정했던 것이다. 후쿠자와는 1868년에 이 학교를 게이오 기주쿠[慶應義塾 : 경응의숙]으로 고쳤다. 이 학교는 곧 명치일본의 개화사상의 요람이 됐다.[16]

조선이 일본과 수교함으로써 개국한 1876년 이후 조선의 지도층 가운데 개화를 지향하는 지식인들에게 게이오는 자연히 큰 관심의 대상으로 떠올랐다. 이 점은 개화를 꿈꾸던 청년 지식인으로 최초의 일본유학생이 되는 유길준(兪吉濬)과 그의 매부 유정수(柳定秀)가 1881년 6월에 게이오를 선택한 사실에서 부분적으로 증명된다. 그 이후 대한민국 제4대 대통령이 되는 윤보선도,[17] 대한민국 초대 재무장관이 되는 김도연(金度演)도,[18] 그리고 한국은행 7대 총재가 되는 민병도(閔丙燾)도, 그리고 대한민국이 세워진 뒤 최초로 정치학박사학위를 받는 서석순(徐碩淳) 전 연세대 정치외교학과 교수도 게이오를 선택한다.

민준기 교수는 훨씬 더 구체적이면서 설득력이 있는 정보를 제공해주었다. 자신이 대학생 때 공삼에게 "왜 게이오를 선택하셨습니까?"라고 여쭈어보자, 공삼은 "나는 게이오의 학풍이 영미적(英美的)이고 리버럴하다는 말을 듣고 거기에 끌렸지."라고 말씀하셨다는 것이다.[19] 10대 후반의 소년으로, 공삼은 이미 일제가 군국주의적 방향으로, 달리 표현해, 파시즘 방향으로 치달리는 분위기에 내심으로 반발하고 있었던 것이다. 공삼의 말처럼, 그리고 우리가 앞에서 살폈듯, 게이오는 서구지향적인 학풍에서 출발했다. 이 점이 관학의 정점에 서 있던 도쿄제국대학과 달랐다.

돌이켜보면, 공삼이 도쿄유학의 길에 오르던 때 정치학과를 개설하고 있던 대학들은 적었다. 관학으로 도쿄제국대학과 교토제국대학[京都帝國大

16 이 학교가 세워지는 과정 그리고 이 학교의 학풍 등에 대해 필자는 다음의 졸저에서 이미 자세히 설명했다. 김학준, 『구한말의 서양정치학 수용 연구 : 유길준 · 안국선 · 이승만을 중심으로』(서울 : 서울대학교출판문화원, 2012), 216쪽.

17 김명구, 『해위 윤보선』, 413쪽.

18 김도연, 『나의 인생백서 : 상산(常山) 회고록』(서울 : 상산회고록출판동지회, 1965), 64-66쪽. 상산은 김도연의 호다.

19 민준기 교수와의 전화통화. 2012년 7월 1일 오후 2시 30분.

學 : 경도제국대학] 정도가 정치학과를 개설하고 있었는데, 공삼은 관학을 좋아하지 않았다. 사학으로 게이오 이외에는 도쿄의 와세다[早稻田 : 조도전]와 메이지[明治 : 명치] 및 니혼[日本 : 일본], 그리고 교토의 리츠메이칸[立命館 : 입명관] 정도가 정치학과를 개설하고 있었는데, 공삼의 성격이나 안목에 게이오가 가장 좋게 보였을 것이다.

예과 3년의 교육

게이오에서 공삼은 예과로부터 출발했다. 여기서 '예과'에 대해 검토하기로 한다. 일제는 일본인들을 위한 학제와 조선인들을 위한 학제를 따로 시행했다. 조선인들의 교육연한을 짧게 설정해주고 따라서 조선인들에게 열등감을 심어주기 위해서였다. 달리 말해, 다른 분야들에서와 마찬가지로 교육분야에서도 조선인들을 차별하고자 한 것이다. 그래서 일본국내에서는 소학교 → 중학교 → 고등학교 → 대학['대학교'가 아니라 '대학'이다]의 길을 밟게 한 반면에, 조선 안에서는 보통학교 → 고등보통학교의 길을 밟게 했다. 일제는 조선 안에 일본인 거류민들의 주거지들이 형성되면서 그들의 자녀들을 위해 소학교와 중학교는 세웠다. 예컨대, 그때의 이름으로 경성(京城)인 서울에는 총독부 관리들의 거류지를 중심으로 경성중학교를 세웠다. 이 경성중학교의 후신이 서울중고등학교(→ 서울고등학교)다. 또 조선주둔일본군 장병들의 거주지를 중심으로 용산중학교를 세웠으며, 일본상인들의 거주지를 중심으로 경동중학교를 세웠다. 이 학교들은 학생정원의 대부분을 일본인 자녀들로 채웠고 약간의 조선인 자녀들을 받아들였다.

일제는 조선인들 가운데 보통학교를 졸업하고 고등보통학교로 진학하지 않은 채 직업학교로 진학하려는 학생들을 위해 상업학교, 농업학교, 공업학교, 그리고 사범학교를 세웠다. 그리고 그 상급학교로 고등상업학교, 고등농림학교, 고등공업학교를 세웠다. 그러나 다음 세대를 가르칠, 그리하여 다음 세대의 정신세계에 영향을 줄 중고등학교의 교사를 양성할 고등사범학교만은 일제가 패망하던 때까지도 세우지 않았다. 고등사범학교는 일본 국내에만 세웠다. 조선인들로 대학 수준의 교육을 받고자 하는 사람들을 위해 대학이 아니라 전문학교의 설립을 허용했다. 뒷날 조선의 지도자들이 민립대학설립운동을 전개하자 조선총독부는 마지못해 몇 단계를 거친 뒤 1924년 4월에 경성제국대학을 개교했다.

경성제국대학의 개교는 '예과'의 개교로 시작됐으며 2년이 지난 1926년 4월에 비로소 '학부'가 시작됐다. 그때 일제의 학제에 따르면, 고등학교 졸업생만이 대학 학부에 진학할 자격을 가졌다. 고등보통학교를 졸업한 사람은 대학의 학부에 진학할 자격을 갖지 못했다. 그래서 '예과'를 두어, 일단 예과에 들어가 고등학교의 교육에 준하는 교육을 받게 했다.

앞에서 말했듯, 일제강점기에 고등학교는 조선에는 없었고 일본에만 있었다. 일본에서도 고등학교의 수는 많지 않았다. 고등학교에서는 제정러시아와 독일의 김나지움에서처럼 상당히 높은 수준의 교육을 베풀었다. 외국어는 최소한 2개, 보통 3개 정도 철저히 공부를 시켰고, 문학과 철학 및 윤리학을 비롯해 유럽의 고전교육 역시 철저히 시켰다. 고등학교를 졸업한 학생은 도쿄제국대학과 교토제국대학을 빼놓고는 다른 제국대학에 사실상 무경쟁으로 입학할 수 있었고, 도쿄제국대학과 교토제국대학의 응시에 낙방한 학생은 다른 제국대학에 어렵지 않게 입학할 수 있었다. 그러했기에, 일제 때 '고등학교 학생'이라고 하면 그것 자체가 하나의 사회적 지위를 형성했다.

조선인 학생들로서 일본의 제국대학에 입학하려는 뜻을 지닌 경우, 그들은 국내에서 고등보통학교를 마친 뒤 일본의 고등학교로 진학했다. 그러나 고등학교 입학 자체가 결코 쉽지 않아 재수-3수를 하거나 극단적인 경우에는 일본의 중학교 고학년으로 진학했다가 고등학교로 진학하기도 했다. 일제의 패망 이후 한국의 정치학계에서 주요한 역할을 수행한 김상협, 김성용(金星鏞), 백상건(白尙健), 신도성, 신상초(申相楚), 윤천주(尹天柱), 정인흥(鄭仁興) [가나다 순서] 등이 모두 국내에서 고등보통학교를 마치고 일본에서 고등학교 교육을 받은 다음에 도쿄제국대학 또는 교토제국대학 또는 규슈제국대학 정치학과를 졸업한 사례에 속한다. 이동화(李東華)의 경우, 일본에서 중학교 고학년으로 편입했다가 고등학교를 거쳐 도쿄제국대학 정치학과를 졸업했다. 여기서 공통되는 점은 그들은 물론이고 고등학교를 거쳐 제국대학을 졸업한 여타(餘他)의 조선인들은 모두 지주의 아들들이었다는 사실이다.

공삼은 고등학교의 길을 택하는 대신에 예과의 길을 택했다. 그리하여 그는 예과 3년의 생활을 게이오에서 보낸 것이다. 그리고 이 과정에서 그는 영어를 훨씬 더 높은 수준으로 공부했으며 제2외국어로 독일어를 공부했다. 자신의 예과시절에 관해, 공삼은 어떠한 회고도 남기지 않았다. 그러나 김영국 교수는 공삼으로부터 공삼이 이 시기에 서양의 역사책들과 철학책들에, 그리고 일본의 독서계를 지배하던 『세계문학전집』에 빠져 살았다고 말하는 것을 가끔 들었노라고 회상하곤 했다. 필자는 이 회상을 받아들이는데, 그렇다면 뒷날 공삼의 강의와 저술에 나타나는 서양고전에 대한 그의 깊은 이해는 이 시기에 이뤄졌을 것이었다.

제 3 절 게이오대학 본과 3년의 정치학 교육

공삼은 1934년 3월에 예과를 마치고 4월에 정치학과 본과에 입학했다. 정치학과 본과에서 그는 일본어로 정치학을 배운다는 뜻의 '방어정치과(邦語政治科)'가 아니라 영어로 정치학을 배운다는 뜻의 '영어정치과'에 등록했다. 이때부터 1937년 3월에 졸업할 때까지 3년에 걸쳐 정치학을 공부했다. 그가 수강한 과목들을 정치학과가 개설한 강좌들에 국한해 살피면, 정치원론, 정체론(政體論), 국가론, 근세국가론, 국법론, 헌법원론, 비교헌법원론, 영국헌법, 대의정체론, 영국중앙정부론, 유럽정치사 등이었다.

이 과목들을 각각 어느 교수들이 담당했었던가, 그 교수들은 어떤 책들로써 그리고 어떤 내용으로써 강의했었던가, 공삼의 성적은 어떠했었던가? — 이 일련의 물음들에 대답할 수 있는 자료들을 필자는 아쉽게도 확보하지 못했다. 따라서 이 시대에 일본의 정치학계에는 어떤 학풍들이 조성되어 있었던 것인지 살피는 것으로써 그 물음들에 대해 간접적으로 대답하고자 한다.

일본정치학계의 학문적 동향

이 시기에 일본정치학계에 나타난 학문적 경향에 대해, 필자는 1936년 3월에 도쿄제국대학 정치학과를 졸업한 이동화 평전에서 이미 설명했다.[20] 그렇기에 여기서는 중복의 위험성을 무릅쓰고 공삼의 정치학 수학을 이해하는 데 도움이 될 만한 범위 안에서 설명하기로 하겠다.

일본에서 정치학은 1868년의 명치유신 이후 유럽으로부터 전래되고 수용됐다. 초기에는 번역이 압도적이었는데, 프랑스의 장 자크 루소(Jean Jacques Rousseau)와 몽테스키외(Charles Louis de Secondat Montesquieu) 그리고 영국의 존 스튜어트 밀(John Stuart Mill)과 허버트 스펜서(Herbert Spencer) 및 제레미 벤담(Jeremy Bentham) 등등의 책들이 번역되어 널리 보급됐다. 이 책들은 강조점 및 논리전개와 관련해 그것들 사이에 여러 차이들을 보였으나 대체로 자유주의와 자유민주주의를 비롯해 의회제도와 삼권분립원칙 등을 옹호했다.

이렇게 유럽의 정치사상과 정치이론이 전래되고 수용되는 분위기 속에서, 일본의 전제적 관료체제를 뒷받침하는 흐름과 그것을 비판하는 흐름이

20 김학준, 『두산(斗山) 이동화 평전 : 한국에서 민주사회주의운동을 개척한 정치학자의 이념과 행동』(서울 : 단국대학교 출판부, 2012), 104-116쪽. 필자는 이 부분을 쓰면서 최경락(崔敬洛), 「일본의 정치학」, 『증보 정치학대사전』(서울 : 박영사, 1992년 증보증판), 1232쪽 및 한배호(韓培浩), 『이론정치학』(서울 : 일조각, 1965), 38-44쪽 등에 의존했다.

동시에 나타났다. 전자의 경우, 독일의 법학자 블룬츨리(Johann Kaspar Bluntschli, 1908~1981)의 『현대국가론』을 번역한 가토 히로유키[加藤弘之 : 가등홍지] 교수가 대표적이었다. 블룬츨리의 이 책은 국가유기체설(國家有機體說)에 서서 국가주권의 절대성과 배타성을 강조하는 국가학을 정립하는 데 이바지했는데, 이 책이 역간되면서 일본의 집권세력과 보수세력의 지지를 받았다. 후자의 경우, 공리주의와 권력분립론에 서서 『국체신론(國體新論)』을 저술한 오노 아스사[小野梓 : 소야재] 교수가 대표적이었다. 이러한 흐름이 지속되는 가운데, 국민의 자유와 권리를 강조하는 민권론(民權論)과 국가의 권력을 우선시하는 국권론(國權論)이 대립하는 새로운 경향이 나타났다.**21**

1889년부터 자유민권운동에 대한 정부의 제재가 강화되면서, 일본의 정치학계는 크게 위축됐다. 1900년대 초에 들어와 독일의 법학자 게오르그 옐리넥(Georg Jellinek, 1851~1911)이 1900년에 독일에서 출판한 『일반국가학(*Allgemeine Staatslehre*)』이 일본에도 수용됐다. 옐리넥과 그의 『일반국가학』에 대해서는 공삼이 강의에서 반드시 언급했기에, 여기서 부연하기로 하겠다.

옐리넥은 베를린대학교의 법제사 및 법철학 교수인 오토 프리드리히 폰 기르케(Otto Friedrich von Gierke, 1841~1921) 아래서 공부하며 스승의 '단체이론'으로부터 많은 영향을 받았다. 사회와 국가의 출발점을 그 사회와 국가를 형성하는 무수한 단체들로부터 찾은 이 이론은 법학에서는 법사회학으로 이어졌고 정치학에서는 국가다원론으로 이어졌다. 이 이론으로부터 영향을 받은 영국의 대표적인 학자가 케임브리지대학교에서 중세사 및 법제사를 가르친 프레데릭 윌리엄 메이틀랜드(Frederick William Maitland, 1850~1906) 교수였다.

그사이에 전개된 국가론들을 국가학으로 집대성한 『일반국가학』은 통

21 이 방면에 관한 국내의 개설서로 다음이 대표적이다. 현대일본연구회 편, 『국권론과 민권론』(서울 : 한길사, 1982).

치자의 통치권을 강조하는 공법학적 국가이론과 국민의 자유권을 강조하는 사회학적 국가이론을 모두 포용함으로써 이른바 국가양면설(國家兩面說)을 정립했다. 그러나 일제는 전자를 앞세웠다. 국가는 영토, 주권, 인민 등 3대 요소로 구성된다는 학설은 그로부터 나왔는데, 일제는 '인민'을 '국민'으로 대체시켰다. 국가가 성립된 뒤에야 '인민'은 '국민'이 되며, 따라서 '국민'에 앞서 '인민'이 국가의 구성요소가 된다고 보는 것이 타당한데도, 일제는 통치의 편의상 '국민'을 강조함으로써 국가에 대한 의무와 복종의 요구를 앞세우고자 한 것이다.

이러한 흐름 속에서, 정치학 가운데 헌법의 해석을 중심으로 한 법학적-제도론적 연구만이 살아남게 되자 정치학은 점점 법학의 강력한 영향 아래 놓이게 됐다. 이제 정치학은 국가학의 한 갈래로서의 국법학(國法學)의 테두리 안으로 한정됐다. 이에 반발해, 오노츠카 키헤이지[小野塚喜平次 : 소야총희평차] 교수는 1903년부터 1906년까지 『정치학 대강(政治學 大綱)』 전 2권을 출판했고 도쿄제국대학에 일본에서 처음으로 정치학 강좌를 개설했다.

다른 한편으로, 1900년대에 들어와 일본의 사상계에서도 사회주의에 대한 본격적인 연구가 진행됐다. 1901년에 일본 최초의 사회주의정당인 사회민주당이 창당된 것을 시발로, 1903년에는 아베 이소[安部磯雄 : 안부기웅]의 『사회주의론』과 가타야마 센[片山潛 : 편산잠]의 『도시 사회주의』가 출판됐고, 1906년에는 가와카미 하지메[河上肇 : 하상조]의 『사회주의 평론』이 출판됐다. 가와카미 교수는 1917년에는 『가난 이야기』를 출판하고 1919년에는 『사회주의 연구』라는 잡지를 창간하면서 마르크시즘이 대중에 전파되도록 노력했다. 1917년 10월에 제정러시아에서 인류역사상 처음으로 사회주의혁명이 일어나고 소비에트국가가 수립된 데 따른 하나의 반응이기도 했다.

1918년에 제1차 세계대전이 끝나면서 일본의 사상계와 정치학계는 다시 활기를 띠었다. 이때는 일본이 천황 다이쇼[大正 : 1912~1926] 시대의 후반기에 접어든 때로서, 민주주의와 사회주의에 대해서는 물론이고 파시즘과 공산주의혁명 등등에 대한 관심이 깊어가고 있었다. 특히 오노츠카의 수제자 요시노 사쿠조[吉野作造 : 길야작조] 교수는 1918년에 사회민주주의의 시각에서 『정치학의 혁명』을 출판했고 1927년에 『정치학 연구』를 편저했는데, 이 책들은 정치학을 국법학으로부터 해방시키는 데 크게 이바지했다.

1920년대에 일본의 정치학계는 훨씬 더 활발해졌다. 오야마 이쿠오[大山郁夫 : 대산욱부] 교수는 1923년에 『정치의 사회적 기초』를 출판하면서, 정치현상을 사회학적 방법으로써 분석해야 한다는 미국과 유럽의 정치학 이론들을 소개했다. 대체로 이 시점부터 일본의 정치학계에서는 영국에서 시작되고 미국으로 전파된 다원주의적 정치학이 크게 유행했다. 영국의 해롤드 조지프 라스키 및 콜(G. D. H. Cole)과 같은 학자들, 그리고 미국으로 귀화한 영국의 로버트 모리슨 매키버 등의 저서들과 이론들이 소개됐고 토론됐다. 이들이 제창한 다원주의적 국가론 또는 국가다원론은, 간단히 말해, 국가주권론에 기초한 국가의 절대주의를 부정하고 국가주권을 다수의 단체들에 분할하려는 견해다. 이 이론에 따르면, 국가는 사회에 있어서 다른 보통의 직능단체들을 포괄하는 일반적 직능단체에 지나지 않는다. 이 이론은 결과적으로 전체주의적 국가관을 반박하고 민주주의적 국가관을 뒷받침하는 데 크게 이바지했다.

이처럼 일본의 정치학계에 수용된 국가다원론자들 가운데 일본의 정치학계에서 가장 인기가 높았던 사람은 라스키였다. 그의 저서들 가운데 일제의 국가권력이 금기로 여긴 자유주의를 긍정적으로 평가한 책들을 제외하고는 대부분이 일본어로 역간됐다. 방대한 *A Grammar of Politics*는 물론, 이 책의 요약본인 *An Introduction to Politics* 역시 역간됐다. 그가 마르크스와 공산주의를 비판적으로 해설한 *Karl Marx : An Essay* 및 *Communism* 역시 역간됐다.22

여기서 라스키가 일본의 정치학자들 사이에 얼마나 인기가 높았던가를 보여주는 일화 하나를 소개하기로 하겠다. 런던경제정치대학교(London School of Economics and Political Science : 약칭 LSE)에서 라스키의 강의를 들었던 김상만(金相万)이 1936년에 일본의 와세다대학 정치경제학부로 전학했을 때, 와세다의 정치학도들은 김상만이 라스키로부터 배웠다는 사실을 알고는 라스키에 대해 자세히 묻기도 하고 심지어 선망의 눈빛마저 띠었다는 것이다. 대한민국 제2대 부통령 인촌(仁村) 김성수(金性洙)의 장남 김상만은 뒷날 동아일보사 사장과 회장을 역임한다.[23]

다원적 국가론과 더불어 역시 1920년대에는 미국의 정치학자 아더 벤틀리(Arthur Bentley)의 이론도 소개됐다. 벤틀리는 집단(group)들 사이에서 전개되는 갈등과 투쟁의 과정을 분석함으로써 권력의 본질과 성격을 파악하는 사회학적 국가론을 발전시켰다. 풀어 말해, 사회를 상충적인 이익집단들의 복합체로 간주하고 집단들 사이의 투쟁의 과정을 실증적으로 파악함으로써 전통적인 국가기구론을 동태적인 과정론으로 이행시킨 『정치의 과정(*The Process of Government*)』(1908)으로 널리 알려졌던 정치학자였다. 그의 이론 역시 국가다원론에 심취한 일본정치학자들의 구미에 맞았다. 이러한 흐름 속에서, 도사와 도시요시[戸澤俊義 : 호택준의] 교수는 1923년에 『정치적 의의(疑義)』를 출판했고 로야마 마사미치[蠟山政道 : 엽산정도] 교수는 1925년에 『정치학의 임무와 대상』을 출판했다. 로야마 교수는 1930년에 전 15권 예정의 『정치학 전집』을 편찬하기 시작했으며 제2

22 *A Grammar of Politics*는 이치무라 케사조[市村今朝藏 : 시촌금조장]에 의해 1933년에 도쿄의 춘추사(春秋社)에서 『정치학 범전(政治學 範典)』이라는 제목으로 출판됐다. *An Introduction to Politics*는 우에다 세이지[植田淸次 : 식전청차]에 의해 1932년에 도쿄의 이상사(理想社)에서 『국가론』으로 출판됐다. *Karl Marx*는 하토리 베노스케[服部弁之助 : 복부변지조]에 의해 1929년에 도쿄의 이상사에서 『카를 마르크스 : 그의 생애와 학설에 대한 비판』으로 출판됐다. *Communism*은 이시카와 마사히코[石川眞彦 : 석천진언]에 의해 1928년에 도쿄의 취영각(聚英閣)에서, 이어 1930년에 용생당서점(龍生堂書店)에서 『공산주의론』으로 출간됐다.

23 일민(一民)김상만선생전기간행위원회 편, 『일민김상만전기』(서울 : 동아일보사, 2003), 59-65쪽.

차 세계대전이 발발하는 1939년 직전까지 13권까지 출판했다.

다른 한편으로, 자유주의와 이상주의를 옹호한 정치학자로 사회주의에 대해서도 관심을 갖고 자유주의와 사회주의의 접점을 찾고자 노력한 가와아이 에이지로[河合榮次郎 : 하합영차랑] 교수는 개인주의적이면서 이상주의적 정치사상을 정립한 영국의 정치학자 토머스 힐 그린(Thomas Hill Green)에 관한 책을 출판함과 아울러 유럽의 사회주의자들에 관한 책을 출판했다. 1930년대 후반에 출판된 가와아이의 이 책들은 일본사회에 사회민주주의를 전파하는 데 일정하게 이바지했다. 이러한 일들로 가와아이 교수는 결국 해직되고 재판까지 받는다.

그런데 여기서 중요하게 기억돼야 할 것은 공삼이 게이오에서 정치학을 전공하던 시기에 일본은 파시즘체제를 굳히고 있었다는 사실이다. 공삼이 정치학과 본과 2학년이던 때인 1936년 2월 26일에 군부는 청년장교들의 강력한 영향 아래 쿠데타를 일으켜 — 이것이 이른바 2 · 26사건이다 — 파시즘체제를 확립했으며, 대학을 철저히 통제했다. 모든 대학들에서 서구의 자유주의적 정치이론들과 사회주의적 정치이론들은 강의 자체가 사실상 금지됐다. 이 사실은 도쿄제국대학에서 가장 두드러지게 나타났다.24

게이오대학이라고 해서 예외는 아니었다. 그러나 게이오의 분위기는 적어도 교내에서만큼은 상대적으로 덜 억압적이었으며 리버럴한 성격이 적잖게 유지됐다. 특히 정치학과의 교수들은 파시즘체제에 비판적인 자세를 취했고 식민지 청년인 공삼에 대해서도 너그럽게 대했다. 이러한 분위기였기에 공삼은 라스키로 대표되는 영국의 국가다원론에 관한 저술들을 비롯해 서구의 정치학서적들을 꾸준히 독파할 수 있었다.

24 도쿄제대에서의 분위기는 다음에서 읽을 수 있다. 『남재 김상협』, 148-151쪽.

라스키의 국가론

그러면 라스키는 어떤 사람이었나? 라스키의 생애와 정치학에 대해, 필자는 이미 제법 긴 소개의 글을 발표했었다.[25] 그러했기에 여기서는 공삼의 정치학에 관해 우리가 앞으로 살필 책들이나 주제들에 한정해 설명하기로 하겠다.

라스키는 1893년 6월 30일에 영국의 맨체스터에서 부유한 유태인의 아들로 태어났다. 공삼보다 20년 연상이었다. 그는 어려서부터 대단히 총명했고 공부를 좋아한 '책벌레'였다. 맨체스터에서 입학과 졸업이 쉽지 않은 고전학교를 졸업한 그는 1911년부터 옥스포드대학교 뉴 칼리지에 입학한 뒤 역사학 및 정치학 공부에 모든 힘을 쏟았다. 그는 특히 토머스 힐 그린의 이상주의적 국가론, 그리고 기르케 교수로부터 시작해 메이틀랜드 교수와 옐리넥 교수로 이어진 사회단체론적 국가론을 배웠다. 동시에 그는 유태인 스스로가 지닌 선민의식에 대해, 그리고 유태인에 대한 영국인의 차별의식에 대해, 모두 비판적 심성을 키웠으며, 영국의 자본주의체제와 기성질서(旣成秩序)에 대한 불신을 갖게 됐다.

이러한 심리적 바탕 위에서, 이미 맨체스터의 고전학교 학생 때 사회주의를 수용했던 그는 이 대학에 재학하던 때, 노동계급에 대해 우호적이며 사회민주주의 또는 민주사회주의를 옹호하는 페이비언협회에 가입했다. 시드니 웹(Sidney Webb)과 그의 부인 비어트리스 포터 웹(Beartrice Potter Webb), 그리고 그레이엄 월러스(Graham Wallas) 등, 이 페이비언 협회의 창설을 주도한 지식인들이 런던경제정치대학교를 세웠음은 널리 알려진 사실이다.

라스키는 21세이던 1914년 6월에 옥스포드대학교 뉴 칼리지를 수석으로 졸업하고, 잠시 런던에서 『데일리 헤럴드(*Daily Herald*)』의 기자로 일

25 김학준 해설 · 번역, 『라스키 : 《현대국가에 있어서의 자유》』, 수정증보판(서울 : 서울대학교출판부, 2007), 3-39쪽.

했다. 이 신문은 노동계급에 대해, 그리고 노동당에 대해, 매우 우호적이었다. 그러나 교수직의 기회를 얻게 되자 그는 진로를 바꿔, 캐나다의 맥길대학교 역사학 전임강사와 하버드대학교 학부의 역사학 전임강사를 거쳐 1920년에 런던경제정치대학교에 조교수급의 전임으로 정착했다.[26] 지력(知力)이 뛰어났을 뿐만 아니라 문필력 역시 활달했던 그는 이미 1917년부터 1921년까지 주권과 권위 및 복종, 그리고 정치사상에 관한 네 종류의 책들을 출판함으로써 정치학자로서의 명성을 확립했는데, 32세이던 1925년에 그때까지의 자신의 연구를 집대성한 A *Grammar of Politics*를 영국의 국제적 출판사들 가운데 하나인 알렌(George Allen & Unwin, LTD)을 통해 출판했다. 이 책은 1938년까지 4판이 나왔으며, 미국 예일대학교 출판부를 통해서도 세 차례에 걸쳐 출판됐다.

여기서 보이듯, 이 책은 라스키에게 큰 성취였다. 정치적 다원주의에 서서 진화적 사회주의를 옹호한 이 책은 곧바로 영국의 거의 모든 대학교들에서 정치학 교과서들 가운데 하나로 채택됐으며, 그가 1926년에 그레이엄 월러스의 후임으로 '교수(Professor)'로 승진하도록 만들어주었다. 영국에서 33세의 젊은 나이에 '프로페서'가 됐다는 사실은 대단히 예외적이었다. 그는 1950년 3월에 노동당의 선거유세에 직접 뛰어들어 무리했던 탓에 향년 57세로 별세할 때까지 이 대학교의 '프로페서'로 봉직한다.

이 책의 요약본이 라스키의 대명사와 같은 *An Introduction to Politics*이다. 이 책 역시 1931년에 알렌출판사에서 처음 출판됐는데, 글자 그대로 큰 성공을 거두었다. 초판이 발간된 그해에 2쇄가 간행된 데 이어, 1932년에 3쇄, 1934년에 4쇄, 1936년에 5쇄, 1939년에 6쇄, 1943년에 7쇄, 1945년에 8쇄를 발간하기에 이르렀다. 라스키가 별세한 때로부터 1년이 지난

26 라스키의 첫 직급은 'Temporary Instructor'였다. 영국과 영연방 국가들의 대학교에서 'Instructor'는 우리나라의 전임강사 또는 조교수로 번역될 수 있다. 그는 곧 'Instructor'를 거쳐 'Reader'로 승진했다. 'Reader'는 우리나라의 부교수로 번역될 수 있으며, 경우에 따라서는 정교수로 번역될 수 있다.

1951년에 런던대 국제관계학 교수 마틴 와이트(Martin Wight)는 라스키의 원저에 약간의 설명을 덧붙여 9쇄를 발간했는데, 이 가필본은 1954년에 다시 출간됐다.[27] 이 책은 1991년에 영국의 국제적 출판사들 가운데 하나인 러틀리지(Routledge)에서 다시 출판될 정도로 정치학의 고전들 가운데 하나로 자리를 잡았다.

영국 이외의 나라들에서도 널리 읽혀 여러 외국어번역본들이 뒤따랐다. 특히 일본에서는 1947년과 1952년 및 1954년에 계속해서 역간됐으며, 와이트 개정판이 1957년과 1965년에 각각 역간됐다.

그러면 라스키가 이 두 책들에서 전개한 논지는 무엇이었나? 앞에서 이미 지적했듯, 라스키의 주된 관심은 국가의 성격이었고 이것은 자연히 주권의 문제로 연결됐다. 라스키는 국가가 개인의 잠재성의 실현을 적극적으로 도와주는 수단인데도 오히려 개인의 자유를 억압하고 있으며 특히 유산계급의 이익을 지켜주고 노동계급을 억압하는 도구로 전락했다는 인식 아래, 국가가 그렇게 행동할 수 있는 이론적 무기가 바로 프랑스의 장 보당(Jean Bodin)과 영국의 토머스 홉스(Thomas Hobbes)로부터 출발해 런던대의 존 오스틴(John Austin)에 이르러 정점에 도달한 국가절대주권론이라고 파악했다. 이러한 논리의 연장선 위에서, 그는 이 이론을 분쇄하기로 결심했다.

여기서 라스키의 관심은 우리가 앞에서 살핀 기르케의 단체이론, 그리고 그것을 계승한 메이틀랜드와 옐리넥의 저서들로 쏠렸다. 라스키는 결국 국가도 사회를 구성하는 많은 단체들 가운데 하나라는 결론에 도달했다. 이것이 그의 국가이론에서 제1기에 해당한다.

라스키는 곧 이 결론에서 벗어나 국가는 다른 많은 단체들과 구별되며 그 단체들보다 훨씬 더 중요한 역할을 수행한다고 인정했다. 그의 이론적

27 Harold J. Laski, *An Introduction to Politics*, New edition prepared by Martin Wight(London : George Allen and Unwin LTD, 1954). 이 1954년판은 국내에서 다음과 같이 역간됐다. 강상운 역, 『정치학 입문』(서울 : 민중서관, 1959).

전환은 그가 1935년에 출판한 『국가론 : 이론과 실제(*The State in Theory and Practice*)』(New York : The Viking Press ; London : George Allen & Unwin)에서 확실해졌다. 이로써 그의 국가이론은 제2기에 들어섰다. 그는 그 이후에도 영국의 의원내각제와 미국의 대통령제에 관해서는 물론이고 마르크시즘과 소련의 정치체제에 대해서도, 그리고 유럽의 자유주의에 대해서도, 저술활동을 계속했다. 확실히 그는 다작(多作)의 정치학자였다.

제2차 세계대전이 연합국의 승리로 귀결되는 것을 보면서 라스키는 자신이 그동안 전개했던 이론들을 다시 살폈으며, 이로써 그의 국가이론은 제3기에 들어섰다. 이때로부터 1950년에 별세할 때까지의 약 5년에 걸쳐 그는 소련식 공산주의에 대한 반대를 분명히 표시했으며 미국의 민주주의를 높이 평가했다. 동시에 의회민주주의를 통해 점진적으로 사회주의를 실현할 수 있다는 자신의 초기의 '진화적 사회주의'에 대한 믿음을 회복했다. 그러나 이 제3기는 공삼이 게이오를 떠난 뒤에 전개된 것이다. 따라서 공삼은 게이오에서 라스키가 제시한 제1기의 국가이론 및 제2기의 국가이론을 공부했을 뿐이다.

비록 그렇다고 해도, 라스키가 제기했고 토론했던 정치학의 다양한 주제들에 대해 깊이 있게 공부하던 공삼은 1937년 3월에 게이오대학 법학부 정치학과를 졸업하면서 그때의 관행대로 법학사의 학위를 받았다. 그는 1937년 4월에 대학원에 입학했다. 대학원 진학생의 수는 적었다.

제 4 절 게이오대학 대학원과 아세아연구소에서의 연구생활과 연구실적

대학원에 입학했던 때로부터 대학원을 수료한 1942년 3월까지 공삼은 독서를 통한 연구에 전념했다. 이때 대학원은 특정한 강좌들을 개설하지 않은 채 학생들로 하여금 교수들이 지정하는 책들을 읽고 그 결과를 때때로 보고하게 하는 방식을 택하고 있었다.

미국에서 정치학이 성장한 과정을 다룬 첫 출판물

공삼은 게이오대학 대학원에 재학하던 때인 1938년 6월에 게이오대학 법학부가 발행하는 계간(季刊) 논문집 『법학연구』에 「미국에서의 정치학 독립에 관한 하나의 자료(一資料)」를 일본어로 발표했다.[28] 이제까지 이 글은 공삼의 논문으로 알려져왔다. 그러나 이 글은 공삼 스스로 이 글의 서두에서 밝혔듯 번역문이다. 미국의 정치학자 웨스털 우드버리 윌로비(Westel Woodbury Willougby)가 탄신 70년을 맞이한 1937년에 후학들이 마련한 『웨스털 우드버리 윌로비에 경의를 표하는 정치학논문집』 가운데 그의 제자 제임스 가너 교수가 기고한 논문 「웨스털 우드버리 윌로비: 정치학에 대한 그의 기여의 평가」를[29] 번역한 것이다.

그러면 윌로비는 누구였는가? 윌로비는 1867년에 미국에서 윌리엄 프랭클린 윌로비(William Franklin Willougby)의 쌍둥이 형으로 태어났으며 1888년에 존스홉킨스대학교 학부를 졸업하고 1891년에 같은 대학교에서 박사학위를 받았다. 이때 정치학은 독립된 학문으로 공인되어 있지 않았기에 그의 학위는 역사학과와 경제학과에 의해 공동으로 수여됐다. 그는 변호사인 아버지의 법률사무소에서 근무한 경력을 바탕으로 변호사가 됐으나 1898년에 모교가 전임직 — 정식 직함은 영국식인 'Reader'였다 — 을 제의하자 이 제의를 받아들였다. 그는 곧 존스홉킨스 안에 정치학과를 창설할 것을 제의했으며, 이 제의가 받아들여져 이 대학교에 처음으로 정치학과가

28 『법학연구』, 403-426쪽.

29 James W. Garner, "Westel Woodbury Willougby: An Evaluation of His Contribution to Political Science," in John Marby Mathews and James Hart (eds.), *Essays in Political Science: In Honor of Westel Woodbury Willoughby* (Baltimore, MD.: The Johns Hopkins Press, 1937), pp. 3-32.

개설됐다. 개설 당시 정치학과의 교수 — 정식 직함은 'Professor'였다 — 는 그 한 사람뿐이었다. 그는 때때로 중국정부의 고문으로도 일했으나 1933년에 65세로 이 학교에서 정년퇴임했다.

그사이에 윌로비 교수는 미국정치학회 창설에 적극적으로 참여했으며 10대 회장으로 봉직했다. 그의 대표작은 1898년에 출판한 『국가의 본질에 관한 분석(*An Examination of the Nature of the State*: 약칭 『국가의 본질』)』이다. 그 이후, 그는 『사회적 정의(*Social Justice*)』와 『미국의 헌법체계(*The American Constitutional System*)』 및 『정치적 권위의 윤리적 기초(*Ethical Basis of Political Authority*)』 등 다수의 저술들을 출판했으며, 이로써 그는 '현대 정치학의 아버지(the father of modern political science)'라는 영예로운 칭호를 얻었다. 그는 1945년에 78세로 별세했다. 그의 쌍둥이 동생 윌리엄은 프린스턴대학교 교수를 역임한 저명한 행정학자로 『행정의 원리들(*Principles of Public Administration*)』을 출판했다. 그는 형보다 15년을 더 살았다.

공삼의 이 번역문은 그의 첫 출판물이었다는 점에서 여러 측면에서 검토될 가치를 지녔다. 첫째, 원문은 사실상 미국에서 정치학이 하나의 독립된 학문으로 공인되고 성장한 과정을 주로 윌로비 교수와 연관시키면서 상세히 설명했다. 단순화시켜 말해, 1880년부터 1937년 시점까지의 미국의 정치학발달사를 서술한 것이다. 공삼이 25세의 청년 정치학도로 이 원문을 번역했다는 사실은 그가 이미 이 시점에서 미국에서 성장하고 있는 정치학에 대해 관심이 컸음을 말해주었다. 우리가 앞에서 이미 보았듯, 그리고 이 번역에서 다시 확인되듯, 미국 및 영국의 정치학에 대한 공삼의 평생에 걸친 학문적 관심은 이미 게이오 시절에, 또는 20대 전반기에, 발생하고 형성됐던 것이다.

둘째, 이 역문이 출판된 1938년 6월이면 일제가 중국을 상대로 본격적인 전쟁에 들어간 때로부터 1년이 지난 시점이었다. 일제가 아직 미국과 영국을 상대로 전쟁에 들어가지는 않았으나 군국주의-파시즘이 기승을 부리는 가운데 반(反)서방적 성향을 공공연히 나타내던 때였다. 그러한 시점에, 미국에서 자유민주주의를 정신적 기반으로 삼는 정치학이 성장한 과정을 설명한 이 원문의 번역을 시도할 수 있었다는 것, 그리고 출판이 허용됐다는 것은 게이오의 반군국주의적-반파시즘적 학풍을 반영하는 것이었으며, 또 공삼의 그러한 정향(定向)을 반영하는 것이다.

그러면 이 논문의 내용은 무엇이었나? 윌로비 교수의 학문적 업적에 관한 설명들 가운데 우리가 앞에서 이미 살핀 부분들을 제외하고, 필자 나름대로 다음과 같이 요약하기로 하겠다:

- 컬럼비아대학교는 1880년에 '정치학 및 공법 대학(School of Political Science and Public Law)'을 세웠는데, 이것이 미국에서의 최초의 정치학과다. 헌법학의 존 버제스(John William Burgess), 법학 및 법사학(法史學)의 문로 스미드(Munroe Smith), 행정법의 프랭크 굿나우(Frank Johnson Goodnow), 국제법의 존 무어(John B. Moore), 정치이론의 윌리엄 던닝(William Archibald Dunning) 등이 교수로 있으면서 미국에서 새로운 학문으로서의 정치학의 기초를 닦았다. 이 대학은 정치학 이외에 법학, 경제학, 사회학, 역사학을 강의했다. 이러한 배경에서, 미국에서 정치학이 탄생한 해를 1880년으로 잡는다.
- 비슷한 시기에, 하버드대학교와 프린스턴대학교 및 존스홉킨스대학교 등에서도 국가에 관한 이론, 정치이론의 역사, 연방정부, 국제법 등에 대한 강좌들이 개설됐다. 그러나 그 강좌들은 독립된 정치학과에 의해서가 아니라 역사학과(예컨대, 존스홉킨스대학교), 법과대학(예컨대, 하버드대학교) 또는 학부(예컨대, 프린스턴대학교)에 의해 개설됐다. 뒷날 미국의 28대 대통령으로 선출되는 우드로 윌슨(Woodrow Wilson)은 프린스턴대학교에서 '법학 및 정치경제학 교수'로서 공법과 법사학을 대학원생이 아니라 학부생을 상대로 강의했다.

번역문 전반에서, 공삼은 'law'를 법률학으로, 'jurisprudence'를 법리학(法理學)으로, 그리고 'legal history'를 법제사(法制史)로 각각 번역했다. 이러한 번역어들은 명치유신 이후 일본사회에 정착된 것이었다. 다시 원문의 내용으로 돌아가자.

· 1893년에 개교한 시카고대학교는 컬럼비아대학교 다음으로 가장 많은 정치학 과목들을 개설했다. 해리 젓슨(Harry P. Judson) 교수와 에른스트 프로인트(Ernst Freund) 교수 등이 주로 법학과 정치철학 및 국제법 등을 강의했다. 1894년에 존스홉킨스대학교와 스탠포드대학교는 '정치학'이라는 이름의 강좌를 개설했으며, 1905년에 존스홉킨스대학교는 정치학과를 공식으로 개설했다.

여기서 주목되는 것은 프로인트 교수다. 독일인으로 하이델베르크대학교에서 법학박사를 받은 그는 미국으로 이주해 컬럼비아대학교에서 정치학을 전공했으며 1897년에 이 학교에서 정치학박사를 받은 것이다. 미국에서 처음으로 정치학과를 세운 이 대학교가 배출한 정치학박사가 이 시점에서 교수로 임용되기 시작한 것이다. 다시 본문으로 돌아가자.

· 미국에서 정치학이 성장하면서 1903년 12월에 루이지애나주 뉴올리언스시(市)에 위치한 튤레인대학교(Tulane University)에서 미국정치학회(American Political Science Association)가 창립됐다. 미국역사학회(American Historical Association)와 미국경제학회(American Economic Association)가 각각 1884년과 1885년에 창립된 사실을 고려한다면, 미국정치학회의 창립은 상대적으로 늦어진 것이었다. 영국 옥스포드대학교 교수로 영국 하원의원과 외무차관을 역임한 정치학자 제임스 브라이스(James Bryce), 우드로 윌슨, 프랭크 굿나우, 그리고 하버드대학교 총장 로런스 로웰(A. Lawrence Lowell), 웨스털 윌로비 등이 이 학회의 회장을 역임했다.

1907년에 미국정치학회는 『미국정치학회보(*American Political Science Review*)』를 창간했다. 초대 편집장으로 웨스털 윌로비가 선출됐다.

컬럼비아대학교는 1886년에 『계간 정치학(*Political Science Quarterly*)』

을 창간했다. 『미국정치학회보』가 창간되기 이전의 약 25년에 걸쳐 이 논문집이 미국의 정치학계에서 가장 큰 영향력을 행사했다. 이제 『미국정치학회보』가 창간됨에 따라 두 논문집은 서로 경쟁하게 됐다. 미국에서 독립된 정치학과의 증설은 빠르게 진행됐다. 1914년 현재 38개의 대학에서, 그리고 1920년 현재 50개의 대학에서 독립된 정치학과가 개설된 것이다. 그리고 미국정치학회의 회원수도 빠르게 증가해 1920년 현재 1,300명 수준에 이르렀다. 이러한 상황에서, 두 논문집은 미국의 정치학계를 이끌게 된다.[30] 다시 본문으로 돌아가자.

· 1903년에 미국정치학회가 창립되기 이전에 정치학에 관한 저서는 매우 적었다. 초기의 저서들은 1827년에 미국으로 이주해 사우스캐롤라이나대학교에서 강의한 독일인 프랜시스 리버(Francis Lieber)가 1838년과 1852년에 각각 출판한 『정치적 윤리에 관한 편람(*Manual of Political Ethics*)』 전 2권과 『시민의 자유와 자치정부(*Civil Liberty and Self-Government*)』이다. 곧이어 시어도 울시(Theodore S. Woolsey)가 1877년에 『정치학 : 이론과 실제에 있어서의 국가(*Political Science, or the State Theoretically and Practically Considered*)』 전 2권을 출판했고, 우드로 윌슨이 1884년과 1891년에 각각 『의회정부(*Congressional Government*)』와 『국가 : 역사적 및 실제적 정치의 요소들(*The State : Elements of Historical and Practical Politics*)』을 출판했다. 존 버제스는 1891년에 『정치학 및 헌법(*Political Science and Constitutional Law*)』 전 2권을 출판했다. 버제스의 책 제1권 『정부(*Government*)』는 미국, 영국, 독일, 프랑스 등 4개국의 정부를 비교분석한 것이다.

그사이인 1888년에 영국의 제임스 브라이스는 『아메리카 공화국(*American Commonwealth*)』을 출판했으며, 1891년에 제시 메이시(Jesse Macy)는 『우리의 정부(*Our Government*)』를 출판했다. 메이시의 책은 중고등학교 학생들을 위한 교과서였으며 동시에 그러한 학생들을 지도할 교사들

30 김계수(金桂洙), 「미국의 정치학」, 『증보 정치학대사전』(서울 : 박영사, 1992, 증보판), 596-599쪽.

을 위한 교재였다. [메이시는 1884년에 존스홉킨스에서 박사학위를 받았으며 그 이후 아이오와주의 명문 사립대학인 그린넬대학(Grinnell College)에서 교수로 일관했다 : 필자 주]

- '정치학'에 관련된 저술들의 출판이 어느 정도 활발해지기 시작한 가운데, 웨스텔 윌로비는 1896년에 『국가의 본질』을 출판했다. 이 책에서 그는 그 시점에서의 미국의 정치학을 '기술적(記述的) 정치학(descriptive political science)', '역사적 정치학(historical political science)', '통치의 기술(the art of government or politics)', '정치적 이론 또는 철학(political theory or philosophy)'으로 나누고, 자신의 이 책은 '정치적 이론 또는 철학'에 속한다고 말했다. 여기서 '정치적 이론 또는 철학'이라고 할 때, 그것은 '정치에 관한 학문 전체가 기초하고 있는 다양한 개념들에 대한 철학적 분석(the philosophical examination of the various concepts upon which the whole science of politics rests)'을 의미한다고 윌로비는 설명했다. 이 책의 또 하나의 특징은 그가 '국가(state)'와 '정부(government)'를 엄격히 구별하면서 정치이론을 전개한 사실이다.

  이러한 시각에서, 윌로비는 1908년 5월에 출판된 『예일 평론(*Yale Review*)』에 버제스의 『정치학 및 헌법』에 나타난 버제스의 정치이론을 비판하는 논문을 발표했다. 버제스의 책을 높이 평가하면서도, 윌로비는 이 책을 정치이론가의 책이라기보다 헌법학자의 책이라고 평가했다.

- 1902년에 던닝 교수는 『고대와 중세의 정치이론들(*Political Theories, Ancient and Mediaeval*)』을 출판했다. 이 책이 출판되기 이전에, 서양의 정치사상사 또는 정치학설사에 관한 책은 전적으로 독일학자들과 프랑스학자들에 의해 쓰여졌다. 던닝의 책은 이 주제에 관한 미국학자의 최초의 책이었다.

공삼이 번역한 가너의 이 논문과 관련해 덧붙일 것은, 이 논문이 '주권'과 '국제법'의 관계에 대해 간헐적으로 다뤘다는 사실이다. 전통적으로 주권은 한 국가가 대내외적으로 행사하는 독점적이면서 배타적인 권력이다. 그런데 국제법이 성장하고 발달하면서 '국가주권제한론'이 불가피하게 제기되기 시작했으며, 심지어 '국가주권해체론'이 토론되기에 이르렀다. 이것은 특히 세계평화의 수립을 위해 세계정부를 수립해야 한다는 제의와 함께 표면화했다. 국가주권론의 연구에 매달려온 공삼에게 이 논문은 중요한 사색의 한 자료가 됐을 것이다.

『아세아대륙횡단기』의 역간

대학원생으로 공삼이 두 번째로 출판한 것은 첫 번째와 마찬가지로 번역이었으나 논문이 아니라 두툼한 책이었다. 이것이 「연보」에 게재된 '훼브르 저, 『아세아대륙횡단기』, 대화서점(大和書店), 1941'이다. 대화서점은 도쿄의 중심가 간다[神田 : 신전]에 위치한 주식회사 형태의 큰 출판사였다.

우선 원저자에 대해 살피면, 그는 조르주 르 훼브르(Georges Le Fèvre)라는 프랑스인이다. 프랑스 대통령이던 드 골(De Gaulle)을 '드'와 '골'을 합하여 '드골'이라고 표기하듯, 이 원저자를 '르'와 '훼브르'를 합하여 '르훼브르'로 표기하는 것이 일반적이다. 파리에서 발행되는 스포츠신문의 기자였던 그가 1933년에 프랑스어로 출판한 책이 『황색(黃色)의 순항(巡航) : 중앙아시아 탐험(*La croisière jaune : Expèdition Centre Asie*)』이다. 이 책은 영국의 육군소장으로 경(卿)의 작위를 받은 스윈튼(E. D. Swinton)에 의해 *An Eastern Odyssey* [『동방으로의 모험여행』](Boston : Little, Brown and Company, 1935)로 영역됐다. 공삼은 이 영역판을 대본으로 삼아 일본어로 번역한 것이다.

이 책을 이해하기 위해 우리는 먼저 앙드레-귀스타브 시트로엥(André-Gustave Citroën)에 대해 알아보는 것이 좋겠다. 그는 1878년에 유태인 사업가의 아들로 태어났지만, 한때는 엄청난 재부(財富)를 축적했던 아버지가 사업실패로 자살하고 어머니가 별세함에 따라 어려서부터 빈곤을 경험하며 성장했다. 그러한 역경 속에서도 뛰어난 재능을 발휘함으로써 프랑스에서 최고의 이공계 대학교인 국립 폴리테크닉에 입학할 수 있었다. 그는 곧 학업에 대한 흥미를 잃었으며, 군에 자원입대해 공병기사로 일하는 가운데 자동차에 관심을 갖게 됐다. 제대한 뒤 자동차산업에 뛰어들어, 프랑스뿐만 아니라 서유럽의 중산층사람들도 어렵지 않게 구입할 수 있는 대중형 자동차를 만들어내기에 이르렀고, 이로써 많은 돈을 벌게 됐다. 여기서 자신을 얻은 그는 사하라사막을 비롯해 아프리카의 오지들을 여행할 수 있는 특별자동차들을 생산하는 데 성공했다. 서유럽의 탐험가들이 그룹을 형성한 채 그 자동차들을 이용해 그때까지 알려지지 않았던 아프리카와 아시아의 여러 지역들을 여행하게 되자 그의 명성은 더욱 높아졌다.

시트로엥은 계속해서 사업을 확장했고, 1933~1934년에 '시트로엥 TA7'이라는 신형자동차의 개발에 성공했다. 그러나 무리한 사업확장의 과정에, 불안해진 투자자들이 투자를 회수하고 세계적 대공황의 물결이 밀어닥치면서 결국 파산선고를 받았다. 그는 삶의 의욕을 잃은 채 1935년에 향년 57세로 별세했다. 그가 죽은 뒤 그의 '시트로엥 TA7'은 변형을 거듭한 뒤 대성공을 거둔다. 여기에 기초해, 시트로엥은 1974년에 국제적 자동차회사인 푸조(Peugot)와 합병하기에 이른다. 오늘날 독일의 폭스바겐자동차그룹에 이어 유럽에서 제2위의 대형 자동차회사로 꼽히는 푸조시트로엥은 바로 시트로엥의 모기업에서 출발한 것이다.[31]

시트로엥이 시작한 세 차례의 여행들은 모두 조르주 르훼브르에 의해 책으로 출판됐는데, 공삼이 역간한 『아세아대륙횡단기』는 세 번째 여행을 다룬 책이었다. 이 책은 한 무리의 탐험가들이 1931년 4월에 그때 프랑스의 위임통치령(委任統治領)이던 레바논의 수도 베이루트를 출발하는 것으로부터 시작했다. 이들은 중앙아시아를 횡단하고 히말라야산맥과 파미르고원을 통과한 뒤 몽골의 고비사막을 거쳐 1932년 2월 12일에 마침내 국공내전(國共內戰)으로 혼란에 빠져 있던 중국의 북경에 도착했다. 이들이 베이루트를 출발한 똑같은 날에, 다른 한 무리는 북경을 출발해 중앙아시

31 http://www.answers.com/topic/andr-citro-n에서 인용.

아를 횡단하고 1932년 11월 30일에 파리에 도착했다. 이 자리에는 프랑스의 전직 및 현직 대통령 그리고 파리대학교 총장을 비롯한 프랑스의 저명 인사들이 기다리고 있었고 특히 1차대전의 구국영웅 페탕 원수도 기다리고 있었다. 그만큼 중앙아시아횡단여행은 전국적 관심사였고 탐험가들은 영웅으로 대접을 받았다.[32]

르훼브르의 『아세아대륙횡단기』는 그때로서는 유럽인들에게 미지의 세계였던 중앙아시아를 유럽에 널리 알리면서 동시에 중앙아시아에 대한 관심을 크게 불러일으켰다. 티벳지역과 신강지역은 물론 몽골, 그리고 우룸치 — 흔히 '우루무치'라고 발음된다 — 등, 중앙아시아 세계의 다양한 인종들과 민족들 그리고 그들의 생활풍속과 문화는 유럽인들에게 너무나 이색적이었던 것이다. 공삼의 일본어번역판을 통해 일본인들도 같은 아시아인으로 제법 잘 아는 것 같았지만 실제로는 거의 몰랐던 중앙아시아인들의 특이한 문화와 습속에 경이를 느꼈을 것이다.

『소령(蘇領) 터키스탄 잠입기』의 역간

공삼은 1942년 3월에 대학원을 수료하고, 4월에 게이오대학 법학부의 시사문제연구회 연구원으로 연구활동을 계속했다. 그는 시사문제연구회 연구원이던 1942년에 『소령 터키스탄 잠입기』를 같은 연구원인 사이토 오스케(齋藤大助: 재등대조)와 공역해 대화서점에서 출판했다. 책 표지에 공삼이 사이토에 앞서 기재된 것을 보면, 번역은 공삼이 이끌었던 것 같다. 이 공역서에 대해서는 이제까지 존재 그 자체가 알려지지 않았고 자연히 논의되지도 않았기에, 다음에서 자세히 설명하기로 하겠다.

이 책의 저자 구스타프 크리스트(Gustav Krist)는 조선에서 청일전쟁이 일어난 해인 1894년에 출생한 오스트리아인이다. 그는 1차대전 때 오스트

32 Swinton, *An Eastern Odyssey*, 9-12쪽.

리아헝가리합병제국의 사병으로 참전했다가 제정러시아군에게 포로로 잡혀 그때로서는 제정러시아 소속이던 터키스탄(Russian Turkistan)의 카타쿨간(Katta-Kurgan)에 마련된 포로수용소에서 5년 동안 갇혔다. 이웃에는 부하라추장국(Emirate of Bukhara)이 있었으며, 이 추장국 부근에 오늘날의 우즈베키스탄공화국의 유서 깊은 이슬람도시 사마르칸트(Samarkand)가 있었다. 천부적인 언어능력을 지녔던 그는 금세 이 일대의 언어들을 익혔으며, 이 일대의 유목민들과 친해졌다. 그는 한때 포로수용소를 탈출해 페르시아의 타브리즈(Tabriz)로 피신하는 데 성공했지만 제정러시아군이 타브리즈를 점령함에 따라 다시 잡혔다. 그러나 포로수송열차에서 뛰어내려 아프가니스탄을 거쳐 페르시아로 들어갈 수 있었고 거기서 카펫무역에 종사했다.

그 이후, 그는 1917년의 볼셰비키혁명도 체험하는 등, 글자 그대로 파란만장한 생활을 경험했고 마침내 고국으로 귀국할 수 있었다. 그러나 그는 이제 소련영토로 귀속된 터키스탄을 다시 방문하고 싶은 희망을 버리지 않았다. 이때 터키스탄은 소련의 철저한 통제 아래 놓여 있었고 특히 외국인의 입국을 금지하고 있었다. 그런데도 그는 자신이 서양인이지만 터키스탄에 귀화한 소련국민이며 모스크바에서 활동하는 지리학자라는 신분증을 만들어냄으로써 1924년에 입국에 성공했다. 그는 자신의 입국을 도와준 현지인의 안내를 받으며 바깥세계에 완전히 가려진 이 유목민지대를 낙타를 타고 여행하면서 산과 사막 및 강 그리고 오아시스를 샅샅이 관찰할 수 있었다.

그 관찰기록이 그가 별세한 해인 1937년에 빈에서 독일어로 출판됐으며, 1939년에 영국케임브리지대학교 출판부에서 *Alone through the Forbidden Land, Journeys in Disguise through Soviet Central Asia*로 역간됐다. 역자는 옥스포드대 문헌학 교수 에밀리 오버랜드 로리머(Emily Overend Lorimer)였다. 이 책을 공삼은 사이토와 함께 『소령 터키스탄 잠입기』로 번역한 것이다. 이 책은 터키스탄, 부하라, 키르키즈, 사마르칸트,

페르시아, 아프가니스탄, 파미르고원, '실크 로드', 볼셰비키혁명 등을 모두 다뤘기에, 1920년대 중반에 중앙아시아가 처했던 상황을 자세히 묘사했다. 이 책에서 묘사된 이 지역인들의 생활상은 오늘날에는 거의 대부분이 사라져, 이 책은 이 지역의 그 시대를 재현하고 싶은 사람들에게 활용되고 있다.

「신강성(新疆省) 민족들과 최근의 정정(政情)」의 출판

공삼은 1943년 10월에 게이오대학 아세아연구소 연구원으로 기용되면서 조교수 대우를 받았다. 그는 곧 논문을 발표했다. 이 연구소가 1943년에 창간한 『아세아연구』 1943년 12월호, 57-65쪽에 게재된 「신강성에 있어서의 민족들과 최근의 정정」(일본어)이 그것이다. 이 논문 역시 이제까지 존재 그 자체가 알려지지 않았고 따라서 논의가 전혀 되지 않았기에, 여기서 자세히 다루기로 하겠다.

신강은 고대 중국인들이 서역이라 불렀던 곳으로, 오늘날의 용어로 중앙아시아에 위치한 다민족지역이다. 역사적으로 유명한 '실크 로드,' 곧 '비단 길'이 이곳을 지나간다. 한(漢)과 당(唐)이 수많은 전투와 전쟁을 거치면서도 이곳을 장악했던 까닭이 무역을 통해 엄청난 이익을 마련해주는 '비단 길'을 자신의 통제 아래 두려고 한 데 있었다. 한때는 몽골의 차가타이한국 및 티무르제국이 이 지역을 지배했다. 시대에 따라 차이를 보였지만, 대체로 10개 안팎의 소수민족들이 살았다. 광물자원이 풍부하고 전략적으로도 중요했기에 주변의 여러 나라들이 각각 자신의 통치 또는 영향 아래 두려고 다퉜던 이 지역은 결국 건륭제(乾隆帝) 때 청제국의 한 성으로 편입됐다.

청제국이 붕괴한 뒤, 이 지역은 중화민국의 관할 아래 들어갔다. 그러나 중화민국 정부가 타이완으로 쫓겨나면서, 중화인민공화국의 관할 아래 들어가 오늘날 '신장 위구르 자치구'를 형성하고 있다. 이름은 '자치구'이지만 그 면적은 중국 전체의 6분의 1이다. 오늘날의 이란의 면적에 비슷하며 한반도 면적의 7.5배가 된다. 2007년 현재 전체 인구 2,100만 가운데 다수를 차지하는 민족은 위구르어를 쓰는 위구르족이며, 그 다음으로 한족(漢族)이 다수를 차지하고 있다. 그들의 뒤를 이어, 카자흐족과 후이족이 살며, 아주 적지만 몽골족과 만주족 등이 산다. 수도는 '우루무치'이며, 종교는 대체로 이슬람교다. 공용어는 중국어이지만, 각 민족은 자기 언어를 쓴다.

공삼은 이 논문에서 신강의 역사와 지리를 자세히 설명했다. 공삼은 특히 제정러시아와 청 사이의 이 지역을 둘러싼 경쟁과 갈등을 설명했으며, 결국 청이 1882년 또는 1884년에 이 지역을 자신에게 완전히 복속시키면서 '새로운 국경지대'라는 뜻의 '신강'이라는 이름을 붙였음을 상기시켰다. 주변국가들에 연결된 이 지역 내부의 민족들 사이의 갈등에도 주목했다. 그는 또 1930년대 중반에 소련이 이 지역을 군사적으로 점령통치했던 사실도 상기시켰다. 그는 이 논문을 쓰는 시점에서, 이 지역에 대한 소련의 영향력이 크게 감소하는 반면에 중국공산당의 영향력이 커지고 있음에 주목했다.

『달단1천년사』의 역간

공삼은 다음해에도 중앙아시아에 관한 역서를 간행했다. 「연보」에 기록된 'E. H. 파커 저, 『달단1천년사(韃靼一千年史)』, 대화서점, 1944'가 그것이다. 그것은 공삼으로서는 다섯 번째의 출판물이면서 세 번째의 번역서가 된다.

이 책의 원저자인 영국인 에드워드 하퍼 파커(Edward Harper Parker)는 1849년에 태어나 1926년에 별세했다. 리버풀에서 고등교육을 받은 뒤 변호사로 입신한 그는 1869년에 그때 청제국의 수도이던 북경에 주재하는 영국공사관에 '통역생'으로 선발된 것을 계기로 중국에 주재하는 영국의 여러 영사관들에서 근무했고, 고종 22년이던 1885년에 부산에 주재하는 영국총영사관의 부총영사로 부임해 곧 총영사대리로 승진했으며 1887년에 귀국했다. 그는 1892년부터 1893년까지 버마정부의 중국문제고문을 역임했고, 리버풀대학교의 중국어 교수를 거쳐 맨체스터의 빅토리아대학교에서 중국어 교수로 봉직하며 중국에 관한 여러 논문들을 발표했고 1926년에 향년 77세로 별세했다.[33]

자신의 동양에 대한 관심과 동양에서의 경험을 바탕으로, 파커는 중국과 버마를 포함해 동양에 대한 책들을 열 권 남짓하게 출판했다. 그것들 가운데 하나가 바로 1924년에 런던에서 출판한 *A Thousand Years of the Tartars*다.[34] 공삼은 이 책의 제2판을 1943년 여름에 번역을 끝냈으며, 출판사는 1944년 2월에 출판했다.[35] 공삼은 「역자 서(譯者 序)」에서 자신이 '가치융일(嘉治隆一) 선생'의 서고에서 '우연히' 이 책을 발견하고 번역을 결심했다고 썼다. 이 책 전체를 통해, 공삼은 중국을 그때의 관행에 따라 '지나(支那)'로 번역했다. '지나'는 물론 중국을 처음 통일한 진(秦)을 독일어로 표기한 '키나(China)', 그리고 영어로 표기한 '차이나(China)'를 그 발음에 맞춰 한자로 옮긴 것이다.

여기서 우리는 역서의 제목에 나오는 '달단'이라는 단어의 뜻부터 검토할 필요를 느낀다. '달단'이란 물론 영어의 'Tatar'를 의미한다. 중국문헌에 '달단(達靼)', '달단(達旦)', '달달(達達)', '달타(達打)' 등으로도 나타났던 이 '달단'이 정확히 무엇을 의미하는가에 대해, 전문가들은 여러 갈래로 풀이하고 있다. '달단'이라는 이름 아래 포함되는 부족들이나 민족들은 거의 모두가 유목민들이었고 대체로 혼혈들이었으며, 자신들의 기록들을 문자로 남긴 사례들이 거의 없었기 때문이다. 이 사실을 인식하면서, 단순화시켜 말한다면, 대체로 흥안령산맥(興安嶺山脈)을 경계로 삼아 한 쪽은 몽골계에 속하는 여러 민족들이고 반대편의 다른 한 쪽은 터키계에 속하는 여러

● ● ● ● ●

33 파커에 대해 필자는 졸저에서 자세히 설명했다. 김학준, 『서양인들이 관찰한 후기 조선』(서울: 서강대학교 출판부, 2010), 409쪽.

34 이 책은 2009년 1월에 뉴욕의 Kessinger Publishing Company에서 복간됐다.

35 공삼의 번역판은 공삼이 한때 봉직했던 대구대학의 후신 영남대학교 중앙도서관에 '희귀본'으로 소장되어 있다.

민족들이다. 피부색을 기준으로, 몽골계의 '달단'을 '검은 달단'으로 부르고 터키계의 '달단'을 '흰 달단'으로 부른다.

이 책은 모두 7권 — 오늘날의 표현으로 7부 — 으로 구성됐다. 제1권은 「흉노제국(匈奴帝國)」으로, 7개의 장(章)을 통해 기원전 5세기부터 기원후 5세기까지 무려 1천 년에 걸쳐 몽골 및 북부중국 일대에서 활동한 흉노족이 흥망성쇠하는 과정을 설명했다. 흉노족은 영어로 훈(Hun)이라고 불렸으며, 그 안에 말갈족을 끌어안고 있었다. 흉노족의 통치자는 선우(單于)라고 불렸다. 부왕을 살해하고 즉위한 묵돌[冒頓 : 모둔]은 중국의 북방에서 가장 큰 유목국가를 세웠으며, 고조(高祖)가 통치하던 한(漢)을 공격해 자신에게 유리한 화친조약을 이끌어내는 데 성공했는데, 이 책은 이 부분을 자세히 설명했다. 흉노족은 유럽으로 이동하면서 헝가리(Hungary)를 세웠다.

제2권은 「선비제국(鮮卑帝國)」으로, 4개의 장을 통해 선비족이 한때 북중국을 정복하고 북위(北魏)를 세워 그 일대를 지배한 과정을 설명했다. 특히 단석괴(壇石槐)가 지도자로 등장해 일정한 기간에 걸쳐 흉노를 물리치고 위세를 떨친 일, 그리고 토곡혼(吐谷渾)이라는 지도자가 강인(羌人)과 융합하면서 세력을 형성한 일 등을 상세히 설명했다.

제3권은 「유연제국(柔然帝國)」으로, 2개의 장을 통해 몽골지방의 한 고대 유목민족인 유연이 '애매한 상태'로 발흥하다가 '조급히' 몰락한 과정을 설명했다. 제4권은 「돌궐제국」으로, 4개의 장을 통해 투르크족의 한 지파(支派)로 간주되는 돌궐족이 중국과 평화롭게 살다가 결국 전쟁으로 돌입한 뒤 부흥과 몰락을 거듭한 끝에 붕괴한 과정을 설명했다. 그 과정에서 카파간[默綴 : 묵철]이라는 지도자가 나타나 몽골고원에 독립국가를 세웠으며, 그가 가한(可汗)이라는 직함 아래 이 나라를 통치하면서 중앙아시아로 원정한 사실도 설명했다.

제5권은 「서(西)돌궐제국」으로, 5개의 장으로 구성됐다. 돌궐족의 한 씨족인 '아사나씨(阿史那氏)'가 번창하다가 몰락한 데 이어 당(唐)에 정복되는 과정을 설명했으며, 돌기시(突騎施)라는 지도자가 일어나 당의 복속으로부터 독립하는 과정을 설명했다. 이 무렵에 그때 중국의 문헌에 점알사(黠戛斯)로 기록된 키르키즈(Kirghiz)족이 돌궐의 지배에 저항해 준독립적 지위를 얻었으나, 우여곡절을 겪은 뒤 칭기즈칸의 몽골제국에 예속됐다. 제5권은 마지막 부분에서 돌궐에 예속됐던 국가들을 설명했다. 제6권은 '회흘제국(回紇帝國)'으로, 3개의 장을 통해 '제1차 흥망'과 '방랑시대' 그리고 '후기 회흘'을 설명했다. '회흘'은 투르크족의 한 지파로 오늘날의 표기로는 '위구르'다. 위구르는 키르키즈에 의해 정복됐다.

제7권은 '계단제국(契丹帝國)'으로, 5개의 장을 통해 거란족의 흥망성쇠를 설명했다. 우리 역사에서는 '야율아보기'로 알려진 '아보기(阿保機)'가 거란제국을 건국한 뒤 돌궐과 중국을 정복해 요(遼)를 세웠으나 결국 여진(女眞)의 반란으로 '멸망'하는 과정을 설명했다. 이 책은 여진족을 말갈족과 선비족 그리고 잡다한 유목민족의 혼합으로 보았으며, 선비족은 거란족에 편입됐다가 결국 여진족으로 완전히 융합되었다고 보았다. 제7권은 결론에서 요나라 지도자들의 오만과 학정이 멸망의 원인이었다고 평가했다.

이 책은 '세계의 중심이 되는 왕국'이라는 뜻의 '중국'을 자처한 한족(漢族)을 둘러싼 '북쪽의 오랑캐들[北狄 : 북적]'과 '서쪽의 오랑캐들[西戎 : 서융]'을 구성하는 수많은 민족들의 흥망성쇠, 중국과의 관계, 그리고 주변의 다른 민족들과의 관계 등을 상세히 설명했다. 따라서 이 책은 이 민족들의 역사에 관한 깊은 지식이 없으면 번역하기가 쉽지 않다. 공삼 스스로 「역자 서」에서 '달단'으로 통칭되는 이 수많은 유목혼혈민족의 역사를 '떨어트려놓고는' 중국의 역사와 동서양의 교류사를 이해할 수 없으며, 그러한 취지에서 이 책을 번역한다고 말했다. 공삼은 이 책의 번역을 통해, 이 방면에 관한 자신의 실력을 과시했다고 할 수 있다.

공삼은 한국의 래티모어?

이상에서 살핀 공삼의 중앙아시아 연구는 미국의 중앙아시아 전문학자 오언 래피모어(Owen Lattimore) 교수의 연구를 연상하게 만든다. 래티모어는 1900년에 출생했으니, 공삼보다 13년 연상이다. 그는 1925년부터 중앙아시아에 대해 깊은 학문적 관심을 키웠으며, 1970년대 초에 이르기까지 중앙아시아에 관한 선구적 저술들을 열 편 이상 출판했다. 이로써 그는 미국의 학계에서는 물론이고 인도와 영국의 학계에서도 중앙아시아 분야의 최고 석학으로 대접을 받았다.[36]

중앙아시아에 관한 공삼의 역서들과 논문을 읽어보면, 공삼은 조선인으로 이 분야의 개척자였다고 결론을 내릴 수 있다. 특히 신강성에 대한 학술논문을 출간한 최초의 조선인은 공삼이라고 단정할 수 있을 것이다. 이러한 사실을 종합해 단순화시켜 말한다면, 공삼은 '한국의 래티모어'로 불릴 수 있었다. 래티모어가 열강의 틈바구니에 끼인 채 억압을 받던 소수민족들의 삶에 주목했듯, 공삼 역시 강대국들 사이에서 시달리는 조선을 염두에 두고 이 지역에 관심을 쏟았던 것이다. 이 점이 '공삼 정치학'에 대한 이제까지의 토론에서 결여되어 왔다.

그러면 공삼은 해방 이후 한국정치학계에서 이 분야를 어떻게 다뤘을까? 이 물음에 대해서는 다음 장의 제4절에서 답하기로 하겠다.

게이오에서의 생활

게이오에서 14년에 걸쳐 연구하면서, 공삼은 학문에서도 그러했지만 사생활에서도 리버럴한 게이오 교수들의 도움을 많이 받았다. 우선 일제가 조선인들을 상대로 1939년 11월부터 1940년 8월까지 강요한 창씨개명(創

36 오언 래티모어에 대해서는 필자가 필자의 졸저에서 자세히 소개했다. 김학준, 『마르크스에서 시진핑까지』(문학과지성사, 2013), 제2부 제9장.

氏改名)에 응하지 않아도 무사하게끔 도움을 받았다. 그래서 앞에서 보았듯, 3개의 번역서와 1개의 번역문 및 1개의 논문 모두 '민병태'라는 조선이름 아래 출판될 수 있었다. 또 1939년부터 1945년까지 조선사람들을 강제로 징용하던 때도, 1942년부터 1945년까지 조선청년들을 강제로 징병하던 때도, 공삼은 모면할 수 있었다. 고국에서 부친이 자신의 재력을 동원해 일제의 당국자들을 상대로 벌인 로비도 효과를 보았을 것이다. 어찌됐든 공삼이 일제 때 창씨개명을 하지 않았다는 사실은 일제가 패망한 이후의 한국사회에서 자랑할 만한 일이었다. 그러나 공삼은 어느 자리에서도 이 사실을 스스로 말한 일이 없다고 김영국 교수와 구범모 교수는 회상했다. 공삼은 확실히 겸허한 인격의 소유자였다.

부친의 재력은 물론 공삼의 학업에 큰 도움이 되었다. 거기에 힘입어 공삼은 일본어 서적들은 물론이고 그때로서는 귀한 서양의 원서들을 돈에 구애받지 않고 마음껏 사들일 수 있었다. 방대한 양의 이 책들은 일제패망 이후 공삼이 한국에서 정치학을 가르치고 전파하는 데 중요한 역할을 수행한다. 심지어 해방 이후 한국의 대학들이 정치학과를 개설했을 때, 어떤 '신임(新任)' 교수들이 공삼의 집을 찾아와 책이나 게이오에서의 강의노트를 빌리기를 청하기도 했다고 한다. 그때마다 공삼은 30대의 청년이로되 건방지게 굴지 않고 겸손하게 대하면서 선선히 응했다고 한다. 복사기가 없던 때여서 어떤 이들은 몇 차례씩 공삼의 서재를 방문해 필기하기도 했는데, 그때마다 공삼은 흔쾌히 필기를 도왔다고 한다. 1977년 11월에 치러진 공삼의 장례기간의 어느 날, 그때 한국정치학계의 지도자들 가운데 한 사람이던 김계수(金桂洙) 한국외국어대 정치외교학과 교수는 필자에게 이 일화를 소개하며 공삼의 너그러우면서도 노성(老成)했던 인품을 회상했다.

그러면 공삼은 언제 일본으로부터 아주 귀국한 것일까? 필자의 질문에 대해, 민준기 교수는 일제패망 직후인 것으로 알고 있다고 대답했다. 일제패망 직후라면 도쿄는 물론 일본 전체가 원자폭탄의 충격 속에서 심리적 공황에 빠져 있고 큰 혼란으로 말미암아 교통과 통신이 원활하지 않은 때였다. 만일 민준기 교수의 대답이 맞는다면, 이러한 비정상적 상황에서 공삼이 서둘러 무사히 귀국할 수 있었던 것은 참으로 다행스러운 일이었다. 대조적으로, 김영국 교수는 "선생님은 일제가 패전하기 직전에 귀국하셨다."고 썼다.[37]

공삼의 게이오에서의 생활, 더 나아가 도쿄에서의 생활은 적어도 외형으로서는 안락 그 이상이었다. 공삼 스스로 그 사실은 시인했다. 공삼이 1970년 3월 1일에 서울대학교 대학원장으로 임명된 직후 『동아일보』와 가진 회견에서, 문리대 철학과 졸업생인 조규하(曺圭河) 기자는 자신이 문리대 학생 때 들었던 구전(口傳)을 근거로, "선생님은 대학 다니실 적에 하숙이 아니라 호텔에서 다니셨다던데요."라고 물었다. 이에 대해 공삼은 "호텔은 아니지만 좋은 아파트에 살았지."라고 대답했다. 조규하 기자가 "선생님은 고생 해보신 적 있으셔요?"라고 물은 데 대해서도, "고생은 아직 못해 봤어."라고 대답했다.[38]

그러나 일제의 조선강점기에 도쿄에서 공부하던 공삼의 내적 세계는 분노와 고민으로 가득 차 있었을 것이다. 그는 그것을 외부로 표현하는 대신에 학문에 몰입했던 것이다. 공삼의 평생에 걸친 '줄 담배'는 게이오시절에 이뤄진 습관이었는데, 그는 일제에 대한 울분을 '줄 담배'로써 달랬을 것이다.

37 김영국, 「상아탑의 의로운 파수꾼 : 고 민병태 박사 영전에」, 『경향신문』, 1977년 11월 15일, 6쪽.

38 조규하, 「인터뷰 : 민병태 신임 서울대 대학원장」, 『동아일보』, 1970년 3월 4일, 3쪽.

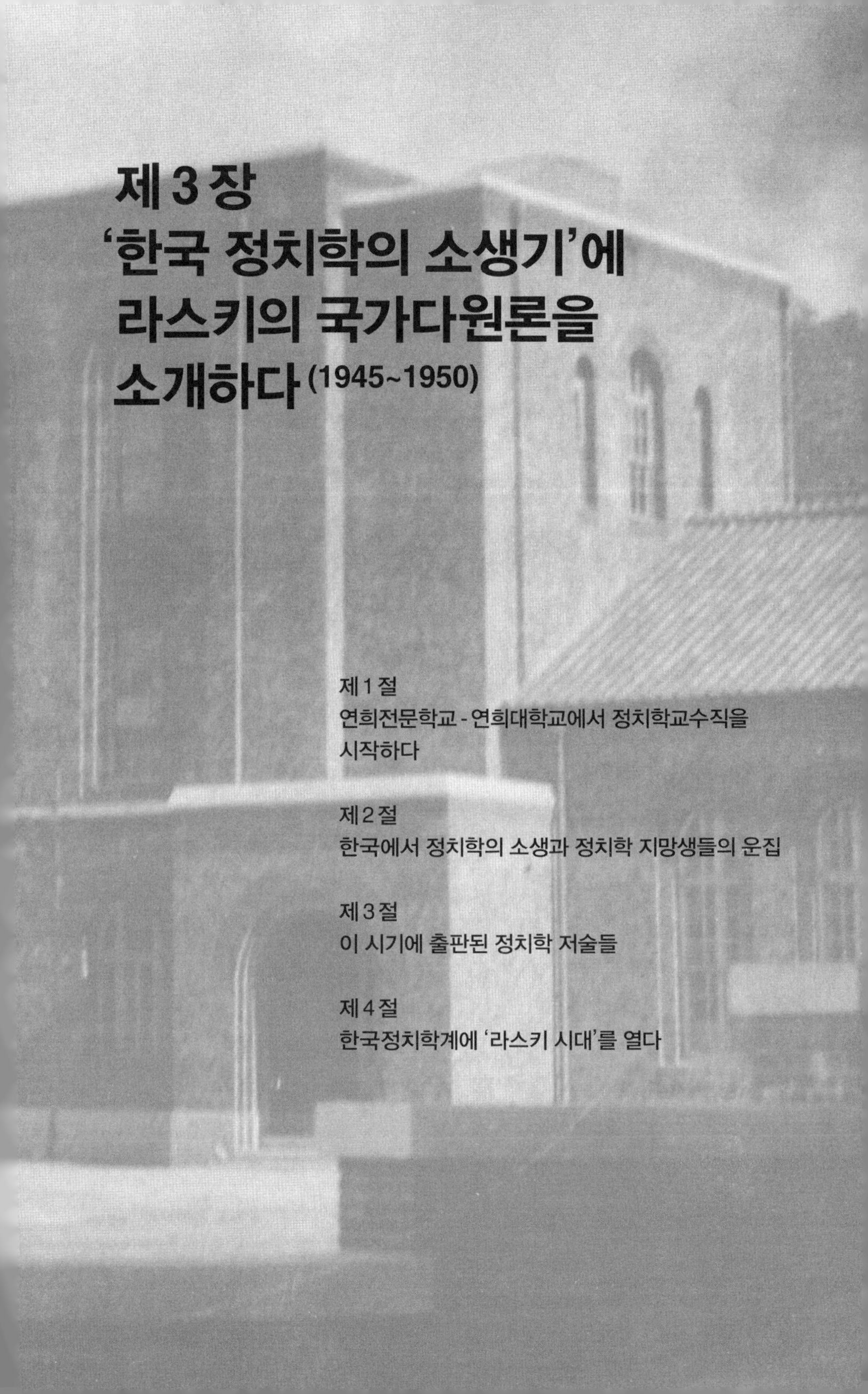

제 3 장
'한국 정치학의 소생기'에 라스키의 국가다원론을 소개하다 (1945~1950)

제 1 절
연희전문학교 - 연희대학교에서 정치학교수직을 시작하다

제 2 절
한국에서 정치학의 소생과 정치학 지망생들의 운집

제 3 절
이 시기에 출판된 정치학 저술들

제 4 절
한국정치학계에 '라스키 시대'를 열다

제 1 절 연희전문학교-연희대학교에서 정치학교수직을 시작하다

왜 '연희'를 선택했을까?

조국의 해방을 체험하면서 공삼은 한편으로는 크게 감격하고 다른 한편으로 민족의 장래에 대한 불안을 느꼈을 것이다. 해방은 한반도의 분할과 함께 왔으며, 더구나 외국군의 분할점령과 함께 왔기 때문이다. 이제 공삼의 생활터전인 남한은 미군의 점령통치 아래 놓여졌다.

이러한 상황에서, 남한에는 이른바 지도자들이 여기저기서 나타났다. "미국에서 귀국한 사람들 가운데 박사 아닌 사람이 없고 중국에서 귀국한 사람들 가운데 장군 아닌 사람이 없다."는 그때의 빈정거림에 나타났듯, 지도자를 자처하는 사람은 자신을 과대하게 포장하면서 정치에 뛰어들고자 했다. 그리하여 해방된 때로부터 몇 달 안에 남한에는 그러한 지도자들이 창당한 정당들이 족출했다.

공삼은 그때의 기준으로 보아 전 국민 가운데 0.5% 미만 정도가 아니라 0.3% 미만에 속하는 최고수준의 교육을 받은, 글자 그대로 엘리트 계층에 속했다. 그 학력을 앞세워 정치에 나가려고 하거나 미군정의 관리로 입신하려고 한다면, 크게 어렵지 않았을 것이다. 그러나 공삼은 학자의 길을 선택했다. 그리하여 공삼은 1945년 10월 6일에 연희전문학교 정치학과 교수직을 맡았으며, 이로써 앞으로 30년 4개월 20일에 걸쳐 계속될 국내에서의 교수직을 시작했다. 32세 때의 일이었다.

공삼이 연희전문학교에서 교수직을 시작한 이유를 정확히 알 수는 없다. 이 점에 대해 공삼은 아무런 회고의 말도 남기지 않았다. 다만, 민준기 교수의 증언이 유일한 설명으로 남아 있다. 공삼으로부터 직접 들었다는 민준기 교수에 따르면, 연희전문학교의 개교를 앞두고 곧 이 학교의 교장으로 취임할 예정이었던 백낙준(白樂濬) 박사는 미국과 일본에서 정치학을 전공한 사람들 가운데 각각 제1인자로 꼽히는 사람을 초빙하기로 결정하고 수소문한 끝에 일본에서 공부한 사람들 가운데 제1인자는 '민병태'라는 중론을 듣고 그를 초빙했다는 것이다.

백 교장의 초빙을 받고 공삼은 우선 연희의 교풍이 자신의 모교인 게이오의 교풍과 비슷하다는 사실에 이끌렸을 것이다. 우리가 제2장 제2절에서 이미 살폈듯, 게이오는 일본이 서양을 모방하고 서양으로부터 배워야 한다고 주장한 후쿠자와 유키치가 그러한 목표를 실현하기 위한 방안들 가운데 하나로 세운 일본의 대표적 명문사학들 가운데 하나다. 후쿠자와는 게이오에 관학(官學)의 학풍에 대조되는 '자유주의적' 학풍을 확립하고자 노력했으며, 그리하여 게이오는 '친서방적'이면서 '자유주의적' 교풍을 유지했다. 연희전문학교는 조선을 기독교국가로 바꾸려는 기독교적 사명감에서 조선을 찾아온 미국인 선교사 호레이스 언더우드(Horace G. Underwood)가 1885년에 오늘날의 연세대학교 의과대학의 뿌리로 해석되는 광혜원(廣惠院)에서 화학을 가르친 것을 계기로 1886년에 서울에 세운 경신학교(儆新學校)로부터 그 기원을 찾을 수 있다. 경신학교는 1915년 3월에 경신학교 안에 대학부를 개설했는데, 이것이 1923년 3월에 연희전문학교로 발전한 것이다.[1]

그러나 이것보다 훨씬 더 중요한 요인은 연희전문학교가 해방 이후 최초로 정치학과를 개설한 사실이었을 것이다. 연희전문학교가 1945년 10월 6일에 정치학과를 개설하면서 공삼을 정치학과의 교수로 초빙했을 때, 그는 주저할 이유가 없었을 것이다.

연희전문학교 정치학과의 교수진

연희전문학교 정치학과의 발족과 관련해, 1985년에 출판된 『연세대학교100년사』 제3권에서 이 대학교 사회과학대학 정치외교학과의 이신행(李信行) 교수는 다음과 같이 썼다:

> 1945년 10월 6일 연희전문학교에 해방과 함께 정치외교학과가 설치되었다. 민병태, 황종률(黃鍾律), 신도성(愼道晟), 백찬수(白贊守), 유동준(兪東濬), 육지수(陸芝修), 신기석(申基碩) 등이 초창기의 전임들이었다. 학계로서 볼 때 정치외교학과의 창설만큼 독립, 자유, 해방의 의미를 더 분명히 보여주는 사건은 없었을 것이다. 정경상학부(政經商學部)에 외교학과[학과장 육지수], 정치학과[학과장 민병태]가 설치되고 11월 26일 그동안 선발한 학생들과 함께 개학식을 거행하였다. 그러므로 한국에서 처음으로 정치·외교학을 교수하고 연구하는 장소로서 연희는 민족사적 의의가 높다. 정치외교학과가 1956년부터 1984년까지 사용한 광복관(光復館)의 '광복'이란 표현은 정치외교학과 탄생의 의미와 일치한다.[2]

이신행 교수의 이 설명을 우리는 몇 가지 각도에서 꼼꼼하게 검토할 필요를 느낀다. 첫째, 같은 책에 게재된 '교원조직표(1946년 2월 20일 현재)'는 위에서 거명된 7명 가운데 신기석 교수를 제외한 6명만을 포함시키고 있다. 신기석 교수 스스로 자신은 '1947년 3월에 [연희전문학교의 후신인] 연희

1 언더우드가 경신학교와 연희전문학교를 세운 과정을 필자는 다음에서 설명했다. 김학준, 『서양인들이 관찰한 후기조선』(서울: 서강대학교 출판부, 2010), 262-263쪽.

2 이신행, 「사회과학대학: 정치외교학과」, 연세대학교100년사편찬위원회 편, 『연세대학교100년사』(서울: 연세대학교 출판부, 1985), 제3권, 214쪽.

대학교 교수'로 부임했다고 밝혔다.[3] 이렇게 볼 때, 신기석 교수가 이신행 교수의 지적처럼 연희대 정치외교학과 초창기의 교수였음에는 틀림없으나 연희전문학교에 정치학과와 외교학과가 창설될 때의 교수는 아니었음이 확실하다. 신기석 교수는 연희대 정치외교학과로부터 서울대 문리대 정치학과로 옮겼다가 곧 고려대 정치학과로 옮긴다.[4] 경성제국대학 법문학부 법과 출신으로 졸업과 동시에 '외교사 및 국제법 연구실'에서 연구생활을 계속해 외교사 및 국제법 분야의 독보적 존재였기에 그를 필요로 하는 대학들이 많았던 것이다.

둘째, 앞에서 거명된 교수들의 직위가 확실하지 않다. '교원조직표(1946년 2월 20일 현재)'는 '전임(專任)' 44명과 '겸임(兼任)' 15명 등 모두 59명의 이름과 담당과목을 밝히면서, '당시 정식 직위 미정'이라고 추기했다. 민병태 교수의 직위도 밝혀지지 않았다.

셋째, 이 '교원조직표'에 게재된 59명의 명단은 연희전문학교가 그때 정상급의 학자들을 교수로 초빙했음을 보여주었다. 서양사의 백락준과 조의설(趙義卨), 동양사의 조좌호(曺佐鎬)와 민영규(閔泳珪), 철학의 고형곤(高亨坤)과 정석해(鄭錫海), 윤리학의 김두헌(金斗憲), 국어국문학의 김윤경(金允經)과 서두수(徐斗銖), 중국어중국문학의 정인보(鄭寅普), 영어영문학의 김선기(金善琪), 경제학의 최문환(崔文煥)과 이순탁(李順鐸) 및 조기준(趙璣濬), 상업학의 신태환(申泰煥)과 고승제(高承濟), 수학의 장기원(張起元), 천문학의 이원철(李源喆), 음악의 현제명(玄濟明) 등이 그 대표적 사례들이었다. 그들 가운데 약 85%가 미국[예컨대 백락준, 이원철, 현제명]과 유럽[예컨대 정석해, 김선기] 및 일본[예컨대 김두헌, 최문환, 이순탁, 조기준, 신태환, 고승제] 등에서 대학과정을 마쳤으며 나머지의 대부분은 경성제대 출신이었다. 공삼이 이 시점에서 연희전문학교의 전임교수가 됐다는 것은 그가 뒷날 한

● ● ● ● ●

3 지양(芝陽) 신기석박사회갑기념학술논문집편찬위원회 편, 『지양신기석박사화갑기념학술논문집』(서울: 삼화인쇄주식회사, 1968), 「지양신기석박사 연보」, 9쪽.

4 『지양신기석박사화갑기념학술논문집』, 「연보」, 9쪽.

국의 학계에서 지도적 역할을 수행하는 학자들의 반열에 이미 올라섰음을 의미했다.

넷째, 위에서 거명된 정치학과와 외교학과 교수들의 담당과목은 「교원조직표」에 다음과 같은 순서로 기록됐다.

육지수(경제학・상업학) 민병태(법학・사회학) 황종률(법학)
신도성(법학) 백찬수(법학) 유동준(법학)

학과의 이름은 '정치학과'와 '외교학과'인데, 소속 교수의 담당과목 일람표에 '정치학'이나 '외교학'은 나오지 않는다. 이것은 이 시점에 남한에서는 '정치학'과 '외교학'이 하나의 독립된 학문으로 공인되지 않고 있었음을 의미하는 것일까? 이 물음에 대해서는 앞으로 다시 토론하기로 하겠다. 다만 여기서 공삼에 국한해 말할 때, 그의 전공에 사회학이 들어가 있다는 사실에 주목하게 된다. 이것은 무엇을 의미하는 것일까? 우리가 제2장 제3절에서 보았듯, 그의 정치학은 국가다원주의에 기초한 정치학이었으며, 국가다원주의이론들은 사회학에 밀접하게 연결됐다. 이 점에서, 그는 사회학을 자신의 전공들 가운데 하나로 여겼을 것이다.

6명의 교수들 가운데 앞자리에서 거명된 육지수 교수는 1907년에 충청북도 옥천군 지주집안의 후예로 서울에서 태어났다. 박정희 대통령의 영부인 육영수 여사의 큰아버지의 아들이므로, 육 여사의 사촌오빠가 된다. 육지수는 배재고등보통학교와 동경부립(東京府立) 제4중학교 보습과를 거쳐 1930년에 나고야[名古屋: 명고옥]의 제8고등학교를 졸업했으며 1933년에 도쿄제국대학 경제학부를 졸업해 경제학사를 받은 뒤 이 대학의 잠사경제연구실에서 3년에 걸쳐 조수로 연구에 종사했다. 1936년에 귀국하면서 곧바로 연희전문학교에서 가르치기 시작했으며 그 이후 1942년까지 이 학교에서 교수로 봉직했다. 동시에 경성제국대학 예과에 출강했다. 1942년부터 1944년까지 서울의 명륜전문학교(明倫專門學敎) 교수로 봉직했으며,

1944년부터 1945년 8월까지, 육 교수 스스로의 표현으로, '평양사범학교 교수'로 봉직했다.[5]

육지수 교수의 전공분야는 경제지리학 및 인구학이었다. 그는 연희전문학교가 연희대학교로 승격하고 보성전문학교가 고려대학교로 승격하며 경성대학이 서울대학교로 승격된 1946년에 서울대 상과대학 교수로 옮겼다가 1948년부터 1952년까지 고려대 교수로 봉직했다. 그는 1954년까지 도쿄주재 연합국총사령부에서 근무하다가 귀국해 1955년에 서울대 문리대 교수로 임명됐고 1958년에 서울대 문리대에 지리학과를 창설했으며 1960년에 대한민국학술원 회원으로 선출된다.

황종률 교수는 1909년에 서울에서 태어났으며 일본에서 규슈제국대학 법학부를 졸업하고, 만주국이 만주국의 관리들을 양성하기 위해 만주국의 수도 신경[新京 : 중국 고유의 이름으로는 장춘(長春)]에 설립한 대동학원(大同學院)을 거친 뒤 만주국 경제부 금융국 금융과에서 사무관으로 근무했다. 일제의 패망과 동시에 만주국이 소멸되자 귀국한 그는 연희전문학교에서 교수가 됐던 것인데, 곧 미군정청의 금융경제관리로 자리를 옮겨 연전에서의 재직기간은 짧았다. 대한민국 정부가 수립된 뒤 관계에 투신해 외자관리청장과 충청북도지사를 역임했으며, 그 이후 1960년대에 두 차례에 걸쳐 재무장관을 역임하고 한 차례에 걸쳐 체신장관을 역임하며 민주공화당 소속의 제8대 국회의원으로 활동한다.

백찬수 교수와 유동준 교수에 대한 기록은 너무 소략하다. 앞에서 인용한 『연세대학교100년사』의 제4권에 수록된 「구(舊) 교수 명단」은 전자에 대해 '일본대학 법학과 법학사'라고만 썼으며, 후자에 대해 '경성제국대학 법학사'라고만 썼다. 두 사람 모두 언제부터 언제까지 재직했는지에 대해서도 전혀 밝히지 않았다.

이들 가운데 필자가 주목하는 사람은 유동준이다. 만일 동명이인(同名異

5 『석전(石田) 육지수교수유고문집(遺稿文集)』(서울 : 장왕사, 1970), 3쪽.

人)이 아니라면, 그는 구한말에 『서유견문』과 『정치학』이라는 저술들로써 서양정치학을 대한제국에 소개한 '조선 최초의 정치학자'인 유길준의[6] 집안 아우인 것이다. 따라서 유길준의 아들로 이 시점에서 연희전문학교의 교장인 유억겸(兪億兼)의 집안 조카가 된다. 유길준의 정치학이 집안 아우인 유동준에게 계승됐다고 말한다면 지나친 것일까? 유동준은 뒷날 『유길준전』을 출판하는데,[7] 이 책 이외에는 정치학에 관해 어떠한 저술도 남기지 않았다.

이들보다 훨씬 중요하게 토론돼야 할 사람은 신도성 교수다. 경상남도 거창군에서 1918년에 태어난 그는 전라남도 목포에서 보통학교를 졸업한 데 이어 1935년에 서울에서 중앙고등보통학교를 졸업하고 일본으로 건너가 1938년에 사가(佐賀 : 좌하)고등학교를 졸업했고, 이어 1941년에 도쿄제국대학 법학부 정치학과를 졸업했으며 1944년까지 같은 대학 대학원에서 정치학연구를 계속했다. 그는 일제가 패망하기 직전에 귀국했다.[8] 이러한 학력이 인정돼 그는 정치학과 개설 때 교수진에 참여하게 된 것이다. 그 스스로 밝힌 자신의 경력에 따르면 그는 이때 조교수로 발령을 받았다.[9]

이렇게 볼 때, 6명의 교수들 가운데 엄격한 의미에서의 정치학 전공자는 민병태와 신도성 두 사람뿐이었다. 그들 가운데 연장자는 5년 연상의 공삼이었다. 이렇게 볼 때, 공삼이 정치학과의 학과장으로 임명된 것은 당연했다.

다섯째, '정치학과'와 '외교학과'가 분리된 채 설립된 것으로 설명되어 있으나 두 학과가 각각 별도의 교수진을 구성했던 것 같지는 않다. 외교학과의 학과장으로 기록된 육지수 교수는 앞에서 보았듯 '외교학'과 무관했

6 이 점에 대해, 필자는 다음에서 자세히 설명했다. 김학준, 『구한말의 서양정치학 수용 연구 : 유길준, 안국선, 이승만을 중심으로』(서울 : 서울대학교출판문화원, 2012), 제5장 및 제6장.

7 유동준, 『유길준전』(서울 : 일조각, 1987).

8 신도성, 『정가의 낙수 : 신도성 수상집』(서울 : 관동출판사, 1977), 45-46쪽 참조.

9 신도성, 『민주정치의 기초이론』(부산 : 대양출판사, 1952), 1쪽.

다. 정치학과의 학과장인 민병태 교수보다 6년 연상이며 1936년 이후 연희전문학교에 전임으로 봉직하면서 학문적 업적을 쌓아온 그에 대한 예우에서 외교학과의 학과장으로 발령했다고 추정한다면 잘못일까? 그런데 육지수 교수의 「연보」는 1945년 8월 15일부터 1946년 10월까지의 시기에 대해, 그리고 '연희전문학교 외교학과 학과장'에 대해 전혀 말하지 않았다.[10]

한국 대학에서의 최초의 정치외교학과 및 정치학과의 탄생

연희전문학교는 미국 예일대학교에서 신학박사학위를 받은 백낙준 교장을 총장으로 하여 1946년 8월 15일에 연희대학교로 승격했다. 이 승격의 과정에서 공삼은 일정하게 역할을 수행했다. 백 총장의 회고에 따르면, 전문학교를 대학교로 승격시키기 위해 연희전문학교 안에 「대학준비위원회」를 발족시켰을 때, 공삼은 서두수 교수와 김윤경 교수 및 조의설 교수를 비롯해 9명으로 구성된 이 위원회의 일원으로 봉사했던 것이다.[11]

연희대학교는 문학원, 상학원, 이학원, 신학원 등 4개 학원에, 국문학과를 비롯해 11개 학과로 구성되는 편제를 채택했다. 이때 정치학과와 외교학과는 정치외교학과로 통합되어 문학원에 소속됐다. 한국의 대학교에서 정치외교학과라는 이름의 학과가 개설된 것은 이때가 처음이었다. 앞으로 정부가 수립되면 외교관이 반드시 필요하다는 백 총장의 인식이 국내에서 최초의 정치외교학과를 출범시킨 것이다. 신기석 교수는 이때 연희대 정치외교학과에 전임으로 부임했다. 국제법 전공의 신동욱(申東旭) 교수는 1947년에 부임했다가 곧 법률학과로 옮겼다.[12]

● ● ● ● ●

10 예컨대, 『석전육지수교수추념문집』(서울: 장왕사, 1967), 13쪽.

11 『백낙준전집』 제9권(『회고록 · 종강록』)(서울: 연세대학교 출판부, 1995), 116쪽.

12 연세대학교정치외교학과 연세대학교정치외교학과동창회 공편, 『연정60년사, 1945-2004』(서울: 연정60년사편찬위원회, 2004), 8쪽.

미군정이 제정한 새 교육령에 따라, 전국에서 미국식으로 1946년 9월부터 새 학년도가 시작됐다. 역시 미국의 대학교들 가운데 널리 채택된 '한 학년도의 세 학기제'가 실시됐다. 1948년부터 새 학년도는 4월에 시작되며 '한 학년도의 두 학기제'가 실시된다. 그사이인 1946년 10월 25일에 연희대는 개교기념학술강연회를 열었다. 이 자리에서 공삼은 「정치학 대상으로 본 정치현상」이라는 주제로 강연했다. 아쉽게도 그 강연의 내용은 남아 있지 않다.[13]

1950년에 6·25전쟁이 일어나기 몇 달 앞서, 문학원, 상학원, 이학원, 신학원은 각각 문과대학, 상경대학, 이공대학, 신과대학으로 개칭되고, 4개 대학에 17개 학과가 개설됐다. 이때 정치외교학과는 문과대학에 소속됐다. 1954년 4월의 새 학년도에 이르러 정치외교학과는 문과대학 안에 개설됐던 법학과와 함께 정법대학을 구성했다.[14] 연희대학교는 1957년 1월 5일에 세브란스의과대학을 통합해 같은 해 5월 11일에 백낙준을 총장으로 하는 연세대학교로 확대되며, 1981년 3월 새 학년도에 연세대학교에 사회과학대학이 개설되면서[15] 정치외교학과는 오늘날까지 사회과학대학에 소속되어 있다.

연희전문학교가 연희대학교로 승격된 그 같은 날에 보성전문학교는 고려대학교로 승격했다. 고려대학교는 정법대학, 경상대학, 문과대학의 3개 대학에 8개 학과를 갖춘 채 9월 2일에 개교식을 거행하고 9월 6일에 개강했다. 이때 고려대는 정법대학 안에 정치학과와 법률학과를 설치했다.[16] 이로써 한국의 대학교에서 정법대학이라는 이름의 단과대학과 정치학과라는 이름의 학과가 처음 탄생했다. 정치학과는 1955년 2월에 경제학과와 함께 문리과대학 안에서 정경학부를 구성하며, 1959년 4월에 정치외교학

13 위와 같음, 7쪽.

14 위와 같음, 6쪽 및 13쪽.

15 위와 같음, 74쪽.

16 고려대학교100년사편찬위원회 편, 『고려대학교100년사』(서울: 고려대학교 출판부, 2005), 제2권, 9-13쪽.

과로 확대됨과 아울러 경제학과와 함께 정경대학을 구성한다.[17]

국내 양대 사학에서의 이러한 변화에 걸맞게 국립대학에서도 변화가 뒤따랐다. 경성제국대학의 후신 경성대학을 바탕으로 삼아, 1946년 8월 22일에 한국 최초의 국립종합대학교로서 서울대학교가 창설됐으며, 이에 따라 서울대는 10월 15일에 개교한 것이다.[18] 서울대의 개교와 더불어 정치학과가 문리과대학 문학부 안에 개설됐다. 정치학과라는 이름만으로는 국내의 대학교에서 두 번째였고, 정치외교학과까지 포함시킨다면 세 번째였다. 그러나 미군정에 의해 1945년 10월 6일에 경성제국대학을 모체로 출범한 경성대학이 1946년 4월에 정치학과를 설립했다는 자료가 정확하다면,[19] 그것이 국내 대학에서의 최초의 정치학과가 된다.

그 존재가 희귀했던 정치학교수들

정치학과 또는 정치외교학과가 서울의 세 대학교에서 사실상 동시에 개설되면서 교수들의 이동이 뒤따랐다. 정치학 또는 외교학을 가르칠 수 있는 교수의 수가 아주 모자라 대학교마다 서로 유치하는 경쟁이 벌어졌기 때문이다. 교수의 자원(資源)이 지극히 제한돼 두세 곳에서 전임을 겸하는 경우도 흔했다.

우선 연희전문학교 정치학과 조교수였던 신도성은 서울대 문리대 정치학과의 조교수로 옮겨갔다. 고려대의 경우, 헌법학자 유진오(兪鎭午) 교수가 학장직을 맡았던 정법대학은 정치학과의 교수와 법률학과의 교수를 엄격히 구분하지 않았던 것 같다. 이때 정치학과의 조교수로 발령을 받았던 김상협에 대한 공식 전기는 "정법대학 교수 중 누가 정치학과 소속인지도

17 위와 같음, 144-145쪽.

18 서울대학교30년사편찬위원회 편, 『서울대학교30년사』(서울 : 서울대학교출판부, 1976), 3쪽.

19 서울대학교정치학과60년사편찬위원회 편, 『서울대학교정치학과60년사』(서울 : 서울대학교정치학과60년사편찬위원회, 2009), 909쪽.

잘 분간이 되지 않는다."고 썼다.[20] 이 전기에 등장하는 13명의 정법대학 교수들 가운데 확실하게 정치학자로 분류될 수 있는 사람들은 김상협과 서임수(徐壬壽)다.[21] 경성제국대학 법문학부 법과(정치학 전공) 출신의 서임수는 전임강사로 발령을 받았다.

곧이어 1949년의 새 학년도에 맞춰 윤천주(尹天柱)가 전임강사로 임용됐다. 국내에서 동래고등보통학교를 마치고 일본에서 가나자와[金澤 : 금택]의 제4고등학교를 졸업한 뒤 도쿄제국대학 법학부 정치학과에 재학하던 때 일제가 패망하자 귀국한 그는 서울대 문리대 정치학과에서 정치학 수학을 계속했으며 1947년에 졸업했다. 그는 서울대 대학원 정치학과 석사 과정에 재학하던 때, 유진오 고려대 정법대학장에 의해 강사로, 곧이어 전임강사로 기용됐던 것이다.[22] 한림대학교 정치외교학과 교수 김영명(金永明) 박사는 윤천주를 "우리나라에서 정식으로 정치학을 공부하여 정치학 교수가 된 거의 첫 분인 것 같다."라고 말했다.[23]

다른 한편으로, 공삼은 연희대를 떠나지 않았다. 문학원 정치외교학과 교수 겸 초대 학과장, 그리고 문과대학 정치외교학과 교수 겸 학과장으로 1950년의 6·25전쟁 발발 직후의 11월까지 연희대에 재직했다.

서울대학교 문리대 정치학과의 탄생

여기서, 이 시점의 공삼에 직접적으로 연결된 것은 아니지만, 한국에서의 정치학발달사라는 맥락에서 서울대에 정치학과가 개설된 과정에 대해, 그리고 누가 초대 주임교수였느냐에 대해, 살피기로 한다. 필자는 1984년

20 남재(南齋) 김상협선생전기편찬위원회 엮음, 『남재 김상협 : 그 생애/학문/사상』(서울 : 한울, 2004), 217쪽.

21 위와 같음.

22 『고려대학교100년사』, Ⅱ, 45쪽 및 48쪽.

23 김영명(金永明), 「원로에게 듣는다 : 첫 번째 순서, 윤천주 선생」, 『한국정치학회 소식』, 제24권 제5호(2000년 11월 14일), 8쪽.

3월 5일의 『대학신문』에 서울대 문리대 정치학과의 초대 학과장 겸 정교수는 1984년 3월의 시점에 미국 캘리포니아주 버클리시에 거주하던 최봉윤(崔鳳潤)이었다는 글을 발표했는데, 이것이 논쟁을 불러일으켰기 때문이다.

필자는 1983년 9월부터 1984년 3월까지 캘리포니아대학교 버클리캠퍼스의 동아시아연구원에서 방문학자의 자격으로 연구하던 때 필자를 찾아온 최 선생을 두 차례 만났다. 이때 그는 만 69세였고, 서로 초면이었다. 그 자신의 소개에 따르면, 그는 평안북도 의주 출신으로 평양의 숭인상업학교(崇仁商業學校)를 졸업했다. 그는 이어 도쿄의 아오야마 가쿠인[靑山學院 : 청산학원]대학 신학과 3학년을 마친 뒤 1938년에 미국으로 건너가 1942년에 캘리포니아주 로스앤젤레스 근교의 채프먼대학(Chapman College) 정치학과를 졸업하고 1945년에 버클리캠퍼스에서 정치학석사를 받았으며 1946년 6월에 서울로 와서 미군정청 공보부의 관리로, 이어 공보부의 차장으로 근무했다. 그는 자신이 이 자리에 재직하면서 동시에 서울대 정치학과 '학과장 겸 정교수'로 봉직하다가 1948년 8월 15일에 대한민국 정부가 수립되자 미국으로 돌아갔다고 필자에게 회상했다.

그는 한반도통일문제에 관해 쓴 필자의 글들을 자세히 읽었다고 말한 뒤, 필자에게 자신이 평생에 걸쳐 전개해온 한반도중립화운동에 동참해줄 것을 요청했다. 필자는 정중히 사양했다. 필자가 아무리 한 세대 아래의 후학이라고 해도 초면에 중요한 문제를 제기하는 데 대해 신중하지 않을 수 없었다.

필자는 그의 두 번째 방문 때 그로부터 서울대 문리대에 정치학과가 개설되고 그가 '학과장 겸 정교수'로 취임한 과정에 대해, 그리고 그때의 정치학과 교과목 및 교수진에 대해 설명을 들었다. 또 그가 보관하던 정치학과의 교과목 표와 문리대의 교과목 표를 볼 수 있었다. 필자는 이것을 자료로 남기기를 희망하는 그의 뜻을 받아들여 글로 써서 발표했다.[24] 다음에 그의 회상에 근거한 필자의 글을 옮기기로 한다 :

[최봉윤은] 서울대학교 정치학과의 창설에 뛰어들었다. […]

정치학과를 일제 때처럼 법과대학 안에 두자는 의견도 있었으나 최 교수의 주장에 따라 미국식대로 문리대 안에 두었다. 당시 전임교수는 학과장이면서 정교수인 최 교수와 연희전문으로부터 옮겨온 동경제대 정치학과 출신의 신도성 조교수 두 사람뿐이었다. 강사로는 서임수(서양정치사상사), 김종무(金鍾武 : 중국정치사상사), 김일출(金一出 : 중국정치사), 이병도(李丙燾 : 조선정치사), 한치진(韓稚振 : 민주정치원리), 신기석(국제정치사), 이선근(李瑄根 : 조선외교사), 황종률(국제정치론), 유진오(비교정부론), 한춘섭(韓春燮 : 사회정책), 김용갑(金容甲 : 계획경제론) 등등의 여러분들이었다.[25]

필자의 이 글이 발표된 때로부터 1년쯤 지난 어느 시점에 우선 신도성 교수로부터 전화를 받았다. 자신이 여러 다른 지인(知人)들로부터 뒤늦게 이 글에 대해 말을 들었는데, 간단히 말해, 최봉윤 씨는 정교수도 아니었고 학과장도 아니었으며 강사였다는 것이다. 그때 정치학과에서는 학과장이란 용어도 쓰지 않고 주임교수란 용어를 썼는데, 주임교수는 신 교수 자신이었다고 설명했다. 미군정청 공보부의 관리가 어떻게 정교수가 될 수 있으며 더구나 학과장이 될 수 있었겠느냐고 반문하면서, 그동안 서울대 문리대 정치학과 초대 주임교수라고 소개해온 자신의 입장이 난처해졌다고 말했다.[26] 그때 문리대 정치학과 학생으로 최봉윤 선생의 강의를 직접 들었던 윤천주 전 서울대 총장은 뒷날 자신의 학생시절을 회고하면서, 최 선생에 대해 '미군 문관으로 근무하던 […] 강사'라고 단언했다.[27]

이러한 이의(異議)에 접하고 필자는 우선 교직원들에 관한 서울대학교의 공기록들을 점검했다. 그러나 최봉윤에 관한 기록을 전혀 찾을 수 없었다. 반면에, 신도성에 관한 기록은 찾을 수 있었다. 그러나 신도성의 인사

24 김학준, 「재미원로 회견기」, 『대학신문』, 1984년 3월 5일, 8쪽.

25 위와 같음.

26 신도성 교수는 자신의 저서 『민주정치의 기초이론』(부산 : 대양출판사, 1952)의 '저자소개'에서 자신이 서울대학교 문리대 정치학과의 주임교수였다고 썼다.

27 김영명(金永明), 「원로에게 듣는다 : 첫 번째 순서, 윤천주 선생」, 8쪽.

기록카드에 그가 주임교수였다고 기록되어 있지는 않았다. 그때 서울대에서는 주임교수를 하나의 보직으로 간주하지 않아 기록화하지 않았던 것이다. 1949년에 서울대 문리대 정치학과에 입학했고 신도성 교수의 강의를 직접 들었으며, 서울대 정치학과의 초창기 역사에 대해 밝았던 김영국 교수는 신도성 교수가 초대 주임교수였음은 틀림이 없는 사실이라고 확인해 주었다. 그 이후 필자는 최 선생의 저술들 가운데 인식의 착오와 아전인수(我田引水)의 설명을 여러 곳들에서 발견할 수 있었다.

이 쟁점에 대해 잊고 있었던 필자는, 2012년 6월 28일에, 단국대학 부설 대학통신교육부가 1948년 10월에 발행한 『단국대학 정치경제강의록』 제1호에서 최봉윤의 「정치학 개론」을 발견했다. 거기에는 스스로의 약력소개에 '전 국립서울대학교 문리과대학 교수 및 전 단국대학 강사' 또는 '전 문리과대학 강사 및 전 단국대학 강사'로 명기되어 있었다.

제 2 절 한국에서 정치학의 소생과 정치학 지망생들의 운집

정치학이 소생하다

이처럼 정치학과 또는 정치외교학과가 창설되면서, 한국에서는 정치학의 '소생'을 보게 되었다. 한국에서 정치학이 시작되고 성장하고 발달한 과정을 전문적으로 연구한 김계수 교수는 1945년 8월 15일부터 1953년까지를 한국에서의 정치학의 '발족기' 또는 '초창기'로 정의했다.[28] 또 민준기 교수는 1945년 8월 15일의 해방으로부터 1961년 5월 16일의 군사정변 직전까지를 '한국 정치학의 계몽기'로 정의했다.[29] 그 정의들이 틀린 것은 아

28 김계수, 『한국과 정치학』(서울: 일조각, 1987), 3쪽.

29 민준기, 「정치학」, 변형윤(邊衡尹) 외, 『한국의 학파와 학풍』(도서출판 우석[宇石], 1982), 114쪽.

니지만, 필자는 이 시기를 '소생기(蘇生期)'로 정의하고자 한다.

필자가 자신의 졸저 『구한말의 서양정치학 수용 연구』에서 이미 지적했듯, 구한말에 서양의 정치학은 매우 구체적인 내용을 지닌 채 조선에 또는 대한제국에 전래됐으며 동시에 수용됐다. 다시 말하지만, 정치원론, 선거-의회-정당론, 의원내각제정부 대 대통령제정부, 정치제도론, 정치사, 정치사상, 자유민주주의론, 마르크시즘을 비롯한 사회주의론, 제국주의론 대 민족주의론, 식민지론, 외교사 그리고 국제정치론 등 현대정치학의 핵심적인 내용이 적어도 지식인사회에는 전파되어 있었다. 이것이 일제강점기에 침잠됐거나 동면에 빠졌던 것인데, 일제의 패망과 동시에 '소생한' 것이라고 필자는 주장한다. 이렇게 볼 때, "미군정이 시작되면서 미군정에 의해 서양의 정치학이 한국에 들어왔다."라는 인식은 잘못된 것이라고 필자는 주장한다.

정치학과 또는 정치외교학과가 개설한 강좌들

그러면 이 '소생기'에 한국의 정치학과 또는 정치외교학과는 어떤 강좌들을 개설하고 있었던가? 어떤 정치학자들이 강의와 저술에 종사하고 있었던가?

우선 1946년도 서울대 문리대 정치학과의 교과내용을 살피기로 한다. 문리대 교과과정표에는 44개의 과목들이 명시되어 있다. 이것들에 대해서부터 설명하기로 한다.[30]

첫째, 44개의 과목들 가운데 법률과목은 하나도 없었다. 이것은 서울대 정치학과가 일제 때의 법학적 정치학으로부터 독립된 미국적 정치학에 바탕을 두고 정치학을 강의하려고 했음을 의미했다. 그러나 1948년 8월 15일에 대한민국 정부가 출범하면서 1949년부터 고등고시제도를 실시하는

30 김학준, 「재미원로 회견기」에서 다시 옮겼다.

가운데 사법과 및 행정과 모두에서 헌법을 필수과목으로 지정하자 문리대 정치학과는 고등고시 응시생들을 위해 헌법을 가르칠 전임교수를 두기로 결정하고, 경성제국대학 법문학부 법과 출신으로 일제의 고등문관시험에 합격해 군수(郡守)를 역임한 박일경(朴一慶)을 1949년 3월에 조교수로 임용한다.[31]

둘째, 한국에 관계된 강좌로는 '조선정치사상사', '조선정치사', '조선외교사', '현대조선정치론'의 네 과목이 있었다. '한국'이라는 이름이 아니라 '조선'이라는 이름을 썼다는 사실이 주목된다. 이러한 과목들과 관련해, 문리대 정치학과는 1947년 11월에 '호랑이 상[虎相 : 호상]'의 국사학자 이선근(李瑄根)을 교수로 임용했다. 1905년에 경기도 개풍군(開豊郡)에서 태어난 그는 3·1운동에 참여한 뒤 일본으로 건너가 1929년에 와세다대 사학과를 졸업했고, 일제강점기인 1931년에 『조선최근세사』를[32] 출판하고 1936~1937년에 연희전문학교 강사를 역임했으며, 1937~1945년에 만주에서 활동했다. 만주국 '협화회(協和會)'에서의 활동은 뒷날 '친일' 논쟁을 불러일으킨다.

해방과 더불어 귀국한 직후부터, 이선근은 조선청년동맹 위원장 그리고 대동청년단(大同靑年團) 부단장 겸 훈련원장 등의 직책을 맡으며 대학생들의 반탁운동을 지도하는 등 일관되게 우익진영에서 활동했다. 그러한 반공적 청년단체에서의 행동적 실적이 인정돼 좌익학생들의 활동이 거셌던 서울대의 학생처장으로 임용되면서 동시에 정치학과 주임교수로도 발령됐다. 그는 1949년에는 서울대 법대 학장서리를 겸무한다.[33]

31 『서울대학교정치학과60년사』, 910쪽.

32 이 작은 책은 1931년 4월에 서울의 유성사서점(流星社書店)에서 출판됐다. 이 책에 국사학자 안재홍(安在鴻)은 「서(序)」를 썼다. 이 책은 해방 직후인 1945년 12월에 서울의 정음사(正音社)에서 다시 출판됐다.

33 이선근 교수의 이력서는 다음에서 볼 수 있다. 하성(霞城)이선근박사추념논문집편집위원회 편, 『하성이선근박사추념논문집 : 민족문화와 국민정신』(경기도 성남시 : 한국정신문화연구원, 1983년 12월), iii-iv쪽. 이 논문집에 필자의 다음과 같은 졸고가

비슷한 맥락에서, '중국정치사상사'와 '중국정치사' 그리고 '남아주 급 호주정치사(南亞洲及濠洲政治史)'와 '태평양지역문제'라는 강좌들이 개설됐다. 종합적으로 말해, 우리 스스로와 우리 이웃들을 알아야 하겠다는 학문적 자아인식(自我認識)이 해방직후에 강렬했었음이 보인다.

셋째, 국제정치 및 외교에 관계된 과목들이 8개에 이르렀다. 전체 44개 과목들 가운데 무려 20%에 가까운 숫자였다. '국제정치사', '국제정치사상사', '조선외교사', '국제관계론', '국제정치론', '국제조직론', '외교정책', '식민지론', '태평양지역문제' 등등이 그것들이다. 여기에 '비교정부론'을 비롯한 각국 정부론의 숫자가 적잖았다. 이 사실의 의미는 컸다. 일제의 강점으로부터 해방된 직후의 시점에서, 정치학자들은 망국의 비극이 되풀이 되는 것을 예방하고 강대국들에 의한 분단을 극복하기 위한 교훈들을 얻기 위해서는 국제정치와 외교를 잘 알아야 한다는 비원(悲願)을 가졌을 것이다.

넷째, 민주주의에 관련된 과목들도 상당히 많은 수에 이르고 있었다. '민주정치원리'와 '직접민주정치론'은 물론이거니와 '의회제도론', '선거제도론', '정당론', '지방자치론', '여론과 선전론' 등등이 모두 민주정치의 제도와 과정을 가르치는 과목들이었다. 이것은 식민잔재와 군정통치를 벗어나 민주국가를 이룩함에 있어서 정치학이 학문적으로나 교육적으로 이바지해야 한다는 신념을 반영한 것으로 풀이된다.

대체로 이러한 과목들을 염두에 두면서, 서울대 문리대 정치학과는 고려대 정법대 정치학과의 조교수 김경수(金敬洙)와 전임강사 서임수를 같은 직급으로 임용했다. 그 시점을 『서울대학교정치학과60년사』는 1947년으

● ● ● ● ●

수록됐다. 김학준, 「민주주의와 민족주의의 연계에 관한 정치사적 고찰: 민족사적 정통성에서 본 대한민국의 대북한(對北韓) 우위성을 중심으로」, 485-514쪽. 필자는 이 원고를 이 논문집에 수록하도록 동의한 일이 없다. 출판된 시점에 필자는 안식년을 얻어 해외에서 연구하고 있었다. 1984년에 귀국한 뒤에야, 편집에 참여한 필자의 옛 지인이 필자의 이 원고를 자의적으로 이 논문집에 포함시켰음을 알았다.

로 기록하고 있으나, 『고려대학교100년사』는 1948년 3월로 기록했다.[34] 김경수와[35] 서임수는 모두 경성제국대학 법문학부 법과 졸업생들이었다.

다섯째, '행정원론', '정책원론', '사회정책', '계획경제론' 등 정치학의 큰 테두리 안에서 정치의 손발과 같은 도구로서의 행정과 정책을 다루는 과목들이 개설됐다. 여기서 주목되는 것은 정치학과 안에 개설된 유일한 경제학 과목으로 '계획경제론'이 포함됐다는 사실이다. '자유주의경제론'이 아니라 하필이면 '계획경제론'이었는지 관심의 대상이 아닐 수 없다. 그때 학계는 마르크시즘의 영향을 강하게 받고 있어서 이 과목이 개설됐을 것이라는 추정도 가능하다. 다른 한편으로, 앞으로 출범할 새 정부는 경제계획을 제대로 세워야, 일제의 강점에 따라, 게다가 2차대전의 과정에서 과도하게 수탈됨으로써 피폐된 경제를 복구시키고 부흥시킬 수 있다는 현실적 판단이 작용했던 것 같다. 어떻든 문리대 정치학과는 1949년 9월에 도쿄제국대학 법학부 정치학과 출신의 임원택(林元澤)을 경제학담당 전임강사로 임용했다.[36]

문리대 정치학과는 1948년에 이르러 기존의 '외교정책'을 '외교정책원론'으로 바꾸고 기존의 '국제정치론'을 '국제정치학'으로 바꿨다. 이러한 변경은 미세한 변화로 무시될 수도 있으나, 국제정치와 외교정책에 관한 과목들을 보다 더 이론적 체계를 갖춘 학문으로 발전시키겠다는 적극적 의지의 표현으로 해석된다. 특히 이 시기에 중국에서는 국공내전이 격화되고 마침내 중국공산당이 대륙을 장악하게 되면서, 그리고 미국과 소련 사이에 냉전이 격화되면서, 정치학자들은 그것들이 한반도에 미칠 영향을 생각하며 국제정치학과 외교정책에 대해 비상한 학문적 관심을 갖게 됐던 것이다. 이와 관련해, 문리대 정치학과는 1949년 4월 1일에 국제정치학은 물론

34 『서울대학교정치학과60년사』, 6쪽 및 『고려대학교100년사』, 47쪽.

35 김경수의 이력서는 다음에서 볼 수 있다. 이석(以石)김경수박사화갑기념논문집편찬위원회 편, 『이석김경수박사화갑기념논문집』(서울 : 대왕사, 1982), 1쪽. 여기서 김 교수는 자신이 1947년 5월에 서울대 문리대 정치학과에 조교수로 부임했다고 썼다.

36 『서울대학교정치학과60년사』, 911쪽.

언어학 그리고 조선미술사에 밝은 동주(東洲) 이용희(李用熙)를 조교수로 임용했다. 그는 이동주(李東洲)라는 필명으로 자주 기고한다.

서울대 문리대 정치학과의 경우는 그렇다고 하고, 연희대 정치외교학과 및 고려대 정치학과의 경우는 어떠했던가? 우선 연희대 정치외교학과의 경우부터 살피면, 『연세대학교100년사』는 "당시 우리나라에 있어서 정치학은 하나의 미개척 영역이었다. 따라서 1946년에 [연희전문학교가] 연희대학교로 바뀌어지면서 개설된 23개 과목을 보면 거의 모두가 기초과목에 치중하였다."라고 전제한 다음, 부분적인 답을 다음과 같이 주었다.

> 초창기 [연희대 정치외교학과의] 교과편제는 필요성에 따른 학문적 독자성도 보이지만 2개의 흐름이 주류를 이루었다. 하나는 미국정치학의 기본과제들을 소개한 기초적인 것이고, 다른 하나의 흐름은 일제 관학의 교과목의 골격을 그대로 유지한 것이라 할 수 있다.
>
> 해방 이전에는 설치될 수 없었던 의회론, 정당론, 민주정부론, 외교사, 영어원서강독 등의 강의가 바로 미국정치학의 영향을 보여주고 있었다. 반면에, 공법 분야인 헌법, 형법, 행정법, 전시국제법, 평시국제법, 그리고 민법, 상법, 법철학도 필수과목으로서 큰 비중을 차지하고 있었는데, 이 과목들은 일제 교과편제의 유풍(遺風)이기도 하지만 정외과 창설 당시의 교수들이 대부분 법학전공이었기 때문이기도 했다. 따라서 이것은 블룬칠리(Bluntschli)와 옐리네크(Jellinek) 등의 독일 국가학이 일제를 거쳐 해방 후 한국의 정치학 형성 초기에 영향을 계속 끼친 것을 의미한다.[37]

구범모 교수의 실증적 조사는 훨씬 더 구체적이다. 그 조사는 1946년부터 1949년까지 연희대 정치외교학과가 다음과 같은 25개 과목을 개설하고 있었다고 밝혔다.

- 정치이론(정치학, 정치학특강, 정치조직, 정치사상)

37 이신행, 「사회과학대학 : 정치외교학과」, 『연세대학교100년사』, 214-215쪽.

· 비교정치(민주정부론, 의회론)
· 국제정치(정치사정)
· 한국정치(조선최근세사)
· 정치사(외교사, 정치사, 정치학사, 중국외교사, 헌정사)
· 공법(국제공법, 헌법, 전시국제법, 행정법)
· 경제학(경제원론, 경제사)
· 기타 관련분야(법학개론, 사회학, 사회정책, 법철학, 국제사법, 윤리학)**38**

고려대학교 정법대학 정치학과의 경우, 『고려대학교100년사』에 따르면, 1946년부터 1948년까지 정치학에 관련해 다음과 같은 과목들을 개설했다.

· 2학년(정치학, 정치사, 외국어정치학)
· 3학년(헌법, 행정법, 국제법, 외교사, 국가학, 정치사상사, 조선사상사, 정치학연습)
· 4학년(조선정치사, 정치학특강, 정치학사, 국제정치론)

동시에 인접학문의 과목들로 (1) 경제학에서는 경제원론, 재정학, 경제정책, 경제학사, 조선경제사, 경제사상사, 국제경제론 등을 개설했고, (2) 사회학에서는 사회학개론, 사회정책을 개설했으며, (3) 법학에서는 법학개론, 법철학, 민법 등을 개설했다. 1949년에는 (1) 3학년에서 정치학설사(고대 및 중세), 의회제도론, 비교정부론 등을 증설했고, (2) 4학년에서 정치학설사(근세), 정당론, 정치학연습 등을 증설했다.**39**

앞에서 거론한 세 대학교의 정치학과 또는 정치외교학과가 개설한 과목들을 비교하면 서울대의 경우가 가장 광범위했고 또 학문적 자아인식이 강렬했음을 보여주었다. 연희대의 경우, 정치외교학과라는 이름에 표현됐

38 구범모, 「비교정치학 20년의 반성: 부록 Ⅱ(1945~1946년까지의 정치학과[행정학과] 교과과정분야 일람표)」, 『한국정치학회보』, 제2집, 1967, 54-55쪽.
39 『고려대학교100년사』, Ⅱ, 24쪽 및 33쪽.

듯 '외교'가 강조됐는데도 '국제정치론'이라는 과목이 없음이 지적돼야 할 것이다. 그러나 국제공법, 국제사법, 외교사, 조선외교사, 식민사(植民史), 식민정책, 영사론(領事論) 등 외교와 국제법에 관련된 과목들은 광범위하게 개설했다.[40] 고려대의 경우, '외국어정치학'은 정치학원서강독을 의미했을 것이다. '정치외교학과'가 아니라 '정치학과'라는 이름을 가졌는데도 '국제정치론'을 개설했음이 연희대의 경우와 대조됐다.

연희대 정치외교학과 및 고려대 정치학과의 교과목들을 살필 때, 하나의 그림이 떠오른다. 인접학문들을 제외하고 순수한 의미에서의 또는 좁은 의미에서의 정치학에 한정한다면, (1) 의회론(의회제도론), (2) 정당론, (3) 비교정부론, (4) 민주정부론, (5) 정치사 및 외교사, (6) 정치학사 또는 정치학설사, (7) 정치사상사, (8) 국가학, (9) 국제정치론 등이 전부이다. 이것은 대체로 이른바 전통적 접근방법에 의한 정치학이 주류를 형성하고 있었음을 의미한다. 그리고 이 정도의 정치학이라고 한다면, 필자가 『구한말의 서양정치학 수용 연구』에서 말한 구한말의 정치학 수준에서 크게 벗어난 것이 아니었다.

정치학과 또는 정치외교학과에 몰려드는 학생들

정치학과 또는 정치외교학과는 그때 젊은이들에게 인기가 매우 높은 학과였다. 해방 직후의 시기이면서 동시에 정부수립을 앞둔 시기여서, 젊은이들은 새 시대의 역군이 되거나 심지어 장차 지도자가 되려면 정치학과나 정치외교학과에 진학해야 한다는 풍조가 형성됐던 것이다. 김영국 교수는 다음과 같이 회상했다.

> […] 정치학과는 실로 해방후 소생한 국민의 정치의식의 축복 속에서 탄생했다고 볼 수 있다. [정치학과의] 개설과 더불어 방방곡곡에서 청운의 정치적 포부를

40 『연정60년사』, 10쪽.

안고 많은 인재들이 운집해 왔다. […] 학생의 과별(科別) 정원이 엄격하지 않았던 까닭에 […] 다른 학과에 비해서 정치학과의 학생수는 압도적으로 많았다.[41]

같은 맥락에서, 서울대 문리대 정치학과를 졸업하고 한국정치학계의 초창기부터 정치학자로 활동한 서중석(徐仲錫) 경희대 교수도 "[일제강점기에] 오랫동안 금단의 학문이었던 정치학을 연구하겠다는 학생과 실제정치에 관심을 품은 학도가 각 대학 정치학과에 운집하게 되었다."고 회상했다.[42] 김영국 교수와 서중석 교수 모두 '운집'이라는 똑같은 용어를 썼는데, 글자 그대로 '구름처럼 몰려왔다'는 뜻이다.

1948년에 고려대 정법대학 정치학과에 입학했던 김하룡(金河龍) 고려대 명예교수의 회고 역시 그때의 분위기를 말해준다:

그때 정치학과를 선택한 동기는 사실 일종의 동경과 같은 것이었지요. 정치라는 말도 꺼낼 수 없었던 일제시대를 겪고 난 다음 정치학에 대한 막연한 동경과 신비감 같은 것이 있었지요. 또 해방정국의 정치적 혼란 속에서 이를 극복할 수 있는 방법을 배우고 싶었습니다. 그때 20대의 나이에 가졌던 막연하고 순진한 동경이 결국은 정치학을 선택하도록 한 것 같습니다.[43]

1949년에 서울대 문리대 정치학과에 입학한 조순승(趙淳昇) 전 미주리대 교수-전 국회의원은 다음과 같이 회고했다:

[해방 이후의] 모든 상황이 우리들을 혼란하게 하였고, 저는 정치가가 되어서 나라에 이바지해야겠다고 결심하게 됐습니다. 1947년 이후 유엔결의에 의한 대한

41 김영국, 「사회과학: 정치 · 외교학」, 서울대학교30년사편찬위원회 편, 『서울대학교 30년사, 1946~1976』(서울: 서울대학교출판부, 1976), 582쪽.

42 서중석, 「8 · 15해방후의 한국정치학회」, 『정치학: 한국정치학회보』, 창간호(1959), 186쪽.

43 김병곤(金炳坤), 「원로에게 듣는다: 김하룡 선생님」, 『한국정치학회 소식』, 제25권 제3호(2001년 7월 31일), 10쪽.

민국의 성립을 보고 나는 유엔 사무총장이 되어서 혼란스러운 난국을 타개해야겠다고 생각했습니다. […] 여순반란사건이 바로 우리 고향에서 일어난 일이어서, 저는 처음부터 대학에 가면 정치학을 하려고 마음을 먹고 있었습니다.[44]

1951년에 서울대 문리대 정치학과에 입학한 구범모 전 서울대 교수-전 국회의원은 그 시대를 '정치우위의 시대' 또는 '정치결정론이 지배하던 시대'라고 명명했다. 그는 그 시대에 "정치는 선망과 영광의 대상이었다."고 회고하면서, 그래서 많은 젊은이들이 정치학과에 입학하고자 덧붙였다.[45]

젊은이들의 '정치'와 '정치학과'에 대한 열망이 상징적으로 표현된 한 사례가 1946년 5월 15일에 서울에서 '조선정치학관(朝鮮政治學館)'이 개교됐고, 이 학교가 1949년 9월 9일에 '정치대학'으로 승격한 사실이다. '정치대학'은 1959년 2월 26일에 '건국대학교'로 승격한다. 한국의 대학사(大學史)에서 대학의 이름 자체가 '정치대학'으로 명명된 것은 이 사례가 처음이다. 이 전통을 살려 건국대학교는 오늘날에도 산하의 단과대학들 가운데 하나로 '정치대학'을 개설하고 있으며, 그 안에 정치외교학과와 행정학과 및 부동산학과를 두고 있다.

또 하나의 사례가 오늘날의 성균관대학교다. 우리 역사에서 장구한 역사를 가진 국립대학은 조선왕조에서 그 이름이 성균관(成均館)으로 정착됐다. 성균관은 일제강점기에 경학원(經學院) → 명륜전문학교로 바뀌었다. 일제가 패망하면서, 명륜전문학교는 1945년 9월에 '전문부'와 '예과'를 개설했다. 전문부에는 철정과(哲政科)와 경사과(經史科)를 두었는데, 철정과는 철학과 정치학을 강의했다. 정치학은 철학과 가장 밀접하게 연관된 '철학적 정치학'이라는 인식이 철정과라는 독특한 이름에 반영됐다.

명륜전문학교는 1946년 9월 25일에 항일독립운동가 김창숙(金昌淑)을

44 조순승, 「동문들의 회고 좌담」, 『서울대학교정치학과60년사』, 376-377쪽.

45 구범모, 「제왕의 정치학, 무상(無常)의 정치」, 『한국정치학회 소식』, 제24권 제6호 (2000년 12월 28일), 11쪽.

학장으로 하는 성균관대학으로 발전했다. 이때 성균관대학은 문학부와 정경학부의 2개 학부와 그 산하의 6개 학과로 구성됐다. 정경학부에 정치학과와 경제학과 및 법률학과의 세 학과를 개설했는데,[46] 대한민국의 대학 또는 대학교에서 정경학부라는 명칭은 이 경우가 처음이었다. 정치학과는 정치학개론과 국가학을 비롯해 정치사와 정치학사 및 외교사 등을 개설했으며 '영정강독(英政講讀)'이라는 이름으로 원서강독을 베풀었다. 이때 정치학과의 전임강사가 일본 규슈제국대학 법학부 출신의 한태수(韓太壽) 법학사였다. 그는 1953년에 이 학과의 주임교수가 된다.[47]

서울의 다른 대학교들도 비슷했다. 오늘날의 국민대학교의 전신인 국민대학은 1946년 9월 1일에 개교하면서 정경학과를 개설했다. 대한민국의 대학에서 정경학과라는 명칭은 이때 처음 등장했다. 정경학과는 1948년 8월 1일에 정치학과와 경제학과로 분리됐다.[48] 1946～1947년의 교수진에서 정치학 전공자는 도쿄제국대학 법학부 정치학과 출신의 장철수(張澈壽)[49] 및 경성제국대학 법문학부 법과(정치학 전공) 출신의 서임수 등이었다. 그들 이외에 최하영(崔夏永), 한통숙(韓通淑), 최문경(崔文卿), 강명옥(康明玉) 등이 정치사와 외교사를 강의했고, 윤길중(尹吉重)과 박일경 등이 헌법을 강의했다. 대한민국임시정부의 법무총장을 역임한 항일독립운동가 신익희(申翼熙)는 일제패망 직후 귀국해 국민대학의 초대 학장에 취임하면서 대한민국 정부수립에 대비해, 일제 때 제국대학을 졸업했거나 일본고등문관시험에 합격한 뒤 조선총독부에서 일했던 사람들을 중심으로 행정연구회를 구성했던 것인데, 그 사람들을 국민대학의 교수나 강사로 기용했던

46 성균관대학교편찬위원회 편, 『성균관대학교교육백년사(1398～1998)』 전 3권(서울: 성균관대학교 출판부, 1998), 천(天), 352쪽 및 지(地), 47쪽.

47 위와 같음, 천, 342쪽 및 지, 47쪽.

48 국민대학교60년사편찬위원회 편, 『국민대학교60년사, 1946-2006』(서울: 국민대학교, 2007), 421쪽.

49 장철수에 대해서는 필자가 다음에서 짧게나마 소개했다. 김학준, 『구한말의 서양정치학 수용 연구』, 582쪽의 각주 12.

것이다.

1946년 9월 20일에 중앙불교전문학교 → 혜화전문학교는 '학부'와 '전문부'로 구성된 '동국대학'으로 승격됐다. 1947년 5월에 '동국대학'은 '학부'와 '전문부'를 폐지하고 문학부와 정경학부를 개설했으며, 정경학부에 정치학과와 경제학과를 개설했다. '동국대학'은 1949년 4월에 정경학부에 법학과를 추가로 개설했다.[50]

그러면 이 시점에 '동국대학 정경학부 정치학과'에서 정치학을 강의한 교수는 누구였을까? 확실한 사람은 와세다대학 정치경제학부를 졸업하고 조선정치사를 전공한 고권삼(高權三)이다. 그런데 공삼의 「연보」는 이 시기에 공삼이 동국대의 교수였다고 기록했다. 동국대학교 경영관리실의 장인준 님이 지난날 이 대학에서 전임으로나 강사로 강의했던 분들의 기록들을 조사한 결과, 공삼은 1949년 12월 1일에 임용됐고, 1950년 10월 1일 해임된 것으로 나타났다. 직급은 전혀 표시되어 있지 않다.[51] 공삼은 연희대에 재직하면서 이 학교에 출강한 것이다.

1947년 11월 3일에 4년제 대학으로 개교한, 오늘날의 단국대학교의 전신인 단국대학(檀國大學)은 정치학과와 법률학과의 정치학부, 그리고 사학과와 수학과 및 물리학과의 문리학부 등 5개 학과 2개 학부로 출범했는데, 대학 및 대학교의 편제에 '정치학부'라는 이름이 쓰인 것은 이 경우가 처음이었다. 전체 정원 960명 가운데 정치학과의 정원이 전체 정원의 25%에 해당되는 240명이었다는 사실도 '정치'와 '정치학과'에 대한 청년들의 열망을 반영했다.[52]

오늘날의 중앙대학교의 경우를 살펴보자. 중앙보육학교 → 중앙여자전문학교 → 중앙여자대학에서 1948년 5월 29일에 4년제 남녀공학의 중앙

50 동대백년사편찬위원회 편, 『동국대학교백년사, 1906-2006』(서울 : 동국대학교, 2006), Ⅰ, 196쪽.

51 2012년 7월 2일에 장인준님이 필자에게 보내준 회신.

52 단국대학교교사편찬위원회 편, 『단국대학교60년사, 1947-2007』(경기도 용인시 : 단국대학교 출판부, 2007), 상, 97쪽.

대학으로 격상되면서, 중앙대학은 산하에 문학부와 상경학부를 두었다. 중앙대학은 1948년 8월에 문학부를 법정학부로 확대하고 그 아래에 법정학과를 개설하기로 결정했다. 이 결정은 1949년 5월 24일에 대한민국 문교부의 승인을 받았다. 이때 법정학과에서 정치학을 담당한 분들이 한태수(부교수: 정치사상사)와 이석범(부교수: 정치학사) 및 윤당(尹塘)(조교수: 정치원론)이었다. 이석범과 윤당은 '규슈제국대학 법문학부 정치학과 졸업생'으로 기록되어 있다.[53]

1947년 11월에 기존의 국학전문학교는 국학대학으로 승격됐다. 국학대학은 6·25전쟁 직전인 1950년 6월 1일에 법정과 — 법정학과가 아니다 — 를 개설했다.[54]

서울 밖에서 정치학 강좌를 처음 개설한 대학은 1946년 5월 15일에 미군정청에 의해 설립이 확정된 국립부산대학이었다. 이 대학의 초기 몇 해는 내분으로 말미암아 학내가 복잡해져서 이것을 단순화시켜 설명할 수밖에 없다. 우선 1946년 9월 현재 인문학부와 수산학부의 2개 학부로 구성된 이 대학은 전임교원으로 16명을 확보하고 있었는데, 정치학 분야에서는 한태수와 김성희(金成熺) 두 분이었다. 김성희는 경상남도 동래군(東萊郡) 출신으로 경성제국대학 법문학부 법과(정치학 전공)를 졸업했다.

부산대학은 1948년 9월에 문리학부를 신설하고 그 안에 사회과학과를 두었는데, 그것을 정치학 전공과 법학 전공으로 양분했다. 1년 뒤, 사회과학과는 법학부로 확대되며 그 안에 법학과 정치학과를 두었다.[55] 이때 정치학과의 전임이었던 것이 확실한 사람들은 김성희, 그리고 정인흥이었다. 정인흥은 경상남도 김해군 출신으로 서울에서 배재고등보통학교를 졸업하고 도일해 마츠에고등학교[松江高等學校: 송강고등학교]를 졸업한 데 이어

53 중앙대학교80년사편찬실무위원회 편, 『중앙대학교80년사, 1918~1998』(서울: 중앙대학교 출판부, 1998), 157쪽.

54 우석대학교 편, 『요람, 1968~1969』(서울: 우석대학교, 1970), 11쪽.

55 부산대학교60년사편찬위원회 편, 『부산대학교60년사, 1946~2006』(부산: 부산대학교, 2006), 51쪽, 54쪽, 68쪽.

교토제국대학 법학부 정치학과를 졸업했다.

부산에서 국립부산대학에 이어 또 하나의 4년제 대학으로 동아대학이 세워졌다. 1947년 12월 30일에 미군정으로부터 설립을 인가받은 동아대학은 그 날짜로 문리학부 안에 정치경제학과를 개설했다. 국내의 대학에서 정치경제학과라는 명칭은 이때 처음으로 등장했다. 개설한 강좌들은 정치학, 국가학, 정치학원론, 헌법, 국제법 등이었다. 도쿄제대 법학부 정치학과를 졸업한 홍성진(洪性珍)과 안종연, 그리고 일본대학을 졸업한 정석규 등이 전임교수였다.[56]

정치학과 또는 정치외교학과에 진학하고자 하는 열망은 여학생들 사이에서도 강렬했다. 이화여자전문학교-경성여자전문학교로부터 1946년 8월 15일에 4년제 여성 종합대학교로 승격한 이화여자대학교는 한림원(翰林院)과 예림원(藝林院) 및 행림원(杏林院)의 3개 원에 9개 학과로 출발했다. 이화여자대학교는 1950년 5월에 한림원에 법률학과와 정치외교학과로 구성된 법정학부를 개설했다.[57]

제 3 절 이 시기에 출판된 정치학 저술들

정치-정치학 저서들에 대한 수요가 늘어나다

정치 또는 정치학을 다룬 책들에 대한 관심도 높아졌다. 이 점에 대해, 1949년 현재 서울대 문리대 정치학과 조교수이던 김경수는 "해방 이후 정치학 및 정치에 관한 지식이 일반적으로 갑자기 크게 요청되었으며, 이는

● ● ● ● ●

56 동아대학교50년사편찬위원회 편, 『동아대학교50년사, 1946~1996』(부산광역시 : 동아대학교, 1996), 12-13쪽.

57 이화100년사편찬위원회 편, 『이화100년사』(서울 : 이화여자대학교 출판부, 1994), 306-307쪽.

각 대학 정치학과의 신증설(新增設)과 정치학과 학생수의 격증과 아울러 이 방면의 서적, 특히 개론 및 입문서에 대한 수요는 상상할 수 없을 정도로 증대하여 심지어 '정치'란 문자의 표제가 붙은 서적이면 무엇이든 간에 놀라운 가격으로 매매되며 그나마도 얻기 어려운 것이 현상(現狀)이다."라고 썼다.[58]

비슷한 맥락에서, 51학번으로 서울대 문리대 정치학과에 입학한 구범모는 서울대 문리대 조교수 때 쓴 논문에서 다음과 같이 회상했다.: "정치학의 교재와 참고서적이 거의 전무한 당시의 상황에서 책임 있는 번역으로 교재의 수요에 자(資)하고 귀중한 저술로 한국정치학의 지표를 제시함으로써 불멸의 가치를 남긴 업적들도 있지만, 상당수의 저술과 번역물이 출판경기에 편승하여 무책임한 이중번역과 외서절취(外書切取)를 자행함으로써 남조급제(濫造急製)의 폐풍을 남긴 것은 이 나라 정치학의 장래를 위해 통탄지사(痛嘆之事)가 아닐 수 없다."[59]

이러한 분위기를 반영해, 을유문화사가 발행하던 월간지 『학풍(學風)』은 1950년 1월호(통권 제9호)를 정치학 특집으로 꾸미고 정치학에 관련된 14편의 논문들만으로 이 호(號)를 제작했다. 같은 맥락에서, 그때 이선근과 신도성을 비롯해 한국정치학계를 이끌던 정치학자들은 『학생과 정치』를 출판했다.[60] 이 책은 1950년 3월 15일에 1쇄가 발간된 데 이어 1950년 5월 12일에 2쇄가 발간됐으며 1954년 2월 15일에 5쇄가 발간됐다. 이것은 이 책이 얼마나 널리 읽혔는가를 말해주었다.

그러면 이 시기에, 보다 더 특정적으로 말해 1950년의 6·25전쟁 발발 이전의 시기에, 정치학에 관해 어떤 저술들이 출판되어 있었던가? 여기서 '정치학'을 좁은 의미로 한정하지 않고 어느 정도 넓은 의미로 정의하기로

58 R. G. 겟텔[게텔] 저, 김경수 역, 『정치학 개론』(삼일문화사, 1949년 초판, 1950년 2쇄), 「역서 (譯序」, 7-8쪽.

59 구범모, 「비교정치학 20년의 반성」, 『한국정치학회보』, 제2집(1967년 12월), 16쪽.

60 이선근 등 『학생과 정치』(서울 : 선문사[宣文社], 1950). 간략한 서평으로 다음이 있다. 한태수(韓太壽), 「학생과 생활」, 『경향신문』, 1950년 3월 22일, 2쪽.

한다. 그러한 정의 아래, 서중석 교수는 세 갈래로 나눴다. 첫째가 '국학적(國學的)인 한말정치사'였고, 둘째가 일본을 통해 수용된 정치학이었으며, 셋째가 '마르크스주의적 정치이론'이었다.61 필자는 이 분류를 염두에 두면서 다음과 같이 다섯 갈래로 나눠 설명하기로 하겠다.

1. 조선정치사 분야

첫째, '국학적 한말정치사'는 사실상 한국사와 다름이 없었다. 서울대 문리대 정치학과 주임교수 이선근은 소속이 정치학과였을 뿐 국사학자였지 정치학자가 아니었다. 이선근은 자신이 1930년에 출판했던 『조선최근세사』를 1945년 12월에 원형 그대로 다시 출판했는데, 200자 원고지로 약 700매 분량이어서 양이 많지 않으나, 고어투의 철자법에 띄어쓰기가 제대로 되어 있지 않은데다가 한문으로 된 원전을 그대로 인용해 놓았으며 오식이 적잖아 읽기가 쉽지는 않다.

이선근 스스로 지적했듯, 이 책은 '대원군 집정 10년간을 중심으로' 구한말의 역사를 서술한 것이다. 그는 1863년의 고종의 즉위와 대원군의 섭정정치 개시로써 조선의 '최근세사'가 시작됐다고 보면서, 대원군의 집정 10년을 공과(功過) 양면에서 평가했다. 그는 대원군이 외척의 발호를 철저히 통제하고 서원을 철폐함과 아울러 인재를 광범위하게 등용한 것을 칭찬한 반면에, 쇄국정책을 통해 조선의 개국을 지연시킨 것과 천주교도들을 학살한 것 그리고 경복궁중건 등을 위해 백성을 '가렴주구한' 것을 비난했다. 그는 대원군과 민비 사이의 권력투쟁 등에 대해서도 자세히 설명했다.

이 책에 뒤이어 고권삼 동국대 교수 겸 서울대 강사의 『조선정치사』가 1948년에 출판됐다.62 1900년께 제주도 남제주군에서 출생한 그는 1927

61 서중석, 「8·15해방후의 한국정치학계」, 186쪽.

62 고권삼, 『조선정치사』(서울: 을유문화사, 1948). 이 책이 1947년에 출간됐다는 기록도 있으나, 필자가 단국대학교 퇴계기념도서관에서 대출받은 이 책은 간기(刊記)에

년에 와세다대 정치경제학부를 졸업했다. 그는 1930년에 도쿄의 강철서원(鋼鐵書院)에서 『근대조선정치사』를 일본어로 출판했으며, 1933년에 도쿄의 고고서원(考古書院)에서 『근세조선흥망사』를 역시 일본어로 출판했다. 그는 자신이 예전에 저술한 책들을 바탕으로 『조선정치사』를 출판한 것이다. 그는 6·25전쟁 때 서울에서 실종되는데, 납북된 것으로 알려졌다.

『조선정치사』는 근대조선의 정치현상을 조선조의 붕당정치를 중심으로 서술했으며, 일제의 조선침략과 그것에 대항한 조선의 독립 그리고 강대국에 의한 한반도의 분단을 설명했다. 38도선 획정과 관련해, 이 책은 출전은 밝히지 않은 채 그저 얄타회담에서 결정됐다고 썼다.**63** 이것은 오류다. 그러나 그때에는 얄타회담에 관한 공기록이 발표되기 이전이어서 누구나 다 그렇게 생각했다.

이어 국사학자로 단국대학 초대 학장인 장도빈(張道斌)은 『단국대학 정치경제강의록』에 1948년부터 1954년까지 「한국정치사」를 분재했다. 이것은 고조선으로부터 조선왕조까지의 역사를 민족주의적 사관에 서서 기술했다.

강지원(姜志元)은 6·25전쟁이 일어나기 직전인 1950년 6월 5일에 『근대조선정치사』(대학생활사)를 출판했다. 이 책은 「서론(緖論)」에서 「정치사연구의 의의」 및 「근대조선정치사연구란 무엇인가」를 논했다. 그는 정치사연구는 "(1) 역사적 사실에 관한 연구이며, (2) 국가통제작용의 실제에 대해서의 역사적 사실에 관한 연구이고, (3) 보편적인 생기적(生起的) 법칙의 인식을 포함한다."고 정의했다.

「서론」에 이어, 그는 「본론」을 세 편으로 나눴다. 제1편은 조선왕조사를 '성립-존속-몰락'의 틀 안에서 설명했다. 그는 '이조(李朝)' 또는 '이씨조선'이라는 용어를 썼으며, '이씨조선'을 '전제·관료주의국가'로 규정했다. 그는 당쟁의 성립과 전개에 대해 자세히 쓴 데 이어 대원군의 통치를 분석

● ● ● ● ●

출판연도가 1948년으로 적혀 있다.

63 위와 같음, 235쪽.

했는데, 대원군의 통치를 대체로 비판적으로 보았다. 제2편은 '갑오개혁'을 자세히 분석하는 가운데, '갑오개혁'을 일제의 '침략적 정략적 기저'에서 출발한 것으로 보았다. 이 과정에서 그는 '동학당난(東學黨亂)'을 분석하면서 그것을 '농민전쟁'으로 이해했다. 제3편은 '한일합병'의 과정에 대해 상세히 분석했다.

2. 서양정치학 분야

둘째, 일본을 통해 들어온 정치학이었다. 주로 일본의 대학들과 국내의 경성제대에서 법학이나 정치학을 수학했던 학자들의 출판물들이다. 이것들은 두 갈래로 나눌 수 있다. 하나는 저술이고, 다른 하나는 역서이다.

정치-정치학 저서들

우선 저술들부터 살피면, (1) 가장 대표적인 사례가 강상운이 1948년 8월 15일에 서울의 문예서림에서 출판한 『현대정치학 개론』이다. 1948년 11월 5일의 『동아일보』가 '해방 전후를 통하여 정치학에 관한 최초의 저서'라고 소개한 것에 미뤄, 큰 관심을 받았던 것 같다. 강상운의 본명은 강주진(姜周鎭)이다. 1919년에 경상북도 상주에서 태어났으며 1943년에 일본의 주오[中央 : 중앙]대학 법학과를 졸업했다. 일제의 패망과 더불어 귀국하면서 『조선독립운동 비사』를 역간했으며, 월간지 『혁신』을 창간했다. 중앙대학에서 정치학에 관련된 과목들을 강의하다가 1950년의 어느 시점에 부교수로 임용됐다.64 그는 뒷날 중앙대학교 정교수로 국회도서관장을 역임하면서 조선 및 한국의 정치사 분야에 여러 저술들을 남긴다.

64 『중앙대학교80년사』, 163쪽.

이 책은 전편(「일반정치학」)과 후편(「현대정치학」)으로 구성됐다. 전편은 제1장 「국체론」, 제2장 「정체론」, 제3장 「정당론」, 제4장 「의회론」, 제5장 「선거론」으로 구성됐고, 후편은 제1장 「자본주의적 제국주의론」, 제2장 「독재정치론」, 제3장 「민족사회주의와 국가사회주의론」, 제4장 「사회주의론」, 제5장 「기타」로 구성됐다. 마지막의 「자료편」에, 프랑스의 인권 및 국민권선언, 미국의 독립선언, 1931년의 중화소비에트헌법, 나치의 정강이 수록됐다.

저자 강상운은 이 책의 출전을 전혀 밝히지 않았다. 그러나 등장하는 사상가들의 표기법은 일본식이다. 예컨대, 프랑스의 장 보당은 '지안 뽀딘'으로, 독일의 옐리넥은 '예리네구'로, 오스트리아의 힐퍼딩은 '히루파팅구'로 표기된 것이다. 또 국체(國體)라는 용어 및 정체(政體)라는 용어, 그리고 국체와 정체의 구별은 일본의 정치학자들이 처음으로 시도한 것이다. 아마도 일본의 어느 정치학자의 저서를 축약한 것이 아닐까 조심스럽게 추측하게 되는데, 해방 직후의 시점에 흔한 일로 생각된다. 이 책은 몽테스키외의 삼권분립론과 루소의 사회계약설을 요약해서 설명했으며, 마르크시즘과 레닌이즘 및 나치즘의 생성과정과 이론적 구성도 요약해서 설명했다.

(2) 최봉윤의 『정치학 개론』이다. 이것은 1948년부터 1954년까지 『단국대학 정치경제강의록』에 3회에 걸쳐 분재됐다. 이것을 묶으면 하나의 단행본이 될 만한 분량이다. 국가학적이면서 동시에 법학적인 시각에서 국가, 국가의 구성요소들, 국가의 정치제도들, 국가의 주권, 입법부-행정부-사법부 및 그들 사이의 관계, 선거, 정당, 여론 등에 대해 설명했다. 정당의 경우, 주로 영국과 미국에서 정당들이 생성하고 발전한 과정을 설명했다. 우리가 곧 보게 될 레이몬드 게텔(Raymond G. Gettell)의 『정치학 개론』을 축약한 것이다. 그러나 그 출전을 전혀 밝히지 않았다.

(3) 이선근이 편집한 『학생과 정치』다. 이 책의 서문에 해당되는 이선근의 「학생과 정치」를 논외로 하고, 그밖의 장(章)들을 간략히 소개하기로 한다.

제1장은 서임수의 「정치학의 성립 : 희랍정치이론의 발전」이다. 이 장은 부제가 말하듯, 고대희랍에서 정치학이 성립된 과정을 소피스트들로부터 시작해 주로 소크라테스와 플라톤 및 아리스토텔레스를 중심으로 설명했다. 그는 희랍의 정치이론을 플라톤이 '건설'했으며 플라톤의 제자 아리스토텔레스가 '확립'했다고 보았다. 제2장은 전학연(田學淵)의 「불란서혁명」이다. 이 장은 이 혁명의 기초가 된 구체제(舊體制 : 앙샹레짐)에 대한 분석으로부터 시작해 혁명의 진행과정, 온건파와 과격파의 갈등과 대결, 그리고 그것이 나폴레옹의 독재체제로 귀결된 과정을 설명했다. 이 글은 이 혁명의 과정에서 나타난 인권선언을 민주주의이념의 구현으로 보면서, 이 혁명을 호의적으로 평가했다. 이 글은 이 혁명에 앞서 일어난 미국의 독립전쟁에 대해서도 언급하면서 독립선언서에 나타난 민주주의이념을 긍정적으로 평가했다.

제3장은 신도성의 「민주정치론」이다. 이 장은 서구에서 민주정치가 확립된 과정을 역사적으로 그리고 사상사적으로 고찰한 데 이어, 민주정치의 생리와 병리를 설명했다. 그는 "[…] 민주정치는 국민의 동질성이라고 하는 사회적 조건 위에서만 성립할 수 있는 것이다. [그런데…] 최근 자본주의경제의 발전과 함께 […] 빈부의 간격이 [벌어짐으로써] 사회를 자본가와 무산대중이라는, 경제적으로 완전히 이질적인 2개의 계급으로 분리시키고 말았다. […] 이리하여 '공동의사'를 발견하는 방법으로서의 '다수결'은 무의미하게 되었다."라고 관찰한 데 이어, 계급들 사이의 갈등이 국회를 통해 완화되지 않는 경우, '독재정치의 출현'이 뒤따르게 된다고 경고했다. 이러한 경고로부터, 그는 다음과 같이 역설했다 :

> 이와 같은 사태에 있어서, 외관상이나마 민주정체를 유지하는 유일의 길은 각 계급이 각기(各己)의 계급이익을 약간 희생함으로써 타협을 꾀하여 파국적인 충돌을 회피하는 것밖에 없다. 그러나 그 이익의 대립이 일체의 타협을 거부할 정도로 전면적이고 또 절대적인 경우에는 어떻게 되는가? 문제는 결국 새로운 '동질성'

의 확립에 귀착하는 것이다. 새로운 경제적 동질성 — 그것은 곧 새로운 경제적 평등이다.

민주정치는 형식적인 자유와 법률적 평등을 이상으로 한 것이었다. 그러나 만약 여기에 실질적인 경제적 평등이 전제되지 아니 한다면, 결국 형식적인 자유도 평등도 그리고 민주정치도 아무것도 존재할 수 없다는 것을 알아야 한다.**65**

제4장은 규슈제국대학 법학부 출신의 법률가 이경호(李埛鎬)의 「삼권분립의 이론」이다. 이 장은 삼권분립의 이론은 고대희랍에서가 아니라 근대에서 제기됐다고 주장하면서, 그 이론의 뿌리를 영국의 존 로크(John Locke)와 프랑스의 몽테스키외에서 찾았으며, 그 이론이 현실정치에서 구현된 사례를 미국에서 찾았다. 이 장은 삼권분립이 미국에서 어떻게 제도로 운용되고 있는가를 설명하고 2차대전을 계기로 '집행부의 강화 경향'이 나타나고 있다고 덧붙였다. 제5장은 장석만(張錫萬)의 「정당론」이다. 그는 정당의 발생과 성장의 과정을 주로 영국과 미국의 헌정사에서 찾았다.

제6장은 강상운의 「팟시즘 정치론」이다. 강상운은 주로 이마나카 쓰기마로[今中次麿 : 금중차마]를 비롯한 일본 정치학자들의 저서들을 중심으로, 파시즘이 생성하고 성장하며 집권하는 과정을 무솔리니의 파시즘체제에 초점을 맞춰 설명했다. 그는 이탈리아의 정치사회학자 빌프레드 파레토(Vilfredo Federico Damaso Pareto)의 엘리트이론 — 강상운은 이것을 '현량이론(賢良理論)'으로 번역했다 — 이 파시즘의 성장에 이바지한 부분에 대해서도 설명했다.

이 책은 끝 부분에 2개의 「부록」을 실었다. 첫 번째는 강상운의 「정치사상 해설」이다. 그는 '국가주의', '국가사회주의', '유엔', '공산주의', '과두정치', '콤민테른', '콤민폼', '귀족정치', '독재정치', '민주주의', '민족주의', '마퀴아벨리즘', '법치국가', '삼민주의', '삼권분립주의', '신자유주의', '신권군

65 신도성, 「민주정치론」, 120쪽.

권설(Divine right of king)', '사회민주주의', '인권선언', '자유주의', '전체주의', '전제정치', '참주정치' 등 모두 23개의 용어들을 해설했다.

두 번째는 유자후(柳子厚)의 「학생운동의 역사적 고찰」이다. 이준(李儁) 열사의 사위인 유자후는 신라시대 이후의 학생운동을 일별하면서 특히 3·1운동을 상세히 설명하고 3·1운동의 결과로 대한민국임시정부가 수립된 과정을 설명했다.

정치-정치학 역서들

이어 역서들을 살피면, (1) 서임수는 1947년 11월에 대학사(大學舍)를 통해 라스키의 *An Introduction to Politics*를 『정치학 개론』으로 역간했다. 이 책은 역자 스스로 밝혔듯 초역이다. 앞뒤에 끊긴 데가 많아서 지금 읽어도 이해하기가 쉽지 않다. 그러나 1948년에 2쇄를, 1949년에 3쇄를 발간할 정도로 널리 읽혔다.

(2) 장석만 역시 이 책을 1949년 선문사(宣文社)를 통해 『정치학 원론』으로 역간했다.**66** 이 책 역시 '1950년 7월 1일'에 제4쇄를 발간할 정도로 널리 읽혔다. 장석만은 이 책의 표지에 자신을 그저 '법과대학 교수'라고 소개됐다. 서울대 법대 출신의 유훈 서울대 행정대학원 명예교수의 회고에 따르면, 장석만은 서울대 법대의 정치학담당 전임 — 전임강사? 또는 조교수? — 이었다. 6·25전쟁 때 월북했거나 납북된 것으로 알려지면서, 그의 이름은 한국정치학계에서 사라졌다.

(3) 서임수는 1948년 9월에 서울의 명세당(明世堂)을 통해 『정치학설사』를 역간했다. 이것은 독일 예나대학교 교수인 쿠르트 슈테른베르크(Kurt Sternberg)가 1922년에 출판한 *Die Polititshen Theorien in ibrer geschichtlichen Entwicklung vom Altertum bis zur Gegenwart* [『정치이

66 이 책은 고려대학교 중앙도서관에 소장되어 있다.

론들의 발전의 역사 : 고대에서 현대에 이르기까지』]를 경성제국대학 법문학부 법과의 후지모토 츠나오[藤本直 : 등본직] 교수가 『정치학설사』(도쿄 : 정치학보급회, 1926)로 번역한 것을 다시 번역한 것이다.

이 책은 3개의 편으로 구성됐으며 분량이 많지 않다. 고대희랍의 소피스트들과 소크라테스 및 플라톤 그리고 아리스토텔레스로부터 시작했다. 이 책은 이어 중세 기독교의 국가철학을 설명하고, 근세의 홉스와 로크 및 몽테스키외 그리고 루소를 설명했다. 곧 18세기와 19세기의 칸트와 피히테 및 헤겔의 국가관을 거쳐 19세기에 풍미했던 보수주의, 자유주의, 사회주의, 무정부주의 국가관을 설명했다.**67**

(4) 장석만이 1948년 11월에 선문사를 통해 출판한 『정치학사 요강(政治學史要綱)』이다. 이 책은 독일인 아돌프 카스파리(Adolf Caspari)의 『국가이론의 역사의 대강(*Geschichte der Staatstheorien im Grundrisz*)』을 번역한 것으로, 제1장은 상고(上古), 제2장은 중세, 제3장은 근세를 다뤘다. 약 50명의 정치사상가들과 정치학자들을 모두 간략하게 소개했다.**68**

(5) 조선일보사 편집국장 성인기(成仁基)는 아리스토텔레스의 『정치학』의 영역본을 『정치철학』으로 번역해 1948년 11월에 대조사(大造社)에서 출판한 데 이어 루소의 사회계약론을 『민약론 : 정치적 권리의 제원칙』으로 번역해 1949년 여름에 같은 출판사에서 출판했다. 원래 장 자크 루소 — 이 역서에는 '잔 자크 룻소'로 표기됐다 — 의 사회계약론은 명치시대의 일본에서 자유민권운동가 나카에 주민[中江兆民 : 중강조민]에 의해 『민약역해(民約譯解)』로 역간됐으며, 흔히 『민약론』으로 소개됐다. 성인기는 일본어번역판을 옮긴 것으로 보인다. 이 책은 1955년 9월에 제5쇄를 기

67 김홍우, 「한국정치학에서 서양정치사상 교육」, 김유남(金裕南) 엮음, 『한국정치학 50년 : 정치사상과 최근 연구분야를 중심으로』(서울 : 한울아카데미, 2001), 217쪽. 이 책은 대구의 계명대학교 도서관에 소장되어 있다. 역자는 저자를 '쿠르트 슈테른베르히'로 표기했다. 이 책은 1949년에 서울의 계몽사에서 다시 출판됐다.

68 이 역서에 대한 강상운의 짧은 서평이 『경향신문』, 1948년 11월 26일, 3쪽에 게재됐다.

록한 데 이어 1957년 12월에 제6쇄를 기록할 정도로 널리 읽혔다.[69]

(6) 김경수는 1949년 10월에 『정치학 개론』을 역간했다. 이 책은 미국 애머스트대학 교수를 역임한 캘리포니아대학교 교수 레이몬드 게텔이 1922년에 출판한 『정치학 개론(*Introduction to Political Science*)』을 1933년에 개정증보한 『정치학(*Political Science*)』을 편역한 것이다.[70] 이 책은 3쇄부터 서울의 장왕사에서 출판됐으며, 1956년까지 8쇄를 기록했다.

게텔은 국가학적 및 법학적 접근방법을 통해 정치를 분석한 전통적 방법론자였다. 따라서 국가에 관한 여러 학설들, 국가의 물리적 기초, 국가의 구성요소들, 주권, 국가의 기원, 국가의 진화, 국가의 조직, 헌법과 법률, 선거, 여론, 정당들에 대해 자세히 설명했다.

(7) 윤세창은 1950년 4월에 서울의 청구문화사(靑丘文化社)를 통해 『국가론』을 역간했다. 원저자는 독일의 사회학자이면서 경제학자인 프란츠 오펜하이머(Franz Oppenheimer, 1864~1943)였고, 원저는 그가 1907년에 출판한 *Der Staat*였다. 교토제국대학 법학부 졸업생인 윤세창이 오카야마 모리미치[岡山守道 : 강산수도]가 번역한 『국가론』(도쿄 : 大鐙閣, 1920)을 중역한 것이다. 번역자 오카야마는 일본의 저명한 노동운동가이면서 사회주의자였다. 또한 일본 『아사히신문(朝日新聞)』의 베를린특파원을 역임한 데 나타났듯이 독일어에 능통했다.

정치-정치학 논문들

저서들과 역서들에 이어 논문들에 대해 말하기로 하자. 논문들에 대해 말하기에 앞서 지적돼야 할 것은 이 시기에 다른 많은 학문 분야들에서도

69 제5쇄는 서울의 선문사에서도 동시에 출간됐다.

70 이 책은 서울의 삼일문화사에서 출판됐다. 이 책에 대한 서평으로 서임수가 『경향신문』, 1949년 10월 21일, 2쪽에 기고한 짧은 글이 있다.

그러했지만 정치학 분야에서도 전문적인 학술지는 전혀 없었다는 사실이다. 따라서 정치학자들은 월간지와 일간지에 기고하곤 했다. 이때 대표적인 월간지로 『신천지(新天地)』를 꼽을 수 있다. 서울신문사가 1946년 1월에 창간한 이 월간지는 1950년 6・25전쟁이 일어나기 직전까지 속간했다. 그 이후 1951년 1월에 한 호를 냈고, 1951년 12월에 속간했다가 일시 휴간했으며 1953년 4월에 다시 속간했다가 1954년 말에 종간했다. 이 월간지는 한국의 지식인사회에 많은 영향을 주었다. 다른 한편으로, 재건사(再建社)는 1947년 1월 25일에 월간지로 『재건(再建)』을 창간했다. 창간호는 2월호로 되어 있다. 그러나 영향력에 있어서 『신천지』가 훨씬 앞섰다.

6・25전쟁이 일어나기 이전까지의 시기에, 『신천지』에 게재된 논문들 또는 논설들로 다음을 열거하기로 한다:

- 최우근(崔愚根), 「중간정당을 논함」, 제2권 제9호(1947년 9월), 16-19쪽. 해방정국에서 중간노선을 걸었던 최근우(崔謹愚)가 아니라 최우근이다. 그러나 최근우가 가명을 쓴 것은 아니었을까?
- 이철모(李哲模), 「삼권분립제와 삼권귀일제」, 제2권 제9호(1947년 9월), 20-29쪽.
- 최재희(崔載喜), 「민주주의와 정당정치」, 제3권 제8호(1948년 8월), 24-29쪽.

또 하나의 월간지가 을유문화사가 1948년 9월에 창간한 『학풍(學風)』이었다. 상당히 높은 수준의 학술논문들을 중심으로 편집되던 이 월간지는 6・25전쟁으로 말미암아 1950년 6월호(통권 제13호)로 종간됐다. 이 월간지는 서임수의 「노예제도변호 논고(論攷)」(1949년 4월) 및 서임수의 「행정관리론(行政官吏論)」(1950년 2월) 등을 게재했으며, 1950년 1월호에 다음과 같은 논문들을 게재했다. 그것들은 (1) 박일경의 「정부형태론」, (2) 장후영(張厚永)의 「법치국가론」, (3) 윤세창의 「선거제도 개설」, (4) 이상백(李相佰)의 「다수결원칙의 논리」, (5) 한춘섭(韓春燮)의 「무산정당의 진출」, (6) 이동욱(李東旭)의 「정치작용의 일종으로서의 국가재정」, (7) 서임수의 「정치학설사 서설」, (8) 고재국(高在國)의 「이조당쟁론」, (9) 이상균(李相均)의 「의회정치의 역사적 회고」 등이다. 첫 번째 필자인 박일경은 『학풍』 제7호(1949년 7월)에 「탄핵제도론」을 기고했었는데, 헌법학자로서 그는 정치제도론 및 정치기구론 등을 중심으로 정치학 분야에 대해 기여한다.

신도성은 1950년 2월과 3월 사이에 『동아일보』에 여덟 편의 정치평론을 하나의 시리즈 형식으로 발표했다. 이 글들은 헌법의 권력구조에 초점을 맞춰, 대통령제를 비판하면서 내각책임제의 장점들을 역설함과 아울러 내각책임제로의 개헌을 역설한 것이다. 이 글들에 등장하는 정치사상가들 또는 정치이론가들은 프랑스의 몽테스키외와 영국의 제임스 브라이스 및 영국의 해롤드 라스키였다. 이 글들의 주지는 현대에는 몽테스키외가 제창한 삼권분립론은 맞지 않으며 영국에서처럼 입법부와 행정부가 '통일된' 상태로 국정을 운영해야 한다는 것이다.[71] 여기서 그는 '통일된'이라는 표현을 썼는데, 오늘날의 정치학자들은 '융합된(fused)'이라는 표현을 쓴다.

3. 이데올로기 분야

셋째, 공산주의와 자유주의를 비롯한 이데올로기에 대해서다. 이 대목에서 우리는 김하룡 교수의 지적을 상기할 필요가 있다. 그는 다음과 같이 지적했다 :

> 해방 후 [···] 특히 정치학 분야에서 연구에 종사하는 사람들은 어떠한 정치 이념과 사상에도 초가치적(超價値的) 입장을 견지하기는 어려웠다. [···] 극우민족주의와 공산주의를 양극으로 하는 다양다기(多樣多岐)한 색채의 정치이데올로기가 난립투쟁하고 있는 상황 속에서 그 어느 것을 선택하여 그 가치에 자기의 정치학 연구를 밀접하게 결부시키고자 하는 경향은, 그 당시 우리가 처한 정치적-경제적-

71 신도성, 「대통령제와 내각책임제」, 『동아일보』, 1950년 2월 19일 ; 2월 21일 ; 2월 22일 ; 2월 23일 ; 3월 6일 ; 3월 7일 ; 3월 8일 ; 3월 9일.

사회적-문화적 조건에 비추어볼 때 불가피한 것이었다고 할 수 있다. 다시 말하면, 해방기는 한국의 정치학연구가 현실정치의 가치와 비교적 밀접하게 연결되었던 시기였다고 할 수 있다.[72]

이 시기의 특성을 이렇게 이해할 때, 이데올로기적으로 서로 다른 책들이 경쟁적으로 출판됐다는 것은 오히려 자연스러웠다. (1) 남조선로동당 중심의 좌익이론가들은 공산주의를 찬양하는 책을 펴냈다. 그 대표적인 보기가 이강국(李康國), 이태진(李泰鎭), 박문규(朴文圭), 김태준(金台俊), 박진홍(朴鎭洪), 이청원(李淸源), 온낙중(溫樂中), 이석태(李錫台), 박치우(朴致祐), 이우적(李友狄), 강병도(姜炳度), 정태식(鄭泰植) 등 12인의 글들을 모은 책 『민주주의 12강』(서울: 문우인서관[文友印書館], 1946년 11월)이다. 김하룡 교수는 이 책에 대해 "공산주의사상의 선전을 위한 정치논평의 성격이 너무도 뚜렷하여 도저히 정치학연구의 범주에 포함시킬 수 없다."고 논평했다.[73]

(2) 고려대 철학과 이상은(李相殷) 교수는 1947년에 공산주의에 대한 책을 역간했다. 이 책은 라스키가 1927년에 출판한 *Communism*의 1930년판(제5쇄)을 전역한 것이다.[74] 이 책에서 라스키는 공산주의가 옹호하는 계급투쟁론과 폭력혁명론으로는 '이상적 사회'를 실현시킬 수 없으며 '계급 없는 사회'를 실현시킬 수도 없음을 강조했다. 동시에 그는 인간생활의 기본적 욕구가 충족되지 않은 사회에서는 공산주의에 대한 유혹을 느낄 수 있으므로 '사회개조'를 통해 공산주의가 성장할 수 있는 온상을 제거해야 한다고 역설했다.

(3) 고려대 영어영문학과 권중휘(權重輝) 교수는 1947년에 자유주의에

72 김하룡, 「정치학」, 고려대학교 민족문화연구소 편, 『한국현대문화사 대계(大系)』(학술・사상・종교사: [상])(서울: 고대민족문화연구소 출판부, 1976; 재판 1981), 256쪽.

73 위와 같음, 257쪽의 각주 22.

74 Harold J. Laski, *Communism* (London: The Home University Library of Modern Knowledge, 1927). 이상은 역, 『공산주의론』(서울: 예문사[藝文社], 1947년 8월).

대한 책을 역간했다.[75] 이 책 역시 라스키의 저서였다. 앞에서 이미 보았듯, 라스키는 확실히 해방 직후의 남한지식인사회에서 큰 관심의 대상이었다. 권 교수는 그 이후 서울대 문리대 영어영문학과 교수로 옮겼으며 1961년 12월에 제7대 서울대 총장으로 임명된다.

(4) 연희대 김두헌 교수는 1947년에 『민족이론의 전망』(을유문화사; 1959년 2쇄)을 출판했다. 이 책은 학술적으로 민족이론을 설명하는 가운데 공산주의를 비판했다. 그는 1976년에 비슷한 논지에서 『우리 민족의 활로』(박영사, 박영문고 96)를 출간한다.

대조적으로 1947년에 홍순창(洪淳昶)은 스탈린이 레닌정부에서 민족문제장관으로 봉직하던 때 소련의 민족정책에 대해 쓴 책을 『쏘베트민족정책론』(대성출판사)으로 역간했다. 홍순창은 정치학자라기보다는 역사학자 또는 철학자다. 그러나 조선정치사 분야와 조선사상사 분야에서 일정하게 영향을 미쳤다.

그는 충청남도 예산군 출신으로 일본 와세다대 문학부 지나학과(支那學科)를 졸업하고 와세다대 대학원 동양철학과(조선철학 전공)를 수료했다. 일제패망 직후 귀국해 홍익대 전임강사와 대구대 교수를 거쳐 동국대 교수를 역임했으나, 주로 대구에서 학문활동에 참여해 대구대 대학원장을 역임하고 성균관대 교수로 임용됐다. 1963년 가을학기에 서울대 문리대 정치학과에서 최근조선정치사를 강의했다. 1964년 이후 주로 대구대 → 영남대에서 교수직을 수행했다.[76]

(5) 조선일보사 성인기 편집국장은 공산주의와 자유주의 사이의 이른바 '자유협동사상'을 역간했다. 제정러시아의 대표적 혁명가들의 한 사람인

75 Harold J. Laski, *The Rise of European Liberalism* (London : George Allen & Unwin, LTD, 1936). 권중휘 역, 『서구자유주의의 발달』(서울 : 대성출판사[大成出版社], 1947).

76 대구사학회 편집, 『백초(白初) 홍순창박사환력기념논문집』(대구 : 형설출판사, 1977), 「백초홍순창박사 연보」, 21-29쪽.

표트르 크로포트킨의 『상호부조론』이 그것이다.[77] 비슷한 시점에, 서울대 정치학과 강사 한춘섭은 오스트리아 출신의 미국시민권자 조지프 슘페터(Joseph A. Schumpeter) 교수의 사회주의에 관한 책을 『사회주의정당사론』(서울대학신문사 출판부)으로 역간했다.

(6) 서울대 정치학과 김경수 조교수는 1949년에 독일의 철학자 카를 포어렌더(Karl Vorländer : 1860~1928)의 『칸트, 피히테, 헤겔과 사회주의(*Kant, Fichte, Hegel und der Sozialismus*)』(1920)를 『사회주의사상사』로 역간했다. 원저자는 칸트와 마르크스의 결합을 시도했다.[78]

(7) 허동(許東)은 『학풍』 제2권 제2호(1949년 3월)에 「맑쓰의 『자본론』」을 발표했다. 초보적인 해설인데도 이해하기 쉽지 않게 쓰여졌다. 필자가 시국을 고려해 조심스럽게 쓴 것으로 느껴진다.

4. 의회-정당-선거 저술들

넷째, 1948년 5월 10일에 대한민국 정부를 출범시키는 제헌국회 총선이 실시됐으며 또 이 총선을 앞두고 여러 정당들이 족출했다. 자연히 의회와 정당 및 선거에 관한 저술활동이 활발해졌다.

이러한 맥락에서, (1) 동심사(同心社) 편집부는 『소련선거제도 해설』(동심사, 1947)를, (2) 김정실(金正實)은 『선거제도론』(삼화서관[三和書館], 1948)과 『의회정치론』(삼일출판사, 1949)을, (3) 권준(權峻)은 『현대각국정당론』(한중협회, 1948)을 각각 출판했다. 원충연(元忠淵)은 「정당의 본질과 분립」(서울대 정치학석사학위논문, 1949)을, 김영진(金英振)은 「입헌의회정치론」(서울대 정치학석사학위논문, 1949)을 썼다. 원충연은 정훈장교로 입대해 육군대령으로 올랐던 때 일어난 5·16군사정변 직후 국가재건최고회의 공보실

77 Pyotr A. Kropotkin, *Mutual Aid : A Factor of Evolution* (1902). 성인기 역, 『상호부조론 : 진화의 일(一) 요소』(서울 : 대성출판사, 1948년 9월).

78 후올랜더어 저, 김경수 역, 『사회주의사상사』(서울 : 을유문화사, 1949).

장으로 기용됐다. 그러나 1965년에 군사쿠데타를 모의한 혐의로 체포돼 무기징역형을 확정받고 복역하다가 1979년 10·26 직후 석방된다.

의회-정당-선거 제도들은 결국 민주주의 이념과 정치에 연결된 것이었다. 한치진은 『민주주의 원론』 전 3권(공보부, 1947)을, 권준은 『민주정치개론』(한중협회, 1948)을 각각 출판했다.[79]

5. 국제관계 및 외국정세 분야

다섯째, 국제관계 또는 외국정세에 대해서다. 우선 외교사 분야에서 신기석은 『근세동양외교사』(동양문화사, 1948)와 『근세외교사』(탐구당, 1949)를 출판했다.[80] 이로써 그는 한국의 정치학계에서 외교사 분야의 제1인자로 자리를 굳혔다. 황진남(黃鎭南)과 신기언(申基彦)은 『미쏘외교 비사 : 포츠담-얄타-모스크바 회의에 관한 솔직한 나의 고백』(을유문화사, 1948)을 역간했다. 원전은 2차대전 말기와 전후의 시기에 미국의 국무장관으로 얄타회담과 포츠회담 및 모스크바회담에 참석했던 제임스 번즈(James F. Byrnes)의 회고록 *Speaking Frankly* (New York, N.Y. : Harper & Bros., 1946) 일부를 번역한 것으로 아주 작은 책이다.

이러한 저서들 이외에, 『신천지』는 이 방면에 관해 많은 논문들을 수록했다.

- 최희범(崔熙範), 「중공과 국민당의 장래」, 제1권 제6호(1946년 6월), 36-49쪽.
- 이진영(李辰永), 「중국국민당과 국민정부의 형성과정」, 제1권 제6호(1946년 6월), 36-49쪽. 김동환(金東煥) 역, 「모택동론」, 제1권 제6호(1946년 6월), 87-91쪽. 이 글은 미국의 신문기자 스노(Edgar Snow)가 1939년에 출판한

79 구범모, 「비교정치학 20년의 반성 : 부록 I (1945~1966년까지의 비교정치에 관한 문헌 및 논문 목록)」, 43쪽 및 48쪽.

80 『지양신기석박사화갑기념학술논문집』, 「저작목록」.

『중국 위의 붉은 별(*Red Star over China*)』 가운데 제3부에 나온 '소비에트의 강자(Soviet Strongman)'를 번역한 것이다.

- 이동주, 「두 개의 중국과 조선의 장래」, 제2권 제2호(1947년 2월), 10-28쪽.
  ______, 「단일민족주의국가와 다민족주의국가」, 제2권 제5호(1947년 5월), 6-33쪽.
- 이영철(李英哲) 역, 「불란서 공산당」, 제2권 제9호(1947년 9월), 77-84쪽. 이 글은 D. 쉔브론의 원문을 번역한 것이다.
- 신천지 편집부 역, 「일본사회당의 기본정책」, 제2권 제10호(1947년 10월), 106-113쪽. 이 글은 일본사회당 고위간부의 글을 옮긴 것이다.
- 박서운(朴曙雲), 「독일 제(諸)정당의 분석」, 제2권 제10호(1947년 10월), 154-159쪽.
- 홍한표(洪漢杓), 「미대통령선거방식」, 제3권 제5호(1948년 5월), 67-69쪽.
- 정경조(鄭慶朝), 「미국의회정치론」, 제3권 제6호(1948년 6월), 55-61쪽.
- 배철한(裵鐵漢) 역, 「중국의 장래와 동양」, 제4권 제7호(1949년 7월), 111-116쪽. 이 글은 미국 UP통신사 사장 마일스 W. 보온의 글을 번역한 것이다.
- 이선근, 「해방아세아5년사 : 중국과 동남아세아를 중심으로」, 제5권 제2호(1950년 2월), 14-23쪽.[81]

앞에서 말한 『학풍』 1950년 1월호는 (1) 김태동(金泰東)의 「영국헌정의 특징」; (2) 이동주의 「세력균형과 국제연합」; (3) 장철수(張澈壽)의 「국제정치학의 임무와 대상」 등을 게재했다. 장철수는 도쿄제국대학 법학부 정치학과 졸업생으로 일제 말기에 일본 외무성에서 일했으며, 대한민국 정부가 수립되면서 외무부 초대 정무국장을 역임했다. 그는 '정치평론가'라는 이름 아래 『학풍』 1950년 3월호에는 「20세기 전반의 경제동향」을 발표했다.

81 구범모, 「비교정치학 20년의 반성」, 29-30쪽.

제 4 절 한국정치학계에 '라스키 시대'를 열다

그러면 한국에서의 정치학이 소생하던 이 시기에 공삼은 어떤 역할을 수행했던가? 이 물음에 대답할 수 있는 자료들은 매우 제한되어 있다 필자는 두 부문으로 나눠 설명하고자 한다.

백범의 양성소에도 출강하다

첫째, 공삼은 연희전문학교와 연희대학교에서 서양의 정치제도와 정치사 및 정치사상을 강의했다. 강의의 주제는 라스키의 국가다원론이었는데, 이 점에 대해서는 앞으로 다시 설명하기로 하겠다.

공삼은 백범(白凡) 김구가 1947년 3월 15일에 개소한 건국실천원양성소에도 출강했다. 이 학교는 백범(白凡) 김구(金九)와 함께 중국에서 항일독립운동에 참여했던 범정(梵亭) 장형(張炯)이 김구와 함께 세웠으며, 장형이 이사장을 맡았다. 장형은 1947년 11월 3일에 교육을 통해 독립운동의 정신을 구현한다는 뜻으로 단국대학을 설립했다.

공삼이 이 학교에 출강한 사실은 이제까지 전혀 밝혀지지 않았었다. 이 양성소가 서울 용산구 원효로 2가 73번지에 개소될 것임을 예고한 그때의 신문기사에 공삼은 안호상(安浩相), 손진태(孫晉泰), 변영태(卞榮泰), 황의돈(黃義敦), 이선근, 김순식(金洵植), 설의식(薛義植), 김광섭(金珖燮), 서두수 등과 함께 강사로 이름이 올라 있다.[82] 공삼이 해방 3년의 시기에 어떤 정치적 견해를 지니고 있었으며 어떤 정치적-사회적 단체와 연결되어 있었는지 이제까지 전혀 알려진 것이 없었는데, 이 기사는 그가 백범의 건국운동에 관심을 가졌던 것이 아니었겠는가 하는 추측을 불러일으킨다. 그러나 이 단편적 기사 하나만으로 공삼의 정치적 성향을 말하는 것은 무리한

82 『경향신문』, 1947년 2월 26일, 2쪽.

일이 될 것이다. 강사들이 그때 서울대와 연희대 및 고려대 등의 교수로 학자로서의 명성이 높았던 사실을 고려한다면, 이 양성소는 정치적 성향에 관계없이 저명한 교수들을 강사로 초빙했던 것 같다.

공삼은 또 1950년 6월 20일에 학도야구연맹의 부회장으로 선출됐다. 회장은 일제강점기에 항일운동에 참여했으며 조국이 해방된 이후 전라남도 지사를 역임한 뒤 제2대 민의원으로 당선된 서민호(徐珉濠)였다.[83] 필자가 알기로, 공삼은 스포츠에 관심을 가진 분은 결코 아니었다. 뒷날 재선 국회의원으로 의정부시장을 두 차례 역임한 61학번의 김문원은 자신의 문리대 정치학과 학생시절을 회고하며, 수업도중에 운동장에서 축구공이 강의실 안으로 들어오자 공삼이 "여기가 공 차는 학교야?"라고 크게 소리를 지르며 역정을 냈다고 회고했다. 같은 61학번으로 뒷날 3선 국회의원이면서 열린우리당의 의장으로 활약한 이부영(李富榮)은 바로 이 장면에 관해 공삼이 "그 공을 칼로 찢어서 내던졌던 적이 있었다."고 회고했다.[84] 축구에 대해 이러한 인식을 지녔던 공삼이지만, 야구에 대해서는 모교 게이오가 야구에 강한 학교였기에 관심을 키웠던 것 같다.

『정치학 강요』를 역간하다(1949)

둘째, 공삼은 정치학 분야에서 라스키를 중심으로 저술활동을 전개했다. 1949년 3월에 역간한 라스키의 『정치학 강요 : 이론편』과 1950년 1월에 출판한 논문 「라스키의 국가다원론」이 그 대표적 보기들이다.[85] 출판물에 한정시켜 말할 때, 공삼 이전에 라스키를 소개한 정치학자는, 우리가 앞에서 보았듯, 그때 고려대 전임강사였던 서임수 그리고 장석만이었다. 그러

83 위와 같음, 1950년 6월 21일, 2쪽.

84 『서울대학교정치학과60년사』, 432쪽.

85 민병태, 『정치학 강요 : 이론편』(서울 : 문조사[文潮社], 1949) 및 민병태, 「라스키의 국가다원론」, 『학풍(學風)』, 제9호(1950년 1월), 111-116쪽.

나 위의 두 사람은 라스키의 작은 책을 역간함에 그쳤다. 그들에 비해, 공삼은 라스키의 핵심적 저서들 가운데 하나를 역간하고 또 국내에서는 처음으로 라스키에 대한 심층적 논문을 출판했다. 이로써, 공삼은 라스키 연구의 제1인자로 각인되기에 이르렀다.

그러면 공삼이 역간한 『정치학 강요 : 이론편』은 어떤 책인가? 이 물음과 관련하여 우선 '강요(綱要)'라는 번역어에 대해 생각하기로 하자. '강요'는 원전의 'Grammar'를 옮긴 말인데, '기둥[綱]이 되면서 주요한[要] 내용'이라는 뜻이다. 필자는 '강요'라는 번역어가 일본어역서에서 온 것은 아닌가 살폈으나 꼭 그런 것 같지는 않았다. 우리가 제2장 제3절에서 살폈듯, 패전 이전의 일본에서는 '범전(範典)'이라고 번역했다. 패전 이후의 일본에서는 '대강(大綱)'이라고 번역했다.**86** 일본어에 정통한 국내의 정치학자들에 따르면, 그 시대의 일본에서 '강요'라는 말을 쓰기는 했으나 그러한 경우는 드물었다고 한다. 이렇게 보아, '강요'는 공삼 스스로의 번역어였을 개연성이 높다. 우리말 사전에도 '강요(綱要)'는 하나의 올림말로 올려져 있다.

공삼은 「역자 서(序)」에서 라스키의 *A Grammar of Politics* (London : George Allen & Unwin, 1925), 제4판(1937)을 '전역(全譯)'했다고 썼다. 그러나 이 역서는, 김홍우 교수가 이미 정확히 지적했듯, '전역'은 아니다. 제2편의 '제도편'을 빼고 제1편의 '이론편'을 옮긴 것이다.**87** 1949년 번역판을 보면, 목차에서 제2편은 장(章)과 절(節)의 이름만 써놓았다. 따라서 이 역서는 제1편의 '전역'이다.

이 책의 주지를 공삼은 「역자 서」에서 분명하게 설명했다. 비록 길다고 해도, 그 전문을 인용하기로 한다 :

---

86 히다카 메이조[日高明三 : 일고명삼] 요코고시 에이치[橫越英一 : 횡월영일] 공역, 『정치학 대강』(도쿄 : 법정대학 출판국), 제1권(1952) 및 제2권(1953).

87 김홍우, 「민병태 『정치학』의 이해 : 슈미트와 라스키의 논의를 중심으로」, 『한국정치의 현상학적 이해』(서울 : 인간사랑, 2007), 172쪽 각주 140.

국가와 개인, 권력체와 자유의 조절은 정치철학의 기본문제이다. 희랍시대 이래 통론으로서 국가는 최고 도덕체이며, 개인은 국가로 말미암어[아] 비로소 존재할 수 있다고 생각하여 왔다. 그러나 근대 민주주의의 대두에 따라 개인자유의 논거에서 국가권력의 제한을 강조하게 되었다. 이 시대야말로 자본주의사회의 순조기(順調期)에 해당하는 것이다.

금일에 있어서는 현대 산업주의를 시정하고 일반복리를 기도하기 위하여 국가권력의 강화가 무엇보다도 필요하게 되었다. 이는 종래 개인주의 국가관의 재검토를 의미하는 것이다. 사실 개인자유를 유지하면서 국가기능을 확대하자는 이론은 그다지 간단한 것은 아니다. 개인주의는 궁극에 있어 무정부주의[를] 지향하는 것이다. 그러므로 이와 반대의 방향, 즉 국가의 간섭범위를 확대하면서 우리가 민주주의 경험에서 터득한 개인의 권리를 옹호하려 할 때 이론적으로 난관에 봉착하게 된다. 다년간의 민주주의 경험으로써 국가를 신임하게 되었으므로 국가권한의 확대가 시인된다는 논리는 너무나 피상적이다. 즉 국가를 감시하며 능동화하는 것은 국민의 의무인 까닭이다. 여기에 개인권리의 보장을 위하여 다원론을 주장하며, 현대국가의 최대기능인 경제면을 조정하여 정치적 민주주의와 경제적 민주주의를 동시에 실현하자는 것이 라스키 교수의 이론이다.

그는 어떠한 이론을 주장할 때 결코 무조건한 단정을 내리지 않는다. 이성을 사회생활의 최고 요소라 하면서도 이성의 제한적 면(面)을 제시하며 민주정부를 정치의 최고형태라 하면서도 대중이 아닌 전문가의 실정(實政)을 주장한다. 개인주의를 주장하면서도 사회적 협동행위를 제시하며, 다원론을 주장하면서도 무정부주의를 반대하고 최후 결론으로서 지역적 의회주의를 강조한다. 이러한 논리적 추이는 결코 모순된 것이 아니다. 이는 우리가 이미 달성한 정치적 평등을 완수하기 위하여 경제적 평등이 무엇보다도 필요하며, 현 사회가 복잡은 하나 궁극에 있어 단일체로서밖에 존재할 수 없다는 사실을 반영하는 것이다.[88]

이 책은 라스키가 이 1937년판에 추가한 논문 「국가론의 위기(“The Crisis in the Theory of the State”)」를 서장(序章)으로 삼았다. 이 논문은 라스키의 국가론, 그리고 더 나아가 라스키의 정치이론에 있어서의 전환을

88 민병태 역, 『정치학 강요』, 3-4쪽.

분명하게 증명했다. 단순화시켜 말해, 이 논문은 라스키의 국가론과 정치이론이 제2기에 들어서 있음을 확실하게 증거한 것이다. 다음에서 무엇이 그러한 전환을 가져왔고, 그러한 전환의 결과로 어떤 내용의 국가론과 정치이론이 정립됐는가 설명하기로 하겠다.

라스키의 전환은 『정치학 강요』 초판을 출판한 때로부터 6년이 지난 1931년에 시작된 영국의 재정적 공황과 그것에 따른 정치적 혼란에서 그 뿌리를 찾을 수 있다. 그는 1931년 10월에 실시된 총선거에서 노동당이 참패했다고 판단하면서, 이것은 '금융자본주의의 마수'가 배후에서 정계를 조종한 결과라고 평가했다. 비슷한 시점에, 유럽대륙에서는 파시즘세력이 크게 발흥하기 시작했으며 동북아시아에서는 일제 군국주의세력의 만주침략이 시작됐다. 라스키의 눈에, 서구민주주의와 서구문명은 위기에 직면했다.

라스키는 유럽에서이건 동북아시아에서이건 파시즘은 평등을 요구하는 다수의 노동계급이 혁명을 일으킬 개연성을 예방하기 위해 소수의 자본계급이 폭력적이며 억압적인 통치체제를 국가라는 이름 아래 만들어낸 것으로 인식했다. 이러한 인식으로부터, 라스키는 서구민주주의가 위기를 극복하기 위해 먼저 유산계급이 양보를 해야 한다고 주장하고 만일 그렇게 하지 않는다면 무산계급의 폭력혁명이 뒤따를 수 있음을 경고했다.

라스키의 위기의식은 그로 하여금 마르크시즘을 받아들이게 만들었다. 파시즘체제를 없애려면 그 방법을 궁극적으로 마르크스가 말한 국가소멸론에서 찾아야 한다고 본 것이다. 풀어 말해, 마르크스가 말한 대로 계급사회가 타파된다면 국가의 필요성은 상실될 것이라고 믿었던 것이다. 여기서 라스키는 자신이 신봉하던 국가다원론의 '결점'을 스스로 시인했다. "계급관계의 표현으로서[의] 국가의 본질은 표시하지 못하였다."는 것이다.[89] 이 시인과 더불어, 그는 다원주의국가론을 배격하고 계급국가론을 채택했다.

89 위와 같음, 21쪽.

이러한 전환은 그가 1935년에 출판한 『국가론』에서 이미 선명히 드러났다. 그런데 「국가이론의 위기」에서 그는 다시 계급국가론을 정당화한 것이다. 거기서 한 걸음 더 나아가 그는 인류를 파시즘세력이 빚어낼 전쟁의 참화로부터 구원하기 위한 국제조직의 창설에 동의했다. 그의 이러한 의견은 1940년에 출판한 *Where Do We Go From Here?*[『우리는 이곳으로부터 어디로 가는가?』](New York : The Viking Press)에 더욱 분명히 나타났다. 그는 '국제정부(International government)'의 창설에 동의를 표시한 것이다.

공삼은 라스키의 『정치학 강요』를 역간하면서, 라스키에 대한 존경과 찬양의 뜻을 표시했다. 공삼은 「역자 서」에서 다음과 같이 썼다: "라스키 교수는 현존하는 영국의 정치학자이다. 그를 소개할 때, 그가 약관으로 대학교수에 취임하였다든지 또는 많은 저서를 세계에 공개하였다는 사실은 그의 비판도 아니오, 칭찬도 아닐 것이다. 우리는 다만 그의 풍부한 감수성에 경탄할 따름이다. 19세기 영국이 자유의 장래에 대한 거대한 통찰자 존 스튜아트 밀을 산출한 것과 같이 20세기 영국은 자유를 사회통제에 포섭시킬 수 있다는 위대한 정치학자 하롤드 라스키를 산출한 것이다."[90]

「라스키의 국가다원론」을 발표하다(1950)

라스키의 『정치학 강요: 이론편』을 출판한 때로부터 꼭 10개월 뒤, 공삼은 「라스키의 국가다원론」을 발표했다.[91] 이 논문은 공삼의 첫 논문이라는 점에서 자세히 토론될 가치가 있다.

첫째, 200자 원고지로 약 50매 분량인 이 논문에 라스키를 제외하고 무

90 위와 같음, 4쪽.

91 민병태, 「라스키의 국가다원론」, 『학풍』, 1950년 1월호, 111-115쪽. 공삼이 이 논문을 발표했다는 사실을 필자는 서원대학교(西原大學校) 총장을 역임한 이정식 교수의 발언에서 비로소 알았다. 한국정치학회50년사편찬위원회 편, 『한국정치학회50년사』(서울: 한국정치학회, 2003), 375쪽.

려 18명의 서양사상가들이 등장한다. 그들에 대한 아무런 설명이 없어서, 심지어 국적의 표시도 없어서, 상당히 높은 수준의 독자가 아니면 따라 읽기가 쉽지 않다. 특히 이 논문이 발표된 1950년 1월의 시점에, 독일의 단체법이론가 기르케, 영국의 단체법이론가 메이틀랜드, 독일의 국가학이론가 옐리넥, 영국의 집산주의적 사회주의자 콜, 그리고 프랑스의 실증법적 주권이론가 레옹 뒤기를 어떤 독자가 알 수 있었을까?

둘째, 영어 원어들의 번역이 아직 활발하지 못한 때문인지, 그 원어들을 영어철자로 표시했다. 'collectivist', 'polyarchism', 'pluralism', 'syndicalism', 'legalism' 등이 그 보기들이다. 또 원서들의 제목을 원어 그대로 표시했다. 레옹 뒤기의 저서 *Les Transformations du droit public* [『공법의 변화』로 번역된다 : 필자 주]이 그 대표적 보기다. 같은 맥락에서, 그때로서는 이해가 무척 어려웠을 학술적 용어들이 아무런 설명 없이 그대로 쓰였다. '집약주의(集約主義)'가 한 보기다. 앞뒤의 문맥으로 보아, 이것은 '집산주의'의 오식인 것 같다.

이러한 지적은 공삼의 글쓰기에 대한 험담이 결코 아니다. 해방 직후와 건국 직후의 혼란기에 아직 정치학의 연구가 일천한 상태에서, 더구나 영미적 정치학의 소개가 제약된 상태에서, 그때로서는 선진적 정치이론인 라스키의 다원주의적 국가론을 우리말로 해설하는 데 많은 한계를 느꼈을 것이다. 그리고 공삼이 수많은 사상가들을 거명한 것은 결코 현학적 자세에서 나온 것이 아니라 서양의 장구한 사상사적 맥락과 연관지어 라스키를 파악하려는 진지한 학술적 자세에서 나온 것이다.

그러면 이 논문에서 공삼은 라스키의 국가다원론을 어떻게 보았던가? 단순화의 위험을 무릅쓰고, 필자 나름대로 요약하기로 한다.

첫째, 공삼은 우선 라스키를 높이 평가했다. 라스키가 저서를 계속해서 출간하는 가운데 자신의 이론을 '변경'했다기보다는 오히려 '전진'시켰다고 보았다. 이 논문의 끝부분에서 공삼은 '라스키의 끊임없는 철학의 전진'을 다시 칭찬하면서 다음과 같이 부연했다: "풍부한 감수성이야말로 그의 생명이라고 볼 수 있다. 영국의 자유사상은 대(代)를 거듭하며, 인물을 바꾸어가며 발전하여왔다. 그러나 동일인(同一人) 라스키는 1개의 두뇌를 가지고 시대의 진행과 철학의 생성을 그대로 섭취하고 있는 것이다."[92]

둘째, 공삼은 라스키의 국가론 또는 주권론 또는 정치이론에 영향을 준 학자들의 계보를 밝혔다. 우선 공삼은 '국가를 단순한 인간의 단체라는 개념'으로 정의한 뒤기의 이론은 라스키의 다원론에 직접적 영향을 주었다고 보았다. 이어 공삼은 '권력을 분립적, 분산적, 원자적, 또는 분자적 집단의 결정'이라고 인식한 영국의 정치학자 어네스트 바커(Ernest Barker)의 '다두주의(多頭主義: polyarchism)'는 라스키의 다원주의에 직접적 영향을 주었다고 보았다. 바커 교수는 라스키가 옥스포드대 학생이던 때 라스키를 직접 가르쳤으며, 라스키는 그로부터 많은 것을 배웠다. 그러나 공삼은 이 사실을 상기시키지는 않았다. 마지막으로 공삼은 라스키가 네덜란드의 크랍베(Hugo Krabbe), 독일의 켈젠, 영국의 월러스 등으로부터도 많은 영향을 받았다고 지적했다.[93]

셋째, 공삼은 "라스키의 국가이론은 개인과 국가 간의 관계를 결정적으로 해결한 것은 아니다."고 보았다. 그러나 공삼은 "다원론자들과 아울러 라스키의 이론적 공헌은 [···] 재래 일원론(一元論)에서 볼 수 없던 사회조직의 부분적(세포적) 분석에 있다고 볼 수 있다."고 평가하고, 이 점을 다음과 같이 부연했다: "[다원론자들은] 국가에 전입(全入)할 수 없는 제집단(諸集團)의 기능을 명백히 함으로써 복잡한 사회에 있어서의 자유실현의 새로운 방법을 제시하였다. 그러나 라스키는 일보(一步) 더 나아가서 부분에 입각하는 동시에 전체로서의 관점에서, 부분 상호간 급(及) 부분과 전체의 조절이론에 도달하고 있다."[94]

92 민병태, 「라스키의 국가다원론」, 116쪽.
93 위와 같음, 113쪽.
94 위와 같음, 115-116쪽.

넷째, 공삼은 라스키의 강조점의 변화를 라스키의 대표적 초기 저서들과 공삼이 라스키의 '대본적 저서(大本的 著書)'라고 명명한 『정치학 강요』의 비교를 통해 설명한다. 1919년의 『현대국가에 있어서의 권위(*Authority in the Modern State*)』에서 '개인주의'가 강조됐고, 1921년의 『주권의 기초(*Foundation of Sovereignty*)』에서 '다원주의'가 강조됐으며, 1925년의 『정치학 강요』에서는, 공삼의 표현으로, '어디까지나 문제의 최후판단자요 최후선택자들을 개인으로 보는' 관점이 강조됐다. 공삼은 라스키의 그러한 관점을 다음과 같이 부연했다.

> 개인은 그의 선택에 있어 도덕적 권리를 가진 것이요, 결코 도덕적 의무를 가진 것으로 생각되지 않는다. 따라서 이러한 입장에 선다면 국가라 할지라도 타(他) 결사보다 특별한 도덕적 요구권을 가질 수 없다는 것이다. 개성의 자유로운 발전에 가장 절실한 것은 개인의 권리이다. 국가라 할지라도 개인의 권리 — 개성의 자유로운 발전 — 를 실현하는 점에 있어 타(他) 결사와 갑을(甲乙)이 없다고 본다.**95**

이 대목에서 공삼은 "이러한 개성 본위의 권리관(權利觀)과 국가와 제(諸)결사의 병존관(併存觀)은 말하자면 문자 그대로 다원적 국가론이라 하겠다."고 요약했다. 이러한 관점으로부터, 공삼은 라스키의 다원적 국가론은 이 세 번째 책에서 집대성됐다고 단언했다. 공삼은 다음과 같이 부연했다 : "그러나 어디까지나 라스키의 의도는 국가에 대한 반역, 무정부상태, 또는 소극적 개인의 태도에 있는 것이 아니라, 개인의 권리 구현체로서 국가를 상정하여 개인을 적극적으로 이에 참여하게 하자는 데 있다고 보는 것이 타당한 해석일 것이다."**96**

라스키의 다원적 국가론을 이렇게 이해했기에, 공삼은 라스키가 『정치

95 위와 같음, 114쪽.

96 위와 같음.

학 강요』를 계기로 기존의 '무정부적 성격을 탈각하'였다고 평가했다. 풀어 말해, '사회의 다원적 요소를 조절적 전체(coordinated whole)에 포섭'시켰다는 것이었다.[97] 이러한 해석으로부터, 공삼은 라스키를 'collectivist'로 정의했다. 이 원어를 공삼 스스로 번역하지는 않았다. 그러나 그것은 '집산주의자'를 의미했을 것이다. 새삼 설명할 필요조차 없이, 공삼은 우리가 앞에서 살핀 사회주의자 콜 교수의 집산주의론으로부터 많은 영향을 받았던 것이다.

중앙아시아에 대해서는 침묵하다

우리는 제2장 제4절에서 공삼이 게이오시절에 중앙아시아에 대한 학문적 관심을 키웠다고 썼다. 그러면 해방 직후에 전개된 '한국정치학의 소생기'에 그는 이 분야에 대해 어떤 저술을 출판했는가?

필자는 어느 한 편의 글도 찾을 수 없었다. 이 시기에 중앙아시아는 대부분이 소련의 지배 아래 들어갔고 또 부분적으로 중공의 지배 아래 들어갔다. 따라서 자료수집 자체가 사실상 불가능했다. 더구나 래티모어 교수와 같은 중립적 중앙아시아 전문가도 미국에서는 '친공분자' 또는 '소련첩자'로 몰리고 있었다. 이러한 시대적 상황이 이 주제에 관해 공삼을 침묵하게 만들었을 것이다.

그 점은 물론 아쉬운 일이었다. 중앙아시아에 대한 학문적 관심을, 특히 이 지역을 둘러싼 소련과 중국 사이의 갈등에 대한 학문적 관심을 계속해서 유지했더라면, 한국정치학계의 국제지역연구에서 중요한 자료가 됐을 것이며, 동시에 자극이 됐을 것이다. 출판물을 기준으로 말할 때, 중앙아시아에 대한 연구는 1980년대에 들어와 시작되며, 1990년대 이후 어느 정도 활발해진다. 한국정치학계에서는 2000년대에 와서 비로소 중앙아시아 하나만을 다룬 논문이 출판된다.

97 위와 같음, 115쪽.

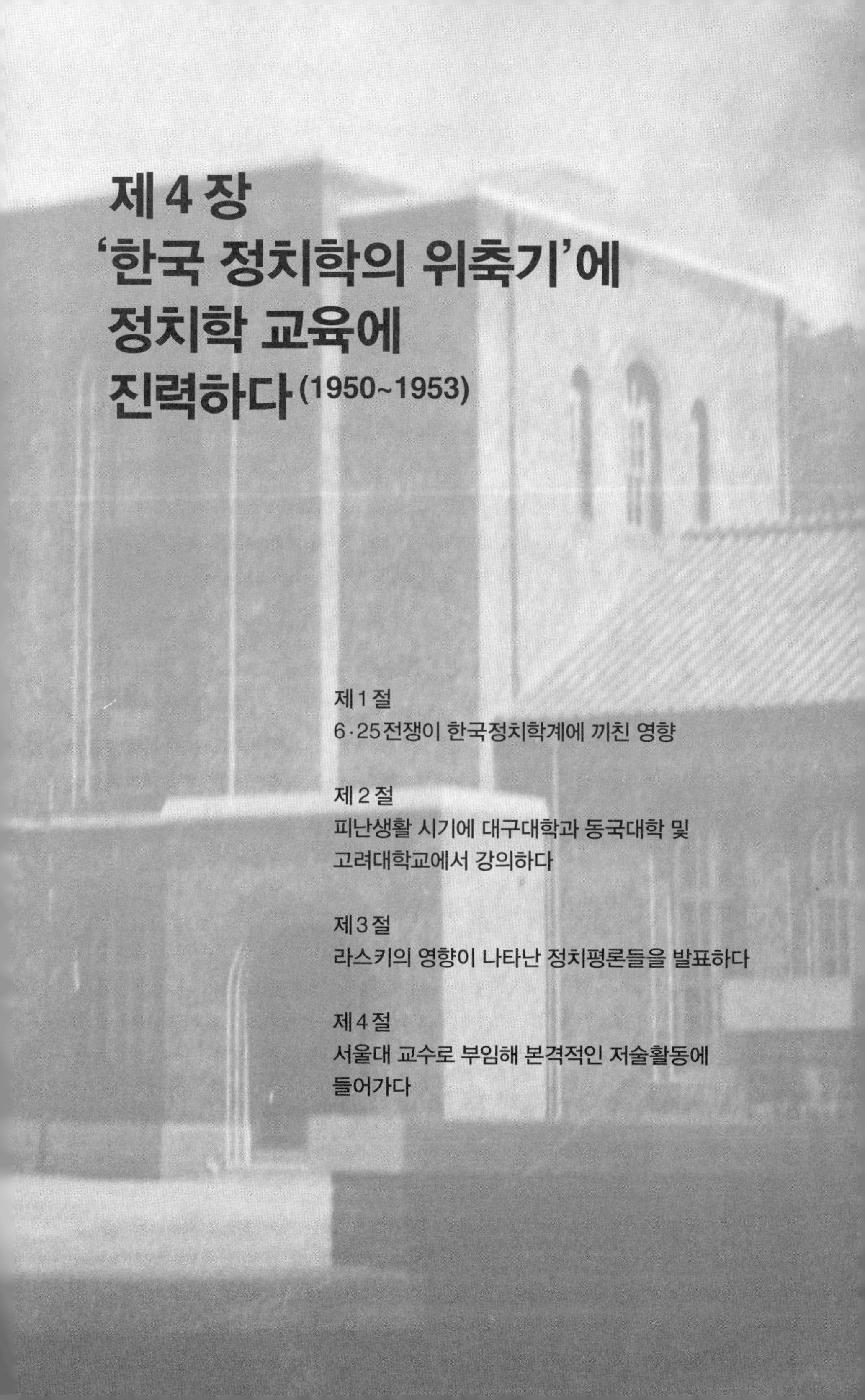

제 4 장
'한국 정치학의 위축기'에 정치학 교육에 진력하다 (1950~1953)

제 1 절
6·25전쟁이 한국정치학계에 끼친 영향

제 2 절
피난생활 시기에 대구대학과 동국대학 및 고려대학교에서 강의하다

제 3 절
라스키의 영향이 나타난 정치평론들을 발표하다

제 4 절
서울대 교수로 부임해 본격적인 저술활동에 들어가다

제 1 절 6 · 25전쟁이 한국정치학계에 끼친 영향

"공백상태로 후퇴하다"

1950년 6월 25일 새벽에 북한군의 전면적 무력침공으로 시작된 한반도에서의 전쟁은 남과 북의 한민족 전체에 대해, 그리고 서방과 동방의 참전국 모두에 대해, 엄청난 충격과 희생을 만들어냈다. 그 전쟁은 한국의 정치학계에 대해서도 네 측면에서 큰 영향을 주었다.

첫째, 6 · 25전쟁은 대학과 학문 전체의 뿌리를 뒤흔들었다. 서울을 버리고 대구와 부산 일대로 피난함에 따라 대학은 사실상 파괴되다시피 했고 대학생들의 상당수는 전선으로 징집됐다. 교수들 가운데 일정한 부분은 납북됐거나 월북했고 또는 실종됐다. 문교부의 결정에 따라 1950년 11월 11일에 부산, 대전, 광주 전주 등지에서 전시연합대학이 세워졌으나 역시 문교부의 결정에 따라 1952년 3월에 해산됐다. 한국정치학회장을 역임한 김하룡 고려대 명예교수가 지적했듯, "정치학계는 하루아침에 공백상태로 후퇴하고 말았다."[1]

둘째, 6 · 25전쟁은 남과 북 사이에, 또는 '자유민주주의'와 '공산주의'

사이에, 목숨을 건 전쟁이었다. 따라서 이 전쟁 이전에 남한의 학계에서 한 흐름을 형성했던 '공산주의', '사회주의', '제3의 중간노선'의 입지를 크게 약화시켰다. 이것은 한국정치학계의 연구영역을 크게 제약시키는 결과로 이어졌다. 이 점과 관련해, 동국대 정치학과의 이정식 교수는 "[한국의 정치학에서] 맑스주의에 관련된 정치학이냐 좌경의 정치학[…]은 제외된다. […] 맑시즘이나 좌경적인 정치학을 한국적 매카시즘 때문에 계속 연구할 수 없[었다.]"라고 회상했다.[2]

이 두 가지 점들을 고려해, 필자는 6・25전쟁의 3년 1개월의 시기를 '한국 정치학의 위축기'로 정의하고자 한다. 일제의 패망과 더불어 소생한 정치학이 전쟁의 타격으로 아주 죽지는 않았지만 상당히 위축됐다는 뜻이다.

정치학과의 전국적 확산

셋째, 그러한 절망적인 상태에서도, 역설적으로 정치학과 또는 정치외교학과가 전국적으로 확산되는 결과를 가져왔다.[3] 우선 전쟁, 유엔 이름 아래서의 서방국가들의 참전, 그리고 중공군의 참전 등은 젊은이들 사이에 정치학 및 외교학에 대한 관심을 높인 것이다. 김하룡 교수는 그때의 분위기를 다음과 같이 회상했다 :

1 김하룡, 「정치학」, 고려대학교 민족문화연구소 편, 『한국현대문화사 대계(大系)』(학술・사상・종교사 : [상])(서울 : 고대민족문화연구소 출판부, 1976 ; 재판 1981), 258쪽.

2 이정식, 「한국 정치학의 표(表)와 리(裏)」, 『창작과비평』, 1권 2호(1966, 겨울호), 158쪽.

3 6・25전쟁이 큰 아픔과 상처를 남겼지만, 그래서 참극이라고 불리지만, 다른 한편으로 대한민국의 발전을 이루는 계기도 됐다는 견해는 한국현대사의 국제적 석학 이정식(李庭植) 교수에 의해 제시됐다. 이정식, 「6・25는 비극이지만, 대한민국 발전 이루는 계기도 됐다」, 『중앙일보』, 2012년 7월 20일, 22쪽. 이러한 큰 틀 안에서 6・25전쟁이 한국에서 정치학의 성장과 발전에 하나의 계기를 마련해주었다고 평가할 수 있다.

[고려대 정치학과를 졸업한] 이후 역시 정치학을 계속하게 된 것은 한국전쟁을 겪으면서입니다. 한국전쟁 이후 분단과 아울러 참담한 한국전의 참극들을 목도하고 냉전의 냉엄한 현실 속에서 정치적 선택의 길은 어떠한 것인가 하는 막연한 이상주의적 동경을 갖게 되었습니다. 이것이 정치학을 계속 공부해보자 하는 동기가 되었던 것 같아요.[4]

오늘날 연세대 의과대학의 전신인 세브란스의과대학 예과생이던 조영환(曺瑛煥)은 자신이 6・25전쟁에 참전하면서 전쟁은 왜 일어나는가에 대해 관심을 갖고 자신의 전공을 국제정치로 바꿨다고 회상했다.[5] 그는 훗날 미국으로 유학해 정치학박사학위를 받고 미국의 대학교에서 가르치다가 귀국해 한국에서도 가르쳤다. 비슷한 맥락에서, 한국정치학회장을 역임한 윤형섭(尹亨燮) 연세대 명예교수는 자신이 6・25전쟁이 끝날 무렵에 대학에 진학하게 되면서 유엔의 역할에 주목해 유엔 사무총장을 꿈꾸며 정치외교학과를 선택했다고 회상했다.[6] 윤 교수는 훗날 건국대학교총장과 교육부장관을 역임한다.

한국정치학회장을 역임한 한배호(韓培浩) 고려대 명예교수의 회상 역시 6・25전쟁의 영향을 보여주었다. 1950년 3월에 연희대 정치외교학과에 입학하기는 했으나, "정치학보다는 철학이나 사회학이나 사회복지학 등에 더 많은 관심을 가졌지만 […] 6・25전쟁을 계기로 임시수도 부산으로 피난을 가서 […] 1952년 여름에 [이승만 대통령이 6・25전쟁의 한계상황을 정치적으로 이용해] 일으킨 '부산정치파동'의 현장을 생생하게 목격하고 […] 한국정치의 현실에 관심을 갖게 되었고 권력에 대한 비판으로서의 정

4 김병곤, 「원로에게 듣는다: 김하룡 선생님」, 『한국정치학회 소식』, 제25권 제3호(2001년 7월 31일), 10쪽.

5 Young-hwan Jo, "Korean Unification Strategies in a Changing World: A Theoretical Inquiry from a Futuristic Perspective," *The Journal of Asiatic Studies*, Vol. 13, No. 4 (December 1970), p. 241.

6 최진우, 「원로에게 듣는다: 윤형섭 선생님」, 『한국정치학회 소식』, 제25권 제6호(2001년 12월), 5쪽.

치학의 사명을 되새기게 되어 [정치학] 공부를 계속했다."고 회상한 것이다.[7]

정치학 및 외교학에 대한 이러한 관심의 제고(提高)는 대학교의 증설과 확장이라는 일반적 흐름 속에서 정치학과 및 정치외교학과의 증설과 확장으로, 또는 정치학 강좌의 개설로 이어졌다. 우선 서울대 법대는 기존의 정치학 강좌에 전임교수를 두었다. 1952년 5월에 정인흥 학사를 조교수로 임명한 데 이어,[8] 일본 주오대학 정치학과를 거쳐 서울대 문리대 정치학과를 졸업한 이상조(李相助) 학사를 전임강사로 임명했다. 1959년 7월에 정인흥 부교수가 이임하자 1960년에 정일영(鄭一永) 박사를 조교수로 임명했으며, 1960년대에 정 교수가 외무부로 이직하고 이 교수가 문교부로 이직한 이후 양호민 학사 및 동덕모 박사를 그 순서대로 부교수로 임명했다.

이화여자대학교는 1951년 12월 31일에 기존의 법정학부를 법정대학으로 확대하면서 법정학부 때와 마찬가지로 법률학과와 정치외교학과를 관장하게 했다. 같은 날짜로, 대학원에 정치외교학과를 개설했다. 법정대학 정치외교학과의 학과장은 서울대 문리대 정치학과의 신도성 교수를 겸임 발령했다. 이러한 개편에 맞춰, 1952년 4월에 게이오대학 정치학과 출신의 이병길 학사를 부교수로 임명해, 정치학설사 및 구미외교사를 맡게 했다.[9] 이병길은 1950년대 후반에 잠시 미국연수를 거치며 법정대학장을 역임하고 이 학교에서 정년으로 퇴임한다. 그는 아리스토텔레스의 『정치학』을 최옥수(崔玉秀) 이화여대 강사와 함께 영어번역본으로부터 공역한 데 이어 플라톤의 『국가론』을 번역했다.[10]

7 김세걸, 「원로와의 대화: 한배호 선생님」, 위와 같음, 제26권 제2호(2002년 6월), 12쪽.

8 유훈, 「정인흥 교수를 추모함」, 『두르리는 문(門)』, 증보판(법문사, 2005), 314쪽.

9 이화100년사편찬위원회 편, 『이화100년사』(이화여자대학교 출판부, 1994), 335쪽 및 559-560쪽; 『이화100년사자료집』, 153쪽.

10 이병길 최옥수 공역, 『아리스토텔레스: 정치학』(박영사 박영문고, 1961년 12월; 박영사, 1975). 번역의 대본은 벤저민 자윗(Benjamin Jowett) 역, *Aristotle's Politics*

이병길과 함께 부교수로 봉직한 박관숙은 도쿄제대 법학부 졸업생으로 이화여대 재직 중에 미국 남감리교대학교(Southern Methodist University)에서 법학석사학위를 받았다. 그는 국제법과 외교사를 담당했다. 이병길 및 박관숙과 함께 초창기부터 정치외교학과에 참여한 이가 조정자(趙貞子)였다. 미국 오하이오주 웨슬리언대학을 졸업하고 김활란 총장의 비서로 근무하던 그녀는 강사로 시작해 전임강사 → 조교수 → 부교수 → 정교수로 승진하는데, 주로 비교정부론, 비교정치론, 동남아정치론, 국제기구론 등을 강의했다. 코넬대에서 정치학석사를 받은 백형숙(白亨淑)은 초창기부터 1960년까지 전임강사로 미국외교사와 원서강독을 담당했다.

서울대 정치학과를 졸업한 박준규(朴俊圭)는 국민대 강사로 재임하다가 1957년 4월에 전임강사로 임명됐으며, 하버드대 연경학사(燕京學舍) 연구생활을 거쳐 1961년에 조교수로 승진하고, 1963년 2월에 서울대 외교학과로 이직한다. 주로 정치학개론, 한국정치사, 한국외교사, 동양외교사 외교정책 등을 담당했다.[11] 그는 경기고등학교와 서울대 문리대 정치학과를 졸업했다는 자부심으로, 국내에서의 대학원과정과 이른바 '구제박사(舊制博士)' 제도를 수용하지 않았다. 그래서 서울대 사회과학대 외교학과 정교수로 대학을 떠날 때까지 '정치학사' 학위만 유지하였다.

1950년대 후반에 강사로 출강했던 이들 가운데, 김성희는 정당론을, 민병기는 국제정치학 및 외교사를, 신현경(申鉉經)은 헌법을 [가나다 순서] 담당했다. 1960년대 초에 연세대 정치학사-정치학석사 출신의 조재관(趙在瓘) 및 이화여대 정치학사-정치학석사 출신의 김문희(金文姬) 등이 강사로 출강한다.[12]

● ● ● ● ●

(New York, N.Y. : The Modern Library, 1943)이다. 이병길 역, 『플라톤: 국가론』 전-후(박영사 박영문고, 1975). 번역의 대본에 대해 설명하지 않았다.

11 『이화100년사자료집』, 145쪽.

12 『이화여자대학교 대학안내, 단기4289년도』, 74쪽 ; 『이화여자대학교 대학안내, 단기 4290년도』, 133쪽 ; 『이화여자대학교 대학안내, 단기 4291년도』, 129쪽 ; 『이화여자대학교 대학안내, 단기 4294년도』, 160쪽.

숙명여자대학은 1952년 12월에 정치학과를 신설했다.[13] 숙명여자대학은 1955년 3월 9일에 숙명여자대학교로 승격되면서 산하에 정치학과 및 경제학과로써 정경대학을 두었다. 학장에는 한태수 교수가 취임했다. 대체로 이 시기에 추헌수(秋憲樹) 부교수 및 조일문(趙一文) 조교수가 정치학과를 이끌었다.[14] 추헌수는 만주국 국립사도대학(國立師導大學)을 졸업하고 일제패망 직전에 귀국했으며, 일제패망 이후 연희대 정치외교학과를 졸업했다. 조일문은 중국 남경의 중앙대학 법상학원(法商學院) 정치학과[한국식으로 말하면 중앙대학교 법상대학 정치학과]를 졸업하고 대한민국임시정부 및 광복군에서 활동하다가 귀국했다. 두 분 모두 중국어와 한문에 능했으며, 그 어학실력을 바탕으로 중국에서 전개된 한민족의 독립운동 그리고 한중관계에 대해 독특한 논문들을 출판한다. 숙명여대의 정치학과는 1960년 4월에 정치외교학과로 확대된다.[15]

국학대학은 1952년 3월에 정경학부를 개설하면서 정경학부 안에 경제학과와 더불어 정치학과를 개설했다. 성균관대학은 1953년 2월 6일에 성균관대학교로 승격되면서 기존의 정경학부는 법정대학으로 승격되고 그 안에 법률학과와 정치학과를 두었다. 이때 정치학과의 주임교수로 한태수가 부임했다. 그는 1955년 6월에 성대를 떠나지만 그 직전인 1955년 4월

13 숙명여자대학교50년사편찬위원회 편, 『숙대50년사』(숙명여자대학교 출판부, 1989), 65쪽.

14 위와 같음, 860쪽. 조일문은 숙명여자전문학교에 조교수로 임용됐고, 그 이후 숙명여자대학 → 숙명여자대학교에서 봉직했다. 조일문, 「총장퇴임사」, 『정년퇴임 : 조일문수상집』(건국대학교 출판부, 1983), 291쪽. 조일문은 자신의 중국에서의 생활기록을 회고록으로 남겼다. 조일문, 『장강(長江) 굽이굽이』(삼화출판사, 1977). 여기서 장강은 물론 양자강을 말한다. 조일문은 『흑판 앞에서 돌아본 인생』(건국대학교 출판부, 1981)과 『긴 사연 짧은 이야기』(도서출판 유림, 1991) 및 『춘풍춘우』(건국대학교 출판부, 1997)와 같은 수필집들을 출판했다. 자신의 고희에 맞춰, 조일문 엮음, 『한국민족운동사연구논총』(영남대학교 출판부, 1988)을 출판했다.

15 『숙대50년사』, 71쪽 및 74쪽. 추헌수 교수의 학력은 다음에서 확인했다. 『연정60년사』, 310쪽.

에 경북대의 이동화 교수가 부임했고 이어 거의 같은 시점에 신상초 교수가 부임했다. 1958년에는 김경수가 주임교수로 부임했다.16

중앙대학의 경우, 1952년 5월 15일에 법문학부의 법정학과를 법학과와 정치학과로 분리시켰다. 1953년 2월 28일에 중앙대학이 중앙대학교로 승격함에 따라 4개 대학의 하나로 법정대학이 신설되고 그 아래 법학과 및 정치학과가 유지됐다. 이때 정치학과의 전임교수로 확인되는 정치학자는 정치원론과 정치사상사의 부교수 한태수, 정치학사와 정치사의 부교수 강상운, 국제법의 전임강사 김형수(金炯洙)다.17 김형수는 정교수에까지 오르고 뒷날 체신부차관을 역임한다.

오늘날의 경희대학교의 뿌리인 신흥초급대학은 1952년 2월 3일에 '교육법에 의해 재설립'되면서, 3월 31일에 법정과(法政科)를 신설했다. 신흥초급대학은 1952년 12월 9일에 4년제 신흥대학으로 설립인가를 받았는데, 이때 기존의 법정과를 법률학과와 정치학과로 나눴다. 신흥대학은 1955년 2월 28일에 신흥대학교로 설립인가를 받으면서, 산하에 정경대학을 두고 그 아래에 정치외교학과와 경제학과를 개설했다.18

국학전문학교로부터 1947년 11월에 4년제 대학으로 승격된 국학대학은 1954년 4월에 정경학부를 개설하고, 그 안에 정치학과를 개설했다. 국학대학은 수도의과대학의 재단인 우석학원으로 통합돼, 1967년 3월에 우석대학교(友石大學校)가 개교했다. 이때 정치학과는 폐지됐으며 그 대신에 행정학과가 개설됐다. 그러나 우석대학교는 1971년 12월에 고려대학교로 통합된다.19

16 성균관대학교교사편찬위원회 편, 『성균관대학교육백년사』 전 3권(성균관대학교 출판부, 1998), 천(天) 7쪽 및 지(地), 47-48쪽.

17 중앙대학교80년사편찬실무위원회 편, 『중앙대학교80년사』(중앙대학교 출판부, 1998), 163쪽, 168쪽, 177쪽.

18 경희40년사편찬위원회 편, 『경희40년』(경희대학교 출판국, 1992), 591-593쪽; 경희60주년교사편찬위원회 편, 『대학10년사략(史略)』(경희대학교 출판국, 2009), 115-117쪽.

지방의 대학교들 가운데 정치학과가 제일 먼저 세워진 곳은 경북대학교였다. 1946년 9월에 개교한 국립경북대학은 1951년 10월 6일에 5개 단과대학으로 구성된 국립경북대학교로 승격되면서, 법정대학 안에 정치학과를 개설한 것이다. 이 정치학과는 1969년 3월에, 서울대 정치학과를 제외한 전국의 모든 정치학과와 함께 정치외교학과로 개명된다.[20] 초창기의 교수진은 장철수, 이동화, 배용광(裵龍光), 차기벽(1954년 4월~1961년 4월), 이극찬(李克燦 : 1955년 5월~1960년 8월), 이종항(李鍾恒) 등이었다.[21]

경북대학교에 이어 전남대학교가 국립으로 1952년 6월 9일에 개교했다. 이 대학교는 5개 단과대학 가운데 하나인 문리대 안에 개교 시점부터 정치학과를 개설했다. 동시에 대학원에 정치학석사과정을 개설했다.[22]

부산대학은 1953년 4월에 부산대학교로 승격하면서 4개 대학의 하나인 문리대 안에 정치학과를 두었다. 기존의 김성희, 정인흥, 한태수 교수 등은 모두 서울의 대학교들로 옮겨갔다. 그 공백을 메우기 위해 부산대는 이종률(李鍾律)을 전임으로 임명했다. 그는 '불온사상'을 포지했다는 이유로 와세다대 정치경제학부를 퇴학당한 이후 항일운동에 참여했으며, 해방정국에서 이른바 단정반대운동에 참여했다. 그는 남한사회에서 '민족주의적-반미적-좌파적' 성향의 지식인으로 각인되고, 뒷날 한국의 혁신운동에 관여하며 투옥되기도 한다.[23]

오늘날의 청주대학교의 전신인 청주대학은 1953년 1월 18일에 기존의

19 우석대학교 편, 『요람, 1968~1969』(우석대학교, 1970), 13쪽.

20 경북대학교정치외교학과60년사편찬위원회 편, 『경북대학교정치외교학과60년사』(대구광역시 : 도담기획, 2011), 66-67쪽.

21 위와 같음, 95쪽.

22 전남대학교50년사편찬위원회 편, 『전남대학교50년사(1952~2002)』(광주광역시 : 전남대학교 출판부, 2002), 41쪽.

23 부산대학교60년사편찬위원회 편, 『부산대학교60년사(1946~2006)』(부산광역시 : 부산대학교, 2006), 104-106쪽. 이종률 교수의 대한 다각적인 분석은 다음에서 읽을 수 있다. 부산민주항쟁기념사업회 민주주의사회연구소 편, 『산수(山水) 이종률 민족혁명론의 역사적 재조명』(서울 : 도서출판 선인, 2006).

법학부 안에 정치학과를 신설했다. 강좌로는 국가학, 정치철학, 정치학사, 정치사, 정당론, 정치학영문강독, 한국정치사, 동양정치사 등을 개설했는데, 정치학과 신설 당시에 정치학 전임교수는 없었다. 대개 외부로부터 강사를 초빙했다.[24]

넷째, 제한된 범위 안에서이지만, 6·25전쟁의 기간에 군에 복무하면서 현역의 신분으로 도미유학의 기회를 얻어 독일의 국가학적 정치학이 아니라 미국의 '과학적' 정치학을 배우고 귀국하는 학자들이 나타났다. 우리가 앞으로 보게 되듯, 1950년대 중반 이후 행태주의적 정치학을 한국정치학계에 보급한 윤천주가 그 대표적 보기였다. 윤천주는 자신이 공군장교로 도미한 1952년에 도미한 직후 미국의 저명한 정치학자 해롤드 라스웰(Harold D. Lasswell)의 저서에 처음 접했다고 회고했다.[25]

비슷한 맥락에서, 6·25전쟁은 한국의 젊은 학도들 가운데 일부로 하여금 도미유학을 지향하게 만들었다. 젊은 학도들의 도미유학은 이미 미군정기에 시작됐으며 훗날 정치학박사학위를 받고 귀국하는 동덕모(본명 동천[董天]) 등이 그 대표적 사례였다.[26] 서울대 문리대 정치학과 1회 졸업생으로 '미국정부의 초청을 받아' 컬럼비아대에 유학하다가 미국의 국방언어학교 교수로 봉직하며 한국에 관해 여러 책들을 영어로 출간하는 정경조(鄭慶朝)가 유학길에 올랐던 때는 미군정 말기였거나 대한민국정부수립 직후였던 것 같다.[27]

대한민국정부가 수립된 직후에는 정치학분야에서 이동원(李東元)을 필

24 청주대학교60년사편찬위원회 편, 『청주대학교60년사(1947~2007)』(충청북도 청주시: 청주대학교, 2007), 170-172쪽.

25 윤천주, 『한국정치체계서설: 정치상황과 정치행태』(서울: 문운당[文運堂], 1961), 1쪽.

26 동덕모 교수의 자필이력서에 따르면, 그는 미군정청 통역사로 근무하다가 도미해 1948년 3월에 미국 텍사스주 아비린대학에 입학했다. 이것으로 보아 미군정기에 출국했음이 확실하다.

27 김선미(金善美), 『정경조: 재미유공동포의 반세기』(범우사, 2004), 11쪽; 38-43쪽; 116쪽.

두로,[28] 민병기(閔丙岐)와[29] 박준규(朴浚圭)와 서석순[30] 및 조효원(趙孝源) 등이 뒤따랐다. 민병기의 경우, 구전에 따르면, 이승만 대통령이 "1905년 을사년에 이른바 보호조약이 강제로 맺어지자 항의자결한 애국자 충정공(忠正公) 민영환의 후손이 살아 있는지 알아보라."고 지시하고, 그 직손 민병기가 살아 있음이 확인되자 대통령이 나서서 도미유학을 주선했다고 한다. 이때 그는 고려대 정법대학 정치학과 3학년생이었다. 그는 1949년 9월에 텍사스주 매크리대학 정치학과에 입학해 1952년 5월에 졸업했으며, 1952년 9월에 일리노이주 시카고대학교 대학원 정치학과에 입학해 1954년 12월에 석사학위를 받는다.[31]

6·25전쟁은 기존의 도미유학열을 더욱 자극했다. 이승만 대통령의 국비유학제, 군복무중이라도 문교부가 실시하는 해외유학생시험에 합격하고 외국대학에서 입학허가서를 받은 사람에게 적용한 조기전역제(早期轉役制), 그리고 한미재단(韓美財團)의 시험합격자에게 제공하는 여비 등은 큰 자극제가 됐다. 6·25전쟁의 시기에 또는 휴전으로부터 3년 이내인 1956년 여름까지의 시기에 도미유학 길에 올라 훗날 정치학박사학위 또는 정치학석사학위를 받고 귀국해 국내대학에서 일시적으로라도 교편을 잡은 사례로 구영록(具永祿), 김경원(金瓊元), 김관봉(金琯奉), 김상준(金相俊), 김세진(金世珍), 김옥렬(金玉烈), 김정원(金正源), 문승익(文承益), 박문옥(朴文玉), 박정수(朴定洙), 서대숙(徐大肅), 오병헌(吳炳憲), 이명식(李命植), 이범준(李範俊), 이정식(李庭植), 이홍구(李洪九), 정일영(鄭一永),[32] 조순승,[33] 조영환, 한배호 교수 [가나다 순서] 등을 지적할 수 있다.

28 이동원, 『대통령을 그리며』(서울: 고려원, 1992), 25쪽.

29 민병기, 「리들리의 호랑이 김호(金乎) 선생」, 『신동아』, 1968년 4월호, 302-305쪽 가운데 302쪽.

30 석사(碩山) 서석순박사고희기념문집간행위원회 편, 『석산서석순박사고희기념문집』(서울: 석산서석순박사고희기념문집간행위원회, 1991), i 쪽.

31 고려대학교 행정본부에 보관된 민병기 교수의 이력서.

32 정일영, 「저자약력」, 『한국외교와 국제법』(서울: 도서출판 나남, 2011), 885쪽.

다른 한편으로, 정치학을 전공하기 위해 도미유학의 길에 올랐으나 정치학사학위를 받은 뒤에는 다른 분야에서 박사학위를 받은 대표적 사례로 두 사람을 꼽을 수 있다. 첫째, 1951년에 서울대 문리대 정치학과에 입학한 이광세(李光世)다. 그는 국비장학생으로 선발돼 1953년에 아이다호칼리지(College of Idaho) 정치학과에 입학하고 1955년에 이 대학을 최우등(Summa Cum Laude)으로 졸업하면서 정치학사를 받았다. 그러나 예일대학교 대학원 철학과로 진학해 칸트철학을 전공했으며, 1965년에 철학박사학위를 받았다. 그 이후 켄트주립대학교 정교수와 세계칸트학회 '펠로'로 활동했다.

둘째, 조경철(趙慶哲)이다. 김일성대학을 거쳐 대한민국육군장교로 전역한 데 이어 연희대학교를 졸업한 그는 미국에서 정치학을 전공하고자 한미재단시험을 거쳐 1954년에 유학길에 올라, 샌프란시스코에 도착했다. 그런데 유학생에게 목적지까지의 기차표를 나눠주는 샌프란시스코주재대한민국총영사관의 영사는 "뭐, 정치학? 이놈아, 정치는 이승만 박사가 잘하고 있는데 무슨 정치학이야?"라며 호통을 쳤다. 조경철은 물리학을 공부하겠다고 둘러대 기차표를 받고, 테네시주의 장로교대학 터스큘럼대학(Tusculum College)에 도착해 원래의 계획대로 정치학을 전공했다. 그러나 이 대학을 졸업한 뒤 펜실베이니아대에서 천문학을 전공해 석-박사 학위를 받고 귀국해 경희대 교수가 되며 한국사회에서 '아폴로 박사'로 불리게 된다.[34]

6 · 25전쟁기의 정치학 저술들

전쟁의 역경 속에서도, 임시수도 부산 그리고 대구에서 교직생활을 할 수 있었던 정치학자들 가운데 저서를 출판하는 이들이 없지 않았다. 우선

33 조순승, 「동문들의 회고좌담」, 『서울대학교정치학과60년사』, 397쪽.

34 조경철, 『과학자 조경철, 별과 살아온 인생』(서해문집, 2007), 164-216쪽.

서울대 문리대 정치학과 부교수 신도성의 『민주정치의 기초이론』(부산: 대양출판사, 1952년 4월)을 지적할 수 있다. 이 책은 모두 7개의 편으로 구성됐다. 「민주정치의 원리」, 「민주정치의 역사적 고찰」, 「정부형태론」, 「정당론」, 「행정론」, 「민주경찰론」, 「민주건국의 기본이념」이 그것들이다. 이 책은 하나의 체계적 서술이라기보다는 저자가 평소에 발표했던 시론들을 묶은 것이다. 전체 분량은 지난날의 방식으로 말해 200자 원고지 500 매 정도다.

이 책은 한국인들을 포함해 동양인들은 한 사람도 인용하지 않고, 전적으로 구미의 사상가들과 정치가들만을 인용했다. 저자가 자주 인용한 사람들은 영국의 존 로크와 제임스 브라이스 및 해롤드 라스키, 프랑스의 몽테스키외 및 루소, 그리고 독일의 페르디난트 퇴니스다. 정치가들로는 미국의 대통령들인 조지 워싱턴과 애이브래햄 링컨을 인용했다. 이 책은 삼권분립론에 바탕을 둔 대통령제를 비판하면서 내각책임제를 지지했고, 결론(제7편 제4장)에서 민주적 방식과 점진적 방식에 의한 사회주의의 실현을 제시했다. 쉽게 말해, 민주사회주의 또는 사회민주주의를 제창한 것이다. 신 교수는 자신의 『민주정치의 기초이론』을 보완하여 1953년 3월에 『민주주의 정치학』을 출판했다.

부산대학에 교수직을 가졌던 한태수는 1952년에 『정치사상사 개론』(수문관[修文館])과 『정치학 개론』(개문사[開文社])을 출판했다. 『정치학 개론』의 경우, 우선 정치학의 연구 대상과 방법을 일별하고 국가와 국가의 통치기관들을 설명한 데 이어 선거제도와 정당제도를 설명했다. 학부 1~2학년생을 대상으로 한 정치학 교과서로서 법적-제도론적 접근방법을 채택했다. 이어 고려대 교수 김경수는 1953년 6월에 『근대정치사』(서울: 양문사[陽文社])를 출판했다. 이 책은 프랑스혁명 이전의 프랑스정치상황에 대한 설명으로부터 시작해, 영국에서의 헌정사 전개 그리고 프랑스혁명의 발발 및 전개에 대한 설명으로 이어나갔다. 곧이어 나폴레옹의 패전에 따른 빈회의의 개최와 그것의 결과로 성립된 구질서의 회복을 설명했으며 마침내 1차대전과 2차대전이 일어나기까지 전개된 유럽의 정치상황을 설명했다. 이 책은 1958년 4월에 5쇄를 기록할 정도로 널리 읽혔다.

이 시기에도 한국의 정치학계에서 라스키는 여전히 인기가 높았다. 신문기자로 추정되는 이석종(李奭鍾)은 1953년 11월에 라스키의 *Liberty in the Modern State*를 『근대국가의 자유』(서울 : 성좌사[星座社])로 역간했다. 이 책은 외래어 표기에 미뤄, 예컨대 맥길대학교를 마구기루대학교로 표기하고 예일대학교를 이에루대학교로 표기하는 등 일본식 표기가 자주 등장한 것에 미뤄, 일역판으로부터의[35] 중역으로 보인다. 이 책은 라스키의 저서들 가운데 한국에서 이뤄진 다섯 번째의 역간이었다. 다른 한편으로, 경제학자 이상구(李相球)는 오스트리아 출신의 세계적 경제사학자 슘페터 교수의 저서 가운데 일부를 『민주주의의 이론』으로 역간했다.[36]

제 2 절 피난생활 시기에 대구대학과 동국대학 및 고려대학교에서 강의하다

공삼이 6·25전쟁의 발발 직후의 몇 개월 동안 어떻게 생활했는지 분명히 말해주는 기록은 아직 발견되지 않았다. 한 가지 확실한 것은, 그가 스스로 쓴 이력서에서 보이듯, 부산으로 피난한 연희대를 1950년 11월에 떠났다는 사실이다. 연희대를 떠난 이유는, 민준기 교수의 증언에 따르면, 뜻밖에도 학문외적이면서 개인적인 일이었다. 독실한 기독교인인 백낙준 총장이 교수의 교내에서의 흡연을 제지시켰는데도, 이때 이미 체인 스모커였

35 라스키의 이 책은 일본에서 다음과 같이 역간됐다. 요시아키 리자카[飯坂良明 : 반판양명], 『근대국가에 있어서의 자유』(도쿄 : 이와나미 쇼텐, 1951 ; 신판 1966). 역자는 이 책을 1974년에 이와나미 분코[岩波文庫 : 암파문고]로 다시 펴냈으며, 이 책은 1993년에 같은 곳에서 다시 출판됐다.

36 Joseph A. Schumpeter, *Capitalism, Socialism and Democracy*, 3rd. ed. (New York, N.Y.: Harper and Brothers, 1950), Part Ⅳ ("Socialism and Democracy").

던 공삼이 흡연을 계속하는 것에 대해 총장이 불만을 표시하자 공삼 스스로 떠난 것이다. 공삼은 자신의 생활에서 한 부분이 된 담배를 버리는 대신에 연희대를 떠난 것이다.

대구대학 교수로 임용되다

6·25전쟁기의 공삼의 학문적 활동에 관한 기록들은 모두 1951년 9월에서 시작하고 있다. 공삼은 일차적으로 피난지 경상북도 대구시에서 대구대학 정치학과 교수로 봉직했다. 대구대학은 1946년에 대구에서 개교한 사립대학으로, 1967년에 대구의 청구대학(靑丘大學)과 함께 영남대학교로 통합되는데, 그 과정에서 그 대학들에 재직했던 교직원들의 인사기록카드들이 부분적으로 파기됐거나 분실됐지만, 다행히 공삼에 관한 기록은 소략하게나마 영남대에 보관되어 있다.

이 기록은 공삼이 1951년 9월 1일부터 1953년 3월 31일까지 이 학교의 교수로 재직했으며, 퇴직 때의 직급은 정교수였다고 밝혔다.[37] 이 기록은 영남대학교로 통합되기 직전에 대구대학이 발행한 『대구대학20년약사』의 기록과 사실상 일치한다.[38] 그러나 담당한 과목들이 어떤 것들이었는지, 또 이 시기에 어떤 글들을 썼는지 말해주는 자료들은 남아 있지 않다. 그의 후임이 일본의 중앙대학에서 정치학을 전공하다가 귀국해 서울대 문리대 정치학과를 졸업한 양호민이었다.

●●●●●

37 예컨대, 영남대학교 30년사편찬위원회 편, 『영남대학교30년사』(경상북도 경산군 : 영남대학교), 『부록』, 52쪽. 등사판으로 작성된 이 책은 자신의 발행연도를 밝히지 않았다.

38 대구대학 편, 『대구대학20년약사』(경상북도 대구시 : 대구대학, 1966), 19쪽 및 91쪽.

고려대학교에 출강하다

대구대학의 전임교수로 봉직하면서, 공삼은 그때 대구에 임시교사를 열었던 고려대학교에 강사로 출강했다. 『고려대학교100년사』에 따르면, 고려대는 1951년 9월에 대구에 임시교사를 마련함과 아울러 개강했다. 이때에도 정법대학은 정치학과와 법률학과의 2개 학과로 구성됐다. 정법대학장은 1949년 8월에 서울대로부터 고려대로 옮긴 신기석이었고,[39] 정치학과에는 국제정치학 및 외교사 전공의 신기석과 서양정치사상사 전공의 김경수가 재직하고 있었다. 경성제국대학 법문학부 법과를 졸업한 행정법-행정학 전공의 변우창(邊宇昌) 교수는 법률학과에 소속된 채 정치학과에서도 가르쳤다. 6・25전쟁이 일어나면서 정치학과의 부교수이던 김상협은 피난지 부산과 고향 전라북도 고창군에서 가업인 삼양사(三養社) 일을 전담했고,[40] 전임강사 윤천주는 전임강사직을 휴직한 채 공군에 장교로 입대해,[41] 정치학과에는 가르칠 사람이 모자랐다.

이 공백을 메우기 위해, 공삼은 강사로 참여한 것이다.[42] 어떤 과목을 맡았었는지 『고려대학교100년사』는 밝히지 않았다. 그러나 연희대에서 그러했듯 라스키의 이론을 중심으로, 또 라스키와 마찬가지로 다원주의의 기초 위에서 정치를 분석한 매키버의 이론을 중심으로, 국가론과 현대정치이론 등을 강의했었을 것으로 추정된다.

동국대학 교수로 임용되다

이 시기에 공삼은 동국대학에도 출강했다. 『공삼민병태박사 회갑기념논

39 『지양신기석박사화갑기념학술논문집』, 「연보」, 9쪽. 또 『고려대학교100년사』, Ⅱ, 99쪽.

40 『남재 김상협』, 875-876쪽.

41 『고려대학교100년사』, Ⅱ, 106쪽.

42 위와 같음, 99-100쪽.

총』에 게재된 「공삼민병태박사 연보」는 공삼이 1949년 9월부터 1952년 10월까지 '동국대학교 교수'로 재직했으며, 1952년 4월부터 1952년 10월까지 '동국대학교 법정대학장'으로 재직한 것으로 기록했다. '동국대학'은 1953년 2월 1일에 동국대학교로 승격됐으며, 같은 날에 동국대학교는 정경학부를 법정대학으로 승격시켰다. 『동국대학교백년사』에 따르면, 동국대학은 1951년 9월 즈음에 피난지 부산의 임시교사에서 개강하며 저명한 교수들을 '강사'로 초빙했는데, 공삼은 그때 초빙된 '강사'의 명단에 포함되어 있다.[43] 그리고 앞에서 말한 조인준 님의 조사에 따르면, 공삼은 1951년 9월 1일에 전임교원으로 임용됐다.

이 점과 관련해, 『동국대학교백년사』에 공삼과 함께 '동국대학'의 '강사'로 초빙된 것으로 기록된 국어학자 이숭녕 서울대 문리대 교수는 자신과 공삼이 "동국대학이 자리 잡은 경남(慶南)의 불교총무원의 넓은 온돌방을 배당받고 […] 피난교수로서 […] 기거를 같이 했다."고 회상했다.[44] 공삼은 또 1952년 7월 14일과 10월 27일자 『대학신문』에 기고한 평론들 모두에서 '동국대학 정치학과 교수'로 소개됐다.

그러면 『대학신문』은 어떤 신문이었나? 이 신문은 1952년 2월 4일에 그때 대한민국의 임시수도였던 부산시에서 서울대의 주관 아래 주간지로 창간됐다. 6·25전쟁이 진행되던 때 부산과 대구 등으로 피난한 대학들의 소식지로, 말하자면 범(汎)대학의 신문으로 창간됐던 것이다. 그러했기에, 공삼은 동국대학에 재직하면서도 이 신문에 자주 기고할 수 있었던 것이다. 1953년 8월 15일에 대한민국 정부가 서울로 환도하고 피란을 갔던 대학들도 서울로 돌아오면서 『대학신문』은 서울대의 신문으로 바뀌고, 다른 대학교들은 각각 자신들의 신문들을 발간한다.

43 동대백년사편찬위원회 편, 『동국대학교백년사, 1906~2006』, Ⅰ, 217쪽 및 227쪽.

44 이숭녕, 「서(序)」, 공삼민병태박사화갑기념논총편집위원회 편, 『공삼민병태박사 화갑기념논총』(1973), 6쪽.

제 3 절 라스키의 영향이 나타난 정치평론들을 발표하다

그러면 공삼이 동국대학 교수로서 『대학신문』에 기고한 글들은 어떤 것들이었나? 그는 두 편을 기고했는데, 우선 지적돼야 할 것은 이 글들은 이제까지 전혀 알려지지 않았으며 따라서 전혀 토론되지 않았다는 사실이다. 이 점에서, 이 글들은 자세히 토론될 가치를 지녔다.

「현대국가의 과제와 정치이념」 발표(1952년 7월)

첫째, 「현대국가의 과제와 정치이념」이다.[45] 이 평론은 지난날의 방식으로 말해, 200자 원고지 10매의 분량이다. 이 평론은 매우 전문적인 용어들의 빈번한 사용에 인쇄술의 미숙이 겹쳐 읽기가 쉽지 않다. 공삼의 표현으로, '고대희랍의 공동선 이론'과 '중세의 자연법 이념'으로부터 시작해 '제퍼슨의 정치이론'을 거쳐 '현대 정치사조(政治思潮)인 코렉티비즘의 이론화'에 이르기까지, 그 역사가 장구한 서양의 정치사상을 압축적으로 설명하고 있기 때문에, 짧은 원고이지만 서너 차례는 정독해야 비로소 논지와 전체의 흐름을 제대로 이해할 수 있을 것이다. 이러한 전제 아래, 공삼의 이 평론을 단순화의 위험을 무릅쓰고 필자 나름대로 가능한 한 공삼의 표현을 살리려고 노력하면서 요약하면 다음과 같다:

- '법치국가(法治國家)에서 복리국가(福利國家)로 조세국가(租稅國家)에서 부채국가(負債國家)로 그 성격이 변천한 현대국가'의 과제는 복잡해진 경제문제의 해결이다. 그렇기 때문에, "현대정치이론은 경제생활에 대한 국가기능에 집중되고 있다." 달리 말해, "급속히 변천하는 경제사회의 파악과 여기에 대한 재조정이야말로 현대국가의 당면과제이며 정치철학의 주요대상인 것이다."
  그런데 "경제문제는 현대과학의 산물이며 그 운영에 있어 극도로 메카나

45 민병태, 「현대국가의 과제와 정치이념」, 『대학신문』, 1952년 7월 14일, 2쪽.

이즈한 성격을 가진다. 여기에 우리는 과거의 고원(高遠)한 이론전개보다도 현재의 과학적 파악과 판단을 위하여 더욱 현실적인 태도가 필요한 것이다."

- "현대정치의 경향은 경제생활에 대한 국가권력의 강화, 즉 국가간섭범위의 확대에 있다." 그렇다고 해서, 우리가 '경제적 발전에 맹목적으로 추종해서는' 안 된다. '국가권력의 확대'는 국민의 '신임'을 전제로 용인되는 것이다. 이 점에서, 우리는 '국가권력의 확대'에 대해 '합리적 태도'를 지켜야 한다.
- "현대의 세계는 민주주의의 옹호를 위하여 또는 민주주의의 유지를 위하여, 대내적으로나 대외적으로 강력한 국가통제를 필요로 한다. 그러나 여기에 언제나 부과되는 것은 인류의 유산 — 자유와 이상 — 의 보장문제이다."
- "공통된 경제적 난제에 대하여도 우리는 여기에 대처할 기본적인 이념과 태도를 필요로 할 것이다." 그렇다고 해서 "사고방식을 일신(一新)해" 함부로 '이념을 재조직'하겠다고 나서서는 안 된다. '우선 현실파악을 과학적으로' 해야 하며, 그 근거 위에서 '정치철학'을 모색해야 한다. 고전적인 정치적 이념과 철학이 지닌 "합리성은 새로운 것을 용인할 정도로 관대하고 [···] 보존할 가치가 있는 진리를 포함하고 있기에 유효성(有效性)을 가진다." [예컨대, 미국 제3대 대통령 토머스] "제퍼슨의 정치이론은 [미국 제32대 대통령 프랭클린 루즈벨트의] 뉴 딜 또는 [미국 제33대 대통령 해리 트루먼의] 페어 딜을 용인할 정도로 관용한 것이며 현재까지 보존될 만한 진리를 내포한 것이다."

공삼은 "서구의 개인주의 및 자유이념은 여전히 계속되고 있으며 또는 그 기본의 존속을 전제로 하는 수정의 과정에 있다."고 부연하고, 결론적으로, 현대국가의 과제로 그 무엇이 설정되든 "우리는 정의와 자유에 관한 희랍의 이념을, 그리고 민주주의에 관한 18세기의 서구합리주의를 벗어나서는 안 된다."고 역설했다. 같은 맥락에서, 공삼은 "오늘날의 정치사조라고 해서 비약적일 수는 없다. 오직 과학적 현실파악과 합리적인 평등원칙의 구체화를 위해 노력을 경주해야 한다."고 주장했다.

「세계정부의 이념」 발표(1952년 10월)

둘째, 「세계정부의 이념」이다.[46] 이 글 역시 읽기가 쉽지 않다. 200자 원고지 8매 분량의 짧은 글 안에 무려 다섯 명의 서양정치사상가들이 등장한다는 사실이 그 점을 간접적으로 말해준다. 그 다섯 이름들 가운데, 더구나 1952년의 시점에서, 정치학도들을 포함한 사회과학도들이 그 이름을 한 차례라도 들어본 사람은 헤겔과 켈젠 정도였을 것이다.

우선 공삼이 이 글을 쓰게 된 시대적 배경을 생각하기로 한다. 이 시기에 국민들 사이에서는, 특히 청년들 사이에서는, 6·25전쟁의 진행으로 말미암아 '평화'와 '세계평화'에 대한 관심이 높았다. 특히 6·25전쟁의 발발과 더불어 유엔이 대한민국을 공산세력의 침략전쟁으로부터 구원하기 위해 한반도에 개입했기에, '유엔을 통한 한반도의 평화' 또는 '유엔을 통한 세계평화'에 대해 관심이 확산됐다. 이러한 분위기에서, 1952년 10월 24일에 유엔탄생 7주년을 맞이하자 『대학신문』은 공삼에게 기고를 청탁했을 것이다.

공삼은 이 글에서 우선 세계평화론을 제창했던 생 피에르(Abbé de Saint-Pierre)의 구상을 간략하게 소개했다. 공삼의 표현으로, "산·피엘은 신성로마제국에 대치될 불란서 중심의 유럽연방을 구상했다." 생 피에르에 관한 공삼의 설명은 인용부호 안의 문장이 전부이다. 그러면 생 피에르는 어떤 사람이었고 어떤 구상을 제의했었던 것일까?

이 물음에 답하기 위해, 생 피에르의 논문을 번역한 서울대 외교학과 김용구 전임강사의 해설을 들어보기로 하자. 서울대에서 정치학사 및 정치학 석사를 받았으며 특히 프랑스어 원전에 밝았던 그에 따르면, 생 피에르는 1658년에 출생해 1743년에 별세한 프랑스의 정치사상가였다. 그는 귀족군주제(aristomonarchy)를 제창한 것으로 널리 알려졌으며, 특히 1713년부

46 민병태, 「세계정부의 이념」, 『대학신문』, 1952년 10월 27일, 2쪽.

터 1717년까지 출판한 『유럽에 있어서의 영구평화를 실현하기 위한 계획(약칭 : 유럽에서의 영구평화론)』 전 3권으로 명성을 얻었다. 이 책에서 그는 유럽에 하나의 국제적 연방기구를 세워 유럽정부의 역할을 수행하게 하고, 이 정부에 가입한 각국은 무력사용을 자제해야 한다고 제의했으며, 동시에 이 정부에 상응해 일종의 국제법을 제정하고 국제사법재판소를 개설해 위반국들을 제재할 것을 제의했다. 생 피에르의 이 구상은 오늘날까지 영구평화론과 세계정부론의 원형으로 인정되고 있다.[47]

그렇지만, 공삼의 표현으로, "사회조건과 유리된 그의 정치이론은 민족국가를 대변하는 주권론에 의하여 제압되고 말았다." 공삼의 이 설명을 이해하기 위해 우리는 같은 프랑스사람인 루소의 반론을 들을 필요가 있다. 생 피에르가 『영구평화론』을 출판하기 시작하던 무렵인 1712년에 스위스의 제네바에서 태어나 1778년에 프랑스에서 별세한 루소는 생 피에르의 구상이 성사되려면 각국이 유럽연합에 자신의 주권을 양도해야 하는데, 어느 나라가 그렇게 하겠느냐고 반론한 것이다.[48]

독일의 철학자 칸트 역시 생 피에르의 구상에 반론을 제기했다. 그는 1795년에 출판한 『영구평화를 위하여』에서 사람이라면 누구나 갈망하는 영구평화가 세계정부에 의해 실현될 수는 없다고 단언했다. 세계정부는 인류사회의 다양성을 말살시킬 수 있기 때문이라는 것이었다. 세계정부론에 대한 대안으로, 칸트는 인류가 전쟁의 비참성을 경험하는 과정에서 '이성(理性)의 각성'을 통해 전쟁보다는 평화가 이익이 된다는 것을 깨닫게 되고 전쟁을 회피하고 규제하고자 노력할 것이며 그리하여 각국은 국제관계에서의 규범을 존중하는 가운데 단계적으로 세계평화에 도달할 것이라는 논리를 전개했다.[49]

● ● ● ● ●

47 생 피에르의 생애, 그리고 그의 사상은 다음에서 적절히 설명됐다. J. J. 루소 저, 김용구 역, 『전쟁과 평화』(을유문화사, 1972), 123-171쪽.

48 김용구, 『장 자크 루소와 국제정치 : 영구평화를 위한 외로운 산책자의 꿈』(도서출판 원, 2001년 초판 ; 2004년 개정판).

49 칸트의 원전은 다음이다. Immanuel Kant, *Zum ewigen Frieden : Ein philos-*

공삼은 이어 "세계정부의 이론으로서 '큐-시 라이트'의 상대적 주권론은 너무도 미약하며 '훼르드롯스'의 일원적 법이론과 '켈젠'의 단일법질서론은 국가생활의 현단계를 무시한 것이다."라고 짧게 말했다. 이 구절을 필자 나름대로 부연하기로 하겠다.

'큐-시 라이트'는, 인쇄과정에서 발생한 오식으로, 20세기의 저명한 미국 국제정치학자 퀸시 라이트(Quincy Wright) 교수를 말한다. 교수생활의 대부분을 시카고대 정치학과에서 보낸 그는 52세 때인 1942년에 『전쟁에 대한 한 연구(*A Study of War*)』라는 불후의 명저를 출판했으며, 그 이후 미국정치학회장과 세계정치학회장 및 미국국제법학회장을 역임했고, 북경대와 카이로대 및 앙카라대 등에서 객원교수로 활동했다. 그는 세계각국이 전쟁의 예방을 위해 제1차 세계대전의 종전과 더불어 발족했던 국제연맹과 같은 국제적 기구를 발전시키는 것이 중요하며, 그렇게 하기 위해 각국은 절대적 주권이 아니라 '상대적 주권'을 보유하고 행사하는 데 만족해야 한다는 취지의 논리를 전개했다.

'훼르드롯스'는 오스트리아의 국제법학자 알프레드 폰 페르드로스(Alfred von Verdross)를 가리킨 것이다. 그는 자신의 선배가 되는 독일의 법학자 한스 켈젠(Hans Kelsen)과 더불어 빈(Wien)대학교에서 교수로 재직하면서 빈학파를 형성했다. 페르드로스와 켈젠은 모두 세계평화를 성취하기 위해서는 각국이 절대주권론에 매달릴 것이 아니라 국제사회에 통용될 수 있는 하나의 법질서에 승복해야 할 것이라는 취지의 논리를 전개했다.

공삼은 민족을 단위로 성립되는 민족국가가 존속하는 현실세계에서 매개(每個)의 민족국가에게 절대주권을 포기하거나 제한하라고 요구하는 것

---

phischer Entwurf (Kőnisberg : Friedrich Nicolovus, 1796). 이 책은 다음과 같이 국어로 역간됐다. 임마누엘 칸트 지음, 이한구 옮김, 『영구평화론 : 하나의 철학적 기획』(경기도 파주시 : 도서출판 서광사, 2008). 이 번역판은 1992년 초역판의 개정판이다. 이 번역본에 앞서 출간된 것은 이규호(李奎浩) 역, 『도덕형이상학원론/영구평화론』(박영사, 박영문고 7, 1974)이다.

은 사실상 실현성이 없음을 암시했다. 더구나 제국주의국가들이 후진지역의 민족들을 지배했던 역사를 생각하면, '후진민족의 독립'은 언제나 강조되고 보장돼야 함을 말해준다고 그는 암시했다. 또 1차대전 이후에 발족한 국제연맹이나 2차대전 이후에 발족한 국제연합이 모두 '통일적 행동'을 취하지 못한 사례들을 상기시키면서, 세계정부의 실현을 매우 어렵게 보았다.

그렇다고 해서 공삼이 세계정부의 꿈을 포기하자고 말한 것은 아니다. 오히려 그는 세계정부의 출현에 대한 기대를 표시했다. "현재 국가는 비록 민족국가의 단위로서 유지되고 있으나, 우리는 세계의 일원으로서 생활하고 있는 것이다."라고 말하면서, 공삼은 "[유엔이 보여준 한계에도] 불구하고 우리는 세계정부를 지향하는 기구로서 유엔을 육성하여야 할 것이다."라고 썼다. 공삼은 거기서 한 걸음 더 나아가 세계정부를 출범시키기 위한 자신의 '구상'을 두 측면에서 제시했다. 공삼의 '구상'을 필자 나름대로 정리하면 다음과 같다.

첫째, 공삼은 '민족국가 자체의 내부요소의 개혁'을 제의했다. "[개별 국가가] 전쟁을 전제로 하는 정부형태를 가진다면 아무리 훌륭한 국제조직이 [출범한다고 해도] 이것은 일종(一種)의 형식에 불과할 것"이라고 말하면서, "독재정치는 전쟁을 전제로 하여서만 존재하는 것이다. 그러므로 개별 국가의 민주화만이 세계정부를 가능케 하는 것"이라고 덧붙였다. 이 마지막 구절은 공삼이 1748년에 태어나 1832년에 별세한 영국의 정치사상가 제레미 벤담의 영향을 받았음을 뜻한다. 단순화시켜 말할 때, 벤담은 유럽의 각국이 자유민주주의의 기초 위에서 헌정을 유지하고 국민의 기업활동에 통제를 가하지 않은 채 자유무역을 후원하는 경우 전쟁은 예방될 수 있다는 취지의 논리를 전개했던 것이다.[50]

둘째, 공삼은 '개별 국가를 구속할 강력한 국제조직의 확립'을 제의했다.

● ● ● ● ●

50 김철수(金哲洙), 『현대헌법론』(박영사, 1979), 제2장 제1절 제5항, 93-96쪽. 김 교수는 벤담뿐만 아니라 루소 및 칸트의 영구평화론에 대해서도 자세히 설명했다.

이 제의와 관련해, 공삼은 "세계정부에 가입하는 각 구성국가는 완전한 평등권에 입각할 수 없다."고 말하면서, "국제생활의 의존성의 확대는 개별적 주권개념의 재조직과 강력한 국제기구를 필요로 하는 것"이라고 부연했다.

마지막으로, 공삼은 "강대국들은 제국주의정책을 지양하고 후진국의 민주화와 산업발전에 노력하여야 한다."고 제의하면서, "'포인트 후오아'의 적극적 추진이 요망되는 바이다."라고 썼다. '포인트 후오아'는 미국 트루먼 대통령이 1949년 제4차 유엔총회가 채택한 후진국개발기술원조계획에 동조하면서, 같은 해에 발표한 '포인트 포 프로그램(Point Four Program)'을 말한다. 그때 비록 독립은 얻었으나 빈곤에 시달리던 저개발국가들이 소련의 경제적 지원에 자극을 받아 공산권으로 기울어지는 것을 막기 위해, 미국은 이 계획을 수립하고 잉여농산물원조를 대종으로 하는 경제원조를 저개발국가들에 베풀었다. 이로써 미국은 동서냉전의 시대에 아시아와 아프리카 등에서 자신의 패권을 유지하고자 했던 것이다.

라스키로부터의 영향이 나타나다

이상에서 우리는 공삼이 1952년에 발표한 두 편의 평론들을 살폈다. 필자는 이 평론들에서 몇몇 특징들을 발견할 수 있었다. 그 특징들은, 우리가 제3장 제4절에서 검토했던 공삼의 「라스키의 국가다원론」에서도 어느 정도 나타났었는데, 1952년의 논설들 이후에 공삼이 발표한 평론들에서도 공통적으로 또는 부분적으로 나타난다. 이러한 맥락에서, 공삼의 이 평론들은 공삼이 그 이후에 발표하는 평론들의 원형이라고 말할 수 있다. 그러면 그 특징들은 무엇일까?

첫째, 공삼은 어떤 사건이나 주제를 언제나 서양정치사와 서양정치사상사의 긴 흐름 속에서 이해하고자 했다. 1950년대의 사건들에 대해서도 고대희랍의 정치사상으로부터 접근하곤 했다. 그렇기 때문에, 서양정치사와 서양정치사상사에 대한 지식이 적은 사람에게 공삼의 글은 어렵게 느껴졌을 것이다.

둘째, 공삼의 글들은 그 서술방식에 있어서 축약성(縮約性)을 본질로 하고 있다. 플라톤, 아리스토텔레스, 로크, 홉스, 루소, 몽테스키외 등 서양의 대표적 정치사상가들의 이론들을 한 구절이나 한 문장으로 축약해 설명하고 있어서, 따라가기가 어렵다. 공삼의 글들에는 언제나 자세한 주해들이 필요하다.

셋째, 공삼은 이렇게 장구한 역사적 안목에서 현재의 상황을 파악했기에 현재의 상황에 대한 해법을 찾음에 있어서 신중한 태도 또는 단계적 접근을 보였다. 달리 말해, 공삼은 비약적 발상을 배격하는 보수주의적 성향을 보여주었다. 이것은 공삼이 평생에 걸쳐 영국의 정치사상과 정치제도를 공부하면서 그것들에 공명한 데서 나왔을 것이다.

넷째, 공삼의 문체 또는 문장의 분위기에 대해 말하면, 중후(重厚)하고 때로는 장중(莊重)하다. 결코 재기에 넘치는, 때로는 가벼운 느낌마저 주는, 그러한 스타일의 문장이 아니다. 읽고 나면 무거운 종(鍾)의 타종이 끝난 뒤의 여운을 듣는 듯한 느낌을 받게 된다.

다섯째, 공삼의 글들은 공삼이 라스키의 영향을 받았음을 보여주고 있다. 첫 번째의 글에서는 라스키가 『정치학 강요』에서 제시했던 논리의 그림자를 볼 수 있었고, 두 번째의 글에서도 라스키가 『정치학 강요』에서 제시한 세계정부론의 그림자를 볼 수 있었다. 두 번째 글에서 공삼이 인용한 '훼르드로스'와 켈젠 그리고 그들이 형성한 빈학파는 모두 『정치학 강요』에 나온 것들이다. 공삼은 확실히 라스키의 충실한 제자였다.

제 4 절 서울대 교수로 부임해 본격적인 저술활동에 들어가다

서울대 문리대 정치학과에 정교수로 부임하다(1952년 10월)

라스키의 국가론을 중심으로 현대정치이론을 강의하면서 정치학자로 명성을 쌓아올리던 공삼은 1952년 10월 18일에 서울대 문리대 정치학과에 정교수로 부임했다. 그가 만 39세 때였다. 훗날 서울대 총장이 되는 경제학자이면서 사회학자인 최문환(崔文煥)이 이 시점에 문리대 사회학과 부교수였고, 훗날 성균관대 총장과 법무장관 및 문교장관이 되는 형법학자인 황산덕(黃山德)이 이 시절에 서울대 법대 부교수였으며, 그리고 경제학자로 일정하게 명성을 확보했던 김두희(金斗熙)가 공삼이 정교수로 발령을 받던 그 시점에 문리대 정치학과의 조교수로 발령을 받았음을 고려한다면,[51] 공삼이 정교수로 발령을 받았다는 사실은 그의 명성이 얼마나 높았던가를 말해준다.

김두희 교수는 일본 와세다대 정치경제학부에서 경제학을 전공해 학사학위를 받았으며 그 대학원에 진학해 공부를 계속하다가 귀국했다. 그는 1947년 2월부터 1948년 4월까지 서울대 상과대학 조교수로 봉직했으며, 1952년 10월에 임원택의 후임으로 문리대 정치학과의 경제학 및 재정학 교수로 부임했던 것이다. 1950년에, 영국 케임브리지대학교 존 메이나드 케인즈(John Maynard Keynes : 1883~1946) 교수의 『경제학의 범위와 방법』을 역간했던 그는 문리대 정치학과에 부임한 때로부터 몇 해 지나지 않은 1955년에 케인즈의 저 유명한 『고용, 이자 및 화폐의 일반이론(*The General Theory of Employment, Interest and Money* : 1936)』(민중서관)

51 최문환은 1955년 1월에 정교수로 승진한다. 『대학신문』, 1955년 2월 7일, 1쪽. 공삼과 김두희의 인사발령은 다음에서 볼 수 있다. 위와 같음, 1952년 11월 10일, 1쪽. 『대학신문』에 김두희의 조교수 발령일은 기록되지 않았다. 그의 인사기록카드에도 그 날짜는 기록되어 있지 않다.

을 역간해, '케인즈 경제학'의 대표적 학자로 평가됐다.

공삼은 문리대에 부임한 이후에도 1954년 3월 31일까지, 이제는 동국대학 정경학부 정치학과로부터 승격한 동국대학교 법정대학 정치학과에서 교수직을 겸했다.[52] 구범모 교수는 공삼이 서울대로 부임한 이후 한 학기에 걸쳐 '동국대학교 법정대학장'으로 겸직한 것으로 기억되며, 이때 자신이 아끼던 경성제국대학 법문학부 법과(정치학 전공) 출신의 김성희(金成熺) 부산대학 교수와 서울대 문리대 정치학과 출신의 김운태(金雲泰) 행정학석사가 동국대학교 법정대학에 전임강사로 발령을 받을 수 있게끔 힘을 쓴 것으로 기억된다고 회상했다.[53] 그때는 교수의 수가 워낙 모자라, 문교부는 어느 한 대학교의 전임교수가 다른 대학교에서도 전임교수로 겸직하는 것을 허용했다. 세 곳까지 전임으로 겸하는 교수들도 없지 않았다. 휴전이 성립된 때로부터 반년이 지난 시점에서, 1954년 4월의 새 학년도의 시작을 앞두고 문교부는 겸임불허의 방침을 발표했다.[54]

공삼이 부임한 시점에 문리대 정치학과의 주임교수는 여전히 이선근(李瑄根)이었다. 그는 1952년 11월에 단국대학 학장직을 겸하며,[55] 1953년 3월 28일에 거행된 서울대 졸업식에서 「조선최근세사의 연구」로 문학박사 학위를 받고, 1954년 4월 21일에 제4대 문교부장관으로 임명을 받으면서 서울대 교수직을 사임한다.[56] 그의 박사학위논문은 우리가 제3장 제2절에서 살폈던 『조선최근정치사』 그 자체였다.

다른 한편, 문리대 정치학과에서 조교수로 봉직하던 신도성은 김성수(金性洙) 제2대 부통령의 비서관을 겸하던 상태에서 1952년 3월 31일에

52 동국대학교 경영관리실 경영관리팀의 장인준 님이 동국대학교의 기록들을 근거로 확인해주었다.

53 김성희 교수는 1952년 4월에 부산대학교를 떠났다. 부산대학교60년사편찬위원회 편, 『부산대학교60년사(1946~2006)』(부산 : 부산대학교, 2006), 73쪽.

54 『대학신문』, 1954년 2월 8일, 1쪽.

55 『하성이선근박사추념논문집』에 수록된 「하성이선근박사 약력」, ⅳ쪽.

56 『대학신문』, 1953년 3월 31일, 3쪽 및 1954년 4월 28일, 1쪽.

부교수로 승진했다가 1954년 1월 8일에 '면직'됐다. 그는 또 1952년 4월부터 1953년 3월까지 이화여자대학교 법정대학 정치외교학과 과장을 겸하고 있었다.[57] 이화여자대학교의 기록에 따르면, 그는 정치학개론과 국가론 및 민주정치론의 세 강좌를 맡았다. 이 강좌들과 관련해, 그는 1952년과 1953년에 각각 『민주정치의 기초이론』 및 『민주주의정치학』을 출판했다. 그는 1954년 5월 20일에 실시된 제3대 민의원 총선 때 고향인 경상남도 거창군에서 야당이던 민주국민당[약칭 민국당]으로 입후보해 당선된다. 서울대 문리대 정치학과 교수 출신으로 야당의 공천을 받아 국회의원으로 선출된 최초의 사례는 신도성이다. 공삼이 문리대 정치학과의 정교수로 부임한 시점에 서임수 전임강사는 조교수로 승진해 재직하고 있었다.[58]

한국정치학회 창립에 참여하다(1952년 11월)

공삼이 서울대에 부임한 직후인 1952년 11월 23일에 그때 부산에서 피난생활을 하던 서울대 임시교사 안의 임시대강당에서 한국정치학회가 창립됐다. 한국정치학회가 창립된 직후에 「한국정치학회 창립」이라는 제목 아래 창립 사실을 보도한 『대학신문』에 따르면, 창립일자는 1952년 11월 23일이었다. 이때 『대학신문』은 자신의 본사를 부산시 광복동의 서울대 임시교사에 두고 있었다. 『대학신문』 편집국장으로 창립총회에 참석했던 윤주영은 『대학신문』의 이 기사 그대로, 한국정치학회는 1952년 11월 23일에 열렸다고 회상하면서, 장소는 서울대 임시대강당이었다고 덧붙였다.[59]

『한국정치학회보』 창간호(1959년 4월)에 게재된 「한국정치학회 경과보

57 이화100년사편찬위원회 편, 『이화100년사자료집』(서울 : 이화여자대학교, 1994), 108쪽.

58 『대학신문』, 1952년 10월 13일, 1쪽 ; 1954년 11월 1일, 2쪽.

59 2012년 9월 8일 오후 및 9월 15일 오후 필자와의 전화통화. 구범모 교수도 윤주영과의 만남을 통해 이 사실을 확인했다.

고」 가운데는 "한국정치학회는 1953년 10월 18일에 부산의 서울대 대강당에서 창립됐다."라는 구절이 포함됐다.[60] 그런데 '1953년 10월 18일'에는 서울대의 대학원과 모든 단과대학들이 이미 부산을 떠나 서울로 돌아와 있었다. 농과대학은 다른 단과대학들에 앞서 1951년 9월에 원래대로 경기도 수원시로 복귀했다. 약학대학은 1953년 4월에 원래의 자리인 을지로 6가의 교사에서 개강했으며, 그 교사는 동시에 '서울대 서울분교'로서의 기능을 수행했다.[61] 대학본부, 그리고 대학원, 문리대, 미술대, 법대, 사범대, 상대, 치대 등은 1953년 8월 31일까지 모두 원래의 교사로 복귀했다. 이 시점에, 여전히 원래의 교사를 미군이 사용하던 의과대학은 문리대에서, 공과대학은 사범대에서, 그리고 전쟁 중에 교사가 전소한 음악대학은 법대에서 개강했다.[62] 이러한 원래의 교사로의 복귀에 발맞춰, 한국철학회는 1953년 10월 1일에 서울대 문리대강당에서 창립대회를 열었으며,[63] 서울대는 개교7주년기념식을 1953년 10월 15일에 모든 단과대학들이 참석한 가운데 종로구 동숭동의 문리대운동장에서 개최했다.[64] 이렇게 볼 때, '1953년 10월 18일'과 '부산의 서울대 대강당'은 서로 맞지 않는다.

『대학신문』은 1953년 10월 26일자에서 한국체육학회가 1953년 10월 19일에 창립됐다고 보도했는데, '1953년 10월 18일'에 창립됐다는 한국정치학회에 대해서는 전혀 언급하지 않았다. 만일 한국정치학회가 '1953년 10월 18일'에 창립됐다면, 『대학신문』이 이 사실을 보도하지 않을 수 없었을 것이다. 「한국정치학회 경과보고」의 그 구절은 그 근거가 되는 기록이나 문서를 밝히지 않은 6~7년 뒤의 기술(記述)임에 유의할 필요가 있다.

60 『정치학 : 한국정치학회보』(서울 : 일조각), 창간호(1959년 4월), 190-191쪽 가운데 190쪽.

61 『대학신문』, 1953년 4월 20일, 1쪽.

62 위와 같음, 1953년 10월 5일, 8쪽.

63 위와 같음, 1953년 10월 13일, 1쪽.

64 위와 같음, 1953년 10월 19일, 1쪽.

한국정치학회 창립의 주역들

다시 『대학신문』에 따르면, 1952년 11월 23일에 열린 창립총회는 11명의 간사(幹事)와 2명의 감사(監事)를 선출했다. 이때의 간사는 오늘날의 이사에 해당된다. 따라서 오늘날의 표현으로 이사진을 구성한 것이다. 선출된 순서에 따르면, 그 명단은 다음과 같다.[65]

> 간사 이선근 신기석 민병태 신도성 이건호 홍봉진 강상운 이한기 이용희 조영식 윤주영
>
> 감사 변우창 이종극

이들 가운데, 앞에서 거론되지 않았던 사람들에 한정해 소개하기로 한다. 이건호(李建鎬)는 일본 도호쿠제국대학[東北帝國大學 : 동북제국대학] 법학부 법학과를 졸업한 고려대 정법대학 형법 및 국제법 교수 겸 신흥대 강사였고, 뒷날 중앙일보사 논설위원을 거친 뒤 제11대 국회의원을 역임한다. 홍봉진(洪鳳珍)은 경성제대 법문학부 법과를 졸업했고 고려대 영어영문학 조교수 및 서울대 상대와 법대 강사로 봉직했으며, 뒷날 국회 전문위원을 거쳐 제4대 국회의원을 역임한다. 이한기(李漢基)는 도쿄제국대학 법학부 법학과를 졸업한 서울대 법대 국제법 교수로, 뒷날 서울대 법대 학장과 감사원장 및 국무총리서리를 역임한다.

조영식(趙永植)은 서울대 법대를 졸업하고, 1949년에 2년제 초급대학으로 가인가(假認可)된 신흥초급대학(新興初級大學)을 1951년에 인수했다. 그는 이어, 이 대학을 1952년 2월에 교육법에 의한 신흥초급대학으로 정식으로 설립하면서 4년제 신흥대학 → 신흥대학교 → 경희대학교로 성장시키며, 신흥대 학장 → 신흥대 총장 → 경희대 총장으로 봉직한다. 이 과정에서, 민준기 교수의 회고에 따르면, 공삼은 조 학장의 초빙을 받아 부

65 위와 같음, 1952년 12월 1일, 1쪽.

산에서 신흥대에 출강하기 시작했다. 경희대의 기록으로는, 공삼은 1956년 3월부터 1969년 2월까지 신흥대-경희대에 출강했다.[66] 신도성은 서울대 문리대 정치학과 부교수로서 한국정치학회 창립 이전부터 신흥대에 출강하고 있었다.

윤주영(尹胄榮)은 국제정치를 전공한 고려대 정치학사로, 한국정치학회의 창립 때『대학신문』편집국장이었으며 신흥대 강사였다.[67] 그는 곧 고려대에서 정치학석사학위를 받고 중앙대에서 전임으로 가르치다가 미국무부 장학생으로 선발돼 1955~1956년에 컬럼비아대에 유학하고 귀국해 중앙대 부교수와 조선일보사 편집국장을 거쳐 문화공보장관과 제9대 국회의원을 역임한다. 이종극(李鍾極)은 학회창립 때 신흥대 헌법 및 정치학 교수였다. 그는 뒷날 중앙대 → 연세대 교수를 역임하고 제6대 국회의원으로 봉직한다.

한국정치학회는 발족한 때로부터 몇 개월 지난 시점에서 간사들 가운데 이선근 서울대 문리대 정치학과 주임교수를 대표간사로 추대했다. 이선근 교수는 1952년 2월에 육군준장으로 예편하면서 국방부 정훈감직을 사임했지만 곧바로 서울대 문리대 정치학과의 주임교수로 복직한 채 신흥대에 출강함과 아울러 국방부 산하의 6·25전사편찬위원장직을 맡고 있었다. 그때 서울대 문리대 정치학과의 학생이던 구범모의 회고에 따르면, "그 분이 부산에 사무실도 있고 일을 도울 보조인력도 거느리고 있는 등, […] 제일 활발히 일할 수 있는 자리에 있었기 때문에 초대 [대표간사로] 추대된 것이었다."[68] 실제로 이 위원회에서『한국전란지』전 5권이 출판되는데, 1년지(1951)와 2년지(1953)가 이 시기에 출판됐다.

이선근은 자신의「이력서」에 자신이 1953년 3월에 한국정치학회 회장

66 경희20년편찬위원회 편,『경희20년』(서울: 경희대학교 출판국, 1969), 482쪽.

67 윤주영이 신흥대에 출강한 사실은 다음에서 확인된다. 경희50년편찬위원회 편,『경희50년』(경희대학교 출판국, 2003), 상, 389쪽.

68 한국정치학회 편,『한국정치학회50년사, 1953~2003』(서울: 한국정치학회, 2003), 371쪽.

에 취임했다고 썼다.[69] 필자는 이 기술이 정확하다고 생각한다. 윤주영, 그리고 「한국정치학회 경과보고」는 한국정치학회가 처음에는 대표간사로 이선근을 선출했다가 대표간사제를 회장제로 바꾸면서 이선근이 회장으로 취임했다고 증언했는데, 이선근의 「이력서」는 그것을 뒷받침하고 있는 것이다.

여기서 덧붙일 것은 공삼이 이선근 회장과 그를 둘러싼 몇몇 교수들을 못마땅하게 여긴 사실이다. 구범모 교수에 따르면, 학회가 순수한 학자들의 모임이 아니라 친정부적 자세를 공공연히 드러내는 몇 사람들의 주도로 출범한 모임이라는 인식이 순수한 학자인 공삼에게 깔려 있었다는 것이다. 이 사실을 훗날 공삼 스스로 인정했다. 그는 "정객인지 학자인지 구별할 수 없는 인간들이 학회장의 명칭을 농단함으로써 학회활동을 봉쇄했던 것이 우리의 과거 현실이다."라고 썼다.[70]

한국정치학회 창립의 의의

한국정치학회가 1952년 11월 23일에 창립됐다는 것은 한국정치학회의 창립이 다른 학문 분야의 학회의 창립보다 늦었음을 의미하지는 않았다. 한국경제학회가 경제학자인 신태환(申泰煥) 서울대 법대 교수를 회장으로 하여 창립된 것이 1952년 11월 30일이었고, 한국물리학회가 최규남(崔奎南) 서울대 총장을 회장으로 하여 창립된 것이 1952년 12월 7일이었으며, 한국사회학회가 이상백(李相佰) 서울대 문리대 교수를 회장으로 하여 창립된 것이 1953년 5월 5일이었고, 대한국제법학회가 유진오 고려대 총장을 회장으로 하여 창립된 것이 1953년 6월 13일이었으며, 한국철학회

69 하성(霞城)이선근박사추념논문집편집위원회 편, 『하성이선근박사추념논문집: 민족문화와 국민정신』(경기도 성남시: 한국정신문화연구원, 1983년 12월), iii-iv쪽.

70 민병태, 「정치학계: 제도, 행동, 과정주의에의 접근」, 『서울신문』, 1961년 8월 3일, 4쪽.

가 고형곤(高亨坤) 서울대 문리대 교수를 회장으로 창립된 것이 1953년 10월 1일이었음을 고려한다면,[71] 한국정치학회의 창립은 오히려 앞선 것이었음을 인정하게 된다.

일본의 경우에 비교해보자. 파시즘체제 아래서 비록 제한된 범위 안에서였으나 정치학을 성장시켰던 일본의 정치학자들은 1948년 11월에 도쿄에서 일본정치학회를 발족시켰다. 김상협 교수의 스승이었던 도쿄제국대학 정치학과의 난바라 시게루[南原繁 : 남원번] 교수와 이마나카 교수 등 일본정치학계의 원로들이 중심이 된 일이었다.[72] 한국정치학회의 발족은 일본정치학회의 발족보다 꼭 4년 늦은 것이었다. 그러나 한국정치학회장을 역임한 차기벽 성균관대 명예교수의 표현으로, "[6 · 25전쟁 소용돌이 속에서의 한국]정치학회의 창립은 그 어떤 놀라운 느낌마저 준다. 근대정치학을 접한 지 우리보다 반세기는 앞서는 일본에서도 정치학회가 창립된 것이 1948년이었음을 생각하면 더욱 그러한 느낌이 든다."[73]

『현대국제법』 서평(1953년 3월)

공삼이 서울대에 부임했던 때, 서울대는 여전히 부산에 머물러 있었다. 전란이 계속되고 있어서 강의의 진행은 정상적일 수 없었다. 더구나 그가 부임한 때로부터 1개월이 지나 겨울방학이 시작됐다. 공삼의 강의는 사실상 1953년 4월의 새 학년도와 더불어 시작됐다. 그리고 동숭동 캠퍼스에서의 강의는 1953년 9월의 가을학기와 더불어 시작됐다.

공삼은 1953년에 서평 한 편과 논문 한 편을 발표했다. 서평은 이한기

● ● ● ● ●

71 『대학신문』, 1952년 12월 8일, 1쪽 ; 1952년 12월 15일, 1쪽 ; 1953년 5월 13일, 1쪽 ; 1953년 6월 22일, 1쪽 ; 1953년 10월 12일, 1쪽.

72 최경락, 「일본의 정치학」, 『증보 정치학대사전』(서울 : 박영사, 1992년 증보중판), 1232쪽.

73 차기벽, 「학회 창립과 발달사」, 한국정치학회50년사편찬위원회 편, 『한국정치학회 50년사』(서울 : 한국정치학회, 2003), 11쪽.

교수가 1952년에 일한도서출판사(一韓圖書出版社)에서 출판한 역서 『현대국제법』에 대해서였다.74 원저는 미국 컬럼비아대 법대 교수 필립 제섭(Philip C. Jessup) 박사의 『국가들 사이에서의 현대적 법(*A Mordern Law of Nations*)』(New York : Macmillan Company, 1948)이었다. 제섭 교수는 그때 미국의 국제법학계를 주도한 대표적 학자들 가운데 한 사람으로, 미국의 대외정책 입안과 집행에도 참여했다. 그러나 조지프 매카시(Joseph McCarthy) 연방상원의원으로부터 '친공주의자'로 매도돼 어려움을 겪었다. 그 매도가 부당한 것임을 알고 있었던 트루먼 대통령은 그를 대통령특사로 임명해 한반도를 비롯한 여러 분쟁지역들에 파견했으며, 케네디 대통령은 뒷날 그를 국제사법재판소의 미국측 재판관으로 임명했다. 이 책의 번역이 인연이 돼 이한기 교수는 1956~57년에 컬럼비아대 법대에서 연구하게 된다.

공삼의 이 서평은 우리가 앞의 절에서 보았던 그의 「세계정부론」의 연장선 위에서 읽을 수 있다. 국가론 그리고 국가주권론의 권위자였던 공삼은 '세계정부'를 수립하게 될 때 개별적 국가의 주권은 어떻게 변화해야 하고 변화돼야 하는가에 대해 관심을 보였었다. 같은 맥락에서, 공삼은 개별적 국가의 '힘의 행사'를 규제하기 위해 마련된 국제법이 실효를 거두기 위해 개별적 국가의 주권은 어떻게 변화해야 하고 변화돼야 하는가에 대해 관심을 갖고, 이 책에 대한 서평을 썼던 것이다.

공삼은 제섭 교수가 국가의 본질과 주권에 관한 '논리적이고 사변적(思辨的)이며 철학적인 입장'을 철저히 배제하고 '실용주의적인 입장'에서 오늘날의 국제사회와 국제분쟁에 접근할 것을 제의했다고 설명하면서, 이 제의를 긍정적으로 평가했다. 공삼은 "우리는 국제사회의 현실에 입각한 제섭 교수의 지론이 국제법학계의 앞날에 있어 하나의 위대한 지침이 될 것을 의심하지 않는 바이다."라고 쓴 것이다. 마지막으로, 공삼은 "국제법의

74 『대학신문』, 1953년 3월 26일, 2쪽.

관용어에 대한 세심한 주의와 난해한 문장에 대한 평이한 번역은 내용의 이론적 가치를 충분히 우리에게 전하여 준다."고 논평했다.

「민주대표론」 발표(1953년 6월)

공삼은 곧이어 「민주대표론」을 발표했다. 그때 대표적 출판사들 가운데 하나였던 수도문화사가 서울에서 1953년 6월 1일에 종합월간지로 『수도평론』을 창간하면서 창간호의 머리 논문의 필자로 공삼을 선정했다는 것은 그때 공삼이 누리던 명성을 반영한다.[75] 이 논문에는 각주나 참고문헌은 붙어 있지 않다. 그러나 그 구성과 논리전개 그리고 인용된 학자들의 적실성(適實性)에 비춰 논문으로 분류해도 무리가 없다.

이 논문은 네 부분으로 구성됐다. 제1부는 「대의(代議)의 현대적 의의」다. 여기서 공삼은 지난날에는 '대의제도'가 있으면 민주주의가 있는 것으로 간주됐지만, 소련의 프롤레타리아독재와 독일의 나치즘독재 역시 '대의제도'를 갖고 있음을 생각할 때, 민주주의의 본질이 '대의제도'의 존재여부에 의해 그 성격이 결정될 수 없다고 보았다. 이러한 맥락에서, 공삼은 "대의제도 자체에서 데모크라씨를 찾을 것이 아니다."라고 말하면서, "데모크라씨의 실질을 구현할 제도로서 대의제도를 유용화(有用化)할 방법이 필요하게 되었다."고 지적했다.

그러면 그 방법은 무엇일까? 공삼은 우선 '사회적 제약'을 지적했다. 그는 "권력의 본질은 남용(濫用)에 있다."고 단언하면서, '데모크라씨의 제도화'를 통해 권력의 남용을 견제해야 한다고 역설했다. 공삼은 이어 "대의제도가 막연한 도덕적인 존재를 벗어난, 구체적인 어떠한 이익을 대표하여야 한다."고 지적했다. "현대사회는 무수한 이해(利害)로 대립된 각종 집단으로 구성되어 있으므로, [그 이해를 조절할 수 있는] 사회적 콘트롤 또는 정치적

75 민병태, 「민주대표론」, 『수도평론』, 1953년 창간호, 4-11쪽.

콘트롤의 필요성을 느끼게 된다."고 지적한 데 이어, "어디까지나 절실한 이해관계의 조정으로써 데모크라씨를 구체화하는 토대를 마련해야 한다."고 역설했다. 결론적으로, 공삼은 "데모크라씨를 국민의 자유와 평등의 실현이라고 규정한다면, 대표자는 자유와 평등의 대상으로서, 현실적으로 국민이 요구하는 바를 구체적으로 파악하여야만 될 것이다."라고 말했다.[76]

제2부는 「대의의 사회적 제약」이다. 공삼은 우선 대의자(代議者)들에 대한 제약, 특히 '민주정부에 있어서의 권력제한을 위한 원칙'이 지켜져야 함을 지적했다. 공삼은 여기서 한 걸음 더 나아가 매우 중요한 점을 지적했다. "일단 선임된 대의자라고 사회적 조건을 무시하고 자의로 행동하거나 또는 돌변적인 정책변경을 [한다면] 이것은 선거에 의한 민권사취(民權詐取)로밖에 볼 수 없을 것"이라고 단언하고, 대의제도는 "사회적 제약에 의거해야 한다."고 말한 것이다. 쉽게 말해, 다수결원칙이 국회운영의 골간이라고 하여 국회의원들이 다수결로써 공화제를 폐기하고 군주제를 세울 수 없다는 것이다.

공삼은 이 논점을 부연했다. 미국의 경우, 민주당이 집권했다고 해서 공화당이 실시한 노예제도의 폐지를 과거로 돌려 '노예제도의 복귀'를 꾀할 수 없고, 영국의 경우, 보수당이 집권했다고 해서 그 이전 5년에 걸쳐 노동당정부가 수행한 사회정책을 모두 폐기할 수 없다고 설명하면서, 시대적 변화와 발전에 따른 새로운 사회적 여건에 의해 성립됐거나 채택된 제도와 정책을 쉽게 변경시킬 수는 없다고 덧붙였다.[77]

제3부는 「이익대표로서의 대의」다. 공삼은 현대사회에서는 구성원들의 이해가 날카롭게 대립되기 때문에 각자의 이해를 대변하는 단체들 또는 결사체들이 나타나는데, "이러한 결사체가 직접 정권획득을 목적으로 할 때 이것이 즉 정당이며, 사회생활에 있어서 자기이익을 실현하는 동시에 정치와 간접적인 관련을 갖게 될 때 그것이 소위 사회단체이다."라고 설명

76 위와 같음, 4-5쪽.

77 위와 같음, 6쪽.

했다. 이러한 전제 아래, 그는 "정당이나 사회단체의 대표에게는 자연히 [자신이 속한 정당이나 사회단체의 이익을 대변해야 할] 사회적 구속성 또는 사회에 대한 의무가 부여된다."고 말하고, "그러므로 대표자의 존재 또는 행동은 언제나 사회 전체의 압력에 콘트롤 되어야 한다."고 단언했다.

그런데 자신이 속한 정당이나 사회단체의 이익을 실현하려고 할 때, 그 이익이라는 것은 "다른 단체, 즉 사회 전체의 이해관계에 연결되는 까닭에, 사회연대의 의무에 구속되는 것이다." 여기서 공삼은 "모든 사회단체는 단독적으로 자기이익을 실현할 수 없는 만큼, 그 대표자들은 2중의 사회적 구속 즉 결사와 사회 전체에 대한 제약을 받게 된다."고 보았다.[78]

이러한 관점에서, 공삼은 다음과 같은 중요한 발언을 남겼다 :

> 메카니이즈된 현대사회에 있어서, 자신을 일세(一世)의 구세주로 자처하는 대의인(代議人)은 이미 현대적 대표로 논할 대상이 아니며, 이것은 때때로 이상한 역사적 결과를 가져오는 독특한 인간이거나 그렇지 않으면 현대적인 독재, 즉 '대중적 군주(popular king)'의 범주로서밖에 볼 수 없다. 적어도 민주대표라면 제도에 입각한 자기의 주장을 솔직히 발표하여, 이것을 타인의 이익과 조절할 수 있는 존재라야 할 것이다.
>
> 현대사회는 이러한 무수(無數)의 사회단체의 병립을 특징으로 하는 것이다. 극단한 계급적 이익을 주장하는 생디칼리즘과 코뮤니즘을 제외하고, 모든 민주주의적 정치경향은 자유로운 결사의 발전을 조장하며, 또 이러한 결사의 증대는 민주주의가 허용하는 결사자유를 전제로 하는 것이다.[79]

공삼은 자신의 논지를 뒷받침하기 위해, 영국의 헌정사와 정당사로부터, 그리고 미국의 헌정사와 정당사로부터 많은 사례들을 인용했다. 그는 결론적으로. "[…] 사회제약에서 이탈하는 대표자를 상상할 수 없다. 만일 이러한 사실이 있다면, 이것은 불안정한 또는 비민주적인 사회의 일시적인 현

78 위와 같음, 7쪽.

79 위와 같음.

상으로밖에 볼 수 없다."고 썼다.[80]

제4부는 「대표자의 윤리」다. 공삼은 "우리는 대표자들에 대하여 과도한 기대를 가질 필요도 없으며, 그들을 우월시할 필요도 없다."고 전제한 데 이어, "대표자의 직책은 사회적 제조건(諸條件)에 제약되는 대의임무(代議任務)의 수행이라는, 이미 부과된 방향으로 규정되어 있는 것이다."라고 말했다. 동시에 공삼은 "대표자에 대한 사회의 무관심과 사회단체의 자리적(自利的) 운용이 어떠한 결과를 가져올 것인지는 역사가 증명하는 바이다." 라고 말함으로써,[81] 국민의 정치적 무관심과 사회단체의 이기심에 대해 경고했다.

공삼은 후진국에 있어서 대표자들의 사회적 기반으로부터의 이탈 그리고 사리사욕의 추구를 비판했다. 선진국들에서 장구한 세월에 걸쳐 성장하고 발전한 정당제도와 의회제도를 '급격히 [그리고] 형식적으로 채택한' 결과, 그 제도들에 대한 이해의 부족으로 말미암아 그러한 '우매한 행동'들을 하게 되며, 국가에 '혼란과 침체'를 발생시킨다는 것이다. 결론적으로, 공삼은 "정상적으로 발전하는 민주사회에 있어서는 대표자들은 제도와 기구의 범위 내에서 맡은 바의 기능과 직책을 수행해야 할 것이며, 사회는 부단한 감시로써 대표자를 견제하여야 한다."고 말했다. 그는 "현대 민주주의의 대의제도 자체가 이미 국민의사의 매개체로서의 기능이 마비되고 있다."는 경고를 덧붙였다.[82]

200자 원고지 약 70매 분량의 꽤 긴 이 원고에서 우리는 공삼이 라스키를 직접적으로 거명하지는 않았으나 라스키의 국가다원론의 영향을 받아 정치현상을 이해하고 분석하고 있음을 느끼게 된다. 또 공삼이 영국과 미국의 헌정사에 조예가 깊으며 기본적으로 보수주의적 성향을 지녔음을 새삼 느끼게 된다.

● ● ● ● ●

80 위와 같음, 9쪽.

81 위와 같음.

82 위와 같음, 11쪽.

서울대 정치학과의 주요 교과서들

여기서 공삼이 서울대 문리대 정치학과 정교수로 부임한 직후인 1953학년도에 문리대 정치학과 이용희 조교수가 작성해 수강생들에게 배부한 「정부론강의 적요(摘要)」를 소개하기로 한다.[83] 이 「적요」를 통해 1953년의 시점에 한국정치학계가 나타낸 연구 및 교육의 동향을 부분적으로나마 살피기로 한다.

「적요」에 따르면, 우선 여전히 옐리넥의 『일반국가학』(1922년판)을 읽도록 했다. 이 책에 대해서는 우리가 제2장 제3절에서 이미 살폈다. 이어 미국학자 허만 화이너(Herman Finer)의 『현대정부의 이론과 실제(*The Theory and Practice of Modern Government*)』 제1권 및 제2권(1932)을 읽게 했다. 화이너는 원래 영국인이었으나 시카고대에 초빙교수로 부임한 것을 계기로 미국에 귀화했는데, 비교정부론 분야의 제1인자로 뽑혔다. 이 책에 이어 역시 미국학자 제임스 가너의 『정치학 및 정부(*Political Science and Government*)』(1928년)를 읽게 했다.

또 영국학자 존 매리옷(John A. R. Marriot)의 『현대국가의 기제(*The Mechanism of the Modern State : A Treatise on the Science and Art of Government*)』(1927년판)를 읽게 했다. 매리옷은 옥스포드대 교수와 하원의원을 역임했으며 '써(Sir)'의 작위를 받았다. 앞에서 말한 책들은 그때 정치학과가 전통적인 국가학 및 법적-제도론적 정치학을 여전히 중시했음을 말해주었다.

그러나 찰스 메리암(Charles E. Merriam)의 『체계적 정치학(*Systematic Politics*)』(1945년판) 및 매키버의 『통치의 망(*The Web of Government*)』(1947년판) 역시 읽게 함으로써, 미국에서 시작된 '과학적' 정치학 및 '사회학적' 정치학에 대해서도 시야를 돌리도록 했다. 이 장의 제1절에서 소개

83 구범모, 「비교정치학 20년의 반성」, 17쪽 각주 8.

한 신도성의 평론에 이미 나타났듯, 이러한 흐름은 한국정치학계에서 1952~1953년을 계기로 확실하게 자리를 잡았다.

제 5 장
‘한국 정치학의 재활기’에 ‘전통적’ 정치학을 고수하며 ‘과학적’ 정치학의 한계를 지적하다(1954~1958)

제 1 절 정치학이 재활하면서 자신의 영역을 넓히다

휴전을 전후해 정부는 물론 서울의 대학교들이 모두 서울로 돌아오고 지방의 대학교들 역시 정상을 찾기 시작함에 따라 국가적으로나 사회적으로 매우 어려운 조건 아래서도 학문활동은 다시 살아났다. 6 · 25전쟁으로 말미암아 위축됐던 한국의 정치학 역시 매우 제한된 상황 아래서도 재활(再活)의 시기에 들어섰다. 김하룡 교수의 표현으로, "서울환도 이후 한국 정치학계는 분명히 활기를 되찾았으며 학자들의 연구의욕도 매우 왕성하여 수많은 저서 논문 논설 그리고 역본들이 쏟아져나왔다."[1]

여기서 사용한 '재활'은 필자가 제3장 제1절에서 사용했던 '소생'과 다르다. '소생'은 일제의 강점으로 말미암아 장기간에 걸쳐 동면했던 구한말의 정치학이 일제의 패망 덕분에 '되살아났다'는 뜻임에 비해, '재활'은 6 · 25전쟁으로 말미암아 일시적으로 위축됐던 해방 이후의 정치학이 다시 활발해졌다는 뜻이다.

1 김하룡, 「정치학」, 고려대학교 민족문화연구소 편, 『한국현대문화사 대계(大系)』(학술 · 사상 · 종교사 : [상])(서울 : 고대민족문화연구소 출판부, 1976 ; 재판 1981), 260쪽.

재활의 요인들 : 신진 정치학교수들의 등장

정치학의 재활에는, 필자의 졸견으로는, 다음과 같은 요소들이 개입됐다. 첫째, 전쟁으로 말미암아 대학을 잠시 떠났던 교수들이 복귀했다. 대표적인 사례가 1954년 10월에 고려대 정치학과 부교수로 복귀한 김상협이다.[2] 이어 공군장교로 복무했던 윤천주가 1956년 2월에 대령으로 예편하고 고려대 정치학과 조교수로 복귀했다.[3] 김일성대학 교원 출신으로 6·25전쟁 때 월남해 국방부에서 일정하게 근무했던 이동화는 1952년 4월에 경북대 정치학과 교수로, 이어 1954년 4월에 성균관대 교수로 복귀했다.

해방 이후 한국의 대학교에서 정치학을 전공한 신진학도들이 대학교의 강단에 섰다. 6·25전쟁기에 교사로 봉직했던 차기벽은 1954년 4월에 경북대 정치학과 전임강사로 임명을 받으면서 미국의 정치학 저술들을 역간했다.[4] 전쟁기에 한국신학대학에서 강사로 봉직했던 양호민은 1954년 10월에 대구대학 정치학과 조교수로 임명됐다.[5] 전쟁기에 교사로 봉직했던 이극찬(李克燦)은 1954년 10월에 경북대학교 강사로 발령을 받았고 1955년 5월에 전임강사로 승진했다.[6] 차기벽, 양호민, 이극찬 사이에는 공통점들이 있다. 그들은 모두 평안도 출신으로 분단 이후 월남하여 서울대 문리대 정치학과를 졸업했고 대구에서 교수직을 시작했다. 그들은 훗날 『사상계』 편집위원이 되어 반독재의 필봉을 휘두르며, 1960년대 전반기에 서울의 대학교들로 자리를 옮긴다.

둘째, 국내에서 대학원 석사과정을 마친 신진 정치학도들이 전임이 되

2 남재 김상협선생전기편찬위원회 엮음, 『남재 김상협』(서울: 도서출판 한울, 2004), 876쪽.

3 윤천주 교수의 사위 이서항 교수가 보관한 「인재 윤천주선생 약력」.

4 옥전(玉田) 차기벽박사화갑기념논총간행위원회 편, 『옥전차기벽박사화갑기념논총』(서울: 한길사, 1984), v쪽.

5 민도(民道) 양호민선생화갑기념논총편찬위원회 편, 『민도양호민선생화갑기념논총』(1979), 「민도 양호민선생 이력사항」, 463쪽.

6 동하(東下) 이극찬교수회갑기념논총간행위원회 편, 『민주주의와 한국정치: 동아이극찬교수회갑기념』(법문사, 1985), 「동하 이극찬교수 약력」, vii쪽.

면서 연구에 활력을 불어넣었다. 1958년 3월 수위자(受位者)까지 한정하면, 연희대 정치외교학과의 김명회(金明會)와[7] 노계현(盧啓鉉) 및 윤용탁(尹鎔柝), 서울대 정치학과의 김영국, 그리고 서울대 외교학과의 박봉식(朴奉植) 및 손제석(孫製錫)이 대표적 사례들이었다.[8] 강병규(姜秉奎), 구병삭(丘秉朔), 김수인(金壽仁), 김영준(金永俊), 김영훈(金泳勳), 서중석(徐仲錫), 우문효(禹文孝), 윤근식(尹謹植),[9] 윤주영, 이정식, 장지호(張志浩), 조재관, 한승조(韓昇助 : 원명 한기식[韓己植]), 홍숙자(洪淑子) 등[10] [가나다 순서], 역시 국내에서 강의하기 시작했다.

재활의 요인들 : 미국유학생들의 귀국과 '과학적' 정치학의 보급

셋째, 미국으로 유학했던 정치학도들이 석사학위 또는 박사학위를 받고 귀국해 국내에서 가르치기 시작했다. 미국에 유학해 한국인으로서는 처음으로 정치학박사학위를 받은 사람은 서석순이었다. 서울대 문리대 정치학과 1회 졸업생인 그는 대한민국 정부수립 직후 도미해 네브라스카대학교(University of Nebraska)에서 1951년 6월에 석사를 받은 데 이어 1953년 6월에 박사를 받았다. 석사학위논문이 「유엔안전보장이사회의 국제분쟁해결」이었고 박사학위논문이 「국제법과 각국헌법과의 관계」였음이 말하듯, 그의 전공은 국제정치와 국제기구 및 국제법이었다. 그는 박사학위를 받으면서 곧바로 귀국했는데, 백낙준 연희대 총장이 31세의 젊은이를 정치외교학과의 정교수로 임명했다. 이것은 백 총장의 용단이었다. 서 박사는 이승만 대통령에 맞서 싸우다가 투옥된 야당정치인 서민호 의원의 친동생이기 때문이었다.[11] 서 교수의 회고에 따르면, 자신이 교수로 임명됐을 때

7 『연정(延政)60년사』, 15쪽.

8 『서울대학교정치학과60년사』, 22쪽.

9 영벽(嶺碧) 윤근식교수화갑기념논총간행위원회 편, 『현대국제정치론 : 국제관계의 정치경제학』(대왕사, 1991), 「영벽 윤근식교수 연보」, i 쪽.

10 『국제정치논총』(한국국제정치학회) 창간호(1963), 116-120쪽.

연희대 정치외교학과의 전임은 자신 한 사람뿐이었고, 신기석과 한태수가 강사로 출강했다.[12]

1954년부터 1957년까지의 시기에, 조효원 박사가 연희대 정치외교학과에 정교수로 자리를 잡았다. 그는 미국 위텐버그대(Wittenberg College)를 졸업하고 덴버대(University of Denver)에서 정치학석사학위를 받았으며 오하이오주립대(Ohio State University)에서 정치학박사학위를 받았다. 박준규 석사(컬럼비아대)는 서울대 정치학과에 전임강사(1954년 12월 10일~1956년 9월 6일)-조교수(1956년 9월 7일~1957년 9월 22일)로, 그리고 민병기 석사(시카고대)는 고려대 정치학과에 촉탁강사-전임강사로 자리를 잡았다. 1955년 8월에 콜로라도주립대학교에서 박사학위를 받은 동덕모는 1956년에 서울에 한국연구도서관(훗날 한국연구원으로 개칭)을 개설함과 아울러 연희대 및 이화여대를 비롯한 서울의 몇몇 대학들에 출강했다.[13] 1955년부터 컬럼비아대 대학원에서 국제정치를 전공하고 1956년에 귀국한 윤주영은 중앙대 등에서 강의를 계속했다.

이들은 지난날 일본에서 교육을 받은 정치학도들의 국가학 또는 법적-제도론적 정치학으로부터 벗어나 미국에서 성장한 '과학적' 정치학 및 국제정치학을 가르쳤다. 특히 서석순은 대한국제법학회의 상임이사들 가운데 한 사람으로, 또 『국제법학회논총』의 편집위원들 가운데 한 사람으로, 한국국제법학계에 일정하게 기여했다.[14]

넷째, 서울대를 비롯한 주요 대학교들이 각자의 대학출판부를 활성화시켰다. 특히 서울대는 번역도서위원회를 구성하고 인문사회과학 분야와 자연과학 분야에서의 원서들을 역간하기 시작했는데, 여기에 정치학원서들이 포함됐다. 또 서울대를 비롯한 몇몇 대학교들은 문교부의 지원 아래

11 『석산 서석순박사고희기념논집』(1991), i 및 4쪽.

12 위와 같음, 6쪽.

13 재단법인 한국연구원에 소장된 동덕모 교수의 자필 이력서.

14 서석순 교수의 대표적 논문은 「대한민국 헌법과 국제법」, 『국제법학회논총』, 창간호(1956년 2월), 7-28쪽이다. 『석산 서석순박사고희기념논집』(1991), iii쪽.

1955년 10월에 공동으로 한국대학교재공사를 창설했다.[15] 이 공사는 정치학저술들의 역간도 후원했다. 역시 문교부 지원 아래 창설된 한국번역도서주식회사도 같은 역할을 수행했다.

민중서관, 박영사, 을유문화사, 일조각, 장왕사[가나다 순서]를 비롯한 국내 굴지의 출판사들이 정치학서적들의 출간을 뒷받침했다. 항일독립운동가 장준하(張俊河)는 월간 『사상』을 인수하고, 1953년 4월에 『사상계』로 개제하면서 발행인이 됐는데, 이 월간지는 정치학에 관련된 논문들 또는 평론들의 출구 역할을 수행했다. 휴전 이후 재발간된 『신태양』, 그리고 휴전과 더불어 창간된 『신세계』 및 『사조』 등도 그러한 역할을 일정하게 수행했다.

국가보안법 한계 안에서의 공산주의 해설

다섯째, 주로 주한미국대사관의 지원 아래 서방권의 자유민주주의를 옹호하고 공산권의 마르크시즘 및 독재체제를 비판하는 저술들이 널리 역간됐다. 이것은 6·25전쟁의 휴전을 계기로 재개된 동서냉전에서 사상전을 이끌던 미국의 대외정책을 반영하는 것이기도 하였다. 그 사례들이 (1) 이기홍(李起鴻)이 역간한 『사회주의종말론』(을유문화사, 1956) 및 (2) 법학자 장경학(張庚鶴)이 역간한 『마르크스주의 법이론』(일조각, 1958)이다. 전자는 마르크시스트였으나 전향한 이스트맨(Max Eastman)의 *Reflections on the Failure of Socialism* (New York, N.Y. : Devin Adam Company, 1955)을 번역한 것이었고, 후자는 켈젠의 *The Communist Theory of Law* (New York, N.Y. : Frederick A. Praeger, 1955)를 번역한 것이다.

미국정부 및 주한미국대사관의 정책적 의도와 무관하게 공산주의를 비판적 시각에서 해설한 책으로 대구대 양호민 교수의 『공산주의의 이론과

15 『대학신문』, 1955년 10월 24일, 1쪽.

역사: 맑스-레닌주의 비판』(중앙문화사, 1956)을 지적할 수 있다. 연세대 사회과학대 교수 안병영(安秉永) 박사는 이 책의 의미를 높이 평가했다. 공산주의를 일방적으로 매도만 하고 심지어 왜곡해서까지 비판하기만 하던 엄혹한 반공시대에 공산주의를 객관적으로 해설함으로써 학문적 안내서로서의 역할을 충실히 수행했다는 뜻이었다.[16] 양호민은 이 책을 기본으로 삼아 1963년에 『맑스-레닌주의비판』(내외문화사)을 출판했다.

양호민은 『공산주의의 이론과 역사』에 이어 박준규(朴浚圭)와 함께 휴 시튼 왓슨(Hugh Seton-Watson)의 *From Lenin to Malenkov: The History of World Communism* (New York, N.Y.: Frederick A, Praeger, 1954)을 『세계공산주의운동사: 레닌에서 말렌코프까지』(중앙문화사, 1957)로 역간했다. 저자는 영국의 저명한 역사학자이며 외교관이었다.

공산주의에 대한 이론적 비판과 관련해 빼놓을 수 없는 정치학자가 경북대→성균관대 교수 이동화다. 그는 1953년 12월에 켈젠의 *The Political Theory of Bolshevism: A Critical Analysis* (Berkeley, C.A.: The University of California Press, 1948)를 『볼셰위즘 정치이론의 비판』(진문사[進文社])으로 역간했는데, 이 역서는 1962년에 『볼쉐비즘의 정치이론』(사상계사 사상문고 제3권)으로 재간된다. 이동화는 1955~1957년 시기에 『사상계』와 『새벽』에 흐루쇼프의 1956년도 소련공산당 제20차 대회 연설 및 평화공존에 관한 논문들을 발표함과 아울러 동유럽에서 등장한 '인민민주주의'를 비판하는 논문들을 발표했다.[17] 확실히 1950년대 후반에 마르크시즘-레닌이즘에 관한 한, 한국정치학계의 쌍벽은 이동화와 양호민이었다.

여기서 상기돼야 할 점은 국가보안법이 특히 정치학의 재활에 일정한

16 안병영, 「양호민, 『공산주의의 이론과 역사』」, 동아일보사 신동아 편집실 편, 『현대 한국의 명저 100권, 1945~1984년』(동아일보사 『신동아』, 1985년 1월호 별책부록, 1985), 256-258쪽.

17 이동화의 이 논문들에 대해 필자는 다음에서 자세히 소개했다. 김학준, 『두산 이동화 평전: 한국에서 민주사회주의운동을 개척한 정치학자의 이념과 행동』(단국대학교 출판부, 2012), 245-289쪽.

한계를 설정했다는 사실이다. 이동화 교수의 사례가 그 사실을 극명하게 설명했다. 그는 1955년 5월 19일에 서울대 정치학과에서 "미국과 소련 사이에 평화공존이 가능하다."라는 취지로 강연한 것이 국가보안법을 위반했다는 혐의로 구속기소돼 재판을 받고 선고유예로 석방됐다. 그때 이승만 대통령은 "미국과 소련 사이에 평화공존은 불가능하다. 그런데도 소련은 서방세계의 반공반소의식을 이완시키기 위해 평화공존론을 전파하고 있다."고 경고했던 것이다.[18]

국제정치학의 성장

그러면 '한국 정치학의 재활'은 어떤 형태로 나타났던가? 첫째, 국제정치에 대한 관심이 확대됐다. 우리가 제3장에서 살폈듯, 해방 이후 개교한 서울대와 고려대 및 연희대 등은 모두 국제정치에 대한 강좌들을 개설하고 있었으며, 이 방면의 학자들은 외교사를 포함한 국제정치에 관한 저술들을 출판했었다. 그러한 기초가 마련되어 있었던 터에, 서방권과 공산권이 함께 참전한 6·25전쟁을 겪으면서 국제정치에 대한 관심은 자연스럽게 더욱 커졌다. 이에 따라, 손제석 서울대 외교학과 조교수의 표현으로 "우리나라의 국제정치학은 발전기에 들어서게 되었다."[19]

우선 외교학과의 정치학과로부터의 분리-독립이 나타났다. 서울대 문리대 정치학과는 1956년부터 정치학과 안에 외교학 전공자를 따로 뽑기 시작했다. 이 시기에 정치학과에서 외교학을 전공해 훗날 미국 캘리포니아대 버클리캠퍼스에서 정치학박사학위를 받고 고려대 정치외교학과 교수를 거쳐 외무장관과 주미대사로 봉직했던 이가 58학번의 한승주(韓昇洲)였다.

다른 한편으로, 국제정치학 전공교수들은 1956년 5월 30일에 서울에서

---

18 위와 같음.

19 손제석, 「국제정치학의 연구 및 대학교육 경향」, 『한국정치학회보』, 제2집(1967년 12월), 104쪽.

한국국제정치학회를 창립했다.[20] 외교학 전공자의 분리선발, 그리고 한국국제정치학회의 창설에서 주도적 역할을 수행한 분이 이용희 교수다. 창립총회는 초대 회장과 부회장에 각각 이용희와 조효원을 선출했다. 1957년에 열린 총회는 회장에 신기석을 선출했으며, 1958~1959년에는 다시 이용희를 회장으로 선출했다.[21]

국제정치학 저술의 활성화

이어 국제정치학에 관한 저술들의 출발이 활발해졌다. 1953년에는 국회의원 정일형(鄭一亨) 박사가 『유엔의 성립과 업적』(국제연합한국협회)을 출판했다. 1954년에는 이원우(李元雨) 교수가 『국제연합 개설』(신창사[新昌社])을 출판했다. 역자는 이 책의 오역들과 오자들을 스스로 고쳐 1959년에 『국제연합 개설』(범조사[凡潮社])을 출판한다. 1954년에 조효원은 『국제정치학』(문종각[文鍾閣])을 출판하고, 1955년에 (1) 이용희가 『국제정치 원론』(장왕사)을 출판했고, (2) 윤주영이 『국제기구론 상』(양문사)을 출판했다.

외교사에 관한 저술 역시 활발했다. 예컨대, 신기석은 (1) 1953년에 자신의 『근대외교사』를 『증보 근대외교사』(문성당[文星堂])로, (2) 1955년에 자신의 『근세동양외교사』를 『동양외교사』(동국문화사)로, (3) 1955년에 『외교사』(양문사)를, (4) 1958년에 자신의 『증보 근대외교사』를 『정정증보(訂正增補) 근대외교사』(일조각)로 각각 출판했다.[22] 강상운은 1954년에 『근대외교사』(민중서관)를 출판했다.

번역도 뒤따랐다. 역서들을 점검하면, 영국의 국제관계사학자이면서 외교관이던 에드워드 핼릿 카아(Edward Hallett Carr)와 역시 영국의 외교관

20 위와 같음, 105쪽.

21 한국국제정치학회50년사편찬위원회 편, 『한국국제정치학회50년사(1956~2006)』(한국국제정치학회, 2006), 55쪽.

22 『지양신기석박사화갑기념학술논문집』, 「저작목록」, 11쪽

이던 해롤드 조지 니콜슨(Harold George Nicolson)이 가장 많은 관심을 받았음을 확인할 수 있다. 그들 가운데 카아는 국제정치에서 이상주의와 현실주의가 가진 허점들을 지적하면서, 그것들이 복합되면서 2차대전이 일어났다고 보았다. 카아의 그러한 분석을 평가하면서, 학자들은 이상주의와 현실주의 사이에서 그가 일종의 절충론을 제시한 것으로 해석했다. 그러나 기본적으로 그의 저술들은 그를 현실주의자로 비치게 만들었다. 니콜슨은 옥스포드대 교수와 하원의원 및 차관을 역임한 뒤 '써(Sir)'의 작위를 받은 사람으로, 외교관의 미덕은 참을성과 끈질김 및 신중함에 있음을 강조했다.

카아의 경우, 1차대전과 2차대전 사이의, 곧 1919년과 1939년 사이의 20년을 분석한 그의 *Twenty Years' Crisis : An Introduction to the Study of International Relations* (1939)가 1955년에 이원우 국민대 교수에 의해 『국제정치학 개론 : 위기의 20년』(서울 : 덕수출판사[德壽出版社])으로 역간됐고, 그의 *International Relations between the Two World Wars* (1955)가 1957년에 이원우 교수와 이영희(李英熙) 국민대 강사에 의해 『20세기 국제정치사』(서울 : 신명문화사[新明文化社])로 역간됐다. 니콜슨의 경우, 그가 1939년에 출판한 *Diplomacy*의 개정판이 여러 학자들에 의해 서로 다른 형태로 역간됐다. 그 개정판은 니콜슨이 1953년 11월에 옥스포드대에서 강의한 것을 기초로 출판한 책을 1954년에 재쇄한 *The Revolution of Diplomatic Method*이다. 이 개정판의 번역으로, (1) 이정우(李晶雨) 정일영 공역의 『외교학 개론』(서울 : 한국번역도서주식회사, 1955),[23] (2) 이원우 이영희 공역의 『외교론 : 외교양식의 발달』(서울 : 신명문화사, 1956), (3) 이상조 역의 『외교론』(서울 : 민중서관, 1957) 등이 있다.

카아는 1961년에 *What Is History?* (New York, N.Y. : University of Cambridge Press and Penguin Books)를 출판한다. 국제적으로 널리 읽힌 이

23 이 책의 「역자 서문」을 보면, 이 책이 출판된 1955년 이전의 어느 시점에 초판이 출판됐음이 확실하다. 바꿔 말해, 1955년판은 개역판이다. 그러나 초판이 언제 나왔는지 역자들은 밝히지 않았다.

『역사란 무엇인가?』에서 그는 역사를 '과거와 현재 사이의 끊임없는 대화(an unending dialogue between the past and present)'라고 정의하는데, 이 구절은 많은 사람들에게 자주 인용된다.

이상에서 보았듯, 1961년 이전의 시기에 카아에 대한 소개는 거의 전적으로 이원우에 의해 주도됐다. 서울대 문리대 정치학과에도 출강했던 이원우에 대해 김용구(金容九) 교수는 다음과 같이 회상했다 : "1950년대 한국 국제정치학을 언급하면서 이원우 교수의 공헌을 지적하지 않을 수 없다. […] 먼저 그는 한국에 카아를 처음으로 소개하였다. 그의 카아 교수에 대한 열정은 대단한 것이어서 학생들은 그를 '카아 선생'이라고 부를 정도였다."**24** 이원우는 카아의 책들을 역간하면서 일시적으로 영국에 유학했던 것으로 알려졌다.

카아 및 니콜슨 밖에, 한스 모겐소(Hans J. Morgenthau)와 헨리 키신저(Henry A. Kissinger) 등이 관심을 받았다. 모겐소는 1904년에 독일의 유태인 집안에서 태어나 베를린대, 프랑크푸르트대, 뮌헨대 등에서 법학을 전공해 변호사자격을 획득한 데 이어 제네바의 국제대학원에서 국제법과 국제정치학을 연구했다. 그는 나치스의 유태인박해를 피해 독일을 떠나 스페인과 스위스의 대학교들에서 강의하다가 1937년에 미국으로 건너갔다. 하버드대에서 잠시 강의했던 그는 결국 1943년부터 시카고대 정치학과에서 교수생활을 하며 국제정치학을 하나의 독립된 학문으로 정립하는 데 결정적으로 기여했다. 그가 1948년에 출판한 *Politics Among Nations : the Struggle for Power and Peace* (New York, N.Y. : Alfred A. Knopf, 1948) [『국가들 사이의 정치 : 권력과 평화를 얻기 위한 투쟁』]는 그 이후 미국을 비롯한 서방세계의 대학교들에서 국제정치에 관한 표준적 교과서로 쓰였다.

이원우는 모겐소의 *American Foreign Policy : A Critical Examination* (London : Methuen Company)을 『국제정치와 미국의 외교정책』(서울 :

24 김용구, 「국제정치학사」, 한국정치학회50년사편찬위원회 편, 『한국정치학회50년사』(한국정치학회, 2003), 290쪽.

영창서관, 1957)으로 역간했다. 이 책은 원래 미국에서 1951년에 *In Defense of National Interest : A Critical Examination of American Foreign Policy* (New York, N.Y. : Alfred A. Knopf, 1951)[국가이익의 수호를 위해 : 미국 외교정책의 비판적 분석]로 출판됐었다. 이어 민병기 고려대 조교수는 자신의 은사인 모겐소가 1957년에 미국정치학회에서 발표한 논문을 「동맹론」(『사상계』, 1958년 7월호, 197-207쪽)으로 번역했다.

다른 한편으로, 오늘날 국방대학교의 모체인 국방연구원에 소속된 최영두(崔永斗) 육군대령과 강병규(姜秉奎) 및 우병규(禹炳奎)는 키신저의 *Nuclear Weapons and Foreign Policy* (New York, N.Y. : Harper & Brothers, 1957)를 『핵무기와 외교정책』(국방연구원 출판부, 1958)으로 역간했다. 키신저가 이 책을 썼던 때 그는 하버드대에서 정치학박사학위를 받고 이 대학 국제문제연구소에서 교수로 봉직하고 있었다. 그는 훗날 리처드 닉슨(Richard M. Nixon) 대통령의 국가안보보좌관 및 국무장관으로 활동하며 노벨평화상을 받는다.

그사이인 1955년에 외교관 엄영달(嚴永達)은 프린스턴의 고등연구소에서 봉직하던 전 소련주재미국대사 조지 케넌(George F. Kennan)의 *American Diplomacy, 1900-1950* (New York, N.Y. : The New American Library, 1951)을 『미국의 외교』(민중서관, 1955)로 역간했다. 이 책은 조억현(趙億顯) 역-신기석 감수로 『미국의 근대외교사』(명신사[銘信社], 1959)로도 역간됐다. 1955년에 서석순은 루이스 스미드(Louis Smith) 교수의 *American Democracy and Military Power : A Study of Civil Control of the Military Power in the United States* (Chicago, Ill. : The University of Chicago Press, 1951)를 『민주주의와 군사력』(박문출판사)으로 역간했다.

이어 1956년에, (1) 조효원은 캐나다 외무장관 출신의 레스터 피어슨(Lester B. Pearson)의 *Democracy in World Politics* (Princeton, N.J. : Princeton University Press, 1955)를 『민주주의와 국제정치』(을유문화사)로 역간했고, (2) 합동통신사 조사부는 미국 로체스터대의 덱스터 퍼킨스(Dexter

Perkins) 교수의 *The American Approach to Foreign Policy* (Cambridge, M.A. : Harvard University Press, 1952)를 『미국의 외교사조』(합동통신사)로 역간했다. 퍼킨스는 미국의 외교정책은 미국의 정치체제 및 정치제도로부터 직접적 영향을 받고 있다고 지적하고, 미국의 정치체제 및 정치제도는 그 본질이 타협에 있기 때문에 미국의 외교정책은 타협의 산물임을 논증했다. 퍼킨스는 또 미국국민이 대체로 제국주의정책을 증오하기 때문에 미국의 외교정책은 도덕적 경향을 지닌다고 주장했다.

논문의 발표도 뒤따랐다. 우선 1955년에 서울대 문리대 학생회가 발행하던 『문리대학보』는 영국 런던경제정치대 노씨지(F. S. Northedge) 교수의 국제관계 연구에 관한 논문을 영어원문 그대로 게재했다.[25] 이 논문은 영국의 대학교에 국제관계라는 이름의 강좌가 1919년에 처음으로 개설된 과정 그리고 개설된 이후 이 논문의 집필이 완료된 시점(1955년 1월)까지, 국제관계 분야가 성장한 과정을 기술했다. 그 핵심적 부분들을 적시하면 다음과 같다 :

- 영국의 대학교에서 국제관계 강좌는 1차대전의 산물로 탄생했다. 최초의 강좌는 1919년에 웨일스의 애버리스트위스(Aberystwyth)에 위치한 웨일스대학교에 개설됐다. 여기서 주목되는 점은 이 강좌가 대학교의 발의에 의해서가 아니라 기업인(企業人) 데이비스 경(Lord Davies)에 의해 마련됐다는 사실이다.
- 1948년에 옥스퍼드대학교와 런던대학교 및 에든버러대학교에도 국제관계 강좌가 개설됐는데, 그것도 대학교의 발의에 의해서가 아니라 기업인 몬테규 경(Sir Montague)에 의해 마련됐다.
- 국제관계 강좌를 국제사(International History) 및 국제공법(Public Inter-

25 F. S. Northedge, "The Study of International Relations in London University," 『문리대학보』(서울대 문리대 학예부), 제3권 제1호(1955년 3월), 68-54쪽. 인쇄기술의 문제 때문이었는지, 이 논문은 68쪽에서 시작해 54쪽에서 끝났다. 이 논문은 노씨지 교수가 『문리대학보』를 위해 집필한 것이다.

national Law)으로부터 독립시킨 최초의 대학교는 런던대학교다. 1949년에 런던대학교는 국제관계 분야의 전공으로 학사학위를 받도록 허용하는 결정을 내렸다.

- 국제관계를 전공하는 학도들에게는 (1) 1815년 이후 강대국들의 정치사, (2) 국제사회의 구조, (3) 국제사, (4) 국제제도(International Institutions), (5) 국제법, (6) 국제적 평화와 안전의 문제, (7) 국제관계의 철학적 및 심리학적 측면들, (8) 국제문제의 지리학적 및 전략적 측면들, (9) 국내적 및 국제적 수준에서의 정치의 상호작용, (10) 정치이론 및 사회이론 등의 과목들을 수강하도록 요구됐다.
- 국제관계 강좌에서 주로 읽힌 저서들의 저자들은 영국의 카아, 미국의 모겐소, 미국의 라이트, 영국의 세계적 국제법학자 제임스 레슬리 브라이어리(James Leslie Brierly) 등이었다. 소련에 관해서는 베링턴 무어(Barrington Moore, Jr.)의 *Soviet Politics : The Dilemma of Power* (Cambridge, M.A. : Harvard University Press, 1950)가 널리 읽혔다.

이 논문에 이어 1957년 2월에 대한국제법학회의 학술지 『국제법학회논총』은 민병기 고려대 전임강사의 논문을 게재했다.[26] 이 논문은 자신이 국제정치학을 공부한 시카고대 국제관계연구위원회의 교과목표를 참고로 삼아, 미국의 대학교들에서 행해지는 국제정치 연구의 현황을 자세히 설명했다. 또 미국국제정치학계의 방법론으로, 조지 케넌의 용어를 빌려, '정치적 이상주의'와 '정치적 현실주의'가 2개의 큰 조류를 형성하고 있으나, 영국의 조지 슈바르첸버거(George Schwarzenberger) 교수는 제3의 조류로 '사회학적 이론'을 제시하고 있다고 지적했다.

26 민병기, 「국제문제연구의 과제와 경향」, 『국제법학회논총』, 제2호(1957년 2월), 49-66쪽. "A Study of International Relations : Problems and Trends"라는 영문제목이 첨부됐다.

행정학의 성장

국제정치학이 성장하던 시기에 행정학 역시 빠르게 성장했다. 서울대 법대와 부산대 법대에만 개설됐던 행정학과가 1955년 4월에 고려대와 중앙대에 개설됐으며,[27] 이러한 흐름 속에서 1955년 4월 10일에 서울대 법대 정인흥 부교수는 『행정학』(제일문화사)을 출판했다. 공삼은 짧은 「서평」을 발표했다. 공삼은 이 책이 '우리나라 최초의 행정학 저서'라고 평가했다.[28] 두 분은 개인적으로 절친했다. 그래서 정 교수는 공삼의 역서를 서평했고, 공삼은 정 교수의 저서를 서평한 것이다.

이처럼 행정학이 성장하면서, 한국행정연구회가 1956년 10월 12일에 오늘날의 중앙공무원교육원의 전신인 국립공무원훈련원에서 창립됐다.[29] 초대 회장은 백낙준 연희대 총장이었고 부회장은 정인흥 서울대 법대 부교수였다. 공삼은 박일경, 윤세창, 이종극, 한태연 교수 등과 함께 이사로 선출됐다.

한국행정연구회는 이듬해인 1957년에 조효원 교수와 김동원(金東元) 국립공무원훈련원 학감 등의 주도 아래 『행정학사전』을 편찬했다. 이 책은 한미합동경제위원회에서 출판됐는데, 이것은 이 책의 편찬과정에 미국정부의 지원이 있었음을 말해주었다. 곧이어 1957년 가을학기에, 그리고 이어 1958년 가을학기에, 서울대학교와 미국 미네소타대학교 사이의 교환계획에 따라 서울대 대학원 출신의 젊은 행정학도들이 미네소타대 대학원 정치학과로 유학의 길에 올랐다.[30] 그들은 강병근(姜秉根), 김운태, 김해동(金海東), 박동서(朴東緖), 서원우(徐元宇), 유훈(兪焄), 이우현(李宇鉉), 이정식, 조석준(趙錫俊), 최종기(崔鍾起) [가나다 순서] 등이었다. 행정학이 성

27 박동서(朴東緖), 「한국 행정학의 현황과 역할」, 『한국정치학회보』, 제2집(1967), 117쪽.

28 민병태, 「서평 : 정인흥 교수 『행정학』」, 『대학신문』, 1955년 10월 26일, 2쪽.

29 이문영(李文永), 「한국에 있어서의 행정학연구 현황」, 『법률행정논집』(고려대학교), 제4집(1963년 3월), 268쪽.

30 『대학신문』, 1957년 9월 30일, 1쪽.

장하는 흐름 속에서, 1958년 4월에 연세대 정법대학에 행정학과가 개설됐다. 이 과정에 조효원 교수와 김영훈 강사가 실무역할을 수행했다.

아세아문제연구소의 개설

고려대학교는 1957년 6월에 자신의 부설기관으로 아세아문제연구소를 개설했다. 초대 소장에는 동양철학을 전공한 인문학자 이상은 교수가 임명됐으며, 부소장에는 항일독립운동가로 일제가 패망한 이후 중국국민당정부를 따라 대만으로 이주해 거기서 중국사와 중국공산당사를 연구하고 귀국한 김준엽(金俊燁)이 임명됐다. 김준엽은 고려대 사학과 전임강사로 출발해 이 대학교의 총장으로 오른다. 그 과정에서 그는 이 연구소의 발전, 그리고 이 연구소의 계간지인 『아세아연구』의 편집을 이끌었다.

이 연구소의 개설은 정치학의 성장에도 일정하게 영향을 준다. 특히 『아세아연구』에 중공과 북한을 비롯한 동아시아의 공산권에 관한 논문들을 게재하고, 아세아문제연구소의 연구총서로 북한을 비롯한 공산권에 관한 연구서들을 계속해서 출판해 '공산권연구' 또는 '북한학'을 적극적으로 뒷받침한다. 이 점에 대해서는 다음 장들에서 설명할 것이다.

전통적 정치학의 성장

이처럼 한국정치학계에서 정치학의 영역이 넓어지는 가운데 전통적 정치학 역시 성장하고 있었다. 우선 정치학 개론에서 (1) 강상운의 『신고(新稿) 정치학 개론』(유문사[唯文社], 1954), (2) 백상건(白尙健)의 『정치학 입문』(일조각, 1954) 및 그 책의 전정증보판(1956), (3) 윤세창의 『정치학 개요』(제일문화사, 1954), (4) 정인흥의 『정치학』(제일문화사, 1954) 등이 출판됐다. 한태수는 『정치독본』(재단법인 국제학술연구원, 1954 ; 경문사, 1956)을 출판했는데, 이 책은 작은 책이다. 민주주의, 정당, 선거, 국제정치를 보통 수준의 국민을 상대로 쉽게 설명했다. 이어 이종항(李鍾恒)은 『정치학』(문성당, 1954)을 출판했는데 이 책은 10개 장으로 구성됐다. 제도론적-법적 접근방법에 기초했다. 국가론과 정부기구론 및 정당-선거론을 중심으로 정치를 설명했다. 그래서 정치행태론은 말할 것도 없고 정치과정이나 정치심리는 전혀 언급되지 않았다.

이 책들에 이어 (1) 신도성의 『신고 정치학』(현대문화사, 1956), (2) 로야마 마사미치 저, 함종빈(咸鐘贇) 역의 『정치학 원리』(현대문화사, 1956), (3) 베이루트의 아메리칸대 교수 로저 솔토우(R. H. Soltau) 저, 김운태 역의 『정치학 입문』(정연사[精研社], 1957) 등이 출판됐다. 번역의 대본은 *An Introduction to Politics,* 3rd impression (London : Longmans Green and Co., 1952)이다. 신동욱 한태수 조효원 공저의 『사회과학 개론』(경문사, 1956년 9월)은 국가론 정당론 여론 민주주의론 등을 포함시켰다.

정치 이론 및 사상 분야에서는 (1) 박일경의 『민주정치 강화(講話)』(고려출판사, 1955), (2) 정인흥의 『근대정치사상사』(양문사, 1955) 및 『서양정치사상사』(제일문화사, 1956 ; 박영사, 1957), (3) 게텔 저, 김경수 역의 『정치사상사』(장왕사), 상(1955)-하(1956), (4) 루소 저, 김영국 역의 『인간불평등 기원론』(현대문화사, 1956), (5) 헌쇼 저, 엄기형(嚴基衡) 역의 『정치사상사』(현대문화사, 1956),[31] (6) 조효원, 『현대정치사상』(경향신문사, 1956), (7) 베커 저, 윤세창 역의 『자유와 책임』(민중서관, 1956 ; 개정초판, 1975),[32] (8) 베커 저, 윤세창 역의 『현대민주주의론』(일신사, 1957),[33] (9) 베커 저, 김대훈(金大薰) 역의 『현대민주주의』(대학교재공사, 1957),[34] (10) 이용희의 『정치

31 원전은 Fossey John Cobb Hearnshaw, *The Development of Political Ideas* (London : Earnest, Benn, 1927)이다. 작은 책이다.

32 원전은 Carl L. Becker, *Freedom and Responsibility in the American Way of Life* (New York, N.Y. : Alfred A. Knopf, 1945)이다.

33 원전은 Carl L. Becker, *Modern Democracy* (New Haven, CT. : Yale University Press, 1957)이다. 분량은 작다.

34 역자는 자신이 원전의 제8쇄(1950년 9월)를 번역했다고 밝혔다.

와 정치사상』(일조각, 1958)이 출판됐다.

정치지리학 분야에서는, 표문화(表文化)의 『정치지리학 개요 : 지정학적 고찰』(고려출판사, 1955)이 출판됐다. 정치사회학 분야에서는 로베르토 미헬스 저, 이상백 역의 『정치사회학』(민중서관, 1956)이 역간됐다. 정당정치론 분야에서, 김성희의 『정당론』(박영사, 1957)이 출판됐다. 이어 조효원의 「한국정당의 성격규명」(한국사회과학연구회 편, 『사회과학』, 제2호, 1958년 3월, 131-151쪽), 그리고 김경수의 「양당정치와 민주주의」(『사상계』, 1958년 7월, 241-243쪽)가 발표됐다.

이 시기에 선거에 관한 저술들이 출판된 사실이 주목된다. 우선 이화여대와 국민대에 출강하던 신현경은 「선거운동 및 기(其)할 단속」(국민대학 『정치학논집』 창간호, 1956, 7-12쪽)을 발표해, 선거가 부정한 방법으로 치러지지 않도록 뒷받침하는 제도적 장치들을 고려할 것을 제의했다. 그는 이 문제에 계속해서 관심을 갖고 『선거제도론』(청구출판사, 1957)을 출판한 데 이어 『한국평론』 1958년 5월호와 6월호 및 7월호에 영국과 프랑스 및 미국에서의 선거에 관한 해설을 차례로 발표했다. 1958년 5월에 치러질 제4대 민의원총선을 앞두고 황규인(黃圭仁)과 구종수(具宗壽)는 애국사상보급회의 후원을 받아 『선거와 선전』(영문사[榮文社], 1958년 3월)을 편저했다. 서울신문학원 원장인 곽복산(郭福山) 중앙대 신문학과 교수가 감수했다.

정치사 분야에서는 김성희의 『근대서양정치사』(백영사[白映社], 1955)와 이우현의 『근대정치사 개설』(제일문화사, 1955)이 출판됐다. 정치제도-기구론 분야에서는 (1) 김옥평(金玉坪)의 『근대각국의회제도론』(박문출판사, 1954), (2) 최요환(崔嶢煥)의 『의회제도 개요』(영웅출판사, 1954) 및 『의회제도론』(영웅출판사, 1956), (3) 윤세창의 『의회제도론』(양문사, 1955), (4) 로야마 마사미치 저, 계명문화사 편집부 역-이종항 감수의 『비교정치기구론』(계명문화사, 1955) 등이 출판됐다.

각국 정부-정치론 분야에서는 우선 조효원이 (1) 『아세아정치론』(문종각, 1955)을 출판한 데 이어, (2) 『미국정부형태론』(을유문화사, 1957)을 역간했다.[35] 서울대 법대 김증한(金曾漢) 교수는 『미국의 헌법과 정치』(위성문화사, 1957)를 역간했으며,[36] 정치학자 김동석(金東石)은 『미국정부 개론』(민중서관, 1955)을 역간했다.[37] 고려대 교수 강봉식은 『현대소련정치론 : 권력의 병리』(사상계사, 1955)를 역간했으며 서울대 문리대 사회학과 이만갑(李萬甲) 교수는 『소비에트 사회사(社會史)』(을유문화사, 1957)를 역간했다.[38] 공산권정치와 관련해, 이우현과 김대훈은 『새로운 계급 : 공산주의 체제의 분석』(한국대학교재공사, 1956)을 역간했다.[39] 제3세계와 관련해, 정문한(鄭文翰)은 『세계평화와 약소민족의 혁명』(인간사, 1957)을 역간했다.[40] 이렇게 각국의 정부제도-기구에 대한 관심이 높아지면서, 조효원-신상초-이방석(李邦錫)-정해융(丁海融)-함종빈은 『비교정부론』(현대문화사, 1956)을 역간했으며,[41] 박일경은 『현대비교정부론』(신명문화사, 1957)을 출판했다.

여기서 주목되는 것은, 『현대소련정치론』 및 『새로운 계급』의 역간에서 보이듯, 공산주의와 공산주의국가들에 대한 연구가 비판적 수준에서 개시됐다는 사실이다. 그 연구는 중국공산당에 대한 연구와 흐름을 같이했는데, 그 대표적 보기가 고려대 사학과 김준엽의 「중공혁명노선의 변천」(고

35 원전은 Ernest S. Griffith, *The American System of Government* (New York, N.Y. : Frederick A. Praeger, 1954)이다.

36 원저는 미국무부가 1949년에 편집하고 발간한 *A Government by the People*이다.

37 원저는 Wallace E. Sayer, *An Outline of American Government* (New York, N.Y. : Barnes and Noble, INC, 1951)이다.

38 원저는 W. W. Rostow, *The Dynamics of Soviet Society* (New York, N.Y. : W. W. Norton & Co., 1952)이다.

39 원저는 Milovan Dilas(또는 Djilas) *The New Class : An Analysis of the Communist System* (San Diego, C.A. : Harcourt Brace Janovich, 1957)이다.

40 원저는 Chester Bowles, *The New Dimensions of Peace* (New York, N.Y. : Harper, 1955)이다. 저자는 코넷티커트주지사와 연방하원의원 및 국무차관을 역임한 뒤 트루먼 행정부에서 인도주재 및 네팔주재 대사를 역임했다. 그는 이 책에서 세계에는 서방권과 공산권의 어느 쪽에도 속하지 않는 '중간지대'가 존재한다고 말했다.

41 원전은 Herman Beukema, *Contemporary Foreign Governments*, 3rd ed. (New York, N.Y. : Rinehart & Co., 1953).

려대 아세아문제연구소, 『아세아연구』, 제1권 제1호, 1958년 3월, 59-82쪽)이다. 이 논문은 중국공산당사를 서술하면서 중국공산당이 궁극적으로 지향하는 것은 프롤레타리아계급의 독재체제 확립이라고 주장했다. 그는 1958년 6월에 『중국공산당사』(사상계사 출판부)를 출판했다. 이 책은 1961년에 사상계사의 사상문고 제1권으로 다시 출판됐다. 같은 맥락에서, 김상협은 「공산당의 연립전술」(『사상계』, 1958년 7월호, 92-106쪽)을 발표했다.

'사회학적', '체계적', '심리학적' 정치학의 도입

이 시기에, 미국에서 개발된 '사회학적' 정치학과 '체계적' 정치학 및 '심리학적' 정치학이 한국의 정치학계에 도입됐다. 이 징후는 신도성이 1952년에 발표한 짧은 글에서 이미 나타났다. 그는 이 글을 통해 미국정치학계의 새로운 흐름들을 소개했던 것이다.[42]

그러나 본격적인 도입은 1955년에 이뤄졌다. 이 해에 매키버의 (1) *The Web of Government* (New York, N.Y. : The Macmillan Company, 1947) 1952년판 제9쇄가 이우현 김운태 공역에 의해 『정치학 원론』(한국대학교재공사, 1955년 9월)으로 출간됐고,[43] (2) *Democracy and the Economic Challenge* (New York, N.Y. : The William W. Cook Foundation, 1952)가 차기벽에 의해 『민주정치와 경제적 위기』(국제어학회 출판부, 1955년 11월)로 출간됐다. 후자는 매키버 교수가 1950년 12월에 미시간대에서 다섯 차례에 걸쳐 행한 강연들을 모은 것이다. 매키버는 이 강연에서 — 따라서 이 책에서 — (1) 경제적 평등을 내세우는 공산주의체제가 성립된다면 그것은 자유와 민주주의의 종말을 의미하지만, (2) 경제적 평등을 실현하기 위한 노

42 신도성, 「현대정치학의 과제 : 사회심리학적 연구의 필요성」, 『대학신문』, 1952년 9월 29일, 2쪽.

43 원저는 2007년에 뉴욕의 Kessinger Publishing Company에서 대형판으로 다시 출판됐다.

력을 정책적으로 계속하지 않으면 민주주의의 기반이 취약해져 민주주의에 위기가 올 수 있음을 경고했다.

'체계적' 정치학을 개발한 시카고대 정치학과 교수 찰스 메리암의 저서 역시 1955년부터 역간됐다. 그의 *The Role of Politics in Social Changes* (New York, N.Y. : New York University Press, 1936) 및 *Public and Private Government* (New Haven, C.T. : Yale University Press, 1945)가 김성희에 의해 『사회변동과 정치』(민중서관, 1955) 한 책으로 역간됐다. 이어 그의 *Prologue to Politics* (Chicago, Ill. : The University of Chicago Press, 1939)가 김운태 이우현 공역에 의해 『정치학 서설』(제일문화사, 1955)로, 그리고 *Systematic Politics* (Chicago, Ill. : The University of Chicago Press, 1945)가 역시 김운태 이우현 공역에 의해 『체계적 정치학』(일조각, 1956)으로 각각 역간됐다. 이때 이우현은 서울대 법대 강사였다. 전자는 후자를 위한 글자 그대로의 서설이었다. 매키버와 메리암에 대해서는 다음 절(節)과 장(章)에서 상세히 설명하기로 하겠다.

'심리학적' 정치학은, 달리 표현한다면 정치심리학은, 미국 예일대 정치학과 교수 해럴드 드와이트 라스웰(Harold Dwight Lasswell)에 의해 개척됐다. 그의 대표작들 가운데 하나인 *Power and Personality* (New York, N.Y. : Norton, 1948)는 연세대 정치외교학과 이선주(李善主) 학사에 의해 『권력과 인간』(동국문화사, 1958)으로 역간됐다. 그는 1961년에 연세대 정치외교학과에서 석사학위를 받는다.[44]

● ● ● ● ●

44 『연정60년사』, 356쪽.

제 2 절 국가, 그리고 민주주의의 이론과 제도에 관한 저술들을 번역 또는 출판하다(1954~1957)

한국정치학계의 이러한 흐름 속에서, 공삼은 1954년과 1957년 사이에 서구정치학계에 크게 기여한 영국 정치학자 및 영국계 미국 정치학자의 주요 저서들을 역간했다. 이로써 공삼은 지도적 정치학자로서의 지위를 확고히 했다.

라스키의 『정치학 강요』 및 『국가론』 역간(1954)

첫째, 라스키의 『정치학 강요』 상권을 다시 역간함과 아울러 하권을 역간했다. 이로써 『정치학 강요』의 완역을 끝냈다. 우리가 제3장 제4절에서 보았듯, 공삼은 1949년 6월에 문조사(文潮社)에서 상권을 역간했었다. 그 상권은 문연사(文研社)에서 1952년과 1953년에 각각 2쇄와 3쇄를 기록했었다. 그런데 상권을 개역하여 1954년 6월에 민중서관에서 간행했다. 이 개역판에는 색인이 첨부됐다. 공삼은 또 1954년 9월에 『정치학 강요』 하권을 역시 민중서관에서 역간했다.[45]

상권과 하권의 내용에 대해 공삼 스스로의 설명을 듣기로 하자 :

> 라스키 교수는 [『정치학 강요』의 상권]에서 인간의 자유와 평등을 보장하기 위하여 연방적인 대사회(大社會)에 있어서의 국가와 국가 이외의 제단체(諸團體)의 병존성(併存性)을 강조하는 동시에, 궁극적인 조절권력체(調節權力體)로서의 국가의 지위를 명백히 하였다. 이것은 말하자면, 그의 정치학의 기초이론이라고 볼 수 있는 것이다.
>
> 그는 [『정치학 강요』의 하권]에서는 자유와 평등을 실현하는 국가기능을 실제

45 공삼의 「저작목록」에는 상권이 1954년에 문연사에서 역간됐고 하권이 1957년에 민중서관에서 역간된 것으로 기재됐는데, 앞의 경우에는 출판사의 이름에 그리고 뒤의 경우에는 출판연도에 착오가 있다.

의 제도에 입각하여 상세히 분석하고 있다. 모든 통치형태는 이것을 표면에서 관찰한다면 비교할 수 있는 사실의 나열에 불과할 것이나 목적을 실현하는 기능의 입장에서 본다면 이것은 실로 정치이론의 핵심을 이루는 것이다.

그러므로 여기에서 그가 분석하는 정치제도, 경제제도, 사법제도 및 국제조직은 통제형태를 단순히 비교하는 것이 아니라, 이론이 구체화되는 과정을 본질적으로 구명한 것이다. 그뿐 아니라, 그는 제3의 임무로서 국가 및 국제사회의 장래에 대한 제안을 명세(明細)함으로써 우리에게 새로운 과제를 제공하고 있다.[46]

상권의 역간과 하권의 역간 사이인 1954년 8월에 공삼은 라스키의 *The State in Theory and Practice* (London : George Allen & Unwin, 1935)를 『국가론 : 이론과 실제』로 역간했다. 공삼은 자신이 원서의 1947년판(New York, N.Y. : The Viking Press)을 대본으로 삼았다고 밝혔다.[47]

이 책과 『정치학 강요』와의 관계에 대해, 공삼은 「역자 서」에서 압축적으로 설명했다. 공삼은 우선 "라스키는 누구보다도 민주주의를 옹호하는 정치학자다."라고 말한 데 이어, "그러나 그가 살고 있던 현대의 딜레마는 그의 이론을 특색화(特色化)한다. 그는 방대한 국가권력에 대한 자유보장의 단위로서 각종 집단의 기능과, 경제적 복리(福利)를 위한 국가권력에 의한 궁극적 조정을 현대사회의 기반에서 구명하고 있으나, 그의 사상에는 언제나 자유와 평등의 판단자로서 개인의 자유를 망각하지 않는다."라고 말했다. 이러한 맥락에서, 공삼은 다음과 같이 썼다 :

여기에 자유가 실현될 국가의 본질에 관한 문제는 라스키의 대본적 저작인 *A Grammar of Politics* (1925)가 발간된 이후의 당연한 과제일 것이다. 이 임무는 본저 *The State in Theory and Practice* (1935)의 완성으로써 이행되었으며,

46 해롤드 J. 라스키 저, 민병태 역, 『정치학 강요』(서울 : 민중서관, 1954), 하권, 「역자 서」, ⅰ쪽. 이 하권은 1956년에 제2쇄를 기록했다. 민중서관의 상권은 역시 1956년에 제2쇄를 기록했다.

47 하로르드 J. 라스키 저, 민병태 역, 『국가론 : 이론과 실제』(서울 : 백영사[白映社], 1954). 여기서는 '해롤드'를 일본식 표기를 따라 '하로르드'로 표기했다.

1937년에 따로 「국가이론의 위기」라는 의의 깊은 서장(序章)을 그의 전게서(前揭書)에 첨가함으로써 수행되었다.[48]

이렇게 두 책 사이의 관계를 설명한 데 이어, 공삼은 『국가론』 그 자체에 대해 다음과 같이 설명했다 :

> 본저(本著)는 자유와 평등의 실현에 있어서 국가권력이 얼마나 중요한지를 논한 것이다. 그는 철학적 국가개념과 현실정치와의 대치(對置)로써 이론을 전개하고 있다. [···] 그의 국가이론은 어디까지나 객관적 비판에 입각하고 있다. 그는 계급관계를 강조하나, 일면(一面)에 있어서 이것을 국가정책이 입각할 본질적 기초과정이라고 본다. 그러므로 그의 국가이론은 공산주의 국가이론과는 판이한 방향을 지향한다.[49]

라스키는 『정치학 강요』에서 그러했듯, 『국가론』에서도 세계평화를 유지시킬 국제기구의 창설에 대한 기대를 표시했다. 공삼은 라스키의 이 기대에 공감을 표시했다.

김계수 교수는 1945년부터 1955년까지의 10년이 한국의 정치학계에서 '라스키 시대'라고 불릴 수 있다고 말했다.[50] 이 시기에 라스키의 저서들이 가장 많이 번역되고 강의에서 가장 자주 인용됐다고 김 교수는 말했다. 그런데 라스키의 저서들 가운데 핵심적 두 저서는 공삼의 손에서 완역됐다. 그러했기에, 김계수가 1965년 현재 한국의 정치학자들을 상대로 '한국의 정치학발전에 공헌 있는 정치학자들'을 물었을 때, 공삼은 1위를 차지했던 것이다.[51]

김계수의 조어(造語)인 '라스키 시대'라는 구절이 암시하듯, 라스키는 확

48 위와 같음, 1쪽.
49 위와 같음, 2쪽.
50 김계수, 『한국정치학 : 현황과 경향』(서울 : 일조각, 1969), 69쪽.
51 위와 같음, 52쪽.

실히 한국의 정치학자들에게 중요한 연구대상이었다. 1954년과 1960년 사이에 한정시킬 때, 이원우 국민대 조교수, 이용희 서울대 조교수, 김영준 서울대 대학원생, 정인흥 서울대 부교수 등의 단문들이 발표됐다. 이어 한태수 교수의 논문이 발표됐고, 박채훈(朴采熏) 서울대 정치학과 학생의 논문이 발표됐으며, 김지현 서울대 대학원생의 석사논문이 통과됐다. 이어 윤근식 경희대 대학원생의 논문이 발표됐고, 신기석 교수의 해설이 발표됐으며, 강상운 중앙대 교수 및 차기벽 경북대 교수의 번역이 뒤따랐다. 이어 서석순 교수의 논문이 뒤따랐다.[52]

이러한 분위기 속에서, 공삼은 라스키의 생애와 이론을 다룬 저서를 출판할 계획을 세우고 집필에 들어갔다. 1960년의 『동아일보』 광고와 『사상계』 광고를 보면 곧 출간될 것처럼 보였다.[53] 그러나 이 책은 끝내 출간되지 않았다.

52 이원우, 「라스키의 생애와 업적」, 『대학신문』, 1954년 6월 2일, 3쪽 ; 이동주, 「라스키의 『국가론』」, 위와 같음, 1954년 11월 1일, 2쪽 ; 김영준, 「현대자유론 : 라스키의 자유론을 중심으로」, 위와 같음, 1955년 2월 7일, 8쪽 ; 정인흥, 「H. J. 라스키」, 위와 같음, 1956년 5월 21일, 3쪽 ; 한태수, 「라스키의 국가론 연구」, 『정치대학10주년학술지』, 1957년 5월 ; 박채훈, 「해롤드 J. 라스키 연구 : 계급국가관에서 전향 이전의 자유의 이론」, 『문리대학보』(서울대 문리대 학예부), 제5권 제2호(1957년 7월), 173-188쪽 ; 김지현, 「라스키의 자유이론에 관한 연구」, 서울대 정치학석사학위논문, 1957 ; 윤근식, 「Harold J. Laski 정치이론의 역사적 성격」, 『정경학보』(신흥대), 1957 ; 신기석, 「라스키의 『정치학 대강』」, 『신태양』, 1959년 5월호, 174-182쪽(그는 전 중앙대학교 정법대학장으로 소개됐다. 그는 『정치학 강요』라는 번역어 대신에 『정치학 대강』이라는 번역어를 사용했다.) ; 라스키 저, 강상운 역, 『정치학 입문』(서울 : 민중서관, 1959) ; 라스키 저, 차기벽 역, 『입헌정치의 재검토』(서울 : 민중서관, 1959) ; 서석순, 「해롤드 라스키」, 동양출판사 편집부 편, 『현대사상강좌』 제7권(동양출판사, 1960), 309-321쪽.

53 예컨대, 『동아일보』, 1960년 4월 21일, 1쪽 광고. 또 『사상계』, 1960년 9월호, 157쪽 광고.

제닝스의 『영국헌정론』 역간(1955년 5월)

라스키의 두 저서를 완역한 그 다음 해인 1955년 5월에 공삼은 영국의 저명한 헌법학자이면서 정치학자인 이보 제닝스(Ivor Jennings) 경의 『영국헌법(*The British Constitution*)』을 역간했다.[54] 원서의 초판 발간연도는 확인되지 않았다. 그러나 1941년에 맥밀란출판사가 출판한 것이 초판인 것으로 추정된다. 재판은 1946년에, 제3판은 1950년에, 그리고 제5판은 1966년에 각각 케임브리지대학교 출판부에서 출판됐다. 공삼은 제3판을 번역했다.

그러면 제닝스는 어떤 사람이었나? 그는 1903년에 영국에서 태어났으며 브리스톨에서 기숙사학교와 고전학교를 마쳤다. 이 사실은 그가 상류사회의 자산층에 속해 있었음을 의미했다. 그 이후 그가 어떤 교육과정을 밟았는지를 필자는 확인할 수 없었다. 그러나 그가 변호사로서 리즈대학교 법과대학에서 전임강사로 교직을 시작한 사실에 미뤄, 어떤 대학교에서 학부교육과 법대교육을 받았음이 확실하다. 그는 주로 영연방의 헌법을 연구하고 강의했고, 1938년에 『영국제국의 헌법들(*Constitutional Laws of the British Empire*)』을 출판했다. 이 책은 1957년에 『연방의 헌법들(*Constitutional Laws of the Commonwealth*)』로 재출판됐다. 그는 1939년에 『의회(*Parliament*)』를 출판했고, 1940년에 『서유럽의 연방[안](*A Federation for Western Europe*)』을 출판했다.

이처럼 헌법학자로 명성을 쌓던 제닝스는 1941년 3월에 그때 대영제국의 직할식민지던 실론(Ceylon)의 수도 콜롬보에 위치한 실론대학교의 제2부총장으로 부임했다. 그는 1942년에 이 대학교의 실질적 총장인 제1부총장으로 승진하면서 대학교를 페러데니야(Peradeniya)로 옮겼고 새 캠퍼스

54 I. 제닝스 저, 민병태 역, 『영국헌정론』(서울 : 민중서관, 1955). 이 역서는 1962년의 제2쇄를 마지막으로 절판됐다. 공삼의 「저작목록」에서, 역서의 제목이 『영국헌정사』로 기재된 것은 실수였을 것이다. 역서의 제목은 『영국헌정론』이다.

에 기존의 독립된 의과대학을 통합시켜 이 대학교의 종합적 발전을 추진했다. 실론은 1948년 2월에 영연방의 일원으로서의 자치령으로 독립했는데, 제닝스는 자치령으로서의 실론의 헌법을 기초했다. 이 무렵에 그는 실론의 대학발전과 헌법에 이바지한 공로가 인정돼 본국정부로부터 '써(Sir)'의 작위를 받았다. 그는 실론대학교 교수평의회의 만장일치 의결로 1954년 10월에 이 대학교로부터 명예법학박사학위를 받았다.

제닝스 교수는 그 직후인 1955년에 케임브리지대학교 트리니티대학의 학장으로 취임했으며, 1961년부터 1963년까지 케임브리지대학교 부총장으로 재임했다. 이 과정에서 그는 『법과 헌법(*The Law and the Constitution*)』, 『영연방의 국가들(*The British Commonwealth of Nations*)』, 『내각제정부(*Cabinet Government*)』 등을 출판했다. 그는 또 케임브리지대학교와 런던대학교로부터도 명예박사학위를 받았는데, 1965년 12월에 62세로 별세했다. 그리고 그가 14년에 걸쳐 헌신한 실론은 1972년 5월에 영연방에서 탈퇴해 스리랑카공화국으로 출범했다.[55]

그러면 이 책의 내용은 무엇이었나? 우선 공삼의 설명을 들어보기로 하자. 공삼은 「역자 서」에서 이 책의 의미를 정확히 설명했다. 첫째, 영국헌정을 설명한 책들로 월터 배저트(Walter Bagehot) 변호사가 1867년에 출판한 『영국헌법(*The English Contitution*)』과 앨버트 다이시(Albert V. Dicey) 교수가 1885년에 출판한 『헌법(*The Law of the Constitution*)』이 있었음을 상기시킨 뒤, 공삼은 이 책들은 19세기 말에 출판돼 20세기 이후의 상황을 설명하는 데 한계가 있다고 지적했다. 특히 20세기 이후 영국에서 전개된 정치상황, 그리고 노동당이 집권한 1945년 이후의 정치상황을 설명하지 못했다고 지적했다. 이러한 부족을 제닝스의 책이 보충해주고 있어서, 이 책이 영국에서는 물론이거니와 미국에서도 널리 알려져 있고, 독일어와 스페인어로도 번역됐다고 해설했다. 공삼은 이렇게 서방세계에서

55 Derrick Schokman, "Sir Ivor : First Vice Chancellor of University of Ceylon," *Daily News*, May 16, 2003. http ://www.rootsweb.ancestry.com//~lkawgw/ivorj.html

널리 읽히는 이 책이 한국에서도 널리 읽혀 영국의 정치제도가 한국에서 깊이 이해되기를 희망했다. 이러한 희망의 표시에서 엿보이듯, 공삼은 영국의 정치제도 전반에 대해, 특히 의회내각제에 대해, 무척 호의적인 의견을 지녔다.

둘째, 공삼은 「역자 서」에서, 영국의 헌정이 그 시대의 변화와 요청에 맞게 유연하게 운영됐음을 이 책이 보여주었다고 말했다. 공삼은 그 사례로 영국이 개헌에 대해 신축성을 보인 역사적 사실들은 상기시켰다. 쉽게 말해, 하원이 과반수 결의로써 헌법의 중요한 부분들도 고쳐 정치발전을 이끌었다고 설명했다. 이것과 관련해, 공삼은 "헌법이 국가의 기본법이라고 하지만 […] 국가는 성장하고 발전하는 것이기 때문에 […] 보통 법안과 같이 단순한 과반수로써 헌법을 개정할 수 있다."는 견해를 밝혔다.[56] 우리가 앞으로 보게 되듯, 공삼은 국내에서 개헌문제가 제기될 때 그 자세를 일관되게 견지한다. 학술적인 용어를 쓴다면, 공삼은 개헌을 어렵게 만들고 있는 '경성헌법(硬性憲法)'보다 개헌을 쉽게 만들고 있는 '연성헌법(軟性憲法)'을 지지했던 것이다.

공삼의 이러한 설명을 염두에 두면서 이 책의 내용을 살피기로 하자. 이 책은 8개의 장으로 구성됐다. 제1장 「인민에 의한 정치」, 제2장 「정당에 의존하는 정부」, 제3장 「하원」, 제4장 「귀족원」, 제5장 「군주제도」, 제6장 「행정」, 제7장 「내각제 정부」, 제8장 「영국 민주주의」 등이 그것들이다. 이 책은 성문헌법(成文憲法)이 아니라 불문헌법(不文憲法)을 가진 영국이 어떻게 군주제를 지키는 가운데 의원내각제의 정치제도를 유지해왔는가를 역사적 맥락에서 자세히 설명했다. 그러한 점에서, 공삼이 이 책의 제목을 『영국헌정론』으로 명명한 것은 적절했다고 하겠다.

이 책은 영국의 정치사 또는 헌정사에 대한 기본적 지식이 약하면 읽기가 쉽지 않다. 수많은 정치인들이 등장하고 정치적 사건들이 자세한 설명

56 민병태 역, 『영국헌정론』, i쪽.

없이 언급되기 때문이다. 비록 그렇다고 해도, 이것은 이 책이 영국 헌정사의 교과서로 쓰일 수 있음을 의미한다. 이러한 점에서, 이 책에 주해(註解)가 많이 첨부됐더라면 학부학생들에게 훨씬 더 편리했을 것이다.

제닝스가 이 책에서 제시한 논점들 가운데 필자로서 꼭 지적하고자 하는 것은 "수상은 영국헌법의 관건을 차지하고 있으며, 모든 최근의 발전을 볼 때 그의 권력은 증가하는 경향을 밟고 있다."는 명제다. 이 명제를 제닝스는 다음과 같이 부연했다:

> 그랫드스톤 [수상]과 디스레일리 [수상]이 수상직에 부여한 특권에 첨가하여, 선거권의 확대는 거의 미국 대통령에 비할 만한 지위를 수상에게 제공하고 있다. 총선거는 사실 수상의 선거이다. 선거인은 그랫드스톤과 디스레일리, 솔리스버리와 로스버리, 캄벨-반너만과 발후오와, 로이드조지와 아스퀴스, 볼드윈과 맥도날드, 맥도날드와 헤더어순, 처칠과 애틀리 가운데 각각 하나를 택한다. 당수가 없는 정당은 희망이 없는 지위에 있는 것이며, 약한 당수를 가진 정당은 약한 지위에 있는 것이다. 사실 보수당에 있어서는 당수가 정당조직을 지배하며 당기금을 좌우하는 까닭에, 당수가 즉 정당이다.**57**

이처럼 수상의 권력이 확대되고 있는 경향에 주목하면서, 제닝스는 "수상을 '동배(同輩) 가운데 제1인자(primus inter pares)'라고 부르는 것은 사실과 너무도 현격하다."고 논평했다.**58** 제닝스의 관찰은 정확한 것이었다. 그 이후에도 영국에서 수상의 지위는 계속해서 강화됐으며, 그리하여 특히 1960년대 후반과 1970년대 초반 사이부터, 영국 정부는 '내각의 정부'라고 불리기보다는 '수상의 정부'라고 불려왔다.

제닝스는 마지막 장 「영국 민주주의」에서 영국 민주정치의 근간은 여론, 그리고 여론을 조직화하는 정당에 있음을 강조했다. '인민'을 민주주의의 근간으로 여기기에 영국의 민주주의는 당연히 여론을 중시하며, 쟁점에

57 위와 같음, 186쪽.

58 위와 같음, 187쪽.

따라 여론을 조직화하는 정당이 민주정치의 핵심적 기둥으로 작용한다고 제닝스는 지적했다. 동시에 제닝스는 "여론이 이성과 지식에 의해서가 아니라 감정과 선전에 의해 좌우될 수 있다."고 파악하면서, 그렇기 때문에 여론을 의도적으로 조작하는 공산주의자들과 파시스트들의 기법에 대해 경각심을 가질 것을 강조했다.

『영국헌정론』의 마지막 문장은 매우 인상적이다. "민주주의는 인민이 자유를 가져야 하며, 지배자를 자유로 선택하여야 하며, 지배가 인민의 소망에 따라 통치하여야 할 것을 의미한다."는[59] 이 문장은 민주주의의 핵심을 간결하게 설명했다고 하겠다.

공삼의 『영국헌정론』 역간은 학계로부터 호평을 받았다. 그때 서울대 법대 부교수이던 정인흥은 이 책의 학문적 의의를 높이 평가하고, 특히 "민병태 선생의 번역이라 믿을 수 있다."고 칭찬했다.[60]

라스키의 주저(主著)들의 완역과 제닝스의 주저의 완역에 나타난 공삼의 학문적 업적은 학계와 정부에서도 높이 평가됐다. 그리하여 그는 1955년 4월에 대한민국학술원의 회원으로 선출됐으며, 역시 1955년 4월에 고등고시위원회 위원으로 선출됐다.

『근대국가론』 역간(1957년 3월)

라스키와 제닝스의 저작들을 번역한 데 이어 공삼은 로버트 모리슨 매키버의 *The Modern State*를 『근대국가론』으로 역간했다. 매키버는 1882년 4월에 영국 스코틀랜드의 한 섬에서 태어났다.[61] 조용하고 작은 어항(漁港)의 한 평범하지만 안온한 집안에서 성장한 그는 이 지방에서 고등학

59 위와 같음, 248쪽.

60 정인흥, 「신간평 : 『영국헌정론』」, 『대학신문』, 1955년 6월 27일, 2쪽.

61 이하 매키버의 생애와 이론에 대해서는 다음에 의존했다. 임성희, 「현대국가의 자유와 권력」, 임성희 책임편집 및 해설, 『세계의 대사상』 18(서울 : 휘문출판사, 1977), 27-35쪽.

교를 마치고 스코틀랜드의 국제적 명문인 에든버러대를 거쳐 옥스포드대를 우등으로 졸업했다. 그는 만 29세가 된 1911년에 스코틀랜드의 애버딘대에서 전임강사로 임명을 받아 정치학 및 사회학을 강의했다. 이로써 38년에 걸치는 대학교수의 생활이 시작됐다.

매키버는 1915년에 캐나다 토론토대의 조교수로 임용됐으며 1917년에 처녀작 『코뮤니티 : 사회학적 연구(*Community : A Sociological Study*)』를 출판함으로써 학계의 주목을 받게 됐다. 이것에 힘입어 그는 1927년에 미국의 컬럼비아대 교수로 임용됐으며, 1949년에 퇴임할 때까지 이 대학교에 봉직했다. 그 이후에도 이 대학교의 명예교수로 연구생활을 계속하면서 이른바 정치사회학에 있어서 컬럼비아학파를 형성했는데, 그의 영향을 받은 대표적 정치사회학자들이 시머 마틴 립세트(Seymour Martin Lipset)와 로버트 킹 머튼(Robert King Merton) 및 찰스 라이트 밀스(Charles Wright Mills) 등이다. 그는 1970년에 향년 88세로 별세했다.

매키버의 정치사회학적 이론의 출발점은 코뮤니티(community)와 어소시에이션(association)의 구별이다. 그에 따르면, 코뮤니티는 자연발생적으로 형성된 인간사회의 기초로서 이것은 구성원들의 공통적-전체적 이익을 추구한다. 이것에 비해, 어소시에이션은 구성원들의 특정적-부분적 이익을 추구한다는 전제에서 인위적으로 형성된다. 우리말로, 코뮤니티는 공동사회로 번역되어 왔고 어소시에이션은 결사 또는 결사체로 번역되어 왔다. 임성희 교수는 전자를 '기초사회'로 후자를 '기능사회'로 번역했다.**62**

이러한 분류에서, 매키버에 따르면, 국가는 어소시에이션의 범주에 속한다. 풀어 말해, 국가는 코뮤니티가 형성한 사회 안에 존재하는 수많은 어소시에이션들 가운데 하나다. 다만 국가는 자신의 통치영역 안에 들어와 있는 사람들에게 법을 통해 강제력을 독점적이며 배타적으로 행사할 수 있다는 점에서 다른 결사체들과 구별된다. 정부는 그러한 국가의 잠정적인

62 위와 같음, 29쪽.

대행기관이다. 그러나 국가는 그렇게 할 수 있는 힘을 국민으로부터 받아야 한다. 바꿔 말해, 국가의 상위에 인간의 의사가 존재하는 것이며, 이렇게 볼 때, 강제력은 국가의 독점물이 아니다. 이러한 이론 때문에 그는 다원론자로 간주되며 다원론에 근거한 민주주의자로 간주된다.

이러한 인식으로부터, 매키버는 1926년에 『근대국가론』을 출판했으며, 1949년에 『통치의 망』을 출판했다. 이 두 책 사이에는 겹치는 장(章)이 있다. 그것은 이 두 책의 논지가 다원주의적 국가관으로부터 출발했다는 점에서 공통점을 지녔음을 말한다.

공삼은 매키버의 수많은 저술들 가운데 『코뮤니티』와 『통치의 망』 및 『근대국가론』을 매키버의 3대 저서들로 꼽았다. 공삼은 『근대국가론』의 1951년판을 대본으로 삼아 역간했다. 이 책의 주지는 매키버의 「저자 서」에 잘 나타났는데, 이 부분을 공삼은 다음과 같이 번역했다:

> 국가는 최종적인 것이 아니며, 완전한 형태를 갖출 수도 없다. 우리가 부르는 민주주의도 아직 시작된 데 불과하며 최후의 것이 아니다. 국가는 사회성(社會性)을 가진 인간의 일개 기구이다. 국가의 변천은 국가와 더불어 존속하는 인간경험의 기록인 동시에 인간 자신의 변화하는 욕구의 기록이다.
>
> 그러나 장구한 시대를 통하여 국가는 형성되었으며, 우리는 그 과정을 구명함으로써 진실한 기구의 본질과 동시에 국가의 기능력과 제한성에 관하여 어떠한 정도의 지식을 가질 수 있다. 사회발전의 소산으로서의 근대국가에 대한 설명, 국가가 어찌하여 어떠한 요구에 대하여는 이것을 방임하며 또는 지지하는 특수한 기능과 특수한 봉사방법을 필요로 하는가에 관한 설명, 국가권력의 파악을 둘러싸고 제기되는 모든 투쟁과 분규를 통하여 국가가 어떻게 더욱 광범하고 더욱 확고한 기반을 수립하게 되었는가에 대한 증명 — 등의 모든 사항이 즉 본저의 목적이다.[63]

● ● ● ● ●

63 R. 막키버 저, 민병태 역, 『근대국가론』(서울: 민중서관, 1957년 3월), 5쪽. 공삼은 매키버를 '막키버'로 표기했다.

매키버의 이러한 국가관(國家觀)은 『통치의 망』에 이르러서는 어느 정도 변화한다. 그는 사회 전체에서 차지하는 국가의 위상을 훨씬 더 높으면서도 지배적인 것으로 간주한 것이다.

「정치학의 기본문제」(1957년 7월)

공삼은 『근대국가론』을 역간한 때로부터 4개월 후인 1957년 7월에 「정치학의 기본문제」를 발표했다. 이 논문에서 그는 아리스토텔레스 이후의 정치학은 '사회 전체의 선(善)을 연구하는 규범학'이었다고 말했다. 그는 "이러한 규범학에서 윤리 개념을 완전히 일소한 것은 마키아벨리의 『군주론』이다."라고 설명한 뒤, "[마키아벨리]는 윤리학적 국가이념을 정치기술로서의 정치학으로 전환시킨 최초의 학자라고 볼 수 있으며, 그의 정치기술은 후기의 '머켄틸리즘[중상주의 : 필자 주]'과 '피지오크라트[중농주의자 : 필자 주]의 정책학적인 이론경제학(Political Economy)으로 발전한 것이다."라고 부연했다.64

공삼은 "그러나 우리는 진정한 의미에 있어서의 근세 정치학의 시조로서 토머스 홉스를 들 수 있을 것이다."라고 말하고, 마키아벨리와 홉스를 다음과 같이 대비시켰다 :

> [홉스]는 존재하는 모든 부도덕을 이성의 강제로써 시정할 것을 주장하였으며, 국가의 본질을 권력에서 추출하였음에도 불구하고 사실과 이성을 규합하는 과학적 태도를 명백히 한 것이다. 마키아벨리가 인간을 자연적으로 자리(自利), 탐욕 및 감정의 동물로 규정하여 그들이 전개하는 정치현실만을 구명한 데 대하여 홉스는 국가권력을 통한 질서의 확립을 강조하였으며, 인간을 강제로 도덕적 동물로 화(化)할 것을 주장하였다. 이것은 정치현실의 정당한 파악과 동시에 인간의

64 민병태, 「정치학의 기본문제」, 『문리대학보 : 인문사회과학 특집』(서울대 문리대 학예부), 제5권 제2호(1957년 7월), 16쪽. 공삼이 본문에서 '토마스 홉브스'라고 표기했다. 필자는 이것을 '토머스 홉스'로 바꿨다.

합리적 해결을 도모하는 과학적 태도라고 볼 수 있으며, 이 점에 있어 그를 근세 정치학의 시조라고 칭할 수 있을 것이다.[65]

공삼은 이어 "홉스는 국가의 성립을 2개의 계약, 즉 개인이 지배자에게 복종한다는 사회계약과, 개인이 자연상태에 있어서 소유하였던 권리를 지배자에게 위탁한다는 정치계약으로 설명하고 있다."고 말하고, "이것은 국가를 과거에 존재하였다는 사회적 및 역사적 사실에서 경험적으로 설명하려는 것이다."라고 덧붙였다. 공삼은 "여기에 있어 중요한 것은 국가의 본질로서의 국가권력의 필연성을 명백히 한 데 있는 것이다."라고 논평했다.[66] 공삼의 이 논문은 1958년에 그가 출판하는 『정치학』에서 제3장의 제1절과 제2절을 구성한다.

민주주의를 옹호한 서평 발표(1954년 7월)

저서들의 역간에 전후해, 공삼은 민주주의의 이론 및 제도를 설명한 논문들 또는 평론들을 발표했다. 우선 정인흥의 『정치학』(제일문화사, 1954)에 대한 서평을 지적할 수 있다. 200자 원고지 7매 정도의 이 서평에서 공삼은 이 책을 '우리나라에서 [출판된] 최초의 포괄적 정치학개론'이라고 하면서, 막스 베버의 방법론으로써 정치학 방법론의 골격을 삼은 데 대해 칭찬했다.

공삼은 이 책이 "민주주의국가에서는 국가권력의 문제가 정치학의 전경(前景)에서 후퇴하고 국가기능의 문제가 중심과제로서 전면에 나타나고 있다."는 전제 아래, 관료제와 행정학의 중요성을 강조하는 데 대해 공감을 표시하면서도, 그러나 관료제와 행정학은 '민주주의'라는 정치원리 아래 존립하고 기능할 때 그 의미가 강조될 수 있다고 논평했다. 다른 글들에서

65 위와 같음, 16-17쪽.

66 위와 같음, 17쪽.

도 그러했지만, 공삼은 언제나 '가치판단'을 앞세운 것이다. 이 글에서 공삼은 '사회과학' 또는 '정치과학'이라고 할 때의 '과학'은 영어의 'science'를 번역한 것인데, 'science'라는 표현보다는 독일어로 'wissenschaft'가 더 적합한 표현이라고 덧붙였다.[67]

「영국정치사상의 현실성」 발표(1955년 9월)

제닝스의 『영국헌정론』을 역간한 때로부터 몇 달 지나지 않은 시점에서 공삼은 「영국정치사상의 현실성」이라는 논문을 발표했다.[68] 공삼의 글은 대체로 읽기가 쉽지 않은데, 이 글은 비교적 평이하게 쓰여져서 읽기에 큰 부담이 없다.

공삼은 이 글의 앞부분에서 이 글의 주지(主旨)를 명확하게 밝혔다. 프랑스와 독일은 어떤 특정한 이념 또는 사조(思潮) 또는 원칙 아래 현실을 고쳐나가려는 경향을 가졌음에 반해, 영국은 그렇지 않았다는 것이다. 그는 다음과 같이 부연했다:

> 우리는 불란서의 raison(이성: 필자 주) 또는 독일의 Vernunft(이성: 필자 주)에 해당할 용어를 영국에서 찾아볼 수 없다. 영국인은 사실을 이해하여(understand, verstand) 어떻게든지 해결할 길을 개척하는(muddling through, 좌충우돌하면서 그럭저럭 헤쳐나가기: 필자 주) 특징을 가진다. 이것은 영국 정치사의 특징인 동시에 영국 정치사상의 특징을 이루는 것이다.
>
> 우리는 영국에 있어 새로운 원칙에 입각한 사회제도의 개혁을 찾아볼 수 없을 만큼 영국의 모든 혁명은 기본적으로 보수적 성격을 가진다. 크롬웰혁명이나 1688년의 휘그혁명은 모두가 기존의 자유와 기성의 전통을 옹호하기 위한 것이었으며, 버크(Burke)적인 요소가 포함되어 있지 않은 정치사상을 찾아보기는 곤란한 것이다.[69]

67 민병태, 「서평: 정인홍 교수 저, 『정치학』」, 『대학신문』, 1954년 7월 14일, 2쪽.
68 민병태, 「영국정치사상의 현실성」, 『사상계』, 1955년 9월호, 125-131쪽.

여기서 영국의 정치사에 밝지 않은 평범한 독자들의 이해를 돕기 위해 공삼이 지적한 몇몇 사안들에 대해 간략하게 설명하기로 한다. 첫째, 크롬웰혁명은 1640년과 1660년 사이에 영국에서 일어난 최초의 시민혁명이다. 이 과정에서 하원의원 출신의 군사지도자 올리버 크롬웰(Oliver Cromwell)을 지도자로 하고 시민권을 옹호하는 청교도들이 중심적 역할을 수행했기에 청교도혁명(Puritan Revolution)이라고도 불린다. 단순화시켜 말한다면, 의회 그 자체를 부정하는 제임스 1세와 그의 후계자 찰스 1세의 왕권신수설(王權神授說)과 법률가 에드워드 코크(Edward Coke)의 법우월설(法優越說) 사이의 충돌 속에서 찰스 1세의 권력남용이 극심해지자, 찰스 1세와 그를 지지하는 왕당파에 맞서 의회의 통치를 지지하는 의회파 사이에 1642년부터 1651년까지 내란이 일어났다. 이 내란에서 크롬웰은 왕당파를 물리치는 데 큰 무공을 세웠고 공화국을 세워 법률개혁과 교육개혁을 포함한 사회개혁을 추진했다. 그가 1658년에 병사하면서 왕당파의 저항이 강화됐으며, 그것은 1660년에 왕정이 복고되는 것으로 귀결됐다.

둘째, 휘그혁명에 대해서다. 1660년에 왕정복고로 즉위한 찰스 2세는 적자(嫡子)를 갖지 못했다. 이러한 상태에서, 그 후계자로 찰스 2세가 동생을 제임스 2세로 즉위시키면서, 즉위를 인정하는 세력과 인정하지 않는 세력 사이에 갈등이 심각해졌다. 이때 즉위를 인정하는 쪽은 인정하지 않는 쪽을 '말 도둑'이란 뜻의 휘그(Whig)라고 불렀고, 인정하지 않는 쪽은 인정하는 쪽을 '불량배' 또는 '도둑'이라는 뜻의 토리(Tory)라고 불렀다. 1688년 11월에 제임스 2세의 득남으로 다시 왕위계승문제가 일어났을 때, 휘그는 토리와 제휴해 제임스 2세의 아들의 왕위계승을 저지시키고, 제임스 2세의 딸과 그녀의 남편을 메리 2세와 윌리엄 3세로 즉위시키면서 공동통치를 전제로 하는 새 왕조를 출범시켰다. 자연히 의회의 힘, 그리고 시민의 힘이 커지게 됐으니, 이것을 명예혁명이라고 불렀다.

셋째, '버크(Burke)적인 요소'에 대해서다. 새삼 설명할 필요조차 없이,

69 위와 같음, 125쪽.

영국의 보수주의이론가를 상징하는 사람처럼 되어 있는 '에드먼드 버크(Edmund Burke)의 보수주의적 사상의 요소'를 의미한다. 버크는 1729년에 아일랜드의 수도 더블린에서 신교도인 변호사의 아들로 태어나 더블린의 트리니티 칼리지를 졸업했으며 런던에서 법조인의 경력을 쌓았다. 그는 정계진출에 뜻을 두어 그때 영국의 하원의원이던 윌리엄 해밀턴(William G. Hamilton)의 비서가 됐으며, 곧이어 휘그당의 지도자이며 영국의 총리인 록킹햄 후작(Marquis of Rockingham)의 비서가 됐고, 록킹햄 후작의 도움으로 1766년에 하원의원으로 당선됐다. 그는 1794년까지 하원의원직을 유지했으며, 1797년에 향년 68세로 별세했다.

버크의 이름을 세계의 사상사에 남게 만든 것은 그가 1790년에 출판한 『프랑스혁명에 관한 성찰(*Reflections on the Revolution in France*)』이었다. 이 책에서 그는 한 무리의 사람들이 '혁명'이라는 이름 아래 장구한 세월에 걸쳐 지속해온 정치제도를 한 순간에 파괴하는 것은 정당하지 않다는 의견을 밝히고 동시에 프랑스혁명의 과격화를 경고했다. 결국 그는 '구질서'의 회복을 제의했다.

공삼이 예시한 2개의 '혁명'들은 어떤 특정한 이데올로기에 의한 것이 아니라 그때의 어떤 특정한 쟁점이나 이해관계에 의해 빚어진 것들이었다. 공삼이 마지막으로 언급한 버크의 경우는 '혁명' 그 자체에 대해 비판적이었다. 이러한 맥락에서, 공삼은 "영국의 역사적 변천은 점진적이며 완만한 단계의 연속이다."라고 쓰면서, '정당들 사이의 대립과 이해관계의 상충을 타개하기 위한 대안의 형식'으로 영국에서는 정치사상이 나타났다고 보았다. 바꿔 말해, '새로운 사태에 대해 기성질서를 적응시켜온' 것이 '영국의 정치사'이며 동시에 '영국 헌법의 발전사'라는 것이었다.[70]

공삼은 이 글의 서두에서 제시한 이 주지를 영국의 역사적 사례들에 대입시키면서 영국의 정치사를 고찰했다. 여기서 그 사례들을 하나하나 모두

---

70 위와 같음, 125-126쪽,

살피기는 어렵다. 다만 공삼의 주지와 관련해 몇 사례들만을 지적하기로 하겠다.

첫째, 공삼은 영국에서 자본주의가, 18세기 중엽부터 19세기까지 영국에서 진행된 산업혁명의 결과로 성립된 것이 아님을 강조했다. '이미 14세기 이후 지주와 도시의 상인의 이익이 조화되었으므로, 심각한 마찰이 없이 중산계급의 해방이 가능했기에', 그리고 '중산계급의 자유를 보장하는 질서의 기반이 1688년의 명예혁명에서 성립됐고', '대의제도가 17세기 중엽에 하나의 제도로서 확립됐기에', 그 틀 안에서 자본주의는 '발전하였으며 또 수정되고 있다'고 공삼은 설명했다.

둘째, 공삼은 영국에서는 일찍부터 특권계급이 자신들만의 이익을 위한 '특권귀족의 관료정치'를 행하지 않고, "책임을 지는 지배계급으로서 역할을 수행하면서 신흥계급과 조화하여가며 기성전통을 그대로 유지하여왔다."고 설명했다. 이 점을 공삼은 "책임정치의 이념은 민주정치가 완전히 실현되기 이전에 이미 성립되었다고 볼 수 있다."고 부연했다. 책임정치와 관련해, 공삼은 "귀족 대신에 중산계급이, 보수당 대신에 노동당이 각각 정권을 잡는다 하더라도 그들은 책임정치의 전통을 준수하였으며 폭력혁명에 의존하지 않았다."고 덧붙였다.[71]

셋째, 공삼은 영국은 어떤 단일한 원칙이나 이념을 설정하지 않은 채 현안들을 현실적으로 해결해왔음을 상기시켰다. 한 보기를 들면, 종교에 관해, "종교를 아편이라고 규정하지 않고도 결국은 종교문제를 타개하여왔다." 다른 보기를 들면, "노동당은 획기적인 선언이 없이 기존 의회와 정부제도를 통하여 노동자의 복리를 실현하였으며, 보수당에 대하여 복리국가의 이념을 정책으로서 채택하게 하였다."[72]

넷째, 공삼은 존 로크와 토머스 홉스를 비롯해 제레미 벤담(Jeremy Bentham)과 존 스튜어트 밀(John StuartMill) 및 헨리 조지(Henry George),

71 위와 같음, 126쪽.

72 위와 같음.

그리고 토머스 페인(Thomas Paine)에 이르기까지 많은 영국 정치사상가들의 사상들을 일별하면서, "그들은 모두가 완전한 철학체계나 기본적인 문제해결이 아니라 당면한 영국에 있어서 무엇을 실행할 것인가에 몰두하였다."고 보았다. "통일민족에게는 개인주의를, 기독교국민에게는 공리주의(功利主義)를, 식민제국(植民帝國)에게는 사회주의를 각각 호소하였다."고 설명하면서, 공삼은 "이와 같은 양자대립에 있어 그들의 택일(擇一)은 타(他)의 일소(一掃)가 아니라 어디까지나 그들이 주장하는 바를 사회에 있어 더욱 유효화하자는 것이었다."고 부연했다.

공삼이 거명한 영국의 정치사상가들 가운데 공삼이 일생에 걸쳐 가장 중시한 사람은 존 로크였다. 로크는 1632년에 태어나 1704년에 향년 72세에 별세했다. 1656년에 옥스포드대에서 학사학위를 받은 뒤 2년에 걸쳐 석사과정을 밟았으며, 1660년에 옥스포드대의 전임강사로 교직의 첫 발을 내디뎠다. 그 이후 약 10년에 걸쳐 활동했던 그는 프랑스에서 휴양생활을 거치며 자유주의 또는 자유민주주의의 기초를 제공한 것으로 평가되는 『통치에 관한 두 개의 논문들(*Two Treatises of Government*)』 — 이 책이 우리나라에서는 한때 『정부론』으로 소개됐다 — 을 저술했다. 로크는 개인의 재산권을 핵심적 내용으로 하는 사회계약에 의해 국가가 발생했으며, 따라서 국가는 개인의 재산권을 지켜줄 일차적 의무를 지녔고 그 다음으로 개인의 자유권을 지켜줄 의무를 지녔다는 이론을 전개했다. 로크의 재산권 중심의 자유주의이론은 명예혁명 이후 영국의 부르주아국가를 옹호하고 영국의 민주주의를 뒷받침하는 이론이 됐으며, 특히 미국의 독립전쟁과 건국의 이념에 결정적인 영향을 미쳤다.

공삼의 설명은 다음으로 이어졌다:

> 동시에 객관조건(status)을 존중하는 그들의 이론은 전통의 전환기에 있어 비합리적 제도에 대한 사무적인 처리의 방안이었다. 그러므로 그들의 일방적인 대안은 완전한 이론체계가 될 수 없었으며, 또 이것으로 인하여 그들은 영국에서의

이론의 특징을 보여준 것이다.

> 홉스는 인성(人性)의 합리성을 규정하면서 비합리에 대한 인간의 굴종을 동시에 인정하였으며, 로크는 인민주권을 인정하는 동시에 국가주권을 등한시하지 아니 하였으며, 벤담은 권위국가(權威國家)와 자유방임이 동시에 가능하다고 하였다. 밀은 자본주의와 사회주의를, 라스키와 콜은 사회주의와 다원론을 각각 조합(調合)하였다.73

공삼에 따르면, "이와 같은 이론은 구제도(舊制度)에 대치될 신제도(新制度)에 관한 완전한 체계가 아니다. 그러면서도 그들은 모두가 당면조건에 비추어 해결안을 주장한 까닭에 일방적인 것이 아니라 어디까지나 객관성을 지녔다." 그리하여, "그들은 적대시하는 지주와 자본가를 명백한 악(惡)으로 규정하지 않고, 그들에게 해결안을 제시하여 일반사회로 하여금 수락하게 하는 결과를 가져왔다." 공삼은 "이러한 정치이론은 영국의 역사적 조건에서 비로소 가능하다고 볼 수 있다."고 결론을 내리면서 다음과 같이 부연했다 :

> 민족국가로서 완전히 통일된 이후에 그들은 군주의 전제와 종교에 반항하였으며, 산업혁명이 조기(早期)에 수행된 이후에 있어 경쟁국의 열세를 전제로 자유무역론을 주장하였으며, 세력체(勢力體)로서 고질화할 요소가 해소되었을 때 무정부적인 자유방임주의를 시인하였으며, 의회제도의 확립으로 인하여 폭력혁명과 질서교란이 제기되지 않으리라는 명확한 조건에서 사회주의를 강조하였다.74

공삼은 그러한 특성이 이른바 신(新)헤겔학파라고 불린 이상주의자들로 구성된 옥스포드학파에서도 찾아볼 수 있다고 설명했다. 19세기 말과 20세기 초 사이에 영국에서 중산계급이 '완전히 승리하게 되고 관료층에 [중산층] 자신들의 자녀들도 광범위하게 들어가게 되자' 그들은 '개개인의 인격완성과 사회개량을 강력히 옹호하는' 방향으로 자신들의 입장을 전환했

73 위와 같음, 130쪽.

74 위와 같음.

다는 것이다.[75]

공삼의 이러한 설명을 들으면, "영국의 정치사상은 어떤 철학적 사상의 산물이 아니지 않느냐?"는 생각을 갖게 된다. 이 생각에 대해 공삼은 "영국의 정치사상이라고 하여 아주 사색면(思索面)이 결여된 것은 아니다."라고 대답했다. 이렇게 대답하면서도 공삼은 "우리는 대체로 영국정치사상의 특징으로서 무엇보다도 현실성-보수성에 입각한다는 점을 지적할 수 있다."고 거듭 말했다. 이와 관련해, 공삼은 다음과 같이 부연했다 :

> 현재까지 영국은 민주주의의 최선단(最先端)을 밟아왔다 할지라도 그들은 불평등한 사회제도를 벗어나지 못하고 있다. 완전한 자유평등의 재조직을 원하지 않는 영국인으로서 볼 때 이러한 불합리한 조건은 자유의 무한한 발전을 꾀하도록 하는 중대한 토대를 이루는 것이다. 지배세력의 정치적 및 도덕적 책임수행과 권력행사에 대한 시민대중의 감시, 지배계급과 일반대중의 상호신뢰는 민주주의 발전에 있어 상호대립의 위기를 최소한도로 방지하여왔다. 그들은 정치운영에 있어 언제나 게임의 규칙을 준수하였으며, 전통의 자연적 발전으로 인하여 드디어 노동당과 보수당은 정책상의 차이를 감소하게 되었다.[76]

영국의 정치사상이 지닌 현실성 또는 보수성에 대한 공삼의 설명은 계속됐다. 그는 "우리는 이와 같은 현실존중의 의미에서, 아무리 개혁을 강조하는 이론이라고 해도 여기에는 버크의 보수이념이 개재한다고 볼 수 있다."고 설명했다. 그는 이어, "진실한 의미에 있어 영국정치사상은 구래(舊來)의 관행과 도덕성에서 이탈하지 않으며 사회적 복합성을 그대로 인정하는 데서 시안(試案)을 제시한다. 이것은 새로운 계급의 세력을 포섭함으로써 전통을 그대로 유지하는 영국정치의 발전과 결부된다."는[77] 설명으로써 이 논문을 끝냈다.

75 위와 같음, 130-131쪽.
76 위와 같음, 131쪽.
77 위와 같음.

「민주주의」 발표(1956년 2월)

공삼은 민주주의가 이론적으로 성립된 과정을 해설한 짧은 글을 발표했다. 200자 원고지 20매 정도의 글로, 게재된 월간지의 성격으로 보아 중고등학교 교사들을 상대로 하는 강의교재의 성격이 짙다.[78]

이 글의 핵심은 (1) 민주주의는 짧은 세월 안에 성립된 것이 아니라 기원전부터 참으로 길고 긴 세월을 거치면서 성립된 것이며, (2) 따라서 민주주의의 기본원리들은 보편성을 지니고 있다는 데 있다. 아주 간단하게, 공삼은 "민주주의가 모든 국민의 자유와 행복을 실현한다는 점에 있어 역사를 초월하는 보편성을 가진 것이다."라고 단언했다.

이 글에서 공삼은 특히 로크의 이론을 중심으로 민주주의를 설명했다. 그는 결사의 자유와 권력의 제한을 옹호하는 영국 청교도들의 이론이 17세기 후반에 로크에 의해 수용됐다고 썼다. 특히 로크는 국가를 '부차적 성격, 즉 자유를 보장하기 위한 방편'에 지나지 않는 것으로 규정했다고 해설하면서, 청교도들의 이론 그리고 로크의 이론이 영국과 미국의 국가이론에 큰 영향을 끼쳤다고 보았다. 그는 영국 및 미국과는 대조적으로 독일에서는 국가를 더욱 중시하는 '국가관'이 성장했다고 덧붙였다.

공삼은 루소의 사회계약설에 대해 짧게 설명한 뒤, "사회계약설의 반동으로서 공리주의 이론이 전개됐다."고 설명했다. 그는 19세기 전반까지의 유럽에서, 특히 영국에서, 민주주의의 성장과 발전에 크게 이바지한 사상가는 공리주의를 제창한 벤담이었다고 평가했다. 그러나 '최대다수의 최대행복'을 제시한 공리주의가 그 사명을 다하게 되자 공리주의자로서 개인주의를 강조했던 '밀의 공공정책 이념에 의해' 민주주의는 다음과 같이 전환을 보게 됐다고 해설했다. "양적인 개인의 행복은 질적인 국민복리로, 형식적인 민주주의는 실질적인 민주주의로 전환을 보게 됐다."는 것이다.[79]

78 민병태, 「민주주의 : 이론으로서의 민주주의」, 『새교육』, 1956년 2월호, 106-110쪽.
79 위와 같음, 110쪽.

「민주주의와 의원내각제」 발표(1956년 10월)

1956년 5월 15일에 실시된 정부통령선거가 끝난 이후 정계 일각에서는 다시 개헌론이 제기됐다. 특히 민주당은 의원내각제로의 개헌을 제의하면서, 이것만이 자유당정권의 '무책임성'을 종식시킬 수 있다고 설명했다. 자유당은 여전히 의원내각제를 반대하면서 대통령제의 고수(固守)를 옹호했다. 이러한 논쟁 속에서 공삼은 의원내각제의 의미를 해설하는 글을 발표했다. 분량은 200자 원고지 35매 정도로, 논문이라기보다 평론이다.[80]

이 글은 공삼의 글로서는 평이하게 쓰여졌다. 공삼은 전문적 학술용어도 거의 등장시키지 않았으며, 영국의 메이슬 백작과 프랑스의 몽테스키외 두 사람 이외에는 어느 누구도 거명하지 않았다. 그러면 공삼이 거명한 메이슬 백작은 누구일까? 공삼은 전혀 설명하지 않았다. 이 이름에 대해 처음 접한 필자는 영국사에 관련된 갖가지 인명사전들을 모두 점검했으나 찾지를 못했다. 할 수 없이, 서양정치철학을 전공하는 이종은 교수에게 물어 비슷한 답을 받았다. 이 교수는 공삼이 말한 메이슬이 개신교 소속 프랑스 유그노교단의 목사 데이비드 메이즐(David Mazel)인 것 같다고 조심스럽게 대답했다. 영국에서 네덜란드로 이주한 그는 로크의 『통치에 관한 두 개의 논문들』을 프랑스어로 역간했다. 그러나 이 메이즐은 백작이 아니기 때문에 공삼이 말한 메이슬이 아닐 수 있다고 덧붙였다.

다시 공삼의 평론으로 돌아가자. 이 글은 "민주정부의 2대 형태로 대통령제정부와 의원내각제 정부가 있다."고 말하고, 두 제도 모두가 역사적 맥락 속에서 창안된 만큼 그 시대적 관점에서 모두 타당성을 지녔다고 말했다. 그러나 국민에 대한 '책임성'이라는 각도에서는 내각책임제가 더 '적합한 것'이라고 평가했다. 또 "현대국가가 당면한 정부기능의 확대를 민주적으로 처리하는 데 있어 무엇보다도 정부와 국회의 긴밀한 연락이 필요

80 민병태, 「민주주의와 의원내각제」, 『자유세계』, 1956년 10월호, 45-50쪽.

한 것인데, 이러한 각도에서도 내각책임제가 적합하다."고 평가했다.[81] 이렇게 평가하면서도 공삼은 의원내각제를 실시하는 경우, 다음과 같은 조건들이 충족되는 것이 바람직하다고 말했다. '국회의 질적 향상', '의원의 자능(資能)의 향상', '정당제도의 확립', '다수당의 소수당의 의사 존중' 등이 그것들이다.

그런데 공삼에 따르면, 의원내각제정부가 좋으냐 대통령제정부가 좋으냐를 논하기에 앞서 '민주정치의 운영을 가능하게 하는 기반'을 살피는 것이 먼저다. 이 문제와 관련해, 공삼은 "설복, 토의, 상호신임의 민주적 기풍이 무엇보다도 필요한 것이다."라고 쉽게 대답했다. 그는 또 '저널리즘'의 중요성을 강조했다. "저널리즘은 국민의 지식수준의 향상과 더불어 민주정치의 공간[楨杆, '지레'라는 뜻 : 필자 주]을 이루게 되는 것이다."라고 부연했다.[82]

그러면 왜 저널리즘이 그처럼 중요한 것일까? 공삼은 국민에게 국정의 현황을 자세히 알게 하고 문제점을 깨닫게 하는 기능을 저널리즘이 수행하기 때문이라고 보았다. 이러한 맥락에서, 공삼은 (1) 정부는 통계를 조작함이 없이 정확히 발표해야 하고, (2) 공무원은 '중립성'을 지켜야 하며, (3) 정부는 "국가의 재정을 당리본위(黨利本位)로 운용해서는 안 된다."고 덧붙였다.

「참의원의 의의와 민주화에 관하여」 발표(1956년 12월)

개헌론은 자연히 참의원의 구성에 관한 토론을 유발했다. 헌법이 명문화하고 있으나 선거법을 마련하지 않아 구성되지 않고 있는 참의원을 구성해 기존의 민의원과 함께 양원제를 실시하자는 주장이 제기됐던 것이다. 이 토론의 과정에서, 공삼은 참의원의 의미에 관한 평론을 발표했다. 이

81 위와 같음, 48쪽.
82 위와 같음, 46쪽.

글은 200자 원고지 30매 정도의 분량이다.[83]

공삼은 우선 단원제와 양원제는 모두 그 탄생이 그 나라의 역사적 배경에 연결되어 있으며 모두 장점과 단점을 갖고 있는 만큼 어느 쪽이 좋다고 일방적으로 말하는 것은 적절하지 않다고 정확히 지적했다. 그는 동시에 세계적으로 상원의 권한이 줄어드는 경향을 보인다고 지적하면서 우리나라에서 상원에 해당되는 참의원을 구성하는 경우 자칫 잘못하면 또 하나의 민의원을 만드는 것이나 다름이 없다고 경고했다.

여기서 공삼은 "양원제의 시비론 또는 개헌론을 운운(云云)하기보다는 오히려 참의원으로 하여금 어떻게 민주주의와 조화되는 기능을 발휘케 하느냐가 더욱 중요할 것이다."라고 단언했다. 이러한 전제 아래, 공삼은 참의원을 구성하는 경우 '민의원의 중복'을 피하기 위해 '유능한 전문가, 학자 및 공평한 입장에서 행동할 수 있는 자가 […] 더 많이 선임되도록' 뒷받침해주어야 한다고 말하면서, 그렇게 하려면 '도단위(道單位)의 대선거구제도' 아래 참의원을 구성하는 것이 바람직하다고 제의했다.[84]

제 3 절 『정치학』을 출판하다(1958년 5월)

매우 난해한 『정치학』

그동안 공삼이 수행한 여러 분야에서의 정치학 연구는 1958년 5월 10일에 출간한 『정치학』으로 일단 집합됐고 요약됐다. 그 이후 공삼의 정치학은 사실상 이 '저수지(貯水池)'로부터 흘러나오며, 이 책에 대한 각주와 부연에 지나지 않는다.

이 책은 본문 273쪽에 별도의 참고문헌 13쪽을 합쳐 모두 290쪽으로

83 민병태, 「참의원의 의의와 민주화에 관하여」, 『법정』, 1956년 12월호, 4-6쪽.
84 위와 같음, 6쪽.

구성됐다.[85] 본문만 따져 200자 원고지로 약 1,000매 분량이다. 오늘날의 단행본 기준으로 보아 결코 큰 책은 아니다. 그러나 공삼의 글짓기에 공통되는 특유의 축약성, 그리고 수많은 학자들의 거명으로 — 필자의 계산으로 약 200명 — 말미암아 정치학 전공자라고 해도 읽기가 여간 어렵지 않다.

이것은 필자 한 사람의 의견이 아니다. 이정복 교수는 다음과 같이 논평했다: "이 책은 사회과학 전 분야의 고전에 대한 해박한 지식이 없이는 현역 정치학자들도 올바로 이해하기 어려운 저서이다. 이 책은 정치학 공부를 처음 시작하는 학생들에게보다는 이를 마치고 스스로 연구 방향과 방법을 설정하려고 노력하는 대학원 졸업생 이상의 정치학도들에게 정독['정독'이라는 단어에 주목하라: 필자 주]을 권장하고 싶은 정치학의 고전인 것이다."[86] 쉽게 말해, 대학원을 졸업한 정치학도라고 해도 '정독'을 해야 겨우 이해할 수 있는 책이라는 뜻이다. 이정복 교수의 솔직한 이 논평은 수많은 정치학도들의 심리적 압박감을 해소시켜주기에 충분하다. "그 책을 여러 차례 읽어도 이해가 잘 되지 않았는데, 나만 그런 것이 아니구나." 하고 안도할 수 있게 됐다는 뜻이다.

이 책의 구성

이 책은 「서문」에 이어 모두 4개의 편에 13개의 장으로 구성됐다. 목차를 소개하면 다음과 같다.

제1편 정치학의 근본문제

제1장 사회과학의 현대적 의의

제2장 정치학의 역사

85 민병태, 『정치학』(서울: 보문각, 1958).

86 이정복, 「민병태, 『정치학』」, 동아일보사 신동아 편집실 편, 『현대한국의 명저 100권, 1945년~1984년』(서울: 신동아 1985년 1월호 별책부록, 1985), 259-260쪽.

제1절 정치학의 성립과 발달

제2절 국가학과 정치학

제3장 정치학의 본질

제1절 정치학의 체계화(體系化)

제2절 사회과학으로서의 정치학

제3절 정치학과 정치이론

제4장 정치학의 범위과 기능

제1절 정치학의 범위

제2절 정치학의 기능

제5장 정치학의 방법론

제1절 방법론의 일반적 의의

제2절 방법론상의 제문제

제3절 정치학의 연구방법

제6장 정치학의 제학(諸學)과의 관련성

제1절 전래방법에 있어서의 제학과의 관련

제2절 정치학과 사회학

제3절 정치학과 사회심리학

제4절 정치와 경제

제2편 국가와 사회

제1장 국가의 본질

제1절 국가의 본질

제2절 국가의 구성요소

제3절 주권

제2장 국가와 사회

제1절 정치학적 의의

제2절 국가와 사회의 분화과정

제3절 국가와 사회와의 관계

제3장 권력

제1절 권력의 의의

제2절 정치권력의 조직화

제4장 민주주의
제1절 사회철학으로서의 민주주의
제2절 제도로서의 민주주의 (一)
제3절 제도로서의 민주주의 (二)
제4절 제도로서의 민주주의 (三)

참고문헌
제1편 제2편

이 목차를 보면 금세 알 수 있는 것은, 이정복 교수가 이미 지적했듯, "국제정치를 정치학의 분야로 포함시키면서도 이에 대한 개별적 취급을 하지 않고 있는 것"이다.[87] 또 행정학을 정치학의 분야로 포함시키면서도 짧게 2쪽 정도의 분량으로 짧게 소개하는 것으로 그쳤다. 전반적으로 보아, 이 책은 좁은 의미에서의 정치학, 곧 (1) 정치학의 역사와 본질, (2) 정치학의 대상과 범위, (3) 국가와 권력, (4) 민주주의를 다뤘다.

이 책의 내용

공삼은 「서문」을 "우리는 현재 정치학을 '제학문(諸學問)의 대종(大宗)'으로 생각하거나, 또 '이것이 없이는 사회가 구제될 수 없다'고 생각하지 않는다."는 문장으로 시작했다. 이 뜻깊은 첫 문장에 이어 공삼은 다음과 같이 썼다:

모든 사회구조 중에서 가장 강력한 조직체로서 인류에게 중대한 영향을 끼치는 것이 국가인 만큼, 자연히 이것을 대상으로 하는 정치학에 이러한 중대한 임무가 부여되는 것 같다. 이것은 동시에 대부분의 정치학자들이 각종 방안과 그 방안을 구상하기에 이르는 방법의 상위(相違)에도 불구하고 모두가 당면한 사회문제

87 위와 같음, 261쪽.

의 해결을 의도하였다는 공통된 사실을 말하는 것이다.[88]

이 문장에 이어 공삼은 "모든 정치이론은 시대적 조건을 반영한 이념의 표현으로서 어떠한 타당성을 가졌다는 점에 있어서 의의가 있는 것이다. 그러므로 그들의 이론은 시대적 지식에서 체계화되었으며 그 지식은 현대에 계승되는 만큼 우리가 이것을 전적으로 채택하거나 또는 전적으로 무시할 수 없는 것이다."라고 말했다. 이러한 전제 아래, 그는 "현대의 정치학도 근본적으로 이러한 조건에서 존재가치가 시인되는 것이다. 다만 우리가 가지는 사회적 변천과 과학적 지식의 발달을 어떻게 조정하느냐 하는 점이 달를[다를: 필자 주] 따름이다."라고 부연했다.

공삼은 "정치생활의 복잡한 과정에 관하여서는 과학적 방법이 요청된다."고 말함으로써, '과학적' 정치학이 강조하는 '과학적 방법'의 필요성을 시인했다. 그러나 그는 "정치현상이 입각하는 복잡한 지위로 인하여 정치학의 과학화(科學化)가 제한되며, 여기에 타당한 사회통제에 관한 가치판단의 문제가 개입하는 만큼 무엇보다도 방법론이 중요시되는 것이다."라고 말했다. 달리 표현해, '과학적' 정치학의 한계를 지적한 것이다.[89]

「서」에서 제시된 이 논지는 제1편 제3장에서 보다 명백히 부연됐다. 공삼은 "정치이론은 주관적 견지에서 정치사실을 일방적으로 규정하는 데서 생기는 것이 아니라 자기가 경험하는 정치적 현실을 가치문제에 결부시켜 이것을 체계화하는 학(學), wissenschaft으로서 규정하지 않으면 안 되는 까닭이다."라고 말했다.[90] 공삼은 늘 "정치학을 political science라고 표현하는데, science라는 영어보다는 wissenschaft라는 독일어로 표현하는 것이 더 적합하다."고 말했다. science라는 말에는 가치판단의 관념이 배제되어 있으나 wissenschaft라는 말에는 가치판단의 관념이 개입되어 있기

88 민병태, 『정치학』, 「서」, 1쪽.
89 위와 같음, 2쪽.
90 민병태, 『정치학』, 34쪽.

때문이라고 주장한 것이다.

이처럼 정치학 연구에 있어서 가치판단을 중시하는 만큼, 공삼은 '과학적 제한성(制限性)'을 강조했다. 그러한 맥락에서, 공삼은 "정치학은 사회과학의 정상적 프로그램의 일부로서 과학과 연결은 되나, 이것은 관찰 요약 설명의 분야에 국한된다."고 단정했다.[91]

공삼이 정치학 연구에 있어서 '과학의 제한성'을 강조한 배경에는 '정치학의 역사성'을 중시하는 그의 관점이 깔려 있다. 그는 "모든 학문이 그러한 것과 같이 정치학도 역사적 산물이다. 철학적 이론과 현실적 분석, 자연법과 역사의 진행 또는 현대에 있어서의 정치이론과 정치행위론(behaviorism)은 현대 정치학에서 일방적으로 취사될 문제가 아니[다.]"고 썼는데,[92] 공삼이 다른 글들에서 여러 차례 강조하듯, 이것은 장구한 세월에 걸쳐 성립된 정치사상 및 정치철학을 '과학'이라는 이름 아래 경시해서는 안 된다는 경고를 의미하는 것이었다. 같은 맥락에서, 공삼은 "정치철학 자체가 이미 역사에 제약되었으며 현실로 조건화되었다는 의미에서, 그들의 이론이 현재에 있어서도 가치를 보유하는 것"이라고 주장했다.[93]

공삼은 정치학의 범위를 설명하는 제4장 제1절에서 미국 대학교들이 일반적으로 채택하고 있는 '정치학의 기초와 분야'를 도표로 요약했다. 그는 세 계단으로 요약했다. (1) 기초 계단은 정치사, 정치지리학, 정치사회학, 정치심리학이며, (2) 본 계단, 곧 '정치학의 주요 영역'은 정부론, 비교정부론, 정당론, 정치철학, 행정학, 행정법, 국제관계론이고, (3) 윗 계단은 정책학이다.[94] 여기서 주목해야 할 것은 공삼이 기초 계단에 '인류고고학'을 추가한 사실이다.[95] 오늘날 서방세계의 정치학에 '정치인류학'이 포함되어 있음을 고려할 때, 공삼의 추가는 적절한 것이었다.

91 위와 같음, 41쪽.
92 위와 같음, 18쪽.
93 위와 같음, 46쪽.
94 위와 같음, 57쪽.
95 위와 같음.

공삼은 제6장 「정치학과 제학(諸學)과의 관련성」의 제1절 「전래방법에 있어서의 제학과의 관련」에서 "정치학은 […] '구래(舊來) 방법은 철학과 역사학 및 법학에 의존하였으며, 최신 방법은 생물학, 심리학, 사회학, 경제학에 의존하고 있[다.]"고 부연했다.[96] 이 제6장 제1절은 서울대 문리대 정치학과가 출판하는 『정치학보』 제3호(1958년 3월)에 포함시킨 「정치학과 제학과의 관련」을 전재한 것이다.[97]

이 부분에서 공삼은 "시레이(Seeley)는 정치학 없는 역사학은 과실(果實)이 없으며, 역사학 없는 정치학은 그 뿌리가 없다고 말하였다."고 썼다.[98] '시레이'는 1834년에 태어나 1895년에 별세한 '실리(John Robert Seeley)' 케임브리지대 역사학 교수를 말한다. 그는 『영국의 팽창(*Expansion of England*)』(1883)으로 명성을 얻었으며 "써(Sir)"의 작위를 받았다. 영국의 제국주의를 적극적으로 옹호한 역사학자로 평가되는 실리 교수의 그 말은 그 이후 정치학과 역사학 사이의 관계를 설명하는 많은 학자들에 의해 인용되곤 한다.

『정치학』 내용과 관련해 두 가지만 더 지적하겠다. 첫째, 이미 자신의 논문 「정치학의 기본문제」에서 지적했듯, 공삼은 근대 정치학의 시조로 토머스 홉스 — 공삼의 표기로는 토마스 홉브스 — 를 꼽았다. "[마키아벨리가] 정치학에서 윤리개념을 완전히 일소[함으로써 …], 윤리학적 국가이념을 정치기술로서의 정치학으로 전환시킨 최초의 학자[임에 틀림없으나] 진실한 의미에 있어서의 근대 정치학의 시조로서 토마스 홉브스를 들 수 있을 것이다."라고 공삼은 주장했다. 마키아벨리는 정치학을 윤리학으로부터 분리시키는 데 그쳤으나, 홉스는 인간의 동물적 성격을 충분히 인정하면서도 국가권력을 통한 인간의 도덕적 성격의 회복을 강조함으로써 '정치현실의 정당한 파악과 동시에 인간의 합리적 해결을 도모하는 과학적 태도'를

96 위와 같음, 110쪽.

97 민병태, 「정치학과 제학과의 관련」, 『정치학보』, 제3호(1958년 3월), 19-28쪽.

98 민병태, 『정치학』, 117쪽.

보였다는 것이다.[99]

마키아벨리는 1469년에 태어나 1527년에 별세했으며, 그가 별세한 뒤인 1532년에 그의 유작 『군주론』이 출판됐다. 그에 비해, 홉스는 1588년에 태어나 1679년에 별세했으며, 그의 생애 말기인 1651년에 『리바이어던(*Leviathan*)』을 출판했다. 리바이어던은 구약성서 욥기 41장에 나오는 바다의 괴물이름이다. 이 책이 『거수국가론(巨獸國家論)』으로 번역되는 까닭이 거기에 있다. 두 책 사이에는 119년의 차이가 있다. 따라서 공삼의 주장을 받아들인다면 근대 정치학의 기점은 119년 늦어지는 셈이다.

둘째, 공삼은 국가의 구성요소를 말하면서 인민과 영토 및 주권 밖에 '통치기구'를 포함시켰다. 공삼의 표현으로 '주권을 실현할 기구-정부'를 포함시킨 것이다. 공삼은 다음과 같이 부연했다: "옐리네크는 국가를 '근원적 지배권을 구비한, 일정한 토지에 정착하는 인간의 단체적 단일체이다 — 국가3요소(인민 영토 주권)설 — 라고 말하였으나, 우리는 국가의 유기적 조건과, 권력의 특징 및 이것이 행사될 제도적 방편을 구명함으로써 국가의 본질을 파악한다는 전제에서 통치기구를 여기에 첨가하여야 할 것이다."[100] 여기서 공정하게 지적돼야 할 것은 기존의 국가3요소설에 통치기구를 추가한 것은 공삼의 독창적 발안이 아니다. 공삼 스스로 인정했듯, 이미 게텔과 같은 저명한 정치학자는 통치기구의 추가를 제의했다.

이 책이 한국정치학사에서 갖는 의의

공삼의 『정치학』을 깊이 연구하고 장문의 논문을 발표한 김홍우 교수는 『정치학』에 대해 다음과 같이 요약했다. "한마디로 민 교수의 『정치학』은 첫째 기존의 '국가학'의 전통에 대한 비판에서 출발하여 현대 사회과학의 한 분야로서의 정치학의 재정립을 지향하며, 둘째 민주주의에서 요청되는

99 위와 같음, 31-32쪽.
100 위와 같음, 166-167쪽.

정치학의 방향을 다원주의에 초점을 맞추어 모색한다."[101]

김홍우 교수는 자신의 논점의 연장선 위에서, 이 책의 의의를 자세히 설명했다. 김 교수는 "[민병태 교수의 『정치학』]의 출판은 그동안 주로 '번역서'에 의존했던 서양정치사상교육이 드디어 '저서'에 의해 이루어지는 계기가 됐다."고 지적하고, 무엇보다도 "그의 『정치학』은 전통적인 철학적 국가론으로부터 벗어나려는 강한 몸부림이었다고 할 수 있다."고 평가했다. 김 교수는 다음과 같이 부연했다:

> 먼저 민 교수는 정치학이 윤리학의 한 분야이기보다는 '여러 학문의 대종'이라 언급한 아리스토텔레스를 상기케 하는 『정치학』이라는 이름 아래 그의 저작을 출판했다. 둘째, 민 교수는 "독일의 국가학(Staatslehre)과 영국, 미국 및 프랑스의 정치학은 그 분야와 방법에 있어 대척적"임을 강조한다. 특히 국가학은 켈젠에 이르러 "법의 규범성(Normaticität)만을 강조하고 실재(實在: Sein)의 면을 일체 배제한" 결과 '국가 없는 국가학(Staatsleer)'으로 변질됐고 "정치현상에서 실제 작용하는 심리적 · 사회적 요소들을 무시하"기에 이르렀다고 비판한다. 셋째, 민 교수는 '사회현상의 하나인 정치현상을 연구'하는 학문영역이 바로 '정치학'이라고 정의하면서 "정치현상 자체를 사회요인과 관련시키지 않고는 파악할 수 없는 것"으로 본다.[102]

마지막 부분과 관련해, 김 교수는 공삼에 대한 라스키의 영향을 지적했다. 풀어 말해, 공삼이 '사회적' 요소를 강조한 것은 다원론자 라스키의 영향을 반영한 것으로 해석한 것이다.[103]

● ● ● ● ●

101 김홍우, 「민병태 『정치학』의 이해: 슈미트와 라스키의 논의를 중심으로」, 『한국정치의 현상학적 이해』(서울: 인간사랑, 2007), 130쪽.

102 김홍우, 「한국정치학에서 서양정치사상 교육」, 김유남 엮음, 『한국정치학 50년: 정치사상과 최근 연구분야를 중심으로』(도서출판 한울, 2001), 218-219쪽.

103 위와 같음.

제 4 절 국내외정세에 관한 평론을 발표하다(1954~1958)

수필 발표(1954년 5월)

1954년에 공삼은 처음으로 수필을 발표했다.[104] 우선 수필은 200자 원고지 5매가 채 되지 않는 짧은 분량이지만 공삼의 인간관을 극명하게 나타냈다. 공삼은 인간은 모두 개별적인 존재로 각자 자기 나름의 '레종 데트르'['존재이유'라는 뜻: 필자 주]와 가치관을 갖고 살고 있기 때문에, '내'가 '타인'에게 자신의 가치관을 요구할 권리도 까닭도 없다고 보았다. 그러나 인간이 사회생활을 하면서 반드시 지켜야 할 원칙이 있다. 공삼은 그것을 '선량한 시민'이라는 용어로 요약했다. 자기의 것을 주장하거나 내세우되 그것이 기본적으로 다른 사람에게 폐를 끼치지 않고 해를 입히지 않아야 한다는 뜻이다.

공삼은 '인간의 가류성(可謬性)'을 인정했다. 풀어 말해, 인간은 오류를 범할 수 있는 존재임을 인정했다. 그러나 공삼은 인간이 '고의적으로 과오를' 저지르는 것은 '불쾌하기 짝이 없다'고 논평하면서, 현대사회에서 인간은 '좋은 시민'이라는 자세를 견지해야 한다고 강조했다. 여기서 공삼은 흥미로운 표현을 썼다. 다른 사람이 하는 일에 불만이 있다고 해서 그를 상대로 '체육작용(體育作用)'을 저질러서는 안 된다는 표현을 썼는데, 앞뒤의 문맥으로 보아 '체육작용'은 다른 사람을 구타한다든가 매질한다든가 하는 육체적 행패를 뜻한 것 같다.

미국의 국내외상황에 관한 평론들의 발표(1954~1955)

공삼은 1954년 11월에 실시된 미국의 중간선거에 대해서도 200자 원고

104 민병태, 「현대사회인」, 『대학신문』, 1954년 5월 12일, 3쪽.

지 15매 분량의 평론을 발표했다. 이 평론은, 거듭 말하지만, 공삼이 영국의 국내정치에 대해서는 물론이고 미국의 국내정치에 대해서도 연구가 깊었음을 보여주었다.

공삼은 우선 미국의 중간선거제도가 갖는 의미를 설명했다. 중간선거가 대통령선거로부터 2년 뒤에 실시됨에 따라 대통령에 대한 중간평가의 기능을 수행함으로써 미국헌법의 핵심요소들 가운데 하나인 '균형과 견제'를 실질적으로 뒷받침한다고 공삼은 보았다. 다른 측면에서 본다면, 현직 대통령에 대한 실망이나 불만이 그의 임기 4년 내내 계속되지 않게 하는 장치로 기능한다고 공삼은 지적했다.

공삼은 이 중간선거에서 아이젠하워 대통령이 이끄는 공화당이 패배한 이유로 우선 공화당 안에서 벌어진 국제주의자들과 보수주의자들 사이의 '마찰'을 꼽았으며, 이어 대외정책의 실패를 꼽았다. 특히 아이젠하워 대통령이 1952년에 실시된 대통령선거에서 한국전쟁을 영예롭게 끝내게 하겠다고 공약했으나 그 결과는 미국 유권자들의 눈에 만족스럽지 못했고 또 인도차이나에서 프랑스가 패배한 것도 미국 유권자들에게 미국 외교정책의 실패로 비쳤다는 뜻으로 썼다. 그러나 공삼은 미국의 선거는 대외문제보다는 국내문제에 의해 좌우된다고 파악하면서, 실업자정책과 농산물정책 및 관세정책 등에서 유권자들의 비판을 받아 공화당이 패배했다고 보았다.[105]

이 평론에 이어 공삼은 미국의 대외정책에 관한 또 하나의 평론을 발표했다.[106] 200자 원고지 5매 분량의 짧은 평론에서 공삼은 우선 미국의 대외정책에서 동아시아가 차지하는 비중이 높아지고 있다고 지적했다. 동아시아에서의 분쟁과 전쟁이 그 지역에 한정되지 않고 세계정치에 직접 영향을 미치는 경향이 커졌기 때문이라는 것이다. 공삼은 그렇다고 해서 미국의 공화당행정부가 동아시아의 공산세력을 상대로 강경한 군사대응정

105 민병태, 「미국 중간선거의 결과와 금후(今後)」, 『대학신문』, 1954년 11월 22일, 2쪽.
106 민병태, 「미국극동정책의 전망」, 『대학신문』, 1955년 2월 28일, 2쪽.

책을 추구하도록 요구하는 공화당 안의 강경파를 따라가지는 않을 것으로 보았다. 미국이 한반도와 베트남에서의 전쟁을 통해 국지전의 심각성을 새삼 인식했다고 보았으며, 앞으로 동아시아에서 승리가 쉽지 않고 소모가 큰 국지전을 회피하려 할 것이라고 전망했다. 이것은 대만과 본토가 중국의 해협을 끼고 벌이는 전투에서 미국이 대만을 지원하는 전투에 쉽게 개입하지않을 것임을 예고한다고 공삼은 보았다. 그렇다고 해서, 미국이 공산세계에 굴복하는 방향으로 대외정책을 집행하지는 않을 것으로 예측했다.

얄타협정에 관한 평론 발표(1955년 4월)

1955년 2월은 얄타회담에서 미국과 영국 및 소련 사이에 비밀협정을 포함해 여러 협정들이 체결된 때로부터 꼭 10년이 지난 때였다. 여기에 맞춰, 미국 국무부는 이 협정에 관련된 회의록 전체를 공개했다. 공삼은 이것에 대해 논평했다. 200자 원고지 5매 정도의 분량이다.[107]

공삼은 우선 이 회의록은 얄타회담 때 미국과 영국이 소련에 '양보'했음을 다시 확인시켰다고 논평했다. 미국과 영국은 (1) 유럽에서는 발칸반도를 포함한 동유럽 전반의 장래에 대해 소련에게 '후리 핸드'를 주었고, (2) 극동에서는 소련의 대일참전을 조건으로 만주와 북한에 대한 소련의 군사점령을 허용했으며 그리하여 이 지역 전체가 소련권으로 포함되도록 만들었다고 보았다. 그러면 미국과 영국은 소련에 왜 '양보'를 해야 했던가? 이 물음에 대해 공삼은 냉철한 분석을 제시했다. 2차대전의 기간에, 독일의 침공을 받은 소련은 독일과 그 위성국들에 직접 다가가는 '근심작전(近心作戰)'을 쓸 수밖에 없었기에 엄청난 희생을 치러야 했음에 비해 미국과 영국은 독일과 그 위성국들로부터 될 수 있는 대로 떨어진 채 상황에 대처

107 민병태, 「얄타회담의 내용발표」, 『대학신문』, 1955년 4월 11일, 2쪽.

하는 '원심작전(遠心作戰)'을 씀으로써 상대적으로 희생을 줄였다고 지적한 다음에, 그 결과 소련은 자신의 국경선을 확고히 지킬 수 있는 소련권의 형성과 확장을 요구하고 관철시킬 수 있었다고 보았다. 공삼은 중국대륙의 공산화 그리고 6·25전쟁도 그 뿌리가 얄타합의에 있었다고 덧붙였다.

공삼은 미국 국무부가 얄타회담의 회의록을 공개한 이유를 추측했다. 그 첫째로 공삼은 얄타에서 미국의 민주당행정부가 소련에게 '양보'를 거듭해 동서(東西)에 걸친 소련의 접경지역에 공산국가들이 나타났음을 상기시켜줌으로써 다가오는 대통령 선거에서 민주당을 수세로 몰아가려는 현 공화당행정부의 계산이 깔려 있다고 보았다. 그 둘째로 공삼은 소련에 대한 반감을 새삼 일깨워 서유럽국가들을 중심으로 유럽방위공동체(European Defense Community : EDC)가 성사되도록 하려는 계산이 깔려 있다고 보았다.

「5·15선거의 정치적 의의」 발표(1956년 5월)

1956년 5월 15일에 실시된 제3대대통령-제4대부통령선거가 끝나면서 『대학신문』은 이 선거에 관한 특집을 마련했다. 이 선거는 현직의 이승만 대통령의 3선을 허용했으나 그것은 강력한 경쟁자였던 민주당의 신익희 후보가 선거유세의 과정에서 갑자기 별세함으로써 얻은 지지의 결과로 해석됐다. 부통령에는 민주당의 장면(張勉) 후보가 이승만 대통령의 이기붕(李起鵬) 후보를 물리치고 당선됐다. 공삼도 서울대 법대의 한태연(韓泰淵) 교수 및 황산덕 교수 등과 함께 기고를 요청받고 응한 것인데, 200자 원고지 15매 정도의 분량이다.[108]

이 평론에서 공삼은 우선 이 선거가 여야 사이에 구체적 정책프로그램을 둘러싸고 전개된 것이 아니라 야당의 "못살겠다 갈아보자"라는 구호에

108 민병태, 「5·15선거의 정치적 의의」, 『대학신문』, 1956년 5월 28일, 2쪽.

영향을 받아 전개됐다고 지적했다. 그러나 공삼은 "그럼에도 불구하고 이번 선거는 국민이 현실을 비판하고 여기에 입각하여 투표권을 행사하였다는 데 중대한 의의가 있는 것이다."라고 정확히 논평했다. 공삼은 부통령을 당선시킨 야당에 대해서도 쓴소리를 주저하지 않았다. 그는 "이번 선거에 있어 다수의 국민이 야당측에 투표하였다는 사실은 야당의 장래에 있어서의 정책보다도 오히려 행정부에 대한 불만의 표시라고도 볼 수 있는 것이다."라고 논평한 것이다.

공삼은 이 평론에서 프랑스의 시인 보들레르의 시를 인용했다. "나의 침대가 저 창 앞에 있더라면 … 방향이 조금 달랐더라면 … 내 병이 빨리 나았을 것을 …" ['…'표는 공삼의 것 : 필자 주]이라는 시구(詩句)를 인용하면서, 이번 선거에서 국민 대다수는 보들레르의 시구에 나오는 환자처럼 간절한 희망을 지니고 '그 어떠한 정책전환을 기대'했다고 썼다.

공삼의 이 평론은 공감을 불러일으켰던 것 같다. 이 점은 그때의 한 월간지가 이 평론의 전문을 전재한 데서 엿보인다.[109]

소련권과 중동권에 대한 진단(1956년 11월)

돌이켜보면, 1956년은 2차대전이 끝난 이후의 세계질서에서 일대 전환을 의미하는 해였다. 1956년 2월에 모스크바에서 열린 제20차 소련공산당 전당대회에서 당제1비서 겸 내각총리 니키타 흐루쇼프(Nikita S. Khrushchev)는 스탈린격하운동의 개시를 선언함과 아울러 미국과의 평화공존론을 제의했으며 이로써 중공의 반발을 불러일으켜 중소분쟁이 개시됐다. 흐루쇼프의 새로운 움직임에 자극을 받아 1956년 10월에 소련권의 일원인 헝가리에서는 집권공산지도자들을 중심으로 반소적(反蘇的) 성격을 지닌 자유화운동이 일어났다. 그들은 레닌주의에 어긋나는 다당제(多黨制)를 지지하

109 민병태, 「5 · 15선거의 정치적 의의」, 『신세계』, 1956년 6월호, 259-261쪽.

고 역시 레닌주의에 어긋나는 동서양대진영에서의 중립을 선언하는 선으로까지 나아갔다. 이것은 헝가리가 사실상 소련권에서 벗어나 서방권으로 접근하겠다는 의사의 표현이었다. 소련은 헝가리를 군사점령하고 헝가리의 정치지도자들을 처형하는 것으로 사태를 수습했다. 11월에는 역시 소련권의 일원인 폴란드에서 집권의 친소공산주의자들을 배격하고 소련에 의해 쫓겨났던 민족공산주의자들의 복귀를 지지하는 운동이 성공했다. 이로써 그동안 하나의 거대한 암석처럼 단결되어 있는 것으로 보이던 국제공산주의운동이 분열의 길로 가는 것이 아니냐는 의문을 키웠다.

그사이인 1956년 7월에는 반서방적 민족주의혁명을 통해 집권한 이집트의 나세르(Gamal Abdel Nasser) 대통령이 이집트 영내에 위치했으나 영국과 프랑스가 공동관리하던 수에즈운하의 국유화를 선언했다. 수에즈운하를 지키기 위해 영국과 프랑스가 수에즈에 출병하고 이스라엘이 이 서방국가들에 가담함으로써 수에즈전쟁 또는 제2차 중동전쟁이 일어났다. 전쟁은 8일 만에 이스라엘의 승리로 귀결됐으나 영국과 프랑스는 수에즈운하를 되찾지 못했다. 이 전쟁은 미국과 소련의 자제로 거기서 마무리됐지만, 앞으로 3차 세계대전이 일어날 수 있는 불씨를 남겼다는 관측을 키웠다.

이러한 시점인 1956년 11월 말에 월간지 『신태양(新太陽)』은 1957년 신년호를 위한 좌담회를 열었다. 조선일보사의 고정훈(高貞勳) 논설위원이 사회를 맡고, 국회 외무위원회의 윤치영(尹致暎) 의원과 성균관대 정치학과의 이동화 교수 및 공삼이 참석한 가운데 좌담은 진행됐다.[110] 이 좌담회는 전반적으로 국제정세를 다뤘으며, 공삼 역시 국제정세에 대해 발언했다.

우선 소련권에 대해서다. 공삼은 1956년에 전개된 소련권의 새로운 움직임들을 '세계역사의 현 단계에서 일어난 하나의 사실'로 이해했다. 공삼

110 「좌담회 : 위기! 1957년」, 『신태양』, 1957년 1월, 138-151쪽.

에 따르면, 레닌은 1917년 10월의 볼셰비키집권 직후에는 '중앙아시아와 그 주변의 후진민족에 대해서는 상당히 자치적인 권한을 부여했으나' '서방제국주의자들이 여전히 민족자결을 허용하지 아니하자' 레닌도 종전의 민족정책을 번복했다. 풀어 말해, 중앙아시아와 그 주변의 소수민족들을 각각 볼셰비키가 지배하는 '공화국' 또는 '자치공화국' 안에 끌어들이고 이것들을 모두 묶어 1925년에 소련을 출범시켰다는 것이었다.

이렇게 소련을 성립시킨 뒤, 레닌의 후계자 스탈린은 소련의 생존을 존속시키기 위해 '소련 한 나라 안에서의 사회주의 건설'이라는 목표를 내걸고 소련에 포함된 소수민족들을 억압하면서 그들의 노동력을 수탈했으며, 이 과정에서 '소련 한 나라 안에서의 사회주의 건설'이 아니라 '세계 전체에서의 사회주의 건설'을 지향하는 트로츠키의 도전을 받았으나 '트로츠키의 실각'으로 끝났다고 공삼은 설명했다. 트로츠키를 추방한 뒤, 스탈린은 철저한 강제적 노력동원에 근거한 중공업정책에 치중해 소련의 공업화에 성공했다. 공삼은 스탈린식의 중공업건설이 성공했다는 것은 '2차대전의 과정에서 소련의 전투력으로써 증명'됐다고 평가했다.[111]

2차대전의 과정에서, 또는 2차대전이 끝난 직후, 스탈린은 소련 주변의 국가들을 강제로 소련 안에 편입시키거나 또는 소련의 위성국들로 만들었다. 이로써 광대한 지역을 끌어안은 소련제국이 형성됐다. 그런데 스탈린이 죽은 뒤에는 소련제국 전체에 대한 소련의 통제력이 약해졌다. 여기서 '농업국가들인 헝가리 및 폴란드와 같이 경제적 기반이 빈약한 나라들'에서 소련의 중공업건설을 위해 자신들의 경제를 희생할 것을 강제하는 소련에 대한 반발이 표면화되기 시작했다고 공삼은 보았다. 특히 그 국가들은 한때 서방과 교류하면서 서방적 생활을 경험했었기에, '소련식 사회주의 이데올로기'를 수용하는 데 한계가 있었다고 공삼은 지적했다.

공삼은 흐루쇼프가 그러한 움직임을 제대로 파악했다고 보았다. 꼭 동

111 위와 같음, 144쪽.

유럽의 공산국가들에서만이 아니라 소련 안에서도 국민들 사이에 소비재에 대한 욕구가 성장했으며, 그래서 흐루쇼프는 '공산주의의 방향전환'을 시도했다고 부연했다. "파란(波蘭)이나 홍아리(洪牙利) 사람들은 이 전환에 주목했으며, 여기서 그 전에 스탈린식의 공산정권에서 밀려나갔던 사람들이 주동이 되어 봉기한 것"이라고 공삼은 풀이했다.**112** 여기서 '파란'과 '홍아리'는 오늘날의 표기법으로 '폴란드'와 '헝가리'다. 공삼은 옛 표기법을 그대로 따랐던 것이다.

공삼은 중동문제에 대해서도 '세계사의 현 단계에서 일어난 하나의 사실'로 보았다. 풀어 말해, 영국과 프랑스를 비롯한 '구라파제국주의'의 식민지배를 100년 이상 받으며 시달렸던 이집트를 비롯한 아랍국가들의 '반감(反感)'을, 더더구나 팔레스타인의 영토 안에 이스라엘을 건국해준 영국으로 대표되는 서구제국주의에 대한 아랍국가들의 '반감'을 이해하지 않고서는 현재의 중동문제를 이해할 수 없다고 주장했다. "지금의 중동사태라고 하는 것은 지금까지 내려오던 [서구제국주의와 아랍민족주의 사이의] 분쟁관계가 계속되고 있는 것"이라고 그는 파악한 것이다. 여기서 공삼은 '이집트'를 공삼 시대의 표기법에 따라 '애급(埃及)'으로 발언했다.

공삼은 영국과 프랑스가 나세르의 수에즈운하국유화선언에 맞서 수에즈에 군대를 진주시킨 데 대해 '이집트 사람들의 적개심을 불러일으키는 행위'라고 비난했다. 그는 다음과 같이 부연했다:

> 국제법상으로 본다고 해도, 영국-이집트협정이 작년 5월엔가 있었는데도 사전협의도 없이 처음부터 항공모함에다 비행기와 군대를 실어가지고 낙하산을 강하시켰다고 하는데 이것은 세계 여러 나라 사람들의 호의를 받을 수 없는 행동이라고 봅니다. 이러한 행동은 아시아-아프리카 약소국가들의 영불(英佛)에 대한 반감을 한층 격화시킨 것뿐입니다.**113**

112 위와 같음, 144-145쪽.
113 위와 같음, 145쪽.

공삼은 영국과 프랑스의 파병을 거듭 비판했다. 그는 영국과 프랑스의 군대파견은 "자유진영에 있어서 하나의 나쁜 현상이라고 볼 수 있습니다." 라고 말한 것이다.[114]

좌담은 자연히 그때 아시아와 아프리카에서 일어나던 민족주의를 주제들 가운데 하나로 삼게 됐다. 이 주제에 대해, 이동화 교수가 열성적으로 발언했다. 그는 "서유럽국가들의 내셔널리즘은 자본주의의 발전과 결부되어서 국제적으로 제국주의적인 것으로 성장된 데 비해, 아시아와 아프리카의 내셔널리즘은 서구제국주의에 희생된 피압박민족의 지위에서 발생한 만큼 다른 민족을 지배한다든가 착취한다든가 하는 점은 생각할 수 없습니다."라고 설명했다. 그는 아시아와 아프리카의 내셔널리즘은 두 대륙의 후진국들 사이에서 단결을 도모해 서구제국주의에 대해서도 맞서지만 공산주의가 침략주의로 나오는 경우에 대해서도 맞서려는 '근본적인 입장 내지 특징적인 성격'을 지녔다고 덧붙였다.[115]

아시아와 아프리카의 민족주의에 대한 토론이 진행되면서 자연히 인도의 지도자 자와할랄 네루(Jawaharlal Nehru) 총리가 화제로 떠올랐다. 윤치영 의원은 네루가 항영독립운동에 종사하던 때는 네루를 존경했으나 그 이후 한반도문제에 대해 취하는 태도를 보고는 완전히 실망했다고 말하고 네루를 '나쁜 놈'이라고 혹평했다. "제 나라 안에서 일어나고 있는 파키스탄문제 하나도 해결하지 못하면서, […] 공산당도 아니고 자유주의도 아니고 꼭 중간에서 깝죽대면서 일을 망쳐놓는 사람"이라고 비난한 데 이어, "한국문제에 제까짓놈이 무엇이라고 군대를 보내서 간섭하느냐, 이 말이에요."라고 극언했다.[116] 후반부의 발언은 6·25전쟁을 휴전협상을 통해 마무리짓는 과정에 유엔군과 한국군이 관리하던 공산측의 포로들 가운데 중립국 인도를 선택한 사람들의 호송과 연관된 것이었다. 윤치영 의원은

114 위와 같음, 150쪽.
115 위와 같음, 146-147쪽.
116 위와 같음, 146쪽.

자신이 대한민국정부의 승인을 얻기 위해 1948년 12월에 파리에서 열린 제3차 유엔총회에 참석했을 때, 인도대표가 북한에서 성립된 '조선민주주의인민공화국'을 염두에 두면서 대한민국정부만을 승인하기 어렵다는 입장을 취하는 데 분노해 "인도대표를 쏘아죽이고 싶었습니다."라고 덧붙였다.

윤치영 의원은 해방 3년의 이른바 해방공간에서 대한민국 정부의 수립을 위해 이승만을 지도자로 받들고 좌익세력 및 이른바 중간세력과 목숨을 걸고 투쟁했으며, 그 공로가 인정돼 제헌국회의원으로 당선되고 대한민국 정부가 수립되면서 초대 내무장관을 역임했다. 그 이후 제2대 민의원과 제3대 민의원으로 당선됐으며 두 차례에 걸쳐 민의원 부의장으로 활약하면서 철저히 친미반공노선을 지켰다. 이러한 경력을 지녔기에, 대한민국 정부를 상대로 비우호적이거나 심지어 적대적인 태도를 취했던 인도와 네루에 대해 유감이 많았을 것이다.

이동화 교수는 "윤 선생님 말씀에 감정적으로는 충분히 동감할 수 있습니다. [⋯] 우리 한국사람의 입장에서 인도가 한국문제에 대해서 종래에 취해온 태도와 정책이라고 하는 것은 결코 좋게 느껴질 수가 없는 것입니다."라고 말했다. 이 교수는 "그러나 네루라는 정치가가 오늘날 국제무대에서 하고 있는 역할이라고 하는 것은 역시 무시할 수가 없다고 하는 것이 아마 객관적인 사실일 것입니다."라고 말한 데 이어, "네루가 중간적인 중요한 위치에서 세계양대진영에 대해서도 어느 정도의 영향력을 갖고 있다는 것 역시 객관적인 사실로 시인해야 옳을 것입니다."라고 덧붙였다.[117]

고정훈 논설위원은 네루가 동서양대진영 사이에서 아시아와 아프리카의 민족주의를 대변하고 제3세력을 대표하면서 중재자의 역할을 수행하고 있다고 평가하면서, 네루의 그러한 역할이 독일과 베트남 및 한반도의 통일문제에 어떤 '작용'을 할 수 있지 않을까 하는 기대를 표시했다. 전반적으로 윤치영 의원과는 극명하게 대조적으로, 고정훈 논설위원은 '네루이

117 위와 같음.

즘'이라는 표현까지 써가면서 네루에 대해 호의적으로 평가했다.

공삼의 평가는 훨씬 공정하고 객관적이었다. 공삼은 우선 "네루는 서방국가에서 볼 때 불만의 대상이고, 소련에서 볼 때 서방국가에 대해 쓸 수 있는 이용물"이라고 평가했다. 그러나 공삼은 "네루가 미국과 소련 사이의 대립을 완화하는 데는 상당히 공적이 있다고 봅니다."라고 말하고, "소련과 서방진영이 직접 붙어가지고 싸움을 한다고 할 때에 네루는 언제나 전쟁을 회피하는 방향으로 정책을 쓰고 있습니다."라고 말했다. 공삼은 네루가 한반도의 통일문제에 대해 어떤 역할을 수행할 수 있지 않겠는냐는 고정훈 논설위원의 기대에 대해서는 부정적으로 대답했다. "우리나라에 직접 영향을 끼치기는 미력합니다."라고 말한 것이다.[118]

좌담은 마지막 단계에서 1957년의 국제정세 전망으로 흘러갔다. 공삼은 1956년에 헝가리와 폴란드에서 일어난 반소운동이 1957년에도 동유럽에서 일어나고 소련 안에서도 내란이 일어나 결국 소련이 붕괴하는 방향이 잡히지 않겠느냐는 "이런 얘기가 있는데, 인간의 역사는 그렇게 단순하지 않습니다."라고 단언했다. 그는 "소련 내부에서나 동유럽에서 소련의 노선에 반항한다든지 새로운 자유화라든지 하는 데 있어서는 반드시 어떤 한계가 있을 것입니다."라고 설명하고, "하나의 통제작용이 확립되었던 것이 일조일석에 무너진다는 것은 생각하지 말고 오히려 무너지지 않는다는 입장에서 민주진영이 어떤 대책을 세우는 것이 타당하다고 생각합니다."라고 덧붙였다.[119] 고정훈 논설위원이 유고슬라비아의 티토 대통령이 소련권에서 이탈해 독자적이며 민족주의적인 공산주의노선을 걷고 있고 폴란드에서는 스탈린주의적 공산주의에 반대해 스탈린에 의해 숙청됐던 고무우카[Gomulka, 우리나라에서 흔히 '고물카'로 발음됐었으나 '고무우카'가 맞는다 : 필자 주]가 정권에 복귀해 '민족주의적 공산주의의 길'을 걷고 있음을 상기시키면서 그 영향이 다른 동유럽국가들에서도 나타나지 않겠느냐는 뜻을

118 위와 같음, 146-147쪽.
119 위와 같음, 150쪽.

비쳤을 때도 공삼은 호응하지 않았다.

서방세계가 아시아와 아프리카의 후진국가들을 상대로 취할 정책을 논의하기 시작하자, 공삼은 서방세계가 앞으로 '상당히 좋은 방향으로 정책을 취할 것'이라고 전망했다. 구체적으로, "지난날에는 군사원조라든지 지역적인 안전보장이라든지 군사동맹이라든지 하는 것이 주로 되어 있었는데," 앞으로는 '경제건설'의 방향으로, 특히 '후진국들이 절실히 요망하는 방향으로 경제원조'를 베풀 것으로 전망했다.**120**

고정훈 논설위원은 1955년 7월에 열린 제네바회담이 뚜렷한 성과를 내지는 못했으나 국제긴장의 완화에 이바지했음을 상기시키면서 공삼에게 1957년에 그러한 흐름이 지속될 수 있을 것인지 물었다. 고정훈 위원이 말한 제네바회담은 1955년 7월 18일부터 23일까지 미국의 아이젠하워 대통령, 소련의 불가닌 총리, 영국의 이든 총리, 프랑스의 피에르 총리 등 4대국 정상들 사이에서 열렸다. 공삼은 이 회담이 국제분쟁에서 핵무기사용을 금지하기로 합의한 것을 긍정적으로 평가했다. 공삼은 이어 이 회담의 정신이 계승돼 1956년에 "적어도 강대국가들이 대량학살 또는 원자탄이라든지 수소탄을 쓰는 전쟁은 회피하고 있다는 것이 확인됐습니다."라고 말했다. 1957년과 관련해, 공삼은 핵무기를 쓰지 않는 국지전은 일어날 개연성이 많다고 전망했다. 그는 "극동에서도 [···] 큰 전쟁만은 당분간 없어지겠지만 [···] 큰 전쟁이 아닌 형태의 전쟁으로써 자기나라의 이익을 강화한다든지 또는 분쟁이 해결된다면 그러한 형태의 전쟁은 가능합니다."라는 전망을 덧붙였다.**121**

전반적으로 보아, 공삼은 우선 국제관계에서 나타나는 매개(每個)의 사안을 하나의 고립된 사안으로 보지 않고 언제나 역사적 맥락에서 발생한 사안으로 보았다. 공삼은 또 미래에 대한 전망과 관련해 '자기 소망에 맞춘 사고(wishful thinking)'를 철저히 자제했다. 공삼은 언제나 역사적 맥락

120 위와 같음, 150-151쪽.
121 위와 같음, 151쪽.

속에서 현재 나타난 사실을 냉철하게 분석하는 신중한 자세를 보였다.[122]

「동서진영의 취약지대」(1956년 11월)

이 좌담회에서 나타난 공삼의 견해는 그가 발표한 한 평론에서 훨씬 자세히 부연됐다.[123] 이 평론은 크게 보아 두 부분에 대한 설명으로 구성됐다.

첫째, 아시아-아프리카의 이른바 '후진국가들'에 대해서다. 공삼은 그들을 넷으로 나눴다. (1) 민족주의와 공산주의가 동시에 수입된 중공과 월맹, (2) 민족자본을 수호하고 외국이권을 배척하기 위해 투쟁하는 이란과 이집트, (3) 동서진영의 대결 속에 중립노선을 지키면서도 공산권과의 평화공존을 지향하고 서방세계와의 군사동맹을 회피하는 인도와 버마 및 인도네시아, (4) 서구와 군사적으로 제휴한 태국과 필리핀 및 터키 등이 그것이다. 공삼은 그 나라들이 모두 자신들의 자유와 독립을 열망하면서도 자신들의 '조건과 지위'에 따라 서로 다른 길을 걷고 있다고 평가했다.

공삼은 특히 이집트에 대해 동정심을 표시했다. 이집트가 수에즈운하를

---

122 여기서 여담을 덧붙이기로 하겠다. 이 좌담에서 보이듯, 고정훈 씨는 앞으로 국제정세의 변화에 따라 한반도에서도 어떤 변화가 일어나지 않겠느냐는 기대를 갖고 있었다. 결국 고정훈 씨는 그러한 기대를 지닌 채 1960년의 4월혁명 직후 혁신운동을 전개하면서 "북한에서도 민족주의적 공산주의자들이 나타날 것"이라는 전제 아래 남북대화를 시작할 것을 제의했다. 그는 이러한 활동으로 1961년 5월 16일에 출범한 군사정부에 의해 투옥됐으며, 1979-80년에 신군부가 제5공화정을 출범시키던 때 민주사회당을 창당했다. 그는 필자가 공삼의 제자인 것을 알고는 필자에게 1956년 11월의 그 좌담을 상기시키면서 "역시 민병태 교수의 국제정세 분석이 정확했다."고 말하곤 했다. 그는 1987년 10월에 인천의 한 교회에서 거행된 필자의 부친 발인예배에도 참석해주었다. 여기에 적어 새삼 고마움을 표시하고자 한다.

123 민병태, 「동서진영의 취약지대」, 『대학신문』, 1956년 11월 12일, 2쪽. 이 평론을 읽어보면 제목 「동아진영의 취약지대」는 「동서진영의 취약지대」인 것 같다. '西'가 '亞'로 잘못 인쇄된 것 같다.

국유화한 데 대한 조치로 영국과 프랑스가 이스라엘과 함께 군사적으로 연합해 대결한 것은 잘못이라고 단정했다. 거기서 한 걸음 더 나아가, 공삼은 영국과 프랑스의 그러한 조치는 헝가리와 폴란드에서 각각 반소적 성격의 민족주의운동이 일어났을 때 소련이 개입한 것과 다르지 않다고 지적했다.

둘째, 동유럽권에 대해서다. 공삼은 헝가리와 폴란드에서 일어난 반소적 성격의 자유화운동은 그들의 소련지배로부터의 이탈을 바라지 않는 소련에 의해 저지될 것이라고 전망했다. "서방제국(西方諸國)의 유효한 원조가 없는 한, 자유해방의 희망은 없는 것"이라고 그는 덧붙였다.

소련권의 새로운 변화에 대한 진단(1957년 2월)

국제정세에 대한 공삼의 이러한 의견은 몇 개월 뒤에 발표한 그의 평론에서 심화된 상태로 다시 표현됐다.[124] 우선 공삼은 1956년의 중동사태와 동유럽사태가 1957년 새해에 들어서서도 해결되지 않다고 진단한 뒤, 주로 소련권의 정세에 초점을 맞췄다. 여기서 공삼은 소련권의 정세를 흐루쇼프가 제시한 '비(非)스탈린주의'에서 접근했다. 공삼에 따르면, 흐루쇼프의 전임자 스탈린은 혁명과 전쟁 그리고 동서냉전이 조성한 위급한 상황을 이용해 소련 자체에 대해서와 동유럽 전반에 걸쳐 군사력에 기초한 강력한 철권통치를 실시할 수 있었다. 그러나 스탈린이 1953년 3월에 죽은 뒤에는 동서냉전이 완화되기 시작하는 새로운 분위기가 조성됨에 따라 거기에 대한 대응을 둘러싸고 소련공산당의 지도부 내부가 분열됐고 그러한 와중에 겨우 정권을 장악한 흐루쇼프는 스탈린이 걸었던 길을 비판하면서 새로운 현실에 스스로를 어느 한계 안에서 적응시키려 하고 있다고 공삼은 보았다.

---

124 민병태, 「소련과 동구사태의 전망」, 『대학신문』, 1957년 2월 11일, 2쪽.

구체적으로, 공삼은 흐루쇼프가 "스탈린이 자신의 통치명분으로 삼았던 레닌-스탈린주의로부터 맑스-레닌주의로의 환원을 요구하고 있다"고 평가했다. 폭력적인 스탈린주의를 버리고 스탈린주의보다는 덜 폭력적인 마르크스-레닌주의로 돌아갈 것을 요구하고 있다는 뜻이었다. 흐루쇼프는 거기서 한 걸음 더 나아가 동유럽의 사회주의국가들이 각국의 조건에 맞는 길을 걷고자 하는 '다양성'의 추구를 세계공산주의의 '공통성'을 지킨다는 전제 하에 허용한다는 뜻을 표시했다고 보았다.

소련에서의 이러한 변화는 자연히 그동안 스탈린과 스탈린주의에 굴종해야 했던 동유럽국가들이 소련에서 벗어나려는 노선을 모색하는 흐름으로 나타났다고 분석하면서, 공삼은 그러나 그들의 탈소 노력은 '홍아리[洪牙利, 헝가리의 한자식 표현: 필자 주] 사태'에 나타났듯 한계에 직면하고 있다고 지적했다. 여기서 공삼은 유고슬라비아의 티토는 일찍부터 자주성을 과시했기에 흐루쇼프는 티토에 대해서 만큼은 그의 '소련식 공산주의로부터의 이탈'을 용인하고 있다고 지적했다. 보다 구체적으로, 공삼은 흐루쇼프가 스탈린이 세계공산주의운동권으로부터 파문했던 유고슬라비아의 티토와 '화해'를 추구하고 있다고 평가했다.

프랑스선거제도에 대한 평론 발표(1957년 6월)

1957년 여름부터 한국의 정계는 1958년에 실시될 예정인 제4대 민의원 총선거를 앞두고 선거법개정을 논의하기 시작했다. 주요한 신문들과 월간지들은 세계각국의 선거제도들을 소개하기도 하고 논평하기도 했는데, 『대학신문』도 예외가 아니어서 「외국선거제도」라는 특집을 마련했다. 공삼은 1946년 10월 5일에 제정된 헌법으로 성립된 프랑스 제4공화국의 정치체제, 그리고 이 헌법에 의해 마련됐으나 1951년에 수정돼 1951년 6월 17일부터 실시된 프랑스의 새 선거제도에 대해 썼다.[125]

공삼은 "불란서의 정치제도는 국가적으로는 극단적인 중앙집권의 체제를 유지하고 있음에도 불구하고 이 중앙집권의 체제를 실제로 담당하는 정부는 '강력한 의회와 약체의 집행부'라는 불란서 의회정치의 전통으로 말미암아 극히 불안정한 지위에 놓여 있는 것이다."라는 문장으로써 이 글을 시작했다. 그러면 '강력한 의회'라고 할 때, 그것은 무엇을 뜻하는가? 공삼은 "불란서 제4공화국에는 국민의회, 공화국회의, 경제회의, 불란서연방회의 등 4개의 회의체가 있다."고 설명한 뒤, 그러나 "실제로 입법기능을 담당하는 회의체는 국민의회와 공화국회의 두 가지인데, 이 2개의 회의체 가운데서도 국민의회가 행정부의 조직과 입법 및 예산에 절대적인 영향을 끼친다."고 단정했다.

공삼은 이 국민의회를 구성하기 위한 복잡한 선거제도를 요약해 설명하면서, 그것은 '다당제와 비례대표제'를 근간으로 하며, 비례대표제는 '명부식 비례대표제'를 골격으로 삼고 있다고 설명했다. 공삼에 따르면, '명부식 비례대표제'는 '연합후보자 명부제'다. 사회불안으로 극우정당과 극좌정당이 대두하게 될 위험성을 봉쇄하기 위해, 중간세력에 유리하도록 이 제도를 채택했다는 것이었다. 여기에서 보듯, 선거제도를 포함한 프랑스의 정치제도는 다양한 정당들의 연합과 타협에 기초하고 있다고 공삼은 해석했다.

---

125 민병태, 「외국선거제도 : 불란서」, 『대학신문』, 1957년 6월 10일, 2쪽.

제 6 장
'한국 정치학의 성장기'에 '과학적' 정치학에 대해서도 관심을 기울이다(1958~1961)

제 1 절
한국정치학계에 인적-제도적 성장이 뚜렷해지고 동시에 주제가 넓어지다(1958~1961)

제 2 절
과학주의에 관심을 쏟은 1958~1959년의 저술들

제 3 절
신진회 지도교수 활동으로 음해를 받다

제 4 절
4월혁명 이후에 행한 발언들

제 1 절 한국정치학계에 인적-제도적 성장이 뚜렷해지고 동시에 주제가 넓어지다(1958～1961)

논란의 여지는 있으나, 필자는 공삼의 『정치학』이 출판된 1958년 5월부터 군사정변이 일어난 1960년 5월 16일 직전까지의 3년을 해방 이후의 한국정치학계에서 하나의 새로운 시기였다고 주장한다. 그것은 재활기에 이은 성장기였다. 그 논거로 최소한 다음의 여섯 가지 요인들을 지적하겠다.

국내외에서 정치학자들이 배출되다

첫째, 1958～1961년에 정치학을 전공한 해외유학생들의 귀국이 본격적으로 시작됐다. 그들은 네 그룹으로 나뉠 수 있다. (1) 박사학위를 받은 사람들이다. 미국에서 비교정치학 전공으로 박사학위를 받은 박근(朴槿 : 펜실베이니아대)과 미군정 연구로 박사학위를 받은 이원설(李元卨 : 오늘날의 케이스 웨스턴 리저브대의 전신인 웨스턴 리저브대) 그리고 국제정치학 전공으로 박사학위를 받은 김명회(뉴욕대)와 윤영교(尹泳敎 : 아메리칸대)[1] 및 조순승(미시간대), 프랑스에서 국제정치학 전공으로 박사학위를 받은 김창훈(金

昌勳 : 파리대), 영국에서 국제정치학 전공으로 박사학위를 받은 이동원(李東元 : 옥스포드대), 스위스에서 국제정치학 및 국제법 전공으로 박사학위를 받은 정일영(제네바국제학대학원) 등이 그들이다.[2]

(2) 이른바 ABD(All But Dissertation : '논문을 빼놓고는 모든 조건이 충족됐다'는 뜻) 지위의 사람들이다. 우리는 제5장 제1절에서 1957년 가을학기와 1958년 가을학기 두 차례에 걸쳐 서울대 대학원 출신의 행정학도들이 미네소타대 대학원 정치학과로 유학했던 사실을 지적했다. 그들 가운데 박사학위자격종합시험에 합격한 강병근 석사, 노융희(盧隆熙) 석사, 박동서 석사, 서원우 석사, 유훈 석사, 조석준 석사 [가나다 순서] 등이 귀국했다. 그들 가운데, 이미 서울대에서 법학석사를 받았던 유훈은 미네소타대에서 행정학석사(MAPA)를 받았다. 그들은 귀국해서 박사학위논문을 준비하며 서울대학교 행정대학원 또는 다른 대학교의 조교수로 임명을 받았다.[3]

(3) 석사학위를 받은 사람들이다. 미국 바나드대학을 졸업하고 브라운대학교 대학원에서 정치학석사학위를 받은 김옥렬,[4] 서울대학교 문리대 정치학과를 졸업하고 경북대 정치학과 조교수로 재임하던 때 미국무성 초청을 받아 미국 클레어몬트대학교 대학원에서 수학한 뒤 정치학석사학위를 받은 차기벽,[5] 미국 하든시몬스대학교를 졸업하고 워싱턴대학교에서

1 윤영교 박사는 1959년 2학기에 연세대학교 정법대학 정치외교학과 전임강사로 부임했으나 1년 뒤 외무부로 자리를 옮겼다. 『연정60년사』, 16쪽.

2 이들이 박사학위를 받은 해, 그리고 이들의 박사학위논문제목은 다음의 여러 곳들에서 볼 수 있다. 김학준, 『한국정치론 사전』(한길사, 1990). 여기에 포함되지 않은 정일영의 경우는 다음이다. Chung, Il Young, "Legal Problems Involved in the Corfu Channel Incident," 제네바국제학대학원, 1959. 정일영, 『한국외교와 국제법』(도서출판 나남, 2011), 「저자약력」, 885쪽.

3 유훈, 『바삐 걸어온 지난날』(서헌사[曙軒社], 2008), 「나의 미네소타대학 시절」.

4 숙명여자대학교 정치외교학과 편, 『큰 뜻 청파(靑坡) 언덕에 심고 : 김옥렬 교수님 정년퇴임기념수필집』(숙명여자대학교 정치외교학과, 1995), 23쪽.

5 차기벽 교수의 석사학위논문은 다음이다. "The New Deal : A Study of Positive Government in the United States" (1958). 『옥전차기벽박사화갑기념논총』(1984), viii쪽.

정치학석사학위를 받은 이명식,[6] 미국 메리빌대학을 졸업하고 노스웨스턴대학교에서 정치학석사학위를 받은 한배호[7] [가나다 순서], 미국 미네소타대학교 대학원에서 행정학석사학위(MAPA)를 받은 김운태와 김해동 및 이우현,[8] 서울대 문리대 정치학과를 졸업한 뒤 국립필리핀대학교 행정대학원에서 행정학석사학위를 받은 김창근(金昌槿), 그리고 미국 디화이언스대학을 졸업하고 미시간대학교에서 행정학석사학위(MPA)를 받은 이문영[9] 등이 그들이다. 연도가 정확하지는 않은데, 홍종혁(洪鍾赫)도 이 시기에 아메리칸대에서 정치학석사학위를 받고[10] 귀국한 것 같다. 그는 1961년에 해병학교장으로 봉직하다가 건국대 강사를 거쳐 동국대에서 전임의 길을 밟았다.

(4) 대학원에서 일정한 기간에 걸쳐 연수를 받은 사람들이다. 서울대 정치학과 전임강사로 미국무성시험에 합격해 미국 시카고대 대학원에서 1년 동안 정치철학을 연구한 김영국, 하버드대 연경학사(燕京學舍)에서 1년 동안 정치행태론을 연구한 윤천주, 미네소타대 대학원에서 1년 동안 행정학을 연구한 안해균(安海均), 이상조,[11] 이정식, 최종기, 그리고 미국 시러큐스대 맥스웰행정대학원과 하버드대 대학원에서 행정학을 연구한 박문옥[12] 등이다. 대구대 양호민 교수는 서독 튀빙겐대 동유럽사연구소에서 마르크시즘-레닌이즘 그리고 동유럽에서 공산정권이 세워진 과정을 연구하고 귀국했다.[13] 그의 이 경력은 한국정치학계에서 드문 경력으로, 그의 북한 및

● ● ● ● ●

6 벽파(碧波) 이명식박사화갑기념논문집간행위원회 편, 『사회주의체제의 변화와 갈등: 벽파이명식박사회갑기념』(대왕사, 1991), i쪽.

7 김세걸, 「원로와의 대화: 한배호 선생님」, 『한국정치학회 소식』, 제26권 제2호, 12쪽.

8 『정산 김운태박사화갑기념: 한국정치행정의 체계』(박영사, 1982), 549쪽.

9 백상건 등, 『행정학 강의』(문운당, 1960), 335쪽에 기재된 이문영 교수의 약력.

10 『증보 정치학대사전』(박영사, 1983), 1792쪽. 그러나 다시 말하지만, 그가 정치학석사학위를 받은 해나 시기는 알 수 없다.

11 백상건 등, 『행정학 강의』, 335쪽에 기재된 이상조 교수의 약력.

12 단국대학교에 보관된 박문옥 교수의 인사기록카드.

13 『민도양호민선생화갑기념논총』, 463쪽.

공산권 연구의 기초가 된다.

이 정치학자들 이외에, 비(非)정치학자들로 함병춘(咸秉春)과 황성모(黃性模)를 지적하고자 한다. 함병춘은 1956년에 노스웨스턴대에서 경제학사 학위를 받고 1959년에 하버드대에서 법학사(LL.B.)학위를 받았다. 이 법학사학위는 미국의 거의 모든 법대에서 1968년 이후 법학박사(J.D.)학위로 소급해서 바뀌었다. 그는 1959년에 연세대 정법대 조교수로 임용됐는데,[14] 그 이후 국제정치를 포함한 정치학 분야에서도 좋은 저술들을 출판한다. 황성모는 1960년에 독일 뮌스터대에서 중국노동자들의 계급의식에 관한 논문으로 사회학박사학위를 받고, 1961년에 이화여대 부교수로 임용되며 1962년에 서울대 조교수로 임용된다.[15] 그 역시 정치학 분야에서도 좋은 저술들을 출판한다.

이상에서 거명된 학자들은 한국정치학계 및 한국행정학계에 새로운 자극을 주었다. 이들은 특히 미국의 새로운 저술들과 이론들을 폭넓게 소개해 한국에서 정치학의 성장을 뒷받침했다. 황성모의 경우, 독일의 사회학 이론들을 폭넓게 소개했다.

1954～1958년의 시기와 마찬가지로, 1958～1961년의 시기에도, 국내의 대학원들이 배출한 신진 정치학자들이 강단에 섰다. 곽상은(郭塽殷), 구범모(具範謨), 김경창(金景昌), 김문희, 김민하(金玟河), 김점곤(金點坤), 김홍철(金洪喆), 문창주(文昌周), 성규탁(成圭鐸), 신철균(申喆均), 안희수(安禧洙), 여정동(呂井東), 우병규, 윤경우(尹慶宇), 윤형섭(尹亨燮), 이기원(李基遠), 이기하(李起夏), 이동희(李東熙), 이명영(李命英), 이상구(李相九), 이용필(李容弼), 이택희(李宅熙), 장을병(張乙炳), 최경락(崔敬洛) 최영(崔榮), 최재원(崔在元), 하경근(河璟根) [가나다 순서] 등이 그 대표적 사례들이었다.[16] 개개인에 따라 차이가 나타나기는 했지만, 이들은 대체로 일제 때의

14 연세대학교100년사편찬위원회 편, 『연세대학교100년사』, 부록, 1320쪽.

15 인곡(仁谷)황성모박사화갑기념논문집간행위원회 편, 『사회구조와 사회사상 : 인곡황성모박사화갑기념논문』(심설당, 1986), 「인곡황성모교수 약력」, iii쪽.

법적-제도론적 및 사변적(思辨的) 정치학에서 벗어나 영국과 미국의 정치학을 수용했다.

정치학과 증설, 외교학과 및 행정대학원 신설

둘째, 1958～1961년의 시기에, 그 이전 시기와 마찬가지로 정치학과의 증설은 계속됐다. 한양공과대학은 1959년 2월 26일에 공과대학과 문리과대학 및 정경대학의 세 단과대학으로 구성된 종합대학교로서의 한양대학교로 격상됐는데, 이때 정경대학 안에 법률학과와 경제학과 및 상학과 등과 함께 정치학과가 개설된 것이다.[17] 초대 학과장 및 정경대학장으로 한태수 교수가 초빙됐고,[18] 박문옥 석사가 정치학과 부교수로 임명됐다. 1950년대 전반 이후 이 시점까지 계속된 정치학과의 증설은 정치학의 성장을 뒷받침했다.

정치학과의 증설은 종전의 제도적 및 철학적 접근방법에 기초한 교과서들의 출판을 촉진했다. (1) 고려대 김영두(金永斗)의 『동서정치사상사』(일조각, 1959), (2) 중앙대 백상건의 『정치학 원론』(일조각, 1959 : 『정치학 입문』 1954 및 그것의 전정증보판 1956의 계승본), (3) 신도성의 『신고[新稿] 정치학』(신아사[新雅社], 1959), (4) 정인흥의 『정치학 원론』(박영사, 1960), (5) 건국대 이규복(李圭復)의 『각국정부론 : 영미론』(왕문사[旺文社], 1960), (6) 조일문의 『새 정치학』(박영사, 1964) 등이 그 대표적 사례들이었다. 이 방면의 원서들도 역간됐다. 로런스 원러스(Lawrence C. Wanlass)의 *Gettell's History of Political Thought* (London : George Allen & Unwin, 1952)를 대본으로 삼아 김경수는 『정치학설사』(일신사, 1959)를 출판했다. 이극찬은

16 구범모, 「비교정치학 20년의 반성 : 부록 Ⅱ(1945～1946년까지의 정치학과[행정학과] 교과과정분야 일람표)」, 『한국정치학회보』, 제2집, 44쪽.

17 『한양대학교70년사, 1939～2009』, 전 4권 가운데 제1권(2011), 189-191쪽.

18 한태수, 『한국정치평론10년, 1958～1968』(금천[琴泉] 한태수박사화갑기념사업위원회, 1972), ii쪽.

버트랜드 러셀(Bertrand Russell)의 *Power: A New Social Analysis* [권력: 새로운 사회적 분석] (London: George Allen & Unwin, 1938)를 『정치권력론』(을유문화사, 1958)으로 역간했으며, 박봉식은 막스 베버의 *Politik als Beruf* (1919)를 『직업으로서의 정치』(박영사, 1960; 박영사 박영문고 147, 1977)로 역간했다.

동시에, 이 시기에 외교학과와 행정대학원이 국내에서 처음으로 신설됐다. 1959년 4월학기부터 서울대는 문리대 정치학과로부터 외교학과를 독립시켜 신설했다.[19] 이용희 부교수가 주임교수였고,[20] 박봉식 석사와 손제석 석사가 전임강사였으며, 김홍철 석사와 이기원 석사 등이 강사로 출강했다. 이로써 한국에서 장차 국제정치학이 성장하고 발전할 수 있는 새로운 기틀이 마련됐다. 이러한 흐름 속에서, 경희대 서중석 교수는 『극동국제정치사』(신아사, 1960)를 출간했다.

같은 학기부터 서울대는 법대 병설로 주간부와 야간부로 구성된 행정대학원을 신설했다. 신태환 법대 학장이 행정대학원장을 겸임했다.[21] 제1회로 입학해 1961년 3월에 행정학석사학위를 받고 곧바로 강사로 발령을 받았거나 또는 유학길에 올랐던 신진 행정학도들 가운데 대표적 사례들이 강신택, 백완기, 오석홍(吳錫泓), 황인정(黃仁政) 등이었다. 제1회인 김규정(金圭定)과 이수영(李壽寧) 등은 해외유학을 선택하는 대신에 국내의 학계로 진출했다. 서울대 문리대 물리학과 졸업생으로 '천재' 소리를 듣던 정근모(鄭根謨)도 1회 입학생이다. 그러나 그는 미시간주립대로 유학해 응용물리학 전공으로 박사학위를 받으며, 훗날 대한민국 정부에서 두 차례에 걸쳐 과학기술처 장관을 역임한 데 이어 명지대 총장을 역임한다. 제2회로

19 『대학신문』, 1958년 2월 3일, 1쪽.

20 그때 서울대학교는 교수직급에 정원제(定員制: TO제)를 채택했기에, 연구실적이 많은 교수라도 승진하기가 사실상 불가능했다. 따라서 이용희 교수도 부교수에 머물러 있어야 했다. 그는 1961년 4월 1일에 서울대 행정대학원 원장으로 부임하면서 1961년 6월 1일에 정교수로 승진했다.

21 위와 같음, 1957년 9월 30일, 1쪽.

입학해 행정학석사학위를 받고 훗날 한국행정학계의 중진들로 성장하는 학자들이 한영환 중앙대 교수와 김영섭(金永燮) 한양대 교수다.

서울대에 행정대학원이 개설된 사실은 다른 대학교들에도 영향을 주었다. 이 시기에 건국대와 동국대 및 한양대에 행정학과가 신설됐으며, 이로써 정치학의 한 분과로서 행정학이 매우 빠르게 성장하기 시작했다. 이것은 출판으로도 나타났다. 저서들로 (1) 김운태의 『행정학 요론』(민중서관, 1959) 및 (2) 백상건 윤천주 서원우 이문영 유훈 이상조 등 6인의 『행정학 강의』(문운당[文運堂], 1960) 등이 출간됐으며, 학술논문으로 정희채(鄭熙彩) 부산대 법대 전임강사의 「관료제와 자유민주주의」(부산대 법대 『법학연구』, 제4권 제1호, 1959년 9월, 77-108쪽) 등이 출간됐다.

역서들로 (1) 허버트 사이몬(Herbert Simon)과 도널드 스미드버그(Donald W. Smithburg) 및 빅토르 톰슨(Victor A. Thompson) 등이 공저한 *Public Administration* (New York, N.Y. : Alfred A. Knopf, 1950)을 번역한 김영훈의 『행정학』(민중서관, 1958), (2) 폴 애플비(Paul H. Appleby)의 *Policy and Administration* (University, Ala. : University of Alabama Press, 1949)을 번역한 정인흥 최옥수(崔玉秀)의 『정치와 행정』(법문사, 1959), (3) 마셜 디목(Marshall E. Dimock)의 *A Philosophy of Administration toward Creative Growth* (New York, N.Y. : Harper & Bros., 1958)를 번역한 정인흥 양시호(梁始浩)의 『현대행정론』(법문사, 1959), (4) 피터 블라우(Peter M. Blau)의 *Bureaucracy in Modern Society* (New York, N.Y. : Random House, 1956)를 번역한 장지호(張志浩)의 『현대사회에 있어서의 관료제』(민중서관, 1957), (5) 드와이트 왈도(Dwight Waldo)의 *The Study of Public Administration* (New York, N.Y. : Random House, 1955)을 번역한 서봉찬(徐鳳燦) 이재석(李載錫)의 『행정학 원론』(일조각, 1961), (6) 프리츠 마르크스(Fritz M. Marx)의 *The Administrative State : An Introduction to Bureaucracy* (Chicago, Ill. : The University of Chicago Press, 1957)를 번역한 안해균의 『행정국가론』(박영사, 1962) 등이 출판됐다.

민주주의에 대한 관심이 더욱 높아지다

셋째, 1958~1961년의 시기는 제1공화정의 말기로 마침내 4월혁명이 성사되며 제2공화정이 성립된 시기다. 자연히 정치학자들의 문필활동을 통한 비판 및 계몽 활동이 매우 활발해졌다. 그들은 특히 월간지 『사상계』 및 월간지 『새벽』을 통해 자유당정권의 비정을 비판했는데, 이때 제1야당 민주당의 '신파(新派)' 계열이 주도한 『새벽』은 사실상 자유당정권의 퇴진을 요구했다. 강경한 입장에서든 온건한 입장에서든 이러한 평론을 발표한 정치학자들이 고려대의 김상협, 경희대-성균관대의 신상초, 연세대의 서석순 등이었다. 그들 가운데 동아일보사 논설위원을 겸한 신상초의 필봉이 가장 날카로웠다.[22]

『한국정치학회보』의 창간호가 『정치학: 한국정치학회회보』(일조각)라는 이름 아래 바로 이 시기인 1959년에 출간됐다는 사실은 시사적이다. 이 창간호에는 윤천주의 「행태과학적 정치학의 역할」(108-129쪽) 및 캘리포니아대 버클리캠퍼스 정치학과 박사과정생 이정식(李庭植: Chong-sik Lee)의 "Variations of Governmental Forms in Modern Democracies"(1-39쪽) 등이 게재됐으며, 백상건의 「정당본질에 관한 약간의 문제점」(52-75쪽)도 게재됐다. 그런데 이 절의 논지와 관련해 꼭 지적돼야 할 논문은 김상협의 「민주주의의 새로운 위기」(3-27쪽)다. 철학적 통찰력으로써 집필한 이 논문을 통해 그는 "너무나 심한 기계화, 너무나 심한 분업화, 너무나 심한 메네이지먼트, 너무나 심한 사회조직화, 너무나 심한 민주화, 너무나 심한 경험화(經驗化) 때문에, [서구식 자유민주주의를 뒷받침하는] 그 과거의 근본토대가 무너져버리고, 따라서 그 형태도 […] '이성(理性) 민주주의'

22 그의 평론들은 다음의 단행본으로 출판됐다. 신상초, 『현대정치의 제문제』(신양사[新楊社], 1958). 이 책에 대한 서평으로 다음이 대표적이다. 성균관대 부교수 이경구(李京求), 「신상초 저, 『현대정치의 제문제』」, 『정치학: 한국정치학회보』, 창간호(1959년 4월), 176-179쪽.

로부터 '육감(肉感) 민주주의'로 변모하였다."고 개탄했다.[23]

정치학자들은 제2공화정 때는 권력구조를 중심으로 한 정부형태 그리고 의회정치-정당정치에 대해 많은 정치학적 평론들을 발표했다. 특히 한국의 정당정치에 관해, 한태수 한양대 교수는 『한국정당사』(신태양사, 1961)를, 이기하 성균관대 강사는 『한국정당발달사』(의회정치사, 1961)를 각각 출판했다. 이 두 책은 그 이후 한국정당사 연구에서 기본적 참고서들이 된다. 1960년 7월 29일에 실시된 총선거에 대해서는 오병헌 고려대 조교수가 「7·29총선거의 분석 : 동아일보 독자의 정치적 태도를 통해 본 유권자의 투표경향」(『아세아연구』, 제3권 제2호, 1960년 12월, 29-64쪽)을 발표했다.

이러한 흐름 속에서, 미국과 영국에서 민주정치가 발전한 과정을 설명하며 동시에 민주정치의 정신과 원리를 설명한 책들이 적잖게 번역됐다. (1) 고려대 오병헌 번역의 『미국정치의 장래』(일조각, 1958), (2) 연세대 서석순 번역의 『현대민주정치론』(민중서관) 상(1958)-중(1959)-하(1961), (3) 동국대 최요환의 『의회정치론』(동서문화사, 1958), (4) 국민대 이세구(李世求) 번역의 『영국헌정사』(일조각, 1959), (5) 경북대 차기벽 번역의 『입헌정치의 재검토』(민중서관, 1959), (6) 경북대 이극찬 번역의 『공공사회의 철학』(을유문화사, 1958) 및 『민주정치 원리』(박영사, 1960), (7) 고려대 김상협 번역의 『현대정치론』(한국번역도서주식회사, 1960), (8) 국민대-이화여대 강사 및 국회선거법기초위원회 전문위원 신현경의 『선거제도』(일조각, 1960, 제2쇄 1961 ; 『선거제도론』 청구출판사, 1957의 개정증보판), (9) 성균관대 문창주 강사의 『미국정치제도론』(영창문화사[永昌文化社], 1960), (10) 성균관대 이경구(李京求) 번역의 『선거론』(일조각, 1960), (11) 민완기(閔完基)-오병헌-양호민 공역의 『현대정당론』(수도문화사, 1960) 상-하, (12) 김용락(金龍洛)의 『구주민주주의발달사』(국제문화연구원, 1961) 등이 대표적 사례들이다.[24]

● ● ● ● ●

23 김상협의 논문과 백상건의 논문에 대한 논평은 다음에서 읽을 수 있다. 이정복, 「정치학방법론과 정치이론」, 『한국정치학회50년사』, 86-90쪽.

24 원전들은 다음과 같다. Samuel Lubell, *The Future of American Politics*, rev. ed.

민주주의에 대한 관심은 민주주의를 파괴하는 요인(要因)들에 대한 관심으로 이어졌다. 이극찬의 번역 『자유에서의 도피』(민중서관, 1959 ; 개역신판, 1968 ; 개역신판 2쇄, 1971)는 민주주의를 파괴하는 사회심리적 요인을 분석한 에리히 프롬(Erich Fromm) 교수의 명저들 가운데 하나로, 한국에서도 많은 공감을 불러일으켰다.[25] 또 마르크시즘과 소련의 정치제도에 대한 비판으로 이어졌다. 대구대 양호민의 번역 『맑스주의론』(을유문화사, 1958 ; 1961년 제4쇄), 서울대 박준규(朴浚圭) 강사의 번역 『소비에트정부형태론』(을유문화사, 1960), 그리고 박준규-양호민 공역의 『세계공산주의운동사 : 레닌에서 흐루시초프까지』(중앙문화사, 1961) 등이[26] 그러한 경향을 반영했다.

민족주의에 대한 관심도 더욱 높아지다

넷째, 이 시기에 정치학계를 비롯한 한국의 사회과학계는 아시아와 아

● ● ● ● ●

(New York, N.Y. : Doubleday, 1956) ; James Bryce, *Modern Democracies* (New York, N.Y. : The Macmillian Company, 1921) ; S. B. Chrimes, *English Constitutional History* (London : The Home University Library of Modern Knowledge, 1948 and 1955) ; Harold J. Laski, *Reflections on the Constitution* (Manchester : Manchester University Press, 1951) ; Walter Lippmann, *Public Philosophy* (New York : A Mentor Book, 1955) ; Yves R. Simon, *Philosophy of Democratic Government* (Chicago, Ill. : The University of Chicago Press, 1951) ; Sir Ernest Barker, *Reflections on Government* (Oxford : Oxford University Press, 1942) ; Sigmunt Neumann, *Modern Political Parties : Approaches to Comparative Parties* (Chicago, Ill. : University of Chicago Press, 1956).

25 원전은 Erich Fromm, *Escape from Freedom* [영국판의 제목은 *The Fear of Freedom*] (New York, N.Y. : Farrar and Rinehart, 1955, 제7쇄)이다.

26 원전은 (1) Alfred G. Meyer, *Marxism : The Unity of Theory and Practice* (Cambridge : Harvard University Press, 1954) ; (2) John N. Hazard, *The Soviet System of Government* (Chicago : University of Chicago Press, 1957) ; (3) Hugh Nicholas Seton-Watson, *From Lenin to Khrushchev : The History of World Communism* (New York, N.Y. : Praeger, 1958). 이 책은 1985년에 Boulder, Colo.; Westview Press에서 재간됐다.

프리카에서 나타나는 민족주의에 대해 깊은 관심을 나타냈다. 이러한 흐름은 이미 1955~1957년에 나타나, 정치학계에서는 서울대 법대의 이상조 조교수와 역시 서울대 법대의 정인흥 부교수가 자주 기고했다. 이상조 교수의 「Nationalism과 아세아의 운명」(『대학신문』, 1955년 6월 27일, 2쪽) 및 「북아프리카의 운명」(『대학신문』, 1956년 5월 21일, 2쪽 및 6월 4일, 2쪽), 그리고 정인흥 교수의 「수에즈분쟁의 하나의 특징」(『대학신문』, 1956년 9월 17일, 2쪽)과 「민족주의의 본질」(『대학신문』, 1956년 12월 3일, 2쪽) 및 「아프리카의 민족주의」(『대학신문』, 1957년 4월 8일, 2쪽), 신상초 교수의 「민족주의의 신(新)차원」(『사상계』, 1957년 4월호, 301-306쪽) 등이 그 보기들이다.

그런데 1958~1961년의 시기에 그 흐름은 더욱 두드러졌다. 우선 서울대 문리대 사회학과 최문환 교수의 『민족주의의 전개과정』(백영사, 1958)은 러시아를 포함한 유럽에서 민족주의가 성립되고 성장한 과정을 설명한 데 이어 서구제국주의에 희생이 됐던 '동양에서' 민족주의가 전개된 과정을 설명했다. 이 책은 좋은 반응을 얻어 1959년에 2쇄를 기록했다. 이러한 흐름 속에서, 월간 『사조』는 1958년 9월호와 10월호에 「특집 : 중동 · 중립주의」와 「특집 : 민족주의와 약소국가」를 게재했다. 후자의 경우, 최문환을 포함해 8명이 집필했는데, 정치학자로는 한태수가 기고했다. 그는 "세계는 금일처럼 민족주의가 팽창한 때가 없다. 약소민족국가에서 일어나는 가장 중대한 정치적 문제는 이 민족주의운동인 것이 틀림없다."고 썼다.[27]

이러한 흐름은 1959년에도 계속됐다. 월간 『신태양』이 1959년 4월호에서 「특집 : 아세아 전후사(戰後史)」를 마련한 가운데 「아세아 내쇼날리즘의 과제」를 비롯해 12편의 평론들로써 아시아의 후진국가들이 안고 있는 고민을 다뤘다. 강병규, 강상운, 김옥렬, 서중석, 신기석, 이상조, 이원우, 윤주영 등 8명의 정치학자들이 참여했다. 이어 정인흥 부교수와 박봉식 전임강사는 각각 「중동민족주의의 전망」과 「아프리카민족의 제문제」를 『대

27 한태수, 「민족주의와 약소국가」, 『사조』, 1958년 10월, 27-33쪽. 이 원고에 그는 '연세대 정법대 교수'로 소개됐다.

학신문』(1959년 5월 11일, 2쪽)에 기고했다. 1960년은 3·15부정선거와 4월 혁명 및 제2공화정의 수립 등으로 말미암아 관심이 국내정치로 쏠린 해였다. 그러한 가운데도, 『사상계』는 1960년 10월호에 「특집 : 검은 민족주의의 선풍」을 마련했는데, 여기에 정치학자로서는 경희대의 이원우 교수가 참여했다. 같은 맥락에서, 최문환 교수는 「아프리카 민족주의의 성격」(『대학신문』, 1960년 10월 24일, 2쪽)에서 아프리카의 민족주의를 서구제국주의에 대한 저항으로 간주하면서 긍정적으로 평가했다.

아시아와 아프리카에서 일어나는 민족주의에 대한 관심은 석사학위논문들에서도 나타났다. 정치학석사학위논문들로는 (1) 장수연(章洙棟)의 「동남아세아의 내쇼날리즘에 관한 연구」(중앙대, 1959), (2) 최정수(崔正秀)의 「현대 Nationalism의 특징」(고려대, 1959), (3) 신재룡(申在龍)의 「아세아 Nationalism에 관한 고찰」(경희대, 1961) 등을 지적할 수 있다.

역서들도 뒤따랐다. (1) 카아의 *Nationalism and After* (London : Macmillan, 출판연도 미확인 ; 재판 1968)가 이원우 역 『민족주의론』(범조사, 1959)으로, (2) 칼튼 헤이즈(Carlton J. H. Hayes)의 *The Historical Evolution of Modern Nationalism* (New York, N.Y. : Macmillan, Co., 1955)이 정운룡(鄭雲龍) 역, 『근대민족주의발전사』(서울고시학회, 1960)로, (3) 칼튼 헤이즈 및 파커 문(Parker Thomas Moon)의 *Modern History* (4th ed., New York, N.Y. : Macmillan Co., 1957)가 숙명여대 한용희(韓庸熙) 역, 『근대정치사회사』(민중서관, 1960)로, (4) 벨기에 출신의 저널리스트 티보 망드(Tibor Mende)의 *La Révolte de l'Asie* (traduction de l'anglais par Jeanne N. Mathieu, Presses universitaires de France, 1951)가 고려대 경제학과 김윤환(金潤煥) 역, 『아세아의 반항』(법문사 위성문고, 1960)으로, (5) 찰스 라이트 밀스의 *Listen, Yankee : The Revolution in Cuba* (New York, N.Y. : Ballantine Books, 1960)가 신일철 역, 『들어라 양키들아』(정향사[正向社], 1961년 4월)로, (6) 유진 스탤리(Eugene Staley)의 *The Future of Underdeveloped Countries : Political Implications of Economic Development*

(New York, N.Y. : Harper and Brothers, 1954)가 신일철 역, 『후진국의 장래』(정향사, 1961년 5월)로 역간됐다.[28]

한반도통일에 대한 관심이 고조되다

다섯째, 한반도통일문제에 대한 학문적 관심이 고조됐다. 필자의 졸견으로, 한반도통일문제를 가장 집중적으로 다룬 최초의 출판물은 국제학술원이 창간한 월간지 『국제평론』의 창간호(1959년 3월호)였다. 연희대 정치외교학과 학생 때 도미해, 켄트주립대에서 주한미군정에 관한 연구로 정치학 석사학위를 받고 1958년에 옥스포드대에서 한반도문제와 유엔의 관계를 다룬 논문(T.W. Lee, "The United Nations and Korea, 1945~1953," unpub. D. Phil diss., University of Oxford, 1958)으로 정치학박사학위를 받은 뒤 곧바로 귀국한 이동원은 1958년 12월에 서울에서 국제학술원을 세웠으며, 국제학술원의 월간지로 『국제평론』 그리고 계간지로 *Koreana Quarterly*를 출판했다.

『국제평론』은 창간호에 「한국통일문제」를 주제로 무려 15편의 논문들을 게재했으며, 독일통일문제에 대한 글들도 실었고, 카이로선언을 비롯해 8편의 관련자료들을 게재했다. 발행인 이동원 박사 스스로 「국제정치상으로 본 한국통일문제」를 발표했다. 이 논문들에 공통되게 나타난 것은 무력통일론의 배격 그리고 평화통일론의 옹호였다. 우리가 이 장의 제3절에서 보게 되듯, 4월혁명 이후 평화통일론이 여러 형태로 등장하게 되며, 한국정치학계도 이 주제에 관해 여러 논문들을 발표한다.

이동원 박사는 1959년 1학기에 서울대 문리대 정치학과에서 강사로 「정치학영문강독」이라는 이름의 강좌를 맡았다. 구범모 교수의 회상에 따르면, 그가 옥스포드대에서 정치학박사를 받은 최초의 한국인이라는 점

28 이 책은 그 이후 두 차례 더 약간됐다. (1) 도서출판 아침 편집부, 『들어라 양키들아』(아침, 1985) ; (2) 김대웅, 『들어라 양키들아』(아침, 1994).

에서 관심을 이끌어 수강생들이 적잖았다고 한다. 옥스포드대에서 정치학 박사를 받은 이정훈(李政勳) 연세대학교 국제학대학원 교수가 그의 장남이다.

한반도통일에 대한 관심과 함께 자연히 '평화'에 대한 관심도 커졌다. 카아의 *Condition of Peace* (New York, N.Y. : The Macmillan Company, 1942)를 차기벽 교수가 『평화의 조건』(신아사, 1959)으로 역간한 것은 그러한 흐름을 일정하게 반영했다.

정치행태론의 도입

여섯째, 정치학 연구방법론에서의 큰 변화였다. 다음 항목에서 자세히 설명하겠거니와 여기서 간단히 언급하면, 이른바 '과학적' 정치학 그리고 그 테두리 안에서 행태주의적 방법론이 전래되고 수용된 것이다.

그러면 행태주의적 방법론 또는 정치행태론이란 무엇인가? 이 물음에 대한 해답은 이 방면의 원전들을 철저히 섭렵하고 그것들을 쉽게 요약해서 해설한 윤천주의 1950년대 후반의 저술들에서 얻을 수 있다.[29] 따라서 여기서는 그 긴 설명을 되풀이하지 않고 주로 데이비드 이스턴(David Easton)의 정치체계론을 중심으로 요약하기로 한다.

이스턴은 1917년에 캐나다 토론토에서 태어나 1939년에 토론토대에서 학부를 마치고 1943년에 미국으로 건너가 하버드대 대학원에서 공부를 계속해 1947년에 정치학박사학위를 받았다. 1947년에 시카고대 조교수로 임용된 이후 만 80세가 된 1997년까지 꼭 50년을 시카고대에서 교수로 봉직했으며, 그사이인 1968~1969년에 미국정치학회 회장으로 봉사했다. 그는 1997년에 캘리포니아대 어바인캠퍼스의 석좌연구교수로 임용됐다.

이스턴은 흔히 '행태과학혁명의 제1세대'에 속하는 정치학자로 불린다.

29 윤천주, 『한국정치체계 서설: 정치상황과 정치행태』(문운당, 1961년 6월), 제1부.

단순화시켜 말할 때, 1950년대 초까지 미국과 영국의 정치학계에서 가장 영향력이 컸던 연구방법은 철학적-윤리학적 방법, 역사학적 방법, 그리고 법적-제도적 방법을 기본으로 삼는 전통적 방법이었다. 물론 1920년대 이후 미국의 정치학계에서 현실정치의 현장중심적이면서 실증적인 분석을 통해 정치학을 사변적(思辨的) 정치학에서 벗어난 과학적 정치학으로 정립하려는 시도가 계속됐으며, 그 결과로 주목할 만한 연구업적들이 출판된 것은 사실이다. 이때 운동을 이끌었던 대표적 정치학자가 시카고대의 메리암 교수였고, 그와 그의 제자들을 묶어 시카고학파라고 불렀음은 우리가 잘 알고 있다.

그러면 시카고학파는 어떤 방법론을 정립했던가? 그것은 1910년대와 1920년대에 서구의 심리학계에서 발전한 행태주의(behaviorism)의 도입에서 출발했다. 사람의 밖으로 나타나지 않는 의식(意識)보다 밖으로 나타난 행태(行態)를 중시하는 행태주의에 서서, 이론과 현장조사를 서로 연결시키는 가운데 정치현실을 경험적으로 분석하려는 시도가 바로 행태주의적 방법이었다. 이스턴은 시카고대 교수로 재직하면서 이 방법을 더욱 발전시켰으며, 그리하여 '정치체계(political system)'라는 개념을 창안한 것이다.30

이스턴의 '정치체계론'의 출발점은 "정치는 사회에 대해 가치(價値)의 권위적 배분(the authoritative allocation of values for a society)을 실시하는 것"이라는 명제다. 그는 정치를 이렇게 이해하면서 사회라는 환경 안에서 투입(input)-산출(output)'이 이뤄지고 그것이 또 환류(feedback)하는 가운데 사회를 위해 권위 있는 결정을 형성하고 집행함에 있어서 관련성 또는 체계적 유대성을 가진 하나의 정치체계를 상정했다.

이스턴으로 대표되는 정치행태론을 국내학계에 최초로 소개한 정치학자는 윤천주였다. 그는 고려대『문리논집(文理論集)』제2집(1957) 129-156

● ● ● ● ●

30 예컨대, David Easton, "An Approach to the Analysis of Political Systems," *World Politics*, Vol. 9, No. 3 (April 1957), pp. 383-400.

쪽에 「영국의 집행권과 지도성」을 발표하고, 『사조』 1958년 12월호에 「고려해야 할 우리의 정치체제」를 발표한 데 이어, 『사상계』 1959년 1월호에 「정치문화와 권력형」을 발표하고, 『신태양』 1959년 5월호에 「우리 사회 성격과 정치형태」를 발표했다. 이러한 흐름의 연장선 위에서, 그는 1959년 4월에 발간된 『한국정치학회보』 창간호 108-129쪽에 「행태과학적 정치학의 역할」을 발표했으며, 『신태양』 1959년 3월호에 「동의(同意)에 의거한 영국의 정치문화」를 발표했고, 『아세아연구』 제3권 제1호(1960년 6월) 1-31쪽에 「한국인의 정치행태 : 권력행사를 불균형하게 하는 요인을 중심으로」를 발표했다.

행태주의적 접근방법에 대한 관심은 그 논문이 발표된 해인 1959년에 고조됐다. 이 점은 월간지 『세계』가 1959년 12월호에서 「특집 : 정치행위학」이라는 제목 아래 네 편의 번역문을 게재한 데서 잘 나타났다. 편집부가 「전환기에 선 정치학 : 머리말」로써 특집의 성격을 밝힌 데 이어 다음과 같은 논문들을 소개했던 것이다.

· 「행위학은 사회과학의 혁명인가」(트루먼/이정식 역)
· 「정치행태학의 초점」(왈도/윤천주 역)
· 「민주주의이념의 행위학적 분석」(베럴슨/김립삼[金立三] 역)
· 「정치행위학의 전망과 한계」(버틀러/전영철 역)

1년 뒤인 1960년에 윤천주는 이정식 및 우병규와 함께 『정치행태의 기초이론』을 편집했다.[31] 이 책은 정치행태론에 서서 정치를 분석하는 여러 개념들을 설명한 국내 정치학자들의 논문들 그리고 서방 정치학자들의 논문들의 번역을 실었다. 그것들은 다음과 같다 :

· 윤천주, 「정치행태접근법의 요점」.

31 윤천주 이정식 우병규 편저, 『정치행태의 기초이론』(서울 : 일조각, 1960).

· Dwight Waldo 저, 윤천주 역, 「미국정치학의 현 경향」.
· David Truman 저, 이정식 역, 「정치과정의 조사연구」.
· Avery Leiserson 저, 이정식 역, 「정치조사연구 방법론상의 문제점」.
· S. J. Elderrfeld 외 4인 저, 우병규 역, 「정치행태에 관한 조사연구」.
· David Easton 저, 윤천주 역, 「정치체계분석에 대한 한 접근」.
· Gabriel A. Almond 저, 윤천주 역, 「비교정치체제」
· D. E. Butler 저, 이정식 역, 「정치행태연구의 본질」.

여기서 보이듯, 이정식은 'behavior'를 '행위'라고 번역했다. 또 어떤 다른 학자들은 '행동'으로 번역했다. 대조적으로 윤천주는 'behavior'를 '행동과 태도'로 이해해, '행태'라고 번역했는데,[32] 한국정치학계는 결국 '행태'를 받아들여 이 번역어가 하나의 학술용어로 정착됐다. 윤천주는 정치체계론에 입각해 한국정치를 분석한 자신의 논문들을 묶어 『한국정치체계 서설: 정치상황과 정치행태』(문운당, 1961)를 출판했다.[33] 그리고 연세대 정치외교학과는 1961년 봄학기부터 「정치행태론」을 하나의 강좌로 개설했다.[34]

다른 한편으로, 이극찬은 라스웰의 *Politics: Who Gets What, When, How* (New York, N.Y.: McGraw-Hill Book Co., 1936)를 『정치동태의 분석』(일조각, 1960년 4월)으로 역간했다. 이 책은 라스웰이 정치의 본질을 '획득'이라고 보고, 권력을 추구하는 정치인들의 행태를 심리학적으로 분석했다.

라스키 시대의 종말

이처럼 정치행태론이 전래되고 수용되면서, 김계수의 표현에 따르면,

32 위와 같음, 2쪽.
33 이 책은 5·16이 일어난 직후에 출판됐다. 그러나 저자가 서문을 끝낸 것은 5·16이 일어나기 직전이었다. 그래서 이 장에 포함시켜 토론했다.
34 『연정60년사』, 21쪽.

"한국정치학계에서 뚜렷한 사실은 '라스키 시대'의 종말인 것이다."[35] 김계수의 조사에 따르면, 1945~1955년의 시기에 한국정치학계에 영향을 미친 외국의 정치학자들은 1위에서 5위까지 꼽으면, 라스키, 매키버, 라스웰, 메리암, 게텔 등이었다. 그런데 1956년 이후의 시기에 라스키와 매키버는 8위 안에 들지도 못했으며, 알몬드와 이스턴 및 메리암을 비롯한 '과학적' 정치학 또는 정치행태론을 이끌었던 정치학자들이 주도적 정치학자들로 나타났다.

이러한 변화는 자연히 한국정치학회 회원들 사이에 한국정치학의 성장에 '공헌 있는 정치학자'를 선정할 때 윤천주를 1위로 꼽게 만들었다. 김계수가 실시한 이 선정작업에서 회원들은 1945~1955년 시기에 대해서는 공삼을 1위로 뽑았던 것인데, 1956~1965년 시기에 대해서는 윤천주를 1위로 꼽고 공삼을 2위로 꼽은 것이다.[36]

제 2 절 과학주의에 관심을 쏟은 1958~1959년의 저술들

이처럼 한국정치학계에 과학주의 및 행태주의의 시대가 열리던 때, 공삼은 『정치학』을 출판한 1958년 직후부터 1959년 말까지 거의 1개월에 한 편씩 논문이나 역문 또는 서평을 발표했다. 특히 1959년 한 해에만 다섯 편의 평론과 다섯 편의 역문을 발표했다. 어떤 역문들은 2개월이나 3개월에 걸쳐 분재됐기에, 1959년 1월부터 12월까지 매달 그의 글이 월간지에 게재되었다. 만 45세와 만 46세 때이던 이 시기가 집필을 기준으로 삼는 경우 가장 생산적이었다.

이 시기에 발표된 공삼의 글들 가운데 두 편을 제외하고는 그 존재가 전혀 알려지지 않았으며 그래서 공삼의 「저작목록」에도 기재되어 있지 않

35 김계수, 『한국과 정치학』(일조각, 1987), 197쪽.
36 김계수, 『한국정치학 : 현황과 경향』(일조각, 1969), 52쪽.

다. 자연히 그것들은 기존의 선행연구에서 전혀 거론되지 않았다. 이 점을 고려해, 여기서 그것들을 발표된 순서대로 자세히 소개하고 토론하기로 하겠다.

「영국의 양대정당과 의회」(1958년 6월)

공삼은 1958년 6월에 정당제도와 의회제도를 중심으로 영국의 헌정제도를 살핀 평론을 발표했다.[37] 200자 원고지 30매 정도의 분량으로, 그 내용은 어렵지 않다. 공삼은 "주지하는 바와 같이, 영국정치는 점진적인 발전을 특징으로 한다."라는 문장으로 이 평론을 시작했다. 그는 자신의 그 명제를 다음과 같이 부연했다:

> 영국인들은 새로운 사태에 대하여 이것을 능히 해결해나갈 기본구조를 갖고 있으며 또 좀처럼 이것을 버리거나 무시하지 않는 까닭에 점진적으로 발전할 수 있는 것이다. [···] 그들은 새로운 원칙에 입각한 제도의 개편이 아니라 기존구조를 새로운 사태에 대하여 적용하는 데 지나지 않는다. 그러므로 영국은 [청교도혁명이나 명예혁명과 같은] 혁명을 경험하였으나 [그 혁명들은 모두가] 기본적으로 기존구조 내에서 수행된 보수적 성격을 띠운 점에서 공통되는 것이다.[38]

공삼은 "현대 영국정치의 기반은 특권계급의 자유를 보장하는 1688년의 명예혁명에서 성립된 것이다."라고 설명한 뒤, 그 이후 영국에서는 정권교체가 '평화와 질서를 유지하[는 가운데]' 이뤄졌음을 강조했다. 그리고 이것은 프랑스에서도 독일에서도 러시아에서도 그리고 유럽의 어떤 다른 나라들에서도 볼 수 없는 영국 유일의 관행이었다고 지적했다.[39]

공삼은 영국의 정당정치 역시 "보수주의를 그대로 실현하고 있다."고 설

37 민병태, 「영국의 양대정당과 의회」, 『자유세계』, 1958년 6월호, 156-160쪽.
38 위와 같음, 156쪽.
39 위와 같음, 157쪽.

명했다. 보수당과 노동당은 '국가의 국제적 지위와 대중의 복지를 위한다는 공통된 이념' 위에 서 있으며, 다만 '보수와 진보' 그리고 '신중과 개혁'을 놓고 강조점의 차이를 보일 뿐이라고 진단한 그는 "양당제도는 결국 제한된 한계 내에서 당면문제를 해결해나가는(muddling through, 영어표기는 공삼의 것 : 필자 주) 데 있어 정책의 상호비판에 의한 책임정치를 완수하는 데 최대의 가치를 발휘하는 것이다."라고 설명했다.[40] 공삼은 또 여당의원들과 야당의원들이 '공식적 접촉과 비공식적 접촉'을 통해 많은 문제들을 놓고 자주 대화를 하면서 '타협과 호양의 태도'로써 국정에 임한다고 설명했다.[41]

끝으로 공삼은 국회 안에서 '난동극'을 벌이거나 '편당적(偏黨的) 행위'를 벌여서는 안 된다는 교훈을 상기시켰다.[42] 이 지극히 평범한 교훈을 상기시킨 까닭은, 공삼이 명시적으로 쓰지는 않았으나, 그때의 한국 국회 안에서 나타난 여당의원들과 야당의원들 사이의 난동극이나 여당의 일방적 의사진행에 있었을 것이다. 그는 이 '불미한 제(諸)사실'에 대한 개탄과 비판을 그러한 방식으로 표현한 것이다.

데이비드 이스턴의 『정치체계』 서평(1958년 6월)

공삼은 『정치학』을 출간한 시점에 이스턴의 『정치체계』에 대한 서평을 발표했다. 원저는 1953년에 출판됐으니, 5년 후의 서평인 셈이다.[43]

우리가 앞에서 이미 보았듯, 그리고 바로 다음 항(項)에서 보게 되듯, 이

40 위와 같음, 159쪽.

41 위와 같음, 160쪽.

42 위와 같음.

43 민병태, 「서평 : David Easton, *The Political System, an Inquiry into the State of Political Science* (New York : Alfred A. Knopf, 1953)」, 『정외학보』(신흥대학교 정치외교학회), 제2집(1958년 6월), 170-171쪽. 이 논문집은 제2집을 마지막으로 종간됐다.

스턴은 '정치체계'라는 개념을 정립해 많은 나라들의 정치를 분석하고 비교함에 있어서 하나의 '일반이론'으로 활용하고 이로써 정치학을 '과학화'하고자 한 것이다. 이스턴의 이러한 노력에 대해, 공삼은 "[이스턴은] 정치체계에 관한 이념, 국가에 관한 개념 및 권력에 관한 개념을 명백히 함으로써 이것을 현대 제(諸) 사회과학의 상호관련성과 가치평가의 문제에 결부시켜 재검토하고 있는 것이다."라고 논평하고, "그러나 그는 현대 정치학자들이 중요시하는 자료조사, 그리고 정치의 실제면에 있어서의 정치행위에 관한 이론을 전적으로 무시하지는 않는다. 다만 그는 이러한 성과를 정치구조에 관련되는 상황의분석에 이용하는 데 그치고 있으며, 정치체계에 관한 최후적이고 최중요(最重要)한 임무는 가치판단의 이론적 기반에서 이루어져야 할 것을 강조하는 것이다."라고 부연했다. 공삼은 자신의 논평을 다음과 같이 마무리지었다:

> 대체로 나는 그의 저작의 대요(大要)를 소개하였으나, 그의 방법론은 문화사회학의 조류를 계승하는 만큼 여기에 따르는 「정치학체계」도 역시 문화사회학이 당면하였던 난관에 봉착할 것이다. 그러나 그가 제시한 바와 같이, 정치학이 어디까지나 비판과 가치에서 떠날 수 없다는 점에 있어 소위 현재 미국정치학의 반성을 촉구하는 것이라고 볼 수 있는 것이다.[44]

이 서평은 외국어 원서를 대상으로 한 공삼의 최초이면서 유일한 서평이었다. 이 서평에서도 공삼은 정치학에서의 전통적 연구방법을 옹호한 것이다.

화이트의 『행정학 원론』 공역(1958년 9월)

공삼은 『행정학 원론』(을유문화사, 1958년 9월)의 공동번역에도 참여했다.

44 위와 같음, 171쪽.

원저자는 미국의 저명한 행정학자로 시카고대 교수인 러나드 화이트(Leonard D. White) 박사였으며, 원저는 *Introduction to the Study of Public Administration*으로 1926년에 초판이 나왔다. 이 번역판의 대본은 1955년에 뉴욕의 The Macmillan Company가 출판한 제4판이었다. 공삼을 포함해 김동원(金東元), 윤세창, 정인흥, 조효원, 이한빈 등 6명이 공역한 이 책에서 누가 어느 부분을 번역했는지 전혀 설명이 없다. 따라서 공삼의 몫이 어느 부분인지도 알 수 없다.

원저자는 현대국가의 기능이 확대됨에 주목하고 거기에 따라 행정의 중요성이 커지고 있음에 유의해 현대국가를 '행정국가'라고 명명했다. 모두 34개의 장(章)으로 구성된 꽤 방대한 양의 이 책은 따라서 행정부의 조직과 기능 그리고 공무원에 대해 자세히 설명했다.

「정치적 자유」 발표(1958년 12월)

공삼은 곧이어 정치적 자유에 관한 논문을 발표했다.**45** 이 논문은 200자 원고지 40매 분량이다. 공삼의 다른 글들에 비해, 상대적으로 읽기가 아주 어렵지는 않다. 그러나 고대희랍 이후 현대에 이르기까지 유럽에서 전개된 정치사와 정치사상사에 대한 기초적 지식과 이해를 필요로 한다. 예컨대, 소크라테스와 스토아학파 및 로마제국의 만민법사상(萬民法思想)으로 시작해 르네상스시대와 근대를 거쳐 현대에 이르기까지 자유의 개념이 어떻게 성립되고 전개되어 왔던가를 유럽 각국 및 미국의 역사를 살피는 가운데 그 역사적 맥락 속에서 압축적으로 해설했다.

근대 이후에 관해, 공삼은 로크와 루소 및 몽테스키외의 이론들을 소개했는데, 로크의 시민정부론과 루소의 인민주권론을 자세히 설명했다. 또 독일의 프로테스탄트 철학자 에른스트 트뢸치(Ernst Troeltsch : 1865~

45 민병태, 「정치적 자유」, 『사상계』, 1958년 12월호. 공삼의 「저작목록」에는 11월호로 기재됐으나 12월호가 맞다.

1923)의 이론도 짧게 언급했다. 트뢸치는 막스 베버의 영향을 받아 기독교를 종교사회학적으로 접근한 저서를 출간했다.

자유에 대한 공삼의 인식은 "마치 그리스의 조각의 미(美)가 현대에 있어서도 여전히 미(美)인 것과 같이 자유는 인간이 추구하고 긍정하는 항구적인 도표(道標)임이 틀림없다."는 문장에 압축되어 있다.[46] 공삼은 이 비유법은 그의 『정치학』 10쪽에서도 비슷한 내용으로 등장했었다. 그는 이 비유를 좋아했음이 틀림없다.

이러한 인식을 지녔기에 공삼은 어떤 '사회적인 병근'을 치료하기 위해서는 '정치적 자유'의 제한이 필요하다는 논리를 단호히 거부했다. "정치적 자유를 기반으로 하여야만 비로소 사회문제를 민주적으로 해결할 수 있다는 것을 잊어서는 안 된다."고 경고하기도 했다. 공삼의 그러한 경고는 현대에 이르러 대중사회가 출현함에 따라 어떤 특정한 세력 또는 세력들에 의한 여론조작과 대중조작이 가능해지면서 민주주의가 저해될 수 있다는 인식에서 나온 것이다.

이처럼 '정치적 자유'의 불가침성을 인정하면서도, 공삼은 현대사회에서는 그것이 평등의 실현과 양립되는 방향으로 구현돼야 한다고 주장했다. 그는 "우리는 정치적 자유와 경제적 평등은 대립된 체계로서가 아니라 병행할 수 있는 2개의 노정(路程)으로서 유지하여야 하는 것이다."라고 결론을 내렸다.[47] 이것은 그의 평생의 지론인 민주사회주의론 또는 사회민주주의론을 의미하는 것이었다.

「정치이론의 재활」 번역(1959년 1월)

1959년은 공삼의 전 생애에 걸친 저술활동에서 1954년과 1957년에 이은 제3의 '번역의 해'였다고 명명될 수 있을 정도로 무려 다섯 편의 영어논

46 위와 같음, 65쪽.
47 위와 같음, 69쪽.

문들을 번역했다. 첫 역문은 이스턴의 「정치이론의 재활(再活)」이었다.[48] 이스턴은 우선 정치학자들이 이제까지 정치를 연구해온 방법을 '가치론(價値論)'에 기초한 '도덕적 방법'과 '현실상황'의 분석에 기초한 '경험적 방법'으로 나누고, 양자 사이에 '이상한 관계'가 발생했다고 지적했다. 풀어 말해, '도덕적 연구'를 중시하는 사람들은 '현실상황'의 실증적 분석의 중요성을 '승인'하면서도 상대방을 받아들이려고 하지 않으며, '경험적 방법'을 중시하는 사람들은 "도덕적 목적을 고려할 필요성을 인정하면서도 상대방을 간단히 관용하지는 않는다."는 것이다. 여기서 그는 다음과 같이 부연했다 : "각자는 모두 정치학 전반을 자신의 분야에 귀속시키려는 욕심을 갖고 있다. 그 결과 경험적 연구가(研究家)와 도덕적 연구가는 상호이해에 있어서 곤란에 봉착하게 되며, 아무리 불리(不利)할지라도 상대방의 연구를 거의 이용하지 않는다. 그들은 같은 학과의 일원임에도 불구하고 실제 그들의 연구는 거의 서로 관계가 없다."[49]

양자의 관계가 그렇게 '불안하고 빈약'하지만, 양자는 어떤 '통일적 정치이론'이 정립돼야 한다는 데 동의하고 있다고 이스턴은 지적했다. 그 동의의 기초 위에서, 그는 "정치학은 체계적 이론으로 발전하여야 한다."는 명제를 제시했다. 그는 "이러한 이론의 수립은 일조일석(一朝一夕)에 되는 것도 아니고 정치학자들이 한 세대를 거쳐 [노력한다고 해서] 달성되는 것도 아님을 인정하고, 그렇기에 정치학자들은 계속적으로 연구해야 한다고 역설했다.

● ● ● ● ●

48 데이비드 이스턴 씀, 민병태 역, 「정치이론의 재활」, 『세계』, 1959년 1월호, 37-44쪽. 공삼은 이 논문의 원전에 대해 전혀 말하지 않았다. 필자로서는 이 원전이 무엇인가를 찾기 위해 많은 노력을 기울였으나 찾지 못했다. 다만 비슷한 논문을 찾았으나, 제목이 정반대일 뿐만 아니라 역문에 비해 그 양이 훨씬 많아 과연 이것이 원전인지 알 수가 없다 비록 그렇다고 해도, 어느 정도 내용이 비슷한 것은 사실이다. 이스턴의 그 논문은 다음이다. David Easton, "The Decline of Modern Political Theory," *The Journal of Politics*, Vol. 13, No. 1 (February 1951), pp. 36-58.

49 위와 같음, 37쪽.

그러한 전제 아래, 그는 '정치행위를 상호관련된 일련의 현상으로 보는 방법'에서 정치이론을 발전시켜 마침내 '일반이론'을 세울 것을 제의했다. 이렇게 '체계적 이론' 또는 '일반이론'이 성립될 때, 예를 들어, 비교정부 분야에서 현재의 '개별적 기술적(記述的) 수준'을 벗어날 수 있고 '정태적(靜態的)' 분석에서 벗어날 수 있다고 그는 주장했다.[50]

「사회학적으로 본 불란서의 선거」 번역(1959년 2월)

공삼은 곧 이어 프랑스의 선거에 대한 논문을 번역했다.[51] 이 논문은 프랑스에서 실시된 선거들에 대한 깊은 이해가 없이는 읽기가 결코 쉽지 않다. 그러나 이 논문은 프랑스에서 실시된 선거들에 대한 여러 전문학자들의 저술들을 소개하면서 그 저술들이 제시한 명제들이 타당했던가를 논함으로써, 이 방면에 관심이 있는 초학자(初學者)들에게 훌륭한 안내자의 역할을 수행하고 있다.

이 논문은 우선 "미국에서의 선거연구는 사회심리학자들의 영향을 받고 있으며, 영국에 있어서는 정치학자들의 영향을 받고 있다면, 불란서에 있어서는 지리학자들에 의해 지배된다"고 주장했다. 지리학자들의 연구들 가운데, 이 논문을 우선 앙드레 시그프리드(André Siegfried : 1875~1959)를 지적했다. 시그프리드가 행한 1913년의 연구에서 '선거지리학'이 시작됐으며, 1950년대에는 프랑수아 고겔(François Goguel)의 『선거지리학입문』, 고겔과 조르쥬 듀뽀(George Dupeux)의 공저 『선거사회학』, 그리고 라브루스(Labrousse) 교수의 논문들로 이어졌다고 보았다. 이 논문은 이어 고겔의 「1870~1951년의 불란서선거지리학」이 주제와 관련해 '더욱 포괄적'이었다고 평가했다. 고겔은 '기권'에 대해서도 집중적으로 연구했는

50 위와 같음, 42-43쪽.

51 모리스 데비스 씀, 민병태 역, 「사회학적으로 본 불란서의 선거」, 『세계』, 1959년 2월호, 39-47쪽.

데, 그는 투표장에의 지리적 근접성 그리고 어느 선거구에 있어서의 인구 집중도 여부가 투표와 기권을 나누는 중요한 요인이었다고 말했다. 장 빠도(Jean Pataut) 역시 '인구분산, 교통, 인구의 성격' 등등이 기권과 투표를 가르는 중요한 요인으로 보았다.

이 논문은 앞에서 거명된 프랑스의 '선거지리학자들' 또는 '선거사회학자들'이 기왕에 제시했던 예측들이 현실에서 맞았는지 맞지 않았는지를 분석했다. 그 결과, 예컨대 고겔의 경우, 맞지 않았던 예측들이 많았음을 지적하면서, '선거지리학자들'과 '선거사회학자들'에게 현재의 연구방식에 미국식 및 영국식 연구방식을 '겸용'할 것을 권했다.[52]

「통일의 원리와 한국문제」 발표(1959년 3월)

이 번역문들에 이어 공삼은 한반도의 통일에 관한 논문을 『국제평론』 창간호에 발표했다.[53] 공삼의 이 논문은 남과 북을 비교한 마지막 부분을 빼놓고는 일반독자는 물론이거니와 대학졸업생이라도 사회과학을 전공한 사람이 아니라면 읽기가 결코 쉽지 않은 고담준론(高談峻論)이다. 우선 독일의 역사학자 야콥 부르크하르트(Jacob Christoph Burckhardt), 독일의 문인 에른스트 융거(Ernst Jünger), 독일의 사회학자 페르디난트 퇴니스(Ferdinand Tönnies), 프랑스의 정치사상가 장 자크 루소, 그리고 프랑스의 사회학자 장 가브리엘 타르드(Jean-Gabriel de Tarde) 등이 인용되고 있다. 게다가 한문이 지나치게 많이 쓰여졌으며, 비아(非我)와 타아(他我) 및 집단의사(集團意思) 등 생소한 용어들도 자주 쓰였고, 아나키즘, 유니버셜리즘, 플루랄리즘, 앱솔리티즘, 프로테스탄티즘, 임피리움, 메카니즘, 데마고구, 갭 등 외국어 등이 번역어 없이 그대로 쓰여지고 있다.

그렇지만 몇 차례 꼼꼼히 읽어보면 논지를 이해할 수 있다. 이 논문은

52 위와 같음, 47쪽.

53 민병태, 「통일의 원리와 한국문제」, 『국제평론』 창간호, 1959년 3월, 6-13쪽.

기본적으로 '한반도 통일이 실현될 수 있을 것인가?'라는 물음 — 이 물음 자체가 이 논문에 명시적으로 제시되지는 않았다 — 에 대한 해답으로 쓰여졌다. 그렇다고 해서 이 논문이 주로 국제정치학의 시각에서, 또는 통일외교론의 시각에서 쓰여진 것은 아니었다. 이 논문은 기본적으로, 필자[김학준]가 이해하기로는, "국가란 무엇이며 통일이란 무엇이고 어떤 조건 아래 통일은 이뤄지며 유지되는 것인가?"라는 국가학적 및 사회학적 시각에서 쓰여졌다.

이 무거운 주제와 관련해 공삼은 동서양의 역사를 국가학의 맥락에서 고찰했는데, 이 과정에서 사회학과 심리학에 대한 공삼의 깊은 이해를 보여주었다. 사회학과 관련해, 공삼이 이미 이때 타르드를 인용한 사실 자체가 주목할 만하다. 1843년에 태어나 1904년에 별세한 그는 오늘날의 안목에서 '미시(微視)' 사회학의 개척자로 평가되고 있지만 그 시대의 저명한 프랑스 사회학자로 '거시(巨視)' 사회학을 대표한 에밀 뒤르켐(Émile Durkheim : 영어권에서는 때때로 '에밀 더크하임'으로도 발음된다)과 그의 제자들에 의해 고의적으로 매몰된 학자였고, 세계의 학계에서도 1990년대 이후 부활된 학자였기 때문이다. 사회학자들은 오늘날 타르드가 새롭게 주목을 받으면서 그의 저작들이 널리 읽히는 현상을 '타르드 르네상스'라고 부른다. 한국의 학계에서 그의 저서들이 번역되고 소개된 것이 2000년대에 들어와서임을 고려한다면,**54** 공삼이 1959년에 그의 이론을 소개했다는 것은 공삼의 독서폭이 매우 넓었음을 증명했다.

공삼은 동서양의 역사와 국가학적, 사회학적, 심리학적 이론들을 원용하면서, 우선 "[근대국가들이] 합리적인 체계에 의해 하나의 통일국가라는 단계를 이룬 것이 아니라, 여기에는 불합리한 요소, 즉 무력에 의한 정복과 억압의 요소 또는 폭력의 지배가 장기간에 걸쳐 자아낸 결과라고 볼 수 있다."고 주장했다. 그렇다면 독자들로부터 "통일국가가 무력에 의해 계속

54 가브리엘 타르드 지음, 이상률 옮김, 『여론과 군중』(도서출판 지도리, 2012년 4월).

해서 유지될 수 있을 것인가?”라는 물음이 자연스럽게 제기될 수 있다.

이 물음에 대해, 공삼은 “정치적 통일에는 사회적, 문화적, 경제적 계기가 있어야 한다.”고 대답했다. 이 대답과 관련해, 공삼은 ‘사회적, 문화적, 경제적 계기가 무엇인지, 필자가 느끼기에는, 명백하게 설명하지는 않았다. 다시 필자가 느끼기에 공삼은 매우 어렵게 설명했는데, 그 설명을 필자 나름대로 해석하면 다음과 같다.

첫째, 사회적 계기와 관련해 중요한 것은 분리되어 있는 정치적 단위들 사이에서의 언어적 소통이다. 언어적 소통은 ‘심리적 상호작용’을 불러일으키며 이것이 ‘동류의식(同類意識)’ 또는 ‘공동의 의식’을 함양시켜 통일의 기반을 형성한다는 것이다. 이러한 논지는 미국의 정치학자 카를 도이치(Karl Deutsch) 교수의 통합이론 가운데 커뮤니케이션이론에 부합된다. 그러나 공삼은 도이치를 거명하지는 않았다. 이 시점에 도이치의 이론은 미국의 정치학계에서 겨우 소개되고 있을 뿐이었다. 이렇게 볼 때, 이 시점에서 공삼이 ‘언어적 소통의 중요성’을 강조했다는 사실은 공삼이 도이치를 읽지 않은 상태에서 도이치의 이론에 도달했음을 의미한 것이었다.

남한과 북한은 동일한 언어와 문자를 사용하고 있다. 그렇다면 이 현실은 통일의 기반형성에 긍정적으로 작용할 수 있는 것이 아니겠는가? 더구나 남한과 북한은 동일한 민족적 기반을 공유하고 있으므로 ‘민족적 감정과 유대’에 호소할 수 있을 것이 아니겠는가? 이 물음에 관련해 공삼은 중요한 측면을 지적했다. 공산주의자들은 우선 ‘사상을 민족 위에 세우고 물을 피보다 짙다고 보는 사람들임’을 상기시키면서 남북이 동일한 언어와 문자를 사용하는 그 현실도 공산주의자들이 주도하는 통일을 위해서만 활용할 것이라고 경고했다. 그는 “그들은 동류의식을 동류상쟁(同類相爭)으로 이용할 것이며, 불안정하고 비형성적(非形成的)인 일반대중을 강력한 조직에 의하여 기계화할 것이다.”라고 부연했다.

이 문장에서 우리는 두 가지 점에 주목하게 된다. 공삼의 북한 공산주의자들에 대한 강한 불신과 반감, 그리고 대중에 대한 불신이다. 이 점들은 공삼의 여러 글들에서 거듭 나타난다.

둘째, 문화적 계기와 관련해 중요한 것은 정신적으로 공유할 수 있는 '목적'이다. 공삼은 "고차원적으로 인간생활을 합리화하고 도덕화하는 공공복리를 달성하는 데 있어 국가는 그 목적을 중심으로 통일을 지향한다. 따라서 동일한 목적 없이는 국가의 통일은 존재할 수 없을 것이다."라고 쓴 데 이어, "국가의 기능은 각 분야에서 전개되고 있으나 이 기능은 궁극적 통일을 지향하는 목적에서 규합되는 것이다. 제도와 활동은 언제나 국가의 목적에 비추어 구명된다."고 부연했다.[55]

공삼의 분석은 국가를 사회학적으로 접근한 뒤 "동일한 목적과 가치관이 없이는 국가의 통일은 존재할 수 없다."는 명제를 제시한 퇴니스로부터 출발한 것이었다. 풀어 말해, '목적과 사회철학'이 동일할 때 통일은 가치가 있는 것이며 또 통일은 유지될 수 있다는 취지의 퇴니스에 공삼은 공감한 것이다.[56] 거기에서 한 걸음 더 나아가, 통일은 '인간의 심리적 융화와 이성적 협동에 의해 실현이 가능하다'고 주장했다.[57]

공삼은 이러한 명제 위에서 한반도통일의 장래를 '비관적으로' 전망하고 한반도의 남과 북을 비교했다. 쉽게 말해, 남한은 자유민주주의를 지향하고 있고 북한은 독재주의를 지향하고 있는데 그 차이는 '조화될 수 있는 거리'에 있지 않아서 남북한 사이의 '협동에 의한 통일'은 불가능하다고 보았다. 이것과 관련해 공삼은 국가의 기원에 관한 루소의 '일반의사'를 길게 설명한 뒤, 남과 북이 모두 수긍할 수 있는 '일반의사'의 성립 자체가 불가능하다는 현실을 지적했다.

공삼은 거기서 한 걸음 더 나아가 통일불가능성의 원인을 공산주의자들에서 찾았다. 그는 다음과 같이 썼다:

● ● ● ● ●

55 위와 같음, 11쪽.

56 위와 같음, 10-11쪽.

57 위와 같음, 9쪽.

북은 그들의 독재정치를 옹호하기 위하여 가진 수단을 다할 것이다. 이것은 6・25동란으로써 뚜렷이 예증되었다. [… 남한의 민주주의와 북한의 독재주의 사이의] 갭은 우심해질 것은 물론이다. 따라서 그들과 총체적 경로(經路)에서 통일을 지향하고 민족을 발전시킨다는 사실은 더욱 전도요원한 이야기다. […] 통일을 위하여 어떠한 제일성(齊一性)과 규일성(規一性)이 필요함에도 불구하고 공산주의자들이 가지는 독선적인 태도는 이것을 불가능하게 하는 것이다.[58]

셋째, 경제적 계기와 관련해 중요한 것은 자연환경이다. 유사한 자연환경이 공유될 때, 또는 자연환경이 조성한 공통된 압박을 함께 느낄 때, 사람들은 '협동'을 하게 되며, '공동생존의 불가피한 행위'에서 통일체를 형성하게 된다고 공삼은 설명했다. 이와 관련해, 공삼은 다음과 같이 부연했다 :

인간은 타아적(他我的) 조건으로 말미암아 협동을 필요로 하게 된다. 외부의 압박 또는 외적의 침략에 대하여 공동전선에 서게 된다. 물론 침략전쟁에 있어서의 국론의 통일은 일종의 가상적인 협동에 지나지 않을 것이다. 공동의 생존이 위협될 때는 이것은 진실한 의미에 있어서 통일과 협동의 계기가 될 것이다.[59]

공삼은 더 이상 부연하지 않은 채 '경제적 이해관계의 수립'은 통일을 성취시키는 요소가 된다고 짧게 언급함에 그쳤다. 이 시기에, 남북한의 통일을 논하는 정치인들과 지식인들은 으레 '남농북공(南農北工)'을 지적하면서 '남북상호보완(南北相互補完)'을 제의했다. 풀어 말해, 남한은 농업이 위주이고 북한은 공업이 위주인 만큼 '남농'과 '북공'이 통일해서 '상호보완성'을 높여야 한다는 논리를 전개했다. 그러나 공삼은 이러한 용어를 전혀 쓰지 않았다.

이 세 가지 계기를 중심으로 국가의 통일에 관해 설명한 뒤, 공삼은 한

58 위와 같음, 13쪽.

59 위와 같음, 7-8쪽.

반도의 분단이 국제정치의 산물임을 지적하면서 유럽의 역사적 사례들을 상기시켰다. 통일 이전의 독일의 황제들이 로마교황과의 투쟁에서 패배했기 때문에 교황청이 폭정으로 치달린 사실을 지적한 데 이어 종교개혁이 유럽의 절반에서만 승리해 유럽이 가톨릭교와 프로테스탄트교로 나뉜 사실을 상기시킨 뒤, 2차대전의 결과 유럽이 소련권과 서방권으로 나뉘고 아시아 역시 소련권과 서방권으로 나뉘었고 소련권에서 소련의 폭압이 지속되고 있는 사실을 유럽에서 전개됐던 역사의 연속선 위에서 파악했던 것이다.

이렇게 볼 때, 소련권과 서방권의 권력투쟁으로 말미암아 분열된 한반도에서, 더구나 소련이 자신의 세력권에 포함시킨 지역을 결코 양보하려고 하지 않는 끈질김을 고려한다면, 통일은 '거의 절망적'이라고 결론을 내리지 않을 수 없다고 공삼은 보았다.[60] 이 대목에서 공삼은 "북한 공산지도자들의 기본정책이 소련에 의해 좌우되는 까닭에 분단이 더욱 고정화되고 있다."고 보았다.

마지막으로, 공삼은 국가의 통일이 유럽의 역사에 비춰볼 때 '무력에 의한 정복'을 통해 성취될 수 있음을 인정했다. 그러나 한반도에서의 무력통일론을 배척했다. "우리는 자유와 평등을 위하여 실력으로써 [북한을] 해방할 수 있을 것인가?"라고 물은 뒤, "여기에는 미국을 위시하는 자유우방의 협조와 원조가 필요하다. 당면 국제정세로 보아 이것이 가능한 것 같지는 않다."고 평가했다. 공삼의 이러한 평가는 1959년의 시점에서는 일반적이었다. 국민의 대다수는 그때의 대통령 이승만이 제시한 무력통일론이나 북진통일론에 대해 비판적이었다. 제1야당인 민주당은 그 기본성격이 자유당과 마찬가지로 보수적이었는데도 북진통일론을 반대했다. 그래서 이 대통령이 이끌던 자유당은 1959년부터 '평화적 방법에 의한 통일'이라는 용어를 사용하기 시작했으며 1960년에 실시될 제4대 대통령선거를 앞두고

60 위와 같음, 12-13쪽.

는 '북진통일'이라는 용어 자체를 폐기했던 것이다.

통일의 전망에 대해 비관적인 시각을 보이면서도 공삼은 우리가 통일문제를 '등한시'해서는 안 된다고 경고했다. 이 논문에서 공삼은 "우리는 세계에 민주주의국가임을 과시할 만한 건설이 필요한 동시에, 유엔에 의하여 정통적 주권국가로 인정되고 있는 우리의 유리한 국제적 지위를 최고도로 이용함으로써 통일의 기회를 파악하게 될 것이다."라고 쓴 데 이어, "노력하지 않는 자에게는 기회가 제공되지 않는다."는 말로써 매듭을 지었다.[61] 여기서 주목되는 것은 '건설'이라는 단어다. 공삼은 그때 남한이 직면한 비참한 경제상황을 명시적으로 지적하지는 않았으나 분명히 염두에 두었을 것이다. '절량농가'와 '춘궁기'로 상징되던 대다수 농민의 빈곤, 도시의 실업자들, 미국의 원조에 의존하던 정부의 재정 및 예산, 그리고 남한에 비해 적어도 외형적으로 훨씬 앞선 북한의 경제상황을 고려한다면, 남한은 통일을 앞세우기보다 경제재건에 치중해야 한다고 그는 생각했을 것이다.

전반적으로, 공삼은 한반도가 '자유민주주의에 입각한 통일'을 성취해야 한다고 주장했다. 그는 이 논문의 제목이 말한 '통일의 원리'로 '자유민주주의'를 제시한 것이다. 그는 그렇지 않은 통일은 "일당독재를 꿈꾸는 공산주의자들에 의한 유혈의 참극을 의미하는 것이 명백하다."고 경고했다.[62]

「정치이론이란 무엇인가?」 번역(1959년 5월 및 6월): 캐틀린의 방법론에 대한 공삼의 설명

이 논문을 출판한 직후, 공삼은 월간지 『세계』 1959년 5월호와 6월호에 코넬대 교수를 역임한 뒤 캐나다의 맥길대 교수로 재직하던 조지 캐틀린(George Catlin)이 1957년에 발표한 논문의 전문을 각주까지 포함시켜 번역한 뒤 '상'과 '하'로 분재했다.[63] 공삼은 그때 미국의 대표적 정치학 논문

61 위와 같음.

62 위와 같음, 13쪽.

집들 가운데 하나이던 『계간 정치학(*Political Science Quarterly*)』 제72권 제1호(1957년 3월)에 게재된 캐틀린의 「정치이론 : 그것은 무엇인가?(Political Theory : What is It?)」를 번역한 것으로, 원문이 출판된 때로부터 꼭 2년 뒤에 역문이 출판됐다는 사실은 원서의 입수가 어렵던 그때의 상황을 고려할 때 공삼이 선진국의 이론을 상당히 빨리 수용하고 있었음을 의미했다.

공삼은 (상)의 앞부분에서 캐틀린을 자세히 소개했다. 공삼에 따르면, 캐틀린은 영국에서 출생해 옥스포드대를 졸업하고 페이비언협회에 가입한 뒤 선거와 의회를 통한 사회개혁을 추진했다. 이 과정에서 그는 "헛된 공상과 추상에서가 아니라 정치현실을 냉정히 또는 과학적으로 파악하여만 이념 또는 이상으로의 지향이 가능하다는 선행전제(先行前提)에서 정치이론을 전개했다." 공삼은 "이 점에 있어서 같은 페이비언협회원으로서 심리학적 방법에 의해 정치현실을 분석한 그의 선배 그레이엄 월러스와 대조될 수 있는 것이다."라고 논평했다.

공삼은 캐틀린의 방법론에 대해 자신의 논평을 계속했다. 공삼은 우선 "제1차 세계대전을 전후하여 독일의 사회학자들은 소위 종합사회학에서 인간의 사회관계에만 국한하는 형식사회학의 방법론을 수립하였다. 이것도 역시 혼란한 현실에 대한 과학적 필요성에 기인함은 물론이다."라고 논평하고, "이러한 사회학적 방법론, 특히 게오르그 짐멜(Georg Simmell)의 인간의 의사(意思)와 의사와의 관계 또는 인간관계학을 그대로 정치학에 도입한 것이 바로 캐틀린이라고 볼 수 있다."라고 썼다. 이것과 관련해, 공삼은 "[캐틀린의 방법은] 정치현상 일반을 대상으로 하는 것이 아니라 인간의사에 대한 인간의사의 지배과정 — 국가나 국가 이외에 있어서의 — 을 대상으로 한다는 점에 있어 구래(舊來)의 방법과 현저한 차이가 있는 것이다."라고 부연했다.[64]

63 민병태, 「캐틀린, 정치이론이란 무엇인가(상)」, 『세계』, 1959년 5월호, 130-139쪽 및 「캐틀린, 정치이론이란 무엇인가(하)」, 『세계』, 1959년 6월호, 208-217쪽.

공삼은 "[캐틀린의 방법론은] 정치학의 분야를 국한함으로써 정치학을 과학화한다는 점에 있어 미국의 소위 시카고학파, 특히 찰스 메리암과 해롤드 라스웰에 비할 수 있다."고 평가하면서도, "그러나 본질적으로 이 양파(兩派)는 다르다."라고 보았다. 이 점과 관련해, 공삼은 다음과 같이 부연했다:

> 전자는 정치과정을 정치학의 주제로는 삼으나 이것이 전개되는 객관적 조건과 법칙 및 여기에 영향을 끼치는 객관성에 개재되는 이념의 형성과 본질을 구명함으로써 실제와 이론을 결부시킨다. 여기에 반하여 후자는 어디까지나 정치행위가 전개되는 객관적 사건에 대한 system of reference(關係系)를 주로 심리학적 방법에 의해 체계화하며 이념면에 있어 현실에 답보하고 있는 것이다.**65**

공삼은 이렇게 캐틀린의 방법론을 소상히 설명한 뒤, 캐틀린의 대표작들로 『정치이론(*Political Theory*)』, 『사회입법(*Social Legislation*)』, 『정치의 과학과 방법(*The Science and Method of Politics*)』, 『정치철학자들의 역사(*The History of Political Philosophers*)』 등을 꼽았다. 이 저서들 가운데 『정치이론』과 『정치의 과학과 방법』은 그의 「정치이론이란 무엇인가?」라는 논문을 이해함에 있어서 핵심적 저서들이다. 아래에서 보듯, 그는 "정치를 과학적으로 분석하고 그것에 기초해 정치학을 하나의 과학으로 정립하기 위한 방법은 무엇인가?"라는 물음에 대해 설명하고자 노력한 것이다.

64 위와 같음, 상, 130쪽.
65 위와 같음.

「정치이론이란 무엇인가?」 번역(1959년 5월 및 6월) : 캐틀린이 인용한 학자들

그러면 공삼이 번역한 캐틀린의 논문의 내용은 무엇이었나? 이 물음에 대답하기란 대단히 어렵다. 우선 이 논문에 등장하는 매우 어려운 학술적 개념들이 아무런 설명이 없이 그대로 사용됐다. '논리적 실증주의', '지식사회학', '문화사회학', '실증주의적 정치학', '정당선거에 있어서의 소위 입방체의 원칙', '과학적 인도주의', '미학적 절대성', '순수민주주의' 등이 그 사례들이다. 그것뿐만이 아니라, 이 논문에 등장하는 학자들의 수가 무려 약 백명에 이르렀다. 고대희랍의 플라톤과 아리스토텔레스 및 스토아학파는 물론이고 4세기의 성(聖) 아우구스티누스[영어로는 어거스틴] 및 중세의 토머스 아퀴나스(Thomas Aquinas), 13세기 후반과 14세기 초의 단테(Alighieri Dante), 그리고 근대의 토머스 홉스와 장 보당 및 장 자크 루소에 이어 근대정치학의 아버지로 추앙되는 이탈리아의 니콜로 마키아벨리와 근대국가의 절대주권론을 정립한 영국의 존 오스틴 등이 언급됐다.

세계적 사상가들에 대한 거명은 여기서 끝나지 않았다. 17세기에 유럽의 신학계와 철학계 및 수학계를 이끌었던 프랑스의 블레즈 파스칼(Blaise Pascal), 18세기에 영국의 철학계를 이끌었던 데이비드 흄(David Hume)과 영국의 경제학계를 이끌었던 아담 스미스(Adam Smith)와 영국의 보수주의자 에드먼드 버크 및 프랑스의 철학자 콩도르세(Condorcet), 그리고 18세기 후반과 19세기 전반에 유럽의 경제학계에서 중요하게 토론되던 영국의 데이비드 리카도(David Ricardo)와 독일의 카를 마르크스(Karl Marx) 등이 언급됐다. 이어 18세기 후반과 19세기 전반에 유럽의 철학계를 이끌었던 독일의 헤겔(George Wilhelm Friedrich Hegel)과 셸링(F. W. Joseph von Schelling), 그리고 영국의 제레미 벤담과 존 스튜어트 밀 및 버나드 보상케트(Bernard Bosanquet) 등이 언급됐다. 비슷한 시대에 독일의 인문학을 이끌었던 괴테(Johann Wolfgang von Goethe)와 쉴러

(Johann Christoph Friedrich von Schiller) 및 빌헬름 훔볼트(Wilhelm Humboldt) 등이 언급됐다. 19세기의 학자들로, 독일의 역사학계를 이끌었던 트라이치케(Heinrich von Treitschke), 영국의 역사학계에 기여한 액턴(Acton) 경과 토머스 칼라일(Thomas Carlyle) 및 영국의 윤리학계를 이끌었던 헨리 시지윅(Henry Sidgwic) 그리고 프랑스의 종교사학계를 이끌었던 조제프 에르네스트 르낭(Joseph Ernest Renan, 흔히 '에르네스트 르낭'으로 불린다: 필자 주) 역시 언급됐다.

철학과 관련해서는 영국의 해스팅스 래쉬덜(Hastings Rashdall)과 버트랜드 러셀 경, 미국의 존 듀이(John Dewey) 및 모리스 코언(Morris Cohen), 오스트리아의 카를 포퍼(Karl Popper), 독일의 에른스트 카시러(Ernst Cassirer)와 루드비히 비트겐슈타인(Ludwig Josef Johann Wittgenstein), 그리고 프랑스의 실존주의 작가 앙드레 말로(Andre Malraux) 등이 언급됐으며, 법학과 관련해서는 독일의 루돌프 슈탐러(Rudolf Stammler)와 미국의 올리버 웬델 홈스(Oliver Wendell Holmes) 및 영국의 오펜하임 로터팩트(Oppenheim Lautherpacht) 등이 언급됐다. 신학과 관련해서는 독일계 프랑스인 알버트 슈바이처(Albert Schweitzer)와 독일의 알브레히트 리츨(Albrecht Ritschl) 등이 언급됐고, 역사학과 관련해서는 영국의 아놀드 토인비(Arnold Toynbee)와 데이비드 서머벨(David C. Somervell) 및 존 실리, 독일의 게르하르트 리터(Gerhard Ritter) 그리고 미국의 다니엘 부어스틴(Daniel J. Boorstin) 등이 언급됐다. 미학과 관련해서는 영국의 케네스 클라크(Kenneth Clark) 경이 언급됐다.

인문학자들과 사회과학자들뿐만 아니라, 자연과학자들도 언급됐다. 식물학과 관련해서는 스웨덴의 칼 폰 린네(Carl von Linne) 등이 언급됐으며, 수학과 관련해서는 프랑스의 앙리 푸앵카레(Henri Poincare)와 영국의 아치발드 스푸너(Archibald Spooner) 등이 언급됐다.

현대의 정치학자들 가운데, 캐틀린의 옥스포드대학교 은사인 어네스트 바커가 언급됐다. 이어 그레이엄 월러스와 해롤드 라스키 및 제임스 브라이스, 그리고 몬테네그로계(系) 영국인 존 프라메나츠(John Plamenatz) 등이 언급됐다. 프랑스의 버틀랜드 드 쥬브넬(Bertland de Jouvenel)과 모리스 뒤베르제(Maurice Duverger) 등이 언급됐으며, 미국의 찰스 메리암과 키(V. O. Key)를 비롯해 데이비드 이스턴과 해롤드 라스웰 및 토머스 쿡(Thomas Cook) 등이 언급됐다. 또 『정치의 새로운 과학(*New Science of Politics*)』을 출판한 독일계 미국인 정치철학자 에릭 뵈겔린(Eric Voegelin) 등이 언급됐다. 국제정치와 관련해서는, 미국의 한스 모겐소와 조지 케넌 및 니콜러스 스파이크맨(Nicholas J. Spykman) 그리고 독일의 레오폴트 쉬발즈쉴트(Leopold Schwarzschild) 등이 언급됐다.

정치의 현실에서 활동한 러시아의 블라디미르 레닌(Vladimir U. Lenin) 총리와 인도의 간디(Mohandas Karamchand Gandhi) 및 네루 총리, 영국의 총리였던 아서 제임스 밸푸어(Arthur James Balfour), 그리고 미국의 조지 워싱턴(George Washington) 대통령과 드와이트 아이젠하워(Dwight David Eisenhower) 대통령 등도 언급됐다.

캐틀린의 논문에서 가장 많이 언급된 사람들은 정치학자들을 제외한다면 사회학자들이었다. 우선 영국의 허버트 스펜서(Herbert Spencer), 프랑스의 에밀 뒤르껭 — 여기에서는 앞의 논문 「통일의 원리와 한국문제」에서와는 달리 뒤르껭으로 표기됐다 —, 독일의 막스 베버(Max Weber)와 카를 만하임(Karl Mannheim) 및 테오도 아벨(Theodore Abel), 이탈리아의 빌프레도 파레토(Vilfredo Pareto)와 로베르토 미헬스, 그리고 오스트리아의 막스 아들러(Max Adler) 등이 언급됐다. 미국의 사회학자들 가운데 조지 호먼스(George C. Homans)와 탈코트 파슨스(Talcott Parsons)를 비롯해 로버트 머튼(Robert K. Merton)과 에드워드 실스(Edward Shils) 및 데이비드 리스맨(David Riesman) 등이 언급됐다. 정치학의 한 분야이기도 하지만 사회학의 한 분야라고 말하는 것이 더 정확한 여론의 분야를 개척한 미국의 조지 갤럽(George Horace Gallup) 그리고 저널리즘 분야에서 공공철학이론을 전개한 미국의 월터 리프맨, 사회학과 문화인류학에 기여한 미국의 루드 베네딕트(Ruth Benedict) 등이 언급됐다.

「정치이론이란 무엇인가?」 번역(1959년 5월 및 6월) : 캐틀린의 논지와 공삼의 동의

이것은 무엇을 의미하는가? 결론부터 말해, 캐틀린은 정치학의 연구에서 사회학을 가장 중시하고 있음을 의미했다. 이 점을 이해하기 위해 우리는 1920년대 이후 미국에서 메리암이 이끌던 이른바 시카고학파가 시도한 이른바 정치과학운동을 이해하지 않으면 안 된다. 이 학파는 유럽에서 성장하고 미국으로 유입된 종전의 정치학은 정치제도학과 정치철학 및 정치사학에 매달려 있다고 단정하고, 정치학을 정치의 '현실'을 보다 더 객관적이면서 탈이념적이고 동태적으로 분석하는 하나의 '과학'으로 정립해야 한다고 제의했다. 여기서 '정치과학(political science)'이라는 용어가 미국학계에서 널리 쓰이게 됐다. 이 새로운 조류에 대해, 정치를 분석함에 있어서 가장 중요한 것은 철학적 및 윤리적 가치판단이 개입되는 정치사상학 또는 정치철학이라고 반론하는 학자들도 결코 적잖았다. 이러한 논쟁에서 캐틀린의 입장은 '정치철학'의 중요성을 충분히 인정하면서도 '정치과학'의 정립을 지지하는 쪽이었다. 이 점은 캐틀린이 이 논문의 서두에서 정치과학운동이 제기한 정치학에 있어서의 '혁명'을 '다시 강조하기 위해' 이 논문을 쓴다고 말한 데서 분명해졌다.

실제로 캐틀린은 모든 정치이론들을 '정치과학(political science)'과 '정치철학(political philosophy)'으로 구분한 데 이어 "정치과학은 나의 견해로서는 어떠한 학문적으로 신뢰할 수 있는 근거에서라도 사회학에서 분리될 수 없다고 본다. […] 사회학과 '정치과학'을 그대로 분리시킴은 불모의 결과를 가져온다."라고 주장했다.[66] 이러한 맥락에서, 캐틀린은 "어떠한 정

● ● ● ● ●

66 위와 같음(상), 132쪽.

치이론가라도 뒤르껭, 파레토, 베버, 파슨스, 머튼 등을 알지 못하고는 학문의 가치를 발휘하지 못한다."고 강조하면서 '사회학과 정치과학의 용합(溶合)'의 필요성을 제기했다.67

이러한 전제 아래, 캐틀린은 '정치과학'을 사회학의 관점에서 연구한 미국의 정치학자들과 그들의 저술들을 상세히 소개했다. 특히 전통적 정치학을 '형이상학적 정치학'이라고 비판하면서 '집단(group) 연구에 바탕을 둔 정치분석'을 개척한 아서 벤틀리, 벤틀리의 전통을 이어받아 정치과정을 분석한 데이비드 트루먼(David Truman) 및 펜들튼 헤링(Pendleton Herring), 그리고 정당이라는 조직이 미국의 '정치부패'에 미치는 영향을 사회학적으로 분석한 러시아인 모이세이 오스트로고르스키(Moisei Y. Ostrogorskii) 등을 긍정적으로 평가했다. 또 기본적으로 정치학자임에 틀림이 없으나 정치현상에 대한 사회학적 분석에 역점을 두었던 영국계 미국인 로버트 매키버, 역사학자로 출발해 종생 때까지 사회학을 연구하고 강의한 아일랜드계 미국인 프레드릭 테가트(Frederick J. Teggart), 권력을 사회라는 큰 틀 안에서 접근한 애이브래햄 카플란(Abraham Kaplan)을 인용했다.

이들의 연구들을 살피면서, 캐틀린은 정치현상에 대한 사회학적 분석은 기본적으로 '사회통제(social control)' 또는 '통제현상'에, 또는 베버의 용어로는 '지배'에 초점을 맞추고 있다고 보았다. 그리하여 캐틀린은 법률을 통해서이든 다른 수단들을 통해서이든 국가의 구성원들을 국가에 또는 정부에 복종시키고 있는 조건들은 무엇인가를 연구하는 것이 정치학연구의 중심이라고 보았다.

캐틀린의 논문에서 정치학자와 사회학자 다음으로 자주 인용된 사람들은 인간의 행동을 유발시키는 원인들과 관련해 연구한 심리학자들과 생물학자들이었다. 오스트리아의 대표적 정신분석학자 지그문트 프로이트

67 위와 같음, 132-133쪽.

(Sigmund Freud)와 사회학자이면서 심리학자였던 막스 아들러, 러시아의 생리학자 이반 파블로프(Ivan Pavlov), 영국의 생물학자 줄리안 헉슬리(Julian Huxley), 영문학에 심리학적 정치학적 이론들을 도입한 미국의 리오넬 트릴링(Lionel Trilling), 그리고 『인간의 집단(*The Human Group*)』과 『[인간의] 사회적 행태 : 그것의 기본적 형태들(*Social Behavior : Its Elementary Forms*)』로 학문적 명성을 쌓은 미국의 사회심리학자 조지 호먼스 등이 그 대표적 사례들이었다.

이러한 접근법을 채택했기에, 캐틀린은 '정치과학운동'을 이끌면서 정치의 현실을 집단현상보다는 심리현상의 시각으로부터 접근한 라스웰을 자주 인용했다. 캐틀린은 라스웰의 이름 자체를 일곱 차례에 걸쳐 거명하고 특히 라스웰이 1930년에 출판한 『정신병리학과 정치(*Psychopathology and Politics*)』를 두 차례에 걸쳐 인용했다. 같은 맥락에서, 캐틀린은 프로이트를 일곱 차례에 걸쳐 거명했다. 이 논문 전체에서 캐틀린이 인용한 사상가들 가운데 인용빈도가 가장 높은 이들은 라스웰과 프로이트 및 베버 등 세 사람들로, 그 인용빈도는 각각 일곱 차례였다.

라스웰을 인용함으로써, 그리고 라스웰과 그의 공저자 캐플란이 1950년에 출판한 『권력과 사회(*Power and Society*)』를 인용함으로써, 캐틀린은 '정치과학'의 핵심적 연구대상들 가운데 하나는 권력임을 강조한 라스웰에 동조했다. 동시에 "정치란 권력을 위한 또는 권력을 장악한 자에게 영향을 끼치는 투쟁이며 이러한 국가들 사이의 투쟁과 조직화된 국내의 집단들 사이의 투쟁을 끌어안고 있다."라는 베버의 정의를 인용했다. 그러나 캐틀린은 정치학의 연구대상을 '영향력'으로까지 확대하려는 라스웰과 캐플란의 시도에 대해서는 동조하지 않았다. 다른 한편으로, 캐틀린은 모겐소를 비롯한 서방의 국제정치학자들이 '권력'과 '지배'라는 용어들을 국제사회에 적용함에 있어서 혼동을 보이고 있다고 비판했다.68

68 위와 같음(하), 208-209쪽.

캐틀린은 '정치과학'과 더불어 '정치이론'을 형성하는 '정치철학'에 대해서도 설명했다. 캐틀린은 '정치철학'은 '법철학'과 마찬가지로 철학에 속한다고 보았다. 캐틀린은 "정치학은 윤리학의 한 지엽(枝葉)이다."라는 라스키의 관점에는 동의하지 않았으나, "정치철학은 그 내용에 있어서 더욱 윤리학과 밀접히 관련된다."는 자신의 견해를 제시했다. 여기서 캐틀린은 자신의 논의를 미학으로까지 넓혔다. 또 정치학에 직접적으로 연관된 또 하나의 사회과학으로 경제학을 지목하면서 경제학의 용어를 빌려 '정치시장(政治市場)'의 개념을 제시했다.[69]

결론적으로 말해, 공삼이 정치과학운동을 지지한 캐틀린의 논문을 번역했다는 것은 그의 정치학연구방법론과 관련해 특별한 의미를 갖는다. 그것은 주로 전통적 연구방법론에 의존하던 그가 과학적 연구방법론으로까지 자신의 연구방법론을 확대했음을 의미했다. 물론 이러한 새로운 경향은 우리가 앞 절에서 살핀 1958년의 『정치학』에서 이미 나타났던 것인데, 이제 그 책의 출판으로부터 1년도 지나지 않은 시점에서 '정치과학'의 학문적 기반과 성격을 상세히 구명한 캐틀린의 논문을 역간함으로써 자신의 연구경향에서의 새로운 움직임을 재확인시켜 주었다.

『정치학사전』 편집(1959년 5월)

공삼은 『정치학사전』의 편집에 참여했다.[70] 방대한 이 사전의 편찬에 38명의 정치학자들이 참가했는데, 공삼은 이용희 교수 및 신기석 교수 등 6명으로 구성된 편집대표의 일원이었다. 이 책은 「서문」이 스스로 인정했듯, 일본 평범사(平凡社)의 『정치학사전』에서 "많은 것을 옮겼다." "그러나 순전히 그 번역에서 시종하지는 않았다. 가능한 한 우리의 정치학사전이

69 위와 같음, 214-215쪽.

70 민병태 외 편, 『정치학사전(政治學事典)』(서울 : 경향출판사, 1959년 5월). 이 책의 2쇄는 서울의 대장문화사(大藏文化社)에서 1962년 4월에 출판됐다.

될 수 있도록 많은 항목을 증설하였으며 또 불필요한 부분을 삭제하기도 하였다. 뿐만 아니라 일본식 이해방법에 대담한 수정을 가한 부분도 허다하다."[71]

『정치학사전』은 집필자들이 어떤 항목들을 서술했는지 밝히지 않았다. 따라서 공삼의 몫이 어떤 것들이었는지 알 수 없다.

「압력단체와 민주주의」 발표(1959년 8월)

'과학적 정치학'이 정치학의 연구대상들을 넓히면서 '압력단체들'에 대해서도 관심을 기울였음은 이 장의 제1절에서 이미 설명했다. 그리고 1958년 후반 이후 공삼이 '과학적 정치학'에 대해서도 그 이전 시기에 비해 일정하게 더 많은 관심을 쏟아 이 방면의 논문들을 번역한 사실을 이 제2절에서 살폈다. 그러한 흐름 속에서, 공삼은 압력단체에 관한 논문을 발표했다. 200자 원고지 45매 분량이다.[72]

이 논문에서 공삼은 "압력단체는 여러 사회집단들 가운데 하나로 인정되어야 한다."고 단언했다. 이것은 국가다원론 또는 다원국가론을 지지하는 그의 학문적 자세에 일치한다. 그러나 그는 한때 국가다원론자들이 제시했던 '사회집단을 국가에 대치시키려는 구상이 […] 너무나 급진적이었기에 실패'로 돌아간 사례를 상기시키면서, 압력단체의 성격과 기능에는 일정한 한계가 있음을 인정해야 한다고 주장했다.

공삼은 압력단체가 정당과도 엄연히 구별된다고 보았다. "정당은 단순한 압력단체는 아니며 그것은 정강정책에 의해 결합되고 선거를 통하여 국민적 지지를 얻는 압력단체인 것이다."라고 말한 데 이어, "따라서 정당의 기능은 개개의 압력단체의 기능을 넘어서 조정된 목적을 달성하지 않으면 안 된다."고 단언했다. 이러한 논리의 연장선 위에서, 공삼은 "민주주

71 위와 같음, 「서문」의 2쪽.

72 민병태, 「압력단체와 민주주의」, 『사상계』, 1959년 8월호, 140-146쪽.

의의 전통적인 대의제도는 새로운 사회적 조건의 제(諸) 요구에 응할 수 없게 되어 우리는 전통적 대표제를 보완해야 할 압력단체라는 새로운 형(型)을 발전시키지 않으면 안 될 단계에 도달하였다."고 주장했다. 그러나 공삼은 현대정치에서 정당과 압력단체는 상호보완적 존재인 것으로 파악했다. 그는 "대중의 권력참가 방식으로서의 정당정치의 불완전성 때문에 다시 대중을 정치권력에 매개하는 압력단체의 활동이라는 새로운 방식이 필요하게 되었으며 압력단체 간의 분쟁을 조정해야 할 사회적인 힘, 즉 정당의 유효한 활동이 절실히 요청된다."고 결론을 내렸다.[73]

「프로이드 사후 20년 : 현대사회과학방법론에 끼친 영향」 발표 (1959년 9월)

1959년은 오스트리아의 의사이면서 철학자로 정신분석학을 개척한 지그문트 프로이트(Sigmund Freud : 1856~1939) 별세 20주년이었다. 그의 생시와 사후 모두에 그의 방법론들과 이론들을 둘러싸고 격렬한 논쟁이 계속돼, 사람들은 그것을 '프로이트 전쟁'이라고까지 불렀다. 세계지성사에서 차지하는 그의 이러한 위상이 비춰, 그의 20주기는 국제적 재조명을 받았다. 이 계제에 공삼은 프로이트가 정치학을 비롯한 현대 사회과학의 방법론에 끼친 영향을 분석하는 논문을 발표했다.[74] 이 글에서 공삼은 프로이트를 영어식으로 프로이드로 표기했다.

200자 원고지로 40매 정도의 길지 않은 분량이지만, 이 글 역시 난해하다. 공삼은 다른 글들에서 보이듯, 여기서도 벤담, 루소, 토머스 힐 그린, 만하임, 프롬 등을 비롯해 무려 11명의 서구 사상가들을 등장시켰는데, 그들 가운데 4~5명은 이름조차 생소하다. 거기서 한 걸음 더 나아가, 공삼

73 위와 같음, 146쪽.

74 민병태, 「프로이드 사후 20년 : 현대사회과학방법론에 끼친 영향」, 『사상계』, 1959년 9월, 130~135쪽.

은 '프로이드 정통학자'와 '신 프로이드학파'에 대해서도 전문적인 용어들을 사용하면서 어렵게 설명했다. 그러한 흐름 속에서, 공삼은 프로이트의 대표작인 『꿈의 해석(*Die Traumdeutung*)』(1899)을 해설하는 가운데 프로이트의 중심개념인 '무의식(無意識)'과 '범(汎)성욕설'을 자세히 설명했다. 그는 이어, 프로이트가 사회학과 사회심리학 및 문화학에 끼친 영향을 설명하고, 마지막 부분에서 정치학에 끼친 영향을 설명했다. 이 부분에서, 공삼은 프로이트의 이론이 정치학의 퍼스낼리티 이론에 영향을 주었으며 특히 행태주의적 방법론에 영향을 주었다고 강조했다. 공삼은 프로이트의 이론을 정치학에 처음 도입한 사람이 라스웰이었음을 지적했다.

「다수의 폭정」 번역(1959년 9월)

공삼은 정치이론의 과학화(科學化)에 관련된 논문들 이외에도 자신의 주전공인 민주주의이론과 정치사상에 관한 논문들도 번역했다. 그 첫째가 페르디난드 허멘스(Ferdinand A. Hermens) 교수의 논문인 '다수의 폭정'이다.[75] 원저자는 미국 인디애나주 노터데임시(市) — 우리는 흔히 '노트르담' 또는 '노틀담'이라고 발음한다 — 에 위치한 노터데임대학교(University of Notre Dame) 정치학과 교수다. 이 논문은 미국 정치학계의 저명한 학술지들 가운데 하나인 『사회조사(*Social Research*)』 1958년 봄호에 게재됐다.

이 논문의 주지는 '다수의 폭정'이라는 관념을 치워 없애자는 데 있다. 토머스 제퍼슨, 알렉시스 드 토크빌(Alexis de Tocqueville), 존 칼훈(John C. Calhoun)과 같은 뛰어난 인사들이 '다수의 폭정'이라는 말을 만들어낸 뒤 사람들은 다수결의 원리에 대해 비판적 입장을 취하는 경향이 생겨났는데, 이 '다수의 폭정'이라는 말은 '도깨비(bugbear)'에 지나지 않는다는

● ● ● ● ●

75 허멘스 씀, 민병태 역, 「다수의 폭정」, 『세계』, 1959년 9월호, 83-105쪽. 여기에는 영어원문 전문이 게재됐다. 원제는 "The 'Tyranny of the Majority'"다.

것이다. 그의 논지의 핵심은 다음과 같다:

> 첫째로 1인의 수중에 있는 절대권과 다수의 수중에 있는 절대권 사이에는 차이가 있다. 최고권력이 다수의 국민에 의하여 유지된다면, 각 개인은 서로 견제하게 된다. [⋯].
>
> 둘째로 다수의 정부는 강탈에 의존하는 폭정과는 다르다. [⋯].
>
> 끝으로 다수파의 이해(利害)가 소수파의 이해와 다르며, [⋯] 이 양자를 정복국과 피정복국에 비한다는 것은 옳지 않다.[76]

허멘스 교수는 "정당한 다수결 원리는(orderly majority rule) 근본적으로 폭정의 정반대다."라고 쓰면서, "과거 세대의 사건들은 진짜 폭정이 존재했을 때는 언제나 소수에 의하여 행사되어왔음을 말해준다."고 매듭을 지었다. 여기서 그는 소수인들이 통치하는 전체주의국가들을 비난하면서, "우리의 당면임무는 다수의 보호에 있다."고 역설했다.[77]

「자유에 관한 두 가지 개념」 발표(1959년 9월, 10월, 11월)

공삼은 이사야 벌린[Isaiah Berlin: 영어식으로 정확히 발음할 것을 주장하는 사람들은 '아이자이어 벌린'으로 발음한다]이 1958년 10월 31일에 옥스포드대학교에 개설된 정치이론강좌에서 행한 「자유에 관한 두 가지 개념」을 번역했다.[78] 벌린은 1909년에 라트비아의 수도 리가(Riga)에서 태어났으며 제정러시아로 이주해 살다가 2월혁명과 10월혁명 모두를 경험했고 1920년에 영국으로 이주했다. 그는 옥스포드대에서 철학을 전공했으며, 이 대

76 위와 같음, 103-104쪽.

77 위와 같음, 105쪽.

78 이사야 벌린, 민병태 역, 「자유에 관한 두 가지 개념」, 『세계』(상), 1959년 9월호, 18-28쪽; 『세계』(중), 1959년 10월호, 41-50쪽; 『세계』(속: 續), 1959년 11월호, 132-139쪽. 이 제목 아래서의 강연은 먼저 1957년에 베를린에서 행해졌다.

학교에서 교수로 정치철학을 강의했다. 전통적인 자유주의자로서 공산주의를 반대한 그의 대표적 저서들 가운데 하나가 1939년에 출판된 『카를 마르크스 : 그의 생애와 주변(*Karl Marx : His Life and Environment*)』이다.

벌린은 우선 자유에 해당되는 영어 'freedom'과 'liberty'를 '같은 의미에서 사용'했다.[79] 그리고 자유를 '소극적 자유'와 '적극적 자유'로 나눴다.[80] 여기서 '소극적 자유'라고 할 때, 그것은 '한 개인이 행동하려고 원하는 영역에 있어서의 타인의 구체적 간섭, 곧 강제가 결여된 상태'를 뜻한다.[81] 대조적으로, '적극적 자유'라고 할 때, 그것은 '개인이 자기자신의 주인공이 되려는 욕망'에 연결된다. 그는 후자를 다음과 같이 설명했다 :

> 나는 어떠한 종류이든 외부세력에서가 아니라 나 자신에 따라 나의 생활과 결정을 원한다. 나는 나 자신의 의사에서 행동하는 도구임을 원하는 것이요, 타인의 그것이 되기를 원하지 않는다. 나는 주체가 되기를 원하며 객체가 되기를 원하지 않는다. 나는 과거와 같이 외부에서 영향을 끼치는 제(諸)원인에서가 아니라, 나 자신의 이성이나 의식적인 목적에 나는 자기의 이념과 목적에서 미루어 제(諸)사항을 설명할 수 있기를 바란다. 나는 이것이 진리라고 확신하는 정도에 따라 자유를 느끼며, 이것이 진리가 아님을 깨닫게 되는 정도에 따라 노예화를 느끼게 된다.[82]

이러한 설명에 이어, 벌린은 "자유에 관한 '적극적' 견해가 '소극적' 견해는 상치되는 방향으로 발전하여 결국 서로가 직접 충돌하는 국면에 도달하게 되었다"고 말했다.

79 위와 같음(상), 21쪽.
80 위와 같음.
81 위와 같음.
82 위와 같음(중), 41쪽.

「정치과정에 있어서의 사회적 제요인에 관한 고찰」 발표(1959년 10월)

공삼은 1959년 10월에 「정치과정에 있어서의 사회적 제요인(諸要因)에 관한 고찰 : 특히 민주주의와 독재형성의 관련성에 관하여」를 발표했다.[83] 이 논문은 200자 원고지 200매 분량으로 장(章)과 절(節)의 구분이 분명하고 127개의 각주가 첨부됐으며 말미에 영문초록이 수록됐다. 공삼에게 박사학위논문을 제외하고 이러한 형식을 갖춘 논문은 이것이 유일하다. 무엇보다 상기돼야 할 점은 이 논문에 나타난 서술방식과 문장의 분위기는 그 이전의 것들 그리고 그 이후의 것들과 사뭇 다르다는 사실이다.

이 논문에서 주목되는 것은 우선 논문의 제목에 나타난 '정치과정'이라는 용어와 '사회적'이라는 용어다. 공삼은 1958년에 출판한 저서 『정치학』에서 '정치과정', '정치학의 사회학과의 관계' 그리고 '정치에 대한 사회학적 접근방법' 등에 대해서는 충분히 살폈으며, 1959년 5월에 '정치에 대한 사회학적 접근방법'에 대해 자세히 다룬 「정치이론이란 무엇인가?」란 논문을 역간했지만, 자신의 논문제목에 이러한 용어들을 사용한 것은 이 논문의 경우가 처음이다. 이것은 공삼의 연구방법론이 종전의 '국가학적' 접근방법과 '역사학적' 접근방법 및 '철학적' 접근방법 중심의 전통적 방법에 고정되어 있지 않고 '과학적' 접근방법으로 확대되고 있음을 다시 확인해 주었다.

그러면 이 논문의 내용은 무엇이었나? 간단히 말해, 공삼은 나치스독일과 공산주의소련이라는 2개의 독재체제가 성립되고 유지되는 요인들을 고찰함으로써 독재체제 일반의 특성을 밝히고자 했다. 그러한 연구목표를 달성하기 위해, 공삼은 나치독재와 볼셰비키독재가 모두 1당독재체제임에

83 『신흥대 논문집』, 2집, 441-472쪽. 영문요약은 다음과 같다. Min, Byong Tai, "Reflections on the Social Factors in Political Process : Especially on the Relations Between the Formation of Dictatorship and Democracy," p. 473. 그런데 민병태 교수 스스로는 자신 이름의 영문표기를 Min, Byung Tae로 했다.

주목하면서 우선 1당독재체제를 가져오게 한 사회적 구조와 사회심리적 구조를 중시했다. 이것은 자연히 사회학 및 사회심리학의 이론들을 활용하게 만들었으며, 그리하여 이 논문에는 무수한 사회학자들과 사회심리학자들이 등장했다. 독일인들의 경우, 마르크스, 만하임, 베버, 라인하르트 벤딕스(Reinhard Bendix), 슈미트, 아도르노(T. W. Adorno), 프란츠 노이만(Franz Neumann), 에리히 프롬, 하이네만(F. Heinemann), 헤르만 헬러(Herman Heller) 등이 그 대표적 사례들이다. 독일 출신의 이탈리아 정치사회학자 로베르토 미헬스(Roberto Michels : 영어권에서는 Robert Michels)도 포함됐다. 미국인들의 경우, 독일학자들로부터 영향을 받은 사회학자 라이트 밀스와 정치심리학자 라스웰 등이 그 사례들이다. 영국인들의 경우, 공삼이 평생에 걸쳐 자신의 연구대상으로 삼은 라스키가 자주 인용됐다.

이 논문은 '독재성립의 전제조건'으로, (1) '사회경제적 위기', (2) '대외적 위기', (3) '정신적 심리적 위기'를 지적했다. 그런데 그것들 가운데, 그리고 이 논문 전체를 통해, 공삼이 가장 강조한 것은 사회를 구성하는 각 개인의 심리다. 인간세상에는 (1) 열등의식을 가진 인간, 그리고 (2) '불안정과 불안전의 감정(the feeling of instablity and insecurity)'을 가진 인간 등이 많은데, 이들은 특히 경제침체가 길어지고 물가오름세가 가파르게 상승하는 가운데 실업률이 늘어나면 이것들을 해결할 것으로 기대되는 구세주적 지도자의 출현을 기대하게 된다. 프롬의 표현으로, '가학적이면서 동시에 자학적인 성격'을 지닌 인간들은 반(反)민주적 성격을 지니게 되고 이것이 사회전반에 만연될 때 그 사회에는 독재권력의 등장이 가능해진다. 그러하기에, 독재자들과 독재체제들은 개개인을 무력한 존재로 만들고자 가정을 비롯한 모든 1차집단들을 파괴한다. 그리고 독재체제는 자신이 설정한 단순화된 슬로건을 폭압적 선전기구를 통해 끊임없이 주입시킨다. 여기서 공삼은 헬러가 말한 '충동적 민주주의'를 소개한다. 대중은 '정치적 선전의 조작'에 이끌려 자발적으로 '이성적 민주주의'를 포기하게 되며, 구세주적인 슬로건을 전파하는 카리스마적 지도자의 출현을 갈구하게 된다는 것이다.

같은 맥락에서, 공삼은 사회가 심리적으로 뒤르껭이 말하는 아노미에 빠질 때 독재권력을 추구하는 세력이 무책임한 선전을 강화해 대중을 현혹시킬 수 있음을 경고했다. 자신의 논지를 뒷받침하기 위해, 공삼은 파시즘의 근원을 경제학에서가 아니라 인간정신에서 찾아야 한다는 미국의 사회학자 루이스 멈포드(Lewis Mumford)를 인용했으며, 정신적으로 공황상태에 빠진 대중은 '자유로부터의 도피'를 추구하고 이것이 파시즘의 출현과 강화로 연결된다는 프롬을 인용했다.[84]

공삼이 독재체제에 대한 분석에서 심리학이 말하는 '퍼스낼리티'를 원용한 사회학자 및 사회심리학자들의 이론에 얼마나 많이 의존했던가는 공삼이 '포스낼리티'라는 단어를 자주 인용했던 사실에서 확인된다. 446-447쪽의 경우에는 무려 11회나 등장했고, 449-450쪽의 경우 역시 11회나 등장했다.

공삼은 이 논문의 서두에서 서구사회의 민주주의를 '이 시대의 지배적 요청'이라고 전제하면서, 그렇기 때문에 민주주의를 수호해야 한다는 믿음을 표시했다. 이러한 믿음을 지녔기에 공삼은 "민주주의가 가진 모순에 독재정치가 대두할 가능성이 내재하고 있다."고 경고하면서 "민주주의의 현재와 전도(前途)는 그다지 평탄한 것이 아닐 것이다."라는 표현으로써 민주주의의 장래에 대한 불안감을 표시했다. 공삼의 이러한 불안감의 표시는, 돌이켜 생각하면, '선지자적 예감'이었다고 평가할 수 있다. 그때로부터 1년 7개월 뒤에 한국에서도 군사정변이 일어나 민주헌정이 중단됐기 때문이다.

「현대민주주의와 대통령제」 발표(1959년 12월)

우리가 앞에서 보았듯, 공삼은 의원내각제에 대해 그리고 의원내각제와

84 이 점은 특히 다음에서 강조됐다. 위와 같음, 457쪽 및 462-464쪽.

짝을 이루는 양원제에 대해, 각각 기고했었다. 그렇다고 해서 그의 관심이 의원내각제에 한정된 것은 아니었다. 그는 대통령제에 대해서도 의견을 개진했다.[85]

이 논문에서 공삼은 의원내각제를 논할 때와 마찬가지로 대통령제 역시 개별 국가의 역사적 산물이라고 말하면서 그것을 이해하지 않은 상태에서 어느 한 쪽이 좋다고 말하는 것은 적절하지 않다고 논평했다. 이러한 전제 아래, 공삼은 미국에서 대통령제가 성립하고 발전한 과정을 설명했다. 여기서 그는 미국의 대통령은 '민선의 카이젤'이라는 한스 켈젠 교수의 말을 인용했다.[86] 켈젠의 이 표현은 미국의 정치학자들에 의해서는 '선출된 황제'로 바뀌어 쓰였다.

공삼은 "대통령제의 성숙은 정당의 발달과 병행적으로 이루어졌다."고 말한 뒤, 다음과 같은 예리한 관찰을 제시했다 :

> 따라서 흔히 독재적 경향을 띠기 쉬운 대통령의 강대한 권한도 선진국에 있어서는 견제와 균형이 있는 제도상의 원칙과 민주주의의 경험이 풍부한 선거민에 의하여 적절히 조정되기 때문에 민주정치의 기본이념인 정권의 평화적인 교체가 가능하나, 중남미와 같은 후진제국에서의 대통령제는 민주주의의 미숙과 정당의 미발달로 인해 흔히 대통령의 권한이 독재화되기 쉽고 선거민이 조직화되어 있지 않기 때문에 정권의 평화적인 교체도 기대하기 어려운 것이다.[87]

여기서 공삼은 그렇다고 해서 의원내각제를 채택해야 한다는 논리를 도출하지는 않았다. 오히려 그는 "이러한 후진지역에서 의원내각제를 채택한다면 국가원수의 권력은 제한할 수 있겠지만 정국의 동요를 초래할 위험성이 항상 존재한다."고 말했다. 그러한 인식으로부터 공삼은 "정치제도의 취사선택이 본질적으로 현대민주정치의 과제를 해결하는 명제가 아니

85 민병태, 「현대민주주의와 대통령제」, 『새벽』, 1959년 12월호, 74-79쪽.
86 위와 같음, 76쪽.
87 위와 같음, 79쪽.

라 하루 빨리 국민대중의 민주주의적 교육과 건전한 정당의 발전을 촉진하는 것이 오히려 첩경이 아닐까 생각한다"고 단언했다. 끝으로 공삼은 '경제적 평등'의 중요성을 강조하면서, 국가는 "사회보장제도의 확립 등으로 다양한 국민의 이해(利害)를 적극적으로 조정하여야 할 것이다."라고 권고했다.[88] 이 글에서 우리는 공삼의 지론인 민주사회주의론 또는 사회민주주의론을 확인하게 된다.

정치학방법론에 대한 평론 발표(1960년 8월)

공삼은 4월혁명 직후 정치학방법론에 대한 평론을 발표했다.[89] 200자 원고지 6~7매 분량이어서 학술적으로 깊이가 있는 것은 아니다. 그러나 중요한 논점을 담았다. 공삼은 우선 해방 이후 한국정치학계에서 채택됐던 방법론으로, '제도주의'와 '행위주의' 및 '과정론적 접근방법'을 지적했다. 여기서 '행위주의'는 behaviorism 또는 behavioralism을 뜻하는 것이었다. 공삼은 이 방법론들이 미국에서 직수입됐음을 상기시키면서 과연 한국의 정치현실을 분석함에 있어서 적정성을 지녔는가 재검토할 필요가 있다고 말했다. 그 방법론들에도 가치가 없지는 않지만, "우리들의 당면문제를 해결함에 있어서 타당성을 기(期)하기 위해" 노력해야 한다고 역설했다.

공삼은 정치학의 본질은 권력을 정당화하는 데 있지 않고 비판하는 데 있음을 강조했다. 그는 『정치학』에서 정치학을 '반항과학'이라고 명명했었는데, 이 글에서는 '비판과학'이라고 명명했다. 이 점을 부연해, 그는 정치학은 '지배자의 학'이 아니라 '피지배자의 학'이라고 정의하고, 정치학은 앞으로 '일반국민의 학'으로 발전해야 한다고 제의했다. 거기서 한 걸음 더 나아가, 그는 정치학이 '국민의 학'으로 발전하기 위해서는 정치학의 보급

88 위와 같음.

89 민병태, 「정치학계: 제도, 행동, 과정주의에의 접근」, 『서울신문』, 1960년 8월 3일, 4쪽.

이 시급하다고 말하고, 이공계 대학에서도 정치학이 정규과목으로 채택돼야 한다고 역설했다.

「내각책임제의 기본조건」 발표(1960년 9월) : 선진국의 사례들

공삼은 7·29총선이 끝난 시점에서 — 그러나 아직 대통령과 국무총리가 선출되지 않은 시점에서 —, 곧 실시될 내각책임제가 제대로 운영되기 위한 조건들을 검토한 논문을 발표했다.[90] 우리가 앞에서 보았듯, 공삼은 1960년 5월 9일의 『대학신문』에 내각책임제에 관한 해설과 더불어 자신의 의견을 밝힌 평론을 발표했었는데, 이 논문은 그 평론보다 훨씬 전문적이다. 그렇기 때문에 이 논문은 전반부의 경우 읽기가 쉽지 않다. 그 시절에 대학에서 정치학과를 졸업한 사람이라고 해도 한두 차례 읽는 것만으로는 곧바로 이해가 되지 않는 대목들을 자주 만났을 것이다.

공삼은 우선 "로버트 매키버 교수와 스티븐 리코크(Stephen B. Leacock) 교수는 민주정부를 인류가 발견한 최고의 정부형태라고 격찬했다."고 상기시킨 뒤, 그러나 민주정부를 유지하고 발전시키는 일은 결코 쉬운 일이 아님을 경고했다. 공삼은 거기서 한 걸음 더 나아가 "4월혁명에 이은 [내각책임제로의] 개헌은 민주정부의 유지와 발전에 더욱 곤란한 새로운 과제를 제기했다"고 평가했다.[91] 공삼이 말한 리코크 교수는 캐나다에서 정치학자로보다는 유머작가로 더 널리 알려졌다. 영국 햄프셔에서 태어나 어려서 캐나다로 이주한 그는 퀘벡주 몬트리올에 위치한 세계적 명문 맥길대학교의 정치학교수로 자리를 잡았다. 그는 『작은 마을의 유쾌한 얘기들』을 비롯해 30권이 넘는 유머소설들을 출판했다.

그렇다고 해서, 공삼이 내각책임제를 반대한 것은 결코 아니었다. 우리

● ● ● ● ●

90 민병태, 「내각책임제의 기본조건 : 외국의 실례와 대비하여」, 『사상계』, 1960년 9월호, 153-157쪽.

91 위와 같음, 153쪽.

가 이미 앞에서 여러 차례 보았듯, 그는 영국의 헌정제도에 호감을 가졌으며 영국식 의회내각제에 대해 사실상 지지를 표시했다. 다만 그는 1960년의 한국의 정치적-경제적-사회적 상황에서 내각책임제가 과연 원래의 취지대로 운영될 수 있을 것인가 우려하면서, 원래의 취지대로 운영될 수 있는 조건들을 어떻게 마련해야 할 것인가의 과제를 놓고 고심한 것이다.

그러면 공삼은 내각책임제를 어떻게 이해했던 것인가? 그는 "내각책임제는 국민이 지지하는 정책을 내건 정당인들이 그들 스스로 약속한 것을 시행하는 것이며, 만일 이것이 국회에서 신임을 받지 못한다면 내각을 사임함으로써 궁극적으로 국민에게 책임을 지는 것이다."라고 설명했다. 이어 그는 다음과 같이 부연했다:

> 여기서 첫째로 문제가 되는 것은 사회의 민주화와 여론이 조직화될 정당의 배열(排列)이다. 폭력혁명에 의존하지 않는 의회주의를 전제로 할 때, 우리는 언론-출판-결사의 자유를 말하게 되며 여기에 의한 여론의 다양한 조직화를 구상하게 된다.**92**

이러한 문제의식에서, 공삼은 내각책임제를 채택한 서유럽의 세 나라, 곧 영국과 프랑스 및 독일의 사례들을 역사적 맥락에서 살폈다. 공삼은 이 나라들에서 내각책임제가 채택되고 운영되는 배경에는 내각책임제의 핵심 요소인 정당들이 자기나라의 사회세력들 그리고 그 세력들이 각각 형성하는 다양한 여론들과 밀접하게 연관되어 있음을 상기시켰다. 쉽게 말해, 그 나라들이 역사적으로 발전해온 과정에서 국민 개개인의 정치적-경제적-사회적 권리에 관해 이해(利害)를 달리하며 동시에 그것들을 여론의 형태로 표출하는 정당들이 출현했으며 그리하여 결국 사회세력들과 정당들 사이에는 일정하게 지지와 반대의 관계가 성립됐다고 보았다.

공삼은 우선 영국에서 정당들이 생성하고 성장한 과정을 역사적으로 서

92 위와 같음.

술했다. 대체로 1679년 이후 종교의 자유를 둘러싸고 국교도들 중심의 토리당과 비국교도들 중심의 휘그당이 출현한 사실을 지적한 데 이어, 여기에 경제적 이해관계가 얽히면서 토리당은 보수당으로 바뀌고 휘그당은 자유당으로 바뀌었으며, 마침내 보수당과 노동당의 양당구조가 형성됐다고 지적했다. 이러한 과정에서, 1688년의 명예혁명 이후, 특히 1721년부터 1742년까지 수상직을 유지한 로버트 월폴(Robert Walpole)의 지도력 아래 의원내각제의 선례가 성립됐음은 정치학도들이 잘 알고 있는 사실이다.

이렇게 영국에서 의원내각제가 성립되고 발전한 과정을 설명하면서, 공삼은 정당들이 여론을 중시한 사실을 강조했다. 영국은 '이해(利害)의 집단적인 표시로서의 여론'을 바탕으로 보수대 혁신의 정당구조를 정착시키고, 그것에 근거해 정당들이 여론 앞에 책임을 지는 정치제도로서 의워내각제를 발전시켰다고 이해한 것이다.

공삼은 영국에 이어 프랑스에 대해 설명했다. "프랑스의 경우, 왕당파와 금융자본가들의 보수세력에 대한 공산주의자들과 사회주의자들 및 일반시민층이 대항하는 거듭되는 혁명과 폭동, 그리고 이것이 끝난 이후에 있어서의 파당의 분립은 자연히 다당제로 발전했다."고 서술한 공삼은 "이것은 여론을 다양하게 반영할 수는 있었으나 책임정치의 실효를 거두지 못했다."고 논평했다. 명시적으로 서술하지는 않았으나, 공삼은 다당제의 의회에서는 '약체정부'가 출현할 수밖에 없었으며, 이것이 제4공화국까지의 프랑스의 정치현실이었다고 지적했다.[93]

공삼은 프랑스에 이어 독일에 대해 설명했다. 독일제국은 다른 서유럽 국가들에 비해 산업혁명이 뒤떨어졌으며 따라서 독일정부는 국내산업보호정책을 통해 '국민경제'를 발전시킬 수밖에 없었고, 그 결과 자본계급 중심의 산업화가 진전되면서 자연히 자본주의의 모순이 노출됐다고 지적했다. 이것은 노동계급의 이익을 옹호하는 전투적 사회주의정당의 출현을 유도

93 위와 같음, 154쪽.

했으며, 그리하여 독일제국 안에서는 두 세력 사이의 정권교체에 의한 책임정치의 실현이 불가능해졌다고 공삼은 설명했다. 다시 공삼에 따르면, 이러한 상황은 바이마르공화국 아래서도 계속됐다. 특히 '사회민주당의 입지적 조건과 정책상의 실패'로 말미암아 내각책임제는 아무런 효과를 거두지 못했다고 공삼은 진단했다. 2차대전이 끝난 이후의 서독에서는, "[독일의] 동서로의 양분이라는 절실한 국면에서 기독교민주당과 사회민주당이 균형을 취하면서 안정을 유지하고 있다."고 그는 덧붙였다.[94]

이렇게 세 나라의 사례들을 비교한 뒤, 공삼은 다음과 같은 결론을 내렸다 : "여기에 우리는 서구의 주요한 3국의 예(例)에서 결국은 기본적인 개인의 권리와 여론 배열(排列)에 있어서의 정당의 활동이 사회적 기반과 밀접히 관련되는 것임을 알 수 있는 것이다."[95] 공삼의 이 결론은 우리가 앞에서 보았던 그의 전제(前提), 곧 "[내각책임제의 실시를 생각할 때] 첫째로 문제가 되는 것은 사회의 민주화와 여론이 조직화될 정당의 배열이다."와 일치하는 것이다.

「내각책임제의 기본조건」 발표(1960년 9월) : 후진국의 사례들, 그리고 한국

이러한 시각에서 공삼은 내각책임제를 도입한 '후진국가들의 사례들'을 검토했다. 공삼은 2차대전 이후에 독립한 '후진국가'들이 대체로 '허약과 빈곤'에 시달리고 있으며, 특히 '국내의 경제적 기반의 허약성'에서 벗어나지 못하고 있다고 지적하고, 그러한 상황에 '동서대립의 제요소(諸要素)'가 추가됨으로써 '외연적(外延的)인 문제에 구속되는 경우'가 발생한다고 지적했다. 흔히 서양의 정치체제가 도입되어 성공한 대표적 사례로 인도의 내각책임제를 꼽으나, "국내의 경제적 기반의 허약성으로 말미암아 정치

94 위와 같음.
95 위와 같음.

는 늘 불안하다."고 진단했다.[96]

그렇다면 한국의 상황은 어떠한가? 이 물음에 대해 공삼은 우선 한국에서는 정당의 역사가 일천해서 각 정당의 사회적 기반이 취약하다는 사실을 지적했다. 특히 한국의 '정치적 단위'가 국내의 '사회적-경제적 단위'에 대해서가 아니라 '외국에 대해 의존도가 높은' 현실을 고려할 때, — 여기서 '외국'은 미국을 의미했을 것이다 — 정당들이 과연 '책임정치'의 주축이 될 수 있겠느냐는 의문을 에둘러 표시했다. 이러한 의문으로부터, 공삼은 "사회의 집단적 이해를 반영하는 정당정치의 민주화가 필요한 것이다."라고 단언했다.[97]

이 논문의 후반부에서 공삼은 훨씬 더 구체적으로 설명했다. 첫째, 공삼은 국민들의 눈 앞에 정치과정이 투명해져야 한다고 제의했다. 구체적으로 "부패에 대한 비판의 자유가 있어야 하며, 정책경결정에서 '각 집단의 이익을 객관적으로 또는 공평한 견지에서 조정할 수 있는 전문가들'이 참여할 수 있어야 한다."고 역설했다. 후자와 관련해, 공삼은 '위원회제도'의 개선과 활용을 검토할 것을 제의했다. 그는 "영-미-불(英美佛)의 위원회제도가 대의제도의 모순을 극복하고 있는 현실에 비추어, 우리나라의 위원회나 자문기관이 그 인적 구성은 물론 운영방법에 있어 아무런 진취성을 발휘하지 못한 점은 하루 바삐 시정되어야 한다."고 부연했다.[98]

공삼은 이어 의원내각제의 성공여부는 "협의(協議)의 의의(意義)를 실천화하는 것에 달렸다."고 보았다. 그는 "'협의의 의의'의 확립이야말로 민주주의의 척도를 이루는 것이다."라고까지 표현했다. 그는 '협의의 실천화'를 위해, '다수(多數)의 폭정'과 '소수(小數)의 퇴장' 모두가 배제돼야 한다고 역설하면서, 다수파나 소수파 모두 의회에서 '충분한 토의를 저해하는 행위'들을 자행해서는 안 된다고 경고했다. 같은 맥락에서, 그는 "의사당에서

96 위와 같음.
97 위와 같음, 155쪽.
98 위와 같음.

공정한 토의가 저해된다면 이것은 정치로 인하여 사회를 생존을 위한 투쟁의 무대로 만드는 결과를 가져오게 될 것이다."라고 경고했다.[99] 특히 5·16군사정변 이후 의사당에서 공정한 토의가 방해됐을 때, 장외(場外)에서 투쟁이 격화됐던 사례들을 상기한다면, 공삼의 이 경고는 '선지자적 예언'이었다고 하겠다. 공삼은 영국에서의 정당정치를 설명하면서 다음과 같은 교훈적인 말을 남겼다:

> 의원내각제의 모범이라고 볼 수 있는 영국을 볼 때 보수 대 노동의 정책적 구별이 있음에도 불구하고 그들은 반대당의 주장을 비판하나 그것이 옳다고 생각하면 그것을 자당(自黨)에서 실행하는 아량을 나타낸다. 그뿐 아니라 상대당이 여당으로서 실시한 정책을 그때로서는 야당이었으나 뒷날 집권한 경우 이것을 환원하는 방식을 취하지 않는다. 그들이 협의에 참가한 이상 국회의석의 변동으로 과거를 말살하지는 않는다. 노동당은 보수에서 일보(一步) 앞서며, 일보 앞선 현실은 그대로 보수당에 의하며 보수되는 것이다.[100]

공삼의 교훈은 여기서 끝나지 않았다. 1959년 12월에, 자유당정권은 인권유린과 언론탄압의 소지를 많이 내포하고 있다고 언론과 야당이 비판하던 이른바 신(新)국가보안법을 통과시키기 위해 무술경관들을 동원해 야당의원들을 의사당에서 쫓아냈었다. 공삼은 이 사건을 염두에 두면서 다음과 같이 말했다: "[앞에서 설명한 보수당과 노동당 사이의 협의의] 관행이 [영국의] 장구한 역사에서 비로소 성립했다 하여, 이것은 [정당정치의 역사가 짧은] 우리와는 무관한 듯이 무술경관을 동원하는 따위는 역사에서 제외될 것을 자원하는 데 지나지 않는다."[101]

공삼은 이어 내각책임제의 전제조건들 가운데 하나로 중립적이며 능률적인 공무원제도의 확립을 지적했다. 영국이나 프랑스에서 정당정치가 '불

99 위와 같음, 156쪽.
100 위와 같음.
101 위와 같음.

안정성'을 보인다고 해도, '독자성'과 '능률성'을 가진 관료가 그 '불안정성'을 '보충'한다고 공삼은 설명했다. 그는 "관료가 그러한 역할을 수행할 수 있도록 관료의 신분을 보장해주어야 한다."고 덧붙였다. 한국의 경우에 대해, 공삼은 공무원인사행정에서 정실주의의 배격과 공무원의 훈련강화 및 관기숙정 등을 과감히 실시할 것을 제의했다.[102]

공삼은 마지막으로, "7・29총선에서 압승한 민주당의 '비대화(肥大化)'를 견제할 야당이 존재해야 한다."고 말했다. 이 총선에서 민의원의 233석과 참의원의 58석 가운데 민주당은 각각 175석과 31석을 얻었음에 비해, '민주당 반대'를 표방한 혁신정당은 각각 5석과 2석을 얻는 데 그쳤다. 나머지는 거의 모두가 민주당의 공천을 받지 못해 무소속으로 입후보해 당선된 사람들로 곧 민주당에 복당했다. 단순화시켜 말할 때, 7・29총선의 결과는 국회에서 야당의 부재(不在)로 나타난 것이다.

이것을 경계하면서, 공삼은 (1) 민주당의 분당을 통한 보수양당제의 수립, (2) 민주당이라는 '동일정당 안에서의 정권담당자의 교체,' (3) 당외(黨外) 인사들의 내각참여를 통한 민주당 자체에 대한 감독 등 3개의 대안들을 제시했다. 그렇게 하면서도, 그는 내각책임제의 성패여부는 '정당의 사회적 기반'에 연결되어 있음을 다시 강조하면서, '혁신정당의 출현의 필요성'을 제기했다. '혁신'은 결코 '공산주의'가 아님을 역설하면서, 그는 건전한 혁신정당이 출현해 활동하면 그것 자체가 '공산주의를 막는 하나의 방법'이 될 수 있다고 가르쳤다.[103]

「내각책임제의 기본조건」 발표(1960년 9월) : '케어 하디 같은 정치인의 출현'을 기대하다

여기서 공삼은 '영국의 케어 하디 같은 인물의 출현'을 기대했다. 그러면

102 위와 같음, 156-157쪽.
103 위와 같음, 157쪽.

'케어 하디'는 누구였나? 케어 하디[James Keir Hardie, 흔히 '제임스'는 생략된 채 '케어 하디'로 불렸다 : 필자 주]는 1856년에 영국 랭카셔의 탄광지대에서 태어나 초등학교 교육밖에는 받지 못한 채 어려서부터 가난 속에 탄광노동자로 성장했다. 23세가 된 1879년부터 노동운동에 뛰어들어 '윤리적 사회주의자'로 평판을 쌓았다. 그는 제임스 램지 맥더널드(James Ramsay MacDonald)와 필립 스노우든(Philip Snowden)을 비롯해 교육수준이 낮았던 노동운동가들과 함께 1893년에 독립노동당을 창당함에 성공했다. 44세가 된 1900년에 그는 하원의원으로 당선됐으며, 1906년에 노동당을 창당하는 데 크게 이바지했다. 그 이후 하디는 노동당의 지도자로 활약했으며, 1914년 7월에 제1차 세계대전이 일어나자 반전평화운동을 벌였다. 그는 1915년에 별세했다.

이러한 경력을 지닌 하디와 같은 정치인의 출현을 공삼이 기대했다는 것은 주목할 만하다. 공삼이 1960년의 시점에서 '하디와 같은 정치인'과 그러한 정치인이 이끄는 혁신정당의 출현을 기대한다고 공개적으로 발언한 사실은 후학으로서 재음미할 소재가 아닐 수 없다.

명문의 부유한 가문에서 태어나 그 시대로서는 매우 귀하게 여겨지던 서울에서의 고등교육에 이어 일본유학을 거치며 '귀족적' 생활을 영위한 공삼이 어떤 까닭에서 하디와 같은 노동운동가형 정치인의 출현을 기대했던 것일까? 이 물음에 정확히 대답하기는 불가능하며, 몇몇 추측만이 가능하다. 첫째, 공삼은 자신의 주요한 연구대상들 가운데 한 사람이던 라스키가 하디의 지지자였음을 잊지 않았을 것이다. 라스키는 하디보다 한 세대 연하였으나 하디를 존경했으며 하디의 반전평화운동에 동참했다.[104] 공삼은 라스키를 통해 하디를 깊이 이해하게 됐을 개연성이 높다.

둘째, 아마도 공삼은 게이오시절에 게이오의 '자유주의적 학풍'속에서 영국의 노동운동과 사회주의운동에 접하고 동정과 이해를 갖게 됐을 것이

104 라스키와 하디와의 관계에 대해 필자는 다음에서 설명했다. 김학준 해설 · 번역, 『라스키, 현대국가에 있어서의 자유』(서울 : 서울대학교출판부, 2007), 9쪽.

다. 셋째, 세계의 사회주의운동사에서 우리는 사회경제적으로 안정된 계층의 자제들이 일종의 보상의식을 갖고 참여한 사례들을 발견하게 된다. 영국 노동당의 당수였으며 내각의 총리를 역임한 클리멘트 애틀리(Clement R. Attlee)가 그 한 보기다. 런던의 중산계급 출신으로 옥스포드대학교를 졸업하고 변호사가 된 애틀리는 런던의 빈민지구에서 생활하는 사람들의 열악한 환경을 처음 목격한 뒤 충격을 받고 페이비언협회를 거쳐 노동당에 입당했던 것이다. 공삼은 자신이 직접 뛰어들지는 못한다고 해도 사회경제적으로 열등한 지위에 놓인 사람들을 위해 헌신할 혁신적 정치인들이 출현해야 한다는 기대를 가졌을 것이다.

한국정치학연구회 회장으로 선출되다

4월혁명의 여파는 한국정치학회에도 파급됐다. 한국정치학회는 1952년 11월 23일에 창립됐으나 학술활동이 부진했다. 학회창립으로부터 몇 해가 지나도록 학회보를 창간하지도 못했다. 이 점에 대해 공삼은 학회 이사들 가운데 한 사람으로 1958년 12월 초 "이렇다 할 활동을 하지 못하고 현재에 이르렀다. [⋯] 더욱 책임을 느끼게 된다."고 발언함과 아울러, "학회로서는 내년에 학회보가 출판되도록 최선을 다하겠다."고 다짐했는데,[105] 그리하여 1959년 4월 15일에 비로소『한국정치학회보』창간호가 발간됐다.

여기에 나타난 것과 같은 학회활동의 부진에 학회 핵심임원들의 친정부적 정치활동과 '범법(犯法)'이 겹쳤다. 창립 이후 대표간사 또는 회장의 직함으로 학회를 이끈 이선근은 회장직함을 유지하면서 자유당 당무위원 겸 훈련원장을 맡았고 그 자리로부터 문교장관으로 기용되어 활동한데다가 4월혁명을 계기로 구속됐고, 신도성 이사는 경상남도 지사 때 3·15부정선거에 연루됐다 하여 역시 구속됐다.[106] 이러한 상황에 직면해, 약 70명의

105 민병태,「발언: 새해에 기대한다(정치학)」,『대학신문』, 1958년 12월 8일, 5쪽.
106 이선근이 '부정선거'에 관련된 혐의로 1961년 2월 13일에 '긴급구속'됐다는 기사는

정치학교수들은 진정한 학술단체다운 학회를 창립해야 한다고 믿고 1960년 9월 17일 오후 3시에 서울대 교수회관에서 한국정치학연구회를 발족시켰다. 회장에는 일관되게 학자적 자세를 지켜온 공삼이 선출됐다.[107] 상임이사로는 서석순 교수 외 9명이 선출됐고, 학회보의 편집위원으로는 김성희 서울대 교수 외 15명이 선출됐다.[108]

한국정치학연구회는 11월 25일에 서울대 대강당에서 연구발표회를 열었다. (1) 윤천주 교수가 「권위주의적 성격과 정치」를 발표하고, (2) 정인흥 교수가 「헤겔국가론의 성격」을 발표했으며, 공삼은 「다원사회에 있어서의 통일의 계기」를 발표했다.[109] 그러나 세 발표자들이 어떤 내용으로 말했는지 기록에 남아 있지 않다.

기존의 한국정치학회와 신생 한국정치학연구회는 회원을 놓고 볼 때 서로 겹쳤다. 따라서 1962년 10월 28일에 두 학회는 아무런 잡음 없이 한국정치학회로 통합됐으며, 회장에는 공삼이 선출됐다.

제 3 절 신진회 지도교수 활동으로 음해를 받다

공삼은 학술활동을 이처럼 활발히 벌이면서도 학생지도에 열성을 보였다. 그 대표적 보기가 서울대 문리대의 이념적 학술동아리였던 신진회(新進會)의 지도교수직을 맡은 일이었다.

다음에서 읽을 수 있다. 『동아일보』, 1961년 2월 14일, 3쪽. 신도성이 구속기소된 상태에서 공판이 6월 22일에 시작됐다는 기사는 다음에서 읽을 수 있다. 『동아일보』, 1960년 6월 22일(석간), 3쪽.

107 『경향신문』, 1960년 9월 23일, 5쪽.

108 위와 같음.

109 『한국정치학회보』, 제2집(1967), 「휘보」, 228-229쪽.

신진회 출범의 시대적 상황

신진회에 관한 1차자료는 거의 남아 있지 않다. 언제, 어디서, 어떤 사람들에 의해, 그리고 어떤 이념적 지향 아래 어떤 규약을 만들었던 것인지 공식적 기록(강조점은 필자의 것)에 근거해 말하기가 쉽지 않다. 그러나 이 단체에 관련된 그때의 신문기사들과 관련자들의 증언들을 통해, 특히 문리대 정치학과 3학년생으로 신진회의 창립에 주도적 역할을 수행했던 최서영(崔瑞泳) 전 내외경제신문사 사장의 자세하면서도 객관적인 회고를 통해,[110] 또 신진회와 짝을 이뤘던 서울대 법대 안의 학생동아리 신조회(新潮會)에 참여해 신진회에 대해서도 관찰했던 남재희 전 노동장관의 역시 자세하면서도 객관적인 회고를 통해,[111] 그리고 그것들에 근거한 몇몇 연구들을 통해,[112] 우리는 이 단체의 윤곽을 그릴 수 있다.

우선 신진회가 발족된 시기에 관해서다. 1956년 1월에 발족된 것 같다는 주장도 있으나, 1956년 5월 15일에 실시된 제3대 대통령선거와 제4대 부통령선거가 끝난 직후의 어느 시점에 발족됐다고 보는 것이 정확한 것 같다. 이 선거를 앞두고 국내에서는 '현상유지'를 바라는 사회심리적 분위기보다는 '현상변경'을 바라는 사회심리적 분위기가 우세했다. 1953년 7월에 휴전은 성립됐으나 6·25전쟁의 유산이 그대로 남아 있고 빈곤과 실업(失業)이 만연돼 많은 국민들이 미래에 대한 희망을 갖지 못한 상태에서 이승만 대통령이 자신의 3선을 가능하게 하기 위해 1954년 11월 29일에 '사사오입(四捨五入)'이라는 방식을 통해 헌법을 무리하게 개정한 사실 자체가 국민적 불만을 조성하고 있던 터였다. 그때로부터 18개월 지난 시점

110 최서영, 『내가 본 현장 여울목 풍경 : 한 언론인의 비망록』(서울 : 도서출판 선, 2009), 339-347쪽.

111 남재희, 『아주 사적인 정치비망록』(서울 : 민음사, 2006), 30-40쪽.

112 예컨대, Sungjoo Han, *The Failure of Democracy in South Korea* (Berkeley : University of California Press, 1974), pp. 198-203. 또 권영기(權榮基), 「신진회에서 민통련까지」, 『월간조선』, 1984년 4월호, 252-263쪽.

에서, 제1야당 민주당이 "못살겠다, 갈아보자."는 구호를 내걸고 정부통령 선거에 임했을 때 국민적 호응은 뜨거웠다. 게다가 '혁신'을 표방한 진보당의 출현은 '현상변경'의 열기를 가열시켰다. 그러나 민주당의 대통령후보 신익희(申翼熙)가 유세의 과정에서 별세해 결과적으로 선거는 자유당의 이승만 후보와 진보당의 조봉암(曺奉岩) 후보의 대결로 압축됐고 이승만 후보의 여유 있는 승리로 귀결됐다. 이것은 특히 '현상변경'을 갈망하던 젊은이들을 좌절시키면서 새로운 대안의 모색이라는 이념적 운동으로 유도했을 것이다.

이때 문리대 정치학과 학생들이 지녔던 생각들의 한 줄기는 1957년 4월에 입학한 이택휘(李澤徽) 전 서울교육대 총장-현 연세대 국제학대학원 현대한국학연구소 석좌교수의 회고에 엿보인다:

> 정치학과 1학년 후반기쯤 되어서[즉 1957년 가을쯤 되어서], 대구와 부산에서 온 친구들이 의과대학 뒷동산으로 가자기에 영문도 모르고 끌려갔어요. 1954년에는 사사오입 개헌파동이 있었고 1956년에는 "못살겠다, 갈아보자."의 [구호가 민심을 뒤흔든] 대통령선거가 있었지요. 그 여파가 남은 때가 돼서, "우리가 정치학과인데 이러고 있을 것이 아니다."라는 시국관이 있었어요. 부산의 박용섭, 대구의 현소환, 서울의 조창화, 대전의 최광철이가 주동해서 의과대학 뒷동산에 가서 종이를 내놓고 "전부 서명하고 손을 얹어라." — 그러고나서 비밀결사를 만들었습니다. 그게 결국은 결실을 얻지 못했습니다.**113**

이택휘 교수는 이 비밀결사가 신진회와는 무관한 것이었다고 확언했다. 그러나 이 비밀결사의 일화는 신진회를 이해하는 데 도움을 준다. 대학생들은, 특히 사회과학계열의 대학생들은, 현실을 비판적으로 보면서 어떤 변화를 모색하고자 했던 것이다.

●●●●●

113 서울대학교정치학과60년사발간위원회 편, 『서울대학교정치학과60년사』(서울: 서울대학교 정치학과, 2009), 417쪽.

신진회의 출범

이러한 배경에서, 서울대 문리대에서는 신진회가 발족했고 법대에서는 남재희와 김동익 및 이채주(李埰柱) 등이 중심이 된 신조회가 발족했다.[114] 남재희는 뒷날 국회의원으로 네 차례 선출되고 노동장관을 역임하며, 김동익은 뒷날 중앙일보사 대표이사를 거쳐 정무장관을 역임하고, 이채주는 동아일보사 편집국장과 주필을 거쳐 화정평화재단(化汀平和財團) 이사장을 맡는다.

비슷한 흐름 속에서, 고려대 정경대학에서는 협진회(協進會)가 발족했다.[115] 창립을 주도한 이경식(李經植)은 뒷날 경제부총리와 한국은행총재를 역임하고, 김낙중(金洛中)은 뒷날 두 차례에 걸친 '밀입북'으로 대한민국 공안당국에 의해 두 차례 투옥되며 1991년에는 민중당 창당을 주도하고 '평화통일운동'에 참여한다. 국학대에서는 김용기(金用基)가 이 단체들과 호흡을 같이하며 진보당에 참여하는데, 그 일로 그는 옥고를 치렀으나 현재 고려대 정치외교학과 명예교수로 조봉암선생기념사업회를 이끌고 있다.

이 단체들에 공통되는 것은 페이비언 사회주의 또는 민주적 사회주의였다. 그들은 의회민주주의에 기초해 사회주의의 이념을 합법적이면서 평화적으로 실현할 것을 지향하는 제3의 이데올로기에 관심을 가졌던 것이다. 그들 가운데 남재희는 그때 서울특별시 종로구 사직동에 살던 창당준비위원장 조봉암의 자택을 방문해 대화를 나누기도 했고, 서울특별시 중구 명동에 위치한 시공관(市公館)에서 개최된 진보당 창당대회를 방청하기도 했다.[116]

문리대의 경우, 주로 정치학과 학생들이 신진회를 주도했다. 문리대 정치학과에 1954년 4월에 입학해 1958년 3월에 졸업한 최서영 전 내외경제

114 신조회와 신진회에 대한 남재희의 회고는 다음에서 읽을 수 있다. 남재희, 『아주 사적인 정치비망록』(서울 : 민음사, 2006), 33-40쪽.

115 최서영, 『내가 본 현장 여울목 풍경』, 343쪽.

116 남재희, 『아주 사적인 정치비망록』, 57쪽 및 259쪽.

신문사 사장은 신진회에 대해 다음과 같이 회고했다:

> 내가 정치학과 3학년 때였다. 민병태 선생의 서양정치사상사 강의를 함께 수강했던 4학년 학생인 김지주(金志柱)와 하대돈(河大敦), 그리고 나, 나의 동급생인 유한열(柳漢烈)과 이자헌(李慈憲) 등이 강의가 끝난 후 함께 이런저런 얘기를 나누던 가운데 영국 정치학자 라스키의 국가다원론이 화제가 되었다. 여러 의견들이 교환되면서 열띤 토론이 벌어졌다. 이것이 계기가 되어 우리는 정치사상과 정치제도를 함께 공부하는 모임을 하나 만들기로 하고 모임의 목적, 연구활동 내용 등을 정하는 규약과 회칙을 내가 맡아 작성하기로 했다. 이렇게 해서 탄생된 것이 신진회였다. 목적은 한국에 알맞은 정치사상과 정치제도의 연구였다.[117]

최서영의 이 회고에서 보이듯, 신진회는 공삼의 강의로부터 지적 자극을 받은 학생들의 연구동아리였다. 이 점은 "신진회는 라스키의 정치사상을 중심으로 영국 노동당과 그 사상적 기둥이 된 페이비언협회의 정치사상을 주된 연구대상으로 삼았다."는[118] 최서영의 설명에서 다시 확인된다. 남재희의 회고 역시 공삼의 영향을 언급했다. "민병태 교수는 전쟁직후의 상황에서 영국의 페이비어니즘을 꾸준히 보급하였다."고 회상하면서, 학생들이 거기에 영향을 받았다고 암시한 것이다.[119]

그러면 왜 라스키와 페이비언협회의 정치사상에 관심을 갖게 됐던 것일까? 최서영은 다음과 같이 회상했는데, 이 회상은 그때 한국의 현실 앞에 고뇌하던 정치학과 학생들의 사상적 동향을 잘 말해준다는 점에서 길게 인용할 가치가 있다.

> 고등학교 시절을 6・25전쟁 속에서 보낸 당시 20대 초반의 우리 눈에는 남북한의 정치모습이 모두 마땅치 않게 보였다. 북한은 사회주의를 내걸고 있으나 그

117 최서영, 『내가 본 현장 여울목 풍경』, 341-342쪽.
118 위와 같음, 342쪽.
119 남재희, 『아주 사적인 정치비망록』, 40쪽.

실체는 봉건적 전제군주체제로 보였다. 사회주의와는 얼토당토않은 김일성일가에 대한 개인숭배사상이 판을 치는 우스꽝스러운 정치체제였다. 이에 비해 자유당치하의 이승만정권은 친일파와 옛날 지주세력이 중심을 이룬 체제로 부정부패가 만연해 있는 정권으로 보였다. 그래서 무엇인가 새로운 것을 한번 찾아보자고 모인 것이 신진회였다.

따라서 그때 우리들 눈에는 합리적인 점진주의로 민주적 방법에 의한 사회개혁의 정치철학을 내놓고 있는 페이비언주의와 영국 노동당이 연구해볼 만한 좋은 모델로 여겨졌다. 이렇게 해서 신진회는 라스키뿐 아니라 시드니 웨브 부처 그리고 콜의 사상을 공부하고 토론하는 데 골몰했다.**120**

이러한 과정을 거쳐 신진회는 창립됐다. 다시 최서영의 회고에 따르면,

회원은 정치학과 학생으로서 회원 3인 이상의 추천이 있어야 하고 모임은 한 달에 두 번 갖기로 했다. 모임의 명칭은 '신진회'로 했는데 이것은 새로운 것을 찾아 끊임없이 전진한다는 뜻으로 정했고 옛날 일본 도쿄대학에 있었던 [신인회(新人會)]라는 학생 서클도 약간 참고했다.

뒤이어 2학년과 1학년에서 회원을 골랐는데 고등학교를 졸업할 때 전교수석을 했던 수재들을 골랐다. 그렇게 선발하고 입회시킨 회원이 2학년생 정구호(鄭九鎬), 이채진(李埰軫), 1학년생 한영환(韓瑛煥), 류근일(柳根一), 고건(高建)이었다.**121**

여기에 거명된 정구호는 뒷날 대통령공보수석비서관과 경향신문사 사장 및 문화방송사(MBC) 사장, 그리고 한국방송공사(KBS) 사장을 역임한다. 이채진은 미국 로스앤젤레스 소재 캘리포니아대학교(UCLA)에서 중국의 동남아시아외교정책과 라오스의 중립화에 관한 논문으로 정치학박사학위를 받고 클레어몬트대학교에서 교수로 봉직하는 가운데 영어로 동아시아의 국제관계와 남북한의 정치외교에 대해 뛰어난 책들을 출판한다.

김영국 교수와 구범모 교수의 회상에 따르면, 김성희 교수가 1963년 말

120 위와 같음, 342-343쪽.
121 위와 같음, 342쪽.

에 민주공화당 정책연구실장으로 취임하면서 학교를 떠나자, 공삼을 비롯해 정치학과의 교수들이 그의 후임으로 충원하려고 합의했던 사람은 그때 박사학위종합시점에 합격한 상태에서 학위논문을 준비하던 이채진이었다. 이채진도 우선 전임강사로 모교에서 봉직하며 학위논문을 끝내려고 했다. 그러나 그의 지도교수가 "귀국하면 학위논문을 마무리하기 어렵다."면서 만류해, 그 합의는 실현되지 못했다. 김영국 교수와 구범모 교수는 이채진이 모교로 오지 못한 것을 늘 아쉬워했다. "이채진 군이 부임했더라면, 학과 분위기가 많이 달라졌을 것"이라고 말하곤 했다.

한영환은 미국 피츠버그대에서 행정학박사학위를 받고 중앙대 행정대학원장과 한국행정학회장을 역임한다. 중앙대에서 정년퇴임한 후, 경기도 수원시에 위치한 동남보건대 초대 총장으로 학사행정의 능력을 발휘한다. 고건은 고등고시 행정과에 합격한 뒤 내무행정관리로 단계를 거치며 승진해 전라남도지사, 농수산장관, 내무장관, 명지대학교 총장, 서울특별시장 그리고 국무총리를 역임한다.

다른 한편, 같은 정치학과 학생들 가운데 신진회에 동조하지 않는 학생들도 적잖았다. 1953년 4월에 문리대 정치학과에 입학했으며 뒷날 국무총리를 역임한 노재봉(盧在鳳) 현 서울대 정치외교학부 명예교수는 "우리 학년 전체가 […] 소영웅주의를 몹시 싫어해, 신진회에 대해 백안시하였습니다."라고 회고했다.[122]

'문리대 필화사건'이 일어나다

신진회가 세인의 관심을 받게 된 계기는 1957년 12월에 서울의 여러 신문들을 통해 널리 보도된 서울대 문리대 정치학과 3학년 학생 류근일의 필화사건이었다. 1957년 12월 9일에 발간된 문리대 학생들의 간행물 『우

122 서울대학교정치학과60년사발간위원회 편, 『서울대학교정치학과60년사』, 401쪽 및 411쪽.

리의 구상』 제6호에 그가 기고한 「모색 : 무산대중의 체제로의 지향(志向)」이 국가보안법을 위반한 혐의가 있다는 이유로 문리대도 관할하는 동대문경찰서의 수사를 받는 과정에서, 그가 신진회의 회원이라는 사실이 밝혀짐에 따라 신진회의 이념적 성격 역시 수사의 대상으로 떠올랐던 것이다.[123]

그러면 이 평론의 요지는 무엇이었나? 이 '서울대 문리대 필화사건'이 일어났던 때 서울신문사 사회부 기자로 법조를 출입했던 최서영은 자신의 비망록에서 이 평론의 요지를 다음과 같이 회고했다 :

> 한국에 있어서의 무산계급운동의 세력적 기반과 그 이념적 기초는 서구류(西歐流)의 프롤레타리아계급, 즉 잉여노동가치를 착취당하는 산업노동자군(產業勞動者群)이 뚜렷이 하나의 대계급(大階級)으로 확립되어 있지 않으므로 한국의 무산운동(無產運動)은 그 계급적 기초를 인텔리겐차들에 의해 지도되는 근로소시민과 농민과 노동자들의 전체 무산대중층과 그리고 이에 협력하고 합세하는 일부 진보적 프롤레타리아 군중의 총화에 구해야 될 것이다. […] 특권적 관료적 부르주아민주주의와 전체[주의]적 억압적 공산주의를 다 같이 경험한 우리의 인민대중들은 새로운 형(型)의 조국을 얼마나 갈구해 마지 않는가! 끝으로 한 가지 제시하는 말이 있으니, 그것은 '전체 무산대중은 단결하라!'는 외침인 것이다.[124]

비슷한 맥락에서, 그때 문리대 학장이던 이희승 교수는 이 사건에 관한 자신의 회고에서 다음과 같이 요약했다 :

> 오전 9시 직전에 출근해 책상 위에 놓인 [『우리의 구상』 제6호] 제2면에 게재된 […] 이 평론의 문면을 대강 훑어보니, 자본주의의 무리(無理)도 논박하고 공산주의의 결함도 지적하면서 […] 민주사회주의인가 사회민주주의인가를 주장하는 것이었다. 문외한의 눈으로 보아도 여기까지는 우선 무난할 것 같았다. 그러나 그 평론의 끄트머리에 "무산대중은 단결하자" "새로운 형태의 조국을 갈구한다" 등의 문구가 끼어 있어서 이것이 암만하여도 말썽이 붙을 것만 같았다.[125]

123 예컨대, 『동아일보』, 1957년 12월 19일 3쪽.
124 위와 같음, 339-340쪽.

몇 시간 지나지 않아 어떤 신문사로부터 이희승 학장에게 전화가 걸려 왔다. 이 평론에 대해 묻는 것이었다. 이 학장은 곧 류근일 군을 불러 이 평론을 본인이 썼는지 여부를 물었다. 류 군은 자신이 썼다고 확답했다. 그 이후의 대화를 이 학장은 다음과 같이 회고했다:

> "거기에 무슨 불온한 내용이 있습니까? 저는 자본주의도 찬성하지 않고 공산주의도 찬성할 수 없습니다. 오히려 그 중간노선인 민주사회주의를 택하려 하는 것이 저의 정치학도로서의 정치이념입니다."
>
> "그런 이념은 좋다고 하세. 그런데 왜 국제공산당의 슬로건인 '무산대중은 단결하자' 또는 '우리는 새로운 형태의 조국을 갈구한다'의 문구를 덧붙였는가. 그것이 암만하여도 말썽거리가 될 것 같네."
>
> "그것은 이 논문의 결론은 아니고 그 앞에 있는 결론을 강조하기 위하여 붙여 쓴 것입니다."
>
> "그것은 사족일세. 그 사족이 재미가 없을 것 같단 말이야."[126]

이희승 학장의 우려는 현실로 나타났다. 12월 19일에, 서울대 문리대 언어학과 교수를 역임한 김선기(金善琪) 문교차관이 "문리대에 좌경교수가 있다."는 취지의 발언을 했다고 신문들은 보도했다. 신문들은 거기서 한 걸음 더 나아가 문리대 안에 '적색 서클'이 암약하는 가운데 문리대 일각에서는 '적기가(赤旗歌)'를 부르는 움직임도 있다는 동대문경찰서 당국자의 발언을 보도했다.[127] 이러한 상황에서, 동대문경찰서는 신진회 회장인 정치학과 4년생 유한열 군 그리고 '회원인 정치학과 2년생' 김명환(金明煥) 군을 체포했다. 김명환 군은 곧 무직의 가짜학생으로 문리대 캠퍼스 안에서 '정치학과 학생'임을 자처하며 과격한 언동을 하고 다녔다는 경찰당국

125 이희승, 「내가 겪은 이번 사건: 문리대사건은 신판 사화」, 『신태양』, 1958년 3월호, 64-70쪽 가운데 64쪽.

126 위와 같음, 65-66쪽,

127 『동아일보』, 1957년 12월 19일 3쪽. 및 12월 20일 3쪽, 12월 21일 3쪽.

의 발표가 뒤따랐다.

유한열 군은 자신이 신진회의 대표간사임을 밝힘과 아울러, 신진회는 결코 '불온한 비밀서클'도 아니고 더구나 문리대 학생들 가운데 일부가 '적기가'를 불렀다는 동대문경찰서 당국자의 발언은 전혀 사실이 아니라고 단언했다. 그는 신진회는 1954학번의 정치학과 3학년생 최서영을 필두로 김지주와 하대돈 등이 중심이 돼 1956년 6월에 '개진회(改進會)'라는 이름으로 발족했다가 1956년 9월에 신진회로 개칭했다고 설명하고, 현재 회원은 '24명 정도'라고 밝히면서 류근일 군이 신진회 회원임을 인정했다고 동대문경찰서 당국자는 말했다.[128] 이 당국자는 류근일 군의 필화사건이 발생하자 유한열 군이 신진회의 규약, 회의록, 회원명부 모두를 불태워 없앴다고 덧붙이면서 '증거인멸'을 이유로 유 군을 구속했으며 동시에 창립에 주도적 역할을 수행했던 김지주 군도 구속했다고 발표했다.[129]

유 대표간사는 곧 석방되며, 뒷날 조선일보사 정치부기자를 거쳐 서울신문사 정치부장과 편집국장을 역임한 뒤 올림포스전자주식회사 사장을 지낸다. 김지주 군 역시 석방되고, 뒷날 LG그룹의 금성반도체 사장을 역임한다. 김지주 및 유한열 군과 함께 발기에 참여했던 하대돈 군은 뒷날 국회의원과 한국관광공사 사장을, 이자헌 군은 서울신문사 편집국장을 거쳐 국회의원과 체신부장관을 역임한다.

여기서 우리는 잠시 어떤 배경에서 이 사건이 일어났는지 살필 필요를 느낀다. 결론부터 말해, 이 사건은 1958년 5월에 실시될 예정인 제4대 민의원총선을 앞두고, 그리고 1960년에 실시될 예정인 제4대 대통령선거와 제5대 부통령선거를 앞두고, 야당과 비판언론을 길들이기 위한 집권세력의 정치공작 차원에서 일어났다고 해석하는 것이 정확하다. 또 직접적으로는 유력한 대통령후보들 가운데 한 사람인 조봉암과 그의 진보당을 탄압하기 위한 정치공작의 전초전으로 해석할 수 있다.

128 『경향신문』, 1957년 12월 17일, 3쪽.

129 위와 같음, 1957년 12월 25일, 3쪽.

우선 이 사건이 일어나기 1개월 전부터 서울특별시경찰국과 서울지방검찰청은 대검찰청 정보담당검사 — 오늘날의 대검찰청 공안부장 — 오제도(吳制道)의 지휘 아래 '근민당재건사건의 연루자들'을 국가보안법을 위반한 혐의로 구속하기 시작했다. 북한이 남파한 간첩 박정호(朴正鎬)를 체포해 수사한 결과, 그가 1947년에 여운형(呂運亨)이 조직한 근로인민당, 약칭 근민당의 잔여 간부들인 장건상(張建相) 및 김성숙(金星淑) 등과 접선했음이 밝혀졌고, 그들은 박정호의 자금을 바탕으로 근민당을 재건해 제4대 민의원총선에 출마하거나 또는 범혁신전선을 형성하는 공작에 착수했음이 밝혀졌다는 것이었다. 또 6·25전쟁 때 월북했거나 납북된 인사들이 남한에 남아 있는 가족들에게 북한의 노선에 동조해 활동할 것을 고취시킨 서한들을 보냈음이 밝혀졌다는 것이었다.[130]

그러나 그들은 뒷날 법원에서 자신들은 박정호를 만난 일도 없고 더더구나 박정호로부터 돈을 받은 일도 없으며 근민당을 재건하고자 시도한 일이 없다고 항변하며, 자신들을 경찰과 검찰이 심하게 고문해 사건을 조작했다고 주장한 것이 받아들여져, 무죄를 선고받는다. 다른 한편으로, 서한사건도 흐지부지된다. 어떤 이들은 자신들이 북의 아버지로부터 서한을 받은 일조차 없다고 밝힌다.

류근일 필화사건은 이러한 맥락에서 발생한 것이었다. 특히 류근일 군의 부친인 류응호(柳應浩) 서울대 문리대 언어학과 주임교수가 6·25전쟁 직후 북한군이 서울을 점령한 상태에서 열린 서울대 문리대 교수회의에서 학장으로 선출됐다가 유엔군과 국군의 서울탈환을 계기로 '월북'해 김일성대학 교수로 봉직하고 있음에 착안해,[131] 문제의 평론을 필자의 부친으로

130 『동아일보』, 1957년 11월 7일, 8일, 9일, 16일, 24일 각각 3쪽.

131 류근일의 모친은 자신의 팔순을 맞이해 회고록을 남겼다. 윤수현(尹水賢), 『윤수현 회상록: 당신 뜻대로 하소서』(서울: 정우사, 1992). '문리대 필화사건'에 대한 회상은 이 책의 75-78쪽에서 읽을 수 있다. 이 책은 작은 분량의 책이지만 '월북'한 남편과 그리고 혁신운동에 뛰어들었다는 이유만으로 8년에 걸쳐 부당하게 감옥살이를 하는 아들로 말미암아 온갖 간난신고를 겪어야 했던 동경유학 출신의 한 지식인여

부터 영향을 받은 것으로 억지로 연결시키면서 국가보안법 위반으로 걸었으며 동시에 그가 회원인 신진회를 불온단체로 몰아갔던 것이다.

이 사건은 자연히 '대학의 자유'와 '학문의 자유'에 대한 토론을 유발시켰다.[132] 비판언론들은 학내의 평론으로 대학생인 집필자를 구속하고 신진회로까지 문제를 확대시키는 것은 '대학의 자유'와 '학문의 자유'에 비춰 신중하지 못하다는 의견을 개진했다. 수사당국은 여론을 반전시키기 위해, 신진회는 순수한 학술단체임이 밝혀져 더 이상 수사의 대상으로 삼지 않겠다고 밝히고, 다만 류 군이 아버지에게 두 차례에 걸쳐 편지들을 받고도 당국에 알리지 않았다고 발표하면서 수사를 류 군 한 개인에 국한시키겠다고 선을 그었다. 결국 서울지방검찰청은 1958년 1월 11일에 류 군을 구속기소했다.

그러나 검찰은 자신이 아버지로부터 두 차례는 커녕 한 차례도 편지를 받은 사실이 없으며 자신의 평론은 아버지와는 완전히 무관하다는 류근일 군의 항변에 굴복해 공소장에서 문제의 편지에 대해서는 언급조차 하지 못했다. 결국 서울지방법원은 1958년 4월 3일에 그에게 무죄를 선고했으며[133] 이 판결은 서울고등법원에서 유지된다. 이 사건을 겪으며 류 군은 육군에 입대해 일선에서 사병으로 복무한다.

'문리대 필화사건'으로 수사를 받다

이 사건과 관련해, 정치학과 주임교수이며 신진회 지도교수인 공삼은 정부와 수사당국의 일각으로부터 의심을 받았다. 그들의 눈에 '친공적'인 영국 노동당의 중앙집행위원장 라스키의 책들을 역간하고 사회민주주의를

● ● ● ● ●

성의 정직했던 삶을 통해 한국현대사의 비극을 되돌이켜 보게 만든다. 이 책은 비매품 한정판으로 세상에 나왔기에 구하기 쉽지 않다. 관심있는 독자는 단국대학교 죽전캠퍼스의 퇴계기념도서관에서 찾기 바란다.

132 예컨대, 「좌담회 : 학원의 자유와 학문의 자유를 말한다 : 유진오 · 김선기 · 홍종인」, 『현대』, 1958년 2월호, 88-101쪽.

133 『동아일보』, 1958년 4월 4일, 3쪽.

소개한 공삼의 영향으로 정치학과에서 '용공적' 서클이 발족하고 '용공적' 평론이 출판된 것이 아니냐는 의혹을 제기한 것이었다. 김선기 문교차관이 1958년 12월 19일에 "문리대에 좌경 교수가 있다는 의혹은 있을 수 있다."는 취지로 발언한 것이 그 한 보기였다.[134] 뒷날 그는 자신은 그러한 취지의 발언을 한 일이 없다고 공식적으로 자신의 입장을 밝혔지만,[135] 어떤 사람들은 그가 말한 '좌경 교수'는 공삼을 가리킨 것 같다고 추측했다.

이러한 분위기 속에서, 공삼은 그때 서울대 총장이던 윤일선(尹日善) 박사의 부름을 받았다. 윤 총장은 "공삼은 사회민주주의를 옹호하는 빨갱이이거나 용공분자인 만큼 대학교수직에서 추방해야 한다."는 연명의 투서를 보여주며, "총장으로서는 전혀 괘념하지 않으나 시국이 시국인 만큼 참고하는 것이 좋겠다."고 말했다고 공삼이 회고한 것으로 민준기 교수는 증언했다.[136] 구범모 교수는 연서자들의 한 명이 문리대 정치학과의 전직 교수였고 다른 한 명이 문리대의 현직 교수였다고 회상했다. 구 교수에 따르면, "그 두 사람은 공공연하게 공삼을 '영국 노동당을 옹호하고 마르크시스트 라스키를 전파하는 불온한 교수'로 비방했다."고 회상했다.

비슷한 맥락에서, 최서영의 회고에 따르면, 동대문경찰서는 공삼을 소환해 조사를 했다.[137] 그러나 수사를 더 이상 확대하지 않았다. 그때 문리대 정치학과의 조교로 공삼을 도왔던 구범모 교수는 동대문경찰서가 공삼에 대한 수사를 확대하려고 하다가 그것이 불러올 파장을 두려워해 포기했다는 소문이 문리대 캠퍼스 안에 돌았었다고 필자에게 회상했다. 서울대 문리대 정치학과 52학번으로 경희대 정경대 정치외교학과에서 조교 → 전임강사로 봉직하면서 공삼을 가까이서 모셨으며, 훗날 성균관대 부총장과 한국정치학회장을 역임하는 윤근식(尹謹植) 박사는 1950년대 후반의 공삼에 관

134 위와 같음, 1957년 12얼 20일, 3쪽.
135 위와 같음, 1957년 12월 23일, 3쪽.
136 민준기 교수와의 전화통화. 2012년 7월 1일 오후 2시 30분.
137 최서영, 『내가 본 현장 여울목 풍경』, 340쪽.

해 다음과 같이 회상했다: "세상 모두가 공삼을 공산당 치하에서는 결코 생활할 수 없는 전형적인 리버럴한 학자로 인정하고 있던 터에, 아무리 서슬 퍼른 자유당정권이라고 해도 그를 용공으로 몰 수는 없었다."[138] 그러나 이 사건으로 이희승 교수가 1958년 1월에 문리대 학장직을 사임함에 따라 공삼은 1958년 3월에 문리대 문학부장직을 사임했다.[139]

이러한 파동을 거치면서 신진회는 1958년 1월 말에 문리대 제7강의실에서 공식적으로 해산을 선언했다. 그러나 58학번의 유세희(柳世熙) 전 한양대 부총장은 자신이 문리대 정치학과 2학년생이던 1959년에 신진회가 '재건'됐다고 회고했다.[140] 59학번의 김정강(金正剛) 역시 자신의 회고록에서 자신은 재건된 신진회에 가입했으며, '마르크시스트-레닌이스트'를 자처했다고 말했다.[141] 60학번의 박범진 제15대 및 제16대 국회의원은 자신은 1960년 4월에 문리대 정치학과에 입학한 직후 신진회에 가입했나고 필자에게 회고했다.

서울대 민족통일연맹의 발족을 관망하면서

새삼스런 설명이 필요없듯, 자유당정권은 1960년 여름에 치러질 제4대 대통령선거와 제5대 부통령선거를 앞두고 '선거에 의한 정권교체'를 두려워해, 갖가지 부정한 방법들을 고안하고 집행했다. 이것은 1960년에 들어서서 더욱 뚜렷하게 나타났다. 자유당정권은 우선 선거일을 3월 15일로 앞당겨, 속전속결(速戰速決)하겠다는 뜻을 나타냈다. 이 무렵, 제1야당 민주당의 대통령후보 조병옥(趙炳玉)이 병사했다. 공삼은 『코리아 타임스』와의 회견에서 조의를 표했다. 공삼은 동시에 조병옥 후보의 별세로 말미암아

138 윤근식 교수와의 전화통화. 2013년 1월 14일 오전 10시.
139 『대학신문』, 1958년 2월 3일 1쪽 및 1958년 4월 21일, 1쪽.
140 『서울대학교정치학과60년사』, 406쪽.
141 김정강, 「4·19에서 6·3까지」, 『신동아』, 2007년 6월호, 386-409쪽 가운데 388쪽.

정신적 공황을 겪는 다수 국민을 상대로 어느 특정한 한 지도자의 별세가 한국민주주의를 아주 죽인다는 절망에 빠지지 말라는 취지로 격려의 말을 했다. 이 회견에서 공삼은 '애국심'과 '능력'을 겸비한 지도자의 출현을 기대했다.[142]

1960년 3월 15일에 제4대 대통령선거와 제5대 부통령선거를 글자 그대로 전국적 수준에서의 조직적 부정선거로써 치렀다. 그 결과로 제4대 대통령에 이승만 현직 대통령이 당선됐으며 제5대 부통령에 그가 지명한 이기붕(李起鵬) 민의원 의장이 당선됐다. 그러나 국민은 행동으로 이 선거결과를 받아들이기를 거부했으며, 마침내 1960년 4월 18일에 고려대에서 거교적 항의운동이 전개됐고 이튿날 서울대가 뒤따랐다. 정부가 계엄령과 시위군중에 대한 발포로 맞서 많은 학생들과 시민들이 희생됐으나 4월 25일에 이희승 교수를 비롯한 서울의 몇몇 대학교들의 교수들이 학생들의 시위를 지지하는 시가행진을 벌임을 계기로 4월 26일에 이승만 대통령은 하야했고 이기붕 국회의장은 가족들과 함께 자살했다. 이로써 4월혁명이 성사됐으며, 외무장관으로서 수석국무위원인 허정(許政)을 수반으로 하는 과도정부가 4월 28일에 출범했다.

신진회, 그리고 앞에서 거명된 신조회 및 협진회 등이 이 과정에서 어떤 역할을 수행했던 것인지 알 수 없다. 3 · 15부정선거에 대한 저항은 워낙 범국민적이어서 어느 특정한 몇몇 단체들과 지도자들에게서 그 동력을 찾는 것 자체가 정당한 시각이 아닐 것이다. 그러나 이 단체들이 발현했던 현상변경에 대한 욕구가 적어도 대학의 수준에서는 일정하게 영향을 미쳤을 것이다.

4월혁명 직후 집권당이던 자유당은 사실상 해체됐다. 따라서 종래의 제4대 민의원은 구성당시에는 제1야당이던 민주당의 주도로 움직였다. 민주당의 오랜 공약이던 양원제와 의원내각제로의 개헌이 6월 15일에 이뤄졌

142 *Korea Times*, February 21, 1960, p. 2.

으며, 곧이어 제4대 민의원은 해산됐다. 과도정부는 제5대 민의원과 초대 참의원의 구성을 위한 총선날짜를 7월 29일로 결정했다.

4월혁명은 대학가에도 변화를 불러일으켰다. 우선 전국적으로, 그동안 학원규제와 학생동원의 도구로 인식되던 학도호국단이 과도정부의 결정에 따라 5월 3일에 해체됐고, 많은 대학들에서 '분규'가 발생했으며, 여름방학이 시작됨과 동시에 대학생들을 중심으로 '농촌계몽운동' 또는 '국민계몽운동'이 전개됐다.[143] 서울대의 경우, '문리대 필화사건'으로 문리대 학장직을 사임했던 이희승 교수가 문리대 교수회의의 투표에서 압도적 다수로 문리대 학장직에 당선됐고, 문교부의 승인을 받아 5월 중순에 취임했다.[144]

다른 한편으로, 1960년의 후반기에 들어가면서 문리대 학생들 사이에서는 '민족통일운동'이 일어나기 시작했다. 곧이어 법대 학생들이 호응했고, 그리하여 서울대학교 민족통일연맹이 1960년 11월 18일에 서울대 대강당에서 공식으로 결성됐다.[145] 서울대 민족통일연맹은 대체로 문리대의 신진회와 법대의 신조회에 관여했던 학생들이 제휴해 발족시킨 것이다. 중앙위원회 의장에는 58학번의 정치학과 3년생 윤식(尹埴)이 선출됐으며, 중앙위원회 공보부장에는 역시 58학번의 정치학과 3년생 이영일(李榮一)이 선출됐다. 대의원회 의장에는 55학번의 류근일이 선출됐다. 류근일 스스로는 제대하고 복학한 때로부터 얼마 지나지 않은 시점에서 그 자리를 맡으려고 하지 않았으나 후배들의 간청을 받아들인 것이다.

서울대학교 민족통일연맹의 지도교수로는 김성희 교수와 철학과의 한 젊은 강사가 담당했던 것으로 전해지고 있다. 공삼은 공식적으로는 이 단체의 지도교수가 아니었으나 깊은 관심을 지녔을 것이다. 그는 젊은 정치학도들의 통일열망에 대해서는 이해를 표시하면서도 공산주의와 북한체제에 대해서는 환상을 갖지 않도록 가르쳤던 것으로 전해지고 있다.

● ● ● ● ●

143 예컨대, 『대학신문』, 1960년 5월 9일 1쪽 및 6월 20일 1쪽.

144 위와 같음, 1960년 5월 16일 1쪽.

145 『대학신문』, 1960년 11월 21일 1쪽.

제 4 절 4월혁명 이후에 행한 발언들

국회공청회에서의 발언

이러한 역사적 전환기에, 공삼은 서울의 모든 신문들로부터, 그리고 여러 기관들과 단체들이 개최한 공청회로부터, 발언을 요청받았다. 1960년 5월부터 1961년 4월까지의 1년 사이에 공삼이 신문과 월간지에 발표한 글들이 15편 남짓했다는 사실은 자유당정권 때 학자로서의 자세를 견지한 그에 대한 신뢰가 얼마나 높았던가를 말해준다.

공삼은 우선 국회공청회에 초빙을 받았다. 민주당이 장악한 제4대 민의원은 민주당의 지론인 의원내각제로의 개헌을 관철시키기 위한 기초작업으로 1960년 5월 5일에 국회의사당에서 공청회를 열고 공삼을 비롯해 모두 4명의 정치학자들 및 헌법학자들을 공술인으로 초빙한 것이다.

공삼이 행한 발언들 가운데 두 가지가 신문에 기록되어 있다. 첫째, 공삼은 의원내각제 헌법 아래 내각을 구성할 때 국무총리는 반드시 국회의원들 가운데 선출돼야 하며, 군인의 경우 현역으로 국무위원이 되는 것은 타당하지 않으나 예편한 뒤 국무위원이 되는 것은 무방하다고 말했다. 둘째, 공삼은 장학기관이나 학술-문화기관에 출연한 것에 대해서는 세제(稅制)에서 일정하게 혜택을 주는 것이 바람직하다고 말했다.[146]

사회의 민주화를 강조하다

공삼의 발언이 그것에 그치지는 않았을 것이며 여러 주제들에 대해 발언 했을 것이다. 그의 발언 내용에 대해서는, 그가 며칠 뒤 『대학신문』에 발표한 정치평론이 암시를 준다.[147] 이 글에서 공삼은 우선 3·15부정선

146 『동아일보』, 1960년 5월 8일(석간), 1쪽.

147 민병태, 「우리의 실정과 내각책임제」, 『대학신문』, 1960년 5월 9일 4쪽.

거와 관련해 "10여 명의 악당이 천만 명의 투표를 좌지우지했다."고 비난하고, 이러한 일은 프랑스에서 루이 나폴레옹이 1852년 10월에 나폴레옹 3세라는 이름의 황제로 등극하기 위해 썼던 방식에서도 볼 수 없었다고 논평했다.

"대통령제가 좋으냐 내각책임제가 좋으냐"는 논의에 대해, 공삼은 공삼의 다른 글들에서 찾기 어려운, 다음과 같은 흥미있는 표현을 썼다: "여자의 눈물이 강한 것인지 약한 것인지를 소설가에 물어보았댔자 신통한 대답을 얻지 못하는 바와 같이, 정치학자로서 양제도(兩制度)의 장단을 뚜렷이 또 객관적으로 해답할 자신을 가진 자가 있다고는 볼 수 없는 것이다."148

공삼은 두 제도가 모두 서양에서 전개된 역사의 산물이며 각각 장점과 단점을 지녔음을 상기시켰다. 영국에서는 여론에 신속히 응답하기 위해 내각이 여론을 반영하는 곳인 의회에 책임을 지는 내각책임제를 발전시켰음에 비해, 혁명의 결과로 성립된 미국에서는 집행부에 힘을 모아주어 국정을 효율적으로 운영할 수 있게끔 대통령제를 발전시켰다는 것이다. 이렇게 볼 때, 우리나라에서도 우리나라의 여건에 맞게 제도를 채택하고 운영해야 한다고 공삼은 제의했다.

이 대목에서, 공삼은 민주주의를 실현하기 위해서는 헌법의 권력구조보다도 사회의 민주화가 선결돼야 한다고 역설하면서 "민주정치는 민주사회에서 비로소 가능하다."는 명언을 남겼다. "사회 각 분야에서의 민주화가 정치체제에서의 민주화를 가져온다."는 뜻이었다. 공삼은 동시에 "흔히 대통령제는 독재정치를 가져오고 내각책임제는 민주정치를 가져온다고 생각하기 쉬운데, 내각책임제도 독재정치로 연결될 수 있다."는 취지로 쓰면서, 후진국의 경우 독재를 방지하기 위해서는 헌법과 법률에 '명세(明細)하면서도 구체적인' 규정들을 두는 것이 필요하다고 권고했다.149

148 위와 같음.
149 위와 같음.

대학의 자주성을 옹호하다

공삼은 이어 『사상계』가 1960년 6월 12일에 마련한 좌담회에 참석했다. 『사상계』 편집위원인 황산덕 서울대 법대 교수가 사회를 맡았다. 좌담회의 제목은 「한국대학의 반성」으로, 서울대에서 공삼, 고려대에서 이상은 교수와 이종우(李鍾雨) 교수, 연세대에서 정석해 교수와 최재서(崔載瑞) 교수, 성균관대에서 조윤제(趙潤濟) 교수 등이 참석했다.[150]

참석자들의 발언내용은 다양해서 그것을 요약하기가 쉽지 않다. 그러나 필자가 공삼의 발언에 초점을 맞춰 자의적으로 판단하건대, 대체로 '대학행정의 민주화'와 '학생지도' 그리고 '대학의 발전방향'으로 모아졌다. 4월혁명을 계기로, 그동안 정부의 영향력을 강하게 받던 대학이 어떻게 해야 지난날의 타율성에서 벗어나 자율성을 확보할 수 있을 것인가가 주된 화제로 떠올랐다고 하겠다.

첫째, '대학행정의 민주화'와 관련해, 공삼은 '문교부에 있는 사람들의 농간질'을 비난했다. 특히 국립대학교의 경우, 교수들의 승진에 대해 "문교부에 있는 사람들은 자기들의 비위에 맞지 않으면 서류를 반려하거나 아예 임명을 해주지 않았다."고 회상했다. 심지어 가톨릭교인이라는 이유만으로 보직안(補職案)에서 제외시킨 경우도 있었다면서 분개했다. 공삼은 거기서 한 걸음 더 나아가 이제까지 '국립대학교 총장과 학장이 취한 자세'를 비판했다. 학내의 인사에 대해 총장과 학장이 문교부에 '미리 연락을 취하거나 불미스러운 거래'를 했다는 것이었다. 이러한 맥락에서, 공삼은 "학원에 대한 문교부의 간섭은 학교당국에도 굉장히 책임이 있는 것으로 압니다."라고 말한 데 이어, "학원의 민주화를 위해서 […] 대학을 운영해 나가는 사람들은 교수들의 학문의 자유, 학원의 교습의 자유, 이것을 학장 총장이 몸소 나서서 확립해야 할 줄 압니다."라고 말했다. 공삼은 동시에

150 「좌담회 : 한국대학의 반성」, 『사상계』, 1960년 8월호, 68-78쪽.

"대학 스스로가 부정을 저지르지 말고 재정을 튼튼히 함으로써 문교부가 대학에 정치적으로나 행정적으로 개입할 소지를 제공하지 말아야 합니다." 라고 역설했다.151

둘째, '학생지도'와 관련해, 공삼은 "학도호국단이 없어진 것은 시원합니다."라고 말한 데 이어, 학생들의 자치활동에 문제가 없지는 않다고 지적했다. 학생들이 폭력을 쓰는 사례와 수업을 소홀히 하는 사례 등을 비판한 것이다. 그러나 공삼은 "학생들의 자치단체생활에 있어서 나쁜 점보다 역시 좋은 점이 많이 있다고 봅니다."라고 말하고, "학생들이 자신들의 자치단체들을 잘 운영해나가지 않을까 — 그렇게 생각합니다."라고 덧붙였다.

좌담의 과정에서, 학생들의 정치활동문제가 거론됐다. 최재서 교수는 "정치과 학생이 장차 정치활동을 하기 위해 학생시대부터 훈련을 쌓는 것은 필요할 것입니다. 그렇지만 가령 영문과 학생이 정치운동을 해야 그것이 무슨 넌센스입니까, 무슨 도움이 됩니까, 방해만 되지 아무런 도움이 없어요."라고 말하고, "정치과 학생이 정치훈련을 한다는 것은 무방하다고 생각해요. 그런 것은 정치학 교수가 잘 알아서 책임지고 지도할 일입니다." 라고 부연했다. 최 교수는 '정치학과'라는 말을 쓰지 않고 일관되게 '정치과'라는 말을 썼다.

공삼은 일정한 범위 안에서 반론을 제기했다. "최재서 선생이 정치학과의 이야기를 하셨는데, 정치학과에서는 정치활동을 하라고 가르치지 않습니다."라고 말한 데 이어, 교수의 역할은 "학생들이 자신들의 단체를 만들 때 외부의 정당세력과 결부해서 하지는 말라고 강단에서 간접적으로 영향을 주는 것입니다."라고 말했다. 그는 "[학생들이 교수가] 만들라고 해서 만드는 것이 아니고 만들지 말라고 해서 안 만드는 것이 아닙니다."라고 분명하게 말했다.152 최재서 교수에 대조되게, 공삼은 일관되게 '정치학과'라는 말을 썼다.

151 위와 같음, 74-75쪽.
152 위와 같음, 77쪽.

공삼의 이러한 입장의 일단은 그가 1961년 1월 26일자 『서울신문』에 기고한 「학문의 정치」에서도 엿보인다. 이 글에서 그는 학문과 정치는 서로 연결될 수 있으나 각각 자기 영역을 지키고 있는 것이 바람직하다고 말한 것이다.

셋째, '대학의 발전방향'과 관련해, 최재서 교수는 "대학을 줄여야 합니다. 그 대신에 직업교육을 광범위하게 해야 합니다."라고 제의했다. 공삼은 이 제의에 대해 일정한 범위 안에서 공감을 표시했다. 공삼은 우선 국립대학의 수를 줄일 필요가 있다고 지적하고, "정원을 채우지 못하는 지방의 국립대학의 경우, 4년제 학과는 몇 학과에 한정하고 2년의 주니어 코스를 설정해 장차 농업이나 광업의 분야에서 일할 인재들을 양성할 것"을 제의한 것이다.[153]

이 좌담회와 관련해, 하나의 여담으로 덧붙이고자 하는 점은 공삼의 애연습관이 사진에서 새삼 드러났다는 사실이다. 좌담회의 사진을 보면 참석자들 가운데 공삼만이 담배를 피우고 있었다.

정치의식의 합리성을 앞세우다

이 좌담회에 참석한 때로부터 4주가 지난 시점에서 공삼은 다시 4월혁명을 평가하면서 앞으로 수행해야 할 과정에 대해 발언했다.[154] 공삼은 우선 자유당정권이 '악정(惡政)'을 자행했다고 비난했다. 이 '악정'에 대항해 모든 국민이 '정의의 일선'에 섰던 것이 4월혁명이라고 말하고, 공삼은 "최대의 악(惡)에서 최고의 정신이 발휘됐다."는 표현을 남겼다. 공삼은 이어 민주정부를 지키려면 국민 대다수가 권력을 견제하겠다는 '정치의식'을 '앙양'시켜야 한다고 역설했다. 여기서 공삼은 중요한 점을 상기시켰다. "정치가 모든 것을 해결한다."는 정치의식이 바로 '후진국의 정치의식'이라

153 위와 같음, 75쪽.
154 민병태, 「정치의식의 앙양」, 『대학신문』, 1960년 7월 4일, 2쪽.

고 정의하고, 이러한 정치의식이 사회를 지배하면 '사회적 침체와 혼란만을' 가져온다고 경고한 것이다.

이러한 맥락에서, 공삼은 '정치의식의 합리성'을 강조했다. "특히 정치의식에 있어서는 집단경험과 집단행위에 의하여 그 타당성이 유효화될 수 있는 것이다."라고 말한 데 이어, "그러므로 민주사회에 있어 정치의식은 언제나 그 타당성을 전제로 하여 그 앙양성(昂揚性)이 의의를 갖게 되는 것이다."라고 말했다. 마지막으로 공삼은 대학생들이 정치인들에게 이용되지 않도록 경계해야 하고 정치인들은 대학생들을 이용하지 않도록 자제해야 한다고 덧붙였다.

혁명입법의 제정을 지지하다

공삼은 1960년 11월에 제5대 민의원들과 초대 참의원들의 공부모임들 가운데 하나인 담수회(淡水會)에서 전문가 자격으로 초청을 받아 발언했다. 이 무렵, 3·15부정선거와 이른바 부정축재 등의 문제들로 공판에 회부됐던 자유당정권의 요인들과 금융인들 및 기업인들이 현행법에 따라 4월혁명 세력이 예상했던 것보다 훨씬 가벼운 처벌을 받자 4월혁명 희생자들의 유가족들과 부상자들을 중심으로 반발이 거세게 일어났다. 그들 가운데 일부는 목발을 잡은 채 민의원 의사당에 뛰어들어 민의원 의장의 의사진행을 저지시키기도 했다. 따라서 혁명세력이 요구하는 혁명과업의 달성을 위해 소급법을 만들어야 한다는 주장이 강하게 제기됐다.

공삼은 대체로 소급입법에 찬성하는 것으로 해석될 수 있는 발언을 했다. 한 신문에의 기고에서 그는 3·15부정선거관련자들을 현행법으로 다룬 것은 '어리석은 일'이라고 비판했다. 그는 "법이란 절대적인 것이 아니라, 한 시대의 의사를 반영하는 것인 만큼 4월혁명에 나타난 시대정신에 따라 재판해야 한다."고 강조했다.[155]

같은 맥락에서, 공삼은 11월 8일에 열린 토론회에서도 "국민이 비상수단에 의하여 정부를 교체시킨 만큼 그 주요한 요구가 어떠한 형식으로든 성취되어야만 민심이 안정될 것이며, 여기에 비로소 제2공화국의 '정치(政治)'가 시작될 것입니다."라고 발언했다. 공삼은 "현재의 시점은 우리가 민주주의로 전환하는 시점이라는 사실이 무엇보다 중요하다."고 전제하면서, "법은 사회발전과 보조를 맞춰나가는 것"이라고 설명했다. 그는 미국의 헌법이 재산권을 신성불가침의 기본권으로 간주하면서도, 연방대법원은 공업의 발전에 따라 노동자들의 권익을 보호하고 신장시키는 방향으로 법을 해석하고 있다고 부연했다. 그는 "자유당시대에 부당하게 돈을 많이 번 사람들은 그것을 국고에 반환시켜야 할 것"이라고까지 발언했다. 그러나 공삼은 소급입법 해당자의 '범위'를 너무 넓게 잡지 말라고 충고했다.[156]

거국내각론에 반대하다(1961년 4월)

4월혁명 1주년이 다가오면서 국민은 정국이 안정을 찾지 못하고 사회혼란이 계속되는 데 대해 불만을 나타냈다. 이러한 분위기를 감지한 정치인들은 거국내각론을 제시하기 시작했다. 장면 총리가 이끄는 민주당, 그리고 민주당에서 분당한 신민당(新民黨)을 중심으로 거국내각을 구성하는 것이 바람직하다는 취지였다.

이 제의에 대해, 공삼은 반대의견을 개진했다. 공삼은 우선 거국내각론이 여와 야 모두 정략적인 계산에서 제기되고 있음을 지적했다. 여당이 무능하기 때문에 야당의 도움을 받아야 하는 만큼 거국내각을 형성해야 한다고 야당이 말하는 데서 엿보이듯, 야당은 집권내각의 무능을 부각시키기 위해 거국내각론을 제시하고 있으며, 여당은 자신의 책임을 분산시키기 위해 거국내각론에 동조하는 경향을 보인다고 지적한 것이다.

공삼은 의원내각제의 기본정신은 책임정치임을 강조했다. 그러한데도

155 민병태, 「데모와 학생」, 『동아일보』, 1960년 10월 17일, 4쪽.
156 민병태, 「혁명입법 심포지움에서의 발언」, 『동아일보』, 1960년 11월 9일, 3쪽.

책임을 질 생각은 하지 않은 채 거국내각론을 제시하는 것은 정당하지 않다고 비판했다. 그는 오늘날과 같은 정치적 사회적 상황에서 거국내각제를 운용하게 되면, 한국은 프랑스 제3공화정과 제4공화정에서처럼 정치적 불안과 혼란에 휩싸일 개연성이 크다고 지적했다. 결론에서 공삼은 '독재권력이 대두할 위험성'을 경고했다. 지금과 같이, 정치인들이 당면문제들을 해결하지 못하고 정쟁에 휩싸여 국정을 이끌려고 한다면 그러한 불행한 사태가 발생할 수 있음을 암시한 것이다.

여담을 덧붙이면, 이 짧은 글에서도 그는 영국의 존 로크와 에드먼드 버크를 인용했다.**157** 그의 정치이론은 기본적으로 영국 정치이론가들의 이론들로부터 성립됐던 것이다.

157 민병태, 「거국내각론에 대한 관견」, 『서울신문』, 1961년 4월 2일, 2쪽.

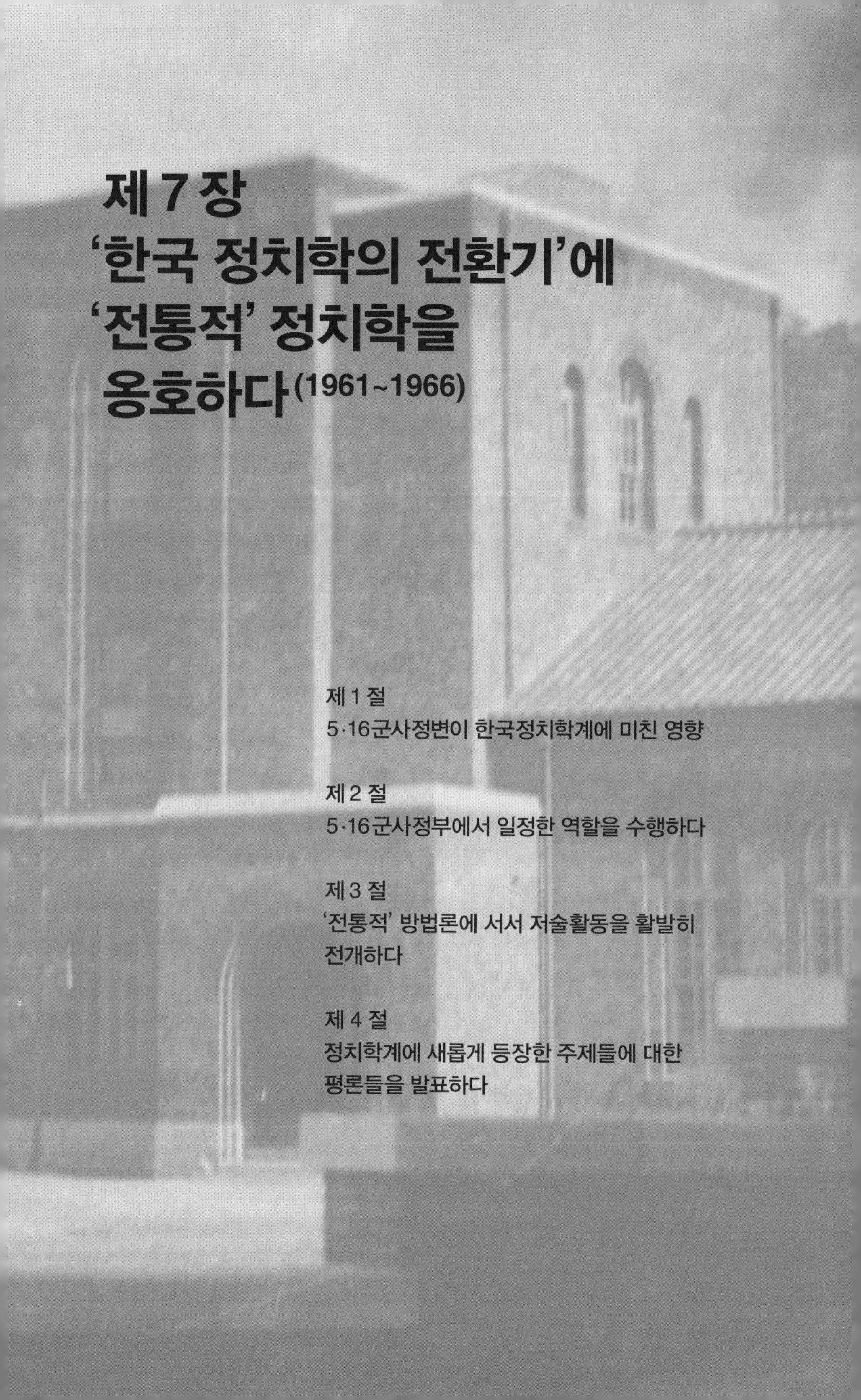

제 7 장 '한국 정치학의 전환기'에 '전통적' 정치학을 옹호하다 (1961~1966)

제 1 절
5·16군사정변이 한국정치학계에 미친 영향

제 2 절
5·16군사정부에서 일정한 역할을 수행하다

제 3 절
'전통적' 방법론에 서서 저술활동을 활발히 전개하다

제 4 절
정치학계에 새롭게 등장한 주제들에 대한 평론들을 발표하다

제 1 절 5 · 16군사정변이 한국정치학계에 미친 영향

헌정사상 최초의 군사정부 출범

1961년 5월 16일 새벽에 박정희(朴正熙) 육군소장은 김종필(金鍾泌) 예비역 육군중령과 함께 주로 영관급 현역 및 예비역 장교들을 중심으로 한국사회 전반의 혁명을 지향하는 군사쿠데타 또는 군사반란을 일으켰다.[1] 김종필은, 박정희의 친형으로 1946년 가을의 이른바 영남폭동 때 좌익세력에 가담해 활동하다가 미군정에 의해 처형된 박상희(朴相熙)의 사위다. 이 군부세력은 쉽게 육군본부를 장악한 즉시 육군참모총장 장도영(張都暎) 중장을 위원장으로 하고 박정희 소장을 부위원장으로 하는 군사혁명위원회를 발족시킴과 동시에 장도영을 계엄사령관으로 임명하면서 비상계엄령

---

1 군사쿠데타 또는 군사반란으로 시작했으나 종국에는 혁명으로 발전하는 사례들을 우리는 동서양의 역사와 조선의 역사에서 때때로 확인할 수 있다. 여기서는 5 · 16의 본질적 성격에 대해서는 토론하지 않겠다. 5 · 16에 대해서는 최근에 다음과 같은 연구서가 출판됐다. 이재석 김은경 편, 『5 · 16과 박정희근대화노선의 비교사적 조명』(선인, 2012).

을 선포해 국회와 정당들을 해산시키고 언론을 통제하면서 입법-행정-사법의 3권을 장악했다. 국가원수인 윤보선 대통령은 "반란군을 진압하기 위해 정부군을 동원하는 경우 정부군과 반란군 사이에 내전이 일어나게 되고 그렇게 되면 북한과 대치하고 있는 대한민국의 안보가 위태로워질 수 있다."는 인식을 갖고 그 상황을 피하기 위해 새로운 사태의 진전을 사실상 승인했으며,[2] 장면 국무총리를 비롯한 국무위원 전원은 군사혁명위원회에 사실상 정권을 이양하는 절차를 밟았다.

이 절차가 끝나자, 군사혁명위원회는 1961년 5월 18일에 자신을 국가재건최고회의로 개편하고 의장과 부의장에 장도영과 박정희를 각각 선출했다. 국가재건최고회의는 내각을 지휘하기 위한 자리로 내각수반(內閣首班)을 신설하고, 그 자리에 국가재건최고회의의장이면서 육군참모총장인 장도영을 그 두 직책을 유지시킨 채 임명했으며, 동시에 그를 국방장관으로도 임명했다. 이로써 대한민국 헌정사에서 처음으로 군사정부가 수립됐다. 국가재건최고회의는 1961년 6월 6일에 국가재건비상조치법을 공포하고 6월 10일에 국가재건최고회의법을 공포해 스스로 자신의 법적 근거를 마련했으며, 6월 10일에 '초법적 존재'로서의 중앙정보부를 창설하고 김종필을 부장으로 임명했다. 박정희-김종필 세력은 곧 장도영과 그의 지지자들을 권력의 핵심에서 추방했으며, 박정희를 의장으로 추대한다. 박정희-김종필 세력은 1961년 8월에 이르러 그들을 '반혁명세력'으로 몰아 투옥한다.[3]

앞으로 자세히 설명하겠거니와, 이 군부세력은 1962년 12월 17일에 국민투표를 통해 새 헌법을 확정짓고 1963년 10월 15일과 11월 26일에 각각

2 김명구(金明九), 『해위(海葦) 윤보선: 생애와 사상』(고려대학교 출판부, 2011), 244-246쪽.

3 장도영을 제거하는 배경과 과정은 그때 국가재건최고회의 법제사법위원장으로 5·16세력의 실세들 가운데 한 사람이던 이석제(李錫濟) 최고위원의 회고록에서 자세히 설명됐다. 이석제, 『각하, 우리 혁명합시다』(서적포, 1995), 131-137쪽.

제5대 대통령선거와 제6대 국회의원선거를 실시한다. 그리고 그것에 바탕을 두고, 1963년 12월 17일에 이른바 제3공화정을 출범시킨다.

정치학계의 담론에 전환이 일어나다

5·16군사정변의 발발과 군사정부의 수립 그리고 그 이후에 전개된 '박정희 시대'는 한국사회 전반에 대해 압도적인 영향을 미쳤거니와, 한국정치학계에 대해서도 적잖은 영향을 미쳤다. 이 절(節)은 이 장이 다루는 1966년 11월까지의 시기에 한정해 그 영향을 살피기로 하겠다.

무엇보다 박정희 정부의 출현은 한국정치학계에 새로운 주제들을 제시함으로써 담론의 성격과 방향의 전환을 유도했다. 박정희 정부가 제시한 주제들은, 요약하건대, (1) '근대화' 및 '경제발전-정치발전', (2) '근대화'의 추진을 위한 엘리트와 리더십, (3) 민족주의, (4) '중립국가들로의 외교확충', (5) 국가안보 등이었다. 새롭게 집중적인 조명을 받은 이 주제들은, 특히 '근대화' 및 리더십은, 한국정치학계의 깊은 관심을 유발시켰다. 자연히 한국정치학계는 일정한 기간에 걸쳐 이 주제들에 몰두하기에 이르렀다. 이로써 한국정치학은 전환기에 들어섰다. 그러나 1961년 7월 4일에 국가재건최고회의에 의해 제정-공포된 반공법은 기존의 국가보안법과 함께 정치학뿐만 아니라 학문의 모든 분야에서 학문의 자유를 통제하는 장치가 됐으며, 특히 정치학은 많은 제약을 받았다.

해외유학생들의 귀국이 활발해지다

대체로 이 시기(1961년 5월~1966년 11월)에 한국정치학계에는 서방세계에서 교육과정을 거친 정치학자들의 영향력이 커졌다. 첫째, 이미 국내에서 정치학석사학위를 받고 전임으로 재직하다가 해외 대학원에서 연수한 사례들이다. 서울대 문리대 정치학과 구범모 전임강사는 풀브라이트교육위원회의 선발시험을 통과하여 미국 코넬대 대학원에서 1년에 걸쳐 '근대화의 정치' 및 '정치발전론'을 연구했다.[4] 그는 이때의 연구에 자극을 받아 귀국 이후 일관되게 '근대화의 정치'에 매달리며, 1973년 8월에 서울대에서 「근대화과정에 있어서의 정치적 엘리트 충원 연구」로 정치학박사학위를 받는다.

서울대 외교학과 손제석 전임강사는 하와이의 동서문화센터에서, 그리고 박봉식 전임강사는 하버드대 연경학사에서 1년에 걸쳐 동아시아의 국제관계사에 대해 연구했다. 고려대 정치외교학과 민병기 교수는 컬럼비아대 대학원에서 1년에 걸쳐 동북아시아의 국제관계를 연구했으며, 이화여대 정치외교학과 김경희(金景熙) 전임강사는 하와이의 동서문화센터에서 국제정치학을 연구했고, 중앙대 정치외교학과 강병규 부교수는 네덜란드의 사회과학연구소에서 1년 연수과정을 마쳤다.[5] 다른 한편으로, 연세대 정치외교학과 추헌수 교수는 대만 동해대(東海大)의 초빙을 받아 6개월 한 학기에 걸쳐 동북아국제관계에 대해 중국어로 강의했다.[6]

둘째, 정치학박사학위 받고 귀국한 사례들이다. (1) 소진철(蘇鎭轍)은 미국 오클라호마대에서 학위를 받고 외무부 외교연구원 교수로 임용됐고, (2) 신국주(申國柱)는 일본 호세이[法政 : 법정]대학에서 학위를 받고 동국대 조교수로 임용됐고, (3) 유정렬(柳正烈)은 아메리칸대에서 학위를 받고 이집트 카이로 소재 아메리칸대 조교수로 봉직하다가 한국외대 조교수로 임용됐고,[7] (4) 경희대 윤근식 부교수는 독일 괴팅겐대에서 학위를 받고 귀

4 구범모, 「기개가 살아 숨쉬는 곳 : 정치학과에 대한 단상」, 『서울대학교정치학과60년사』, 158쪽 ; 김학준, 「구범모 선생님의 학문세계 : 선생님의 회갑에 즈음하여」, 『전환기 한국정치학의 새지평 : 준봉(峻峰)구범모교수 화갑기념논총』(나남, 1994), 5-19쪽.

5 『국제정치논총』, 제3집(1964), 198쪽.

6 위와 같음, 제4-5합병호(1965), 302쪽.

7 유정렬 교수를 비롯해 한국외국어대학에 전임으로 임명된 정치학자들에 대해서는 한국외국어대학교40년사편찬위원회 편, 『외대40년』(한국외국어대학교 출판부, 1994), 전-현직교수 명단을 참조했다.

국해 성균관대 교수로 옮겼으며,[8] (5) 이범준은 켄터키대를 졸업한 데 이어 아메리칸대에서 학위를 받으면서 이화여대 조교수로 임용됐고, (6) 임석진(林錫珍)은 독일 프랑크푸르트대에서 [정치]철학박사학위를 받으면서 명지대 조교수로 임명됐고, (7) 정하룡(鄭河龍)은 프랑스 파리대에서 학위를 받으면서 경희대 조교수로 임명됐으며, (8) 한영철(韓英哲)은 뉴욕대에서 학위를 받으면서 명지대 조교수로 임명됐고, (9) 함의영(咸義英)은 미국 위스콘신대에서 학위를 받으면서 연세대 조교수로 임명됐다.[9] [가나다 순서] (10) 김규남(金圭南)은 일본에 장기간에 걸쳐 유학하다가 메이지대를 졸업한 데 이어 도쿄대에서 학위를 받은 것으로 보도됐다.[10] 그가 1964년 4월에 한국외대 조교수로 임용된 사실에 미뤄 이 보도는 사실인 것 같다. 그는 또 1963~1964학년도에 서울대 문리대에 출강해 동남아정치론을 강의했다.

행정학에서는, 우리가 제6장 제1절에서 보았듯, 미네소타대에서 박사학위자격종합시험까지 끝내고 귀국한 서울대 행정대학원 조교수 박동서와 유훈 및 조석준, 그리고 연세대 행정학과 조교수 강병근 등이 1962~1964년 기간에 각각 미네소타대에서 정치학박사학위를 받았다. 노정현(盧貞鉉)은 뉴욕대에서 행정학박사학위를 받고 성균관대 부교수를 거쳐 연세대 교수로 봉직했다. 김선길(金善吉) 역시 미국 아메리칸대에서 행정학박사학위를 받고 거기서 조교수로 봉직하다가 서울대와 연세대를 비롯한 몇몇 대학들에 출강했다. 조지태운대를 졸업한 박정수 역시 아메리칸대에서 학위를 받고 연세대 등에 출강했다.

셋째, 정치학석사학위를 받고 귀국한 사례들이다. (1) 건국대 김계수 조

8 『영벽 윤근식교수화갑기념논총』, 「영벽 윤근식교수 연보」, i-ii쪽.

9 『연정60년사』, 16쪽.

10 『한겨레』, 2010년 1월 6일, 6쪽. 중앙정보부장의 자격으로 김규남의 행적을 상세히 조사했다는 김형욱은 김규남이 1964년 8월에 도쿄대 대학원을 졸업했다고 썼을 뿐 학위취득에 관해서는 말하지 않았다. 김형욱, 『대지의 가교』(광명출판사, 1971), 463-464쪽.

교수는 뉴욕대에서 학위를 받고 (1962년 1월) 박사과정을 밟다가 1964년 1월에 건국대로 복귀했으며,[11] (2) 김광원(金光源)은 제네바국제학대학원에서 학위를 받고 경희대 조교수로 임용됐고,[12] (3) 김규택(金圭澤)은 도쿄에서 가쿠슈엔[學習院 : 학습원]대학을 졸업하고 시카고대에서 학위를 받은 뒤 성균관대 전임강사-조교수로 임명됐고,[13] (4) 김병훈(金炳薰)은 컬럼비아대에서 학위를 받고 국회 전문위원으로 임명됐고, (5) 김종휘(金宗輝)는 베이츠대를 졸업한 데 이어 컬럼비아대에서 학위를 받고 국방대학원 조교수로 임명됐으며, (6) 민만식(閔萬植)은 하워드대를 졸업한 데 이어 아메리칸대에서 학위를 받고 한국외대 전임강사로 임명됐고, (7) 박재규(朴在圭)는 미국 페어리디킨슨대를 졸업한 데 이어 뉴욕시립대에서 학위를 받고 귀국해 경희대에서 가르쳤으며, (8) 이승헌(李承憲)은 영국 맨체스터대에서 학위를 받고 호주 퀸즈랜드대에서 박사학위과정을 수료하면서 귀국해 건국대 전임강사로 임명됐으며, (9) 이호재(李昊宰)는 콜로라도주 아담스대를 졸업하고 시카고대에서 학위를 받은 뒤 한국외대 전임강사로 임명됐고,[14] (10) 주관중(朱冠中)은 서던일리노이대에서 학위를 받고 대통령비서실 비서관으로 임명됐으며, (11) 한승조는 이미 고려대에서 석사를 받은 데 이어 하와이대에서 다시 석사를 받고 귀국해 고려대 전임의 길에 들어섰다. (12) 행정학의 경우, 차일석(車一錫)은 뉴욕대에서 행정학석사학위를 받고 1962년 3월에 연세대 행정학과 조교수로 취임했다.[15] [가나다 순서].

넷째, 대학원학위과정에 귀국한 사례들이다. (1) 독일 뮌헨대에서 헌법학 전공으로 박사과정을 밟던 김철수(金哲洙)는 서울대 법대 전임강사로 임명을 받았다. 서울대 법대에서 정교수로 정년퇴임할 때까지, 그리고 탐라대학교(耽羅大學校) 총장을 거쳐 오늘날에 이르기까지, 그가 출판한 방

11 김계수, 『한국과 정치학』(일조각, 1987), 「저자약력」. 신복룡 교수의 확인.

12 『증보 정치학대사전』(박영사, 1983), 295쪽.

13 위와 같음.

14 『외대40년』, 전-현직교수명단.

15 연세대학교100년사편찬위원회 편, 『연세대학교100년사』, 부록, 1320쪽.

대한 양의 헌법학 저술들은 한국헌법학계에 대해서는 물론이고 한국정치학계에 일정하게 영향을 미침과 아울러 민주화운동에 크게 이바지한다. 특히 그의 평생 학문적 지론들 가운데 하나인 헌법재판소 창설의 필요성을 역설하고 마침내 관철시킴으로써 국민기본권 신장에 크게 이바지한다. (2) 뮌헨대에 유학하던 배성동은 서울대 문리대 정치학과 전임강사로, (3) 뮌헨대에 유학하던 윤용탁은 서울대 사범대 사회교육과 전임강사로 각각 임명됐다. 윤용탁 교수는 서울대에서 정년퇴임한 뒤 김철수 총장의 후임으로 탐라대학교 총장직을 수행한다. (4) 텍사스주 남감리교대에서 석사과정을 밟은 데 이어 미주리주 세인트루이스시(市)의 워싱턴대(Washington University) 박사과정에 재학하던 하경근은 중앙대 조교수 겸 교무처장으로 임용되면서 귀국했다. [가나다 순서].

다섯째, 서방세계에서 정치학박사학위를 받고 거기서 연구 및 교수 생활을 하면서 출판물들을 통해 한국정치학계에 영향을 미치게 된 학자들이다. (1) 코넬대에서 학위를 받고 루이지애나주립대 → 일리노이대(시카고 서클) 조교수로 봉직하던 고병철(高秉喆 : B. C. Koh), (2) 뉴욕대에서 학위를 받고 주니아타 칼리지 조교수 → 아이오와주립대 부교수로 봉직하던 길영환(吉瑛煥), (3) 컬럼비아대에서 학위를 받고 인디애나대 조교수 → 코네티컷대 부교수로 봉직하던 김일평(金一平), (4) 오리건대에서 학위를 받고 아이오와대 조교수로 봉직하던 김종림(金宗林), (5) 펜실베이니아대에서 학위를 받고 보스턴 칼리지 조교수 → 조지 워싱턴대 부교수로 봉직하던 김영진(金英鎭 : Young C. Kim), (6) 스탠포드대에서 학위를 받고 웨스턴미시간대 조교수로 봉직하던 김종익(金鍾翊 : 영어 이름 C. I. Eugene Kim), (7) 시카고대에서 학위를 받고 신시내티대 조교수로 봉직하던 김한교(金漢教), (8) 조지타운대에서 학위를 받고 웨스트버지니아대 조교수로 봉직하던 김홍락(金鴻洛 : Hong N. Kim), (9) 조지타운대에서 학위를 받고 남감리교대에서 조교수로 봉직하던 동원모(董元模), (10) 베를린 자유대에서 학위를 받고 빌츠부르크대 → 루르대에서 전임강사 또는 전임연구원으로 봉직하던 박성조(朴聖祚), (11) 뉴욕대에서 학위를 받고 와이오밍대 조교수로 봉직하던 박치영(朴稚榮), (12) 컬럼비아대에서 학위를 받고 휴스턴대 조교수 및 하와이대 교수로 봉직하던 서대숙(徐大肅), (13) 캘리포니아대 버클리캠퍼스에서 학위를 받고 다트머스대 조교수 → 펜실베이니아대 조교수로 봉직하던 이정식(李庭植), (14) 캘리포니아대 로스앤젤레스 캠퍼스에서 학위를 받고 캔사스대 → 클레어몬트대 조교수로 봉직하던 이채진, (15) 파리대에서 학위를 받고 파리고등사회과학원 교수로 봉직하던 정성배(鄭成培), (16) 독일 본(Bonn)대에서 학위를 받고 함부르크의 아시아연구소 상임연구위원으로 봉직하던 조명훈(趙明勳), 그리고 (17) 미시간대에서 학위를 받고 연세대 조교수 → 고려대 부교수를 거쳐 미주리대 컬럼비아캠퍼스 교수로 정착한 조순승 [가나다 순서] 등이 그 대표적 사례들이었다. 그들은 대체로 훗날 부교수 → 정교수로 승진하면서 여전히 출판물들을 통해, 또는 초빙교수로서, 국내학계에 영향을 미친다.

위에서 거명된 정치학자들은 개개인 사이에 학문적 정향과 깊이에 분명히 차이를 보였으며 박정희 정부에 대한 태도에서도 분명히 차이를 보였다. 그러나 단순화의 위험을 무릅쓰고 말하건대, 그들은 대체로 1950년대 후반과 1960년대 중반 사이에 구미학계에서 전개되던 새로운 학문적 경향을 학습한 정치학자들이었다. 그리하여 그들은 대체로, 1950년대 후반과 1960년대 중반 사이에 구미학계에서 전개된 정치이론들에 연결된 박정희 정부의 주제들에 대해 자신들이 서방세계에서 학습한 것을 바탕으로 찬성과 반대를 표시하며 토론하게 된다. 우리는 앞으로 그들의 학문적 성향을 부분적이나마 보게 될 것이다.

국내에서도 박사학위를 받은 정치학자들이 드물게나마 배출됐다. 공삼은 물론이고 권윤혁(權允赫 : 동국대), 서중석(경희대), 윤천주(고려대), 이용희(서울대), 최경락(연세대) [가나다 순서] 등이 대표적 보기들이었다. 석사학위 수위자들은 훨씬 많이 배출됐다. 김용구(金容九), 라종일(羅鍾一), 민준기, 배성동, 변재현(卞在鉉), 신도철(申道澈), 양무목(楊茂木), 어수영(魚

秀永), 오명호(吳明鎬), 오세덕(吳世德), 유광진(兪光震), 이봉희(李奉熙), 이상민(李常民), 이성덕(李聖德), 이택휘, 정문길(鄭文吉), 최창규(崔昌圭), 한흥수, 황수익(黃秀益) [가나다 순서] 등은 훗날 교수로 활동한다.

'근대화' 및 '발전'에 관한 담론

그러면 박정희 정부는 어떠한 주제들을 제시했던가? 첫째, 박정희 정부는 한국이 가난한 농업국이면서 후진국임을 새삼스럽게 거듭 상기시키면서, 자신은 선진국에서 실시되는 서구식의 자유민주주의를 그대로 모방하지 않고 한국의 형편에 맞게 운용하겠다고 공언했으며, '조국근대화'를 자신의 역사적 사명으로 간주한다고 공언했다.[16] 이때 '근대화'는 농업국의 공업국으로의 전환 및 '물질생활에서의 개선'을 의미하는 것으로 설명되면서, 이 목표를 달성하기 위해서는 '비용이 많이 드는 낭비적 서구식 민주주의'는 재고돼야 한다는 내용으로 전달됐다. 자연히 한국정치학계는 '후진국'의 '근대화'에 관련된 서방학계의 저술들과 이론들을 담론의 중요한 주제로 삼았다.

1960년대에 들어서면서, 미국이 중심이 된 서방세계의 정치학계는 아시아와 아프리카 및 라틴아메리카의 이른바 제3세계에 대해 그 이전 시기에 비해 훨씬 많은 관심을 쏟으면서 새로운 정치이론들을 개발하기 시작했다. 그 대표적 경향은 프린스턴대학교가 제3세계의 '정치발전'과 관련해 출판한 이른바 프린스턴 시리즈로 요약됐다. 개브리얼 알몬드(Gabriel A. Almond) 교수와 제임스 콜먼(James Coleman) 교수가 공저한 『발전도상지역들의 정치(*The Politics of Developing Areas*)』(1960)가 그 출발이었다. 그 이후 '정치발전'을 위한 정치사회화(political socialization), 정치문화(political culture), 정치소통(political communication), 시민문화(civic culture), 관

16 예컨대, 박정희, 『우리 민족의 나갈 길 : 사회재건의 이념』(동아출판사, 1962년 3월 1일 초판) ; 박정희, 『국가와 혁명과 나』(향문사, 1963).

료제(bureaucracy), 교육 등에 대한 연구는 더욱 깊어졌다. 동시에 새뮤얼 헌팅턴(Samuel P. Huntington), 루시언 파이(Lucian W. Pye), 시드니 버바(Sidney Verba), 빙햄 파월(G. Bingham Powell, Jr.), 카를 도이치(Karl W. Deutsch), 오르간스키(A. F. K. Organski), 실스, 앱터, 립세트 등, 이 주제들을 이끄는 미국정치학자들의 저서들과 이론들이 한국정치학계에서 토론됐다.

그 핵심적 주제는 후진국의 근대화와 발전이었다. 첫째, '후진국'의 정의(定義)를 둘러싸고 토론이 전개됐다. 이미 1950년대에 서구의 학자들은 아시아와 아프리카 및 라틴아메리카의 나라들을 '후진성(backwardness)'이라는 개념으로 접근했고,[17] '미개국들(undeveloped countries)'이라거나 '저개발국들(underveloped countries)'이라고 불렀다. 래그너 넉시(Ragnar Nurkse) 교수와 스탤리 교수 등이 후자의 경우에 속한 사례들이었다.[18] 새뮤얼 아이젠슈타트(Samuel N. Eisenstadt) 교수는 1957년에 발표한 논문에서 '비서구(非西歐) 사회들(non-Western societies)'이라는 용어를 썼으며,[19] 그 이후 제3세계를 연구하는 학자들은 '새로운 국가들(new states)'이라는 용어를 썼다.[20] 같은 맥락에서, 1960년에 맥스 밀리칸(Max F. Mililkan) 교수와 도널드 블랙크너(Donal L. M. Blackner) 교수로 대표

17 예컨대, Edward C. Banfield, *The Moral Basis of a Backward Society* (Glencoe, Ill. : Free Press, 1958).

18 Ragnar Nurkse, *Problems of Capital Formation in Underdeveloped Countries* 3rd ed. (New York, N.Y. : Blackwell, 1955) ; Eugene Staley, *The Future of Underdeveloped Countries : Political Implications of Economic Development* (New York, N.Y. : Harper, 1954).

19 S. N. Eisenstadt, "Approaches to the Problem of Political Development in the Non-Western Societies," *World Politics*, Vol. 9, No. 3 (April 1957), P. 457.

20 예컨대, Kenneth T. Young, Jr., "New Politics in New States," *Foreign Affairs*, Vol. 39, No. 3 (April 1961), p. 494 ; Lucian W. Pye, "The Formation of New States," in Ithiel de Sola Pool (ed.), *Contemporary Political Science* (New York, N.Y. : McGraw-Hill Book Co., 1967), pp. 191-192.

되는 매사추세트공과대학(MIT) 연구자들은 '출현하는 국가들(the emerging nations)'이라는 표현을 썼는데, 이 표현이 한국에서는 '신생국들'로 번역됐다. 곧이어 미국의 정치학자들은 이러한 나라들을 기분 나쁘지 않게 한다는 취지에서 '개발도상국가들(developing countries)'이라는 용어를 만들어냈으며, 그 이후 이 용어가 널리 수용됐다.

한국사회과학계에서 출판된 이 방면의 최초의 책은 보스턴대학교 대학원 사회학과 출신인 유익형(柳益衡) 석사의 『신생국가론 : 후진국성장과 미국정책』(사상계사 출판부, 1962)이다. 이 책은 바로 앞에서 소개된 밀리칸-블랙크너의 *The Emerging Nations : Their Growth and United States Policy* (Boston, M.A. : Little, Brown & Co., 1961)를 번역한 것으로, 책의 분량 자체가 많지 않으면서 번역이 정확하고 문장이 유려해서 읽기가 쉬웠다. 이 책은 특히 '경제발전' 이외에 '정치발전'을 다뤄 그때 한국의 정치가 개선되기를 기대하던 지식인들에게 호의적으로 받아들여졌다. 무엇보다 '정치발전'이라는 용어 자체가 신기하게 받아들여졌다.

이 책에 이어 국방대학원 김영준 조교수는 『국가이익과 국가정책』(신명문화사, 1962) 및 『신생국정치론 : 비교정치의 연구』(일조각, 1965)를 출판했다. 후자는 이 주제에 대해 한국의 정치학자가 저술한 최초의 사례였다. 이 책은 아시아와 아프리카 및 라틴아메리카의 정치를 분석하면서 이 대륙들에서 일어나고 있는 '민족주의'에 대해서도 깊은 관심을 보였다. 같은 시점에, 동국대 이종린(李鍾麟) 교수는 『후진국정치론』(일조각, 1965)을 출판했다. 이 책은 사실상 알몬드와 콜먼의 『개발도상지역들의 정치』 가운데 중요한 부분들을 초역해 소개한 것이다.

이 책들에 이어 중앙대 하경근 교수는 문고판 분량의 『저개발국의 근대화』(탐구당, 1966)를 역간했다. 원전은 David Cushman Coyle, *National Development and How It Works* (New York, N.Y. : New American Library, 1963)이다.

둘째, '근대화'에 대한 토론이 활발해졌다. 무엇을 '근대화'라고 하는 것이냐? 혹시 '근대화'는 미국이 제3세계에 접근하는 소련이 표방하는 마르크시즘-레닌이즘에 대항하기 위해 '중립성'을 위장한 정치이데올로기가 아니냐? 그것은 '서구화'를 말하는 것이냐? 예컨대, 다니엘 러너(Daniel Lerner) 교수는 중동의 '근대화'를 연구하면서 '근대화'를 '전통사회를 지나가기(the passing of traditional society)'로 해석했다. 그가 편집한 *The Passing of Traditional Society : Modernizing the Middle East* (Glencoe, Ill. : Free Press, 1958)가 바로 그 책이다. 그렇다면 전통사회의 가치는 모두 버려져야 한다는 뜻이냐? 만일 그렇다면 한국사회의 전통적 가치는 어떻게 해석돼야 하는 것이냐? '근대화'를 촉진하는 것이 바람직하다면, 촉진의 요인들은 어떤 것들이냐? — 이러한 질문들을 둘러싸고 토론이 전개됐다.

'근대화'에 관한 학제적 학술대회들이 열리다

이 일련의 물음들을 학제적(學際的)으로 처음 다룬 곳은 서울대 문리대 산하의 동아문화연구소였다. 이 연구소는 자신의 학술논문집『동아문화』제3집(1965년 4월)에서 정치학자, 경제학자, 사회학자, 역사학자, 심리학자, 교육학자 등 6명의 논문들을 게재했다. 구범모, 박희범(朴喜範), 황성모, 민석홍(閔錫泓), 정양은(鄭良殷), 정범모(鄭範謨) 등이 그들이다.

이 연구소보다 훨씬 종합적으로 근대화를 다룬 학술토론회는 고려대 아세아문제연구소가 고려대 개교 60주년을 기념하기 위해「아시아에 있어서의 근대화문제」라는 제목 아래, 1965년 6월 28일~7월 8일에 워커힐호텔에서 개최한 국제학술회의였다. 8개국 73명이 참석한 이 학술회의에는 미국에서 글렌 페이지(Glenn D. Paige), 루시언 파이, 프렛 릭스(Fred W. Riggs), 로버트 스칼라피노(Robert A. Scalapino) 등이 참석했으며, 일본과 대만 및 인도 등에서도 참석했다. 국내 정치학계에서는 김하룡, 손제석, 이문영, 이용희, 이호재, 차기벽 [가나다 순서] 등이 참석했다. 차기벽 교수는 1961년 이후 성균관대에서 봉직했다. 이 국제학술회의의 산물로 이 연

구소는 방대한 양의 국제학술회의논문집을 출판했다.[21]

이 국제학술회의에서 발표된 논문들 가운데 이용희 교수의 논문이 국내 언론으로부터 많은 주목을 받았다.[22] 그는 빈곤한 후진국을 '근대화'시켜 공업화와 경제발전을 성취하겠다는 박정희 정부의 슬로건이 자유민주주의를 대체하는 새로운 정치명분으로 자리를 잡고 있다는 취지로 발표한 것이다. 이것은 자유민주주의가 정치명분에서 '근대화'에 밀려 후퇴하고 있음을 지적한 것이었다.

이 지적의 정치적 의미는 컸다. 훗날 이정복 교수가 비판했듯, "근대화론은 군사독재시대를 합리화해주는 이론으로 전락한 경우가 많았다."[23] 이용희 교수는 그때의 시대적 여건을 고려해, 그렇게 직설적으로 표현하지는 않았으나, '근대화'가 '정치명분'으로 자리를 잡고 있다고 지적했을 때 그것은 '근대화'라는 이름 아래 민주화가 부차적 지위로 격하되고 있음을 경고한 것이다.

고려대 아세아문제연구소에 이어 경희대 후진사회문제연구소는 이 연구소의 연구총서 제1집으로 『한국근대화의 제문제』(경희대학교 출판국, 1965년 10월)를 출판했다. 이 책에는 18명의 교수들이 집필한 논문들이 게재됐다. 정치학자로는 차기벽, 이우현, 한태수 등이 참여했다. 차기벽은 「조국의 근대화와 민족의 진로 : 정치」(41-44쪽)에서 '진정으로 근대화를 추진할 수 있는 리더십'의 수립에 관심을 쏟으면서, 그러한 리더십의 수립을 통해 민주화와 산업화를 이룩하고 '장차 있을 국토통일에 대비할 것'을 제의했

21 *International Conference on the Problems of Modernization in Asia : Report* (Seoul : Asiatic Research Center, Korea University, 1966).

22 Lee, Yong-hee, "The Political Legitimation of Modernization in Free Developing Nations : the Korean Case," *ibid.*, pp. 430-434쪽. 이 논문의 국어본이 다음이다. 이용희, 「정치명분으로서의 '근대화' : 한국 케이스를 중심으로」, 『신동아』, 1965년 8월, 178-183쪽.

23 이정복, 「제1장 : 한국정치학의 변화와 발전방향」, 임희섭 편, 『사회과학의 새로운 지평』(나남출판, 1999), 33-51쪽 가운데 44쪽.

다. 경희대 이우현은 「과도국가로서의 한국의 발전모형 : 종합개발에 대한 제언」(63-101쪽)을 통해 '발전'에 관한 미국 정치학자들 및 경제학자들의 이론들을 상세하게 설명했다.

서울대와 고려대 및 경희대에 이어 동국대는 개교 60주년을 맞이해 1966년 가을에 국내학자들로 학술대회를 마련했다. 4개의 분과로 나뉜 이 학술대회에서 21명이 주제논문을 발표했고,[24] 역사학자들과 철학자들 및 경제학자들을 포함해 약 50명의 학자들이 토론에 참가했다. 정치학자들 가운데, 민병기와 이정식 및 차기벽 등이 논문을 발표했고, 구범모 김규택 김운태 박동서 박봉식 윤근식 [가나다 순서] 등이 토론에 참가했다. 공삼 역시 토론에 참가했다.

공삼의 토론내용 가운데 주목되는 것은 근대화와 관련해 '경제문제'를 '당장 시급한 문제'로 보았다는 사실이다. 민주정치를 성숙시키기 위해서는 '국민의 동질화'가 가장 중요하게 요청되는데, 그 요청을 충족시키기 위해서는 사회의 여러 다양한 계층이 우선 '일정한 경제수준에 도달'하는 것이 선행돼야 한다는 취지로 발언한 것이다. 그는 또 "경제성장을 달성하기 위해서는 당분간 민주주의를 보류하지 않으면 안 된다."는 주장이 있으나, 이러한 주장에는 동의할 수 없다는 취지로 논평했다.[25]

이러한 흐름 속에서, 차기벽, 김종운(金鍾云), 김영록(金泳祿) 등은 마이론 위너(Myron Weiner) 교수가 편집한 *Modernization : The Dynamics*

24 이 학술회의에서 발표된 논문들 가운데 네 편이 영역돼 *Koreana Quarterly*, 제8권 제4호~제9권 제1호 합병호(Winter 1966~Spring 1967)에 게재됐다. (1) Min Suk-hong, "Problems Incidental to Application of Western Ideology to Modernization of Korea" (pp. 3-20), (2) Oh Byung-hun, "Trial of Liberal Democracy in Korea" (pp. 21-40), (3) Huang Sung-mo, "Protestant Churches in Korea : Their Impact on Cultural Change" (pp. 41-55), (4) Kim Tae-kil, "Pragmatism and Modernization of Korea" (pp. 56-68) 등이 그것들이다.

25 공삼의 발언은 다음에 기록됐다. 『「토론」: 한국근대화의 이념과 방향 : 동국대학교 개교60주년기념학술심포지움논문집』(동국대학교개교60주년기념학술심포지움위원회, 1967), 536-539쪽.

of Growth (New York, N.Y. : Basic Books, 1966)를 『근대화』(세계사, 1967)로 역간했다. 이 책에는 1960년대에 근대화 담론을 이끌던 26명의 미국 정치학자들의 논문들이 포함됐다.

'근대화' 지도세력에 관한 담론

셋째, '발전'이란 무엇을 의미하는가? '경제발전'이란 말은 이해하겠는데, '정치발전'이란 도대체 무슨 뜻이냐? 김계수의 설명으로, "'정치발전'이란 말은 1970년대 초에 이르기까지 [한국의] 정치학에 있어서 아직도 생소한 제목이었다."[26] 이러한 일련의 질문들을 놓고, 박동서와 오병헌 등 한국의 정치학자들은 경제학자들과 사회학자들 및 역사학자들과 함께 학제적 토론을 거듭했으며, 그 결과가 『발전론 서설』(박영사, 1965)로 출판됐다.[27] 이 책에는 오병헌의 「한국정치의 논리 : 정치적 논의의 의미론적 고찰」과 박동서의 「발전행정의 개념과 문제점 : 한국행정의 정책적 연구」가 포함됐다. 이어 박문옥 중앙대 부교수의 『개발행정론』(박영사, 1967) 및 (2) 이한빈(李漢彬) 서울대 행정대학원장의 『국가발전의 이론과 전략』(박영사, 1969)이 뒤따랐다.

넷째, '근대화'와 '발전'이라는 주제어가 점차 한국사회에서 널리 쓰이기 시작하면서, 그것을 추진하는 '지도세력'의 문제가 중요한 토론의 대상들 가운데 하나로 등장했다. 이것은 지식인역할론과 엘리트이론 및 리더십이론에 대한 토론으로 이어졌다. 토론은 또 정당의 역할을 중심으로 전개됐다. 이러한 흐름 속에서, 한기식 고려대 강사는 「극동에 있어서의 1점반정당제도 : 특히 그의 발생원인을 중심으로」(『아세아연구』, 제5권 제2집, 1962년 11월, 63-114쪽)를 발표했다. 근대화의 추진에 관련된 정당의 역할과 관련

26 김계수, 『한국과 정치학』(일조각, 1987), 126쪽.

27 집필자들은 고병익(高柄翊), 김규환(金圭煥), 박동서, 오병헌, 이승윤(李承潤), 이찬(李燦), 정범모, 홍승직(洪承稷)이다.

해, 토론은 정당의 제도화를 전제로 '정당정치 중심의 근대화추진론' 또는 '정당정치 중심의 발전론'으로 이어지거나,[28] '행정부 중심의 근대화추진론' 또는 '행정부 중심의 발전론'으로 이어지는 경향을 나타냈다. 박정희 정부는 후자를 지지하거나 전파하는 경향을 분명히 나타냈다.

리더십의 문제와 관련해 우선 양호민이 「민주주의와 지도세력」(『사상계』, 1961년 11월, 45-53쪽)을 발표했다. 이 평론의 바탕에는 민주주의를 지향하는 한국에서 군(軍)의 특정한 지도자나 지도부가 '지도세력'이 될 수 없으며 지난날 일제에 협력했거나 독재정권에 협력했던 세력 역시 '지도세력'이 될 수 없다는 인식이 깔려 있다. 그는 프랑스의 정치이론가 레이몽 아롱(Raymond Aron)을 인용하면서, 기율(紀律)을 지닌 엘리트가 설득을 통해 대중의 동의를 얻음으로써 대중을 지도할 수 있어야 한다고 강조하고 이 요건이 충족될 때 정당정치가 성공할 수 있다고 단언했다.

근대화에 있어서의 리더십의 문제라는 주제와 관련해, 주요한 논문들을 발표한 정치학자는 차기벽이었다. 그는 고려대 학술대회에서는 "Modernization and Problems of Political Leadership"을 발표했고, 동국대 학술대회에서는 「정치체제의 개혁과 이념문제」를 발표한 것이다.[29] 이 두 논문의 요지는, 필자가 읽기로는, 거의 같다. 그는 정치적 자유와 경제적 평등을 조화시킬 수 있는 리더십의 출현에 기대를 걸었다. 달리 표현해, 민주화와 산업화를 동시에 추구하고 실현시킬 수 있는 리더십이 출현해야 한다고 강조한 것이다. 비슷한 취지에서, 그는 「근대화와 지식층」(한국사회과학연구원, 『한국사회과학논집』, 제3집, 1966, 42-52쪽) 및 「근대화와 정치적 리더십」(성균관대 사회과학연구원, 『사회과학』, 제4집, 1966, 20-51쪽)을 발표했다.

리더십이론은 대체로 엘리트이론에 연결되어 있다. (1) 한배호는 「정치

28 이러한 경향은 박준규(朴浚圭)의 「민족적 지도세력의 형성과 정당정치재건」, 『자유민주주의의 승리를 위하여 : 논설집』(태백출판사, 1962), 63-88쪽에서 엿보인다.

29 *International Conference on the Problems of Modernization in Asia*, pp. 341-348 ; 『한국근대화의 이념과 방향』, 327-344쪽.

엘리트의 형성에 미치는 교육의 영향(The Impact of Education on the Formation of the Political Elite in Japan and Korea)」(중앙대 『법정논총』, 제16집, 1963, 27-39쪽)을 발표했고, (2) 한배호와 김규택은 "The Korean Political Leaders, 1952~1962: The Social Origins and Skills" (*Asian Survey*, July 1963, pp. 305-323)를 발표했으며, (3) 구범모는 「정치적 엘리트의 충원과 근대화과정」(서울대 동아문화연구소, 『동아문화』, 제3집, 1965, 1-32쪽)을 발표했다.

이러한 흐름 속에서, 양호민 차기벽 송건호(宋建鎬) 신일철은 『신생국 강좌』(세계사, 1966) 전 3권을 편집해 출판했다. 제1권은 「신생국의 이데올로기」, 제2권은 「신생국의 리더십」, 제3권은 「신생국의 비전」이다. 이 책은 구범모의 「신생국: 그 개념·역사·전망」(제1권)으로부터 시작해, 신생국들의 지도자들을 광범위하게 소개했으며, 특히 아시아국가들의 민족주의를 비롯해 아랍의 반서구주의와 아프리카의 민족주의 및 라틴아메리카의 민족주의를 분석했다. 이정식은 지난날 한국정치에서 공허한 이념들이나 정치슬로건들이 난무했다고 지적하면서 이제 새로운 이데올로기가 출현해야 한다고 제의했다.[30] 신생국이라는 단어가 한국사회에서 널리 쓰이기 시작한 1960년대에, 비록 저널리스틱한 평론들이 포함되기도 했으나, 이 주제를 다각적으로 다룬 가장 방대한 출판물은 바로 이 책일 것이다.

군의 정치개입에 관한 담론

'근대화' 및 '발전'에 관한 담론이 전개되면서, 동시에 1950년대 후반부터 1960년대 중반 사이에 제3세계에서 활발히 나타난 군(軍)의 정치개입에 대해서도, 미국의 정치학계에서처럼, 한국의 정치학계에서 토론이 활발해졌다. 그 대표적 사례들로 셋을 지적할 수 있다. 첫째, 김규택의 역서

30 이정식, 「심볼과잉의 한국정치와 대중없는 리더십: 참신한 이념의 모색을 위하여」, 제2권, 9-21쪽.

『군과 정치』(일조각, 1963) 출간이다. 원전은 John J. Johnson (ed.), *The Role of the Military in Underdeveloped Countries* (Princeton, N.J. : Princeton University Press, 1962)이다. 원전의 편저자는 스탠포드대 교수다. 미국의 국제적 정책연구소들 가운데 하나인 랜드(RAND)가 1959년 8월에 가졌던 연구토론회의 산물인 이 책에는 루시안 파이, 제임스 콜먼, 에드워드 실스, 거이 포커(Guy J. Pauker), 맨프레드 핼펀(Manfred Halpern) 등의 논문들이 포함됐다.

둘째, 손제석의 "The Military in Korean Politics" 발표다. 이 논문에서 그는 서구학자들을 전혀 거명하지 않은 채 한국군의 형성과정을 논하면서 군의 정치개입을 비판했다.[31] 셋째, 이정식의 「후진국과 그 군대들」 발표다. 이것은 시카고대 사회학과 교수로 제3세계에서의 군의 정치개입을 깊이 연구한 것으로 명성을 쌓은 모리스 자노위츠(Morris Janowitz)의 *The Military in the Political Development of New Nations* (Chicago : University of Chicago Press, 1964) 가운데 제1장을 번역한 것으로, 『청맥』, 1965년 5월호, 162-185쪽에 게재됐다.

넷째, 군의 정치개입에 대한 관심은 석사학위논문에서도 반영됐다. 예컨대, 심상훈(沈相勳)은 1967년도 연세대 정치학석사논문으로 「동남아세아의 정치발전과 군부의 역할」을 제출했다.[32]

한국정치학계에서는 군의 정치개입을 긍정적으로 보는 시각과 부정적으로 보는 시각이 동시에 제시됐다.[33] 전자의 경우, 후진국에서 현대적인 행정적-관리적(行政的 管理的) 기술을 터득한 집단은 군이며 군의 정권장악은 행정의 효율성을 높일 수 있다는 논리를 전개했다. 반면에, 후자는

31 *International Conference on the Problems of Modernization in Asia*, pp. 462-469쪽. 이 논문의 국어본은 『신생국 강좌』, 제2권, 65-77쪽에 게재됐다.

32 연세대학교정치외교학과 연세대학교정치외교학과동창회 공편, 『연정60년사, 1945-2004』(서울 : 연정60년사편찬위원회, 2004), 357쪽.

33 예컨대, 서울대 문리대 정치학과가 1963년 5월 21일에 문리대강당에서 개최한 시국대강연회에서의 토론. 『대학신문』, 1963년 5월 13일, 1쪽 예고기사.

군의 정치개입은 헌정질서의 파괴이며 민주정치의 핵심적 기둥들 가운데 하나인 문민우위의 원칙에 어긋난다는 논리를 전개했다. 전자가 통치의 효율성을 중시했다면, 후자는 통치의 정통성을 중시한 것이다. 손제석 교수의 경우, 통치의 효율성이라는 기준에서 보아도 한국에서 군의 정치개입은 바람직하지 않다고 평가했다. 우병규 경희대 조교수는 대체로 중립적 시각에서 접근하면서도, 군부가 민간정치를 활성화시킬 것을 권고했다.[34]

이러한 토론은 군이 정치적으로 개입할 수 없게끔 서구식의 민주주의를 유지하고 발전시킬 수 있는 경제적-사회적 여건에 관한 토론으로 이어졌다. 경제적 성장과 발전이 어느 일정한 수준에 도달할 때, 비로소 서구식의 민주주의는 가능하지 않겠느냐? 그렇다면 한국의 현 단계에서 민주발전보다 경제발전을 앞세워야 하지 않겠느냐? 정권의 평가기준으로 정통성(legitimacy)이 가장 중요하지만 효율성(efficacy 또는 effectiveness) 역시 중요하지 않겠는가? 이러한 서로 연결된 토론 역시 활발히 전개됐다.

지식인 및 학생의 역할에 대한 담론

후진국의 정치와 관련해, 지식인 및 학생의 역할에 대해서도 토론이 전개됐다. 우선 지식인의 역할에 관해, 고려대 사회학과 홍승직 교수가 "Role of Intellectuals"를 발표했다.[35]

학생의 정치와의 관계에 대해, 4월혁명이 분석의 초점이 됐다. 오리건대 대학원 정치학과에서 학위과정을 밟던 이화수(李和洙)는 "An Analysis of the April Revolution in Korea"를 발표했다. 연구의 범위를 넓게 잡은 오병헌은 "University Students and Politics in Korea"를 발표했다.[36]

34 Woo, Byung Kyu, "Ideals and Reality of the Revolutionary Forces," *Koreana Quarterly*, Vol. 5, No. 1 (Spring 1963), pp. 56-66.

35 Hong, Sung-Chik, "Role of Intellectuals," *ibid.*, Vol. 9, No. 3 (Autumn 1967), pp. 1-15.

36 Lee Hwa-soo, "An Analysis of the April Revolution in Korea," *ibid.*, Vol. 8, No.

정치이데올로기에 대한 담론 : 자유민주주의

후진국의 장래와 관련해, 후진국으로서의 한국이 지향해야 할 이념을 둘러싸고 담론이 전개됐다. 여전히 자유민주주의를 옹호하는 정치학자들이 적잖았다. 그들 가운데 윤천주는 미국의 대표적 민주주의이론가들 가운데 한 사람인 하버드대 칼 프리드리히(Carl J. Friedrich) 교수의 *Constitutional Government and Democracy* (Boston, M.A. : Ginn & Co., 1951)의 제1부 및 제2부를 『오늘의 입헌정치』(한국번역도서주식회사, 1962)로 역간했으며, 한국에서는 '도시화(都市化)'가 민주화를 촉진시킨다는 이론을 제시했다.[37]

자유민주주의의 대표적 국가로 간주되는 미국의 정치제도들에 대한 책들의 역간도 계속됐다. 특히 미국의 정치제도들에 대해 높은 수준의 책들을 출판해 일정하게 명성을 쌓은 코넬대 클린턴 로시터(Clinton Rossiter) 교수의 책들은 두 종류가 각각 문창주와 차일석에 의해 역간됐으며,[38] 미국의 민주주의에 관한 고전인 프랑스 정치사상가 토크빌의 『아메리카의 민주주의(*Democracy in America*)』 역시 역간됐다.[39] 미국의 정치체제를 쉽게 설명한 책이 이극찬에 의해, 그리고 미국의 대통령선거에 대한 책이 강상운에 의해 역간됐다.[40]

2 (Summer 1966), pp. 96-110 ; Oh Byung-hun, "University Students and Politics in Korea," *ibid.*, Vol. 9, No. 4 (Winter 1967), pp. 1-40.

37 예컨대, 윤천주, 『한국정치체계 서설』, 증보판(문운당, 1962), 제12장(「읍민의 투표행태」).

38 Clinton Rossiter, *The American Presidency* (New York, N.Y. : Harcourt, Brace, 1956), 문창주 역, 『미국대통령의 정치론』(법문사, 1963) ; Clinton Rossiter, *Parties and Politics in America* (Ithaca, N.Y. : Cornell University Press, 1960), 차일석(車一錫) 역, 『미국 정당과 정치형태』(법문사, 1964).

39 이영범(李英範) 역, 『미국의 민주주의론』 상-하(사상계사 : 사상문고 제41-42권, 1963).

40 David Cuchman Coyle, *The United States Political System and How It Works*, rev. ed. (London : The Hansard Society for Parliamentary Government, 1954

여기서 상기돼야 할 것은 이 시기에 자유민주주의를 옹호한 대표적 매체들이 일간지로 『동아일보』였고, 월간지로 『사상계』였다는 사실이다. 예컨대, 『사상계』 1962년 5월호의 「특집 : 한국민주주의의 전진을 위하여」에는 오병헌, 신상초, 김운태 등 6명의 정치학자들이 기고했다. 그리고 이 월간지에 군의 정치개입을 비판하고 자유민주주의를 옹호하는 평론들을 지속적으로 발표한 대표적 정치학자가 1960년부터 연세대에서 봉직한 이극찬 교수였다.

이 시기에 경희대에서 조교수 → 부교수로 봉직하던 윤근식은 독재주의 이론들을 비판하는 일련의 논문들을 발표함으로써 한국과 같은 빈곤한 후진국에서는 독재주의가 불가피하지 않느냐던 그때 한국사회 일각의 담론을 우회적으로 반박했다. 독재주의를 비판하는 일련의 논문들에서 그는 독일의 카를 슈미트(Carl Schmitt)의 정치이론, 그리고 프란츠 노이만(Franz Neumann)의 정치이론 등을 국내 정치학계에 소개했다.**41** 그는 (1) 나치즘을 이론적으로 뒷받침한 카를 슈미트의 *Der Begriff des Politischen* [정치의 개념](Hamburg, 1917), 그리고 이것을 비판한 한스 크루파(Hans Krupa)의 Carl Schumitt's Theorie des "Politischen" [카를 슈미트의 "정치적인 것"의 이론](Leipzig, 1937)을 번역해 『정치의 개념』(법문사 위성문고 64, 1961년 6월)으로 출판했으며, (2) 게르하르트 라이브홀즈(Gerhard Leibholz)의 *Strukturproblem der Modernen Demokratie* [현대민주주의의 구조문제] (1958) 가운데 두 논문을 『현대민주정치론』(박영사 박영문고, 1962)으로 역간했다. 그는 (3) 대중사회에서 독재정치가 성장할 수 있는 위험성을 경고한 윌리엄 콘하우저(William Alan Kornhauser)의 *The Politics of Mass Society* (Glencoe, Ill. : Free Press, 1959)를 박용직(朴容直)과 함께 『대중사회의 정치』

---

and 1963). 이극찬 역, 『민주정치체제와 기능』(탐구당, 1964) ; Duane Bradley, *Electing a President* (New York : D. Van Nostrand Co., 1963), 강상운 역, 『대통령선거』(탐구당, 1964).

41 『영벽 윤근식교수화갑기념논총』, 「영벽 윤근식교수 주요 연구업적」, vi쪽.

(일신사, 1965)로 역간했다.

정치이데올로기에 대한 담론 : 민족주의

이 시기에 민족주의에 대한 관심 역시 높아졌다. 한국정치학계에서는 차기벽 교수가 가장 많은 글들을 발표했다. 그는 1961년 한 해 동안에만 (1) 헤이즈의 *Nationalism : A Religion*과 (2) 콘(Hans Kohn)의 *Nationalism : Its Meaning and History* 등을 각각 『민족주의』(사상계사 사상문고 8권, 1961 ; 문명사[文明社], 1976) 및 『민족주의의 본질과 역사』(박영사 박영문고 24권, 1961)로 역간했으며, (3) 「후진지역의 민족혁명」(성균관대 『논문집』, 제6집, 1961년 12월, 87-102쪽)과 (4)「민족주의의 현대적 방향」(『사상계』, 1961년 11월호, 54-61쪽) 등을 발표했다.

'민족적 민주주의'를 옹호하는 정치학자들도 나타났다. 대표적 사례가 동국대 정치학과 권윤혁 교수였다. 그는 대구대학 교수이던 때인 1961년 5월 16일에 군사정변이 일어난 때로부터 51일이 지난 1961년 7월 5일에 출판한 『혁명노선의 모색』(서울 : 청구출판사, 단기 4294년 7월[서기 1961년 7월]) 제3장에서 '5·16군사혁명'이 앞으로 라스키가 말하는 '민주사회주의'를 지향하되 한국이 후진국으로서 '민족혁명'을 성취해야 한다는 과제를 잊어서는 안 된다고 역설했다. 그는 여기서 한 걸음 더 나아가 동국대 교수 때 『사상계』 1962년 5월호(86-97쪽)에 「민족민주주의 : 이념과 주도세력의 확립」이라는 평론을 발표하고, '민족주의와 민주주의'의 배합을 제창했다. 라스키는 민주주의와 사회주의를 배합하려고 했으나 자신은 민주주의와 민족주의를 배합하려고 한다고 말하면서, 그는 자신이 말하는 '민족민주주의'는 반공을 전제로 한다고 강조했다. 그는 자신의 1966년도 동국대 박사학위논문 「후진국 민족주의의 연구」에서도 같은 논지를 전개했다. 그는 이 학위논문을 이미 1965년에 같은 제목 아래 대한공론사출판부에서 단행본으로 출판했다.

1960년대 중반에 서울대 대학원 정치학과 석사과정에서 권 교수의 강의를 들었던 유세희의 회고에 따르면, "권윤혁 선생이 서울로 올라오게 된 동기는 5·16주도세력과 연결이 되어 위촉을 받고 그 정치적 성향을 이념적으로 정당화하는 책임자로 왔다는 것이었어요." 유세희의 회고는 계속됐다: "그래서 저희 대학원 강의를 하는데, 민족적 민주주의의 초고를 가지고 강의를 하고, 대학원 학생을 데려다가 작업도 시키고 그랬어요."[42] 훗날 유세희는 컬럼비아대에서 중국정치를 전공했으며 1974년에 정치학 박사학위를 받고 한양대 정치외교학과에서 조교수로 출발해 한양대부총장과 한국정치학회장을 역임한다. 1960년 4월 19일에 서울대 문리대에서 발표된 이른바 4·19선언문의 기초자들 가운데 한 사람이었던 그는 그 정신을 평생동안 지키며 학문의 외길을 걸었고 사단법인 4월회 회장으로 민주주의의 이념 전파에 진력해왔다. 2012~2013년 현재, 고등학생으로 4월혁명에 참여했었던 국민대 명예교수 윤영오(尹泳五) 박사가 4월에 회장을 맡고 있다.

1963년 10월에 실시된 제5대 대통령선거에서 민주공화당의 박정희 후보는 서구식의 자유민주주의를 비판하면서 '민족적 민주주의'를 제창했다. 민정당의 윤보선 후보는 물론이고 『동아일보』는 '민족적 민주주의'는 반(反)민주적인 위험한 사상이라고 비판했다. 『사상계』는 1963년 10월호와 12월호를 통해 '민족적 민주주의'는 독재주의로 가기 위한 이념적 포장이라고 거세게 비판했다.[43]

민족주의에 대한 담론은 자연히 제국주의에 대한 담론으로 연결된다. 이 주제와 관련해, 영국 노동당의 하원의원이면서 내각에서 장차관을 역임한 존 스트레이치(John Strachey)의 저서가 서울대 경제학 강사 이충효(李

42 유세희, 「동문들의 회고 좌담」, 『서울대학교정치학과 60년사』, 406쪽.

43 이 논쟁에 대해서는 필자가 필자의 다음 저서에서 자세히 다뤘다. Kim HakJoon, *The Domestic Politics of Korean Unification: Debates on the North in the South, 1948~2008* (Seoul and Edison, N.J.: Jimoondang, 2008), pp. 114-116.

忠孝)에 의해 역간됐다. 스트레이치는 2차대전이 끝난 이후 제3세계의 인민들이 '위대한 각성(the great awakening)'을 하고 있다는 스웨덴 정치경제학자 군나 미르달(Gunnar Myrdall)의 말을 인용하면서 서구민주주의의 장래를 토론했다.44

정치이데올로기에 관한 담론 : 마르크시즘 및 사회민주주의

민주사회주의 또는 사회민주주의를 옹호하는 정치학자들도 나타났다. 예컨대, 건국대 이방석(李邦錫) 교수는 한 평론에서 한국과 같은 후진사회는 민주사회주의를 지향해야 한다고 제의했다. 그러한 맥락에서, 그는 『영국노동당』(탐구당, 1964)을 역간했다.45 양호민 교수 역시 서울대 문리대 정치학과 4년생 이종률(李鍾律)과의 대담에서 "민주적 지도세력이 사회민주주의를 이끌어야 한다."고 제의했다.46 이종률 군은 서울대와 하와이대에서 각각 정치학석사학위를 받고 예일대에서 정치학박사학위를 받은 뒤 버지니아주립대 조교수를 거쳐 외교안보연구원 부교수로 봉직한다.

양호민은 마르크시즘 비판의 대가들 가운데 한 사람인 뉴욕시립대 교수 시드니 후크(Sidney Hook)의 *Marx and the Marxists* (New York, N.Y. : D. van Nostrand Co., 1955)를 『맑스와 맑스주의자들』(사상계사 : 사상문고 제11권, 1962)로 역간했다. 야당 정치인 이종남(李鍾南)은 『민주사회주의와 후진국』 상-하(일심사[一心舍], 1963)를 출판했다. 민주사회주의에 대한 청년

44 John Strachey, *The Great Awakeming and the Challenge of Democracy* (London : Encounter, 1961). 이 작은 책은 *The Great Awakening*이라는 소책자와 *The Challenge of Democracy*라는 소책자를 합본한 것이다. 이충효 역, 『제국주의와 민주주의』(민조사[民潮社], 1964).

45 이방석, 「민주사회주의 : 후진민주주의는 민주사회주의의 실현에서」, 『사상계』, 1962년 5월호, 74-85쪽. 『영국노동당』의 원전은 *The Origins of the Labour Party, 1880-1900* (London : Macmillan, 1954). 이 교수는 이 책의 1961년판을 번역했다.

46 양호민, 「대담 : 한국민주주의의 방향」, 『대학신문』, 1963년 9월 9일, 3쪽.

정치학도들의 관심은 진덕규(陳悳奎)의 1966년도 연세대 정치학석사학위논문 「영국노동당의 사회주의 수용과정의 연구」에서도 나타났다. 진덕규는 1978년에 연세대에서 정치학박사학위를 받고 이화여대 정치외교학과에서 전임의 길을 밟아 교수로 정년퇴직을 하며, 대한민국학술원 회원으로 선출된다.

이데올로기를 둘러싼 논쟁의 소용돌이 속에서, 이극찬 연세대 부교수는 「후진지역과 민족주의 : Indonesia의 교도민주주의를 중심으로」(『연세논총』, 제1집, 1962, 51-96쪽)를 발표했다. 이어 고려대 김상협 교수는 이데올로기와 관련해 주목할 만한 저서들을 출간했다. 『기독교민주주의 사회민주주의 교도민주주의』(지문각[知文閣], 1963)와 『모택동사상』(지문각, 1964 ; 개정판, 1967)이 그것들이다. 그는 제3세계의 지도자들이 제창한 교도민주주의에 대해서는 부정적으로 보았다. 그러나 모택동사상에 대해서는 '호의적'이거나 '덜 비판적'이라는 인상을 남겼다.

후진국들이 지향해야 할 이데올로기가 무엇일까라는 학문적 관심 속에서 후진국들에 이미 나타난 이데올로기들을 분석한 정치학석사학위논문들도 제출됐다. 유세희의 「아세아 후진국에 있어서 민주사회주의운동의 제문제점 : 특히 버마의 경우를 중심으로」(서울대, 1965)와 윤충남(尹忠男)의 「인니(印尼)의 교도민주주의와 정당」(서울대, 1966)이 대표적 사례들이다.[47]

후진국과 근대화 및 이데올로기에 대한 담론에서 '혁명'이라는 단어는 때때로 등장했다. 이 주제와 관련해, 5 · 16군사정변 직후 발행된 『사상계』 1961년 6월호는 「권두언 : 5 · 16혁명과 민족의 진로」를 통해 5 · 16군사정변을 5 · 16혁명이라고 자리매김하면서 사실상 5 · 16군사정변을 지지했다. 『사상계』는 같은 호에 「현대군사혁명의 유형」이라는 특집을 마련하고, 버마, 파키스탄, 이집트, 라틴아메리카의 군사혁명들을 각각 소개하는 네 편의 글을 소개했다.

47 구범모, 「비교정치학 20년의 반성 : 부록 Ⅱ(1945~1946년까지의 정치학과[행정학과] 교과과정분야 일람표)」, 『한국정치학회보』, 제2집, 1967, 46-47쪽.

『사상계』는 혁명과 관련해 1961년 11월호에 두 편의 평론을 게재했다. (1) 고려대 강사 신일철의 「소리없는 혁명」(271-279쪽)이다. 이 평론은 4·19와 5·16을 계기로 한국이 '세계사적인 후진국민족혁명의 조류 속에 합류한 것'이라고 보았다. 이 평론은 5·16을 '혁명'이라고 부르면서, 그러나 이것이 '국민혁명'으로 발전하기 위해서는 "민중의 성장 […그리고] 민중 속에 건전한 민주주의가 뿌리를 내리게" 해야 한다고 제의했다.

(2) 중앙대 교수 임성희(任星熙)의 「혁명의 이론과 실제 : 쏘로킨과 부린톤의 혁명론을 중심하여」(280-289쪽)이다. 여기서 '쏘로킨'은 제정러시아의 사회학자로 2월혁명과 10월혁명을 경험한 뒤 미국으로 망명해 하버드대 교수가 된 피트림 소로킨(Pitrim A. Sorokin)이며, '부린톤'은 하버드대 교수 크레인 브린톤(Crane Brinton)이다. 이 평론의 바탕에는 '5·16혁명'에 대한 긍정적 시각이 깔려 있다. 이 평론은 '한국인의 각개 개성의 혁명'이 뒤따라야 한다고 강조하고, '국민성의 혁명'이 있어야 '사회혁명'이 뒤따를 수 있다는 결론을 내렸다.

1962년에 차기벽은 브린톤의 *The Anatomy of Revolution* (New York N.Y. : W. W. Norton, 1938 ; Englewood Cliffs, N.J. : Prentice-Hall, 1957)을 『혁명의 해부』(사상계사, 사상문고 제17권)로 역간했다. 권말의 광범한 문헌해제는 생략했다. 역자는 초역본을 개역하고 1968년에 브린톤이 중국혁명과 베트남전에 관해 미국 상원외교위원회 청문회에서 행한 증언을 추가해 1983년에 학민사(學民社)에서 같은 제목으로 개역증보판을 내놓았다.

정치행태론의 지속적 성장

새로운 주제들을 둘러싸고 새로운 담론이 전개되는 가운데도 1950년대 말에 등장한 정치행태론은 1961~1966년의 시기에도 지속적으로 성장했다. 우선 윤천주는 1962년에 정치행태론의 시각에서 한국정치를 분석한 『한국정치체계 서설』 증보판을 출판해, 한국정치학계에 행태주의적 연구를 더욱 진작시켰다.[48] 이어 한배호는 『이론정치학 : 정치행동의 요인분석』(일조각, 1965)을 출판해 정치행태론을 자세하면서도 쉽게 설명했다.

정당과 선거에 대한 연구는, 정당과 선거 연구의 대가로 꼽히는 프랑스의 정치학자 모리스 뒤베르제의 *Les partis politiques* (1958)를 1963년에 청년 정치학도들인 박희선(朴熙璇)과 장을병(張乙炳)이 『정당론』 상-하(사상계사, 사상문고 제30권 및 제31권)로 공역한 것으로 나타났다. 강상운은 1962년에 『정당론』(법문사)을 출간했으며, 숙명여대 정요섭(丁堯燮) 교수는 1965년에 『선거론』(박영사)을 출판했다. 그사이인 1964년에 건국대 조재관 교수는 『선전여론 개설』(박영사)을 출판했다. '정치의 현실세계에 나타나는 정치인들과 정당들의 활동들'에 관해, 주관중은 『정치공학 : 정치활동의 새로운 기술』(현암사, 1963년 3월)을 출판했다.

압력단체들이 정치과정에 미치는 영향에 대해서도 연구가 활발했다. (1) 안해균이 「Small Group의 정치적 기능 : 정치-행정에 미치는 영향을 중심으로」(서울대 『행정논총』, 제1권 제1호, 1962, 248-263쪽)를, (2) 최요환이 「현대민주정치과정에서의 압력단체의 역할」(동국대 『논문집』, 제2집, 1965, 183-202쪽)을, (3) 한배호는 「집단개념으로 본 한국정치과정 : 분석을 위한 개념도식의 정리작업」(『한국정치학회보』, 제2집, 1967, 137-168쪽)을, (4) 이정식은 「한국정치 및 정치과정 연구현황」(『한국정치학회보』, 제2집, 1967, 76-101쪽)을 각각 출판했다.

행태론적 접근법이 발전시킨 정치사회화에 대한 한국정치학계에서의 최초의 연구는 그때 오리건대 정치학과 박사과정생이던 이화수(李和洙)에 의해 출판됐다. 같은 주제에 대해, 김종익과 유형진(柳炯鎭)이 뒤를 이었다.[49] 정치문화에 대해서는 이정식이 발표했다.[50]

48 윤천주, 『한국정치체계 서설 : 정치상황과 정치행태』 증보판(서울 : 문운당, 1962).

49 Hwa-soo Lee, "A Study of Political Socialization Process : Family, Political Efficacy and Legitimacy : The Case of Secondary School Students in Korea," *Koreana Quarterly*, Vol. 10, No. 2 (Summer 1968) ; 김종익 유형진, "Political

역시 행태론적 접근법이 발전시킨 정책결정이론(the decision-making theory)에 대해 한국정치학계에서 최초의 저서를 출판한 정치학자는 건국대 정치학과 대학원 주임교수 이용필(李容弼)이었다. 그는 1963년에 『정책결정원리』(일조각)를 출판했는데, 이 책에서 그는 미국의 정치학계가 행태주의에 기초해 개발한 여러 이론들을 소개했으며 특히 존 폰 노이만(John von Neumann)의 두뇌공학(cybernetics)을 소개했다. 정책결정이론에 따른 사례연구는 한배호와 김규택에 의해 각각 발표됐다. 한배호의 「『경향』 폐간결정에 관한 사례연구 : 그 방법론적 고찰을 중심으로」(중앙대 『법정논총』, 1966년 2월, 73-94쪽)와 김규택의 「교육자치제 부활에 관한 정책결정과정」(한국교육신문사, 『새교육』, 1965년 6월) 등이 그것들이다. 한배호와 김규택은 국가재건최고회의가 교육자치법을 통과시킬 때까지 내무부와 문교부가 드러낸 부서들 사이에서의 갈등을 이익단체들 사이의 갈등이라는 시각에서 분석한 공저를 영어로 출판했다.[51]

정책결정이론과 마찬가지로, 미국정치학계에서 새로운 연구방법론으로 정립된 게임이론 및 두뇌공학이론 등에 대해서는 이용필이 「국제정치학에 있어서의 게임 모델의 응용」(『국제정치논총』, 제3집, 1964, 5-32쪽)과 『현대전략론』(일조각, 1964)을 비롯해 여러 저술들을 출판했다. 도이치의 코뮤니케이션이론과 사이버네틱스이론, 아나톨 라포포트(Anatol Rapoport)와 토머스 셸링(Thomas Shelling)의 게임이론과 전략이론 등을 한국정치학계에 본격적으로 소개한 정치학자가 바로 그였다.

한국정치학회 연구위원회는 1965년에 두 책을 편집해서 일조각에서 출판했다. *Readings in Political Science* (3월) 및 『현대의 정치학』(5월) 등

Socialization in Korea : A Pilot Study," 『한국정치학회보』, 제3집(1969), 257-269쪽.

50 Joung-sik Lee, "Some Characteristics of Korean Political Culture," *Koreana Quarterly*, Vol. 8, No. 3 (Autumn 1966), pp. 63-74.

51 Bae Ho Han and Kyu Taik Kim, *Inter-group Conflict and Political Decision Making* (Seoul : Yonsei University Social Research Institute, 1965). Mimeographed, 145 Pages.

이 그것들이다. 이 책들에는 '과학적' 정치학 그리고 정치행태론에 관련된 논문들이 많이 포함됐다. 예컨대 앞의 책에는 이스턴, 알몬드, 릭스, 모겐소, 파이, 라팔롬브라(Joseph Lapalombra) 등의 논문들이, 뒤의 책에는 김영국, 손제석, 이영재(李永宰), 한배호, 이방석, 정윤무(鄭允武), 이정식, 박동서, 서원우, 강병근, 유훈, 김규택, 구범모, 민병천, 이용필, 김홍철 교수[게재 순서] 등의 논문들이나 역문들이 게재됐다.

정치학의 원론과 고전에 대한 책들도 출간됐다. (1) 미국 대학교에서의 표준적 정치학개론 교과서들 가운데 하나인 오스틴 래니(Austin Ranney)의 *The Governing of Men : An Introduction to Political Sciennce* (New York, N.Y. : Henry Holt and Co., 1958)가 윤천주, 우문효, 김하룡, 이정식, 이기원 등 다섯 정치학자들에 의해 『정치학 개론』(을유문화사, 1963)으로 역간됐다. (2) 그웬돌린 카터(Gwendolen M. Carter) 및 존 헤르쯔(John. H. Herz)의 *Government and Politics in the Twentieth Century* (New York, N.Y. : Frederick A. Praeger, 1961)가 오병헌에 의해 『20세기의 정부와 정치』(사상계사, 사상문고 제14권, 1962)로 역간됐다. (3) 몽테스키외의 저 유명한 *De l'esprit des lois* (1748)의 1816년 판본이 신상초에 의해 『법의 정신』(을유문화사, 1963)으로 역간됐다. (4) 박문옥은 『한국정부론』(박영사, 1963)을, 이종항(李鍾恒)은 『한국정치사』(박영사, 1963)를, 이규복은 『비교정부론』(박영사, 1964)을, 박승재(朴承載)는 『선거제도론』(일조각, 1966)을 각각 출간했다.

행정학의 성장 그리고 정치학과의 위축

박정희 정부는 관료와 행정부 중심의 국가발전을 시도하면서 5·16직후인 1961년 10월 2일에 기존의 국립공무원훈련원을 중앙공무원교육원으로 확대개편했다. 동시에 행정관료에 대한 체계적 교육이 본격적으로 시작됐다. 이것은 '근대화'와 '발전'을 지향하는 박정희 정부의 시대에 행정학이 성장하고 발전할 것임을 예고하는 하나의 징후였다. 실제로 이 시대에 주요한 대학교들은 학부에 행정학과를 신설할 뿐 아니라 행정대학원도 신설했다. 예컨대, (1) 1962년에는 성균관대, 경희대, 국민대에, (2) 1963년에는 청구대, 대구대, 원주대, 경기대, 명지대, 청구실업대, 원광대, 대전실업대에, (3) 1964년에는 한국외대에, (4) 1965년에는 성균관대 대학원에, (5) 1966년에는 단국대 2부에 각각 행정학과가 신설됐다.[52]

행정학의 성장 속에서, 서울대 행정대학원은 1961년 3월 1일에 서울대 법대에서 분리돼 독립적 기구가 됐으며,[53] 기존의 한국행정연구회는 1961년 11월 19일에 서울대에서 열린 총회를 통해 한국행정학회로 확대됐다. 회장으로는 이상조 교수가 선출됐다. 한국행정학회는 1962년 7월에 오스트리아 수도 빈에서 열린 제12차 국제행정학회 총회에 대표단을 파견하는 등, 활동의 영역을 국외로 넓혔다. 1964년 10월 21일에 서울대 행정대학원을 중심으로 사단법인 한국행정문제연구소가 창립됐으며, 이사장에는 김증한 서울대 행정대학원장이 선출됐다.[54] 한국행정학회의 노력으로, 1개월 뒤인 1964년 11월 7일에 동부지역공공행정기구, 곧 EROPA (Eastern Regional Organization for Public Administration) 제3차 총회가 서울에서 열렸다.

행정학에 관련된 저술들의 출판도 활발해졌다. 1961년에 유훈 교수의 『행정학 원론』(법문사)이, 1962년에 유훈과 조석준의 공저 『행정학 대의(大意)』(법문사)가, 1963년에 유훈의 『재무행정론』(법문사)이, 1964년에 동국대에서 서울대 행정대학원으로 옮긴 김운태의 『행정학원론』(박영사)이, 1966년에 김운태의 『조직관리론』(박영사)이 각각 출판됐다. 그사이 1961년에 박동서는 『한국관료제도의 역사적 전개』(한국연구도서관, 1961)를 출판했다. 서울대 행정대학원은 1962년 12월에 『행정논총』을 창간했는데,

● ● ● ● ●

52 박동서(朴東緖), 「한국 행정학의 현황과 역할」, 『한국정치학회보』, 제2집(1967), 117쪽.
53 유훈, 『바삐 걸어온 지난날』, 31쪽.
54 위와 같음, 41쪽.

이 논문집을 통해 많은 행정학 논문들이 발표된다.

반면에, 전국적으로 정치학과는 위축됐다. 그 배경에는 박정희 국가재건 최고회의 의장의 정치학과에 대한 부정적인 시각이 깔려 있었다. 그는 1962년에 출간된 자신의 저서에서 "지금도 농민이 아들을 공부시킬 때에는 자기와 같이 손에 흙 묻히고 일하지 않고 공짜로 먹는 벼슬(법과, 정치과)을 하게 하려고 한다."고 쓴 것이다.[55] 이 대목에서 드러났듯, 그는 정치학과를 '일하지 않고 공짜로 먹는 벼슬'이나 하려는 학생들이 지원하고 그러한 학생들을 길러내는 곳으로 여겼다.

이러한 인식은 군사정부가 전국의 대학교들의 학생정원을 줄이던 때 특히 정치학과의 학생정원을 크게 줄이는 결정으로 나타났다. 예컨대, 군사정부는 법률학과 정치학과 경제학과 상학과 등으로 구성된 한양대 정경대학을 폐지하는 것으로 1961년 12월 2일에 발표했다가 정치학과만 폐지하는 것으로 1962년 2월에 수정발표했다.[56] 그러나 군사정부가 선거를 거쳐 1963년 12월 17일부터 민간정부로 출범하면서, 대학에 대해 일종의 유화제스처를 쓰기 시작할 때 한양대에 대해 1964년 2월 3일자로 법학과 행정학과 정치외교학과로 구성된 법정대학의 개설을 인가했다.[57]

서울대 문리대 정치학과와 외교학과의 경우, 1962년 3월학기부터 입학정원이 각각 20명으로 감축됐다. 1961년의 입학생이 두 학과 합쳐서 84명이었음을 고려할 때, 무려 절반이 줄어든 것이다. 연세대와 고려대를 비롯한 전국의 모든 대학교들에서 정치학과는 학생정원의 감축을 강요당했다.[58]

그 이전 시기에 비해 상대적으로 입학이 어려워진 이 62학번으로 서울

55 박정희, 『우리 민족의 나갈 길: 사회재건의 이념』(서울: 동아출판사, 1962년 3월 1일 초판), 89쪽.

56 한양대학교70년사편찬위원회 편, 『한양대학교70년사』(서울: 한양대학교, 2011), 207-208쪽.

57 위와 같음, 214쪽.

58 연세대학교의 경우, 『연정60년사』, 17쪽.

대 문리대 정치학과에 입학해 학사-석사를 받고 풀브라이트장학생으로 도미해 조지아대에서 정치학박사학위를 받으면서 귀국해 서울대 사회과학대 정치학과에서 교편을 잡고 정년퇴임한 뒤 서울대 명예교수로, 경희대 인류사회재건연구원 명예원장으로, 또 대한민국학술원 회원으로 활동하는 이가 김홍우다. 그리고 역시 62학번으로 서울대 문리대 외교학과에 입학해 학사-석사를 받고 동서문화센터 장학생으로 도미해 하와이대에서 정치학박사학위를 받으면서 귀국해 건국대 정치대학장과 국제대학원장, 그리고 한국정치학회장을 역임하고 건국대 명예교수로 활동하는 이가 백영철(白榮哲)이다.

외교학-군사학-북한학-통일학이 성장하다

비록 처음에는 정치학과를 위축시키면서 동시에 외교학과도 위축시켰지만, 박정희 정부는 가까운 장래에 외교학과의 신설을 허용했다. '중립국을 상대로 하는 외교의 강화'를 부르짖은 정부로서, 정치학과는 위축시킨다고 해도 외교학과는 신설시키는 것이 바람직하다고 판단한 것 같다. 정부의 시각으로는 정치학과는 '이념적 성향'이 강해 비판적이거나 반정부적인 행동을 나타내지만, 외교학과는 '기능적 성향'이 강해 비판적 행동을 나타내지 않을 것으로 기대했을 것이다. 물론 정부의 그러한 시각이 반드시 정확하지는 않았다.

외교에 대한 박정희 정부의 관심은 외무부 산하에 1963년 9월 3일자로 외무공무원교육원을 신설하는 것으로 나타났다. 이 기관은 1965년 1월 5일에 외교연구원으로 개편되며, 1976년 12월 31일에 외교안보연구원으로 개편된다.59 이 기관은 국제정치학 또는 비교정치학을 전공한 정치학자들의 직업적 출로가 된다.

59 외교안보연구원 편찬, 『외교안보연구원30년(1963~1993)』(외교안보연구원, 1993), 3쪽.

박정희 정부가 외교에 대해 관심을 표시한 결과, 한국외국어대학은 1963년 12월에 외교학과와 무역학과로 구성되는 외사학부(外事學部)를 신설할 수 있었다.[60] 한국외대는 곧 국제행정과를 신설하고, 1964년에 해외사정연구소를 개설했다. 외대의 외교학과는 1968년 12월에 정치외교학과로 확대되며 신설된 행정학과와 더불어 법정학부를 구성한다.[61] 1964년에 경희대는 국방외교학과를 신설했다.[62]

외교 또는 국제정치학에 대한 관심이 커지는 가운데 이 방면에 관한 저술들의 출판도 활발해졌다. 우선 이용희의 『일반정치학』 상(박영사, 1962)을 지적할 수 있다. 이미 『국제정치 원론』에서 독특한 '장(場)의 이론'을 제시했던 그는 이 책을 통해 그 이론을 더욱 발전-심화시켰다. 서울대 외교학과 하영선(河英善) 교수는 이 책을 "'동주학(東洲學)'의 기본구조를 잘 보여주고 있다."고 평가했다.[63] '동주'는 물론 이용희 교수의 아호다.

1950년대에 국제정치에 관련된 원서들을 열성적으로 역간했던 이원우는 이 시기에 두 책을 역간했다. (1) 영국 외무장관과 국무총리를 역임한 앤도니 이든(Anthony Eden) 경의 회고록 *The Memoirs of Anthony Eden : The Reckoning* (London : Cassell & Co., 1960)을 『이든회고록』 제1권 및 제2권(양서각, 1961)으로, 그리고 (2) 컬럼비아대 국제법 교수 볼프강 프리드먼(Wolfgang Friedmann) 박사의 *An Introduction to World Politics* (New York, N.Y. : St. Martin's Press ; London : Macmillan & Co., 1956) 제3판을 『국제정치론』(진명문화사, 1962)으로 각각 역간한 것이다.

이 시대에 군사학 또는 국방학 역시 성장했다. 이 학문은 국방연구원을

60 『외대40년』, 41쪽.

61 위와 같음, 50쪽.

62 손제석, 「국제정치학의 연구 및 대학교육 경향」, 『한국정치학회보』, 제2집(1967년 12월), 106쪽.

63 이 책에 대한 서평으로 대표적인 것은 하영선, 「이용희, 일반국제정치학(상)」, 동아일보사 신동아 편집실 편, 『현대한국의 명저 100권, 1945년~1984년』(동아일보사, 『신동아』, 1985년 1월호 별책부록), 262-264쪽.

모체로 1961년 12월 31일에 새롭게 출범한 국방대학원을 중심으로 성장했다.[64] 김영준 교수, 민병천(閔丙天) 부교수, 이용필 조교수, 김종휘 교수, 김홍철 조교수, 최경락 교수, 최영 부교수 [발령 순서] 등이 이 시기에 국방대학원에 봉직하며[65] 군사학 및 국제정치학 또는 국제지역연구 등에 이바지했다. 예컨대, 김영준은 콘래드 브란트(Conrad Brandt), 벤저민 슈워츠(Benjamin Schwartz), 존 페어뱅크(John K. Fairbank) 등이 공저한 *A Documentary History of Chinese Communism* (London : Allen & Unwin, 1952)의 서론을 「중공의 문헌사적 연구」로 번역해 『국방연구』 제7호(1960), 195-206쪽에 게재했는데, 이 번역문은 중공에 관한 한국정치학계의 초기 연구를 반영했다.

북한학을 포함한 공산권연구 및 한반도의 통일에 대한 연구 역시 이 시기에, 정부의 특히 중앙정보부의 통제 아래, 실질적 수준에서 시작됐다. 중앙정보부의 직접적 통제를 받던 내외문제연구소는 『중소논쟁문헌집 : 이론과 현실의 갈등』(공보부조사국 감수, 내외문제연구소, 1963년 7월)을 편집-출판했다. 고려대 아세아문제연구소는 상대적으로 독자적 입장을 유지하면서 북한연구를 포함한 공산권연구를 이끌었다.

마르크시즘과 레닌이즘에 대한 저술들의 출판도 계속됐다. 예컨대, 양호민은 노먼 매켄지(Norman Mackenzie)의 *Socialism : A Short History* (London : Hutchinson's University Library, 1948)를 『사회주의』(탐구당, 1965)로 역간했다. 문고판 분량이다. 「역자 후기」를 보면 '정문길 군'이 교정과 색인작성을 도왔다고 기록되어 있다. 이 '정문길 군'은 양호민이 봉직하던 대구대 정치학과를 1964년에 졸업하고, 그해에 서울대 대학원 정치학과에 입학했다. 그는 공삼의 지도를 받으며 헤겔과 마르크스를 중심으로 서양정치사상을 전공하고, 「인간의 자기소외에 관한 서설적 연구」로 석사학위를 받았으며, 「소외론 연구」로 박사학위를 받았다. 『소외론 연구』(문학과지성

64 국방대학원30년사편찬위원회 편, 『국방대학원30년사』(국방대학원, 1987), 55쪽.
65 위와 같음, 362-364쪽.

사, 1978)가 바로 그의 박사학위논문을 책으로 출판한 것이다. 그의 『에피고넨의 시대 : 청년헤겔파와 칼 마르크스』(문학과지성사, 1987)는 한국정치학회 학술상을 받았다.

정문길 박사는 우석대를 거쳐 고려대에서 교수로 봉직함과 동시에 하버드 연경학사와 독일 보훔대 및 네덜란드 국제사회연구소에서 헤겔과 마르크스를 지속적으로 연구하게 된다. 그는 일본어번역판은 물론 아니고 영어번역판도 아니라 독일어원전으로 마르크스의 저작들을 통독하고 마르크스에 대한 저술들을 출판한 한국정치학회의 극소수 마르크스연구자들 가운데 한 사람으로 자리를 잡는다.

제 2 절 5 · 16군사정부에서 일정한 역할을 수행하다

정치학 교수들의 정부 및 정계 진출

박정희 정부는 한국정치학계의 담론에 전환을 유발했을 뿐만 아니라 정치학 교수들의 정부와 정계 진출도 유발했다. 제1공화정 때는 서울대 문리대 정치학과의 신도성 교수가 교수직을 유지한 채 김성수 부통령의 비서관 및 야당 민주국민당의 선전부장을 맡았다. 그는 민주국민당 공천으로 제3대 민의원에 입후보하면서 교수직을 사임했다. 역시 서울대 문리대 정치학과의 이선근 교수는 교수직을 유지한 채 자유당 당무위원과 훈련원장을 겸직했다. 그는 이승만 정부의 문교부장관으로 취임하면서 교수직을 사임했다.

4월혁명 직후 성립된 과도정부에서는 연세대 서석순 교수가 교수직을 유지하면서 공보실장을 맡았다. 제2공화정에서는 미국에서 교수직을 지닌 임창영(林昌榮) 박사가 유엔대사직을 맡았다.

그러나 박정희 정부에서는 훨씬 많아졌다. 그 시발은 국가재건최고회의가 산하에 개설한 여러 분과위원회들에 자문위원들을 초빙한 것이었다. 우선 5월 22일에 국가재건최고회의 의장 고문으로 6명의 교수들을 임명했는데, 공삼은 박관숙 연세대 교수, 성창환(成昌煥) 고려대 교수, 김준엽 고려대 교수, 이원우 경희대 교수, 서돈각(徐燉珏) 서울대 법대 교수 등과 함께 임명을 받았다.[66] 다시 상기시키면, 이때 국가재건최고회의의 의장은 박정희가 아니라 장도영이었다. 이들 가운데 이원우는 군사정부의 공보차관을 거쳐 공보장관으로 기용된다. 그의 공보장관 후임이 독일 쾰른대학교에서 사회학박사를 받고 중앙대 교수로 봉직하던 임성희였다.

국가재건최고회의는 정책, 법률, 경제, 사회, 재건 등 다섯 분과위원회를 설치하고, 저명한 인사들을 위원으로 위촉했다. 정책위원회에는 윤천주, 조순승, 서중석, 김운태, 백상건 교수 등이, 경제위원회에는 김준보(金俊輔) 교수 등이, 사회위원회에는 이해영(李海英), 정범모(鄭範謨), 박종홍(朴鍾鴻), 이정식 교수 등이, 그리고 재건위원회에는 이만갑(李萬甲), 우병규 교수 등이 위촉됐다. 이들 가운데 다수가 정치학 교수들이었다.[67] 이로써 스칼라피노 교수의 표현으로 군사지도자들과 교수들 사이의 '밀월'이 시작됐다.[68]

5・16군사정변이 대내외적으로 새로운 정부의 출범으로 인식되기 시작하는 흐름 속에서, 서울대 학생회는 1961년 5월 23일에 「성명서」를 발표하고, 5・16을 지지했다. 서울대 학생회는 이 성명에서 "4・19와 5・16은 동일한 목표를 추구해야 한다."고 전제하면서, "혁명과업을 완수하는 데 협조할 것이다."라고 다짐했다.[69] 1961년 6월 8일에 서울에서 열린 전국대학총학장회의도 "혁명의 그 숭고한 정신과 목적을 높이 평가한다."는 「결의문」을 발표했다.[70]

● ● ● ● ●

66 『동아일보』, 1961년 5월 24일, 1쪽.

67 위와 같음. 또 『대학신문』, 1961년 5월 25일, 1쪽.

68 Joung-sik Lee, "Political Science and Political Researches in Korea," 『법정논총』(동국대학교 법정연구소), 제1권(1965), pp. 133-153 가운데 p. 136에 인용되어 있다.

69 『대학신문』, 1961년 5월 25일, 1쪽.

70 위와 같음, 1961년 6월 12일, 1쪽.

국가재건최고회의 의장 고문으로서의 1개월

공삼이 어떤 배경에서 6명으로 구성된 국가재건최고회의 의장의 고문으로 임명됐는지 알 수 없다. 공삼 스스로 설명한 일이 없었고, 그때의 상황을 잘 아는 김영국 교수와 구범모 교수도 그것과 관련해 아무런 비화도 소개하지 않았다. 따라서 추측만이 가능하다.

첫째, 고문으로 6명만이 임명됐다는 사실 그 하나에만 주목한다면 공삼의 명성이 그만큼 높았음을 말해주는데, 여기서 우리는 그의 높은 명성을 군부지도자들이 이용하고 싶어했다는 추론을 제시할 수 있다. 둘째, 공삼이 박정희와 유지한 개인적 인연이 작용했을 것이라는 추론이다. 공삼이 의장고문으로 임명됐을 때 의장은, 앞에서 이미 지적했듯, 박정희가 아니라 장도영이었다. 그러나 실권자는 박정희였고 장도영은 '간판'에 지나지 않았다. 따라서 공삼은 장도영에 의해서가 아니라 사실상 박정희에 의해 임명됐다고 보는 것이 타당할 것이다. 우리가 제2장 제1절에서 보았듯, 공삼의 모친은 박정희의 처가와 긴밀한 관계를 유지했으며 그 연장선 위에서 공삼은 박정희의 결혼식에 참석했었다. 또 공삼은 김종필의 부여초등학교 선배였다. 이러저러한 인연에서 박정희-김종필은 공삼을 최고회의의장고문으로 초빙했던 것 같다.

고문으로서 공삼의 활동에 관해서는 공삼과 함께 고문직을 맡았던 김준엽 교수의 회상이 유일하다. 5 · 16 직후에 군사혁명지도부가 보이는 반미적 성향에 주한미국대사관이 의혹의 눈길을 보낸다는 정보에 접하고 한미관계의 건전한 유지가 대한민국의 장래를 위해 바람직하다는 판단 아래, 김준엽은 『사상계』 발행인 장준하와 의논해 『사상계』 주최로 창경원에서 연회를 열어 5 · 16군사정부의 수뇌부와 주한미국대사관의 고위외교관들을 불렀는데, 이 자리에 공삼도 참석했다고 회상했다.[71]

---

71 최일남(崔一男), 「최일남이 만난 사람 : 고려대총장 김준엽씨」, 『신동아』, 1984년 2월호, 230-248쪽 가운데 244쪽.

그러나 공삼은 꼭 한 달 만인 6월 22일에 '해임'됐다.[72] '의원(依願) 해임'이 아니라 '해임'으로 발표된 것으로 보아 공삼의 어떤 언행이 군부지도자들과 마찰을 빚었던 것은 아니었을까 추측해본다. 김영국 교수와 구범모 교수의 회고에 따르면, 공삼은 5·16 직후 서울대 민족통일연맹의 지도교수였던 정치학과의 김성희 교수와 그 단체의 핵심지도자들인 정치학과 4년생 류근일과 윤식 및 이영일이 군부에 의해 구속된 것을 가슴아파했다고 한다. 김성희 교수는 곧 석방됐지만, 학생들은 소급법으로 제정된 반국가특수행위처벌법에 따라 구속기소되고 재판을 통해 유죄판결을 받았다.

이때, 윤식의 회고에 따르면, 공판정에 빠짐없이 참관하고 제자들을 위해 증언한 분이 그때 문리대 정치학과 구범모 전임강사였다. 또 그들이 '형면제'로 석방됐을 때 복교할 수 있도록 '구범모 선생님이 앞장을 섰으며' 공삼 등이 진정서를 제출해주어, 마침내 복교가 실현됐다.[73] 다만 함께 구속된 류근일은 석방되지 못하고 1968년 여름까지 영어의 생활을 보내야 했다.[74] 그렇지만 그는 재심을 거쳐 2010년 9월 10일에 서울중앙지방법원에서 무죄판결을 받는다. 서울중앙지방법원은 동시에 정부에 대해 그를 불법적으로 체포-구금한 데 대한 배상금을 지불하도록 명령한다.[75]

6명의 고문들 가운데 김준엽 교수를 포함한 나머지 5명은 자신들을 고문으로 임명한 장도영이 구속된 시점인 1961년 8월까지 재임했다. 그리고 공삼이 '해임'된 그날에 신태환 서울대 법대 학장은 교수직을 유지한 채 건설장관으로 부임했다.[76]

72 『동아일보』, 1961년 6월 24일, 1쪽.

73 윤식, 「나의 정치학과 대학생시절」, 『서울대학교정치학과60년사』, 546-537쪽. 그들의 복교에 대한 기사는 다음에서 읽을 수 있다. 『대학신문』, 1963년 3월 21일, 1쪽.

74 이때 아들을 위해 온갖 고생을 감내했던 어머니의 심정과 생활은 어머니의 감동적인 회고록에서 읽을 수 있다. 윤수현, 『당신 뜻대로 하소서 : 윤수현 회고록』(정우사, 1992), 78-88쪽.

75 『조선일보』, 2010년 9월 10일, 8쪽.

76 『대학신문』, 1961년 6월 26일, 1쪽.

헌법개정특별심의위원회 참여와 대통령제 지지

1962년 3월 22일에 윤보선 대통령은 대통령직을 사임했다. 이에 따라, 국가재건최고회의 의장 박정희가 대통령권한대행직을 겸했다. 이때 박정희는 우리가 제6장 제1절에서 살폈던 이동원 박사를 대통령 비서실장으로 기용했다.[77] 그는 제3공화정의 수립과 더불어 태국대사를 거쳐 외무장관으로 기용된다.

윤 대통령이 사임한 뒤, 국가재건최고회의는 헌법개정을 공론에 붙쳤으며, 여러 신문들은 주로 새 헌법의 권력구조에 관한 글들을 게재했다. 이때 공삼은 대통령제를 강력히 옹호했다. 새 헌법에 근거해 민간정부가 출범하는 경우, 지난날의 경험에 비춰볼 때 '혼란'과 '불안정'이 나타날 것으로 예상되는데 그것을 '극복'하기 위해서는 '임기가 확립됨으로써 강력히 원래의 임무를 추진할 수 있는 대통령제'를 채택해야 한다는 것이었다. 공삼은 대통령제를 채택하는 경우 두 가지 조건이 함께 받아들여져야 한다고 제의했다. 하나는 대통령직선제이고, 다른 하나는 국무위원에 대한 국회의 불신임권 삭제다. 그는 이 두 조건이 충족돼야 대통령제가 본래의 취지대로 운용될 수 있다고 덧붙였다. 그러나 이 글에서 그는 어떤 특정인에 대해 거론하지 않는 신중함을 보였다.[78]

이러한 공론 속에서, 국가재건최고회의는 1962년 7월 11일에 헌법개정특별심의위원회를 발족시켰다. 군사정부를 끝내고 민간정부로 넘어가기 위해 새 헌법이 필요했던 만큼, 국가재건최고회의는 새 헌법을 마련하기 위한 기구로 이 특별위원회를 구성한 것이다. 이 기구의 위원장과 위원들

77 이동원 장관의 회고록으로 다음이 대표적이다. 이동원, 『대통령을 그리며』(서울 : 고려원, 2002).

78 민병태, 「대통령제로 불안정극복」, 『조선일보』, 1962년 5월 19일, 1쪽. 공삼의 이러한 논지의 편린은 다음에서도 확인할 수 있다. 민병태, 「정당의 레이숀 데틀」, 『고대신문』, 1962년 3월 3일, 2쪽.

은 이석제(李錫濟) 및 길재호(吉在號)를 비롯해 모두 국가재건최고회의 최고위원들이었다.

공삼은 국가재건최고회의 의장고문직에서 물러났으나, 이 위원회에 전문위원으로 참여했다. 유진오 고려대 총장을 비롯한 21명의 민간인들은 모두 전문위원으로 참여했다. 김도창(金道昶) 서울대 교수, 김성희 서울대 교수, 신태환 서울대 교수, 이한기 서울대 교수, 한태연 서울대 교수 [가나다 순서], 이종극 연세대 교수, 최호진(崔虎鎭) 연세대 교수, 성창환 고려대 교수, 윤천주 고려대 교수, 김운태 동국대 법정대 교수 등도 전문위원으로 임명됐다. 헌법학자 문홍주(文鴻柱) 전 부산대총장-현 법제처장, 헌법학자 박일경 전 법제처장-현 문교장관, 신직수(申稙秀) 서울지방검찰청검사, 이경호 법무부검찰국장, 이영섭(李英燮) 전 이화여대 교수-현 대법원판사 역시 전문위원으로 임명됐다. 박정희 의장의 최측근 심복들 가운데 한 사람으로 알려진 신직수 검사의 참여가 주목됐다. 신직수의 경우, 박정희 정부에서 검찰총장과 법무장관 및 중앙정보부장을 역임한다.

전문위원으로 참여한 민간인들 가운데 공삼을 비롯해 성창환과 최호진 및 김운태 교수 등을 비롯한 극소수의 사람들을 제외하고는 훗날 박정희 정부에서 장관 또는 국회의원이 된다. 정치학 교수들에 한정시키면, 김성희는 민주공화당 정책실장을 거쳐 제7대 국회의원으로 선출되며, 윤천주는 민주공화당 사무총장을 거쳐 문교장관으로 기용되고 제7대 국회의원으로 선출된다. 이정식은 1970년대에 유신정우회 소속으로 제9대 및 제10대 국회의원이 되며, 우병규는 제5공화정이 출범하면서 대통령정무수석비서관을 거쳐 국회 사무총장으로 임명되고 제12대 국회의원으로 선출된다.

헌법개정특별심의위원회 전문위원회는 회의의 효율적 진행을 위해 9인 소위원회를 구성했다. 문홍주와 신태환 및 한태연 등이 포함된 이 소위원회에 공삼 역시 포함됐다. 그러면 일련의 이 회의들에서 공삼은 어떤 의견들을 개진했던 것인가? 이 물음에 답을 주는 1차자료가 『헌법개정심의록』 전 3집 가운데 제1집이다.[79] 제2집과 제3집은 이익단체를 포함한 각 사회 및 종교단체들의 대표들이나 일반시민들이 참석한 공청회 기록들로, 거기서 공삼은 전혀 발언하지 않았다.

헌법개정특별심의위원회 전문위원회는 1962년 7월 16일부터 8월 7일까지 모두 8차에 걸쳐 회의를 열었다. 그사이에 소위원회는 모두 2차에 걸쳐 회의를 열었다. 『헌법개정심의록』을 보면, 공삼은 이 열 차례의 회의에 모두 참석했다.

공삼의 발언은 많지 않았다. 발언한 경우에도, 아주 짧게 질문하거나 표현을 둘러싼 자구수정에 관련된 지엽적인 것들이었다. 그러나 본질적인 쟁점에 대해 몇 차례 의견을 개진한 것도 사실이다. 그것에 일관되는 것은 '견제'의 중요성이었다. 예컨대, (1) 국회를 단원제로 구성하는 경우, 단원제 국회를 견제하기 위해 어떤 '보조기관'을 두는 것을 고려할 것을 제의했으며,[80] (2) 권력구조를 대통령제로 결정할 때 막강한 권력을 행사할 행정부를 견제하기 위해, 정당들을 육성할 것을 제의했고,[81] (3) 단원제 국회가 비전문적이며 '부패한' 정치인들에 의해 좌우되는 것을 견제하기 위해 전문인사들 그리고 사회단체대표들로 구성되는 '평의회'를 그 국회 안에 부설하는 것을 고려할 것 등을 제의했다.[82] 공삼의 제의들은 전부 받아들여지지 않았다.

그러면 이 위원회에서의 심의는 얼마나 자유스러운 것이었을까? 이 물음에 대해, 김종익 웨스턴미시간대 교수는 『헌법개정심의록』을 통독한 뒤, 이 위원회는 새 헌법안을 마련함에 있어서 거의 완전한 권한을 부여받았으며, 군부지도자들의 역할은 실무적이며 행정적인 것에 그쳤다고 대답했다.[83]

---

79 대한민국국회 법제사법위원회 편, 『헌법개정심의록』(전 3집 : 서울 : 대한민국국회, 1967년 12월).

80 9인소위원회 제2차 회의(1962년 7월 19일), 97쪽.

81 전문위원회 제3차 회의(1962년 7월 26일), 211-212쪽.

82 전문위원회 제4차 회의(1962년 7월 27일), 265-268쪽.

83 C. I. Eugene Kim, "South Korean Constitutional Development : The Meaning of

이러한 과정을 거쳐 헌법개정특별심의위원회가 마련한 헌법개정안은 국가재건최고회의의 의결을 거쳐 국민투표에 회부됐으며, 1962년 12월 17일에 대한민국 헌정사에서 처음으로 실시된 국민투표는 새 헌법안을 약 78.87%의 찬성으로 채택했다. 이로써 대한민국 헌법 제6호가 확정됐다.

「기본권의 현대적 의의」 발표(1962년 10월)

국민투표의 실시를 앞둔 시점에 국내정계는 새로 마련될 헌법안을 놓고 토론을 벌였다. 이러한 분위기 속에서 공삼은 국민의 기본권에 관한 평론을 발표했다. 200자 원고지로 15매 정도의 분량이다.[84] 이 글은 공삼의 다른 글들에 비해 훨씬 평이하게 쓰였다. 인용된 학자도 생명・자유・재산의 보호를 자유의 기본으로 간주한 17세기의 영국 정치철학자 존 로크 한 사람에 국한되어 있다.

공삼은 기본권의 문제를 역사적 맥락에서 파악해야 한다고 역설했다. 이 역설은 중요하다. 기본권의 문제는 인류의 역사에서 참으로 오랜 기간에 걸쳐 토론됐고 또 그것으로 말미암아 혁명이 몇 차례나 일어났을 정도의 심각한 문제이기 때문에, 이 문제에 대한 역사적 인식이 배제된 채 '오늘날의 시대적' 안목에서만 접근될 때 부적절한 결론에 도달할 위험이 있다고 판단했기 때문이다.

이러한 전제에서, 공삼은 기본권의 문제를 역사적으로 접근했다. 공삼은 우선 기본권의 문제가 근대에서는 '국가권력의 억압으로부터의 해방'이라는 관점에서 '자유권적 기본권'의 문제로 제기됐음을 지적했다. 그러나 '자

the Third Republican Constitution," *Papers of the Michigan Academy of Science, Arts, and Letters*, Vol. 49 (1964). 이 부분은 김학준, 「한국에 있어서 정당정치와 선거」, 김학준, 『한국민족주의의 통일논리』(서울 : 집문당, 1983), 279-280쪽에 소개됐다.

84 민병태, 「기본권의 현대적 의의」, 『대학신문』, 1962년 10월 15일, 4쪽.

유경쟁의 시대'가 전개되면서 '생존권적 기본권'의 문제가 제기됐고, 이것은 자연히 국가기능의 확대론 또는 국가권력의 확대론으로 이어졌다. 공삼은 "자유권적 기본권의 보장에서 생존권적 기본권의 보장으로의 새로운 전환이 1919년 독일의 바이마르헌법이다."라고 단언했다.

그러면 '자유권적 기본권'과 '생존권적 기본권'은 상충하는 것인가? 공삼은 양자는 '병행'하는 것이라고 보았다. 여기서 공삼은 중요한 점을 지적했다. 공산주의체제가 국민의 '생존권적 기본권'을 확대시킨다는 명분 아래 국민의 '자유권적 기본권'을 제약하는 것은 '절대불가'라고 단언한 것이다. 바꿔 말해, '자유권적 기본권'의 기초 위에서만 '생존권적 기본권'의 확대가 추구돼야 한다는 뜻이었다. 이러한 뜻에서, 공삼은 언론의 자유와 결사의 자유를 적극적으로 옹호했다.

새 헌법에 대한 평론 발표(1963년 1월)

국민투표로 새 헌법이 공포되면서, 공삼은 이 헌법에 대한 평론을 발표했다.[85] 이 평론에서, 공삼은 "민주정치란 국민의 투표에 의하여 위정자가 선출된다는 형식보다도 국민의 적극적인 비판에서 나오는 선택에서 정책이 결정되며, 권력이 삼권분립보다도 사회적 견제, 곧 여론에 순응한다는 헌법의 기본정신에 입각하는 것"이라고 썼다. 이러한 전제 아래, 공삼은 다음과 같은 의견들을 개진했다 :

· "돌이켜 보건대, 해방 후의 혼란과 여기에 휩쓸린 위정자들의 무책임한 부정(腐政)은 이 나라를 커다란 진공관으로 화(化)하게 하였다. 그러면서도 위정자들은 자기의 정권을 유지해보려는 의도에서, 순박한 국민은 장래의 기대에서, 각각 민주주의라는 심볼을 내걸어왔다."

85 민병태, 「책임과 안정 위주로 정권의 평화적인 교체를 가능하게 해」, 『경향신문』, 1963년 1월 1일, 3쪽.

· "희랍인들이 생각한 정의가 그대로 법에 해당한다고 볼 수 없는 것과 같이, 현재 공포된 개정헌법이 완전하다고 증명할 도리는 없는 것이다. 그러면서도 민정이양에 대비한 새로운 헌법은 과거의 혼란을 제거하기 위한 국가의 안정과, 과거에 자행됐던 권력남용을 억제하기 위한 견제에서 그 특징을 찾아볼 수 있을 것이다. 그러나 이보다도 우리는 여기에서 과거를 반성함과 아울러 앞으로 우리가 준수해야만 할 규칙을 재확인했다는 점에서 더욱 의의가 있지 않은가 생각한다."

· "정치가들이 성심에서 국민에게 호소하며, 그 반면에 국민은 국민의 올바른 비판이 정치에 반영된다는 신념을 가질 때 비로소 투표는 의의를 가지는 것이라고 볼 수 있는 것이다. 언론의 자유야말로 민주주의에 있어 가장 중요한 사회적 기능을 담당하는 것이라고 볼 수 있는 것이다."

공삼은 이것들 밖에도 여러 주장들을 개진했다. 그는 '1인의 카리스마적 권위 밑에서 준동하던 군상(群像)'을 비판하면서, "당면과제의 해결을 위해 […] 더욱 신중하고 과학적인 태도를 가질 것"을 위정자들에게 요구했다. 그는 특히 정당정치의 활성화가 민주정치의 주요한 요소임을 강조하면서, '책임과 안정을 위주로 하는 정당의 육성'을 제의했다. 그러한 정당들이 존재할 때, 정권의 평화적 교체의 조건이 성립된다고 공삼은 지적했다.

지도자에 관한 두 편의 평론 발표(1963년 2월 및 5월)

공삼은 지도자에 대한 두 편의 평론을 발표했다.[86] 모두 일간지에 발표한 평론인데도, 다른 평론들에서와 마찬가지로, 서양의 저명한 학자들과 사상가들을 인용하면서 논지를 이끌었다. 고대희랍의 역사학자 투키디데스, 그리고 이탈리아의 정치사상가 마키아벨리를 자주 등장시키면서, 공삼은 민주주의를 실시한다고 해서 지도자 없는 민주주의를 생각할 수 없음

86 민병태, 「정국의 불안과 안정」, 『조선일보』, 1963년 2월 18일, 1쪽; _____, 「우리 후진성과 지도자」, 『경향신문』, 1963년 5월 10일, 1쪽.

을 강조했다.

이 두 편의 평론 모두에서, 공삼은 정치안정의 중요성을 앞세우면서, 정치안정을 담보할 수 있는 정치제도를 고려해야 한다고 역설했다. 그 평론들에서도 그는 국내의 어떤 특정인에 대해 거론하지 않는 신중함을 보였다.

군사정부외교에 대한 평론 발표(1963년 3월)

공삼은 5・16군사정부의 외교정책에 대해서도 논평했다.[87] 이 글에서 주목되는 것은 공삼이 이 정부를 '혁명정부'로 표현한 사실이다. 200자 원고지 19매 정도의 이 짧은 글에서 공삼은 '혁명정부'라는 용어를 네 차례나 썼다. 같은 맥락에서, 5・16을 말할 때 '5・16' 또는 '쿠데타'라는 표현은 전혀 쓰지 않고 '혁명'이라는 단어를 세 차례에 걸쳐 썼다.

이러한 인식 아래, 공삼은 우선 이승만 정부 — 공삼의 표현으로는 '이정권(李政權)' — 가 '반공'과 '배일(排日)'을 지향했던 것을 긍정적으로 평가했다. 그는 다음과 같이 썼다: "대한민국의 여건으로 보아 전자(前者)는 당면문제로서 후자(後者)는 역사적 민족적 감정으로서 여기에 왈가왈부할 아무런 의심의 여지가 없는 것이다. 이것은 말하자면 우리나라 외교의 숙명적인 과제라고 볼 수 있는 것이다."[88]

그러나 이승만 정부에 대한 공삼의 평가는 부정(否定)으로 귀결됐다. 그는 반공과 배일을 제대로 하려면 국내적으로는 '경제적인 건설'이 뒷받침해야 하고 국제적으로는 '세계의 각국'으로부터 이해와 지지를 받아야 한다고 전제하면서, 이승만 정부는 그 두 측면 모두에서 부족했다고 비판했다. 보다 구체적으로, 그는 주한미군이 한국인들을 상대로 '불미한 사건'을 저지르는 것에 대비해 '행정협정'의 체결을 추진했어야 했는데도, 그렇게

87 민병태, 「전환기에 선 국제외교의 전망」, 『신사조(新思潮)』, 1963년 3월호, 101-103쪽.
88 위와 같음, 102쪽.

하지 못했다고 비판했다. 이어 그는 이승만 정부 다음에 나타난 '민주당 집권시대'에도 그러한 측면에서의 '유효 과감한 시정(是正)이 없었다'고 비판했다. 특히 '민주당 집권시대'에 나타난 '국내의 혼란'은 미국을 비롯한 우방국가들의 대한민국에 대한 '의아심'을 자아냈다고 덧붙였다.[89]

이러한 시각에서, 공삼은 '혁명 후의 외교'를 긍정적으로 평가했다. '박 의장(朴議長)의 방미' 또는 '박 의장의 도미를 계기'로 한국과 미국 사이에 신뢰가 회복됐고 '혁명정부'가 추진하려는 "경제건설의 계획적 수행에 있어서의 외자도입과 외원(外援)의 제(諸)문제도 [⋯] 본궤도에 올랐다"고 평가했다. 또 "'김 부장(金部長)'의 일본과 미국 방문은 난제(難題)의 한일회담에 관하여 상당한 진척을 가져왔다고 추측되며, 이것은 박 의장의 방미에 이어 가장 중대한 외교적 성과라고 지적할 수 있다."고 논평했다.[90]

공삼은 유엔에서 '아아(阿亞)의 중립국들'이 하나의 세력을 형성하고 있음을 다시 상기시키면서 '혁명정부'가 '아아(阿亞)의 중립국들'과 관계를 개선하기 위해 여러 사절단들을 파견하는 등 활발한 접촉과 교섭을 확대하고 있는 데 대해서도 긍정적으로 평가했다. 예컨대, "유고슬라비아 축구단의 내한(來韓)은 [⋯] 전에는 상상할 수 없었던 것"으로 평가했으며, 김종필 중앙정보부장의 인도네시아 대통령 수카르노와의 회담은 '특기할 수 있는 것'으로 평가했다. 공삼은 '혁명정부'가 중립국가들을 상대로 펼친 외교가 유엔에서 대한민국이 '북괴'와 대결할 때 대한민국에 유리하게 작용했다고 보았다.[91]

민간정부의 출범

새 헌법이 국민투표를 통과하자, 이것에 기초해, 군사정부는 1963년 1

89 위와 같음, 103쪽.
90 위와 같음, 102쪽.
91 위와 같음, 103쪽.

월 1일부터 민간인들의 정치활동을 허용했다. 그 결과 박정희 국가재건최고회의 의장 겸 대통령 권한대행을 총재로 하는 민주공화당이 창당됐고, 윤보선 전 대통령을 대통령후보로 하고 김병로(金炳魯) 전 대법원장을 대표최고위원으로 하는 민정당(民政黨)이 창당됐으며, 그 밖에 국민의당, 자유민주당, 신정당(新政黨), 정민회(正民會) 등의 정당들이 출몰했다.

군사정부는 새 헌법에 기초해, 1963년 10월 15일에 제5대 대통령선거를 실시했다. 이 선거에서 민주공화당의 박정희 후보는 약 15만 표의 근소한 차이로 당선됐다. 1개월 후인 1963년 11월 26일에 제6대 국회의원선거가 실시됐다. 이 선거에서 민주공화당은 지역구와 전국구를 합쳐 국회에서 제1당의 지위를 차지했다. 이 두 차례의 선거를 거쳐, 박정희 대통령은 1963년 12월 17일에 제5대 대통령으로 취임했다. 이로써 이른바 제3공화정이 출범했다. 이 과정에 대해 공삼은 어떠한 평론도 발표하지 않았다.

제 3 절 '전통적' 방법론에 서서 저술활동을 활발히 전개하다

박사학위논문 완결(1962년 3월)

공삼의 「연보」에 따르면, 공삼은 1962년 8월 30일에 거행된 서울대 1962학년도 후기졸업식에서 문학박사학위를 받았다. 이 논문은 3월에 완결됐고 곧바로 심사를 통과했다. 그런데 왜 문학박사였을까? 1962학년도만 해도, 서울대의 박사학위 종별(種別)에 정치학박사는 없었다. 정치학을 전공한 사람은 자신의 학위논문을 심사해줄 교수들과의 관련에 따라 문학박사나 철학박사 또는 법학박사를 받았다. 그래서 공삼은 문학박사를 받은 것인데, 서울대가 수여한 문학박사들 가운데 열한 번째다.

공삼의 뒤를 이어, 정치학 전공학자인 김운태와 차기벽이 각각 1968년 2월과 1971년 2월에 문학박사학위를 받았다. 같은 정치학 전공학자로, 이용희와 김성희는 각각 1963년 2월과 1968년 2월에 법학박사학위를 받았다. 문학박사학위를 받은 세 분은 모두 학교에서 교수로 종신했음에 비해 법학박사학위를 받은 두 분은 모두 정부나 정계로 진출했다. 정치학박사가 기존의 다른 학위들로부터 분리독립된 이후, 김영국 교수가 1973년 2월에 처음으로 받았다. 달리 말해, 그 내용이 아니라 이름으로만 따져 서울대 정치학박사 1호는 김영국 교수인 것이다.[92] 서울대 정치학박사 2호는 1973년 8월에 수위한 구범모 교수다.

공삼의 「저작목록」에 학위논문의 제목은 「정치학방법론의 제(諸)문제 : 민주주의의 제도적 전개」로 기재되어 있다. 서울대에 소장된 박사학위논문심사결과표에도 학위논문의 제목은 그렇게 기재되어 있다. 그러나 서울대가 발행한 각 분야별 박사학위 수위자와 수위자의 논문제목 일람표에 공삼의 경우 「정치학방법론의 현대적 방향」으로 기재되어 있다. 이러한 차이가 왜 발생했는지 알 수 없다.[93]

공삼의 박사학위논문은, 어떤 다른 대학교의 도서관에서도 찾을 수 없고 서울대학교 중앙도서관 본관에서도 찾을 수 없으며, 오직 서울대학교 농과대학이 위치했던 경기도 수원시의 서울대학교 중앙도서관 수원분관에서만 찾을 수 있다. 여기에 소장된 박사학위논문의 제목은 「정치학 방법론의 제문제 : 민주주의의 제도적 전개」다.

흔히 공삼의 박사학위논문을 일조각(一潮閣)이 1963년에 『현대정치학의 방법론적 고찰』이라는 제목의 책으로 출판한 것으로 구전돼, 공삼의 「저작목록」에도 이 책이 그 이름 그대로 기재됐다. 그러나 그러한 제목의 책은 국내 어느 곳에서도 찾을 수 없다. 일조각은 비록 비매품의 한정판을 출판하는 경우에도 반드시 자신의 출판대장에 그것을 기록해놓았는데, 필자의 조사로, 일조각의 출판대장에 이 책은 올라 있지 않다. 필자가 그래도

92 서울대학교30년사편찬위원회 편, 『서울대학교30년사, 1946～1976』(서울 : 서울대학교출판부, 1976), 735-736쪽 및 740쪽.

93 위와 같음, 735쪽 및 739쪽.

미심해하자, 일조각의 책임자는 일조각이 이 책을 출판한 일이 없다고 단정적으로 대답했다.

다행스럽게도 필자는 비슷한 제목의 저서가 『정치학』의 원(原) 출판사인 보문각의 이름으로 출판된 것을 확인할 수 있었다. 『정치학 방법론의 현대적 방향』이 바로 그것이다.[94] 이 책이 바로 공삼의 박사학위논문이다. 기존의 저서로 박사학위논문을 대신했던 그때의 합법적인 관행에 따라, 공삼은 이 책을 자신의 박사학위논문으로 제출했던 것이다. 여기에 덧붙일 것은 이 책은 기존의 『정치학』의 「서(序)」를 약간 고쳤으며, 기존의 2개 편을 각각 나눠 전부 4개 편으로 재구성한 것으로, 『정치학』의 '개정 제3판'으로 표시됐다. 공삼 스스로, "금반(今般) 간행되는 개정판은 1958년 초판에 비하여 그 내용과 순서에 있어 그다지 큰 차이가 없다 [⋯] 그 표현이 애매한 곳을 수정보완했고 각주를 부가함으로써 독자의 편의를 도모했다."고 술회했다. 이렇게 볼 때, 『정치학』과 『정치학 방법론의 현대적 방향』 및 「정치학 방법론의 제문제 : 민주주의의 제도적 전개」는 모두 동일한 저술이다.

공삼의 박사학위논문에 대한 심사는 1962년 3월 17일에 이뤄졌다. 주심은 서울대 문리대 사회학과의 이상백 교수였고 부심은 고려대 법과대학의 이항녕 교수였다. 주·부심 이외의 심사위원들은 김성희 교수와 박관숙 교수 및 윤천주 교수였다. 서울대에 보관된 심사결과발표표에 따르면, '가' 5표 '부' 0표여서 만장일치로 통과됐다.

공삼의 박사학위 수위는 해방 이후 한국의 정치학자들 가운데 국내의 대학에서 박사학위를 받은 첫 사례였다는 사실 때문에 한국정치학계의 경사였을 뿐만 아니라 제자들의 기쁨이었다. 서울대학교 문리대 정치학과의 교수들과 공삼의 제자들은 1962년 10월 5일 오후 6시에 반도호텔 스카이라운지에서 축하 칵테일파티를 열고 스승의 학문적 업적을 치하했다.[95]

94 민병태, 『정치학방법론의 현대적 방향』(서울 : 보문각, 1962).

95 『동아일보』, 1962년 10월 3일 「알림」. 이것은 물론 예고기사였다.

『정치학 요강』 출간(1962년 4월)

공삼은 자신의 박사학위논문이 통과된 직후인 1962년 4월에 『정치학 요강』을 출간했다. 제자 김영국 조교수와의 공저로 되어 있다.[96] 출판사 삼중당은 그 시절에 저명한 출판사들 가운데 하나였다. 이 책은 「공무원교육총서」 가운데 하나로 출간됐다. 5·16군사정부는 기존의 고등고시제도를 시험제도로 바꿨다. 고등고시 행정과는, 오늘날의 5급(사무관)에 해당하는 3급을류(乙類)공무원공개채용시험으로, 고등고시 사법과는 사법시험으로, 각각 명칭을 바꾼 것이다. '고등고시'는 일제의 '고등문관시험'의 유제이므로 이것을 청산하겠다는 뜻이 깔려 있었다. 동시에 특히 새 정부의 행정요원들을 크게 충원하기 위해 3급공무원공개채용시험의 경우, 합격자를 많이 배출했다. 여기에 맞춰, 출판사 삼중당은 시험과목을 중심으로 공무원교육총서를 발간하면서 정치학 교재로 이 책을 출간하게 된 것이다.

필자가 알기로, 이 책은 공삼의 가르침을 바탕으로 공삼의 감수 아래 김영국 교수가 집필한 것이다. 이 책에 대해서는 필자가 이미 다른 논문에서 설명했기에,[97] 여기서는 더 이상 말하지 않겠다. 다만 한 가지 덧붙인다면, 이 책은 공삼의 『정치학』을 훨씬 자세히 그리고 쉽게 풀이한 것이다. 『정치학』이 총론이라면 『정치학 요강』은 각론에 해당된다.

세바인의 『정치사상사』 역간(1963년 2월)

공삼은 학위를 받은 때로부터 6개월이 지난 1963년 2월에 미국 대학교에서의 대표적 정치사상사 교과서인 조지 홀랜드 세바인(George Holland

96 민병태 김영국 공저, 『정치학 요강』(서울: 삼중당 [三中堂], 1962).

97 김학준, 「김영국 교수의 정치학: 삶, 그리고 연구와 강의를 중심으로」, 인산(仁山)김영국선생10주기기념학술대회추진위원회 편, 『인산 김영국선생의 정치학』(서울: 인간사랑, 2010), 61쪽.

Sabine) 교수의 *A History of Political Theory*를 『정치사상사』 전-후편으로 역간했다. 전-후를 합쳐 35개 장 및 1,015쪽[역서 기준]에 이르는 방대한 양이다.[98]

우선 저자에 대해 간단히 소개하기로 한다. 저자는 1880년에 태어나 코넬대학교에서 학부와 대학원을 마쳤으며, 이 대학교의 대학원장과 부총장을 역임했고, 1961년에 별세했다. 그사이에 스탠포드대학교에서 교수직을 수행하기도 했다. 그러나 이러한 경력보다도 그는 바로 *A History of Political Theory*의 저자로 널리 알려졌다. 그는 이 책을 1937년에 처음 출판했는데, 그 이후 여러 차례 수정증보판을 출판했다. 그는 코넬대 철학과 교수인 프랭크 틸리(Frank Thilly)와 가깝게 지냈으며, 라스키와 자주 서한을 교환하면서 지적 교류에 힘썼다.

이 책의 전편은 제1부(도시국가의 이론), 제2부(보편적인 공동체의 이론), 제3부(민족국가의 이론)로 구성됐다. 제1부는 소크라테스와 플라톤 및 아리스토텔레스를 주로 다뤘다. 간단히 말해, 고대희랍에서 전개된 정치이론들을 소개한 것이다. 제2부는 자연법이론, 키케로와 세네카 등을 비롯한 고대로마의 정치이론, 교권과 속권의 대결 속에서의 정치이론을 주로 다뤘다. 단테, 파두아의 말시리오, 오캄의 윌리엄 등도 다뤘으며, 종교회의의 이론 역시 다뤘다. 쉽게 말해, 고대로마와 중세의 정치이론들을 다룬 것이다.

제3부는 저 유명한 『군주론』의 저자 니콜로 마키아벨리로부터 시작했다. 곧이어 루터(Martin Luther)와 칼빈(Jean Calvin)을 비롯한 초기의 종교개혁자들을 다뤘으며, 왕당파와 반왕당파의 이론을 설명했다. 이 이론들에 이어, 보당, 그로티우스, 토머스 모어, 아담 스미스, 프랜시스 베이콘 등의 이론들을 다뤘다. 제3부는 근대의 정치사상들을 다룬 것이다.

후편은 전편과는 달리 부(部)를 설정하지 않았다. 후편은 홉스로부터 시

---

98 George. H. Sabine, *A History of Political Theory* (New York, N.Y. : Henry Holt and Company, 1937, 1950, 1959). 공삼은 1959년 5월 판을 대본으로 삼았다. 민병태 역, 『정치사상사』 전-후(서울: 을유문화사, 1963).

작해 영국에서의 급진주의자들과 공산주의자들 및 공화주의자들을 설명했다. 평등주의를 지향한 이른바 수평파(水平派: Levellers)의 정치이론에 대해서도 설명했다. 곧이어 핼리팩스와 로크, 그리고 몽테스키외 및 루소를 거쳐 흄과 버크를 설명했다. 이어 헤겔을 설명하고, 벤담과 밀 및 스펜서를 설명했다. 마지막으로, 마르크스와 엥겔스의 이론 그리고 레닌의 이론을 설명하고, 영국과 프랑스의 사회주의를 설명한 데 이어 파시즘과 나치즘을 설명했다.

세바인의 『정치사상사』에 대한 최초의 서평은 1959년에 서울대 정치학과 부교수를 사임한 서임수에 의해 발표됐다.[99] 서임수는 1959년에 서울대 정치학과 조교수직을 떠나 오늘날의 국회 사무총장에 해당하는 민의원 사무국장으로 취임했으며, 1960년 7월 29일에 실시된 제5대 민의원총선에 당선됐다. 5·16 이후 그는 경향신문사 부사장과 국민대학 학장 및 해외개발공사 사장을 역임한다.

서임수의 서평이 있었다고는 해도, 이 책에 대한 한국정치학계에서의 공개적이면서 본격적인 학술토론은 이화여자대학교 정치외교학과 교수로 한국정치학계의 대표적 정치사상전공학자들 가운데 한 사람으로 꼽히는 양승태 박사에 의해 시작됐다.[100] 양 교수는 "새바인은 결코 범용하다고는 할 수 없는 탁월한 학자이다."라고 말한 데 이어, "그의 이름에 언제나 따라다니는 *A History of Political Theory*는 아직도 정치사상의 교과서로서 그보다 더 탁월한 저작은 나오지 않았다고 할 수 있으며, 그러한 수준의 교과서는 물론 범용한 지성의 학자로서는 구상조차 할 수 없는 저작이다."라고 높이 평가했다. 그러나 양 교수는 "그는 정치현실을 변혁시킨 새로운 정치이념을 창조하는 사람은 아니며, 전통적인 정치철학의 한계를 극복하

99 서임수, 「세바인 저 민병태 역 정치사상사」, 『경향신문』, 1963년 5월 16일, 5쪽.
100 양승태, 「새바인(George H. Sabine)의 『정치사상사』 이념연구 서설」, 『한국정치학회보』, 제43집 제4호(2009년 12월), 51-72쪽. 양 교수는 Sabine을 '새바인'으로 표기했다.

여 새로운 정치철학을 창출한 천재적인 정치철학자라고 할 수도 없다."고 덧붙였다.[101]

양승태 교수에 따르면, "미국과 유럽의 학계 모두를 포함하여 고대에서 근-현대까지 정치사상사 전반에 대한 최초의 포괄적인 저술은 각각 1902년, 1905년, 1920년 3부로 나뉘어 출간된 던닝(William Dunning : 1857~1922)의 *A History of Political Theories*이다." 다시 양 교수에 따르면, "'직업상' 역사학자인 던닝의 저작 이후 곧 이어서 1924년에 비슷한 성격의 포괄적인 서양정치사상사 전반에 대한 저작이 처음으로 '직업상' 정치학자에 의해 출간된다. 게텔(Raymond G. Gettell : 1881~1949)의 History of Political Thought (New York, N.Y. : Appleton-Century-Crofts, 1924)가 그것이며, 그것은 던닝의 저서가 지닌 한계 및 결함에 대한 수정-보완을 출간목적으로 명시적으로 표명한다."[102] 세바인의 저서는 결국 서양정치사상사 전반에 관한 세 번째 저서가 되는 셈이다. 다시 양 교수에 따르면, 세바인의 저서에 대한 개정판이 세바인의 사후에 토머스 솔슨(Thomas L. Thorson)에 의해 출간됐다.[103]

세바인의 출발점은 '정치사상들 자체가 정치의 한 부분이라는 가설'이라는 데 있다. 양 교수의 해설에 따르면, 세바인에게 정치사상이라는 것은 '정치적인 것들'에 대한 성찰이면서 동시에 정치과정 전체라는 동태적인 상황을 구성하는 본원적이고 능동적인 요소다. 양 교수는 다음과 같이 부연했다 : "여기서 중요한 점은 정치과정 전체란, 현대 미국정치학의 정치과정론에서와 같이 정치의 한 국부적인 요소로서 입법과정이나 공직자의 선출과정 또는 정책결정과정을 지칭하는 것이 아니라 역사적 상황 전체를 지칭한다는 점이며, 정치사상들이란 그러한 역사적 상황을 초월하는 것이

101 위와 같음, 52쪽.
102 위와 같음, 53-54쪽.
103 George H. Sabine and Thomas L. Thorson, *A History of Political Theory* (Hinsdale, IL. : Dryden Press, 1973).

아니라 본원적인 구성요소로서 그것에 종속되어 있다는 것이다."[104]

「우선회냐 좌선회냐?」 발표(1963년 9월)

한국을 비롯한 아시아와 아프리카 및 라틴아메리카 등 이른바 제3세계에서 여러 형태의 정치변동들이 발생하는 사이에 국제사회주의운동 역시 크게 변화하고 있었다. 이 사실에 대해서는 필자가 자신의 한 저서에서 이미 자세히 썼기에,[105] 여기서는 되풀이하지 않고 간단히 쓰기로 하겠다.

우선 유럽의 사회주의정당들은 1951년 6월 30일부터 7월 3일까지 서독 프랑크푸르트 암 마인 — 흔히 '프랑크푸르트'로 약칭한다 — 에서 자신들의 연합회의기구로 사회주의 인터내셔널(Socialist International : SI)을 발족시키면서 마르크시즘과 레닌이즘에 기초한 공산주의와의 결별을 다짐했다. 그들은 "자유없이 사회주의는 있을 수 없다. 사회주의는 민주주의를 통해서만 달성될 수 있다."고 선언하면서, "공산주의의 독재 아래 신음하며 자유를 쟁취하려고 투쟁하는 모든 사람들과의 연대를 표명한다."고 덧붙였다.

이 이른바 프랑크푸르트선언에 이어 1959년 11월에 독일사회민주당은 바트 고데스베르크에서 임시당대회를 열고 계급투쟁론 및 주요산업의 사회화론을 포함한 마르크스주의의 핵심적 개념들을 청산하는 고데스베르크선언을 채택했으며, 1962년 6월에 사회주의 인터내셔널은 노르웨이의 수도 오슬로에서 총회를 열고 프랑크푸르트선언을 발전적으로 계승한 오슬로선언을 채택했다.

이러한 흐름을 파악하고 『사상계』는 「사회주의정당의 새 물결」이라는

104 양승태, 「새바인(George H. Sabine)의 『정치사상사』 이념연구 서설」, 『한국정치학회보』, 58쪽.

105 김학준, 『소련 동유럽 중국 동아시아 공산주의자들의 삶과 죽음』(서울 : 문학과지성사, 2013).

특집을 마련하고 공삼에게 기고를 청탁했으며, 여기에 응해 공삼은 200자 원고지 35매 정도의 평론을 집필한 것이다. 비록 짧은 글이지만, 마르크스 이후 서유럽에서 전개된 사회주의운동을 거시적 안목에서 조망했다.[106]

공삼은 국제사회주의운동의 전개를 세 단계로 나눠 살폈다. 제1차 세계대전 발발까지의 제1기, 제2차 세계대전 발발까지의 제2기, 그리고 제2차 세계대전 종전 이후의 제3기가 그것이다.

공삼에 따르면, 제1기는 독일에서 마르크스의 계급투쟁론에 의해 시작됐다. 로자 룩셈부르크(Rosa Luxemburg), 카를 리프크네히트(Karl Liebknecht), 클라라 제트킨(Clara Zetkin), 그리고 프란츠 메링(Franz Mehring) 등이 이론과 운동 양면에서 공산주의운동을 이끌었다. 그런데 다시 공삼에 따르면, 실제로 "독일 사회주의운동에 지도적 영향을 한 것은 베른슈타인과 페르디난트 랏살이었다."[107] 공삼이 말한 베른슈타인은 물론 에두아르트 베른슈타인(Eduard Bernstein : 1850~1932)을 말하는 것이었고, 페르디난트 랏살(Ferdinant Lassalle : 1825~1864)은 베른슈타인의 선배였다.

이 두 사람은 어느 정도 이론적 차이를 지니면서도, 마르크스의 자본주의필멸론과 계급투쟁론을 받아들이지 않고 점진적 방법에 의해 자본주의의 병폐를 개선시킬 수 있다는 믿음을 공유하는 가운데 노동계급을 위한 사회개량프로그램의 개발에 힘을 썼다. 특히 베른슈타인은 마르크시즘에 대한 과감한 수정을 제의함으로써 마르크스 수정주의자로서의 지위를 확고히 했다. 공삼이 지적한 대로, "그들의 주장은 맑스의 체계와는 거리가 멀었으며, 그리하여 레닌은 그들을 '자본가에 의해서 노동자진영에 파견된 대리인'이라고 혹평하였다."[108] 공삼은 "그들을 '변절한(變節漢)'으로 규정할 수 없다."는 표현으로써 그들을 변호했다.

106 민병태, 「우선회냐 좌선회냐? : 맑시즘과 결별한 60년대 사회주의정당」, 『사상계』, 1963년 9월호, 156-161쪽.

107 위와 같음, 157쪽.

108 위와 같음, 157쪽.

제2기에 대해, 공삼은 주로 영국과 프랑스를 언급하는 가운데 두 나라 모두에서 사회주의운동은 대체로 마르크스주의와는 다르게 전개됐다고 평가했다. 공삼은 다음과 같이 썼다 :

> 이 시기에 있어서 프랑스와 영국의 사회주의정당도 맑시즘에 입각하지 않은 점에 있어 공통된다. 프랑스의 상호부조주의(相互扶助主義), 사회연대주의, 상디칼리즘 및 무정부주의는 모두가 맑스의 이론과는 근본적으로 판이했다. 또 영국에 있어서의 사회주의 자체도 맑스보다는 오히려 존 스튜어트 밀과 헨리 조지 및 허버트 스펜서의 초기 이론에 더욱 영향을 받았다고 볼 수 있다.
>
> 프랑스에 있어서는 반복되는 혁명으로 인하여 다수의 팩션[faction, 파벌 : 필자 주]이 생겼으며, 영국에 있어서는 점진적인 개혁을 통하여 보선권(普選權)이 확대되었다. 이것은 모두가 영국의 사회주의정당으로 하여금 다원적이고 다양적인 기반에 서게 하는 사회적 배경을 이루는 것이었다.**109**

공삼은 2차대전의 시기에 유럽의 사회주의정당들이 소련과 '협조'한 사실을 지적했다. 그러나 그 '협조'는 파시스트세력에 대한 연합국의 '궁극적 승리를 위하여' 성립된 것이었으며, "이것은 [소련과의 협력을 추구했던] 영국 보수당의 태도에 비해서 별다른 차이가 없다고 볼 수 있는 것이다."**110**

제3기에 대해, 공삼은 제1기와 제2기의 흐름에 비춰, "유럽의 사회주의정당들이 '어떠한 돌변'을 보여줄 것으로 전혀 기대할 수 없다."고 진단했다. 쉽게 말해, "공산주의국가로의 좌선회가 있으리라고는 상상되지 않는다."는 것이었다. 보다 구체적으로, 공삼은 "[유럽의 사회주의 정당들은] 소위 '우선회'를 그대로 지향한다는 것을 의미한다."고 단언했다. 그들은 '사회주의라는 명칭' 아래 '사회복지를 중요시하는' 정책을 채택하면서, '그 정책의 시행에 있어서의 적극성'에 따라 보수주의적 정당들과 차이를 보일

109 위와 같음, 157-158쪽.
110 위와 같음, 158쪽.

뿐이라고 공삼은 부연했다.[111]

이 논문의 마지막 부분에서 공삼은 신생국가들에서 발족한 사회주의 정당들에 대해 언급했다. 신생국가들에서 정치인들은 '경제적 낙후를 한꺼번에 해결하려는 계획안을 국민에게 호소하게 되며,' 그것을 바탕으로 집권하게 되면 "사회주의 건설이 장기적 시일을 요한다는 전제에서 정권을 항구화(恒久化)하려고 한다."고 지적했다. 공삼은 "[집권세력이 제시한 계획안이] 약속대로 실현되고 있는지 또는 가까운 시일 내에 그 성과를 거둘 수 있는지에 관하여 국민에게 묻는 민주주의 제1요건은 소홀히 할 가능성은 언제나 존재할 수 있다."고 경고했다.[112]

『기독교민주주의 사회민주주의 교도민주주의』 서평(1963년 11월)

제1절에서 이미 지적했듯, 김상협 교수는 1963년 5월에 『기독교민주주의 사회민주주의 기독교민주주의』를 출판했다. 기독교민주주의는 서독의 기독교민주당(CDU)이 표방하는 이념이었고, 사회민주주의는 서독의 독일 사회민주당(SPD)이 표방하는 이념이었으며, 교도민주주의는 인도네시아의 수카르노 대통령이 제시한 이념이었다. 김상협은 이 3개의 이념을 원전에 바탕을 두고 매우 꼼꼼하게 분석한 것이다.

공삼은 이 책에 대한 서평을 『고대신문』에 발표했다.[113] 이 서평에서 공삼은 저자가 3개의 이데올로기를 연구했으나 결국 서구의 이데올로기와 신생국의 이데올로기를 비교연구한 것이라 논평하면서 "현대정치사의 초점을 추구했다"고 평가했다. 공삼은 저자와 마찬가지로 기독교민주주의와 사회민주주의에 대해서는 긍정적으로 평가했으나 수카르노가 '신(神)에 대

111 위와 같음, 158-160쪽.

112 위와 같음, 161쪽.

113 민병태, 『서평 : 김상협 저, 「기독교민주주의 사회민주주의 교도민주주의」』, 『고대신문』, 1963년 11월 23일, 2쪽.

한 신앙, 민족주의, 국제주의, 민주주의, 사회주의'를 결합해 만든 이른바 교도민주주의에 대해서는 부정적으로 평가했다.

이것은 중요한 함의를 갖는다. 그때 정부와 여당의 일각에서는 한국에서도 서구식 민주주의가 아니라 교도민주주의와 같은 지도자 중심의 변형된 민주주의를 실시해야 하는 것이 아니냐는 주장이 제기되고 있었는데, 저자와 서평자는 모두 그러한 주장에 쐐기를 박은 것이다.

「과학주의에 대결하는 전통」 발표(1965년 1월)

이렇게 정치적 이념에 관한 글들을 발표함과 아울러 공삼은 자신의 박사학위논문의 연장선 위에서, 200자 원고지 80매 정도의 본문에 32개의 참고문헌을 첨부한 장문의 논문을 발표했다. 이 논문은 2차대전이 끝난 때로부터 1965년까지 20년에 걸쳐 세계정치학계에서 전개된 정치학연구의 흐름을 종합적으로 설명하고 평가한 것이다.[114] 필자[김학준]는 이 논문이 박사학위논문 이후 공삼이 발표한 저술들 가운데 가장 뛰어나며 정밀한 학술논문이라고 감히 말하고자 한다. 우선 처음부터 논문이 다루고자 하는 대상을 명백히 설정하고 주지를 일관되게 유지했으며 그것을 뒷받침하는 문헌을 정확하면서도 자세하게 지적했다. 서술이 평이한 것도 장점이다.

이러한 뜻에서, 이 논문이 발표된 시점으로부터 거의 반세기가 지난 오늘날의 시점에서도, 2차대전 종전 이후 정치학의 발달사와 관련해, 정치학과 학부의 고급학년생이나 대학원의 석사과정생들에게 읽힐 가치가 충분하다고 말하고 싶다. 거기서 한 걸음 더 나아가 이 논문을 기둥으로 삼고 그 이후에 전개된 이론들을 학자들과 문헌들을 덧붙인 채 포함시킨 새 논문이 발표된다면, 정치학도들에게 하나의 지침이 될 것이다.

이러한 전제 아래, 이 논문을 살피기로 한다. 논문의 성격으로 말미암아,

● ● ● ● ●

114 민병태, 「과학주의에 대결하는 전통」, 『신동아』, 1965년 1월호, 205-213쪽.

참으로 많은 학자들과 사상가들이 등장했다. 고대희랍의 플라톤과 아리스토텔레스 그리고 근대의 칸트를 제외하고는, 대체로 1900년대 이후 그리고 특히 2차대전이 끝난 이후 유럽과 미국에서 활동한 약 60명의 학자들과 사상가들이 등장했다. 우선 유네스코가 1950년에 세계 각국에서의 정치학 현황을 살핀 『현대정치학』을 소개하면서 이 책에 등장한 학자들에 대해 설명했다. 이어 (1) 미국의 아더 벤틀리, 데이비드 트루먼, 찰스 메리암, 키, 해롤드 라스웰, 로버트 레인(Robert Lane), 카를 도이치, 하인즈 율로(Heinz Eulau), 데이비드 이스턴, 월터 리프맨, (2) 영국의 어네스트 바커, 해롤드 라스키, 마이클 오크쇼트(Michael Oakeshott), (3) 프랑스의 버트랜드 드 주브넬, 레이몽 아롱, 모리스 뒤베르제, 장 폴 사르트르, (4) 독일의 에릭 뵈겔린, (5) 오스트리아 출신의 영국시민권자 카를 포퍼, (6) 스웨덴의 군너 헥셔(Gunnar Heckscher) 및 군너 미르달 등이 등장했다. 정치학 연구에 있어서 사회학의 중요성을 강조한 공삼답게 '대중사회론'의 정립에 일정하게 기여한 캘리포니아대 버클리캠퍼스 사회학과 교수 콘하우저도 거명됐다.

2차대전이 끝난 이후 정치학계에는 아시아나 아프리카 등지에서 출현한 신생국가들에 대한 연구가' 비교정치' 또는 '개발도상국가들의 정치'라는 이름 아래 활발해졌다. 이 방면을 개척한 미국의 시머 마틴 립세트, 개브리얼 알몬드, 시드니 버바, 제임스 콜먼, 데이비드 앱터, 루시안 파이, 로버트 워드(Robert E. Ward), 로이 매크리디스(Roy Macridis), 허버트 화이너(Herbert Finer) 등이 등장했으며, 개발도상국가들에서 등장한 '신(新)대통령제'와 관련해 카를 뢰벤스타인(Karl Loewenstein)이 등장했다.

2차대전이 끝난 이후 전쟁과 평화 그리고 국제정치에 대한 연구가 활발해졌음이 지적되는 가운데, 한스 모겐소와 모튼 캐플런(Morton Kaplan) 및 리처드 스나이더(Richard Snyder) 등이 등장했고, 행정학의 발전이 지적되는 가운데 허버트 사이몬(Herbert A. Simon)과 드와이트 왈도 및 마셜 디목(Marchall E. Dimock), 그리고 프렛 릭스 등이 거명됐다. 행정학자들 가운데 생태론적 접근방법을 개척한 존 고스(John M. Gaus)도 거명됐다.

공삼은 이처럼 주로 2차대전이 끝난 이후 서방세계에서 발전한 정치학의 큰 흐름들을 살피면서, '철학적인 고전방법(古典方法)'을 옹호했다. 이와 관련해 공삼은 우선 아놀드 브레히트(Arnold Brecht) 교수가 1959년에 프린스턴대학교 출판부를 통해 출판한 『정치이론(*Political Theory*)』을 중심으로 설명했다. 브레히트는 정치에 대한 분석에서 철학적 판단을 배제할 수 없음을 역설했는데, 공삼 역시 그 점을 강조한 것이다. 공삼은 동시에 바커 및 레오 스트라우스(Leo Strauss)가 "각각 과거의 '위대한 가치관의 전통'에 호소하고 있다."고 상기시키고, 동시에 『인간과 국가』의 저자인 프랑스의 자크 마리탱(Jacques Maritain)을 비롯한 정치철학자들은 "모두가 과학적 이론을 비판하는 철학적 방법에서 가치문제를 다루고 있다."고 썼다. 이 점을 공삼은 다음과 같이 부연했다:

> 이렇게 볼 때, "정치철학은 이미 사거(死去)했다"기보다는 철학의 재조정에서 또는 '철학에 있어서의 혁명'을 통해서 민주주의를 재정의하고 있는 것이며, 이 과제는 정의·정당(正當)·재산·책임·자유 및 권리의 정당성과 관련되는 자연법으로 환원하게 된다. "과학에 의하여 양당제도가 옳다."고 실증될 수 없는 이상적어도 정치학에 있어서의 고전적 방법은 그대로 유효한 것이며, 이것은 결국 새로운 사회적 기반에다 인간성을 재건할 임무가 부대됨을 말한다.[115]

이러한 인식에서, 공삼은 "사회적 존재로서 또는 역사적 구조적 인간으로서 이성을 재건하려는 사르트르의 '실천적 총체의 이론'을 [비롯한 여러 철학자들의 노력은] 모두가 사상사의 기초이론을 현대화한 것으로 볼 수 있다."고 해설했다.

115 위와 같음, 209쪽.

제 4 절 정치학계에 새롭게 등장한 주제들에 대한 평론들을 발표하다

한일회담과 관련해

우리가 제1절에서 살폈듯, 박정희 정부의 출현 이후 한국정치학계의 담론에는 새로운 주제들이 등장했다. 그것들 가운데 하나는 '한일관계 정상화'였다. 많은 정치학자들이 이 주제를 둘러싸고 각각 찬성과 반대를 표시하면서 토론을 전개했다. 이 과정에서 한일관계를 역사적 측면에서 분석한 글들을 가장 많이 발표한 정치학자가 서울대 외교학과의 박준규(朴俊圭 : 朴浚圭가 아니다) 조교수였다. 그는 1960년 3월에 이화여대로부터 서울대로 전직했다. 외교사학자 노계현은 『한국외교사 연구』(해문사[海文社], 1967)를 출판했는데, 거기에는 한일관계의 쟁점들을 분석한 논문들이 포함됐다.

공삼은 이 주제에 대해 사실상 침묵했다. 그러나 그는 자신의 제자들이 주동이 된 서울대에서의 한일회담반대투쟁에 불가피하게 연결되어 있었기에 발언을 자제했을 뿐이다. 제3공화정이 출범한 때로부터 100일이 채 되지 않은 1964년 3월 24일에 김중태(金重泰), 현승일(玄勝一), 김도현(金道鉉) 등 정치학과 4년생들은 그때 진행되던 한일회담을 '굴욕적이면서 매국적'이라고 비난하며 반대투쟁을 전개하기 시작했으며, 이 시위는 국민적 공감을 받는 가운데 곧바로 서울의 주요 대학교들로 그리고 마침내 전국의 거의 모든 대학교들로 확산됐다. 이 과정에서 김문원, 김유진(金柳辰), 김정남(金正男), 성유보(成裕普), 손정박(孫正博), 송진혁, 송철원(宋哲元), 이준일 [가나다 순서] 등 정치학과 4년생들 역시 반대투쟁에 참여했다.

반대투쟁이 격렬해지면서 마침내 대통령의 하야를 요구하는 목소리마저 나오자, 박정희 정부는 1964년 6월 3일에 비상계엄령을 선포하면서 군부대들로 하여금 주요 대학교들을 점거하게 했다. 동시에 신태환 교수를 서울대 총장에서 해임하고 학생시위에 강경하게 대처할 것을 주장한 것으로 알려진 유기천(劉基天) 서울대 법대 학장을 후임으로 임명했다. 이 소용돌이 속에서, 김영국 정치학과 조교수는 문리대 학생과장 — 오늘날의 명칭으로는 학생담당 부학장 — 으로, 중앙정보부의 압력을 받으면서도 학생들의 입장에 서서 꿋꿋하게 대처했다.

거센 저항을 받으면서도, 한일회담은 결국 1965년 6월 22일에 한일기본관계협정의 체결로 이어졌다. 다음 단계로, 반대세력은 국회에서의 비준반대투쟁을 전개했다. 그러나 양국 국회는 이 협정을 비준했으며, 이에 따라 이 협정은 1965년 12월 18일에 발효했다. 이 과정에서, 박정희 정부의 부패를 비판한 고려대 정치학과 부교수 조순승은 거세면서도 끈질긴 정부의 압력을 받게 되자 일본의 국제기독교대학 교수로 옮겼다가 미국으로 건너가 미주리대학교 컬럼비아캠퍼스 교수로 자리를 잡았다.[116]

1965년 9월에 이르러, 정부는 서울대 양호민 교수 및 연세대 서석순 교수 등을 반대세력의 일원으로 간주하고 '정치교수'로 몰아 해직시켰다.[117] 서석순은 미국으로 건너가 텍사스주 사우스웨스턴대 교수로 봉직하며, 양호민은 1968~1970년에 미국으로 건너가 조지 워싱턴대 중소연구소 및 프린스턴대 공산권연구실에서 주로 북한에 대한 연구를 심화시켰다.

돌이켜보면, 정치학 교수의 해직은 5・16직후부터 시작됐다. 그 대표적 사례가 4월혁명 직후에 (1) 전국교원노조운동을 시작한 건국대 조일문 교수의 구속과 해직이었고, (2) 『민족일보』에 참여한 이종률 교수의 구속과 해직이었다. 그들의 경우, 비록 위헌적인 혁명재판소의 재판에 따른 것이었으나 어떻든 재판이라는 외형은 갖춘 것이었다. 그들 가운데 조일문은 항일독립운동에 참여한 공로가 인정돼 1964년에 건국대 교수로의 복귀가 이뤄졌으나 이종률은 '좌파 용공주의자'로 몰려 끝내 복귀가 이뤄지지 않았다.[118] 조일문은 1980년 3월부터 1983년 2월까지 건국대 총장으로 봉직한다.

116 조순승, 「동문들의 회고좌담」, 『서울대학교정치학과60년사』, 397쪽.

117 『민도양호민선생화갑기념논총』, 463쪽 ; 『석산서석순박사고희기념문집』, ix쪽.

118 이종률에 대한 재판기록은 다음에서 확인할 수 있다. 한국혁명재판사편찬위원회 편,

그러나 양호민과 서석순의 경우는 정치학 교수들이 정당한 재판의 과정도 없이 정권에 의해 교수직을 잃는 일의 시작을 의미했다. 이제 스칼라피노가 말했던 군부지도자들과 교수들 사이의 '밀월'은 사실상 끝나가고 있었다.

공삼은 교수직을 잃지는 않았다. 그러나 공삼은 공화당의 조직부와 청년부로부터 '사찰'을 당한 교수들에 포함됐다. 이 소식에 접하고 공삼은 "계엄선포에 앞서 어느 교수로부터 내가 지목되고 있다는 말을 들었다. 국가시책에 대해 찬성할 수도 있고 반대할 수도 있는 것은 국민의 기본권이다. 상식적인 문제를 갖고 남의 이름을 함부로 사찰대상리스트에 올린다는 것은 뚱딴지 같은 짓이다. 엄중항의할 작정이다."라고 의연히 대응했다.[119]

공삼은 학생들의 보호를 위해서도 힘을 썼다. 「집회와 시위에 관한 법률」 위반으로 교도소생활을 마치고 출소한 김중태 현승일 김도현 세 학생들을 유기천 총장이 퇴교시키려고 했을 때, 공삼은 김영국 교수 및 구범모 교수 등과 함께 적극적으로 반대했다. 정치학과 교수들이 워낙 완강하게 저항하자 유 총장은 세 학생들 가운데 성적이 가장 좋은 한 학생만을 '구제'한다는 선으로 물러섰다. 이에 현승일 한 사람만을 '구제'하는 것으로 마무리됐다. 정치학과 교수들은 그 다음 단계로 김중태와 김도현의 복교를 위해 노력했다. 구범모 교수의 회상에 따르면, 김도현 군은 박 정권에 굴복하기 싫다면서 그러한 '협상' 자체를 반대해 끝내 복귀하지 못했다. 그러나 그는 「민주화운동관련자 명예회복 및 보상에 관한 법률」 개정안에 따라 '민주화운동자'로 인정을 받은 것에 근거해 2010년 2학기에 '재입학'해 졸업장을 받는다.[120]

『한국혁명재판사』(1962), 제3집, 214-215쪽.

119 『경향신문』, 1964년 9월 5일, 7쪽.

120 『문화일보』, 2011년 2월 9일, 37쪽.

「엘리트와 리더십」 발표(1965년 7월)

공삼은 새롭게 주목받는 주제인 리더십에 대해 집필했다. 그는 우선 『정경연구』 1965년 7월호에 「엘리트와 리더십」을 발표했다. 공삼의 이 논문은 워낙 평이 좋아 이 월간지가 1973년 4월호에서 「사회과학의 사회적 대결」이라는 특집을 마련했던 때 제목과 원문 그대로 재수록했다.[121]

이 원고는 지난날의 방식으로 말해 200자 원고지 40매 정도의 분량이다. 그러나 읽기가 쉽지 않다. 고대희랍의 플라톤, 이탈리아의 마키아벨리, 영국의 칼라일, 프랑스의 생 시몽, 독일의 니체, 스페인의 오르테가[José Ortega y Gasset, 짧게 '오르테가'로 읽는다 : 필자 주] 등 서구의 저명한 사상가들이 부수적인 설명이 없이 등장하며, 1960년대 초에 브라자빌 콩고에 잠시 등장했던 정치지도자 '촘베'가 역시 아무런 설명이 없이 '촘베'라는 이름 두 글자만으로 등장한다. 또 사회과학 방면에서 적어도 대학교육을 받지 않고서는 이해하기 어려운 '이념형(理念型)' — 이 단어는 물론 막스 베버가 쓴 것인데, 이 글에 막스 베버라는 이름은 등장하지 않는다 — 을 비롯한 학술적 용어들이 역시 아무런 설명이 없이 등장한다. 또 독자가 서구에서 진행된 정치사와 경제사에 대한 심층적 이해를 가졌을 것이라는 전제 아래 자신의 논지를 전개하고 있다.

공삼의 출발점은 유럽에서는 사회구조의 역사적 변화에 따라 엘리트 개념이 성립됐다는 데 있다. 풀어 말해, (1) 봉건적 사회에서는 일정한 신분을 가진 사람들이 그 사회를 지배함으로써 신분국가가 성립되고, (2) 봉건적 사회를 대체해 시민적 자본주의사회가 성립되자 일정한 교육을 받았으며 재산을 지닌 계급 — 이 계급을 공삼은 '교양 엘리트'라고 불렀다 — 이 그 사회를 지배했으며, (3) 산업화의 진행에 따라 민주화의 과정이 진행되자

121 민병태, 「엘리트와 리더십」, 『정경연구』, 1965년 7월호, 101-107쪽. 위와 같음, 1973년 4월호, 74-78쪽. 제목은 「엘리뜨와 리더쉽」인데, 표기의 통일을 기하기 위해 「엘리트와 리더십」으로 바꿨다. 재수록의 경우, 활자 호수가 작아 읽기가 어렵다.

'실적(實績)에 관련된 엘리트,' 곧 '실적 엘리트'가 등장해 현대산업사회를 이끄는 리더십을 발휘하고 있다는 뜻이다.

이러한 전제 아래, 공삼은 다음과 같이 서로 연결되는 논지를 전개했다. 그 논지를, 가능한 한 공삼의 표현을 살리면서 필자 나름대로 쉽게 풀어보기로 한다. 첫째, 오늘날의 엘리트 이론은 엘리트를 '사회의 유일한 건설자'인 것처럼 '과대평가'하고 있다. "이것은 엘리트에 대한 비합리적인 신뢰의 길을 마련하는 것이다." 여기서 공삼은 "인간의 자연적인 불평등에서 초래되는 […] 모든 위기의 해결을 '위대한 천재'에서 구하는 비합리적인 사회철학"을 비판하면서, '모든 사람의 평등'을 추구할 때 발생하는 '위험'을 경고한 칼라일 및 오르테가를 인용함과 아울러, '보수주의자들'의 이론을 지지했다. 이러한 시각의 공삼에게 니체가 말한 '초인간(超人間)'은 거부될 수밖에 없다.[122]

둘째, 공삼은 그러나 엘리트가 반드시 존재해야 한다는 '엘리트 존재의 불가피성'을 인정하고 또 "엘리트의 사회적 의의는 중요시되어야 한다."고 인정하면서, 다음과 같이 부연했다:

> 그러나 이 경우 주목할 바는 오늘날의 산업사회에는 '엘리트'가 존재하는 것이 아니라 '엘리트들'이 존재하고 있다는 점이다. 즉 엘리트의 다원성(多元性)이 그것이다. 정치적인 엘리트뿐만 아니라 각 분야에 각종 엘리트들이 존재하고 있는 것이다. 이러한 엘리트의 다원성은 다만 순수한 창조적인 자발성에 의하여 가능한 것이고, 이를 능률화하기 위하여는 사회적인 이해관계의 분화를 조직화할 필요가 있는 것이다.[123]

여기서 공삼은 중요한 관점을 다음과 같이 제시했다: "사회적인 조직 즉, 독립한 사회적 제집단(諸集團)에 의하여 이러한 엘리트의 다원성을 효

122 앞의 논문, 102쪽; 뒤의 논문, 75쪽.
123 앞의 논문, 105쪽; 뒤의 논문, 75쪽.

율화함으로써 권력의 견제가 비로소 가능한 것이다. 또한 이러한 조직을 통하여 보다 많은 공동결정(共同決定)이 가능한 것이다."

공삼은 현대사회의 '리더십 현상(現象)'을 '세 형태'로 나눴다. '순수한 리더십', '조작(操作)', '권력지배' 등이 그것이다. "'순수한 리더십'의 경우, 권력의 발동은 최소한도에 그치고 그 기능의 중책은 저항의식의 극소화에 있다." '조작'의 경우, "'심리적 조작'을 통해 권력을 행사하고 그 행사를 보다 더 유효화한다." '권력지배'의 경우, "권력은 절대적 가치로서 자기주장을 하며 […] 저항의식이 발생할 여지가 없도록 강력한 권력이 존재하거나 또는 이것을 발동하는 것이다."[124]

여기서 공삼은 중요한 논지를 폈다. "사회를 구성하는 대중의 생활수준과 문화수준이 얕은 후진국을 제외하고는 현대사회의 제국가(諸國家)에서 볼 수 있는 정치적 리더십의 상태(常態)는 그 기능형태에 있어서 권력지배를 포기하지 않을 수 없다는 것이다." 그 이유로 공삼은 다음과 같은 세 가지를 들었다.

> 첫째로, 오늘날에 있어서의 민주주의적 가치체계는 이미 특수한 가치체계가 아니고 국제적으로 공통화된 것이기 때문이다. […] 둘째로, 국가 간(國家間), 국가 내(國家內)의 정당들과 파벌들 사이의 […] 경합은 […] 대중의 수익자의식(受益者意識)을 자극하는데, […] 수익자의식의 최대공약수는, 권력지배에 대한 증오와 생활수준의 향상 [… 이다]. 셋째로, [현대사회가] 사회적 기술혁신의 결과로서 [사회기구들이 고도로 분화되고 전문화됐는데], 피지배층의 심리를 무시하는 결과는 지배자 자신에게도 각종의 애로를 가져온다. […] 권력지배는 현대산업사회에 있어서 가장 알맞지 않는 정치적 리더십의 형태로 된다.[125]

마지막으로, 공삼은 후진국의 정치적 리더십에 대해 언급했는데, 이 시점에서 한국은 후진국에 속했으므로, 그의 언급은 한국에 대한 언급이었

124 앞의 논문, 103-104쪽; 뒤의 논문, 76쪽.
125 앞의 논문, 104-105쪽; 뒤의 논문, 76-77쪽.

다. 그는 우선 "개혁을 즐기는 엘리트의 형성이 요구되며 […] 그 경우 산업화와 사회적인 제(諸)해방을 성취하기 위한 강력한 리더십이 요청될 수 있음"을 인정했다. 그러나 "그 '강력한 리더십'은 파시즘에로의 전환을 결코 의미하지 않는다."고 역설한 뒤, "즉 조작이나 권력지배만으로는 내일이 존재할 수 없는 까닭이다."라고 단언했다.[126]

「후진국정치에 있어서의 문제점」(1965년 10월)

후진국의 정치에 대한 공삼의 시각은 한국사회과학연구원이 1965년 10월 21일에 개최한 학술발표회에서도 구두로 발표됐다. 이 발표는 훗날 이 연구원의 논문집에 게재됐다. 200자 원고지 27매 정도의 분량으로, 각주나 참고문헌은 전혀 제시되지 않았다. 다만 "Political Problems in Developing Countries"라는 영문 제목이 붙어 있다.[127]

공삼은 우선 후진국의 정치와 관련해 미국인 학자들이 출판한 두 책을 거론했다. 알몬드와 콜먼이 1960년에 출판한 『개발도상지역들의 정치』 그리고 마이클 브레커(Michael Brecher)가 1963년에 출판한 『아시아의 신생국가들: 하나의 정치적 분석(*The New States of Asia: A Political Analysis*)』(London: Oxford University Press, 1963)이 그것들이다. 이것은 공삼이 이 주제에 대해서도 연구하고 있었음을 말해주었다. 그러나 그는 "최근에 한국에서도 연구가 확산되고 있는 후진국이라든가 또는 근대화라는 문제에 대해 자신은 전문적인 연구를 한 것이 없다."고 겸허하게 말했다. 그러하기에 자신은 자신의 전공이 정치이념인 만큼 '후진국 정치의 이념'에 한정해 발언하고자 한다고 말했다.

공삼의 출발점은 미국의 저명한 중앙아시아전문가 오언 래티모어였다.

126 앞의 논문, 107쪽; 뒤의 논문, 78쪽.

127 민병태, 「후진국정치에 있어서의 문제점」, 『한국사회과학논집』, 제3집(1966), 75-80쪽.

필자가 제2장 제4절에서 이미 썼듯, 래티모어는 1930~1940년대의 미국 학계에서 중앙아시아 전문가로 그 지위를 확고히 세운 학자였다. 그 이후에도 그는 영국의 저명한 대학교들에서 중앙아시아 전문가로 활동했다. 공삼은 래티모어가 이미 1940년대의 어느 시점에서 아시아가, 특히 중앙아시아가 세계의 대표적 분쟁지역이 될 것으로 예언했음을 상기시키면서, 미국과 유럽의 선진국가들은 아시아를 중시해야 한다고 역설했다. 이 대목에서, 우리는 공삼이 게이오대학 아세아연구소에서 연구하던 때 중앙아시아에 관한 서양인들의 책들을 번역했고 논문을 발표했음을 상기하게 된다. 공삼의 정치학의 바탕에는 언제나 아시아가 깔려 있었던 것이다.

이렇게 아시아의 중요성을 상기시키면서도, 공삼은 아시아 후진국가들의 정치이념의 출발점을 영국의 존 로크에서 찾았다. 공삼은 로크가 "개개인 각자의 기본적 권리를 보장하기 위하여 국가가 2차적으로 성립됐다."는 이론을 제시했으며, '서구의 선진국가에서는' 로크의 이 이론을 바탕으로 민주주의를 실시하고 있음을 역설했다. 공삼은 이어 "정치이념이란 원래 역사적으로 보아 변함이 없는 것"이라는 칼라일의 말을 인용하면서, 후진국이라고 해서 기본적 정치이념이 따로 있을 수 없으며 로크의 이론에 따라야 한다고 제의했다.

이러한 관점에서, 공삼은 "버마의 네윈(Ne Win), 파키스탄의 아유브 칸(Mohammad Ayub Khan), 통일아랍공화국의 나세르, 인도네시아의 수카르노 [등이] 교도민주주의(Guided Democracy)를 내세워 마치 새로운 정치이념을 제시한 양 떠들고 있으나 이것은 민중을 리드하여 자신들의 정권을 유지하기 위한 수단에 지나지 않는 것"이라고 단정했다.[128] 같은 맥락에서, 공삼은 국가기능이 확대되는 현상에 맞춰 행정의 효율성을 높이기 위해 권위주의체제를 세워야 한다는 국내 일부에서의 주장도 배격했다. "후진국들이 지향해야 할 정치이념은 어디까지나 민주주의에서 허용되는

128 민병태, 「후진국정치에 있어서의 문제점」, 78쪽.

개인의 자유가 근본이 되어야 한다."고 강조하면서, 공삼은 "존 로크의 자유민주주의 기본이념은 그 후 너무 개인주의적인 방향으로 흘렀다든지 또는 어떤 조건이나 시기를 전제로 한 것이라고 비판되고 있지만 아직껏 그 근본은 살아 있는 것이며 후진국 정치이념도 이것을 기반으로 해야 한다고 생각한다."고 매듭을 지었다.[129]

그러면 아시아와 아프리카의 후진국들이 표방하는 '자주성'과 '민족주의'는 어떻게 평가돼야 할 것인가? 공삼은 2차대전이 끝난 이후에 아시아와 아프리카에서 많은 '신생국'들이 출현했고, 이 나라들은 과거에 서구제국주의의 압제와 수탈을 받았기 때문에 '자주성'과 '민족주의'를 표방하는 것은 충분히 이해할 수 있다고 말했다. 그러나 그는 이것이 (1) 전쟁으로 이어지면서 세계평화를 위협할 수 있다는 점, 그리고 (2) '자주성'과 '민족주의'라는 이름 아래 자국민의 자유를 억제하는 독재체제를 합리화하는 도구가 될 수 있다는 점을 경고했다.[130]

공삼의 이러한 관념은 박정희 대통령이 1966년 1월 18일에 국회에서 연두교서를 발표하는 가운데 자신의 정부는 '근대화'를 추진하고자 한다고 발언한 데 대한 논평에서 사실상 되풀이됐다. 공삼은 '근대화'는 한국과 같은 후진사회에서는 '산업화'를 의미한다고 전제하면서, 그것을 추진하기 위해서는 '행정면에서의 효율적인 기구운용이 필요함'을 인정하면서도, 그것이 '모든 시책의 권력에의 편중'으로 이어져서는 안 된다고 경고했다. 그는 "모든 시책은 민주적으로 해결해나가야 한다."고 말하면서, 그것을 '정치적 근대화'라고 명명했다.[131]

129 위와 같음, 79-80쪽.

130 위와 같음, 76쪽.

131 박정희대통령 정신문화선양회, 홈페이지 자료실 민족중흥자료 10번(근대화의 의의).

한국의 정당에 관한 회견(1966년 7월)

이 논문에 뒤이어, 공삼은 한국의 정당과 정당정치에 대해서도 의견을 개진했다. 공삼이 신뢰하고 아꼈던 제자 최서영 『경향신문』 정치부장과의 대담을 통해서였다.[132]

우선 최서영 부장이 "최근에 근대화에 대해 말을 많이 하지만, 무엇보다도 선행돼야 할 것은 정치의 근대화이고 그것은 정당의 근대화로 연결되는데, 우리나라 정당의 경우, 조직면에서 얼마나 근대화되었습니까?"라고 질문했다. 이 질문에 대해, 공삼은 다음과 같이 대답했다:

> 공화당이나 [제1야당] 민중당의 경우, 이합집산을 다반사로 여기던 해방직후의 정당에 비한다면 상당히 과학적인 방식을 따르려고 노력하는 것 같습니다. 특히 공화당의 체제는 확실히 새로운 방향으로 틀이 잡혀가고 있는 것 같습니다. 그러나 어느 정당이고 간에, 아직 민주적 리더십이 확립되어 있지 않고 당내에는 항상 발화점에 이른 파벌들이 도사리고 있다는 것이 커다란 암이라고 말할 수 있습니다.
>
> 외국에도 보스 시스템이 있기는 합니다. 그러나 그 보스 하나하나가 사회적 배경과 압력단체의 영향을 받음으로써 다원화되어 상호견제하는 까닭에 자기 마음대로 움직이는 분야가 극히 제한되어 있습니다.[133]

공삼은 정치자금문제에 대해서도 언급했다. 그는 정치자금문제는 한국의 정치를 플루토크라시, 곧 금권정치로 유도할 수 있다는 우려를 표시했다. 공삼은 또 여당은 행정부에 끌려다니고 여당과 야당 사이에 대화와 협상이 부진해 '정치부재' 현상을 낳고 있다고 설명했다. 이 회견에서, 공삼은 정당들이 정책으로써 국민의 지지를 받아내는 노력을 기울여야 한다고 역설했다.

132 최서영, 「인터뷰: 민병태 서울대 문리대 교수」, 『경향신문』, 1966년 7월 18일, 3쪽.
133 위와 같음.

「한국민주주의의 성장과정과 전망」 발표(1966년 11월)

공삼은 한국에서 민주주의가 성공했느냐 실패했느냐에 관한 논의 속에서 이 문제에 관해 자신의 의견을 개진한 평론을 발표했다. 『대학신문』, 1966년 11월 7일, 1쪽에 게재된 「한국민주주의의 성장과정과 전망」이 그것으로, 200자 원고지 11매 정도의 짧은 글이다. 이 글에서는 어떤 사상가나 학자도 등장하지 않으며 어떤 학술적 용어도 등장하지 않는다.

이 글의 주지는 간단하다. 한국에서 민주주의는 꾸준히 성장해왔으며, 특히 '4 · 19'는 민주주의의 성장과 발전에 큰 영향을 미쳤고, 그래서 '4 · 19정신'은 앞으로도 '그대로 지속'돼야 한다는 것이었다. 공삼은 4 · 19에 대해서는 '4 · 19'라는 약칭으로 자주 쓰면서도, 그것을 '민주주의를 내세운 우리 역사상의 최초의 혁명'이라고 단언했다. 그러나 5 · 16에 대해서도 '혁명'이라고 보았다. 그렇지만 그는 '4 · 19정신'을 더욱 높이 평가하면서 "현하(現下) 우리의 제3공화국에 있어서도 궁극적 판단기준은 4 · 19에 연결되는 것이다."라고 단언했다.

공삼은 이어 "질서의 확립과 경제적 자립도 민주주의와 결부되는 것이며, 특히 북괴에 비해 뚜렷이 내세울 수 있는 것도 민주주의에 관한 가치관이오 또 민주주의의 실현인 것이다."라고 부연했다. 이러한 논리의 연장선 위에서, 그는 "우리는 민주주의의 초창기에 있어 4 · 19라는 귀중한 역사적 경험을 가졌으며 또 이것이 존속할 터전을 마련하기 위해 경제적 자립에 주력하고 있다."라고 말하고, "만일 이것이 성취된다면, 권력의 진동(振動)은 점점 그 폭을 줄여 안정된 사회가 이룩될 수 있을 것이다. 따라서 현 시점에서 우리는 과거의 성패보다도 이러한 방향으로의 노력을 더욱 절실히 요망하여 마지 않는다."고 당부했다.

「도약단계의 방법론 서설」(1967년 1월)

공삼은 후진국의 핵심적 의제들 가운데 하나이던 도약론(跳躍論)에 관해서도 평론을 발표했다. 『정경연구』, 1967년 1월호(6-12쪽)에 게재된 「도약단계의 방법론 서설 : 민족적 주체성의 반성과 역사의 갭에 도전하는 논리」가 그것이다. 이 월간지 1967년 1월호는 1966년 12월에 출판됐다. 따라서 이 평론은 공삼이 문리대 학장으로 취임하기 직전에 청탁을 받아 수락한 까닭에 그 약속을 지키기 위해 학장으로 취임한 직후에 서둘러 매듭을 지었던 것 같다. 그렇게 해석하기에, 필자는 이 평론을 다음 장에서가 아니라 이 장에서 토론하고자 한다.

그러면 도약론이란 무엇이며 어떤 까닭으로 이 시점에서 도약론이 토론의 대상으로 떠오른 것일까? 이때 한국의 발전론 분야 지식인들 사이에서 새롭게 화제로 떠오른 책이 매사추세츠공과대학(MIT)의 경제사 교수이던 월트 휘트먼 로스토(Walt Whitman Rostow)가 1960년 3월에 케임브리지대학교 출판부에서 출판한 『경제성장의 단계들 : 비(非)공산주의자 선언(*The Stages of Economic Growth : A Non-Communist Manifesto*)』이었다.[134] 이 책에 대한 반응은 뜨거워, 1960년에만 제2쇄와 제3쇄를 기록했고 1961년 1월에 제4쇄를 기록했다. 그 이후 1969년까지 매년 새 쇄를 기록했으며, 1971년에 제2판[수정제1판]이 출판됐다. 그 이후, 필자의 조사로는, 1991년까지 여러 차례 쇄를 거듭했다.

로스토 교수는 국가에 따라 차이가 있지만 대체로 (1) '전통적 사회(the traditional society)'의 시기, (2) '도약을 위한 선행조건들(the pre-conditions for take-off)'이 발전하는 과도의 시기, (3) '도약(the take off)'의 시기, (4) '성숙으로의 돌진(the drive to maturity)'의 시기, (5) '고도대

134 이 책은 다음과 같이 우리말로 번역됐다. W. W. 로스토오 저, 이상구(李相球) 강명규(姜命圭) 공역, 『경제성장의 제단계(諸段階) : 반(反)맑스주의 사관』(서울 : 법문사, 1961년 8월). 역자들은 저자를 '로스토'가 아니라 '로스토오'로 표기했다.

중소비의 시기(the age of high mass-consumption)' 등 다섯 시기로 나눠 근대적 경제의 전개를 조감할 수 있다는 이론을 제시했다. 이 이론은 마르크스의 이론, 곧 (1) 노예제에 기초한 고대국가의 시기, (2) 농노제에 기초한 중세봉건국가의 시기, (3) 자본계급에 기초한 근대자본주의국가의 시기, (4) 계급투쟁에 따라 머지않아 출현할 프롤레타리아계급에 기초한 사회주의국가의 시기, (5) 계급과 국가가 사라진, 미래에 나타날 공산주의의 시기 등 다섯 시기로 나눠 인류의 역사를 조감한 마르크스의 역사인식을 부인하는 것이었다. 그는 실제로 이 책의 제10장에서 마르크스가 제시한 일곱 명제들을 논박했다. 이러한 사관(史觀)으로 말미암아 이 책은 '반(反)공산당선언'으로 불리었다.

로스트 교수는 1961년 1월에 출범한 케네디(John F. Kennedy) 행정부에서 국무부 정책기획위원장으로 기용됐고 케네디 대통령이 암살된 뒤 그의 후임자 존슨(Lyndon B. Johnson) 대통령의 특별보좌관으로 기용됐다. 로스토 교수는 1965년 5월에 서울을 방문하고 강연하는 가운데 한국이 자신이 말하는 '도약(take-off)'의 시기에 근접했다고 강조해, 한국인들을 고무시켰으며 특히 경제5개년계획을 추진해온 박정희 행정부를 고무시켰다. 박 대통령이 1966년 1월 18일에 국회에서 발표한 연두교서는 기본적으로 로스토의 도약론에 기초한 것이었다.[135] 로스토 특별보좌관은 1966년 10월 31일부터 11월 2일까지 서울을 방문한 존슨 대통령의 수행원들 가운데 일원으로 다시 서울을 방문했다. 이 계제에 그는 한국의 기자들 앞에서 한국이 '도약'의 시기에 들어섰다고 확언했다. 자연히 '도약론'은 다시 화제로 자리를 잡기에 이르렀다.

공삼의 기고는 이러한 배경에서 분석돼야 할 것이다. 쉽게 말해, 정부가 1967년 5월에 실시될 예정인 제6대 대통령선거를 앞둔 시점에 '도약론'을 부각시키고 '친정부적' 월간지가 이것을 뒷받침하던 상황에서 기고하게 되

●●●●●

135 『중앙일보』, 사설, 1966년 1월 18일, 10쪽.

면서, 공삼은 우리가 다음에서 보게 되듯, 학자답게 매우 조심스러운 반응을 보인 것이다.

첫째, 이 평론에서 공삼은 박 대통령을 포함해 박 대통령 정부에 연관된 사람이나 기관 또는 정책에 대해서는 전혀 언급하지 않았다. 공삼은 자신의 이 글이 정부가 부각시키는 '도약론'에 동조하는 것으로 비쳐지는 것을 극도로 꺼렸던 것 같다.

둘째, 공삼은 이 길지 않은 평론에서 무려 25명의 서양인들을 거명했다. 소크라테스, 플라톤, 몽테스키외, 헤겔, 마르크스, 콩트, 존 스튜어트 밀, 루소, 베이콘, 루터, 칼빈, 베버 등 고대와 근대를 대표하는 사상가들과 학자들은 물론이고, 만하임과 포퍼 및 밀스 그리고 라스웰과 제임스 오코넬(James O'Connor) 같은 현대의 학자들도 거명했다. 제임스 오코넬(1872~1931)은 아일랜드의 검찰총장 및 고등법원판사를 역임했다. 공삼은 또 공업화 및 경제발전에 관해 이론들을 제시했던 바이너(J. Viner), 뵈케(R. Boeke), 프랑켈(S. H. Frankel), 모리스 돕(Maurice Dobb) 등도 거명했다. 로스토에 대해서는 그들과 함께 꼭 한 차례 거명했다.

셋째, 공삼은 서양의 사상사와 학설사에 등장했던 많은 이론들과 용어들을 구체적인 설명없이 사용했다. '만인평등의 로마법이론', '자연법과 자연권의 근대적 관념', '발전적 구성', '창조적 합리성', '기상학적(氣象學的) 판단' 등이 그 대표적 사례들이다.

이 세 가지 요인들이 겹쳐 이 평론은 읽기가 무척 어렵다. 몇 차례 읽고 나서야 비로소 윤곽이 떠오르며, 공삼이 하고자 하는 말의 핵심을 잡게 된다. 필자가 잘못 이해한 것이 아닌가 걱정을 하면서, 필자의 해석대로 다음과 같이 요약하기로 하겠다:

> 첫째, 도약론은 역사발전론의 맥락에서 검토해야 한다. 발전은 변화를 의미하는데, 변화는 플라톤의 쇠미론(衰微論)에서 보면 비관론으로 이어질 수 있고 마르크스의 역사발전단계론에서 보면 낙관론으로 이어질 수 있다.

둘째, 역사발전을 이끄는 주체가 무엇인가를 둘러싸고 학자들마다 이론이 다르다. '거대한 제도'가 인간을 끌고가면서 역사를 발전시킨다는 이론도 있다. 그러나 만하임과 밀스가 강조했듯, "역사는 여전히 인간에 의해 이루어지고 있다."[136]

셋째, 역사의 '발전'이란 무엇이며 더구나 '도약'이란 무엇인가에 대해 의문을 가질 수 있다. "그러나 역사가 전진하는 것이며, 또 여기에는 인간의 참여가 불가결하다는 것이 사실이라면, 자연히 어떠한 인간 또는 조직이 절실한 시대적 요청에 보응(報應)할 때 비로소 역사적 발전이 급속도로 이뤄질 수 있다는 평범한 이론이 나오게 된다."[137]

넷째, "역사에는 언제나 새로운 것과 오랜 것이 뒤섞여 강력한 요인에 의해 약한 요인이 정화(淨化)되고 도태되어 나가는 과정에서 역사는 전진한다. 광범한 사회적 요청이 지적(知的) 인간에 의해 해결됨으로써 올바른 방향으로의 전환의 계기가 마련될 때 바로 이것이 도약의 단계일 것이다. 도약의 단계를 적어도 이러한 전환의 계기라고 개념규정한다면 로스토의 '도약의 단계'란 경제성장에만 국한되는 것이 아니라, 이것은 넓은 의미에서 문화 전반에 걸친다고 볼 수 있는 것이다."[138]

다섯째, 이렇게 도약을 하고자 할 때 '인간의 자주성'이 중요하며, "특히 정치-경제-문화-사회 등 각 분야에 있어서의 엘리트의 임무가 강조되는 것이다. 더 한 걸음 나아가서는 어떠한 민족이 아직도 전근대적 조건에 허덕일 때 인간의 집단으로서 자연히 민족적 주체성을 재인식하게 되며, 역사의 대열에 서기 위한 도약에의 태세가 그들에게 요청되는 것이다."[139]

여기서 공삼은, 존 스튜어트 밀을 인용하면서, "인간정신의 진보성의 첫째의 기동력은 물질적 편리를 증대시키려는 욕망이다."라고 말하고, 그러므로 "정치-문화-사회의 발전도 궁극적으로는 경제성장의 여하에 좌우된다."고 지적한 뒤, "따라서 도약단계의 유기적 기반은 전반적인 경제개발을 가능하게 할 기간산업의 중점적 건설에 있다고 해도 과언이 아니다."라

136 위와 같음, 7쪽.
137 위와 같음, 8쪽.
138 위와 같음.
139 위와 같음, 9쪽.

고 단언했다.[140] 그는 다음과 같이 부연했다 : "근대화란 경제분야에 국한했을 경우에는 물론 공업화만을 의미하는 것은 아니다. 그러나 농업, 기술개혁, 기타의 제(諸)분야에 비해 무엇보다도 중요시되고, 또 근대화의 심볼과도 같은 후진국공업화의 문제는 오늘날 전 세계의 중심과제가 되어 있다."[141]

공삼은 근대화와 공업화 및 경제발전이라는 용어들을 쓰면서 도약론을 고찰했다. 동시에 그는 그러한 목표들을 달성하기 위해 '정체(停滯)에서 벗어나려고 꿈틀거릴 때' '불균형'과 '진통'은 불가피하다고 보았다. 그러면서도 공삼은 '인간정신의 근대화'를 강조함과 아울러 '민주적 도표(道標)의 설정과 제도의 확립'이 요청된다고 역설했다.[142]

종합적으로, 공삼은 다음과 같이 말한 것으로 해석된다 : (1) 공업화에 기초해 경제발전을 성취하고 그것에 병행해 근대화를 추진하고자 하는 것은 타당하다 ; (2) 그때 사회적으로 불균형과 불평등이 발생하는 것은 불가피하다 ; (3) 그러나 인간정신의 근대화가 더욱 중요하며, 근대화도 민주주의적으로 추진돼야 한다.

정부의 공산권정책에 대한 논평(1966년 4월)

공삼은 정부의 대(對)공산정권정책이나 북한의 「자주선언」에 대해서도 발언했다. 강경한 반공노선을 지향하던 박정희 정부가 한국민의 소련여행은 물론이고 한국국적 외국거주자의 소련여행도 엄격히 통제하던 때인 1966년 봄에, 당대 굴지의 세계적 첼리스트 그레고리 피아티고르스키가 한국인 제자 정명화(鄭明和) 양이 오는 5월 모스크바에서 열리는 국제차이코프스키경연대회에서 첼로 부문 1등을 차지할 것이 틀림없으니 정 양의

140 위와 같음.
141 위와 같음, 10쪽.
142 위와 같음, 12쪽.

소련여행을 허가해달라고 대한민국정부에 진정한 일이 일어났다. 피아티고르스키 씨는 이동원 외무장관과 김현철(金顯哲) 주미대사에게 보낸 3월 21일자 진정서에서 정 양의 여행에 드는 비용을 모두 자신이 부담하고 모스크바까지 동반할 것을 약속하면서 여권발급을 청원했다는 것이었다.[143]

세인들의 관심이 정부의 결정으로 쏠린 시점인 3월 29일에 국무회의는 차관회의에서 양해된 외무부의 허가안을 심의했으나 매듭을 짓지 못했다. 4월 1일의 국무회의도 마찬가지였다. 신중론이 제기됐기 때문이었다. 매듭은 중앙정보부가 지었다. 김형욱(金炯旭) 부장은 4월 2일에 정 양의 경연대회 참가는 결과적으로 소련과의 문화교류가 되기 때문에 허가할 수 없다."고 발표한 것이다.[144]

그러나 여론은 정 양에게 여권이 주어져야 한다는 쪽으로 기울었다. 『조선일보』는 4월 3일자에 그때의 한국정치학계의 쌍벽인 서울대 정치학과 민병태 교수와 서울대 외교학과 이용희 교수의 의견을 실었는데, 두 분 모두 정 양에게 여권이 발급돼야 한다고 주장했다.

공삼은 우선 "정명화 양의 경우, 한 마디로, 대한민국의 선전을 위해 자신을 가지고 보내는 것이 좋겠다. 학문과 예술 및 체육 등은 상호관계를 지니고 발달하는 것이니 만큼 '음악이 저렇게 뛰어났다면 다른 부문 역시 높은 수준일 것'이라는 인식의 효과를 그들에게 줌으로써 국위선양을 바랄 수 있지 않겠는가. 공산권 안에 한 사람의 우리 국민을 보낸다는 문제보다는 한국 문화와 예술의 시위대사(示威大使)를 파견한다는 적극외교의 면으로 생각해야 할 것으로 본다."고 썼다. 공삼은 이어 "우리나라의 가냘픈 소녀가 공산국가에 들어가 알찬 힘을 떨친다면 한국문화의 자랑은 될지언정 손해날 것은 하나도 없을 것으로 생각한다. […] 국가의 PR을 위해서도 이번과 같은 정 양 케이스는 허가하는 것이 좋다."고 덧붙였다. 같은 맥락에서 이 교수도 "정 양이 올림픽의 경우처럼 그곳에서 우수한 성적으로 국위

143 『동아일보』, 1966년 3월 27일, 5쪽.
144 위와 같음, 1966년 4월 2일, 1쪽.

를 떨치고 선양한다면 고도의 정치적 효과를 거둘 수도 있지 않겠는가."라고 주장했다.[145] 이 논평에서 보이듯, 공삼은 — 그리고 동주는 — 공산권에 대해 유연하면서도 개방적인 자세를 지니고 있었던 것이다.

북한의 「자주선언」에 대한 논평(1966년 8월)

그러나 북한에 대해서 만큼은 공삼은 상대적으로 반공적인 자세를 여전히 유지했다. 그것은 북한의 '자주노선 선언'에 대한 그의 논평에서 나타났다. 조선로동당의 일간기관지 『로동신문』은 1966년 8월 12일의 사설 「자주성을 옹호하자」를 통해 중소이념분쟁에서 북한은 중립을 지킬 것을 다짐하는 것으로 해석될 수 있는 자세를 보였다. 이 사설을 꼼꼼하게 전문적으로 분석하면, 북한은 지난 몇 해 동안의 친중에서 벗어나 친소로 기울어지겠다는 뜻을 '자주성'이라는 이름으로 포장한 것으로 읽을 수 있다.

이 논설은 국제적으로 큰 파장을 불러일으켰다. 특히 '서방제국주의'와 '공산제국주의' 모두로부터의 '자주'를 갈망하던 아시아와 아프리카의 이른바 제3세계에서는 북한이 강대국들로부터의 '자주'를 외친 것으로 읽고 북한을 '존경하는' 흐름마저 나타났다. 한국의 일각에서도 "박정희 정권은 자주성이 없이 친미노선만 걷고 있다."는 비판의 목소리가 높아지던 때여서 북한의 자주선언은 비상한 관심을 불러일으켰다.

이러한 분위기를 감지한 『동아일보』의 요청에 대해 공삼은 다음과 같이 논평했다. 첫째, 공삼은 이 선언을 '자주'의 선언이 아니라 '자존(自存)'의 선언이라고 보았다. "중공과 소련 양국에 양다리를 걸쳐온 정책에서 대소의존(對蘇依存)으로 기울어짐으로써 소련으로부터 원조를 더 받아 생존을 연장하려는 궁색한 결말"이라는 뜻이었다. 둘째, 공삼은 "이 선언이 소련과의 묵계 아래 이루어진 것이라면, 북괴와 소련의 관계는 긴밀해질 것인

145 『조선일보』, 1966년 4월 3일, 5쪽.

만큼 두 나라의 협의 아래 대남한평화공세가 적극화할 가능성이 크다고 보이며, 특히 한반도의 중립화통일안을 제기할 수 있다"고 예견했다. 셋째, 공삼은 북한이 이 선언을 통해 자신이 '자주적임'을 서방세계에 과시할 개연성이 높다고 진단했다. 결론적으로, 대한민국은 북한의 그러한 '위장전술'에 휘말리지 말고 반공태세를 유지해야 할 것이라고 공삼은 단언했다. 이 논평에서 공삼은 그때의 관행대로 북한을 '북괴'라고 불렀다.[146]

146 『동아일보』, 1966년 8월 23일, 3쪽.

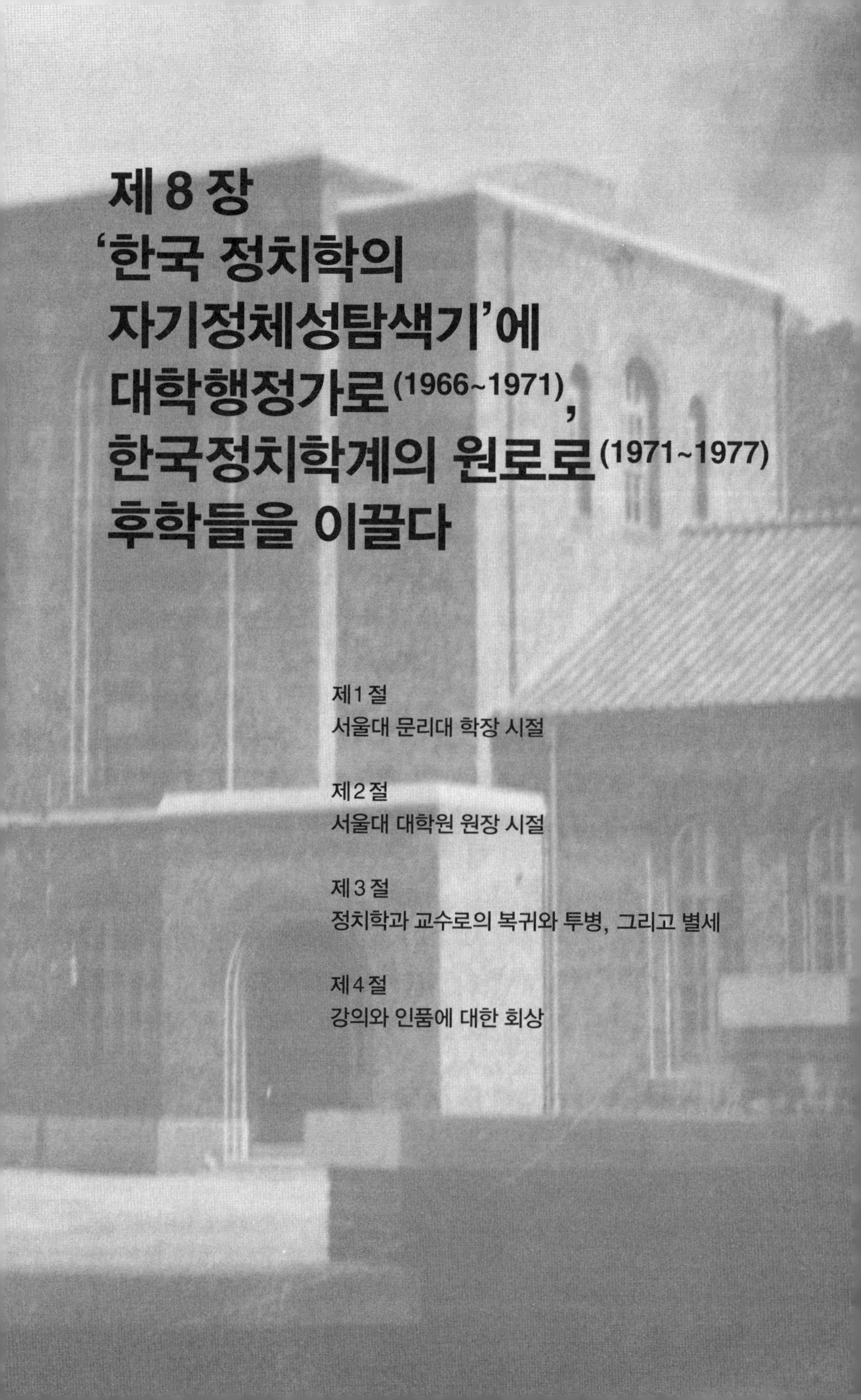

제 8 장 '한국 정치학의 자기정체성탐색기'에 대학행정가로(1966~1971), 한국정치학계의 원로로(1971~1977) 후학들을 이끌다

제1절
서울대 문리대 학장 시절

제2절
서울대 대학원 원장 시절

제3절
정치학과 교수로의 복귀와 투병, 그리고 별세

제4절
강의와 인품에 대한 회상

제 1 절 서울대 문리대 학장시절

최문환 총장 취임 직후 문리대 학장으로 임명되다

1966년의 새학년도가 시작되면서 서울대 학생들의 반정부시위는 1964년과 1965년에 이어 특히 문리대와 법대를 중심으로 계속됐으며, 그 시위는 마침내 학생들의 반정부시위에 강경하게 대처한 유기천 총장의 사퇴요구로 이어졌다.[1] 대학당국은 이른바 주동자들에 대한 징계로 대응했다. 이때 문리대 정치학과 학생으로 손학규(孫鶴圭) 군이, 외교학과 학생으로 이태식(李泰植) 군이, 사회학과 학생으로 송태호(宋泰鎬) 군이 '처벌'을 받았다. 손학규 군은 뒷날 국회의원과 보건복지장관 및 경기지사를 거쳐 대통령후보의 반열에 올라서며, 이태식 군은 뒷날 외무차관과 주영대사 및 주미대사로 봉직하고, 송태호 군은 뒷날 국무총리비서실장과 문화체육장관으로 봉직한다.

학원사태의 여파는 공삼에게도 미쳤다. 정부는 유 총장을 11월 9일자로

1 『대학신문』, 1966년 10월 31일, 1쪽 및 11월 14일, 1쪽.

사실상 해임하면서 10일자로 상대 학장 최문환 교수를 서울대 제11대 총장으로 임명했는데, 최 총장은 학원사태에 대한 책임을 지고 물러난 김준섭(金俊燮) 문리대 학장의 후임에 공삼을 11월 14일자로 임명한 것이다. 같은 날에, 최 총장은 자신의 상대 학장 후임으로 박희범(朴喜範) 교수를 임명했다.[2] 공삼은 곧 문리대 문학부장과 이학부장에 사학과의 전해종(全海宗) 교수와 화학과의 장세희(張世熹) 부교수를 임명했으며, 의치예과부장에 식물학과의 홍순우(洪淳佑) 교수를 임명하고, 학생과장에 외교학과의 손제석 조교수를 임명했다. 수학과 교수로 교무과장직을 수행하던 최지훈(崔至薰) 교수는 유임됐다.[3]

공삼이 문리대 학장에 임명된 것은 대학가에서 자연스러운 일로 받아들여졌다. 문리대에 정교수로 부임한 이후 문학부장을 거쳐 벌써 14년째 봉직해온 터에 연세도 53세로 연부역강한 시점이었다. 그사이 교수와 학자로서의 삶에 오점이 없었다. 또 신임 최문환 총장은 공삼보다 세 살 아래였으니 동년배였으며, 공삼과 마찬가지로 일제강점기에 일본 도쿄의 사학(私學)에서 공부했다. 최 총장의 모교 와세다와 공삼의 모교 게이오는 일본의 양대 사립대학이었다. 최 총장은 또 해방 직후 공삼과 함께 연희전문학교에서 교수직을 시작했고, 1950년대에 공삼과 함께 문리대에서 교수로 봉직했다. 두 사람은 같은 날 서울대에서 박사학위를 받았다.[4] 따라서 두 사람은 개인적으로 아주 가까워 호흡을 맞추기가 어렵지 않았다.

학장직에 취임하면서 공삼은 강의와 집필을 쉬다시피했다. 이것이 학생들과 학계에 대해서는 큰 아쉬움이었다. 공삼 스스로도 강의를 쉬게 된 것을 무척 안타깝게 생각했다. 앞으로 보게 되듯, 공삼은 1970년 3월부터 1971년 2월까지 서울대 대학원장직을 맡는다. 이 장은 일차적으로 공삼이

2　위와 같음, 1966년 11월 21일, 1쪽.

3　위와 같음.

4　효강(曉岡)최문환선생기념사업추진위원회 편, 『효강최문환박사기념논문집』(1977), 「효강최문환박사 약력」, i 쪽.

대학행정가로 활동했던 1966년 11월부터 1971년 2월까지의 4년 3개월의 시기를 다루기로 한다.

자기정체성을 탐색하는 한국정치학회 회장직을 수행하다

문리대 학장으로 취임하면서 학사행정을 이끄는 가운데, 공삼은 자신이 회장직을 맡은 한국정치학회를 열성적으로 이끌었다. 우선 1966년 6월 4~6일에 「한국정치학의 연구와 교육경향의 검토」라는 심포지움을 열어 분야별로 해방 이후 21년에 걸쳐 진행된 정치학 연구와 교육경향을 살폈다. (1) 김영국은 「정치이론의 발전」을, (2) 구범모는 「비교정치학 20년의 반성」을, (3) 이정식은 「한국정치 및 정치과정 연구현황」을, (4) 손제석은 「국제정치학의 연구 및 대학교육 경향」을, (5) 박동서는 「한국행정학의 현황과 역할」을 각각 발표했다. 이에 앞서 거의 같은 시점에 김계수는 「한국정치학의 분야」를 발표했다.[5]

여기서 중요하게 지적돼야 할 것은, 이 시점에 이르러 비로소 한국에서의 정치학 연구현황을 파악하고 그것에 기초해 교훈을 얻으려는 시도가 한국의 정치학자들 사이에서 시작됐다는 사실이다. 그동안 서구의 정치이론들을, 특히 미국의 정치이론들을 수용하기에 바빴던 한국의 정치학자들은 해방으로부터 21년이 지난 이 시점에 와서 자신들을 되돌아보기 시작했음을 의미했다. 그러한 시도의 일단은, 적어도 출판된 저술들을 놓고 말할 때, 이미 1959년과 1965년 사이에 간헐적으로 나타났었다. (1) 1959년에 서중석은 「8 · 15해방 이후의 한국정치학계」를 출판했었고, (2) 1965년에 이정식은 "Political Science and Political Researches in Korea"를 출판했었다.[6] 그리고 그사이인 1964년 11월에 구범모는 한국정치학회가 서

5 『한국정치학회보』, 제2집(1967), 「휘보」, 229쪽.

6 앞의 논문은 『정치학 : 한국정치학회보』, 제1집, 185-189쪽에, 뒤의 논문은 『법정논총』(동국대 법정연구소), 제1집, 133-153쪽에, 각각 게재됐다.

울대 문리대 제8강의실에서 개최한 연구발표회에서 「비교정치연구의 현황」을 발표했었다.[7] 그러나 이 일련의 발표들은 글자 그대로 현황파악에 머물렀을 뿐 자기정체성을 탐색하려는 노력으로 이어지지는 않았다. 여기서 벗어나, 한국의 정치학자들은 1966년 후반기에 들어서면서 보다 더 체계적이며 종합적으로 한국에서 진행되는 정치학 연구의 현황을 살핌과 아울러 자기정체성을 탐색하기 시작한 것이다.

한국정치학회는 이어 1967년 11월에 「한국정치와 선거」라는 심포지움을 열었다. 여기서 백상건은 「선거제도의 과거와 현재」를, 김규택은 「선거와 투표행태」를 각각 발표했다. 이 2개의 심포지움에 바탕을 두고, 공삼은 1967년 12월에 『한국정치학회보』 제2집을 출간했다. 제1집이 출간된 때로부터 무려 8년 만의 일이었다.

제2집의 「간행사」에서 공삼은 "한국의 정치학이 [···] 아직도 개척되어야 할 영역과 해결되어야 할 문제를 수많이 남기고 있다."고 썼는데, 이것은 이 「간행사」가 발표된 때로부터 45년이 지난 시점에서도 돌이켜 생각할 만한 많은 논점들을 안고 있다. 그 논점들 가운데 대표적 논점은 다음이다: "정치이론의 분야에서는 표준적인 교과서의 수준을 넘어선 특정인이나 특정시대의 정치적 고전에 대한 실증적 연구와 그를 토대로 한 고전의 재평가란 연구가 거의 전무한 현황일 뿐 아니라 정치이론의 연구 주제와 방법론에 있어서도 주로 서구적인 정향(定向)만을 모방한 나머지 한국의 정치현실을 과학적으로 분석하고 설명할 수 있는 통일되고 체계화된 정치이론을 정립하지 못하고 있는 실정이다."[8]

이러한 문제의식의 연장선 위에서, 공삼은 『한국정치학회보』 제3집의 「권두언」에서 중요한 발언을 했다. "각국의 정치학이 아리스토텔레스적 경향 속에서 자기 나라에 관한 연구를 주축으로 하는 연구의 전통을 새로 개척하고 구축했던 것[을 고려해] 우리의 정치학은 이제 물량면의 발전에

7 『한국정치학회보』, 제2집(1967), 「휘보」, 230쪽.

8 민병태, 「발간사」, 『한국정치학회보』, 제2집(1967년 12월), 5-6쪽 가운데 5쪽.

더해서 질적 전환을 가져와야 할 단계에 놓여 있다고 생각됩니다."라고 말하고, "질적 전환의 기본은 새로운 연구대상의 개척에 있을 것이며, 새로운 연구대상은 각자의 아이덴티티를 찾으려 할 때 분명해질 것으로 생각됩니다."라고 부연한 것이다.[9] 공삼은 동시에 '역사학과 정치학의 긴밀한 유대관계'의 정립, 그리고 '더욱 깊은 정치철학'을 요구했다.

정치학 연구에서 역사학의 중요성을 강조하다

공삼의 발언은 계속됐다, 그는 "이 회보는 정치학자들이 한국의 정치사와 대결해서 한국정치사의 일단을 독자적으로 밝혔다는 점에서 큰 뜻이 있다고 생각되는 것입니다. 이 회보를 계기로 해서 이제 우리 학회도 아이덴티티를 찾게 되었고 우리가 지향하는 생산성 있는 정치사 구축에 대한 전망도 밝아졌다고 보겠습니다."라고 말한 것이다.[10] 『한국정치학회보』 제3집은 실제로 조선 및 한국 근현대사와 관련해 일곱 편의 논문을 게재했다. 홍순옥(洪淳鈺 : 동국대), 1962년 이후 연세대에서 봉직하는 추헌수, 김영국, 김운태, 구범모 등이 집필했다.

공삼은 이렇게 정치학 연구에 있어서의 역사학의 중요성을 강조하면서 청년 정치학도 최창규에게 기대를 걸었다. 그는 57학번으로 서울대 정치학과에 입학한 뒤, 거기서 학사-석사를 마쳤다.

이 사실보다 중요하게, 그는 구한말의 항일의병지도자 면암(勉庵) 최익현(崔益鉉)의 4대손으로 집안의 학문전통에 따라 어려서부터 유학을 공부해 유학에 조예가 깊어 한문으로 쓰여진 원전을 정확히 읽으면서 구한말의 위정척사운동 및 의병운동을 중심으로 구한말에 전개된 민족주의운동을 정치학의 시각에서 분석해 높은 평가를 받았다. 정치학과 조교로 박사

9 민병태, 「권두언 : 우리 정치학계의 현시점」, 『한국정치학회보』, 제3집(1969년 12월), 5-8쪽 가운데 6쪽.

10 위와 같음, 6쪽.

과정에 적을 두고 이 주제에 관해 학문적 업적을 쌓던 그는 1970년에 서울대 교양과정부 전임강사로 기용됐으며, 1972년에 『근대한국정치사상사』(일조각)를 출판했고, 1975년 3월에 서울대 사회과학대 정치학과 조교수로 부임한다. 그가 1980∼1981년에 정계로 진출한 데 대해 공삼의 제자들이며 그의 은사들인 김영국 구범모 두 분은 참으로 아까워했다. 그는 정계를 떠난 뒤, 독립기념관장과 성균관장 등으로 봉직하며 자신의 전공과 실력을 부분적으로 살린다. 그의 장남 최진홍(崔鎭弘)이 서울대 정치학과에서 박사학위를 받았으며, 선대의 학문을 계승해 심화하고 있다.

한국의 정치학이 자신의 정체성을 확립해야 한다는 공삼의 제언에, 건국대 김계수 교수는 『한국정치학 : 현황과 경향』(일조각, 1969)을 출간함으로써 부분적으로 부응했다. 거기서 한 걸음 더 나아가, 고려대 한배호 교수는 공감을 표시했다. 그는 자신의 한 논문에서 공삼이 제기한 문제를 재론하며, "민병태 교수에 의해 제기된 문제점은 한국정치연구방법에 있어서 핵심적인 이슈를 다룬 것으로, 다른 말로 표현한다면, '한국정치의 독특성과 일반성의 관련문제'를 제기했다."고 논평했다.[11]

세계정치학회에 가입하다

이렇게 자신의 정체성을 찾는 노력을 기울였다고 해서, 한국의 정치학자들이 국수주의 또는 국내폐쇄주의로 치달린 것은 결코 아니었다. 그들은 정치학의 학문적 보편성을 조금이라도 잊지 않았다.

그 점은 공삼이 회장으로 이끌던 한국정치학회가 1967년 9월 18일부터 23일까지 벨기에의 수도 브뤼셀에서 열린 세계정치학회(International

11 한배호, 「한국정치연구에 있어서의 독특성과 일반성 : 미정리상태의 방법론적 이슈에 대한 고찰」, 『정치행정』 제1집 제2권(1973년), 8쪽. 한 교수의 시각은 다음에서도 확인할 수 있다. 한배호, 「정치현실과 정치철학 : 한 한국정치학도의 자성」, 『정경연구』, 1973년 5월호, 20-28쪽.

Political Science Association : IPSA) 제7차 세계대회 때 단체회원으로 가입한 사실에서 부분적으로 증명된다. 한국정치학회는 1970년 8월 31일부터 9월 5일까지 독일 뮌헨에서 열린 제8차 세계대회에 학회의 총무이사 김영국 서울대 부교수를 학회의 공식대표로 파견했다.[12]

그 이후 한국정치학자들의 세계정치학회 입회 및 3년에 1회 열리는 세계대회 참가는 활발해졌다. 1979년 8월 12일부터 18일까지 모스크바에서 열린 제11차 세계대회에 소련이 이홍구 교수와 이상우(李相禹) 교수 및 김달중 교수를 비롯한 다수의 한국정치학회 회원들의 입국을 허용한 것은 국교가 전혀 없던 두 나라 사이의 관계개선의 한 작은 계기로 인식됐다. 이러한 분위기의 연장선 위에서 1985년 7월 15일부터 20일까지 파리에서 열린 제13차 세계대회는 이홍구 서울대 교수를 한국인으로는 처음으로 세계정치학회 집행위원으로 선출했으며, 1991년 7월 21일부터 25일까지 아르헨티나의 수도 부에노스아이레스에서 열린 제15차 세계대회는 한승주 고려대 교수를 한국인으로는 처음으로 세계정치학회 부회장으로 선출했다. 한국과 세계정치학회와의 관계는 빠르게 가까워졌다. 세계정치학회는 1997년의 제17차 세계대회를 아시아에서 처음으로 서울에서 열었으며, 2000년 8월 1일부터 6일까지 캐나다 퀘벡에서 열린 제18차 세계대회는 김달중 연세대 교수를 세계정치학회 회장으로 선출하기에 이르렀다. 그 이후, 김병국(金炳局) 고려대 교수를 집행위원으로 선출했고, 임혁백 고려대 교수를 집행위원 겸 부회장으로 선출했다.

그사이 한국의 정치학자들은 1982년 8월 9일부터 14일까지 브라질의 수도 리우데자네이루에서 열린 제12차 세계대회 이후 「분단국 비교연구」라는 분과회의를 꾸준히 개최했다. 이홍구 교수를 비롯해 이상우 서강대 교수 및 김달중 교수 등이 개척적 노력을 기울인 이 분과회의는 마침내 연구위원회로 격상됐는데, 이서항 외교안보연구원 교수와 김용호 인하대

12 『한국정치학회50년사』, 690쪽.

교수 및 김호섭 중앙대 교수 등이 헌신했다. 2000년의 제18차 세계대회는 그때 경희대 교수이던 김의영(金義英) 박사에게 '신진학자 최우수논문상'을 수여했다.

국내외에서 학위를 받은 정치학자들

한국에서 연구-강의되는 정치학의 자기정체성을 탐색하고 정립하려는 노력과 함께 공산권을 연구하면서 동시에 한반도의 국제관계를 연구하려는 노력 역시 공삼이 대학행정가로 활동하던 이 시기(1966년 11월~1971년 2월)의 한국정치학계를 특징지었다. 특히 한반도의 국제관계 및 외교와 관련해, 서강대학교는 1972년 9월에 문과대학 안에 외교학과를 신설하는데, 외교학과는 1981학년도에 정치외교학과로 확대된다.[13] 그리고 그 과정에서 김상준(조지타운대 정치학사, 예일대 정치학박사), 오기평(吳淇坪 : 미네소타대 정치학박사), 이상우(하와이대 정치학박사) 등이 중요한 역할을 수행한다.

이러한 노력들은 이 시기에 국내외에서 학위를 받고 강단에 선 정치학자들에 의해 뒷받침됐다. 우선 국내를 살펴보면, 이한빈 서울대 행정대학원장이 행정학전공으로 서울대에서 철학박사학위를, 김운태 서울대 행정대학원 교수와 차기벽 성균관대 교수가 정치학전공으로 각각 서울대에서 문학박사학위를 받았다. 김규택 성균관대 교수는 성균관대에서 정치학박사학위를, 박문옥 중앙대 교수는 행정학전공으로 중앙대에서 법학박사학위를, 이명식 경희대 교수는 국제정치학전공으로 경희대에서 법학박사학위를, 이문영 고려대 교수는 행정학전공으로 고려대에서 법학박사학위를 받았다.[14]

● ● ● ● ●

13 서강대학교교사편찬위원회 편, 『서강대학교40년사, 1960~2000』(서강대학교, 2000), 159-160쪽.

14 벽파(碧波) 이명식박사화갑기념논문집간행위원회 편, 『사회주의체제의 변화와 갈등 : 벽파이명식박사화갑기념』(대왕사, 1991), ⅰ쪽.

이 시기(1966년 11월~1971년 2월)에, 해외에서 정치학박사학위를 받고, 또는 박사학위논문의 제출까지 끝낸 채, 곧바로 귀국했거나 교수직을 수행하다가 귀국한 학자들이 많았다. 그들에는 (1) 구영록(미시간대), (2) 권문술(權文術 : 클레어몬트대) (3) 김관봉(펜실베이니아대 → 런던대), (4) 김상준(예일대),[15] (5) 김옥렬(브린 모어대), (6) 김준희(金俊熙 : 파리대), (7) 노명준(盧明濬 : 듀크대 국제법), (8) 노재봉(뉴욕대), (9) 라종일(羅鐘一 : 케임브리지대 트리니티 칼리지), (10) 문승익(플로리다주립대), (11) 박춘호(朴椿浩 : 에든버러대 국제법), (12) 신승권(辛承權 : 워싱턴대 → 하버드대), (13) 안치순(安致淳 : 플로리다대), (14) 오석홍(피츠버그대), (15) 오세응(吳世應 : 아메리칸대), (16) 이기탁(李基鐸 : 파리대), (17) 이영호(李永鎬 : 애머스트대 → 예일대), (18) 이은호(에모리대 → 서던일리노이대), (19) 이홍구(예일대), (20) 장위돈(張偉敦 : 오리건대), (21) 전정환(全正煥 : 파리대), (22) 정인택(鄭仁澤 : 아메리칸대), (23) 정용석(鄭鎔碩 : 클레어몬트대), (24) 정태동(鄭泰東 : 조지 워싱턴대), (25) 정희채(펜실베이니아대), (26) 조재관(趙在瓘: 캘리포니아대 버클리 캠퍼스), (27) 최명(崔明 : 일리노이대 어바나-샴페인캠퍼스), (28) 한배호(프린스턴대), (29) 한승조(캘리포니아대 버클리캠퍼스), (30) 홍순호(洪淳鎬 : 파리대), (31) 황인정(黃仁政 : 피츠버그대) [가나다 순서] 등이 포함됐다.

차인석(車仁錫)도 이 시기에 귀국했는데, 그는 독일 프라이부르크대에서 철학박사학위를 받았지만 정치학에 대해서도 적잖은 영향을 준다. 한국일보사 독일특파원으로 활동하던 최정호(崔禎鎬) 역시 이 시기에 귀국했다. 베를린 자유대학교에서 언론정보학 및 현대사 연구로 철학박사학위를 받은 그는 귀국 이후 성균관대 → 연세대 교수로 봉직하면서 정치학 분야에 대해서도 영향을 끼친다.

국내에서 이미 석사학위를 받고 전임으로 재직하다가 도미해 다시 석사학위를 받고 이 시기에 귀국한 학자들로 김영훈(시러큐스대 맥스웰행정대학

15 위와 같음, 100쪽.

원)과 윤형섭(존스 홉킨스대)을[16] 지적할 수 있다. 두 분은 모두 1970년대 전반기에, 전자는 고려대에서 후자는 연세대에서 박사학위를 받는다. 후자의 경우 연세대 정치학박사 제1호가 된다.[17]

김덕(金悳)은 인디애나대에서 정치학석사학위를 받고 박사과정에 재학 중 한국외대에서 전임으로 출발하며 한국외대에서 정치학박사학위를 받는다. 예비역 육군중장 최석(崔錫)은 미국 아이다호주립대에서 정치학사 및 정치학석사를 받은 데 이어 일본 와세다대 대학원 정치학과에서 국제정치학을 전공한 뒤 한반도통일을 주제로 박사학위청구논문을 제출하고 1967년에 귀국해, 동국대에서 강의하기 시작했다. 서울대 외교학과 조교수 손제석은 1968년 8월부터 1969년 8월까지 군의 정치개입에 관한 세계적 대가 모리스 자노위츠 교수의 초청을 받고 시카고대에서 1년 동안 연구했다.

비슷한 시기에, 서울대 외교학과 전임강사 김용구는 도쿄대학에서 주로 한일관계에 대해 연구했는데, 이 시기의 연구는 그가 훗날 한일관계에 관한 자료집편찬 그리고 한일관계에 관한 탁월한 저술출판의 기초가 된다. 그는 서울대학교 사회과학대학 외교학과 정교수로서 1975~1977년에 파리대학교에서 소련국제법을 연구하고 1979년에 서울대학교에서 소련국제법이론에 관한 논문으로 정치학 박사학위를 받는다. 현재 대한민국학술원 회원이면서 한림대학교 한림과학원 원장으로 활동하고 있다.

1966~1971년의 시기에, 해외에서 정치학박사학위를 받고 미국의 대학교들에서 교수직을 수행하는 가운데 출판물들을 통해 국내학계에 영향을 끼친 정치학자들이 적잖았다. (1) 서던캘리포니아대에서 학위를 받고 매릴랜드주 실버 스프링스시(市)에 설립된 한국연구소 소장으로 봉직하던 강영훈(姜英勳), (2) 클레어몬트대에서 학위를 받고 이스턴켄터키대에서 조

16 일민(一民)윤형섭박사화갑기념논문집간행위원회 편, 『일민윤형섭박사화갑기념논문집 : 한국정치의 쟁점과 이해』(박영사, 1993), 「연보」, ⅴ쪽 및 『일민윤형섭박사화갑기념논문집 : 세계정치의 쟁점과 이해』(박영사, 1993), 「연보」, ⅴ쪽.

17 『연정60년사』, 354쪽.

교수로 봉직하던 곽태환(郭台煥), (3) 사우드웨스턴대를 졸업한 데 이어 매사추세츠대에서 학위를 받고 노드캐롤라이나주립대에서 조교수로 봉직하던 김세진(金世珍), (4) 펜실베이니아대에서 학위를 받고 드럭셀대에서 조교수로 봉직하던 김응택(金應澤 : Roy U. T. Kim), (5) 컬럼비아대를 졸업한 데 이어 존스홉킨스대 고등국제대학원에서 학위를 받고 컬럼비아대 공산권연구소에서 연구원으로, 호바트 앤드 윌리엄 스미드 칼리지에서 조교수로 봉직하던 김정원, (6) 매사추세츠대에서 학위를 받고 알라바마대에서 조교수로 봉직하던 남근우(Nam, Koon Woo), (7) 매사추세츠대에서 학위를 받고 뉴욕주 버팔로대에서 조교수로 봉직하던 민병휘(Min, Benjamin Byung-Hui), (8) 애머스트대를 졸업한 데 이어 매사추세츠대에서 학위를 받고 버지니아주의 햄튼대에서 조교수로 봉직하던 박상식(朴尙植), (9) 아메리칸대에서 석사학위를 받은 데 이어 미네소타대에서 박사학위를 받고 조지아대에서 조교수로 봉직하던 박한식(朴漢植), (10) 하와이대(석사)를 거쳐 켄터키대에서 학위를 받고 이스턴켄터키대에서 조교수로 봉직하던 양성철(梁性喆), (11) 클라크대에서 학위를 받고 데이턴대에서 조교수로 봉직하던 이동진(李東眞 : T. C. Rhee), (12) 하와이대에서 학위를 받고 하와이대 국가차원연구소 부소장으로 봉직하던 이상우, (13) 위스콘신대(정치학사)-캔사스대(정치학석사)를 졸업한 데 이어 네브라스카대에서 학위를 받고 알라바마대에서 조교수로 봉직하던 정진위, (14) 조지 워싱턴대에서 학위를 받고 펨부르크주립대에서 조교수로 봉직하던 조창현(趙昌鉉), (15) 컬럼비아대에서 박사학위를 받고 루이스 앤드 클라크 칼리지 조교수로 봉직하던 하만경(河萬璟: Joseph Man-Kyung Ha), (16) 뉴햄프셔대에서 석사학위를 받은 데 이어 캘리포니아대 버클리캠퍼스에서 박사학위를 받고 뉴욕시의 헌터 칼리지에서 조교수로 봉직하던 한승주 [가나다 순서] 등이 대표적 사례들이다. 그들 가운데 거의 모두는 훗날 부교수 → 정교수로 승진하며 귀국해 국내에서 강단에 선다.

1967년 6~7월에 중앙정보부가 발표한 「동백림(東伯林)을 거점으로 한

북괴의 대남공작단사건」은 한국정치학계에 일정하게 영향을 미쳤다. 프랑스에서 정치학 분야의 국가박사학위를 받은 정하룡과 정성배, 또 독일에서 정치철학박사학위를 받은 임석진 및 사회학박사학위를 받은 황성모 등이 연루돼 재판을 받게 됨에 따라 한국정치학계는 심리적으로 잠시 위축됐다. 1969년에 중앙정보부가 발표한 또 하나의 간첩단 사건에 연루돼, 우리가 앞에서 살핀 김규남은 처형된다.

한국정치학계의 담론 : 지속성과 변화

한국정치학계의 담론은 지속성과 함께 변화를 보여주었다. 우선 지속성의 측면을 살피기로 한다. 비교정치론 분야에서, 구범모는 로이 매크리디스(Roy C. Macridis) 및 로버트 워드(Robert E. Ward)가 편집한 *Modern Political Systems* (Englewood Cliffs, N.J. : Prentice-Hall, 1963)의 *Europe* 및 *Asia*를 『비교정치론 : 유럽편』(서울대학교출판부, 1968) 및 『아시아정치론』(서울대학교출판부, 1972)으로 역간했다. 이 책[원서]은 발간연도가 말하듯 전통적 방법에서, 곧 법적-제도적-역사적 방법에서 유럽과 아시아의 정치를 기술했다.

'근대화'와 '발전'은 그 이전 시기와 마찬가지로, 여전히 담론의 주요한 주제들이었다. 차기벽은 『근대화정치론』(박영사, 1969)을 출판했는대, 성균관대 부교수 임효선(林孝善) 박사는 "이 책은 근대화문제에 관해 우리의 학자에 의해 우리의 시각에서 쓰여진 최초의 그리고 대표적인 저서이다."라고 논평했다.[18] 이어 한배호는 『비교정치론 : 정치발전이론의 전개과정』(법문사, 1971)을 출판했다. 행정학에서는 이한빈이 『사회변동과 행정 : 해방후 한국행정의 발전론적 연구』(박영사, 1968)를 출판했다. 서울대 행정대학원 교수 김광웅(金光雄) 박사는 "이 책은 행정학 내지는 발전행정론 분

18 임효선, 「차기벽 『근대화정치론』」, 동아일보사 신동아 편집실(편), 『현대한국의 명저 100권, 1945년~1984년』(『신동아』 1985년 1월호 별책부록), 274쪽.

야에 한정된 역서(力書)라기보다 오히려 한국의 현대사를 정치-행정-사회의 관계에서 조감한 이론서요 역사서라고 해야 옳을지 모르겠다."고 논평했다.[19]

정치학방법론에 대해서는, 우병규 국회 전문위원과 민준기 경희대 전임강사가 버틀러(D. E. Butler)의 *The Study of Political Behavior* (London : Hutchinson, 1958)를 『정치에 대한 새로운 연구방법』(국회도서관 입법조사국, 1967)으로 역간했다. 사회민주주의에 대해서는, 조일문과 김명진(金命震)이 더빈(E. F. M. Durbin)의 *The Politics of Democratic Socialism : An Essay on Social Policy* (London : Routledge & Kegan Paul, 1954)를 『민주사회주의』(일신사, 1967)로 역간했다. 이 두 책은 모두 분량이 작은, 일종의 문고판이다.

이어 변화의 측면을 살피기로 한다. 역시 공산권에 대한 연구가 그 이전 시기에 비해 훨씬 활발했다. 대표적인 사례들로, (1) 김준엽이 고려대 아세아문제연구소의 국제학술회의에서 발표된 논문들을 편집해 『중공권의 장래 : 아세아에 있어서의 공산주의』(범문사, 1967)를 출판했고, (2) 양호민은 『북한의 정치이데올로기와 정치』(고려대 아세아문제연구소) Ⅰ(1967) 및 Ⅱ(1972)를 출판했다.

공산권에 대한 연구와 더불어 한반도통일에 대한 연구 역시 활발해졌다. 그 결정적 계기는 1970년 8월 15일에 행해진 박 대통령의 광복절 기념사였다. 그가 변화하는 한반도의 주변정세를 염두에 두고 북한과의 교류협력을 추진할 수 있다는 뜻을 밝히면서 정치학계의 관심은 한반도통일로 기울기 시작했다. 이러한 흐름 속에서 고려대 아세아문제연구소가 1970년 8월 24일부터 29일까지 12개 국가로부터 80여명의 학자들을 초청해 한반도통일에 관한 국제학술회의를 개최하고 거기서 발표된 논문들을 출판하자, 한반도통일문제에 대한 관심은 더욱 높아졌다. 국토통일원 이찬구(李

19 김광웅, 「이한빈 『사회변동과 행정』」, 위와 같음, 273쪽.

贊九) 연구위원의『삼단계 통일대책』(노벨출판사, 1970)은 이러한 관심을 반영했다.

입법과정에 대한 연구가 이 시기에 시작됐음도 주목할 만하다. 국회전문위원으로 활동한 경력의 우병규 경희대 부교수는『입법과정론 : 한국과 구미(歐美)와의 비교』(일조각, 1970)를 출판했는데, 이 책은 그 이후 한국정치학계가 입법과정에 대해 관심을 쏟는 중요한 계기가 된다.

행정학의 성장과 발전은 더욱 빨라졌다. 행정학자들의 저-역서 출판이 활발해졌으며, 한국행정학회는 1967년 4월에『한국행정학보』를 창간하면서 행정학자들의 논문발표의 출로를 넓혔다.

「국회 · 국회의원」(1967년 6월 8일)

한국정치학계의 이러한 담론에 관심을 쏟으면서, 문리대 학장에 취임한 직후 공삼은 세 차례에 걸쳐 중앙일보사의 좌담에 참석하거나 설문조사에 응했다. 첫 번째로, 1967년 1월 19일에 열린「민주화의 도표(道標)」에 참석해 발언했다. 이 좌담회의 내용은 오병헌이 대표집필했기에 공삼이 어떤 발언을 했는지 알 수가 없다. 오병헌은 이 무렵에 고려대에서 성균관대로 옮겼다.

두 번째로,『중앙일보』의 설문조사에 대한 응답이다. 1967년에 들어서면서 한국사회가 5월에 실시될 제6대 대통령선거와 제7대 국회총선에 대해 관심을 쏟자, 이 신문은 한국문단의 원로 월탄(月灘) 박종화(朴鍾和)를 비롯해 각계인사 12명에게 정당 및 유권자의 자세에 대해 의견을 물었다. 정치학계에서는 유일하게 공삼에게 질문했다. 이에 대해, 그는 우선 "여당은 선거를 통해 그동안의 치적을 솔직히 국민 앞에 밝히고 '평화적 정권교체'가 언제든지 이루어질 수 있다는 각오로 선거에 임해야 할 것이고, 야당은 모처럼 통합을 한 의의를 생각해서 정권을 담당할 수 있는 자세로 정정당당하게 선거에 임해야 한다고 본다."고 말했다. 그는 이어 비례대표제가

원래의 취지대로 운용되지 않고 있다고 비판했다.[20]

세 번째로, 1967년 5월 27일에 열린 「의회문제」에 참석해 발언했으며 토론내용의 대표집필을 맡았다.[21] 이 글이 제시한 논점들에는 다음의 것들이 포함됐다.

- [분단과 6·25전쟁으로 말미암아] 한국에는 이른바 혁신정당 또는 중간정당의 등장이 사실상 불가능해졌다. 다른 한편으로, "보수정당들은 실질문제를 해결하지 못하고 추상적인 이념과 이것을 상징하는 인물을 중심으로 하는 파벌적인 도당(徒黨)의 성격을 간직하게 되었다."
- 정당은 국민적 토대 위의 정책정당이어야 한다.
- "[정치인들은] 국민대중의 지지에 호소하는 것이 아니라 지방적·씨족적·친소관계에서 또는 그때그때의 공약에서 투표를 유인할 수 있다는 안이한 감각에서 행동한다. 이것은 국가장래를 위해, 또는 정당근대화를 위해 조금도 도움이 되는 것이 아니다."
- 정당이 근대화하려면 국회의원이 국민의 대표로서 자각과 자부를 간직해야만 한다. 이것을 위해서는 그 부대조건으로서 뚜렷한 원칙에서 결합되는 동류의식이 필요하며, 이를 유기적으로 운영할 만한 리더십이 확립되어야 한다.
- [국회에서] "전문위원의 질적 향상을 도모하며 여론을 참작하기 위해 공청회 제도를 활용할 수 있다." 상임위원회가 더 많은 활동을 하도록 유도해야 한다.
- 국회가 국무위원을 자주 불러내, "6대 국회의 예를 보면 국무위원은 그 직무량의 21%를 국회의 호출에 낭비한 형편이다." 이것은 시정돼야 한다.
- 우리나라는 상원을 두지 않는 단원제를 채택했기에, 비례대표제를 잘 활용해야 한다. 그러나 현실은 그렇지가 않다.
- 여당의 조직적 관권선거운동이 많은 문제들을 제기했다. 선거운동이 타락했으며, 유권자들 가운데 타락한 사람들이 나타났다. 의회정치의 발전을 위해 시정돼야 한다.

●●●●●

20 민병태, 「설문조사에 대한 응답」, 『중앙일보』, 1967년 2월 7일, 3쪽.

21 민병태, 「국회·국회의원」, 『중앙일보』, 1967년 6월 8일, 3쪽.

이 글은 마지막으로 "국회의 질적 향상을 위한 의원헌장(議員憲章)이 있었으면 한다."고 제의하면서도, 국회의원들 스스로의 각성을 촉구했다. 공삼의 이 제의가 몽상은 아니었다. 제13대 국회는 1991년 2월 7일에 국회 안에 윤리위원회를 발족시킴과 아울러 「국회의원윤리헌장」을 채택한다.

여담을 다시 덧붙이기로 한다. 신문에 보도된 좌담회의 사진을 보면, 공삼 한 사람만이 담배를 입에 물고 있다. 그는 글자 그대로 체인 스모커였다.

유럽 여행(1967년 11월~1968년 1월)

문리대 학장에 취임한 때로부터 약 1년이 지난 1967년 11월부터 1968년 1월까지 공삼은 유럽여행길에 올랐다. 해방 이후 최초의 해외여행이었다. 어떤 명목으로 어떤 기관의 초청을 받아 서독과 이탈리아를 방문하게 된 것일까? 이때는 정부가 외화(外貨)의 유출을 방지하기 위해 국민의 해외여행을 철저히 통제하던 때였다. 더구나 공무원의 해외여행은 반드시 기관장의 재가를 얻어야 했다. 따라서 교육공무원인 공삼의 경우 서울대 총장의 재가를 얻어야 했다. 이 물음에 답하는 자료는 아직 발굴되지 않았다. 서울대에 관련문서는 남아 있지 않다. 그의 대담과[22] 수필에서 간단히 언급됐을 뿐이다. 그는 자신의 독일여행에 대해 다음과 같이 썼다:

> 1967년경에 기차로 라인강 동안(東岸)을 북(北)으로 달리던 때의 일이다. 캐빈에서 우연히 영국기자와 동석하게 되었다. 그 기자가 서슴지 않고 당신 나라는 박 대통령에 의해 경제가 비약적으로 발전하고 있으니 좋은 일이라 한다. 우리나라는 물론 박 대통령이란 특정인물까지 말한데 대해 외국에 간 한 한국인으로서 흐뭇하기 짝이 없었다.
>
> 이어 건너편 산꼭대기까지 경작해놓은 포도원을 가리키며 당신 나라도 저렇게

22 민병태 이인기, 「대담」, 『세대』, 1969년 1월, 52-58쪽.

고된 일을 하느냐고 물었다. 나는 즉석에서 우리나라는 땅이 넓어 저럴 필요가 없다는 '외강적(外剛的)' 표현을 했더니 고개를 끄덕이었다. 지금 생각해도 땅이 넓다고 대답한 것은 잘했다고 생각한다.[23]

공삼은 이어 이탈리아의 플로렌스를 방문했다.[24] 플로렌스는 이탈리아어로는 피렌체(Firenze)다. 그는 유서 깊은 이 도시의 미술관들을 찾아, 르네상스 시대의 어느 기간에 이 도시를 근거로 삼은 피렌체공화국을 지배하고 통치했던 메디치집안이 만들어낸 미술품들을 감상했다. 피렌체공화국정부의 관리로 또는 외교관으로 메디치집안을 위해 봉사했던 사람들 가운데 오늘날까지도 그 이름이 남겨진 사람이 바로 『군주론』의 저자 니콜로 마키아벨리다. 공삼은 미술품들을 보면서도 마키아벨리를 떠올렸다. 또 로마에서는 바티칸궁의 부속박물관을 관람했다.[25]

구범모 교수의 회상에 따르면, 공삼은 유럽여행을 마치고 귀국하는 길에 뉴욕을 방문하면서 뉴욕대 정치학과 부교수이면서 정치학과 대학원과정 주임교수인 김경원 박사를 만났다. 김 교수는 윌리엄스대를 졸업하고 하버드대에서 미국 국제정치학계의 거장들인 헨리 키신저 교수와 스탠리 호프만(Stanley Hoffmann) 교수의 지도를 받으며 서양정치사상과 국제정치를 전공해 1963년에 정치학박사학위를 받았으며 캐나다 요크대 조교수를 역임한 데 이어 뉴욕대에서 부교수로서 서양정치사상과 국제정치를 가르치고 있었다.다시 구범모 교수의 회상에 따르면, 공삼은 김경원 교수에게 서울대 정치학과 교수로 전직할 의향이 있는지를 물었고 김 교수는 긍정적으로 답변했다고 한다. 서울대 정치학과의 김영국 교수와 구범모 교수도 김경원 교수를 환영했다. 프랑스혁명을 깊이 연구한 그는 '한 국가에서의 혁명이 그 인접지역 전체의 국제체제에 미치는 영향'을 주제로 삼아 영

23 민병태, 「외유내강」, 『동아일보』, 1970년 4월 8일, 5쪽.
24 민병태 이인기, 「대담」, 『세대』, 1969년 1월, 53쪽.
25 민병태, 「해설」, 『동아일보』, 1970년 4월 22일, 5쪽.

문으로 집필한 책[*Revolution and International System*]을 1970년에 뉴욕대 출판부를 통해 출판해 미국정치학계에서도 명성을 확립한다. 그러나 김 교수는 결국 1971년 여름에 고려대 정치외교학과 교수로 부임한다.**26**

대체로 1968~1970년의 시기에 서울대 정치학과에는 구영록, 이홍구, 장위돈이 그리고 외교학과에는 노재봉이 전임으로 부임한다. 구영록은 켄터키웨슬리언대 경제학과를 졸업하고 밴더빌트대에서 정치학석사학위를 받은 데 이어 미시간대에서 미국 국제정치학계의 거장들 가운데 한 사람인 이니스 클로드(Inis Claude) 교수의 지도를 받으며 미국정치와 국제정치를 전공해 정치학박사학위를 받았으며, 이스턴미시간대 조교수를 역임했다. 한국국제정치학회 회장과 서울대 미국학연구소 소장을 역임하고 대한민국학술원 회원으로 선출된 데 이어 서울대를 정년퇴임했으며 2001년에 별세했다. 그사이 대표작인 『인간과 전쟁 : 국제정치이론의 체계』(법문사, 1977)를 출간한 데 이어 자신의 박사학위논문을 *Political Dissent in U.S. Foreign Policy* (Seoul National University Press, 1978)로 출간했다.

이홍구는 에모리대 철학과를 졸업하고 미국에서도 그 명성에서 두드러진 구겐하임장학생으로 뽑혀 예일대 대학원 철학과로 진학했다. 그러나 그는 정치학과로 옮겨 정치사상을 전공해 정치학석-박사학위를 받았으며 에모리대 조교수와 케이스 웨스턴 리저브대 조교수를 역임했다. 서울대 사회과학연구소장과 한국정치학회장을 역임했으며, 통일원장관-대통령특별보좌관-주영대사-통일부총리-국무총리-국회의원-주미대사를 역임하는 가운데 한국이 배출한 '글로벌 리더들' 가운데 한 사람으로 자리를 잡았다. 자신의 예일대 지도교수 프레드릭 왓킨스(Frederick M. Watkins)의 *The Age of Ideology : Political Thought, 1750 to the Present* (Englewood Cliffs, N.J. : Prentice-Hall, 1964)를 『근대정치사상사』(을유문화사, 1975)로 역간했는데, '사상'의 의미를 멋진 문장들로 설명한 역자 서문이 일품이어서

26 한승주 편, 『신세계질서와 아태지역 : 김경원박사화갑기념논문집』(나남출판, 1996), vi쪽.

오늘날까지도 구전되고 있다. 통찰력이 깊은 그의 수많은 글들은 제자들에 의해 『이홍구 문집』(나남출판사, 1996) 전 5권으로 출판됐다. 그의 대표적 제자가 김홍우 교수다.

장위돈은 밴더빌트대에서 정치학석사학위를 받고 오리건대에서 정치발전론을 전공해 정치학박사학위를 받았다. 서울대에 봉직한 때로부터 3년 지난 시점에 조교수로 대통령특별보좌관에 기용돼 서울대를 떠났다. 카이로총영사와 외무부 외교연구원장 및 에콰도르대사를 역임한 뒤 1984년에 별세했다.

노재봉은 뉴욕대에서 정치사상을 전공해 정치학박사학위를 받고 암스트롱주립대 조교수를 역임했다. 서울대 국제문제연구소 소장을 역임하고 대통령특별보좌역과 대통령비서실장을 거쳐 국무총리와 국회의원을 역임했다. 프랑스어원전에 능하지 않고는, 그리고 서양의 정치사항에 익숙하지 않고는 다루기 어려운 프랑스의 정치사상가 토크빌의 정치사상을 분석한 자신의 정치학박사학위논문을 기초로 『시민민주주의 : 또끄빌연구』(박영사, 1975)를 출판했다.

1969년 1월의 대담

공삼은 1968년 11월 하순과 12월 초순의 어느 시점에 월간지 『세대』의 1969년 1월호를 위한 대담에 참가했다. 주제는 「국위(國威)」였다.[27] 사회자는 없었고, 대담자는 자신의 서울대 문리대 학장 전임자로 서울대 대학원장이던 교육학자 이인기(李寅基) 교수였다.

이 월간지가 신년호 권두대담의 주제로 왜 '국위'를 선택했는지는 알 수 없다. 대담자들의 대담은, 필자가 자의적으로 단순화시켜 말한다면, "그사이 외형적으로 경제성장이 꽤 이뤄져 한국이 근대국가로 바뀌는 계기가

27 『세대』, 1969년 1월호, 52-58쪽.

마련된 것 같으나 내면적으로 국민의 의식은 여전히 후진상태에 머물러 있는데 이것을 개선시키는 길은 무엇일까?"에 맞춰졌다. 거기서 한 걸음 더 나아가 "한국이 외형적으로 내면적으로 모두 근대국가의 모습을 갖출 때 한국의 국위가 선양될 수 있다."는 결론을 주최측은 유도하고 싶었던 것 같다.

이 대담에서 우선 공삼은 그때 한국이 직면한 현실을 세계사의 안목에서 접근하는 자세를 보여주었다. 동양의 역사에서는 칭기즈칸을 거명하고 명치유신의 사례들을 언급했으며, 서양의 역사에서는 나폴레옹, 메디치집안, 루이 14세, 데카르트, 비스마르크, 쇼펜하우어, 부르크하르트, 프랑스 혁명, 그리고 1770년대에 독일의 문단에서 일어났던 이른바 수트룸 운트 드랑(Strum und Drang : 폭풍과 노도) 사조 등을 언급했다.

공삼의 발언취지를 필자가 자의적으로 정리한다면 다음의 다섯 가지로 요약된다. 첫째, 공삼은 "국위선양의 목적이 아시아나 세계를 지배하겠다는 데 두어져서는 안 되며, 역사적으로 낙후되었던 것들을 앞으로 전진시켜야겠다는 데 두어져야 합니다."라고 강조했다. 그리고 역사적으로 낙후된 부분들을 개혁하고 개선하기 위해서는 지난날의 한국의 역사와 전통을 정확히 파악해 거기서 취할 것은 취하고 버릴 것은 버려야 한다고 말했다.[28] 공삼의 발언 가운데 앞부분은 국위선양이라는 용어가 행여 권력당국에 의해 국수주의적 분위기 조성에 이용되지 않을까 하는 우려에서 나왔을 것이다.

둘째, 공삼의 이러한 조심스러움은 '지식인과 권력의 관계'에 대해 언급하는 부분에서 다시 나타났다. 그는 "비스마르크 시대에 쇼펜하우워나 부르크하르트 등은 독일의 민족통일과는 동떨어진 얘기를 합니다. 그렇다면 지식인과 권력이 동시적으로 부합되어야 한다는 것과는 달라야 합니다."라고 말한 것이다.[29] 정권이 지식인들에게 정권의 요구에 부응하는 발언을

28 위와 같음, 57쪽.
29 위와 같음, 54쪽.

하도록 요구하던 시기에 공삼은 정면으로 도전하는 발언을 한 것으로 해석된다.

공삼의 발언은 계속됐다. "19세기 독일의 철학자들은 독일통일에 기여했다기보다는 서유럽이나 전 세계에 영향을 미친 것이 오히려 컸습니다."라고 발언하고, "그것이 독일의 문화양상이나 국가발전의 발생근저(發生根底)의 중요한 기반이 됐습니다."라고 강조했다. 쉽게 말해, 독일의 철학자들이 독일적 차원에서가 아니라 유럽적 차원에서나 세계적 차원에서 지적 활동을 전개한 것이 오히려 독일의 문화향상과 국위신장에 크게 도움을 주었다고 말한 것이다.[30]

공삼의 현대사 인식

셋째, 공삼은 "하나의 민족으로서 균형이 잡힌 상태, 그러나 민족역량이 최대한으로 발휘되는 상태에서 국위가 발생할 수 있는 근저(根底)가 형성됩니다."라고 보았다. 여기서 중요하게, 공삼은 "국민의 경제생활이 최저수준에서 벗어나 미래에 대해 어느 정도 전망을 갖게 될 때 국위를 선양하는 발생의 근저가 마련될 수 있습니다."라고 덧붙였다.[31]

여기서 공삼은 흥미로운 관점을 제시했다. 보기에 따라서는 그때 '주류적(主流的) 견해'와 차이가 나는 관점을 제시한 것이다. 그때 '주류적 견해'는, 필자가 단순화시켜 말한다면, "한국에서 제1차 경제개발계획이 '성공적'으로 마무리되고 제2차 경제개발계획이 역시 '효율적'으로 추진되는 결과로 경제성장이 가시화(可視化)되자 국민들이 돈이라는 '외형'에만 관심을 쏟아 극단적인 경우에는 '호화주택의 건설' 등 사치로 치달리고 '내면적 성숙'에는 관심을 쏟지 못하고 있다."는 것으로 요약됐다.

공삼은 이러한 '주류적 견해'에 어긋나는 의견을 개진했다. "물량의 팽창

30 위와 같음.

31 위와 같음, 52쪽.

에 따른 정신적 자세가 수반되어야 한다고 말씀하셨지만, 역사가 발전하려면 외형에서부터 그것이 나타나는 것이 아닌가 생각합니다."라고 말한 데 이어, "얼마전만 해도 그 사람이 '개화되었다'고 하면 그 사람이 양복을 입은 외형을 가리키는 것이지 그 사람의 철학을 보고 하는 말은 아니지요."라고 부연한 것이다.[32]

넷째, 공삼은 "국위선양의 동기를 만들어주는 것은 지도자의 리더십에 달려 있습니다."라고 보았다. 특히 "앞으로 끌고 나가려는 사람의 추진력이 일반인들에게 광범위하게 받아들여질 때 [⋯] 국민 개개인이 다른 사람들과 호응하고 같은 틀 속에서 협동하는 정신적 자세가 강화되며, 이것이 사회발전의 활력소가 되어 왔습니다."라고 덧붙였다.[33] 이렇게 '지도자의 리더십'을 중시하면서도 어떤 특정인을 거명하지는 않았다. 공삼은 여전히 지식인으로서의 조심스러움을 유지하고 있었던 것이다.

'지도자의 리더십'을 강조한 것은 자유민주주의의 정신에 어긋나는 것은 아니었을까? 어긋나지 않다. 왜냐하면 자유민주주의를 채택하고 운영하는 서방세계에서도 자유민주주의를 '리더십에 의한 민주주의(democracy by leadership)'로 이해하고 있기 때문이다.[34]

다섯째, 공삼은 "국위의 선양을 위해서는 여러 분야에서 역군(役軍)이 많이 나와야 합니다."라고 보았다. 이 취지와 관련해 공삼은 그때의 한국에서 이른바 엘리트들이 "너무 빠르게 출세하고 있습니다."라고 지적하고, 엘리트들이 "조직사회 안에서 자신에게 분담된 역할을 정확히 파악하고 수행해야 합니다."라고 충고하면서, 국민은 국민대로 한국사회 안에서 자신의 역할한계를 인정하되 자포자기해서는 안 된다고 덧붙였다. 공삼은 결국 한국사회가 '책임감 있는 사회'로 자리를 잡아야 '국위를 선양'하게 된

32 위와 같음, 57쪽.

33 위와 같음, 53쪽.

34 이 점에 대해서는 Ferdinand A. Hermens, *Introduction to Modern Politics* (Notre Dame, IN. : The University of Notre Dame Press, 1959), pp. 20-40.

다고 매듭을 지었다.[35]

한국경제연구센터에 참여(1969년 3월)

1969년 3월 4일에 대한상공회의소는 자신의 부설기관으로 한국경제연구센터를 개설하기 위해 창립총회를 열었다. 대한상공회의소 박두병(朴斗秉) 회장 주재로 열린 이 창립총회는 산(産)-학(學)-관(官) 협동으로 국내외의 재정-금융-경제-산업-기술-경영 등 경제 분야의 모든 문제를 연구할 목적으로 이 센터를 발족시키기로 결의했다. 이 센터의 회장과 이사장에는 각각 박두병 대한상공회의소 회장과 김봉진(金奉鎭) 대한상공회의소 사무총장이 선출됐다. 한국경제학계의 원로 최호진 연세대 교수는 이사로 참여했다.

이 센터는 학계-언론계-금융계-관계 등에서 30명을 연구위원으로 위촉했다. 학계에서는 고승제(高承濟) 전 서울대교수-현 경제과학심의위원, 남덕우(南悳祐) 전 서강대교수-현 경제과학심의위원, 박동묘(朴東昴) 전 서울대상대교수-현 경제과학심의위원, 박희범 전 서울대상대학장-현 문교부차관, 변형윤(邊衡尹) 서울대상대학장, 이승윤(李承潤) 서강대교수, 이한기 서울대법대학장, 이현재(李賢宰) 서울대상대교수, 차기벽 성균관대교수, 최형섭(崔亨燮) 전 경성대 교수-현 경제과학심의위원 등과 함께 공삼도 연구위원에 위촉됐다.[36]

이들 가운데 훗날 세 사람(남덕우, 이한기, 이현재)이 국무총리로 기용되고 한 사람(이승윤)이 부총리로 기용되며 두 사람(박동묘, 최형섭)이 장관으로 기용된다. 그러나 공삼은 관직에는 전혀 관심을 보이지 않았다.

35 위와 같음, 58쪽.

36 『매일경제』, 1969년 3월 5일, 1쪽.

제 2 절 서울대 대학원 원장 시절

대학원장으로 취임하다(1970년 3월)

공삼은 1970년 3월 2일에 서울대 대학원 원장으로 임명됐다. 전임자는 사범대학의 교육철학 교수 김계숙(金桂淑) 박사로 그는 1970년 2월 26일에 정년퇴임했다. 공삼의 후임으로 문리대 동양사학과의 고병익(高柄翊) 교수가 임명됐다.[37] 고병익 교수는 도쿄제국대학 문학부 사학과를 졸업하고 독일 뮌헨대에서 박사학위를 받았으며 동국대 교수를 거쳐 서울대 교수로 봉직해왔다. 그는 1979년 5월에 제14대 서울대 총장으로 봉직하게 된다.

공삼이 대학원장으로 임명된 데 대해 대학 안에서도 밖에서도 매우 긍정적인 반응을 보였다. 이 점은 그때 국내 최고최대의 일간지로 꼽히던 『동아일보』가 그를 인터뷰하고 5단의 상자 기사로 크게 보도한 데서 잘 드러났다. 서울대 문리대 철학과 졸업생인 조규하 기자가 회견을 맡았다.

조규하 기자는 "학문의 전당 서울대의 대학원장에 '징발'된 민병태 박사는 서울대 문리대에서 19년 동안 정치학을 강의해온 전형적인 학자 — 한때 문리대학장에 임명된 후 축하하는 제자들에게 도리어 노여움을 풀었다는 그는 학문 이외에는 학교의 행정직을 맡는 것까지도 되도록이면 피하고 싶어한다."라고 서두를 연 데 이어, "그래서 대학원장으로 무슨 일을 하겠느냐"는 질문에 "나이가 들었으니 맡겼을 거고, 맡겼으니 성실하게 임무를 수행해볼 뿐이라고만 말한다."고 썼다.[38]

이 회견에서 공삼은 우선 "오늘날 대학의 문제는 학문하려는 학생의 수가 적어졌다는 것"이라고 진단하면서, 대학원에 진학하는 학생들의 수가 줄어드는 현상에 우려를 표시했다. 대학원에 진학하는 학생들의 수가 많아

37 『대학신문』, 1970년 3월 9일, 1쪽.

38 조규하, 「인터뷰 : 민병태 신임 서울대 대학원장」, 『대학신문』, 1970년 3월 4일, 3쪽.

야 거기에 상응해 강좌도 증설하고 교수도 증원할 수 있으며 그래야 학문 연구가 활성화될 수 있다는 뜻도 밝혔다. 그는 동시에 "대학원은 학문하는 본고장인 만큼, 학문을 할 수 있도록 여건을 구비해줘야 한다."고 주문했다. 구체적으로, 그는 "전문논문집이다, 시설이다 등등을 갖춰줘야만 사회에서 꼭 필요한 사람을 길러낼 수 있을 것"이라고 덧붙였다.

조규하 기자는 "정치학을 공부하시면서 정치참여는 왜 싫어하시죠?"라고 물었다. 공삼의 대답은 일품이었다. 그는 "정말 정치학을 제대로 하면 정치가라는 직업이 쉽지 않다는 것을 알게 돼요."라고 대답한 것이다. 공삼은 "한국의 현실은 부조리에 가득 차 있다"고 말을 이었다. 그러나 그는 "그 부조리가 '발전상의 모순'이기 때문에 오히려 우리 한민족발전의 계기가 될 수 있을 것"이라고 진단했다. 그는 또 "한국에서의 학문의 방향은 이른바 한국학이어야 하지 않겠느냐?"고 말하면서, "예를 들어, '율곡과 아리스토텔레스', '서양과 한국' 등 비교연구가 더 많아졌으면 한다."고 덧붙였다.

공삼은 학자로서 '가장 괴로운 것'이 무엇이냐는 질문에 대해, "역시 시간이지. 학문하는 데는 흘러가는 시간이 가장 무섭고 시간이 흘러가는 것이 가장 괴롭지."라고 대답했다. 그는 "다시 젊어질 수 있다면 무엇을 하고 싶으신지요?"라는 질문에 대해, "[프랑스의 문인] 몽테뉴의 말처럼 다시 한 번의 인생을 갖는다면 이미 내가 걸었던 길을 다시 한 번 걸어보는 것"이라고 답변했다. 그는 "내가 현자(賢者)는 아니어서 뭐라고 말할 수는 없으나, 그래도 굳이 말하라면 현자란 분수를 지키는 법이지."라고 덧붙였다.

공삼의 '줄 담배'가 화제에 올랐다. 공삼은 "하루 서너 갑은 피울 걸. 전매청장이 상이라도 줘야겠지만 그보다도 담배 좀 잘 만들어주었으면 좋겠어. '청자'는 사기도 어렵고 '신탄진'은 불이 타지도 않고."라고 말했다. 59학번의 이형균 전 경향신문사 편집국장은 공삼은 강의시간에도 늘 양담배 '바이스로이'를 피웠다고 회상하면서, "공삼 선생에게는 성냥이 한 개피만 있으면 됐어. 앞의 담배가 꺼질 무렵 새 담배를 꺼내 앞의 담배 불로 불을

붙였으니까."라고 덧붙였다. 공삼의 평생에 걸친 이 '줄 담배'는 결국 1970년 4월 하순과 5월 중순 사이에 그를 고혈압으로 쓰러지게 만드는 한 원인이 된다.

수필에서도 아리스토텔레스, 마키아벨리, 홉스를 등장시키다

이 회견을 계기로 공삼은 『동아일보』 문화면의 「서사여화(書舍餘話)」에 네 편의 짧은 수필들을 발표했다. 「서사여화」는 대학교수들이 연구과정에서 얻은 일화들을 중심으로 집필하는 고정칼럼이었다.[39]

이 수필들에서도 공삼 특유의 글쓰기가 나타났다. 다른 논문들이나 평론들에서처럼, 고대희랍과 고대로마의 얘기들, 영국헌정사의 얘기들, 르네상스시대의 얘기들, 그리고 소크라테스와 아리스토텔레스, 마키아벨리, 베이콘, 홉스, 볼테르 등 서양의 정치사상가들이 등장한 것이다. 공삼은 이 네 편의 수필에서 아리스토텔레스의 이름을 세 차례 거명했는데, 어느 한 수필에서는 "진실한 용기란 만용과 비겁의 중간이라고 한 아리스토텔레스의 중용이 행동의 지침이 됨직하다."고 썼다.[40]

6·25전쟁에 대한 평론(1970년 6월)

1969년 1월에 미국에서 리처드 닉슨 대통령이 이끄는 공화당 행정부가 출범하면서 세계정치와 한반도 주변정세에는 커다란 변화가 일어나기 시작했다. 닉슨 행정부가 공산국가들과의 긴장완화정책을 추구하게 되면서, 1970년부터 그 여파가 한반도에도 닥치는 것이 느껴지기 시작한 것이다.

●●●●●

39 민병태, 「외유내강」, 『동아일보』, 1970년 4월 8일, 5쪽; 「해설」, 위와 같음, 1970년 4월 22일, 5쪽; 「언행일치」, 위와 같음, 1970년 5월 1일, 5쪽; 「건망증과 복고조」, 위와 같음, 1970년 5월 18일, 5쪽.

40 민병태, 「언행일치」, 위와 같음.

이러한 시대적 배경에서 6·25전쟁 발발 20주년을 맞이하며, 월간지 『신동아』는 공삼에게 6·25전쟁을 역사적 맥락에서 재조명하는 평론의 기고를 요청했다. 그 결과가 200자 원고지 60매 분량의 평론으로 나타났다.[41] 각주나 참고문헌은 전혀 붙어 있지 않다. 이 글은 공삼의 글로서는 마지막의 것이 된다. 그가 몇 개월이 지나 와병함에 따라 더 이상 집필할 수 없게 되기 때문이다.

우선 지적돼야 할 것은 이 글은 이제까지의 공삼의 글들 가운데 비교적 읽기 쉬운 글의 부류에 속한다는 사실이다. "몇몇 구절들에 주해가 붙었거나 부연이 뒤따랐다면 비전문(非專門)의 독자들에게 도움이 됐을 터인데" 하는 아쉬움이 남긴 한다. 그러나 전반적으로 평이하게 쓰여졌다. 이러한 전제 아래, 공삼의 이 평론을 소개하면서 토론하기로 하자.

첫째, 이 전쟁의 성격에 대해서다. 오늘날 우리는 이 전쟁의 성격을 논할 때, '전통주의학파의 시각'과 '수정주의학파의 시각' 그리고 '후기 전통주의학파의 시각'과 '후기 수정주의학파의 시각'이라는 용어들을 사용하곤 한다. 그러나 이 평론에서 그러한 용어들은 전혀 등장하지 않는다. 이 평론을 집필하던 시점에서, 이 용어들은 국내의 정치학계에서는 쓰이지 않았으며 더구나 '수정주의학파의 시각'은 소개조차 되기 어려웠다. 그렇다고 해서, 이 평론에 나타난 공삼의 6·25전쟁관이 서방학계의 연구동향과 전혀 무관하게 성립된 것은 아니었다. 공삼은 오늘날의 용어로 '전통주의학파의 시각'을 보여주었다. 그는 기본적으로 이 전쟁을 2차대전이 끝난 이후 미국과 소련 사이에 전개된 동서냉전의 틀 안에서 접근했다. 그는 소련의 군사적 팽창정책에 대해 미국이 소극적으로 대처한 상태에서 소련과 중공의 지원 아래 '북괴'가 침략을 개시함으로써 이 참극이 시작된 것으로 이해한 것이다.[42]

41 민병태, 「6·25의 현대사적 의의: 한국전쟁 20주년을 맞아」, 『신동아』, 1970년 6월호, 62-69쪽. 공삼의 「저작목록」에 이 평론이 「한국전쟁의 현대사적 의의」로 기재된 것은 실수의 결과일 것이다.

둘째, 이 전쟁의 명칭에 대해서다. 공삼은 '6·25전란'이라는 용어와 '한국전쟁'이라는 용어를 꼭 한 차례씩 쓴 대신에 '6·25'라는 용어를 열 차례나 썼다. '한국전쟁'이라는 용어는 이 전쟁을 서방국가들의 참전과 연관시켜 설명할 때 썼을 뿐이다.[43] 공삼은 이 전쟁의 명칭을 정하는 문제에서 신중을 기한 것이다.

셋째, 이 평론에 일관되게 흐르는 공삼의 한국현대사 인식이다. 이것을 필자는 네 갈래로 나눠 설명하기로 하겠다.

(1) 공삼은 일제로부터의 해방이 '주어진' 것이라고 보았다. 많은 애국지사들의 '희생과 고투(苦鬪)'에서 해방을 맞이하게 된 사실을 인정하면서도, '연합군의 승리'에서 해방을 얻게 됐음을 역설했다. 공삼은 한민족의 해방이 연합군의 승리로 말미암아 이뤄졌기에, 미국과 소련이 한반도를 분할하는 결정을 내렸을 때 한민족은 그 결정을 받아들일 수밖에 다른 선택이 없었음을 '개탄'했다.

공삼의 '개탄'은 거기서 끝나지 않았다. 미국과 소련이 한반도를 분할하는 결정은 분할에 멈추지 않고 전쟁으로 이어졌다고 다시 '개탄'한 것이다. 이러한 맥락에서, 그는 6·25전쟁을 '하나의 주어진 전쟁'으로 평가했으며, 이러한 비극이 "우리 민족이 강대국의, 말하자면 '객체(客體)'로서 다루어진 데서 나온 운명임을 '개탄'했다.[44]

(2) 공삼은 6·25전쟁이 동서냉전의 소용돌이 속에서 미국이 유럽에서와는 달리 동북아시아에서 소련에 대해 소극적이거나 미온적으로 대응했기에 일어났다고 보았다. 공삼의 관찰로는, 미국은 2차대전이 끝난 직후부터 유럽에서 소련의 군사적 팽창정책에 대해 강경하게 맞섰다. 소련의 베를린봉쇄에 대해, 전쟁의 발발을 각오하면서까지 강경히 대처한 것, 또 '그리스 북부의 공산집단'의 게릴라전에 강경히 대처한 것 등을 공삼은 그 사

42 위와 같음, 66쪽.
43 위와 같음.
44 위와 같음, 68쪽.

례들로 지적했다. 그러나 다시 공삼에 따르면, 미국은 동북아시아에서는 공산세력에 대해 미온적으로 대처했다. 장개석의 중국국민당과 모택동의 중국공산당 사이에서 '국공조정(國共調整)'을 시도하다가 결과적으로 중국대륙을 중국공산당이 차지하도록 만들어놓은 것, 그리고 딘 애치슨(Dean Acheson) 미국무장관이 한국을 미국의 태평양안전보장선에서 제외시킨 결과 고무된 공산군이 남침을 개시한 것 등을 공삼은 그 사례들로 지적했다.[45]

(3) 공삼은 공산국가들이 '남침'을 결정하게 된 배경에는 앞에서 살핀 국제정치의 요소가 가장 크게 자리를 잡고 있으나 남한 내부의 요소도 작용하고 있었다고 보았다. '주어진 민주주의' 속에서, "사회는 혼란과 침체에서 벗어나지 못했고 […] 좌익계열의 선동이 자행됐으며 […] 국민의 권리보장이 이뤄지지 아니하자 일반대중은 민주주의를 비웃고 몸가짐에 있어 자학적인 허탈감에 빠져 있었다."는 것이었다.[46]

(4) 그러나 공삼은 이 전쟁은 원천적으로 미소관계에서 발생했기에 어느 한 쪽이 다른 한 쪽에 완전한 승리를 거둘 수 없는 '제한전쟁'이 될 수밖에 없었다고 보았다. 남한이 붕괴될 위기에 직면하자 서방국가들이 개입하고, 북한이 붕괴될 위기에 직면하자 중공이 개입하고, 그리하여 전선이 교착되자 휴전이 성립됐다고 공삼은 평가했다. 여기서 공삼은 중요한 결론을 도출했다. 한반도에서 어느 한 쪽의 완전승리에 의한 통일을 기대하기는 매우 어렵다는 전망을 제시한 것이다.

공삼이 이 평론을 집필하던 시점에서, 남한사회의 일각에서는 미국의 닉슨행정부가 공산권을 상대로 긴장완화와 교류협력증진을 추진할 것이라는 예단 아래 강대국관계의 변화 속에서 남북한의 통일이 가까운 장래에 실현될 수 있지 않겠느냐는 기대가 조심스럽게 성장하고 있었다. 이러한 기대에 대해, 공삼은 "국제정세의 변천에 따라 통일이 '주어질' 것이라는

45 위와 같음, 66쪽.
46 위와 같음, 64쪽.

[…] 안이한 생각은 허용될 수 없다."고 단언했다.[47]

공삼은 한 걸음 더 나아가 남북 사이의 '협상'에 대해서도 경계하는 시각을 나타냈다. 이 시점에서 동독과 서독이 교류를 확대하면서 협상을 진전시키는 움직임과 관련해, 공삼은 "6·25는 우리로 하여금 협상 자체를 완전히 불가능하게 하였다. […] 전쟁을 치르지 않았던 동서독은 [동서냉전이 완화되는 국제환경을 이용해] 교류를 시도할 수 있겠으나, [한국으로서는] 이러한 방향으로의 모색은 반공체제의 동요와 적의 침투 내지는 선전을 허용하는 위험을 초래할 것이 명백한 것이다."라고 단언했다.[48]

공삼은 6·25전쟁이 남긴 교훈은 '자유'의 소중함에 대한 인식이었다고 지적했다. 그는 "이 전쟁을 겪으면서 우리는 자유가 얼마나 귀중한 것인가를 체험했으며, 이 자유는 국제정세에 맡겨둔 채로 가질 수 있는 것이 아님을 깨닫게 되었다."고 썼다. 그는 이어 우리가 자유를 지키고 통일을 성취하기 위해서는 "자주적인 국방에 헌신해야 하며 자유체제의 확립과 경제건설에 매진해야 한다."고 역설했다.[49]

「민주주의와 한국」(1970년 12월)

공삼이 회장직을 맡은 한국정치학회는 1970년 12월 29~30일에 서울의 신문회관 강당에서 「민주주의와 한국」이라는 주제로 학회창립기념학술대회를 열었다. 공삼은 고혈압으로 쓰러진 때로부터 얼마 지나지 않은 시점이어서 이 자리에 참석할 수 없었다.

학술회의의 주제로 왜 「민주주의와 한국」을 선정했을까? 우리가 앞에서 이미 보았듯, 1960년대 후반에 들어와 한국정치학회 일각에서는 "한국의 정치학이 자기정체성을 확립해야 될 때가 되지 않았느냐, 특히 '민주주의

47 위와 같음, 68쪽.
48 위와 같음, 69쪽.
49 위와 같음.

의 토착화'를 모색해야 될 때가 되지 않았느냐"는 문제의식이 때때로 노출되곤 했다. 이러한 분위기를 고려해, 한국정치학회는 그러한 주제를 채택한 것이다.

이 학술대회는 (1) 민주주의 이념, (2) 선거, (3) 정당, (4) 교육 등 네 분과를 열고 발표와 토론을 이어갔다. 제1분과에서 고려대 한승조 교수는 "서방식 민주정치가 유일한 이상적 정치형태가 아니며 한국이 그 체제를 실현하지 못했다고 해서 민족적 열등감이나 욕구불만을 느낄 필요는 없다."고 말했다. 그는 "한국민주주의는 한국 특유의 신생국 민주주의에 서방민주주의체제의 규범과 교육 및 국가의 윤리적 내용을 통합한 혼합정부체제가 모색돼야 한다."고 제의했다. 그의 발표는, 신문의 보도에 따르면, 다음으로 이어졌다:

> 서구의 민주정치체제는 공업화 내지 상업화된 일부 민족국가의 체질에 적합한 것이지 세계 어느 민족에게나 기대되는 것이 아니다. 최근 세대 간의 갈등, 보수와 과격 간의 갈등, 인종문제 등으로 국민적 합의의 바탕이 깨지고 정치적 정통성마저 약화된 [서구의] 정치체제를 막연히 동경하고 미화하고 우상화하는 것은 졸렬한 식민지 근성이다.[50]

부산대 정희채 교수는 「한국민주주의와 정당」을 발표했다. 그는 "특정 인물을 중심으로 하는 정당정치가 능률적이고 공업화의 속도를 빠르게 하는 것은 사실이지만, 국민통합이나 합리성의 결여로 부작용을 드러낸다."고 말하고, "국민의사의 상승작용과 정치교화의 하강작용이 가능한 민중 속의 정당체제운용이 필요하다."고 역설했다.[51]

50 『경향신문』, 1970년 12월 29일, 5쪽.
51 위와 같음.

제 3 절 정치학과 교수로의 복귀와 투병, 그리고 별세

공삼이 고혈압으로 자리에 눕게 되자, 민준기 교수의 회상에 따르면, 평소에 공삼을 높이 평가하던 박정희 대통령은 비서관을 자택으로 보내 정중하게 문병함과 아울러 쾌유를 빌며 금일봉을 전달했다고 한다. 공삼은 자신의 와병이 길어질 것이라는 진단을 받으면서 대학원장직을 사임했다. 이에 따라, 문리대 국어국문학과 교수 이숭녕 박사가 대학원장으로 임명을 받았다.[52] 공삼은 또 10년에 걸쳐 책임을 맡았던 한국정치학회장직도 사임했다. 그의 후임이 그의 절친한 친구이면서 한국정치학계의 원로인 성균관대 정인흥 교수였다. 그사이인 1970년 12월 5일에 정부는 공삼에게 국민훈장 동백장을 수여하면서 학계와 교육계에 대한 공삼의 봉사와 헌신을 높이 기렸다.

투병생활 속에서도 가르침을 이어가다

공삼은 대학원장 사임과 동시에 문리대 정치학과 교수로 복귀했다. 초기에는 상태가 상당히 호전됐으며, 1973년 4월에는 가족들과 제자들이 서울대 교수회관에서 마련한 회갑연에 한복정장으로 참석할 수 있었다. 공삼은 사모님과 더불어 방문객들을 맞으며 환담하기도 했다. 이 자리에서 그는 제자들이 마련한 화갑기념논문집을 봉정받았다. 이 논문집에는 구범모, 구영록, 김영국, 김운태, 민준기, 윤근식, 이택휘, 차기벽, 최명, 최창규 교수 [가나다 순서] 등 모두 27명이 기고했다. 이 화갑기념논문집의 출판을 위해 실무를 맡아 수고했던 이가 이정수(李楨秀) 조교였다. 64학번으로 1971년 2월에 정치학석사를 받은 그는 1992년 2월에 북한정치에 대한 연구로 박사학위를 받으며 통일연수소 교수로 활동한다.

52 『대학신문』, 1971년 2월 26일, 1쪽.

회복의 기미를 보이던 공삼은 다시 쓰러지면서 어려운 투병생활에 들어갔다. 자연히 강의와 집필은 전면적으로 쉬어야만 했다. 대체로 대학원에 서양정치사상사 강좌를 공삼의 이름으로 개설해놓고, 주로 김영국 교수가 대강(代講)을 했다. 김영국 교수는 언제나 기꺼이 그 일을 맡았다. 그렇다고 해서 공삼이 가르치는 일을 아주 멈춘 것은 아니었다. 학생들을 자택으로 부르기도 하고 때로는 학생들의 방문을 받으면서 정치학의 요체나 삶의 지침을 말씀하시곤 했다.

69학번의 이서항은 1973년 봄학기에 대학원 석사과정에 입학한 때로부터 한 학기 지난 시점에 석사과정 입학생들과 함께 공삼의 후암동 자택으로 인사를 가서 가르침을 받았던 일을 회상하곤 했다. 그는 공삼이 정치학을 공부함에 있어서 유행을 따르지 말고 동서양의 고전들을 많이 읽도록 권했다고 회상했다. 그는 서울대에서 정치학석사학위를 받고 미국 켄트주립대에서 국제해양법을 전공해 정치학박사학위를 받았으며 외교통상부 산하의 외교안보연구원에서 교수 및 연구실장을 역임하고 인도의 뭄바이총영사를 거쳐 현재 단국대학교의 한국영토연구소에서 초빙교수로 봉직하고 있다.

『권력과 기능』 역간(1977년 8월)

공삼이 별세하기 3개월 전인 1977년 8월에 휘문출판사는 『세계의 대사상(大思想)』 총서의 제18권을 발행하면서 공삼의 『권력과 기능』을 포함시켰다. 독일 쾰른대에서 사회학박사학위를 받은 뒤 귀국해 5·16군사정부에서 공보장관을 역임했으며 그 이후 중앙대 및 고려대 교수로 활동한 임성희가 책임편집과 해설을 맡은 제18권에는 라스키의 『근대국가의 자유』(민준기 역) 및 웰든(T. D. Weldon)의 『정치의 논리』(윤용탁 역)와 함께 공삼의 『권력과 기능』이 포함된 것이다.[53] 이것은 공삼이 이미 역간했던 『근

---

53 임성희 책임편집 및 해설, 『세계의 대사상』 18(서울: 휘문출판사, 1977), 203-319쪽.

대국가론』의 제2편(「권력과 기능」)을 그대로 수록한 것이다.

별세

공삼의 교수직은 1976년 2월 29일에 끝났다. 정부가 1975년에 발효시킨 대학교수재임용법에 의해 해임했기 때문이다.

그때로부터 2년이 채 되지 않은 1977년 11월 12일 아침 7시에 자신이 20년 가까이 거주했던 서울특별시 용산구 후암동 123번지의 자택에서 안온하면서도 평화로운 표정으로 별세했다. 향년 만 64세 7개월이었다. 사모님 김희경 여사, 그리고 1남(영기)과 3녀(정옥, 성옥, 금기)의 슬픔 속에 임종했다. 장례는 5일장으로 치러졌다. 16일 오전 8시 30분에 자택에서 발인행사가 마쳐진 뒤, 영구는 유족들과 친지들 그리고 제자들 및 한국정치학회 회원들의 애도를 받으며 충청남도 부여군 부여읍 중정리의 선영으로 모셔졌다.**54**

공삼이 가장 사랑했으며 사실상 자신의 아들처럼 여겼던 김영국 교수가 조사를 발표했다. 김 교수는 "선생님, 이제는 불러보아도, 고개를 돌리시고 가라앉은 육성(肉聲)으로 대답해주시던 그 특유한 모습을 다시는 뵙지 못하게 되었습니다."라고 말문을 연 뒤, "학자는 오래 살아야 한다는 평소의 집념으로 견디신 그 모진 투병의 긴 세월도 이제 와서 보니 안타깝게도 허사가 되었으니 맺힌 한(恨)이 그지없이 큽니다. 그러나 인생무상의 불심(佛心)이 강하셨던 선생님이시라 왕생극락하고 계시리라는 것을 믿어 의심하지 않습니다."라는 기원을 표시했다.

김영국 교수는 공삼의 학자로서의 업적을 다음과 같이 치하했다:

> 해방이 되자 선생님은 이 나라에서 처음으로 시작되는 정치학의 교육과 연구의 체통(體統)을 세우셨습니다. 혼란한 세태 속에서 선생님은 그동안에 비축한 깊

54 『동아일보』, 1977년 11월 14일, 7쪽.

은 학문적 조예와 탁견으로 대학에 몸을 담고 나라의 형편을 살피고 나가야 할 길을 밝혀주셨습니다. 6·25전쟁을 전후해서 선생님께서는 어려운 여건에도 불구하시고 여러 대학교의 정치학강의를 담당하시면서 정치학교육과 정치학의 토착화를 위해 전력하셨음은 당시의 동학이라면 누구나 알고 있는 일입니다.

그러나 선생님께서는 그토록 바라시던 학문의 연구에만 전념하실 수는 없었습니다. 한국정치학회 회장직을 다년간 맡아보시는 동안 우리나라의 정치학회를 세계정치학회의 일원으로 가입시킴으로써 이 방면의 국제적 교류의 문을 열어 주셨습니다. 그리고 서울대학교에 재직중에는 구(舊) 문리과대학의 문학부장 및 학장을 역임하셨고 이 나라 석학을 상징하는 대학원장을 역임하면서 지금까지 높이 평가되는 행정수완을 발휘하셨습니다. 이러한 선생님의 학덕은 사회에서도 크게 인정을 받아 학술원회원으로 피선되고 1970년에는 국민훈장 동백동을 받으시게 되었습니다.

김영국 교수의 조사는 계속됐다. 김 교수는 "이렇듯 다양한 공생활 속에서도 선생님께서는 한결같이 대학을 떠나시지 않으시고 지켜오셨습니다. 오늘날 선생님이 키워주신 제자나 동학이 비록 많다고는 하나 대학교에서 정년이 될 때까지 남아주신 선배교수님이 몇 분 안 되는 실정에 비추어 더욱 다정한 생각을 금할 길이 없습니다."라고 덧붙였다.[55]

제 4 절 강의와 인품에 대한 회상

공삼이 별세하면서 공삼의 강의와 인품에 대한 회상이 뒤따랐다. 주로 제자들의 다양한 회상들을 필자 나름대로 요약하기로 하겠다.

55 김영국, 「상아탑의 의로운 파수꾼: 고 민병태 박사 영전에」, 『경향신문』, 1977년 11월 15일, 6쪽.

강의에 대해

우선 55학번 백완기의 회고를 그대로 옮기기로 한다. 그는 훗날 미국 플로리다주립대에서 행정학박사학위를 받고 고려대 행정학과 교수 및 법과대학 학장으로 봉직했으며 한국행정학회장을 역임했다. 현재 대한민국 학술원 회원이면서 고려대 명예교수다.

> 민병태 교수 같은 분은 강의속도가 너무 빨라 도저히 필기를 할 수가 없었다. 어떤 학생이 "강의 속도가 너무 빠르고 내용도 무슨 소리인지 잘 모르겠다."고 불평조로 말하면, "내 강의 그러려니 하고 그냥 들어두어." 하면서 자기 스타일을 바꾸지 않았다. 그런데 민 교수 강의를 제대로 필기를 한 학생이 있었으니, 그 학생이 [훗날 미국 펜실베니아대학교에서 행정학박사학위를 받고, 한국행정학회장 및 서울대 행정대학원장을 역임했으며] 서울대 행정대학원 명예교수가 되는 강신택이었다. 하도 빌려가는 사람이 많아 노트가 걸레가 되었다고 들었다. 민병태 교수의 『정치사상사』 강의는 나에게 학문하는 데 자양분이 되었다고 생각한다.[56]

같은 55학번 정영의(鄭永儀)의 회고 역시 같았다. 그는 고등고시 행정과에 합격해 정부의 재경공무원으로 성장했으며 재무차관보와 재무차관 및 산업은행총재를 거쳐 재무장관을 역임했다:

> 민병태 선생 같은 분은 거두절미하고 담배를 피우시면서 죽 노트를 불러주시는데, 정치학개론이라는 과목에서 정치학개론에 나오는 내용은 전부 노트에 들어가게 하셨습니다. 제가 가지고 있는 대학노트가 6~7권이 됩니다. 정치사상사 강의는 소크라테스, 플라톤, 아리스토텔레스로부터 시작해서 라스키까지 강의를 다 해주셨어요.[57]

● ● ● ● ●

56 백완기, 「동문들의 회고글」, 『서울대학교정치학과60년사』, 517쪽.

57 정영의, 「동문들의 회고좌담」, 위와 같음. 402쪽.

61학번인 필자의 경우도 본질적으로 비슷하게 회고할 수 있다. 필자는 1학년 1학기부터 4학년 2학기까지 여덟 학기 가운데 졸업학년도의 마지막 한 학기를 빼놓고는 공삼의 강의를 모두 수강했다. 1학년 1학기의 정치학개론은, 공삼이 국가재건최고회의 의장고문으로 일하게 된 까닭으로, 거의 전부를 김영국 조교수가 대강을 했고, 1학년 2학기의 정치학개론은 일정 부분을 구범모 전임강사가 대강을 했다. 달리 말하자면, 1학년 2학기에 비로소 공삼의 강의를 듣기 시작한 것이다. 그러나 강의 속도가 빠른데다가 강의 내용이 어려워서 제대로 알아듣기 시작한 때는 아마 3학년 1학기에 이르러서였던 것 같다. 이 시점에 세바인의 『정치사상사』가 공삼의 이름으로 역간됐기에, 그것을 참조하면서 그저 윤곽을 잡는 정도였다. 그러한 전제 아래, 지금까지 머리에 남아 있는 것들 가운데 몇 가지만 회상하기로 하겠다.

첫째, 1학년 2학기 강의에서 게오르그 옐리넥의 이름에 처음 접했다. 공삼이 게오르그 옐리넥의 『일반국가학』을 상당히 길게 강의했기에, 그 내용은 거의 알아듣지 못했으나 옐리넥이라는 이름은 머리에 깊이 각인됐다. 그때로부터 거의 반세기가 지난 2004년에 노벨문학상 수상자로 오스트리아의 여류작가 엘프리데 옐리넥(Elfriede Jellinek)이 선정됐는데, 국내에서는 물론 서방세계에서도 옐리넥이란 성(姓)은 매우 익숙하지 않았다고 논평했다. 그러나 61학번의 우리들은 금세 공삼을 떠올렸다. 공삼이 강의했던 그 옐리넥 집안의 후예라고 곧바로 알아챘던 것이다. 무엇보다 옐리넥이라는 이름에서 친밀감을 가졌다.

우리가 제2장 제3절에서 보았듯, 옐리넥은 국가는 '영토 인민 주권'으로 구성된다는 '국가구성의 3대 요소설'을 제창했다. 이 학설을 설명하면서, 공삼은 '인민'이라는 용어의 중요성을 역설했다. '인민'이 모여서 국가를 구성한 뒤 '인민'은 '국민'이 되는 것이며 따라서 '국민'보다는 '인민'이 훨씬 더 기본적인 개념인데도, 그러므로 인민은 자신들이 만든 국가에 대해 비판하거나 반대하거나 심지어 저항할 기본적인 권한을 보유한 것인데도, 일제가 '영토 인민 주권'을 '영토 국민 주권'으로 바꿔 국가에 대한 '국민'의 복종의 의무를 앞세우는 쪽으로 교육을 시켰다고 설명했다. 이 대목이 무척 인상적이었다.

둘째, 1학년 2학기 강의에서 라스키를 비롯한 국가다원론자들이 제기한 주권제한론 더 나아가 주권해체론에 처음 접했다. 아니 국가의 주권을 제한해야 하며 심지어 해체해야 하다니, 그렇게 되면 국가는 어디로 가는 것인가? 수강생들 모두가 의아해 했으며, 그들 가운데 일부는 "국민이 국가주권에 대항해 반란을 일으켜도 된다는 뜻으로 해석해도 괜찮다."고 주장하기조차 했다.

라스키의 후임에 대해 소개하면서, 라스키는 기본적으로 사회주의자였는데 그의 후임에 보수주의자인 오크쇼트가 임명된 것은 이채롭다고 덧붙였다. 공삼은 거기서 한 걸음 더 나아가 그것이 영국사회의 중요한 한 특징이라고 논평했다. 어느 한 쪽으로 쏠리지 않으면서 균형을 잡으려는 노력을 영국사회는 언제나 잊지 않는다는 뜻이었다.

셋째, 공삼은 '사상(捨象)'이라는 생소한 단어를 가끔 썼다. '과학적' 정치학을 한다고 해서 '전통적' 정치학이 강조하는 가치판단을 '사상'해서는 안 된다는 말씀이 그 한 보기였다. 지금 생각하면, 대수롭지 않은 용어이지만 대학 학부생으로서는 신기하게 들렸다. 오늘날에도 우리 동기생들은 어떤 바람직스럽지 못한 화제가 오르면 "그것 사상해버리자."라는 말을 하곤 한다.

넷째, 2학년 1학기의 강의에서 공삼은 '혼합정부(mixed government)' 이론의 중요성을 강조했다. 플라톤의 정부론, 아리스토텔레스의 정부론, 그리고 폴리비우스의 정부론을 자세히 설명한 데 이어, 그들 모두가 각 정부의 장점을 취합한 '혼합정부' 이론을 제시했다고 설명했다. 공삼은 '혼합정부' 이론을 2학년 1학기 말 시험 때 출제하기도 했다.

다섯째, 2학년 2학기의 강의에서 공삼은 옥스포드학파의 토머스 힐 그린의 이상주의적 국가론에 대해 열정적으로 강의했다. 사회이든 국가이든 그 구성의 기초단위는 개개인이며 따라서 개개인이 자아실현을 최고의 수준으로 성취할 수 있도록 돕는 데 국가의 존재이유가 있다는 그린의 국가론은 평생에 걸쳐 필자의 기억에서 떠나지 않는다.

여섯째, 3학년 때의 강의였던 것 같다. 공삼은 영국의 존 로크가 프랑스의 장 자크 루소보다 적어도 국가와 정부에 관한 이론에서는 앞섰다는 취지로 말씀하셨다. 공삼의 정치사상은 국가와 정부보다는 개인을 더욱 중시하는 로크의 정치사상 위에 서 있었다. 어떻게 생각해보면, 루소가 사회계약론에서 강조한 '일반의사'는 훗날 이스라엘 히브리대학교의 제이콥 탈몬(Jacob L. Talmon) 교수가 지적했듯, '전체주의적 민주주의'로 귀결될 수 있다.[58] 공삼은 이 점을 경계했던 것이다. 그러나 정치학과 학생시절에 범용했던 우리로서는 로크와 루소의 그러한 차이를 감지하지 못했다.

로크와 관련해, 이홍구 교수의 회고를 덧붙이도록 하겠다. 서양정치사상 전반에 정통하며, 특히 로크와 루소를 비롯한 사회계약설에 정통한 이홍구 교수는 공삼이 당대의 한국 정치학자들 가운데 로크를 비롯한 영국의 정치사상가들에 대해 가장 밝았다고 회상했다.[59]

일곱째, 카를 마르크스와 막스 베버를 비교한 대목이었다. 그 시대에 우리는 베버보다 마르크스에 더 큰 관심을 쏟았다. 우리가 마르크스를 알면 얼마나 알고 베버를 알면 얼마나 알았겠는가. 마르크스에 대해서도, 베버에 대해서도, 사실상 청맹과니나 다름이 없었던 우리들이었다. 그러했지만, 관료제를 논하는 베버보다는 계급투쟁론을 말하는 마르크스가 더 높은 수준에서 세계역사를 보았다는 잘못된 인식을 갖고 있었다. 그런데 공삼의 강의는, 우리의 느낌으로는, 마르크스에 대한 비판과 베버에 대한 긍정으로 일관했다. 마르크스의 역사결정론은 결코 진리가 아니라는 역설이 지금도 머리에 남아 있다.

---

58 Jacob L. Talmon, *The Origins of Totalitarian Democracy* (London : Secker & Warburg, 1952).

59 이홍구 교수와의 전화대화(2012년 12월 26일 오전).

여덟째, 공삼은 헤겔의 국가철학에 대해 매우 열정적으로 강의했다. 필자는 제대로 알아듣지를 못했다. 그러나 헤겔이 1821년에 출판한 저 유명한 『법철학 요강』을 소개하면서, 이 책의 서문에 "이성적인 것은 현실적이고 현실적인 것은 이성적인 것이다."라는 구절, 그리고 "미네르바의 올빼미는 다가오는 황혼을 기다려 날아오른다."라는 구절이 들어 있다고 말했는데, 이 구절이 오늘날까지도 잊혀지지 않는다.

공삼은 우리들이 헤겔의 국가철학을 제대로 이해할 수 있도록 독일에서 갓 돌아온 윤용탁 강사에게 「정치학 특강 : 헤겔의 국가철학」이라는 강좌를 개설하도록 배려했다. 이 강의는 공삼의 강의보다 쉬워서 우리들에게 적잖게 도움을 주었다.

"사람은 제 분수를 알아야 한다"

공삼은 "사람은 제 분수를 지키고 살아야 한다[安分知足 : 안분지족]"는 유가적 인생관으로 자신의 삶을 마쳤다. 사람이 제 분수를 안다는 것은 이만저만 어려운 일이 아니다. 지혜로운 사람만이 제 분수를 아는 것이지 어리석은 사람이 제 분수를 아는 것은 아니다. 공삼은 확실히 지혜로운 사람이었다. 현자(賢者)였다. 그러했기에 자신이 어떤 사람인가를 알았고 자신의 분수에 맞게 생활했다. 도가(道家)가 말한 "만족할 줄 알면 욕되지 않고, 그칠 줄 알면 위태롭지 않다[知足不辱 知止不殆 : 지족불욕 지지불태]"는 가르침에도 충실했다. 그래서 정부로부터 입각교섭을 여러 차례 받고도 사양하곤 했다.

공삼은 "사람은 제 분수를 알아야 한다."는 가르침을 정치학과 학생들에게 되풀이하곤 했다. 54학번의 최서영 전 내외경제신문사 사장은 이렇게 회고했다 :

[그 시절에] 정치학과가 서울대 전체에서 합격점수[커트라인]가 가장 높았던 탓

으로 어느 시골에서는 정치학과 합격자가 생기면 거리에 현수막이 걸리고 온 동네에서 잔치를 베푸는 일도 가끔 있을 정도였다. 그래서 그랬는지 지금 돌이켜보면 정치학과 학생들은 너나없이 모두가 오만이 넘쳤던 엘리트의식의 화신들이었다.

이런 오만과 프라이드를 경계라도 하듯, 정치학개론을 담당한 민병태 선생은 강의 첫 시간에 "여러분은 '정치학과'에 들어온 학생이지 '정치과'에 들어온 정치꾼이 아니라는 점을 명심하라."라는 주의를 주었다.[60]

겸허하고 따뜻했던 인품

공삼은 자신의 분수를 알고 자신의 분수를 지키며 평생을 살 만큼 지혜로운 현자였으며 동시에 겸허했다. 공삼의 제자들이 이구동성(異口同聲)으로 하는 말은 공삼이 제 자랑하는 것을 들어본 일이 없다는 것이다. 필자도 공삼의 기라성 같은 제자들의 반열에는 올라서지 못하고 그저 문하(門下)의 끝자리에 머물던 사람이었지만 한 차례도 자신에 관해 말씀하는 것은 물론 자랑하는 것을 들어본 일이 없다. 오히려 대하는 사람을 편안하게 만들어주었다. 외양에도 신경을 별로 쓰지 않았다. 그래서 공삼을 대하면 뭔가 훈훈하게 느껴졌다. 겸허한 인품 — 이것은 공삼의 덕성(德性) 가운데 하나임에 틀림없다.

이홍구 교수는 자신이 유학생활을 마치고 1968년 7월에 귀국한 직후 공삼을 뵈었을 때를 회고하면서, 공삼으로부터 대인의 풍모를 느꼈다고 강조했다. 그때 한국정치학계의 최고의 어른으로 대접받던 공삼에게서 젠 체하는 모습은 전혀 찾을 수 없었으며 온화하고 겸허한 모습만이 다가왔다고 그는 회상했다.[61] 공삼은 이홍구 교수의 실력을 높이 평가하면서 동시에 자기 자신에 앞서 남을 먼저 생각하는 그의 따뜻한 심성을 사랑했다.

공삼의 인품을 말해주는 또 하나의 일화가 있다. 61학번인 필자가 정치

60 최서영, 『내가 본 현장 여울목 풍경: 한 언론인의 비망록』(도서출판 선, 2009), 351-352쪽.

61 이홍구 교수와의 전화대화(2012년 12월 26일 오전).

학과에 입학했던 때 일이었다. 그때 정치학과와 외교학과의 입학정원은 각각 30명이었다. 그러나 막상 합격자 명단이 공개됐을 때, 각각 42명이 합격한 것으로 발표됐다. 그때는 4월혁명으로 탄생한 장면 정부가 대학에 자율권을 많이 주었다. 이 점에 착안해, 공삼이 "30명 그 아래라고 해도 다 비슷비슷한 만큼, 될 수 있는 대로 더 뽑자."고 제의해 정치학과에서 12명을 더 뽑자, 외교학과도 12명을 더 뽑은 것이다. 그러나 공삼은 그 12명이 누구인지를 전혀 밝히지 않았다. 일단 뽑았으면 모두 같은 학생이라는 인식을 가졌기 때문이다. 여기서 우리는 공삼의 대범한 인품에 감동했다. 우리는 그 12명이 누구인지 알려고도 하지 않았고 오늘날까지도 전혀 모르고 있다. 점수 몇 점 차이로, 또는 석차로, 사람을 가리지 말라는 대인(大人)의 풍모를 갖도록 공삼은 가르친 것이다.

1969년 2월에 치러진 입학시험 결과에 대해서도 공삼은 본질적으로 같은 자세를 취했다. 사정(査定)을 끝내놓고 보니, 정치학과의 합격선이 서울대의 모든 단과대학들을 문과계열과 이과계열로 양분할 때 문과계열 전체에서 가장 높게 나왔다. 이때 정치학과의 수석이면서 문과계열 전체의 수석이 서울고 출신의 함택영(咸澤英) 군이었다. 정치학과의 몇몇 교수들이 이 사실을 신문이나 방송에 알려 널리 보도되도록 하자고 제의했을 때, 공삼은 말렸다고 한다. 정치학과 입학생이라면 대인답게 뜻을 크게 가져야지 합격선이나 점수로 자부심을 갖는 것은 '좀팽이'에 해당된다고 말씀하셨다고 김영국 교수와 구범모 교수는 회상하곤 했다. 함 군은 서울대에서 정치학석사학위를 받은 데 이어 미시간대에서 정치학박사학위를 받고 경남대 정치외교학과 교수로 봉직하고 있다.

선생님의 이러한 인품은 자연히 제자들에게 영향을 주었다. 적어도 우리 61학번 가운데 성적표가 나온 뒤 "저는 답안지를 잘 썼는데 어째서 제 점수가 이렇게 낮게 나왔습니까?"라고 따져묻는 학우는 한 사람도 없었다. "선생님이 제대로 살피셨겠지"하고 믿었을 뿐만 아니라, 점수를 따지는 일을 '좀팽이'의 짓이라고 믿었기 때문이다.

공삼은 겸허한 인품에 더해 인간적 따뜻함을 지녔다. 53학번의 노재봉 전 국무총리는 자신이 서울대 외교학과 조교수로 임명되는 과정에서 1960년대 말의 어느 시점에 공삼의 도움을 받은 일을 회상했다. 자신이 1968년 4월에 서울에서 열린 심포지움 「한국근대화에 있어서의 갈등과 조화」에서 박정희 대통령의 근대화정책을 비판했다는 혐의로 정부가 발령을 거부하던 때, 공삼이 부르더라는 것이었다. 그래서 공삼을 뵈었더니, "청와대를 가서 누군가를 만나보라고 하더라고요. 갔더니 이것저것 물어본 다음 내 앞에서 전화를 하더라고요. 만나보니까 사람도 괜찮은 사람이고, [⋯] 그 양반이 정보부에 전화를 해서 일이 풀렸지요."라고 회상했다.[62]

『동아일보』 정치부장을 역임한 뒤 국회의원으로 다시 출발해 국회부의장을 역임했으며 통일부총리를 역임하고 현재 서경대학교(西京大學校) 총장으로 봉직하는 54학번의 최영철 동문은 입학시험장에서 일어났던 일을 회상했다. "수학시험을 먼저 끝내고 밖으로 나온 사이에 뒷좌석에 앉은 수험생이 나의 시험지를 바꿔치기한 것이다." 이 사실을 발견한 공삼이 이미 밖으로 나간 최영철 군을 찾아 다시 입실시킨 뒤 이름을 고쳐 쓰도록 배려해주어 무난히 합격할 수 있었다고 회상하면서, 공삼의 섬세하면서도 따뜻한 마음에 새삼 감사의 뜻을 표시했다.[63]

공과 사를 엄격히 구별하다

공삼은 겸허하면서 따뜻한 심성을 지녔지만 공(公)과 사(私)는 엄격히 구분했다. 54학번의 최서영 전 내외경제신문사 사장은 필자에게 다음과 같은 일화를 들려주었다:

> 공삼이 후암동에 정착하기 이전에 명륜동에 살 때 일이었다. 훗날 한국의 금융

62 노재봉, 「동문들의 회고 좌담」, 『서울대학교정치학과60년사』, 410쪽.
63 『매일경제』, 1992년 7월 15일, 11쪽.

계에서 큰 나무로 성장하는 같은 학번의 아무개 군이 공삼의 신뢰를 받던 나를 대동한 채 좋은 정종 한 병을 들고 공삼을 찾아가, "국책은행에 원서를 제출하고자 하오니 추천서를 써주십사" 하는 부탁의 말씀을 올렸다. 공삼은 "가져온 정종은 가져온 사람의 얼굴을 생각해 고맙게 받겠으나 추천서를 써주는 문제는 내일 학교에 가서 귀군의 성적표를 보고나서야 결론을 내리겠다"고 대답했다. 다음날 공삼은 그 군에게 써줄 수 없다고 대답했다. 성적표를 보니 만족스럽지 못하므로, 문리대 정치학과의 신용을 지키기 위해 거절한다는 뜻이었다. 그때 나는 공삼이 공과 사를 분명히 가리는 엄정한 분이라고 느꼈다.[64]

여기서 문득 떠오른 것이 공삼과 라스키의 차이였다. 필자가 어디선가 분명히 읽은 책에 따르면, 라스키는 자신에게 배운 학생이 추천서를 써달라고 요청하면 그 누구이든 무조건 최고로 써주었다고 한다. 심지어 아무개는 앞으로 프로이트가 될 만하고 아무개는 베버가 될 만하다고까지 써주었다는 것이다. 추천서 써주기를 거부한 일이 없었다고 그 저자는 — 아마도 마이클 뉴먼(Michael Newman)? — 강조했다. 공삼은 라스키로부터 국가에 관한 이론은 수용했으나 추천서에 관한 관행은 수용하지 않았던 것이다.

대조적으로, 공삼은 자신이 가르친 경험을 포함해 객관적인 자료들을 근거로 신뢰하는 제자들에 대해서는 적극적인 추천을 마다하지 않았다. 최서영이 1960년대 후반의 어느 시점에서 『경향신문』 도쿄특파원으로 근무를 마치고, 1969～1970년에 성곡언론재단(省谷言論財團)의 지원을 받아 도쿄대학 대학원 신문연구소에서 공부하고자 공삼에게 추천서를 부탁드렸을 때, 공삼은 기꺼이 도쿄대학 총장 앞으로 추천서를 직접 보내주었다고 한다. 도쿄대학 총장은 진학을 허가하면서 "추천서의 내용이 무척 좋아 주저하지 않고 결심했다."고 최 특파원에게 말해주었다고 최 특파원은 회상했다.[65] 그만큼 공삼은 엄정한 분이었다.

● ● ● ● ●

64 최서영과의 전화통화. 2012년 7월 1일 1시.

65 위와 같음. 최서영은 자신의 도쿄대 유학시절을 다음에서 회상했다. 최서영, 『내가

그렇지만 전반적으로 자신이 가르친 제자들에 대해 따뜻하고 너그럽게 대하셨다. 필자의 동기생들 사이에 일어났던 작은 일 하나를 회상하고자 한다. 입학과 동시에 공삼의 저서 『정치학』을 펴보니, 「저자 약력」에 '일본경응의숙대학 졸업'이라고 쓰여 있었다. 대학에 진학할 때까지 반일교육을 철저히 받았기에 일본에 대해 거의 몰랐고, 그래서 제국대학으로 동경제대와 경도제대, 사립대학으로 조도전대학과 명치대학밖에 모르던 우리는 '경응의숙대학'이 얼마나 유서 깊은 명문인지 전혀 몰랐고, 더구나 '의숙'의 뜻도 몰랐다. 그래서 선생님이 정식 대학이 아니라 무슨 학관에서 공부하신 것 아니냐는 의문을 갖게 된 몇몇 학생들이 웅성웅성하자, 김영국 구범모 두 선생님이 '의숙'의 의미, 특히 '경응의숙대학'의 역사를 설명해주어 의문을 풀어주었다. 이 '사건'을 계기로 선생님은 세바인의 『정치사상사』를 역간하셨을 때, 「저자 약력」에서 자랑스럽게 내세울 수 있는 '의숙'을 빼고 그저 '경응대학'이라고 쓰셨다. 그만큼 선생님은 못난 제자들의 마음을 헤아려주신 것이다.

사모님의 장학재단 설립

공삼의 훌륭한 인품은 사모님 김희경 여사에게도 반영됐다. 사모님은 만주에서 독립운동을 하던 아버지 밑에서 1922년에 태어나 일제의 패망직후 북한을 거쳐 남한으로 정착했다. 사모님은 공삼이 별세한 뒤 "서울대 정치학과의 발전을 위해 재정적 지원을 하고 계신다."**66** 그뿐만 아니라, 자신이 평생에 걸쳐 모은 거금(巨金)의 정재(淨財)로써 2005년 8월 30일에 서울특별시 서초구 양재동에 「재단법인 김희경유럽정신문화장학재단」을 설립해 선생님이 전공하신 서양의 고전을 연구하는 젊은 학도들에게 장학

본 현장 여울목 풍경』, 49쪽.

66 이정복, 「머리말」, 이정복 편, 『공삼 민병태 선생의 정치학』(경기도 고양시 : 도서출판 인간사랑, 2008), 13쪽.

금과 연구비를 지급하고 계시다.

설립기념식에 초대받은 필자는 감격 속에서 축사를 했는데, 그때만 해도 사모님은 건강하셨다. 공삼의 학문세계가 후학들에게 알려지도록 힘써 주기 바란다는 말씀을 이 못난 제자에게 주셨다. 이 책은 사모님의 그 말씀과 무관하게 구상됐고 쓰여지고 출판되는 것이지만, 이제 원고를 끝내면서 과연 이 책이 사모님의 뜻에 부합되는 것인지 생각하지 않을 수 없다. 본의 아니게 폐를 끼친 것은 아닌지 두렵기만 하다.

제 9 장
요약, 그리고 '공삼 정치학'의 유산

제 1 절
요약

제 2 절
'공삼 정치학'의 유산

제 1 절 요약

이제까지 우리는 공삼이 정치학을 공부하고 정치학자로서의 길을 걸어온 과정을 주로 그가 받았던 교육, 그가 출판한 갖가지 저술들, 그가 베풀었던 강의, 그리고 그가 보여준 언행을 통해 살폈다. 특히 그것을 해방 이후 한국에서 정치학이 소생하고 성장한 과정이라는 틀 안에서 살폈다. 이것을 요약하면 다음과 같다.

해방 이전의 시기

1 공삼이 태어나기 이전 시기에, 곧 구한말의 시기에 조선에는 꽤 높은 수준의 서양정치학이 수용되어 있었다. 달리 말해, 구한말은 '한국정치학의 수용기(受容期)'였다. 그러나 공삼이 태어나서 정치학 교수가 되기 직전까지의 시기에 일제강점 아래서의 조선에는 정치학이 겨울잠을 잘 수밖에 없었다. 이 시기는 바로 '한국 정치학의 동면기(冬眠期)'였다.

공삼은 이 '한국 정치학의 동면기'에 학문을 존중하는 전형적인 사대부 집안에서 태어나, 4세가 된 1917년부터 1921년까지 약 4년에 걸쳐 전통적인 유학을 배워 학문의 기초를 닦았다. 그는 그 이후 4년에 걸쳐 충청남도 강경과 부여에서 보통교육을 받아 이른바 신학문에 접했으며, 14세가 된 1927년부터 1931년까지 4년에 걸쳐 서울에서 중등교육을 받아 신학문에 대한 소양을 두텁게 쌓았다. 특히 이 4년에 걸쳐 영어를 충실히 공부해, 훗날 영어원전들을 다룰 수 있는 기초를 닦았다.

2 이러한 기초 위에서, 공삼은 18세인 1931년 4월부터 32세인 1945년 8월까지 게이오에서 수학(修學)과 연구에 전념했다. 이 14년 4개월의 긴 시기는 다섯 단계로 구분된다.

제1기는 18세인 1931년 4월부터 1934년 3월까지에 걸친 예과 3년의 시기다. 이 시기에 그는 우선 영어공부에 몰두해, 뒷날 자신의 평생에 걸쳐 연구의 대상이 되는 라스키와 제닝스 및 매키버를 비롯한 영국 및 미국의 정치학자들이 저술한 영어원전들을 다룰 수 있는 실력을 쌓았다. 그는 독일어 공부에도 몰두해, 옐리넥과 켈젠을 비롯한 독일의 법학자들과 정치학자들이 개발한 국가학 그리고 라스키와 매키버 등이 이끌었던 국가다원론의 시발인 사회단체이론에 관련된 독일어원전들을 다룰 수 있는 실력을 쌓았다. 동시에 서양의 고전에 친숙해져서, 서양의 정치사상사와 정치사에 대해 깊은 이해를 축적할 수 있었다.

제2기는 21세 때인 1934년 4월부터 24세 때인 1937년 3월까지에 걸친 본과 3년의 시기다. 이 시기에 공삼은 주로 영국의 정치사를 중심으로 서유럽의 정치사에 관해 공부하는 가운데 영국에서 성장한 자유주의 및 민주주의에 관한 정치이론들을 공부했다. 그는 또 라스키의 저술들을 중심으로 다원국가론과 계급국가론을 공부했다. 다원국가론을 공부하며 자유민주주의이론을 익혔고, 계급국가론을 공부하며 마르크시즘을 익혔다. 라스키를 공부하려면 라스키가 자신의 연구의 기둥들 가운데 하나로 삼았던 독일의 국가이론들에 밝아야 한다. 따라서 공삼은 기르케의 단체법이론 및 옐리넥의 국가학에 대해서도 깊이 공부했다.

제3기는 24세인 1937년 4월부터 28세인 1941년 3월에 걸친 대학원 4년의 시기다. 이 시기에 공삼은 독일의 국가학 및 영국의 국가다원론에 대한 학부에서의 공부를 심화시켰다. 그 결과가 2개의 출판물로 나타났다. 하나는 미국의 정치학발달사를 다룬 미국인 정치학자 가너의 논문을 번역한 것이었고, 다른 하나는 중앙아시아의 역사와 습속에 관한 프랑스인 신문기자 르휗브르의 저서를 번역한 것이었다.

제4기는 28세인 1941년 4월부터 32세인 1945년 8월에 걸친 아세아연구소 4년 4개월의 시기다. 이 시기에 공삼은 자신의 종래의 연구를 더욱 심화시켰을 뿐만 아니라 중국을 둘러싼 중앙아시아와 북방아시아의 역사에 관한 영국학자 파커의 저서와 오스트리아인 탐험가 크리스트의 저서를 번역했다. 거기서 한 걸음 더 나아가, 중앙아시아의 핵심인 신강성에 관한 논문을 출판했다.

공삼이 중앙아시아에 관한 서양인들의 저서들을 역간했다는 사실은 결코 잊혀져서는 안 된다. 그의 서양정치사상 또는 서양정치철학에 대한 평생의 연구는 중앙아시아의 역사와 습속에 대한 이해와 연결되어 있었던 것이다. 그러했기에, 그는 훗날 이른바 후진국의 정치이념을 논하는 자리에서 미국의 중앙아시아전문가인 오언 래티모어에 대한 언급으로부터 발언을 시작할 수 있었다.

해방 이후의 저서

3 공삼은 32세 때 일제의 패망직전에 귀국했다. 그는 일제의 패망 직후 남한에 개설된 미군정청이 인가한 연희전문학교에서 교수로 교직생활을 시작했는데, 이 교직생활은 63세 때인 1976년 2월까지 30년 4개월에 걸쳐 계속됐다. 이 시기는 여섯 시기로 나눌 수 있다.

첫째, 1948년 10월부터 1950년 11월까지 연희전문학교-연희대학교 정치외교학과 학과장으로 봉직하던 시기다. 이 시기에, 그사이 겨울잠을 자야만 했던 한국의 정치학은 소생할 수 있었다. 이 '한국 정치학의 소생기'에 공삼은 라스키의 『정치학 강요 : 이론편』을 전역하고, 「라스키의 국가다원론」을 발표함으로써 국내의 정치학계에 '라스키 시대'를 여는 데 주도적 역할을 수행했다. 공삼에 앞서 라스키의 저서들을 역간한 사람들은 있었다. 특히 서임수 교수와 장석만 교수는 각각 라스키의 『정치[연구]에의 입문』을 역간했다. 그러나 라스키의 핵심적 저서를 역간하고 또 라스키의 이론 전반에 관한 논문을 쓴 사람은 공삼이 처음이다.

둘째, 6·25전쟁 3년의 시기다. 전쟁으로 말미암아 정치학은 위축돼야 했다. 이 '한국 정치학의 위축기'에 공삼은 피난지 대구와 부산에서 대구대학 교수와 동국대학 교수를 겸임하고 고려대학교에 출강하면서 정치학을 가르쳤다. 그렇게 분주한 가운데도, 1952년에 공삼은 「현대국가의 과제와 정치이념」 및 「세계정부의 이념」을 발표했다. 앞의 글에서는 현대국가의 기능이 확대되고 있음을 지적하면서 그러한 흐름 속에 국가가 경제평등의 실현을 위해 어떻게 노력해야 하는가에 관한 고민을 나타냈고, 뒤의 글에서는 국제평화를 위해 세계정부의 출범을 기대하는 뜻을 나타냈다. 이 두 글 모두에서 라스키의 영향이 엿보였다. 이 두 글의 연장선 위에서, 공삼은 이한기 교수의 번역서 『현대국제법』에 대한 서평을 발표했는데, 여기서도 '세계정부론'에 대해 긍정적으로 논평했다.

공삼은 1952년 10월에 서울대 정치학과 주임교수로 부임했다. 그 이후 그는 이 직분에 끝까지 충실했다. 그는 또 1952년 11월에 발족한 한국정치학회의 11인 간사들 가운데 일원으로 선출됐다. 그러나 한국정치학회가 친정부적 교수들에 의해 이끌리는 경향에 비판적인 태도를 유지했다.

셋째, 6·25전쟁이 휴전으로 마무리된 때로부터 1958년 5월에 『정치학』을 출판하기까지의 약 5년의 시기다. 이 시기에 한국의 정치학은 재활(再活)에 성공했다. 이 '한국 정치학의 재활기'에 공삼은 라스키의 『정치학 강요 : 이론편』을 다시 출판함과 아울러 『정치학 강요 : 제도편』을 역간했다. 또 라스키의 『국가론 : 이론과 실제』를 출판했다. 거기에 더해, 공삼은 국가다원론자인 매키버의 『현대국가론』을 역간했다. 이로써 공삼은 라스키의 국가론에서뿐만 아니라 국가다원론에 있어서 제1인자로 지위와 명성을 굳혔다. 영국 노동당의 핵심적 이론가로 라스키는 민주사회주의 또는 사회민주주의를 옹호했다. 이러한 맥락에서, 라스키를 소개하고 강의한 공삼은 한국사회에 민주사회주의자 또는 사회민주주의자로 비쳤다.

공삼이 국가다원론 및 사회민주주의론을 전파했다는 것은 그가 그 시대를 이끌던 자유당정권의 권위주의통치에 맞섰음을 의미한다. 국가다원론과 사회민주주의론은 기본적으로 개인의 자유와 민주주의를 옹호하는 이론들이다. 이 이론들은 경찰국가적 권위주의통치에 대한 가격(加擊)이었음은 물론이다. 여기에 이 시대에 대한 공삼의 학자적-학문적 기여가 확인된다.

그사이에, 공삼은 제닝스의 『영국헌정론』을 역간했으며, 「영국정치사상의 현실성」을 비롯해 영국의 헌정에 관한 논문들을 발표했다. 이로써 공삼은 영국의 정당정치와 의원내각제에 대한 관심과 이해를 환기시켰다. 공삼은 또 프랑스의 선거제도에 관한 평론과 미국의 대통령선거에 관한 평론을 발표함으로써 서방세계의 정치제도 전반에 관해 국내독자들의 이해를 높이는 데 기여했다. 이 평론들에 앞서 공삼은 「민주대표론」을 발표했는데, 이 논문은 서방민주국가들의 대의민주제도 전반에 공통되는 대의민주주의의 성격을 밝혔다.

공삼이 서방국가들에 대해서만 논평한 것은 아니었다. 그는 국내정치에 대해서도 논평했다. 예컨대, 1956년 5월에 실시된 제3대 대통령-제4대 부통령선거와 관련해 그는 자유당정부의 비리와 부정을 비판하는 평론을 발표했다.

여기서 꼭 상기돼야 할 것은, 이제까지의 통념과는 반대로, 공삼이 국제정세에 대해서도 글을 쓰기도 했고 발언하기도 했다는 사실이다. 얄타회담의 문서 공개에 관한 『대학신문』의 기고가 앞의 보기라면, 동유럽사태와 중동사태에 관한 『신태양』의 좌담참석이 뒤의 보기다. 국제정세에 대한 공삼의 분석은 냉철했고 객관적이었다. 그는 1956년의 헝가리사태와 폴란드사태가 소련에서의 커다란 변화로 이어질 것이라는 그때의 예견을 반박했으며, 수에즈운하를 둘러싼 서방권과 이집트 사이의 대결에서 서방권의 '제국주의'를 비난했다.

공삼은 그때까지 자신이 수행한 정치학 연구를 종합해 1958년 5월에 『정치학』으로 출판했다. 이 책은 '과학적' 정치학을 소개하면서도 전반적으로 '전통적' 정치학의 기초 위에 서 있었다. 정치학은 정치와 정치생활에 대한 가치판단을 중시하는 학문임을 강조한 이 책은 그 이후 한국정치학계에서 하나의 고전으로 자리를 잡았다.

넷째, 공삼이 자신의 주저 『정치학』을 출판한 1958년 5월 직후부터 군사정변이 일어난 1961년 5월 16일 직전까지의 약 3년의 시기다. 이 시기에, 한국의 정치학은 재활의 기초 위에서 성장을 보여줄 수 있었다.

이 '한국 정치학의 성장기'에 공삼에게 적어도 문필활동에 국한해 말한다면 1958년 말부터 47세인 1960년 말까지의 2년이 가장 생산적이었다. 그는 한반도통일문제에 대한 철학적인 논문을 발표했으며, 내각책임제가 과연 한국의 현실에 적합할 것인가에 대한 정치사적 안목의 논문을 발표했다. 세계적 철학자 이사야 벌린의 장문의 논문 「자유에 관한 두 가지 개념」을 역간한 것은 정치철학을 주전공으로 삼아온 공삼에게 어울렸다. 특히 한국에서도 민주주의의 실현이 이상적이지만 현실적으로 헌정중단의 사태로 독재정치가 등장할 개연성이 있다는 전제 아래 독일에서 파시즘이 등장하고 소련에서 볼셰비즘이 등장한 역사적 과정을 정치사회학과 정치심리학의 시각에서 설명하는 장문의 논문을 발표했다. 공삼의 논문들이나 평론들 가운데 각주가 붙은 사례는 이것이 유일하다.

다른 한편으로 조지 캐틀린 교수를 비롯해 과학적 정치학을 옹호하는 서방학자들의 논문들을 역간함과 아울러, 정치체계론으로써 정치과학을 한 단계 높게 끌어올린 데이비드 이스턴 교수의 주저를 서평했다. 이것은 공삼이 '전통적' 연구방법을 고수하면서도 '과학적' 연구방법에 대해서도 깊은 관심을 기울였음을 다시 말해주었다.

이 시기에 공삼은 한국정치학연구회 회장으로 한국정치학계를 이끌었다. 그는 이 학회가 정치적 성향을 갖지 않고 순수한 학술단체로서 활동하기 위해 늘 주의를 기울였다. 이 시기에 공삼은 서울대 문리대 정치학과 학생들의 학술동아리 '신진회'를 지도했다. 공안당국이 이 단체를 불온하다고 평가하고 수사했을 때, 공삼은 학생들을 옹호했다. 공삼은 4월혁명 이후의 한 좌담회에 참석해 대학행정의 민주화를 옹호했다.

다섯째, 군사정부가 수립된 1961년 5월 16일부터 서울대 문리대 학장으로 임명된 1966년 11월 14일까지의 약 5년 6개월의 시기다. 이 시기에 한국의 정치학계는 담론의 전환과 주제의 전환을 경험했다. 이 '한국 정치학의 전환기'에 그는 군사정부를 상대로 일정하게 자문역할을 수행했다. 그러나 그것을 계기로 정부나 정계에 들어가지 않았다. 이 시기에 문리대 정치학과는 반정부운동의 중심이었다. 이에 따라 공삼은 정보기관의 사찰대상으로 지목됐다.

공삼은 이 시기에 박사학위논문을 완결해, 한국의 대학교에서 정치학 전공으로 처음 박사학위를 받았다. 「정치학방법론의 제문제」라는 이 논문은 정치학연구에 있어서 전통주의를 옹호함과 아울러 과학주의의 한계를 지적했다. 공삼은 그러한 흐름의 저서인 조지 세바인의 『정치사상사』를 역간했으며, 그러한 흐름의 논문 「과학주의에 대결하는 전통」을 발표했다. 공삼은 또 자신의 『정치학』의 각론에 해당된다고 볼 수 있는 『정치학 요강』을 자신의 으뜸가는 제자 김영국 교수와 함께 저술해 출판했다.

앞에서 말했듯, 이 시기에 한국의 정계와 학계에는 '후진국'의 '근대화' 또는 '정치발전'이 주요한 주제들 가운데 하나로 등장했다. 공삼은 이러한 주제에 대해서도 평론을 발표했다. 그러나 그는 '후진국'이라고 해서 그 정치이념이 장구한 인류역사의 전개과정에 성립된 정치이념으로부터 분리된 특수성을 지닐 수 없다고 단언했다. 이러한 맥락에서, 그는 박정희 정부가 은연중에 전파한 '후진국'의 '교도민주주의'에 대해 반대하는 논리를 당당하게 전개했다. 그렇지만 그는 정치안정의 중요성을 강조하면서 그것을 담보할 권력구조로 대통령제를 공개적으로 지지했다.

여섯째, 공삼이 서울대 문리대 학장과 대학원 원장에 차례로 취임하며 대학행정가로서의 면모를 보이던 1966년 11월부터 1971년 2월 28일까지의 시기다. 이 시기에 한국에서의 정치학이 자기정체성을 찾아야 한다고 역설했으며, 여기에 호응해 한국정치학계는 자기정체성을 탐색하기 시작했다. 그렇지만 이 '한국 정치학의 정체성 탐색기'에 공삼은 바쁜 학사행정으로 말미암아 강의와 집필은 사실상 쉬었다. 「6 · 25의 현대사적 의의」가 사실상 유일한 평론이었으며, 네 편의 짧은 수필을 남겼을 뿐이다.

공삼은 대학원장에 취임 직후 『동아일보』의 회견요청에 응해, 자신의 지난 생활을 회고함과 아울러 대학인으로서의 자세에 대해 언급했다. 이 회견기는 짧았으나, 회고록을 전혀 남기지 않은 그의 삶과 인생관을 살피려는 사람들에게 몇 가지 중요한 암시를 주었다. 안타깝게도 이 시기에 와병해 자택에서 정양하다가 결국 1977년 11월에 별세했다.

제 2 절 '공삼 정치학'의 유산

이제 '한국 정치학의 태두'로 존경을 받는 공삼의 정치학 연구가 남긴 유산을 재조명하기로 한다. 이로써 후학들이, 그리고 후세가 늘 염두에 두어야 할 과제가 무엇인지 재음미하기로 한다.

책과 공부밖에 몰랐던 생활자세

첫째, '공삼 정치학'은 학문을 존중하는 사대부 집안의 분위기 속에서 그 기반이 마련됐다. 어느 한 신문에의 기고에서, 그는 자신의 평생소원을 '어떠한 사소한 저작이라도 남겼으면 하는 것'이라고 말한 데 나타났듯, 저술

에 삶의 목표를 두었다.[1]

어려서부터 유학을 익히면서 참으로 많은 책들을 가까이 하며 성장했다. 그의 성품 역시 학문적 생활, 학자적 생활에 가장 잘 어울렸다. 그러했기에 그는 14년에 걸쳐 게이오에서 서양학문을 익혔고, 대학졸업 이후의 삶을 모두 대학에서 보냈으며, 일관되게 대학교수의 길을 걸었다. "대학은 공부하는 곳이고 학문하는 곳이다."라는 인식을 가진 그에게 대학에서 학문을 하겠다고 하는 학생의 수는 늘어나는 것이 아니라 줄어드는 것으로 비쳤다. 대학원장 취임 직후의 회견에서 그는 "이제 학문하겠다는 학생들이 줄어들고 있어서 걱정이야"라고 말했는데, 이것은 평생을 학문과 함께 살아온 그로서 당연히 할 수 있는 말이었다.

돌이켜보면, 공삼 세대에 속하는 사람들 가운데 자신들의 삶을 학자로서 일관할 수 있었던 사람들은 거의 전부가 유산계층의 자녀들이었다. 더욱 좁혀 말해, 지주의 자녀들이었다. 그러했기에 서울유학에 이어 해외유학의 길에 오를 수 있었고, 귀국한 뒤 상대적으로 안온한 삶을 영위하며 학문을 계속할 수 있었다. 일제가 패망한 이후 우리나라에서의 학문은 일제강점기에 서울유학을 할 수 있었고 이어 해외유학을 할 수 있었으며 아니면 최소한 국내에서 대학을 다닐 수 있었던 지주의 자녀들로부터 성장했다는 사실이 그 점을 말해준다.

공삼은 그 전형적인 사례에 속했다. 만일 그가 만석꾼 지주의 아들이 아니었고 오히려 빈한한 집안의 아들이었다고 해도, 학문의 외길을 걸을 수 있었을까? 제자로서 불손하게도 이러한 의문을 가져본다. 그러나 한 가지 확신하게 되는 것은 공삼은 학문 이외의 어떤 다른 길을 걷지 않았을 것이라는 단정이다. 성품 자체가 다른 일에 어울리지도 않고 다른 일에 종사하는 것을 허용하지 않았을 것이다. 사모님이 평소에 하시던 말씀 그대로 공삼은 책과 공부밖에는 모르는 사람이었다. 호학으로, 학문으로 일관했던

1 민병태, 「젊은이들과 사귀며」, 『서울신문』, 1960년 12월 17일, 19쪽.

공삼의 삶은 후학들에게 귀감이 아닐 수 없다.

중용과 전거(典據)의 중시

둘째, 공삼은 부친이 공삼이라는 호를 지어준 그 뜻에 맞게 중용을 지키며 살기 위해 노력했다. 우선 공(公)과 사(私)를 엄격히 구별하며 공적(公的)인 정신을 지키는 가운데 사리(事理)의 판단에서 어느 한 쪽으로 기울어지지 않고 중용을 지키도록 노력했다. 중용의 정신이야말로 극단적 논쟁과 대결로 치달리는 경향이 짙은 한국의 정치에서 되살려야 할 정신적 유산이 아닐 수 없다. 이러한 맥락에서, 한국정치학회장을 역임한 최상용(崔相龍) 고려대 정치외교학과 명예교수의 저서 『중용의 정치사상』(서울: 까치, 2012)은, 저자인 최 교수의 의도와는 무관하게, 은사의 정치학적 유산을 발전적으로 계승한 것이라는 평을 받을 만하다.

셋째, 공삼은 유학(儒學)으로부터 시작해 양학(洋學)을 익히면서 자신의 학문을 심화시켰기에 늘 전거(典據)를 중시했다. 그의 글에, 비록 짧은 글이라고 해도, 많은 선학들이 거명되는 까닭이 결코 현학(衒學)에 있지 않다. 그는 출전(出典)을 말하지 않은 채 글을 쓰는 것은 학인(學人)의 자세가 아니라고 믿었기에 언제나 선학들을 인용하면서 자신의 생각을 밝혔던 것이다. 근거가 없거나 약한 말을 함부로 하지 않고, 전거를 중시하며 출전을 밝히는 자세야말로 학문하는 사람의 출발점이 아닐 수 없다.

여기서 우리가 새삼 주목하게 되는 것은 '공삼 정치학'은 서양의 고전들로써 그 기초가 형성됐으며 서양의 정치사상가들로써 그 뼈대가 형성됐다는 사실이다. 특히 그는 국가보다도 개인을 존중하는 바탕 위에서 17세기에 민주주의정치이론을 정립한 영국의 로크를 가장 좋아했다. 그리고 그 연장선 위에서 국가권력의 제한을 제창한 라스키를 좋아했다. 이러한 맥락에서, 우리는 공삼이 특히 좋아했던 서양정치사상가들의 저술들을 다시 숙독할 필요를 느낀다.

이것과 관련해 덧붙이고자 하는 것은 공삼이 서구의 문학에, 특히 프랑스의 문인들에 밝았다는 사실이다. 그의 글에 희랍의 고전들이 때때로 인용되고, 보들레르와 발자크 및 몽테뉴가 때때로 인용되는 것이 그 점을 말해준다. 프랑스의 화가 밀레에 대해서도 언급하곤 했다. 그러했기에, 난해했던 그의 글들에서 때때로 문학적 향기가 배어나오기도 했다.

점진적 진화주의와 개혁적 보수주의

넷째, 공삼의 정치학은, 필자가 자의적으로 단순화시켜 말한다면, 영국의 정치사와 헌정사 그리고 영국의 정치사상가들에서 출발했다. 그것은 게이오의 유산이기도 했다. 영국의 정치사와 헌정사는 급진적이며 본질적인 혁명 위에서 전개되지 않았고 점진적이며 단계적인 개선과 진화 위에서 전개됐다. 영국의 정치사상가들은 대체로 점진주의적 진화주의적 이론들을 전개했다. 한국의 정치에서 점진주의와 진화주의의 필요성이 강력히 요청되는 오늘날의 시점에서, 공삼 정치학의 출발점이던 영국의 정치사와 헌정사를 새롭게 다시 읽을 필요를 느끼게 된다.

다섯째, 공삼의 정치학은 전반적으로 보수적인 성격을 지녔다. 그의 글들 가운데 '비약적인 것'에 대한 비판, 니체의 '초인간'에 대한 반감, '메시아니즘'에 대한 거부 등이 때때로 나타나는 것이 그 점을 증명한다. 같은 맥락에서, 공삼은 "문명을 구제할 것을 임무로 하는 정치학이 1개의 천재에 의하여 창조될 것을 기대할 수는 없는 것이다."라고 썼다.[2] 그가 영국에서 정당정치와 의회주의를 중심으로 대화와 타협을 통해 민주주의체제가 정착하는 과정을 언제나 상기시킨 것 역시 그 점을 웅변한다. 이러한 성향의 그가 정치안정을 중시하면서 정치안정을 담보할 권력구조로 대통령제를 지지한 것은 자연스러웠다.

2 민병태, 『정치학』(서울: 보문각), 제3개정판(1962), 19쪽.

공삼의 '출신성분'이 그를 보수주의자로 만들었을까? 곧 대지주의 아들로, 스스로의 표현을 빌린다면, '고생을 해보지 않고 살았기에,' 보수주의적 성향을 가진 것일까? 그렇지는 않다. 영국의 정치사와 헌정사에 대한 그의 깊은 천착이 그에게 '점진적인 개혁을 통한 역사의 전진이 가장 옳은 길'이라는 인식을 심화시키고 내면화시킨 것이다.

확실히 공삼은 수구적인 보수주의자는 아니었다. 마치 라스키가 유산계급의 아들로 명문 고등학교와 명문 대학교를 졸업했으며 명문 대학교에서만 교수생활을 했지만 사회민주주의의 길을 걸었듯, 공삼 역시 출신과 교육에서 라스키가 걸었던 길에 아주 닮은 길을 걷고 라스키처럼 사회민주주의의 이념을 포지했다. 그리하여 공삼은 영국에서 광산노동자로 노동운동에 뛰어들어 노동당의 창당을 주도한 제임스 케어 하디와 같은 정치가가 한국에서 나와야 한다고 공개적으로 썼던 것이다. 또 '개혁을 즐기는 정치엘리트들'의 등장에 기대를 건다고 공언했던 것이다.

공삼이 4월혁명 직후에 부정선거세력과 부정부패세력을 그때의 법원이 그때의 법으로 재판한 것을 반대하는 의견을 개진한 것은 그의 보수주의적 성향에 어긋나는 것으로 해석할 수도 있다. 그는 소급법의 제정을 지지했던 것이다. 이것은 보수주의적 성향에서의 이탈이라기보다는 보수주의의 틀 안에서의 개혁주의 지지로 보아야 할 것이다.

공삼은 사회민주주의자였지만 자신의 이념인 사회민주주의를 행동으로 실천에 옮기지는 않았다. 이 점에서는 그는 자신의 출신과 교육에서 사실상 같은 배경을 지닌 두산 이동화와 구별된다. 두산은 사회민주주의의 이념을 실천하기 위해 정당에 뛰어들었으며 혁신사상의 전파와 구현을 위해 국회의원총선에 입후보하기도 했고 그리하여 여러 차례 투옥됐다. 두산의 삶에 일관되게 나타나는 비장성(悲壯性)이 공삼의 삶에서는 결여되어 있다.

이념적 갈등이 첨예한 오늘날 한국의 정치를 연구하면서, 우리는 우선 공삼이 유지했던 영국적 보수주의, 그리고 그것에 기초한 사회민주주의에 대해 깊이 공부할 필요를 새삼 느낀다. 이것은 후학들로 하여금 우선 영국의 정치사와 헌정사, 그리고 보수당과 노동당의 관계를 둘러싼 영국의 정당사를 새롭게 공부하도록 요구한다.

타협과 협동 및 유연성의 중시

여섯째, 앞에서 말한 요소와 결합되어 나타난 것이 '협동'의 중시였다. 공삼은, 필자가 이해하기로는, 영국정치의 본질을 여당과 야당 사이의 대화와 타협을 통한 '협동'이라고 보았다. 그래서 공삼은 우리 방식의 표현으로서의 '연립내각'을 '협동내각'이라고 불렀다. 그리고 서울대 정치학과 교수휴게실에 '공동보조'라는 휘호를 내려주었다. 교수들이 각자들 사이에 차이가 있다고 해도 발걸음을 함께하는 것이 좋겠다는 취지였다.

공삼이 강조한 '대화와 타협을 통한 협동'은 오늘날 중국공산당이 강조하는 '구동존이(求同存異)'와 그 맥을 같이한다고 해석할 수 있다. 차이가 존재한다는 것은 인정하면서 같음을 추구해 나가는 것 — 이것이 바로 대화와 타협을 통한 협동이 아니겠는가. 오늘날 한국의 정치가 차이를 너무 앞세워 공통성을 찾는 노력을 덜 하는 흐름을 보이는 가운데 갈등을 심화시키고 분열을 조장하고 있음을 고려할 때, '대화와 타협을 통한 협동'을 강조한 공삼의 정신은 하나의 값진 정신적 유산이 아닐 수 없다.

일곱째, 이러한 정신에 연관되는 것으로 학문에 대한 공삼의 유연성과 개방성을 지적할 수 있다. 공삼은 마르크스의 결정론을 배격하고 베버의 유연성을 지지했다. 그래서 공삼이 이끌던 서울대 정치학과는 시대의 흐름에 따라 정치학의 방법론 및 사조에 변화가 나타날 때 새로운 강좌들을 개설하고 그 강좌에 적합한 교수나 강사를 초빙하는 데 인색하지 않았다. 서울대의 거의 모든 학과들이 각각 자신의 학과 졸업생이 아니면 전임으로 받아들이지 않던 시점에, 이 잘못된 관행을 처음으로 시정한 학과가 정치학과였다는 사실에서 우리는 공삼의 유연성과 개방성이 선구적인 것이었음을 확인하게 된다.

한국정치학의 자기정체성 추구

여덟째, 공삼은 학문적 유연성과 개방성을 유지하면서도 학문적 자기정체성을 탐색하고 정립하는 일에도 선구적 역할을 수행했다. 그런데 여기가 우리가 주의해야 할 것은, 자기정체성 탐색 및 정립과 관련해, 그가 한국의 정치학이 자기정체성을 찾아야 하며 그러한 시도들 가운데 하나로 정치학이 국사학(國史學)과의 학문적 연계를 강화해야 한다고 지적했을 뿐 그 이상의 구체적 방법들에 대해서는 말하지 않았다는 사실이다.

이 문제에 대해, 우리는 더욱 깊이 사색하지 않으면 안 된다. 우선 생각해야 할 것은 정치학자들이 '국사학과의 학문적 연계의 강화'에 매달려 내놓은 '학문적 성과' 가운데 국사학자들의 학문적 성과를 뛰어넘은, 또는 국사학자들의 학문적 성과와 차별되는, 정치학적 성과는 드물다는 사실이다. 그렇기에 국사학자들로부터 "그것은 정치학이 아니라 국사학의 영역에 속한다."는 논평을 받게 된다. 김영국 교수는 자신이 존경하는 국사학자 한우근(韓㳓劤) 서울대 대학원장으로부터 때때로 그러한 논평을 듣고, 정치학의 국사학과의 연계성을 강조하면서도 정치학의 고유성이라는 각도에서 고민하곤 했다.

서울대 문리대 정치학과 55학번의 유영익(柳永益)은 1960년 가을학기에 미국 브랜다이스대 대학원에 입학해 서양의 지성사를 전공했다. 이어 그는 하버드대대학원 동아시아언어-문화학과에서 한국사를 전공해 1972년에 박사학위를 받고 휴스턴대 조교수를 거쳐 고려대 조교수와 한림대 부총장을 역임한 데 이어 연세대 국제대학원 한국현대사연구소장 겸 석좌교수로 정년퇴임하고 현재 한동대학교 석좌교수로 봉직하고 있다. 그는 조선사 전반에 대해서는 물론이고 특히 동학과 갑오개혁에 대해 서구와 일본의 학계도 인정하는 탁월한 연구업적을 쌓았으며, 이것은 한국정치사를 전공하는 정치학자들에게도 영향을 끼쳤다. 엄격히 말해, 그의 학문적 업적은 국사학의 업적으로 인식된다.

이렇게 말한다고 하여, 한국의 정치학자들 가운데 '정치학-국사학의 연계'를 이룩하는 데 성공한 사례가 없다고 말하는 것은 결코 아니다. 조선외교사를 전공한 김용구 교수의 『세계관충돌의 국제정치학 : 동양 예(禮)와 서양 공법』(나남출판, 1997), 조선정치사상사를 전공한 신복룡 교수의 『한국정치사상사』 상-하(집문당, 2011), 그리고 한국외교사를 전공한 구대열(具汏列) 교수의 『삼국통일의 정치학』(까치글방, 2012) 등이 그 대표적 성공 사례들이라고 하겠다.

연세대 정치외교학과 교수 및 한국국제정치학회 회장을 역임한 안병준(安秉俊) 대한민국학술원 회원은 '한국 정치학의 자기정체성 탐색'이라는 주제와 관련해 교훈적인 발언을 했다. 그는 우선 "우리가 현재 정치학을 한국에서 공부하고 있지만, 중요한 업적들이나 문헌들은 이미 서구에서 시작되었다는 점을 잊어서는 안 됩니다. 이들 내용들을 도외시한 상태에서 우리의 것들만을 찾는 것은 불가능하다고 생각합니다."라고 말하고, 그렇기에 "이들의 내용들을 원용하고 인용하는 것은 불가피하다고 봅니다."라고 단언했다. 같은 맥락에서, 그는 "미국 정치학과 다른 한국 정치학, 한국 고유의 정치학이 있다는 것에 대해서는 회의적입니다. 학문에는 주권이 없는 것이지요."라고 단언했다. 이러한 전제 아래, 그는 다음과 같이 덧붙였다 :

> 정치학이 하나의 과학으로서 공통된 개념과 공통된 핵심적 내용을 갖고 있다면, 이것은 미국 정치학이나 한국 정치학 모두에게도 공통되어야 한다고 생각합니다. 단지 우리가 살고 있는 한국의 현실적 측면이 있기 때문에 한국의 현실을 미국적 시각에서 볼 것이 아니라 한국적 시각을 적용해야 한다는 것이지요. 이것이 우리 정치학도들이 앞으로 해야 할 과제라고 봅니다.[3]

3 김태환, 「원로와의 인터뷰 안병준 선생님」, 『한국정치학회 소식』, 2002년 제1호, 13쪽.

아홉째, 공삼은 한국의 정치학자들이 서양의 정치사상가들과 조선의 정치사상가들을 비교연구하는 것이 바람직하다고 역설하곤 했다. 그 보기로 '아리스토텔레스와 율곡'의 비교연구를 제시했다. 이 제시는 중요하다. 한국정치학계에서 서양의 정치사상가들과 중국의 정치사상가들을 비교연구한 사례들은 몇 차례 발견된다. 마키아벨리와 한비자(韓非子)의 비교연구가 한 보기다. 또 조선의 정치사상가들과 중국의 정치사상가들을 비교연구한 사례들은 그것보다 더 많이 발견된다. 그러나 서양의 정치사상가들과 조선의 정치사상가들을, 지나가는 말의 수준에서가 아니라 깊이 있게 연구한 사례를 필자는 찾지 못했다. 양자의 비교연구를 통해, 우리는 조선정치사상가들의 철학적 수준과 한계 및 특성을 파악하게 될 것이다.

열째, 공삼의 글은 문체와 분위기가 늘 장중했다. 기지가 번쩍이고 참신한 용어가 두드러지며 흐름이 경쾌한, 그러한 글은 그의 성품에 어울리지 않았다. 대체로 난해하되, 묵직하며, 오랜 기간에 걸쳐 숙성된 맛을 느끼게 하는 글들이었다. 이것은 그가 대중에 영합하는 글쓰기와는 거리가 멀었음을 말해준다. "글은 사람이다."가 아니라 "사람이 곧 글이다."라는 격언이 말하듯, 공삼은 결코 경박하지 않고 중후한 인품을 지녔기에 그러한 인품으로부터 장중한 글이 나왔던 것이다. 이것은 글을 생명으로 여기는 학자들에게 교훈이 아닐 수 없다.

다만 4월혁명 이후 약 1년의 글들에서는 훨씬 직설적이면서 때로는 선동적인 구절들도 나타났다. 이것은 시대적 격랑 앞에서의 자기조정이었을 것이다. 이 점은 헌법보다 시대정신이 앞선다는 취지의 발언에서도 엿보인다.

공동체와 국가에 대한 고민과 사색

열한째, 공삼은 '상아탑 속의 학자'가 결코 아니었다. 그는 자신이 속한 공동체와 국가의 문제들에 대해 끊임없이 고민하고 사색을 거듭했다. 그러했기에, 그는 언론의 요청이 있을 때 주저하지 않고 글을 쓰기도 하고 발언을 하기도 했다. 그것이 반드시 정론직필(正論直筆)은 아니었다고 해도 곡학아세(曲學阿世)는 결코 아니었다. 이것 역시 학자들에게 교훈이 아닐 수 없다.

민족의 장래에 대해 고뇌했기에, 공삼은 한반도의 통일문제에 대해서도 글들을 썼다. 이 글들만을 놓고 판단하면, 공삼은 "남과 북은 같은 민족이니, 민족주의의 이름 아래 하나가 돼야 한다."는 감상적 구호에 쉽게 흔들려서는 안 되며 "자유민주주의가 지켜질 것이냐 아니냐"의 이념적 판단을 앞세워야 한다는 취지를 지녔다. 달리 표현해, 공삼은 '민족'보다 '자유민주주의 이념'이 통일을 추진하는 과정에서 중심이 돼야 한다고 보았다. 공삼의 통일관(統一觀)의 바탕에는 북한의 공산주의자들에 대한 짙은 불신이 깔려 있다.

얼핏 보기에, 공삼의 이러한 관념은 반(反)통일적이며 냉전수구적인 것으로 비친다. 그러나 1971년 여름 이후 40년 넘게 남북회담을 추진하고 때로는 합의까지 도출했으나 북한의 핵위기가 여전히 심각하게 제기되고 있는 한반도의 현실을 고려한다면, 공삼의 통일관은 현실주의적이라고 평가할 수 있다. 후학들에게는 공삼의 통일관 및 북한관에 대해 찬(贊)과 반(反)을 조화한 여러 각도에서 깊이 연구할 과제가 주어진 것이다.

비슷한 맥락에서 지적될 수 있는 점은 공삼이 언제나 정치권과 완전히 담을 쌓은 채 학자생활을 영위했던 것만은 아니라는 사실이다. 그는 일정하게 참여하기도 했다. 여기서도 우리는 라스키를 떠올리게 된다. 라스키는 노동당의 전국집행위원장으로 일했으며, 2차대전의 끝 무렵에 노동당이 집권하자 주미대사직을 맡으려고 했다. 물론 그 노력은 총리가 된 애틀리의 반대로 실현되지 않았다. 라스키에 비해, 공삼의 현실정치에의 참여는 훨씬 제한적이었고, 잠시 참여한 경우에도 일정하게 선을 유지했다. 공삼의 그러한 자세는 후학들에게 하나의 참고가 아닐 수 없다.

정치적 자유와 경제적 평등의 조화

열두째, 라스키가 추구했고 그리하여 공삼이 추구했던 연구주제들 가운데 핵심적인 것은 정치적 자유와 경제적 평등의 조화였다. 그리고 이 목표를 실현하기 위해 현대국가의 권한과 기능은 어느 한도로까지 확대돼야 하는가의 문제였다. 오늘날 한국의 정치에서도 이 주제는 여전히 중요하게 제기되고 있다. 국가와 재벌과의 관계 그리고 국가와 기업과의 관계를 어떻게 설정해야 하며, 재벌과 기업에 대한 국가의 통제는 어느 한도까지 허용돼야 하는가의 문제를 둘러싼 논쟁은 공삼이 이미 제기했던 논쟁이었다.

열셋째, 라스키가 지지했고 공삼이 공감했던 또 하나의 주제는 '세계정부'였다. 현재 '세계정부'에 버금가는 국제적 기구들은 꽤 많이 창립됐으며 운용되고 있다. 이 국제적 기구들은 개별국가의 주권과 어떤 관계를 유지하고 있는가? 이른바 세계화의 진행과 확산 속에서 개별국가의 주권은 어느 정도까지 제약될 수 있는 것인가? 이 일련의 물음들 앞에서 우리는 공삼이 공감했던 '주권해체론'을 다시 생각하지 않을 수 없다.

이 쟁점은 단순한 관념유희가 아니다. 남북통일의 문제가 제기될 때마다 국제사회 일각에서는 북한붕괴유도론이 제기되며 북한에서 '급변사태'가 발생할 때 중국이나 미국이 또는 주변국가들이 유엔의 이름 아래 군사적으로 개입할 것이라는 전망 역시 제기된다. 이러한 경우에 북한을 자신의 영토로 간주한 헌법을 보유한 대한민국의 주권은 어떻게 되는 것인가? 공삼이 평생에 걸쳐 연구했던 국가주권의 문제를 다시 생각하지 않을 수 없다.

국가학의 발전

열넷째, 종합하건대, 공삼 정치학의 핵심은 국가학이었다. 공삼이 국가보다 개인을 더욱 중시한 영국의 다원국가론에 기울었음은 사실이다. 개인보다 국가를 더욱 중시한 독일의 국가학, 특히 프로이센이라는 국가를 정당화하기 위해 정립했다는 평을 받기도 하는 헤겔의 국가철학에 대해서도 이해가 깊었다. 또한 국가를 지배계급이 피지배계급을 착취하는 수단으로 간주한 마르크스의 국가론과 그것에 대한 반론에 대해서도 밝았다.

한국정치학계에서도, 미국정치학계에서처럼, 1950년대 후반 이후 일정한 시기에 걸쳐 '과학적' 정치학에 밀려 '전통적' 정치학의 핵심적 주제였던 국가학은 관념유희적이며 낡은 학문으로 규정됐었다. 그러나 구범모 교수가 정확히 상기시켰듯, '과학적' 정치학의 본고장인 미국에서도 1980년대 중반에 국가학이 정치경제학의 형태로 부흥했다.[4] 이어, 김홍우 교수가 상기시켰듯, 한국정치학계에서는, 서강대 정치외교학과 조교수 김홍명(金弘明) 박사가 1984년 12월에 열린 한국정치학회 연례학술발표회에서 「마르크시즘과 국가이론」을 발표해 '화려하게 데뷔'했다. "이 논문이 최장집(崔章集) 교수나 박상섭(朴相燮) 교수의 글로 자연스럽게 융합이 됐다."[5] 오늘날에도 정치경제학적 국가학의 타당성과 적실성은 아무리 강조한다고 해도 지나치지 않다.

필자 개인의 제의

마지막으로, 개인적인 제의를 덧붙이고자 한다. 첫째, 한국정치학계의 지도적 정치학자들이 명저라고 높이 평가하지만 매우 난해해서 접근이 어려운 공삼의 『정치학』을 범용한 후학들을 위해 어느 실력 있는 정치학자가 개정증보판을 출간해주었으면 하는 제안이다. 원문을 충분히 살리며 쉬운 문장으로써 서술하되, 상세한 주해(註解)를 덧붙이면서 부연할 곳은 부연한다면 명저의 이해에 큰 도움이 될 것이다. 마치 로런스 원러스(Lawrence

4 이 현상에 대한 국내의 논문으로 다음을 예시할 수 있다. 구범모, 「국가론의 현황과 한국의 국가상(國家像)」, 『한국정치연구』, 창간호(1987), 199-218쪽.

5 김홍우, 「1970년대~1980년대 한국정치학: 제2차 좌담회(2003년 2월 7일)에서의 발언」, 『한국정치학회50년사』(사단법인 한국정치학회, 2003), 440쪽.

C. Wanlass)가 게텔(Raymond G. Gettell)의 *History of Political Thought* (New York, N.Y. : Appleton-Century-Crofts, 1924)를 *Gettell's History of Political Thought* (London : George Allen & Unwin, 1952)로 새로 썼듯, 공삼의 어느 제자이든 한국정치학계의 어느 후학이든 『민병태의 「정치학」』을 출간한다면 이 책이 다시 살아날 수 있지 않겠는가.

둘째, 공삼은 방대한 양의 강의노트를 남겼다. 필자가 공삼의 유족으로부터 넘겨받아 보관하고 있는 강의노트에 한정해도, A4 용지로 1,000매에 가깝다. 매 쪽마다 강의할 내용의 요점을 매우 꼼꼼하게 써놓았다. 강의안에 등장하는 인명은 고대희랍에서 시작해 현대에 이르기까지, 그리고 동양의 정치사상가들을 포함해, 헤아릴 수 없을 정도로 많다. 그 정치사상가들 가운데, 플라톤과 아리스토텔레스를 포함한 고대희랍의 정치사상가들을 제외한다면 영국의 정치사상가들이 가장 많이 등장한다. 홉스, 로크, 밀, 벤담, 그린, 바커, 라스키, 오크숏트 등의 이름이 자주 보인다. 또 영국의 노동운동과 사회민주주의운동을 이끌었던 지도자들이 자주 등장한다.

그러나 프랑스와 독일의 정치사상가들도 자주 등장한다. 프랑스의 경우, 루소가 자주 등장했지만 바뵈프(François-Noël Babeuf)와 프루동(Pierre-Joseph Proudhon) 및 소렐(Georges Eugène Sorel) 등도 때때로 설명됐다. 독일의 경우, 헤겔과 마르크스 및 베버 등이 상세히 설명됐으며, 칸트와 만하임도 꽤 자주 설명됐다. 필자가 예상했던 것 이상으로 마르크시즘도 자세하게 설명됐다. 헝가리의 대표적 마르크시스트 학자였던 지외르지 루카치(György Lukács)도 그 설명에 포함됐다. 중국의 정치사상가들도 때때로 등장하고 있음이 주목되며, 제자백가를 제외한다면 주희(朱熹)가 눈에 들어온다.

시(時)의 고금(古今)과 양(洋)의 동서(東西)를 아우르는 이 방대하면서도 정밀한 강의노트를 그대로 방치하기가 아쉽다. 필자는 이 강의노트를 체계적으로 정리하고 설명하기에 충분한 능력을 갖추지 못했다. 한국정치학계의 어느 학도가 이것을 체계화해서 출판한다면 의미가 클 것이다.

공삼 연보

1913년 2월 30일(음력)	충남 부여군 부여면 중정리 474번지에서 아버지 민중식(閔中植)과 어머니 담양(潭陽) 전씨(田氏) 사이에서 출생
1917년 3월	한문수학 시작
1921년 2월	강경보통학교 2년 입학
1923년 4월	부여보통학교 4년 입학
1927년 3월	부여보통학교 6년 졸업
1927년 4월	경성제일고등보통학교 1년 입학
1931년 4월	경성제일고등보통학교 4년 수료
1931년 4월	게이오대학 예과 입학
1934년 3월	게이오대학 예과 3년 수료
1934년 4월	게이오대학 법학부 정치학과 입학
1937년 3월	게이오대학 법학부 정치학과 졸업
1937년 4월	게이오대학 대학원 정치학과 입학
1942년 3월	게이오대학 대학원 정치학과 졸업
1942년 4월~1943년 10월	게이오대학 법학부 연구실 연구원
1943년 10월~1945년 8월	게이오대학 아세아연구소 연구원(조교수 대우)
1945년 10월~1946년 9월	연희전문학교 정치학과 교수
1946년 9월~1950년 11월	연희대학교 정치외교학과 교수
1947년 3월	건국실천원양성소 강사

1949년 12월~1952년 10월	동국대학 정경학부 정치학과 강사
1950년 6월 20일	학도야구연맹 부회장
1951년 9월~1953년 3월	대구대학 정치학과 정교수
1951년	고려대학교 정치학과 강사
1952년 10월 19일	서울대학교 문리대 정치학과 정교수
1952년 11월 23일	한국정치학회 간사
1953년 4월~1954년 3월	동국대학교 법정대학 정치학과 교수(겸임)
1955년 4월	대한민국학술원 회원
1955년 4월	고등고시위원회 위원
1956년 6월~1958년 3월	서울대학교 문리대 문학부장
1950년대 후반	경희대학교, 숙명여자대학교 강사
1960년 9월 17일	한국정치학연구회 회장
1961년 5월 22일	국가재건최고회의 의장 고문 취임
1961년 6월 22일	국가재건최고회의 의장 고문 해임
1962년 7월 11일	헌법개정특별심의위원회 전문위원 피촉
1962년 8월 30일	서울대학교 문학박사학위 수위
1962년 10월~1970년 11월	한국정치학회 회장
1966년 11월~1970년 2월	서울대학교 문리대 학장
1969년 3월 4일	한국경제연구센터 연구위원 피촉
1970년 3월~1971년 2월	서울대학교 대학원장
1970년 12월 5일	국민훈장 동백장 수훈
1972년 2월~1976년 2월	서울대학교 문리대 → 사회과학대 정치학과 교수
1977년 11월 12일	별세
1987년 11월 17일	서울대학교 한국정치연구소 추모10주기 학술대회
1997년 11월 21일	서울대학교 한국정치연구소 추모20주기 학술대회
2007년 11월 16일	서울대학교 한국정치연구소 추모30주기 학술대회

공삼의 저작 및 발언 목록

○ 저서

『정치학』. 보문각. 1958.

『정치학방법론의 현대적 방향』. 보문각. 1962.

○ 공동저서

민병태 김영국 공저. 『정치학 요강』. 삼중당. 1962.

○ 박사학위논문

「정치학 방법론의 제문제 : 민주주의의 제도적 전개」. 1962.

○ 공동편집

민병태 외 편. 『정치학사전』. 경향출판사. 1959년 5월.

○ 번역서

『아세아대륙횡단기』(일본어). 대화서점. 1941. 르훼브르. 『황색(黃色)의 순항(巡航) : 중앙아시아 탐험(*La croisière jaune : Expèdition Centre Asie*)』의 영역판 E. D. Swinton, *An Eastern Odyssey*, Boston : Little, Brown and Company, 1935를 대본으로 삼아 일본어로 번역.

『달단1천년사(韃靼一千年史)』(일본어). 대화서점. 1944년 2월. 원전은 E. H. Parker.

A Thousand Years of the Tartars, London : S. Low, Marston & Company, 1895의 제2판.

『정치학 강요 : 이론편』. 문조사. 1949년 3월. 원전은 Harold J. Laski, *A Grammar of Politics*, London : George Allen & Unwin, 1925, 제4판 1937. 해롤드 J. 라스키 저, 민병태 역. 『정치학 강요』. 민중서관. 1954. 하권.

『국가론 : 이론과 실제』. 백영사. 1954. 원전은 Harold J. Laski, *The State in Theory and Practice*, London : George Allen & Unwin, 1935.

『영국헌정론』. 민중서관. 1955. 원전은 Ivor Jennings, *The British Constitution*, New York : The Macmillan Company, 1941.

『근대국가론』. 민중서관. 1957. 원전은 R. M. MacIver, *The Modern State*, Oxford : Clarendon Press, 1926.

『정치사상사』 전-후. 을유문화사. 1963. 원전은 George. H. Sabine, *A History of Political Theory*, New York, N.Y. : Henry Holt and Company, 1937, 1950, 1959. 1959년 5월 판을 대본으로 삼았다.

○ 공동번역서

민병태 사이토 오스케(齋藤大助) 공역. 『소령(蘇領) 터키스탄 잠입기』(일본어). 대화서점. 1942. Gustav Krist의 독일어저서의 영역판. E. O. Lorimer, *Alone through the Forbidden Land, Journeys in disguise through Soviet Central Asia*, Cambridge: Cambridge University Press, 1939.

김동원 민병태 윤세창 정인흥 조효원 이한빈 등 공역. 『행정학원론』. 을유문화사. 1958년 9월. 원전은 Leonard D. White, *Introduction to the Study of Public Administration*, New York, N.Y. : The Macmillan Company, 1956.

○ 논문

「신강성에 있어서의 민족들과 최근의 정정」(일본어). 『아세아연구』. 1943년 12월호.

「라스키의 국가다원론」. 『학풍』. 1950년 1월호.

「민주대표론」. 『수도평론』. 창간호. 1953년 6월.

「영국정치사상의 현실성」. 『사상계』. 1955년 9월호

「정치학의 기본문제」. 『[서울대학교] 문리대학보 : 인문사회과학 특집』. 제5권 제2호. 1957년 7월.
「정치학과 제학(諸學)과의 관련」. 『[서울대학교 문리대 정치학과] 정치학보』. 제3호. 1958년 3월.
「정치적 자유」. 『사상계』. 1958년 12월호.
「통일의 원리와 한국문제」. 『국제평론』 창간호. 1959년 3월.
「압력단체와 민주주의」. 『사상계』. 1959년 8월호.
「프로이드가 사후 20년 : 현대사회과학방법론에 끼친 영향」. 『사상계』. 1959년 9월.
「정치과정에 있어서의 사회적 제요인(諸要因)에 관한 고찰 : 특히 민주주의와 독재형성의 관련성에 관하여」. 『신흥대 논문집』. 2집. 1959년 10월.
「내각책임제의 기본조건 : 외국의 실례와 대비하여」. 『사상계』. 1960년 9월호.
「과학주의에 대결하는 전통」. 『신동아』. 1965년 1월호.
「엘리트와 리더십」. 『정경연구』. 1965년 7월호.

○ 평론

「현대국가의 과제와 정치이념」. 『대학신문』. 1952년 7월 14일.
「세계정부의 이념」. 『대학신문』. 1952년 10월 27일.
「미국 중간선거의 결과와 금후(今後)」. 『대학신문』. 1954년 11월 22일.
「미국극동정책의 전망」. 『대학신문』. 1955년 2월 28일.
「미국극동정책의 전망」. 『대학신문』. 1955년 2월 28일.
「얄타회담의 내용발표」. 『대학신문』. 1955년 4월 11일.
「민주주의 : 이론으로서의 민주주의」. 『새교육』. 1956년 2월호.
「5 · 15선거의 정치적 의의」. 『대학신문』. 1956년 5월 28일.
「민주주의와 의원내각제」. 『자유세계』. 1956년 10월호.
「동서진영의 취약지대」. 『대학신문』. 1956년 11월 12일.
「참의원의 의의와 민주화에 관하여」. 『법정』. 1956년 12월호.
「소련과 동구사태의 전망」. 『대학신문』. 1957년 2월 11일.
「외국선거제도 : 불란서」. 『대학신문』. 1957년 6월 10일.
「신문의 선전과 현실정치 : 여론의 반향과 보도의 공평을 위한 신문의 작용」. 『희망』. 1958년 1월.

「영국의 양대정당과 의회」. 『자유세계』. 1958년 6월호.

「현대민주주의와 대통령제」. 『새벽』. 1959년 12월호.

「우리의 실정과 내각책임제」. 『대학신문』. 1960년 5월 9일.

「정치의식의 앙양」. 『대학신문』. 1960년 7월 4일.

「정치학계: 제도, 행동, 과정주의에의 접근」. 『서울신문』. 1960년 8월 3일.

「학문과 정치」. 『서울신문』. 1961년 1월 26일.

「거국내각론에 대한 관견」. 『서울신문』. 1961년 4월 2일. 2쪽.

「정당의 레이손 데틀」. 『고대신문』. 1962년 3월 3일.

「대통령제로 불안정극복」. 『조선일보』. 1962년 5월 19일.

「기본권의 현대적 의의」. 『대학신문』. 1962년 10월 15일.

「책임과 안정 위주로 정권의 평화적인 교체를 가능하게 해」. 『경향신문』. 1963년 1월 1일.

「전환기에 선 국제외교의 전망」. 『신사조』. 1963년 3월호.

「우리 후진성과 지도자」. 『경향신문』. 1963년 5월 10일.

「우선회냐 좌선회냐? : 맑시즘과 결별한 60년대 사회주의정당」. 『사상계』. 1963년 9월호.

「후진국정치에 있어서의 문제점」. 『한국사회과학논집』. 제3집. 1966년.

「한국민주주의의 성장과정과 전망」. 『대학신문』. 1966년 11월 7일.

「도약단계의 방법론 서설 : 민족적 주체성의 반성과 역사의 갭에 도전하는 논리」. 『정경연구』. 1967년 1월호.

「6·25의 현대사적 의의 : 한국전쟁 20주년을 맞아」. 『신동아』. 1970년 6월호.

○ 서평

「서평 : 이한기 교수 저, 『현대국제법』」. 『대학신문』. 1952년 3월 26일.

「서평 : 정인흥 교수 저, 『정치학』」. 『대학신문』. 1954년 7월 14일.

「서평 : David Easton, *The Political System, An Inquiry into the State of Political Science* (New York : Alfred A. Knopf, 1953)」. 『[신흥대학교] 정외학보』. 제2집. 1958년 6월.

「서평 : 김상협 저, 『기독교민주주의 사회민주주의 교도민주주의』」. 『고대신문』. 1963년 11월 23일.

○ 번역논문

「미국에서의 정치학 독립에 관한 하나의 자료」(일본어). 『법학연구』. 1938년 6월호. 원문은 James W. Garner, "Westel Woodbury Willougby : An Evaluation of His Contribution to Political Science," in John Marby Mathews and James Hart (eds.), *Essays in Political Science : In Honor of Westel Woodbury Willoughby* (Baltimore, MD. : The Johns Hopkins Press, 1937), pp. 3-32.

데이비드 이스턴 씀, 민병태 역. 「정치이론의 재활」. 『세계』. 1959년 1월호.

모리스 데비스 씀. 민병태 역, 「사회학적으로 본 불란서의 선거」. 『세계』. 1959년 2월호.

「캐틀린, 정치이론이란 무엇인가(상)」. 민병태 역. 『세계』. 1959년 5월호.

「캐틀린, 정치이론이란 무엇인가(하)」. 민병태 역. 『세계』. 1959년 6월호.

허멘스 씀. 민병태 역. 「다수의 폭정」. 『세계』. 1959년 9월호.

이사야 벌린. 민병태 역. 「자유에 관한 두 가지 개념」. 『세계』(상). 1959년 9월호 ; 『세계』(중). 1959년 10월호 ; 『세계』(속 : 續). 1959년 11월호.

○ 구두 발표〔발표문은 남아 있지 않음〕

「정치학 대상으로 본 정치현상」(연희대학교 개교기념학술강연회, 1946년 10월 25일 연희대 대강당).

「다원사회에 있어서의 통일의 계기」(한국정치학연구회 연구발표회, 1960년11월 25일 서울대 대강당).

○ 대담과 좌담 및 인터뷰

「좌담회 : 위기! 1957년」. 『신태양』. 1957년 1월.

「좌담회 : 한국대학의 반성」. 『사상계』. 1960년 8월호.

「인터뷰 : 민병태 서울대 문리대 교수」. 『경향신문』. 1966년 7월 18일.

「좌담회 : 국회 · 국회의원」(대표집필). 『중앙일보』. 1967년 6월 8일.

「대담 : 국위」. 『세대』. 1969년 1월호.

「인터뷰 : 민병태 서울대 대학원 원장」. 『동아일보』. 1970년 3월 4일.

"A Nation's Leader: Professor Min's Views". *Korea Times*, 1960년 2월 21일.

○ 발언 및 설문조사응답

「발언 : 새해에 기대한다(정치학)」. 『대학신문』. 1958년 12월 8일.

「국회공청회에서의 발언」. 『동아일보』. 1960년 5월 8일(석간).

「설문응답(도지사, 직선제냐 임명제냐) : 임명제보다는 차라리 간선제」. 『민국일보』. 1960년 9월 1일.

「설문응답(특별법) : 명확한 조목 규정」. 『민국일보』. 1960년 10월 13일.

「혁명입법심포지움에서의 발언」. 『동아일보』. 1960년 11월 9일.

「설문응답(신풍운동을 이렇게 본다) : 하나의 제스추어가 아니기를」. 『민국일보』. 1961년 1월 29일.

『「토론」: 한국근대화의 이념과 방향 : 동국대학교개교60주년기념학술심포지움논문집』. 동국대학교개교60주년기념학술심포지움위원회. 1967.

「발언」, 헌법개정특별심의위원회 9인소위원회 제2차 회의(1962년 7월 19일), 전문위원회 제3차 회의(1962년 7월 26일), 전문위원회 제4차 회의(1962년 7월 27일). 『헌법개정심의록』. 제1권. 1967년 12월.

「발언 : 학원사찰에 대해」. 『경향신문』. 1964년 9월 5일.

「설문조사에 대한 응답」. 『중앙일보』. 1967년 2월 7일.

「발간사」. 『한국정치학회보』. 제2집. 1967년 12월.

「권두언 : 우리 정치학계의 현시점」. 『한국정치학회보』. 제3집. 1969년 12월.

○ 수필 및 칼럼

「현대사회인」. 『대학신문』. 1954년 5월 12일.

「데모와 학생」. 『동아일보』. 1960년 10월 17일.

「젊은이들과 사귀며」. 『서울신문』. 1960년 12월 7일.

「외유내강」. 『동아일보』. 1970년 4월 8일.

「해설」. 『동아일보』. 1970년 4월 22일.

「언행일치」. 『동아일보』. 1970년 5월 1일.

「건망증과 복고조」. 『동아일보』. 1970년 5월 18일.

참고문헌

1차 자료

○ 자료집

강경중앙초등학교개교백주년기념사업회 편.『강경중앙초등학교 개교100주년기념문집, 1905~2005』. 강경중앙초등학교. 2005.

경기90년사편찬위원회 편.『경기90년사, 1900~1990』. 경기고등학교동창회. 1990.

경북대학교정치외교학과60년사편찬위원회 편.『경북대학교정치외교학과60년사』. 도담기획. 2011.

경희20년편찬위원회 편.『경희20년』. 경희대학교 출판국. 1969.

경희50년편찬위원회 편.『경희50년』. 경희대학교 출판국. 2003.

경희60주년교사편찬위원회 편.『대학10년사략』. 경희대학교 출판국. 2009.

고려대학교100년사편찬위원회 편.『고려대학교100년사』. 고려대학교 출판부. 2005.

국민대학교60년사편찬위원회 편.『국민대학교60년사, 1946~2006』. 국민대학교. 2007.

국방대학원30년사편찬위원회 편.『국방대학원30년사』. 국방대학원. 1987.

단국대학교교사편찬위원회 편.『단국대학교60년사, 1947~2007』. 단국대학교 출판부. 2007.

대구대학 편.『대구대학20년약사』. 대구대학. 1966.

대한민국국회 법제사법위원회 편.『헌법개정심의록』. 전 3집. 대한민국국회. 1967년 12월.

동대백년사편찬위원회 편.『동국대학교백년사, 1906~2006』. 동국대학교. 2006.

동아대학교50년사편찬위원회 편. 『동아대학교50년사, 1946～1996』. 동아대학교. 1996.
부산대학교60년사편찬위원회 편. 『부산대학교60년사, 1946～2006』. 부산대학교. 2006.
서강대학교교사편찬위원회 편. 『서강대학교40년사, 1960～2000』. 서강대학교. 2000.
서울대학교30년사편찬위원회 편. 『서울대학교30년사』. 서울대학교출판부. 1976.
서울대학교정치학과60년사편찬위원회 편. 『서울대학교정치학과60년사』. 서울대학교정치학과60년사편찬위원회. 2009.
성균관대학교편찬위원회 편. 『성균관대학교교육백년사(1398～1998)』 전 3권. 성균관대학교 출판부. 1998.
숙명여자대학교 정치외교학과 편. 『큰 뜻 청파 언덕에 심고: 김옥렬 교수님 정년퇴임기념수필집』. 숙명여자대학교 정치외교학과. 1995.
연세대학교정치외교학과 연세대학교정치외교학과동창회 공편. 『연정60년사, 1945～2004』. 연정60년사편찬위원회. 2004.
영남대학교 30년사편찬위원회 편. 『영남대학교30년사』. 영남대학교. 발행연도 미상.
외교안보연구원 편찬. 『외교안보연구원30년(1963～1993)』. 외교안보연구원. 1993.
우석대학교 편. 『요람, 1968～1969』. 우석대학교. 1970.
이화100년사편찬위원회 편. 『이화100년사』. 이화여자대학교 출판부. 1994.
『이화여자대학교 대학안내, 단기4289년도』. 『이화여자대학교 대학안내, 단기4290년도』. 『이화여자대학교 대학안내, 단기4291년도』. 『이화여자대학교 대학안내, 단기 4294년도』.
전남대학교50년사편찬위원회 편. 『전남대학교50년사(1952～2002)』. 전남대학교 출판부. 2002.
중앙대학교80년사편찬실무위원회 편. 『중앙대학교80년사, 1918～1998』. 중앙대학교 출판부. 1998.
청주대학교60년사편찬위원회 편. 『청주대학교60년사(1947～2007)』. 청주대학교. 2007.
한국국제정치학회50년사편찬위원회 편. 『한국국제정치학회50년사(1956～2006)』. 한국국제정치학회. 2006.
한국외국어대학교40년사편찬위원회 편. 『외대40년』. 한국외국어대학교 출판부. 1994.
한국정치학회50년사편찬위원회 편. 『한국정치학회50년사』. 한국정치학회. 2003.
한국혁명재판사편찬위원회 편. 『한국혁명재판사』. 제3집. 1962.
한양대학교70년사편찬위원회 편. 『한양대학교70년사』. 한양대학교. 2011.

○ 이력서 및 저작목록이 포함된 회갑-정년-고희 기념 및 추모 논문집

공삼 민병태박사회갑기념논총편집위원회 편. 『공삼민병태박사 회갑기념논총』. 1973년 4월.

남재 김상협선생전기편찬위원회 엮음. 『남재 김상협 : 그 생애/학문/사상』. 도서출판 한울. 2004.

대구사학회 편집. 『백초 홍순창박사환력기념논문집』. 형설출판사. 1977.

동하 이극찬교수회갑기념논총간행위원회 편. 『민주주의와 한국정치 : 동하이극찬교수회갑기념』. 법문사. 1985.

민도 양호민선생화갑기념논총편찬위원회 편. 『민도양호민선생화갑기념논총』. 1979.

벽파 이명식박사화갑기념논문집간행위원회 편. 『사회주의체제의 변화와 갈등 : 벽파 이명식박사회갑기념』. 대왕사. 1991.

석산 서석순박사고희기념문집간행위원회 편. 『석산서석순박사고희기념문집』. 석산 서석순박사고희기념문집간행위원회. 1991.

『석전육지수교수유고문집』. 장왕사. 1970.

영벽 윤근식교수화갑기념논총간행위원회 편. 『현대국제정치론 : 국제관계의 정치경제학』. 대왕사. 1991.

옥전 차기벽박사화갑기념논총간행위원회 편. 『옥전차기벽박사화갑기념논총』. 한길사. 1984.

이석 김경수박사화갑기념논문집편찬위원회 편. 『이석김경수박사화갑기념논문집』. 대왕사. 1982.

인곡 황성모박사화갑기념논문집간행위원회 편. 『사회구조와 사회사상 : 인곡황성모박사화갑기념논문』. 심설당. 1986.

일민 윤형섭박사화갑기념논문집간행위원회 편. 『일민윤형섭박사화갑기념논문집 : 한국정치의 쟁점과 이해』. 박영사, 1993 ; 『일민윤형섭박사화갑기념논문집 : 세계정치의 쟁점과 이해』. 박영사. 1993.

『정산김운태박사화갑기념 : 한국정치행정의 체계』. 박영사. 1982.

정일영. 『한국외교와 국제법』. 도서출판 나남. 2011.

지양 신기석박사회갑기념학술논문집편찬위원회 편. 『지양신기석박사화갑기념학술논문집』. 삼화인쇄주식회사. 1968.

하성 이선근박사추념논문집편집위원회 편. 『하성이선근박사추념논문집 : 민족문화

와 국민정신』. 한국정신문화연구원. 1983년 12월.
한승주 편. 『신세계질서와 아태지역 : 김경원박사화갑기념논문집』. 나남출판. 1996.
한태수. 『한국정치평론10년, 1958～1968』. 금천 한태수박사화갑기념사업위원회. 1972.
효강 최문환선생기념사업추진위원회 편. 『효강최문환박사기념논문집』. 1977.

○ 회고록

구범모. 「1962～1970년도 학회 회고록」. 한국정치학회50년사편찬위원회 편. 『한국정치학회50년사』. 한국정치학회. 2003.
______. 「제왕의 정치학, 무상의 정치」. 『한국정치학회 소식』. 제24권 제6호. 2000년 12월.
______. 「기개가 살아 숨쉬는 곳 : 정치학과에 대한 단상」. 한국정치학회 50년사 편찬위원회 편. 『서울대학교정치학과60년사』. 한국정치학회. 2003.
김도연. 『나의 인생백서 : 상산(常山) 회고록』. 상산회고록출판동지회. 1965.
김병곤. 「원로에게 듣는다 : 첫 번째 순서, 김하룡 선생님」. 『한국정치학회 소식』. 제25권 제3호. 2001년 7월 31일.
김세걸. 「원로와의 대화 : 한배호 선생님」. 『한국정치학회 소식』. 제25권 제6호. 2001년 12월.
김영국. 「사회과학 : 정치 · 외교학」. 서울대학교30년사편찬위원회 편. 『서울대학교30년사, 1946～1976』. 서울대학교출판부. 1976.
김영명. 「원로에게 듣는다 : 첫 번째 순서, 윤천주 선생」. 『한국정치학회 소식』. 제24권 제5호. 2000년 11월 14일.
김운태. 「민병태 회원」. 대한민국학술원 (편). 『앞서 가신 회원의 발자취』. 대한민국학술원. 2004.
김정강. 「4 · 19에서 6 · 3까지」. 『신동아』. 2007년 6월호.
김태환. 「원로와의 인터뷰 안병준 선생님」. 『한국정치학회 소식』. 2002년 제1호.
김홍우. 「1970년대～1980년대 한국정치학 : 제2차 좌담회(2003년 2월 7일)에서의 발언」. 『한국정치학회50년사』. 사단법인 한국정치학회. 2003.
남재희. 『아주 사적인 정치비망록』. 민음사. 2006.
노재봉. 「동문들의 회고 좌담」. 『서울대학교정치학과60년사』.

민준기. 「나의 스승 공삼 민병태 교수」. 『경향신문』. 1982년 7월 26일.
『백낙준전집』. 제9권. 『회고록-종강록』. 연세대학교 출판부. 1995.
백완기. 「동문들의 회고글」. 『서울대학교정치학과60년사』.
유세희. 「동문들의 회고 좌담」. 『서울대학교정치학과60년사』.
유 훈. 「정인흥 교수를 추모함」. 『두르리는 문(門)』. 증보판. 법문사. 2005.
______. 『바삐 걸어온 지난날』. 서헌사. 2008.
윤수현. 『윤수현 회상록: 당신 뜻대로 하소서』. 정우사. 1992.
윤식. 「나의 정치학과 대학생시절」. 『서울대학교정치학과60년사』.
이동원. 『대통령을 그리며』. 고려원. 1992.
이석제. 『각하, 우리 혁명합시다』. 서적포. 2007.
이숭녕. 「서(序)」. 공삼민병태박사화갑기념논총편집위원회 편. 『공삼민병태박사 화갑기념논총』. 1973.
이정복. 「내가 본 공삼: 고전정치사상 탐색한 상아탑 속의 학자」. 『교수신문』. 제132호. 1998년 4월 6일.
이정희. 「원로에게 듣는다: 김운태 선생님」. 『한국정치학회 소식』. 제24권 제6호. 2002년 12월.
이희승. 「내가 겪은 이번 사건: 문리대사건은 신판 사화」. 『신태양』. 1958년 3월호.
정영의. 「동문들의 회고 좌담」. 『서울대학교정치학과60년사』.
조경철. 『과학자 조경철, 별과 살아온 인생』. 2007.
조순승. 「동문들의 회고 좌담」. 『서울대학교정치학과60년사』.
최서영. 『내가 본 현장 여울목 풍경: 한 언론인의 비망록』. 도서출판 선. 2009.
최일남, 「최일남이 만난 사람: 고려대총장 김준엽씨」. 『신동아』. 1984년 2월호.
최진우. 「원로에게 듣는다: 윤형섭 선생님」. 『한국정치학회 소식』. 제25권 제6호. 2001년 12월.
한규선. 「원로와의 대화: 학회 전임회장 민준기 선생님」. 『한국정치학회 소식』. 제27권 제1호(2003년 3월).

2차 자료

○ 저서 및 논문

겟텔[게텔], R. G. 저. 김경수 역. 『정치학 개론』. 삼일문화사. 1949년 초판. 1950년 2쇄.

고권삼. 『조선정치사』. 을유문화사. 1948.

구범모. 「비교정치학 20년의 반성 : 부록 Ⅰ(1945~1966년까지의 비교정치에 관한 문헌 및 논문 목록)」.

______. 「비교정치학 20년의 반성 : 부록 Ⅱ(1945~1946년까지의 정치학과[행정학과] 교과과정분야 일람표)」. 『한국정치학회보』. 제2집. 1967.

______. 「국가론의 현황과 한국의 국가상」. 『한국정치연구』. 창간호. 1987.

______. 「공삼 민병태 교수의 생애와 경응 학풍 : 그 학풍의 시대적 배경을 중심으로」. 이정복 편, 『공삼 민병태 선생의 정치학』. 인간사랑. 2008.

『국제정치논총』. 한국국제정치학회. 창간호. 1963.

권영기. 「신진회에서 민통련까지」. 『월간조선』. 1984년 4월호.

김계수. 『한국정치학 : 현황과 경향』. 일조각. 1969.

______. 『한국과 정치학』. 일조각. 1987.

______. 「미국의 정치학」. 『증보 정치학대사전』. 박영사. 1992. 증보판.

김광웅. 「이한빈 『사회변동과 행정』」. 『현대한국의 명저 100권, 1945년~1984년』. 신동아 1985년 1월호 별책부록.

김명구. 『해위 윤보선 : 생애와 사상』. 고려대학교 출판부. 2011.

김명섭. 「제국정치학과 국제정치학 : 한국적 국제정치학을 위한 모색」. 『세계정치연구』. 제1권 제1호. 2000.

김선미. 『정경조 : 재미유공동포의 반세기』. 2004.

김세균. 「라스키의 정치이론」. 이정복 편. 『공삼 민병태 신생의 정치학』. 인간사랑. 2008.

김신섭. 「한국 정치학의 태두 민병태 : 생애」. 『전교학신문』. 1990년 8월 29일.

김영국. 「발간사」. 『한국정치연구』. 창간호. 1987.

______. 「공삼 민병태 교수 20주기 추모사」. 『한국정치연구』. 제7호. 1997.

______. 「상아탑의 의로운 파수꾼 : 고 민병태 박사 영전에」. 『경향신문』. 1977년 11월 15일.

김영준. 「현대자유론 : 라스키의 자유론을 중심으로」. 『대학신문』. 1955년 2월 7일.
김용구. 『J. J. 루소 : 전쟁과 평화』. 을유문화사, 1972.
______. 『장 자크 루소와 국제정치 : 영구평화를 위한 외로운 산책자의 꿈』. 도서출판 원. 2001년 초판. 2004년 개정판.
______. 「국제정치학사」. 한국정치학회50년사편찬위원회 편. 『한국정치학회50년사』. 한국정치학회. 2003.
김지현. 「라스키의 자유이론에 관한 연구」. 서울대 정치학석사학위논문. 1957.
김철수. 『현대헌법론』. 박영사. 1979.
김하룡. 「정치학」. 고려대학교 민족문화연구소 편. 『한국현대문화사 대계(大系)』. 학술·사상·종교사 : [상]. 고대민족문화연구소 출판부. 1976. 재판 1981.
김학준. 「재미원로 회견기」. 『대학신문』. 1984년 3월 5일.
______. 「안자산의 『조선문명사 : 조선정치사』 서평」. 『사회과학과 정책연구』. 제8권 제3호. 1987년 2월.
______. 「한국에 있어서 정당정치와 선거」. 『한국민족주의의 통일논리』. 집문당. 1983.
______. 「한국정치학의 태두 민병태 : 다원주의 입각, 민주정치 이론 제도정립」. 『전교학신문』. 제44호. 1990년 8월 29일.
______. 「정치학도에 세례를 준 은사들」. 『월간중앙』. 1992년 10월호.
______. 「구범모 선생님의 학문세계 : 선생님의 회갑에 즈음하여」. 『전환기 한국정치학의 새지평 : 준봉 구범모교수 화갑기념논총』. 나남. 1994.
______. 『동아시아공산주의자들의 삶과 이상』. 동아일보사. 1998.
______. 해설·번역. 『라스키 : 《현대국가에 있어서의 자유》』. 수정증보판. 서울대학교출판부. 2007.
______. 『서양인들이 관찰한 후기 조선』(서울 : 서강대학교 출판부, 2010),
______. 「김영국 교수의 정치학 : 삶, 그리고 연구와 강의를 중심으로」. 인산(仁山) 김영국선생10주기기념학술대회추진위원회 편. 『인산 김영국선생의 정치학』. 인간사랑. 2010.
______. 『구한말의 서양정치학 수용 연구 : 유길준·안국선·이승만을 중심으로』. 서울대학교출판문화원. 2012.
______. 『두산 이동화 평전 : 한국에서 민주사회주의운동을 개척한 정치학자의 이념과 행동』. 단국대학교 출판부. 2012.

김홍우. 「민병태 저 『정치학』」. 『정경문화』. 1984년 1월호.
______. 「한국정치학에서 서양정치사상 교육」. 김유남 엮음. 『한국정치학 50년 : 정치사상과 최근 연구분야를 중심으로』. 한울아카데미. 2001.
______. 「민병태 『정치학』의 이해 : 슈미트와 라스키의 논의를 중심으로」. 『한국정치의 현상학적 이해』. 인간사랑. 2007.
김홍철. 「군사력이 근대국가형성발달에 미친 의의를 논함」. 서울대 정치학석사학위논문. 1959.
______. 『전쟁과 평화의 연구』. 박영사. 1987 [1977].
______. 『전쟁론』. 민음사. 1991.
라스키 저. 강상운 역. 『정치학 입문』. 민중서관. 1959.
______. 차기벽 역. 『입헌정치의 재검토』. 민중서관. 1959.
로스토오, W. W. 저. 이상구, 강명규 공역. 『경제성장의 제단계 : 반(反)맑스주의 사관』. 법문사. 1961년 8월.
민병기. 「국제문제연구의 과제와 경향」. 『국제법학회논총』. 제2호. 1957년 2월.
______. 「리들리의 호랑이 김호(金乎) 선생」. 『신동아』. 1968년 4월호.
민준기. 「정치학」. 변형윤 외. 『한국의 학파와 학풍』. 도서출판 우석. 1982.
박동서. 「한국 행정학의 현황과 역할」. 『한국정치학회보』. 제2집. 1967.
박정희. 『우리 민족의 나갈 길 : 사회재건의 이념』. 동아출판사. 1962년 3월 1일 초판.
______. 『국가와 혁명과 나』. 향문사. 1963.
박준규. 「민족적 지도세력의 형성과 정당정치재건」. 『자유민주주의의 승리를 위하여 : 논설집』. 태백출판사. 1962.
박찬욱. 「정치학과 전·현직 교수들의 연구업적」. 『서울대학교정치학과60년사, 1946~2006』. 서울대학교정치학과60년사편찬위원회. 2009.
박채훈. 「해롤드 J. 라스키 연구 : 계급국가관에서 전향 이전의 자유의 이론」. 『문리대학보』. 서울대 문리대 학예부. 제5권 제2호. 1957년 7월.
배성동. 「민병태 교수의 Pluralism 특강」. 『한국정치연구』. 제7호. 1997.
______. 「민병태 교수의 강의」. 이정복 편. 『공삼 민병태 선생의 정치학』. 인간사랑. 2008.
백상건 등. 『행정학 강의』. 문운당. 1960.
부산민주항쟁기념사업회 민주주의사회연구소 편. 『산수(山水) 이종률 민족혁명론의 역사적 재조명』. 도서출판 선인. 2006.
서석순. 「대한민국 헌법과 국제법」. 『국제법학회논총』. 창간호. 1956년 2월.
______. 「해롤드 라스키」. 동양출판사 편집부 편. 『현대사상강좌』. 제7권. 동양출판사. 1960.
서중석. 「8·15해방후의 한국정치학회」. 『정치학 : 한국정치학회회보』. 창간호. 1959.
손제석. 「국제정치학의 연구 및 대학교육 경향」. 『한국정치학회보』. 제2집. 1967년 12월.
신기석. 「라스키의 『정치학 대강』」. 『신태양』. 1959년 5월호.
신도성. 「대통령제와 내각책임제」. 『동아일보』. 1950년 2월 19일. 2월 21일. 2월 22일. 2월 23일. 3월 6일. 3월 7일. 3월 8일. 3월 9일.
______. 『민주정치의 기초이론』. 대양출판사. 1952.
______. 「현대정치학의 과제 : 사회심리학적 연구의 필요성」. 『대학신문』. 1952년 9월 29일.
______. 『정가의 낙수 : 신도성 수상집』. 관동출판사. 1977.
신상초. 『현대정치의 제문제』. 신양사. 1958.
안병영. 「양호민, 『공산주의의 이론과 역사』」. 동아일보사 신동아 편집실 편. 『현대 한국의 명저 100권, 1945년~1984년』. 동아일보사 『신동아』. 1985년 1월호 별책부록. 1985.
양권모. 「우리 시대의 명저(25) : 민병태의 정치학」. 『경향신문』. 1993년 6월 30일.
양승태. 「새바인(George H. Sabine)의 『정치사상사』 이념연구 서설」. 『한국정치학회보』. 제43집 제4호. 2009년 12월.
양호민 이종률. 「대담 : 한국민주주의의 방향」. 『대학신문』. 1963년 9월 9일.
유동준. 『유길준전』. 일조각. 1987.
윤근식. 「Harold J. Laski 정치이론의 역사적 성격」. 『정경학보』. 신흥대. 1957.
윤천주. 『한국정치체계서설 : 정치상황과 정치행태』. 문운당. 1961.
윤천주 이정식 우병규 편저. 『정치행태의 기초이론』. 일조각. 1960.
이경구. 「신상초 저, 『현대정치의 제문제』」. 『정치학 : 한국정치학회회보』. 창간호. 1959년 4월.
이동주. 「라스키의 『국가론』」. 『대학신문』. 1954년 11월 1일.
이문영. 「한국에 있어서의 행정학연구 현황」. 『법률행정논집』. 고려대학교. 제4집.

1963년 3월.
이방석. 「민주사회주의 : 후진민주주의는 민주사회주의의 실현에서」. 『사상계』. 1962년 5월호.
이병길 최옥수 공역. 『아리스토텔레스: 정치학』. 박영사 박영문고. 1961.
이병길 역. 『플라톤: 국가론』 전-후. 박영사 박영문고. 1975.
이선근 등. 『학생과 정치』. 선문사. 1950.
이신행. 「사회과학대학 : 정치외교학과」. 연세대학교100년사편찬위원회 편. 『연세대학교100년사』. 연세대학교 출판부. 1985. 제3권.
이영범 역. 『미국의 민주주의론』 상-하. 사상계사. 사상문고 제41권~42권. 1963.
이용희. 『국제정치 원론』. 장왕사. 1955.
______. 『일반국제정치학』. 상. 박영사. 1962.
______. 「정치명분으로서의 '근대화' : 한국 케이스를 중심으로」. 『신동아』. 1965년 8월.
이원우. 「라스키의 생애와 업적」. 『대학신문』. 1954년 6월 2일.
이재석 김은경 편. 『5·16과 박정희근대화노선의 비교사적 조명』. 선인. 2012.
이정복, 「민병태 : 『정치학』」. 동아일보사 신동아 편집실(편). 『현대한국의 명저 100권, 1945년~1984년』. 신동아 1985년 1월호 별책부록.
______. 「서언」. 『한국정치연구』. 제7호. 1997.
______. 「제1장 한국정치학의 변화와 발전방향」. 임희섭 편. 『사회과학의 새로운 지평』, 나남출판. 1999.
______. 『공삼 민병태 선생의 정치학』. 인간사랑. 2008.
______. 「공삼 민병태 선생의 연구업적」. 이정복 편. 『공삼 민병태 선생의 정치학』.
이정식(李廷植). 「한국 정치학의 표(表)와 리(裏)」. 『창작과비평』. 1권 2호. 1966. 겨울호.
______. 「6·25는 비극이지만, 대한민국 발전 이루는 계기도 됐다」. 『중앙일보』. 2012년 7월 20일.
일민 김상만선생전기간행위원회 편. 『일민김상만전기』. 동아일보사. 2003.
임성희. 「현대국가의 자유와 권력」. 임성희 책임편집 및 해설. 『세계의 대사상』 18. 휘문출판사. 1977.
임효선. 「차기벽 『근대화정치론』」. 동아일보사 신동아 편집실(편). 『현대한국의 명저 100권, 1945년~1984년』. 신동아 1985년 1월호 별책부록.
정인흥. 「신간평 : 『영국헌정론』」. 『대학신문』. 1955년 6월 27일.
______. 「H. J. 라스키」. 『대학신문』. 1956년 5월 21일.
정인흥 김성희 강주진 대표편집. 『증보 정치학대사전』. 박영사. 1983.
조규하. 「인터뷰 : 민병태 신임 서울대 대학원장」. 『동아일보』. 1970년 3월 4일.
조일문. 「총장퇴임사」. 『정년퇴임 : 조일문수상집』. 건국대학교 출판부. 1983.
「좌담회 : 위기! 1957년」. 『신태양』. 1957년 1월.
「좌담회 : 학원의 자유와 학문의 자유를 말한다 : 유진오 · 김선기 · 홍종인」. 『현대』. 1958년 2월호.
「좌담회 : 한국대학의 반성」. 『사상계』. 1960년 8월호.
「좌담회 : 해방 39년, 한국사회과학의 흐름」. 『정경문화』. 1984년 1월호.
차기벽. 「학회 창립과 발달사」. 한국정치학회50년사편찬위원회 편. 『한국정치학회 50년사』. 한국정치학회. 2003.
최경락. 「일본의 정치학」. 『증보 정치학대사전』. 박영사. 1992년 증보중판.
칸트, 임마누엘 지음. 이한구 옮김. 『영구평화론 : 하나의 철학적 기획』. 도서출판 서광사. 2008.
타르드, 가브리엘 지음. 이상률 옮김. 『여론과 군중』. 도서출판 지도리. 2012년 4월.
하영선. 「이용희, 일반국제정치학(상)」. 동아일보사 신동아 편집실 편. 『현대한국의 명저 100권, 1945년~1984년』. 동아일보사 『신동아』. 1985년 1월호 별책부록.
한배호. 「한국정치연구에 있어서의 독특성과 일반성 : 미정리상태의 방법론적 이슈에 대한 고찰」. 『정치행정』. 제1집 제2권. 1973년.
한태수. 「학생과 생활」. 『경향신문』. 1950년 3월 22일.
______. 「정치현실과 정치철학 : 한 한국정치학도의 자성」. 『정경연구』. 1973년 5월호.
______. 「라스키의 국가론 연구」. 『정치대학10주년학술지』. 1957년 5월.
______. 「민족주의와 약소국가」. 『사조』. 1958년 10월.
현대일본연구회 편. 『국권론과 민권론』. 한길사. 1982.
후올랜더어 저. 김경수 역. 『사회주의사상사』(서울 : 을유문화사, 1949).

○ 원전 및 번역서

Banfield, Edward C.. *The Moral Basis of a Backward Society* (Glencoe, Ill. :

Free Press, 1958).

Becker, Carl L.. *Freedom and Responsibility in the American Way of Life* (New York, N.Y. : Alfred A. Knopf, 1945).

______. *Modern Democracy* (New Haven, CT. : Yale University Press, 1957).

Beukema, Herman. *Contemporary Foreign Governments*, 3rd ed. (New York, N.Y. : Rinehart & Co., 1953).

Bowles, Chester. *The New Dimensions of Peace* (New York, N.Y. : Harper, 1955).

Bradley, Duane. *Electing a President* (New York, N.Y. : D. Van Nostrand Co., 1963), 강상운 역, 『대통령선거』(탐구당, 1964).

Coyle, David Cuchman. *The United States Political System and How It Works*, rev. ed. (London : The Hansard Society for Parliamentary Government, 1954 and 1963). 이극찬 역, 『민주정치체제와 기능』(탐구당, 1964).

Dilas, Milovan(또는 Djilas). *The New Class : An Analysis of the Communist System* (San Diego, C.A. : Harcourt Brace Janovich, 1957)

Easton, David. "An Approach to the Analysis of Political Systems," *World Politics*, Vol. 9, No. 3 (April 1957).

Eisenstadt, S. N. "Approaches to the Problem of Political Development in the Non-Western Societies," *World Politics*, Vol. 9, No. 3 (April 1957).

Fromm, Erich. *Escape from Freedom* [영국판의 제목은 *The Fear of Freedom*] (New York, N.Y. : Farrar and Rinehart, 1955, 제7쇄).

Garner, James W. "Westel Woodbury Willougby : An Evaluation of His Contribution to Political Science," in John Marby Mathews and James Hart (eds.). *Essays in Political Science : In Honor of Westel Woodbury Willoughby* (Baltimore, MD. : The Johns Hopkins Press, 1937).

Griffith, Ernest S.. *The American System of Government* (New York, N.Y. : Frederick A. Praeger, 1954).

Han, Bae Ho, and Kyu Taik Kim. *Inter-group Conflict and Political Decision Making* (Seoul : Yonsei University Social Research Institute, 1965).

Han, Sungjoo. *The Failure of Democracy in South Korea* (Berkeley, C.A. : University of California Press, 1974).

Hearnshaw, Fossey John Cobb. *The Development of Political Ideas* (London : Earnest, Benn, 1927).

Hermens, Ferdinand A. *Introduction to Modern Politics* (Notre Dame, IN. : The University of Notre Dame Press, 1959).

Hong, Sung-Chik. "Role of Intellectuals," *Koreana Quarterly*, Vol. 9, No. 3 (Autumn 1967).

International Conference on the Problems of Modernization in Asia : Report (Seoul : Asiatic Research Center, Korea University, 1966).

John, Strachey. *The Great Awakeming and the Challenge of Democracy* (London : Encounter, 1961). 이충효 역. 『제국주의와 민주주의』(민조사, 1964).

Jo, Young-hwan. "Korean Unification Strategies in a Changing World : A Theoretical Inquiry from a Futuristic Perspective," *The Journal of Asiatic Studies*, Vol. 13, No. 4 (December 1970).

김종익 유형진. "Political Socialization in Korea : A Pilot Study," 『한국정치학회보』, 제3집(1969).

Kim, HakJoon. *The Domestic Politics of Korean Unification : Debates on the North in the South, 1948~2008* (Seoul and Edison, N.J. : Jimoondang, 2008).

Kropotkin, Pyotr A. *Mutual Aid : A Factor of Evolution* (1902). 성인기 역. 『상호부조론 : 진화의 일(一) 요소』(서울 : 대성출판사, 1948년 9월).

Laski, Harold J. *Communism* (London : The Home University Library of Modern Knowledge, 1927). 이상은 역. 『공산주의론』(서울 : 예문사, 1947년 8월).

______. *The Rise of European Liberalism* (London : George Allen & Unwin, LTD, 1936). 권중휘 역. 『서구자유주의의 발달』(서울 : 대성출판사, 1947).

______. *Where Do We Go From Here?* (New York : The Viking Press, 1940).

______. *An Introduction to Politics,* New edition prepared by Martin Wight (London : George Allen and Unwin LTD, 1954).

Lee, Hwa-soo. "A Study of Political Socialization Process : Family, Political Efficacy and Legitimacy : The Case of Secondary School Students in Korea," *Koreana Quarterly*, Vol. 10, No. 2 (Summer 1968).

Lee, Joung-sik. "Political Science and Political Researches in Korea," 『법정논총』(동국대학교 법정연구소), 제1권(1965).

______. "Some Characteristics of Korean Political Culture," *Koreana Quarterly*, Vol. 8, No. 3 (Autumn 1966).

Nurkse, Ragnar. *Problems of Capital Formation in Underdeveloped Countries*, 3rd ed. (New York, N.Y. : Blackwell, 1955).

Pye, Lucian W. "The Formation of New States," in Ithiel de Sola Pool (ed.), *Contemporary Political Science* (New York, N.Y. : McGraw-Hill Book Co., 1967).

Rossiter, Clinton. *The American Presidency* (New York, N.Y. : Harcourt, Brace, 1956). 문창주 역. 『미국대통령의 정치론』(법문사, 1963).

______. *Parties and Politics in America* (Ithaca, N.Y. : Cornell University Press, 1960). 차일석 역. 『미국 정당과 정치형태』(법문사, 1964).

Rostow, W. W. *The Dynamics of Soviet Society* (New York, N.Y. : W. W. Norton & Co., 1952).

Sayer, Wallace E. *An Outline of American Government* (New York, N.Y. : Barnes and Noble, INC, 1951).

Schumpeter, Joseph A. *Capitalism, Socialism and Democracy*, 3rd. ed. (New York, N.Y. : Harper and Brothers, 1950), Part Ⅳ ("Socialism and Democracy").

Staley, Eugene. *The Future of Underdeveloped Countries : Political Implications of Economic Development* (New York, N.Y. : Harper, 1954).

Swinton, E. D. *An Eastern Odyssey* (Boston : Little, Brown and Company, 1935).

Talmon, Jacob L. *The Origins of Totalitarian Democracy* (London : Secker & Warburg, 1952).

Woo, Byung Kyu. "Ideals and Reality of the Revolutionary Forces," *Koreana Quarterly*, Vol. 5, No. 1 (Spring 1963).

Young, Kenneth T., Jr. "New Politics in New States," *Foreign Affairs*, Vol. 39, No. 3 (April 1961).

Abstract

Political Science of Professor Gongsam Min Byung-tae

— In the Context of the Historical Evolution of Political Science in Korea

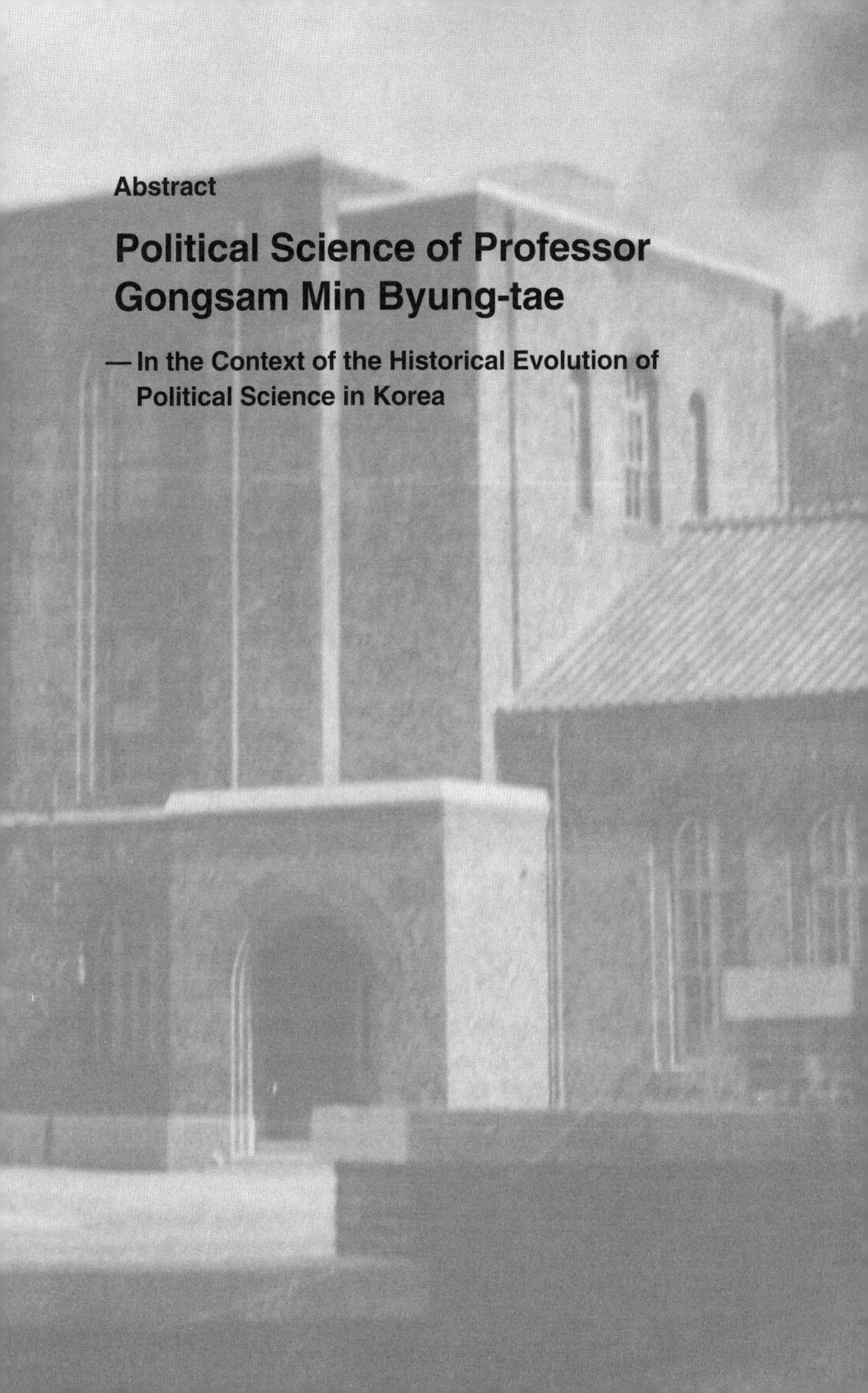

This work is a biography of late Min Byung-tae, former professor of political science at Seoul National University in Seoul, Korea. Gongsam was his pen-name. This work intends to commemorate his centennial birthday. The late Professor Min was born on April 6, 1913 in the county of Puyo and the province of South Chungcheong as the second son of an influential gentry and a big landlord. After finishing his elementary education in Confucian classics at home and an elementary school in his hometown, he finished a four-year middle school in Seoul. At the age 18 in April 1931, he was admitted to Keio University in Tokyo, where he would finish a three-year preliminary studies, a three-year undergraduate degree, and a three-year graduate studies, all in political science. In particular, he studied political theories developed by Harold J. Laski and Robert M. MacIver. Their theories were dubbed the pluralistic theory of the state.

From 1942 to 1945, he was a research fellow at Keio's Asian Studies Institute. In this period, he majored in Central Asia and translated three books in Japanese and published an article, all on

Central Asia. In this sense, he was compared to Owen Lattimore, an American scholar on this region. Just before the liberation of Korea from Japan in August 1945, he returned home. In October 1945, he assumed a professorship at Yonhee University, the predecessor of present Yonsei University. In 1949, he translated Laski's *A Grammar of Politics* into Korean. In January 1950, he published an article on Laski's pluralistic theory of the state. Since then, he has been called "Korea's Laski."

During the Korea War (1950-1953), Professor Min took refuge in Daeku and Pusan. He taught at Daeku College, Dongkuk College, and Korea University. In this war-time period, he published two articles on the role of the modern state and the United Nations. Those articles were based on Laski's political theories. In October 1952, Professor Min was appointed as a professor at Seoul National University. Since then and up to February 1976, he translated Laski's *The State in Theory and Practice*, MacIver's *The Modern State*, and Ivon Jennings' *The British Constitution.* He also translated about seven articles including George Catlin's "What Is Political Theory?" and Isaya Berlin's "Two Aspects of Liberty," all into Korean. In addition, he published about 40 works including articles, book reviews, and commentaries.

A major book by Professor Min was *Political Science* (in Korean) published in 1958. In this book, he examined the traditional approach to politics in comparison to the scientific approach to politics. Advocating the traditional approach, based mainly on philosophical-moral arguments, he pointed out the limits of the scientific approach. He maintained this position in his Ph.D. dissertation which was approved by Seoul National University in March 1962. He was the first political scientist who received a doctorate in political science from a Korean university. From 1960 to 1970, he was the President of the Korean Political Science Association. Under his leadership, the Korean Political Science Association held numerous seminars and promoted political science in South Korea. The most significant legacy Professor Min left has been his work on social democracy, based on Laski's theory. In light of the fact that "economic democracy" has become one of the hottest subjects in South Korea, his advocacy of social democracy since the early 1950s should be a subject of a serious academic debate.

찾아보기

인명찾아보기

ㄷ

ㄹ

ㅁ

ㅅ

ㅇ

건명찾아보기

◎ 논문

◎ 저서, 번역서, 논문집, 신문

◎ 사건 및 기타

ㄱ

지은이 **김학준(金學俊)**

지은이는 1943년에 중국 심양에서 태어났다. 단국대학교 이사장, 인천대학교 총장, 동아일보사 사장·회장 등을 역임했으며, 한국과학기술원(KAIST) 문화과학대학 김보정(金寶鼎)석좌교수로 「남북한의 정치, 1945~2010 : 비교정치학적 관점에서」(1학기) 및 「한국정치사상의 전개: 고조선으로부터 현대까지」(2학기)를 담당했다. 2012년 9월 이후 동북아역사재단 이사장으로 일하고 있다.

최근의 저서들로 『북한의 역사』 전 2권(서울대학교출판부, 2008), 『서양인들이 관찰한 후기 조선』(서강대학교 출판부, 2010), *The Domestic Politics of Korean Unification* (Seoul and Edison, NJ : Jimoondang, 2010), 『구한말의 서양정치학 수용 연구: 유길준·안국선·이승만을 중심으로』(서울대학교출판문화원, 2012), 『두산 이동화 평전: 한국에서 민주사회주의운동을 개척한 정치학자의 이념과 실천』(단국대학교 출판부, 2012), 『혁명가들: 세계 공산주의자들의 삶과 죽음』(문학과지성사, 2013) 등이 있다.